高等学校教育技术学专业精品教材

丛书主编◎武法提

教学软件设计（上册）

INSTRUCTION SOFTWARE DESIGN

余胜泉◎著

北京师范大学出版集团
BEIJING NORMAL UNIVERSITY PUBLISHING GROUP
北京师范大学出版社

图书在版编目(CIP)数据

教学软件设计/余胜泉著.—北京：北京师范大学出版社，2021.12
高等学校教育技术学专业精品教材
ISBN 978-7-303-26511-4

Ⅰ.①教…　Ⅱ.①余…　Ⅲ.①计算机辅助教学－教学软件－
软件设计－高等学校－教材　Ⅳ.①G434　②TP311.5

中国版本图书馆 CIP 数据核字(2020)第 225862 号

营　销　中　心　电　话　　010-58802135　　010-58802786
北师大出版社教师教育分社微信公众号　　京师教师教育

JIAOXUE RUANJIAN SHEJI
出版发行：北京师范大学出版社　　www.bnup.com
　　　　　北京市西城区新街口外大街 12-3 号
　　　　　邮政编码：100088
印　　刷：保定市中画美凯印刷有限公司
经　　销：全国新华书店
开　　本：787 mm × 1 092 mm　1/16
印　　张：47.75
字　　数：961 千字
版　　次：2021 年 12 月第 1 版
印　　次：2021 年 12 月第 1 次印刷
定　　价：148.00 元

策划编辑：王剑虹　　　　　　　责任编辑：马力敏
美术编辑：焦　丽　　　　　　　装帧设计：李尘工作室
责任校对：康　悦　　　　　　　责任印制：赵　龙

丛书编委会

顾　问　何克抗

主　编　武法提

副主编　吴　娟

编委会（以姓氏笔画为序）

　　　　冯晓英　刘美凤　李　芒　李玉顺

　　　　李艳燕　杨开城　余胜泉　陈　丽

　　　　武法提　郑勤华　黄荣怀　董　艳

序　言

教育技术学作为兼具"教育"与"技术"基因的学科，经过几十年的发展已逐渐壮大，学科研究范畴不断拓宽，学科体系日益兼容扩展，学科实践开始引领与推动我国教育现代化进程。在教育系统结构性变革的大趋势之下，迎面而来的各类新技术、新观念、新手段承载着人们对智能教育、未来学校、教学方式与学习方式变革的思考，使我国教育技术学科呈现出令人备受鼓舞的愿景与良好的发展势头。

教育技术学是通过设计、开发、利用、管理、评价有合适技术支持的教育过程与教育资源，来促进学习并提高绩效的理论与实践。以教育信息化全面推动教育现代化是教育技术学专业的历史使命和时代担当。构建具有中国特色、国际领先水准的教育信息化理论体系，以信息技术融合各学科的教学过程，用大数据技术驱动教育科研精准化，用人工智能技术破解教育实践中的各种难题，是推动教育深化改革，创新传统教育生态，塑造信息时代全新教育系统，实现教育现代化的必由之路。当前，教育信息化已进入 2.0 时代，"互联网＋教育"和"人工智能＋教育"正在快速扩展，各个学科在人才培养、理论创新和实践引领上都需要更进一步，以便建成具有国际领先水平的一流学科，这既是我们一代代教育技术学人孜孜以求的目标，也对当前我国的教育技术学科赋予了全新使命和更高的要求。

学科概念体系的建立是教育技术学发展的命脉。"器而后有形，形而后有上。"长期以来，技术的工具理性同样制约着教育技术学的发展，体现在教育技术本身对"规律"的揭示不足，教育技术之"常"往往被人们忽略，新兴技术环境下的"信息化教学创新理论与实践"还未能充分体现，教育技术人才培养与就业趋势依然存在忧患。教育领域的"技术问题"不可能仅用技术手段或操作方式来解决。因而，教育技术的学科思维理应成为教育发展的关键点，这是学科发展之"道"的体现。

在新时代背景下，教育技术学亟须对本学科内涵的本质展开追问，从教育教学问题的解决中寻求建树。在确立学科内涵的同时，也应重视学科研究的跨领域视角，体现人才培养的多元特色与特征。"高等学校教育技术学专业精品教材"正是在这样的思想指导之下，立足于教育技术学专业开展人才培养的时代需求和北京师范大学教育技术学院人才培养实践的经验总结而编写的。这套教材以提升问题解决能力为导向，设计了面向教育产品研发、企业绩效培训、信息技术教育等不同领域，涵盖理论基础、基本原理和设计、技术、开发等多个层面的教材体系，从而实现"学与教、理论与技术并驾齐驱，寻求教育技术学科的内涵发展"。

本套教材共包括 26 本著作，整体上遵循历史与逻辑相结合、理论与实践相结合、问题与项目相结合的编写原则，在考察信息技术与教育深度融合实践中遇到的一系列重大理论问题的基础上，探讨在教育信息化理论创新方面的突破。本套教材由北京师范大学教育技术学院具有深厚研究基础和教学经验的中青年教师团队执笔，拥有高度的学术价值。本套教材的出版，对于我国教育技术学专业人才培养将具有重要的现实意义和深远影响。总体来看，本套教材具有以下四个方面的特色。

一、着眼基本原理问题，注重学科思维培养

以原理式思维深挖教育技术的学科特质，回归学科本体，是教育技术学发展的根基。在这方面，北京师范大学教育技术研究团队做出了卓越的贡献：经过 20 多年的实践探索、自主创新而形成的"中国特色信息化教学创新理论"，由六大核心理论支撑，前四项是创造性思维理论、新型建构主义理论、深层次整合理论、新型学教并重教学设计。本套教材吸纳了上述研究成果，既有教育的理论，又有技术的理论，更有信息技术和课程深度融合的内涵梳理，力求将领域知识的发展历史、来龙去脉说清楚，并在历史叙述中深入分析、评述，将演变逻辑阐述清楚。

二、立足教育技术理论的实际应用，提升学习者设计能力

教育技术学作为信息技术课程人才培养的依托，应在实践中创造学科人才的新流向。在教育信息化 2.0 时代，"构建教育新生态"成为教育的核心目标。与之对应，本套教材将信息技术重塑教育生态的设计能力作为学科培养的重要内容。设计能力，包括技术支持的学与教的设计、以技术为教学内容的设计，以及为重塑教育生态格局而进行的学与教设计等方面的能力，涵盖了以混合教学设计、数字教师、设计能力为核心的创新设计和开发能力的培养。本套教材借鉴了认知心理学领域的理论和实践，开发了合作性的课程项目，进行了数字环境下的学习体验设计，以便为学生创造有意义、有价值的在线学习体验。

本套教材兼顾不同价值观的理论基础对实践进行具体指导，重点破解不同价值观的理论基础是如何指导"用技术的手段解决教育教学的问题"的，较好地体现了知识体系中经典和前沿的结合，以及学生综合素质与创新型人才培养的结合。教材内容体现时代担当与社会责任，重视新知识的比例，案例丰富、新颖，覆盖不同的教育场景，力求以先进的教育观念为指导，科学地运用先进技术引领现代社会发展。

三、着眼课堂教学结构变革，拓展跨学科生长点

教育系统的结构性变革要通过"课堂教学结构的变革"来落实。这套教材体现了教育技术学科自身特色，配套有精品数字化教材，为重点内容提供了数字资源。教材设计之初考虑如何在混合学习环境下实施教学，考虑到对讲授教学、翻转课堂、自主学习的支持，提供了对应的场景化案例、相关工具与资源，以支撑学生的自主学习、协作探究、深层次意义建构和情感的体验与内化。

进入 21 世纪，跨学科已成为技术创新周期的组成部分，弥合了研究、工业和教育之间的差距。教育技术学的跨学科研究已经逐渐成为学术界的共识，也成为学科人才培养的未来趋势。教材内容强化了以脑科学、学习科学为理论框架的跨学科研究，以期从心理、生理及行为的综合视角对人类如何学习进行探索，从而寻找到促进和改善学习活动的方式与方法。当前，学生的学习方式也正在逐渐适应智能时代发展的新诉求。虚拟现实教育应用、人工智能教育应用、教育数据挖掘与学习分析等内容充分体现了我们对学科跨界融合趋势的充分思考。

四、"知、行、创"合一，体现国际一流水准

教材体系体现了跨学科人才培养的多样性，并考虑到了学科教育、教育技术、心理学、计算机科学的协同项目设计，在原有人才培养目标的基础上，进一步提升可迁移能力与创造能力，从而实现"知、行、创"三者合一。教材内容将理论讲解与案例分析相结合，加大笔墨分析理论对案例设计、开发的具体指导。这体现在以下三个方面：一是能力指向，教材内容注重问题解决，培养学生识别问题、分析需求、设计方案、开发原型、形成产品的能力；二是项目承载，教材设计了不同教育实际场景的综合项目，力求利用协同式项目研究培养学生将理论知识综合应用于问题解决的能力；三是将工程系统思维与学科结合，引入"信息架构师"体系，探索基于实践场域的创新应用与服务。

未来的时代是新兴技术与教育教学深度融合创新的时代。以云计算、大数据、物联网、虚拟现实、人工智能为代表的新一代信息技术给教育信息化注入的新活力，正在深刻改变着教育服务模式和资源配置方式，"信息技术与学科教学深度融合"已成为当前教育技术学科内涵的基本特征。"高等学校教育技术学专业精品教材"从当前信息化教学模式层面的问题出发，寻求技术支撑教与学的关键要点。我们相信，这套教材有助于读者了解当前教育技术学的研究趋势，也有助于读者掌握教育技术学的研究方法与范式，帮助读者开阔视野，催生国内高水平教育技术研究与实践，在理论和实践两个层面肩负起时代重任。对于中国教育技术学科将能够立足本土需要，彰显后发优势，逐步成为有中国特色、国际水准的学科体系，我们亦有充分的依据和信心。

　　"高等学校教育技术学专业精品教材"涵盖了教育技术学的热点领域，包括专业基础、原理性课程、设计类课程、开发类课程与应用类课程 5 个部分。教材体系完善、内容新颖、案例翔实，不仅适合教育技术学的本科生、研究生、研究者和教师阅读，也适合教育学、心理学、信息科学等的研究者与专业技术人员查阅与参考。

　　本套教材历时三年终于问世，北京师范大学教育技术学院的中青年专家团队付出了大量的时间与精力，教材主编武法提教授统筹了丛书的策划工作并对编写方案做了大量的论证，北京师范大学出版社王剑虹女士为教材的出版付出了大量心血，在此对这些贡献者致以深深的谢意！

何克抗　武法提

2020 年 5 月

前　言

　　要开发出优秀的教学软件，不仅仅需要学习各种多媒体开发工具的使用方法，更重要的是，要了解优秀教学软件的设计思路与评价标准，这是一个优秀开发人员进阶的必由之路。很多教师技术水平很高，但开发出的教学软件质量却不高，存在各种问题，这些问题主要不是技术实现层面上的，而是教学方面以及设计思路上的，教师缺乏超越技术之上的设计思路与设计创意。

　　本书系统阐述了教学软件系统设计者应该了解的基本理论观点、设计方法与过程模式；通过对优秀教学软件作品的案例分析，说明了教学软件系统的设计理念、要素与结构；结合网络教育应用发展趋势，阐述了各种网络教学软件的设计架构与指导原则以及设计过程中的常见误区，提供了各类教学软件系统的评价参照标准。本书可以有效提升读者的教学软件分析与设计能力，拓宽教学软件设计者的眼界与设计思路，实现设计水平的进阶。

　　整体而言，教学软件的设计离不开结构和要素两个维度，本书核心内容的组织结构从教学软件的要素与结构两个维度展开，如下表所示。要素维度阐述各类教学软件设计时一些共性的设计要点：首先是考虑形式，教学软件的设计既要考虑教学软件的界面设计，包括布局、色彩以及导航设计，同时也要考虑对教学软件的媒体要素进行组合设计，以使教学软件在形式上能够最大限度地满足学习者的视觉需求，激发学习者的学习动机；其次是内容表现，一般教学软件的设计都要涉及以下若干或者大部分要素，包括人机交互设计、测评与反馈设计、仿真与控制设计、协作机制设计、知识表现设计、学习活动设计以及帮助与包装设计。结构维度阐述不同类型的教学软件的特点与结构，不同的设计理念和教学意图，对教学软件要素的不同架构方式，能够开发出多种不同类型的教学软件，包括演示型教学软件、个别指导型教学软件、评测练习型教学软件、教学模拟软件、教学游戏软件、专题学习网站、网络课程、教育资源库与学科网站、网络教学平台等。这些不同架构形式的教学软件以不同的方式、各自不同的优势对教与学的过程提供有效的支持。

本书核心内容的组织结构

类型	布局	界面	导航	媒体要素组合	人机交互	测评与反馈	仿真与控制	协作机制	知识表现	学习活动	帮助与包装
演示型	*	*	*	*	*				*		
个别指导型	*	*	*	*	*	*			*	*	*
评测练习型	*	*	*	*	*	*			*		*
教学模拟	*	*	*	*	*	*	*	*	*	*	*
教学游戏	*	*	*	*	*	*	*	*	*	*	*
专题学习网站	*	*	*	*	*			*	*	*	*
网络课程	*	*	*	*	*		*	*	*	*	*
教育资源库与学科网站	*	*	*	*	*				*		*
网络教学平台	*	*	*		*	*		*		*	*
学习型社区	*	*	*	*	*			*	*	*	*
移动学习资源	*	*	*	*	*	*			*	*	

注：* 表示该类教学软件需要重点考虑的要素。

　　本书的编写定位是一本优秀的教学软件设计指导书，旨在为教学软件制作者提供方法与策略上的参考和帮助，不是介绍具体开发软件的使用，定位于设计层面，不是工程开发层面。本书在以下方面力求有所突破。

　　(1)在内容上，注重与网络时代的教学应用紧密结合，引进了专题学习网站设计、网络课程设计、教育资源库与学科网站设计、网络教学平台设计、学习型社区设计、移动学习资源设计等内容，符合网络时代数字化教学发展的潮流。在设计方法上，学习型社区介绍了教育技术领域特有的"基于设计的研究方法"，对于教学软件设计具有重要的指导意义，还介绍了基于网络的大规模协作、虚拟现实、探究环境、智能教学软件等的最新进展。

　　(2)在理论观念上，突破了仅仅谈多媒体美学的常规，引进并介绍了国外一些最新的指导理念与观念，如多媒体认知、信息设计、认知负荷、社会性认知等。结合设计实际阐述理论观点，以"实用性"为中心，突出"设计指导"的操作性和参考价值，不对相关概念、术语和原理做深入探讨和比较分析，避免成为一本抽象的理论著作。

　　(3)在丰富的案例基础上，阐述了教学系统软件设计中的常见误区、各类评价标准，梳理了当代教学软件发展的基本走势，这些内容都是对同类图书的突破。本书强调为教学软件制作者提供多种设计参考，注重教学软件设计的要点分析，并在重点部分配以案例说明，而不是空洞的文字介绍。

（4）体例上追求新意。本书结构清晰，文笔流畅，内含大量的贴士和拓展阅读，对重点术语、背景知识、名家名人、经典理论进行了注释和提示，开阔读者的视野，使读者在阅读本书的同时，还能够了解其他相关的背景知识和拓展内容。

本书先后有一批博士和硕士参与了案例分析、文献整理、内容修订等工作。本人负责总体框架设计、总体风格设计、大纲编写以及全书审稿与定稿。具体参与编写人员包括王阿习、万海鹏、辛凯丽、王琦、徐刘杰、汪丹、吴澜、刘宁、王慧敏、汪凡淙、季尚鹏、彭燕、赵荟宇、汤筱玙、王忱哲、陈景雪、周宣辰、张蕾、陈璠、李朔菲、房子源。另外，武法提、李玉顺、张志祯等几位老师阅读了本书，并提出了宝贵的意见和建议，在此深表感谢。

限于编者水平，书中难免存在疏漏和不妥之处，恳请各位专家、老师和同学们多加批评指正；在本书编写过程中，引用了部分同行专家的学术文章与资料，在此表示衷心感谢，引用内容我们一一用脚注的方式做了标记，如有疏漏，也请多提宝贵意见，我们将根据您的意见修订完善。反馈意见请发电子邮件到：yusq@bnu.edu.cn。

北京师范大学　余胜泉
2019 年 11 月 20 日

总目录

上册目录

第 1 章

教学软件设计概述

2

章结构图

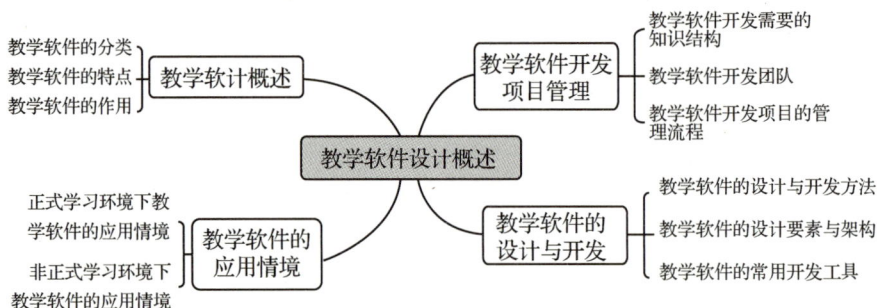

教学软件的大规模使用是人类教育领域迈入计算机教育应用时代的标志。随着计算机技术、网络技术以及各种智能技术的逐渐普及和日益成熟，在教学中综合运用上述各类技术已成为常态。教学软件的开发包括两个层面：一是设计层面，需要软件设计人员了解教学软件的设计理念、运行结构、开发流程、应用模式等；二是开发层面，需要软件开发者掌握各种软件开发工具及多媒体素材处理工具的使用方法。

1.1
教学软件概述

"教学软件"是指用于辅助教学的计算机应用程序或软件，它通过计算机呈现教学内容、组织教学结构、明确教学目标、引导和控制教学活动、对学生的需求进行反馈并对学生学习过程中行为数据进行记录以实现更优质的软件服务。随着多媒体技术的快速发展，人们逐渐意识到了多媒体化的课件或者教学软件在教学中的潜在优势，"课件""多媒体课件""多媒体教学软件"更加频繁地出现在人们的视野当中。在多媒体课件快速发展的同时，其形态也在计算机技术、网络技术以及各种智能技术的推动下变得越来越多元。为了更加全面地支持教与学，一些大型的网络教学平台（如 Coursera、Edx、学习元平台）集成了课程资源、教学指导、协作学习、个别化辅导、作业、考试等功能，实现了学生更加个性化的自主学习。从某种意义上来讲，上述教学平台已经超越了传统的教学软件，而构成了内容完整丰富、结构良好有序的教学软件系统。本书将统一采用"教学软件"这一术语对上述提到的多媒体教学软件、教学软件系统等进行阐述和表征，将其限定为利用计算机技术、网络技术及各种智能技术，为了促进教和学，在特定学习理论与教学目标的指导下，支持学习有效开展的学习内容、学习活动、学习工具等有机融合的软件。

1.1.1　教学软件的分类

互联网时代，随着技术多元化、学习场景的多样化、学生需求的个性化，教学软件也相应产生了不同的分类标准，其中主要的分类方式有按照应用目的划分、按照功能划分、按照使用对象划分以及按照内容的生成方式划分（图 1-1-1）。

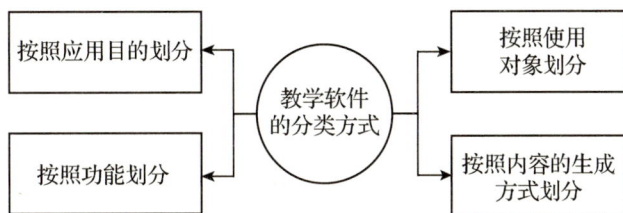

图 1-1-1　教学软件的分类方式

按照应用目的划分，可以分为教学辅助型、教研辅助型、个性化辅导型、练习测试型、虚拟实验型、问题解决型、资源工具型、教育游戏型、远程教学型以及开放共建型教学软件等。

按照功能划分，可以分为演示型、工具性、智能型和综合型教学软件等。

按照使用对象划分，可以分为辅助教师教学、辅助教师教研以及辅助学生学习的软件。

按照内容的生成方式划分，可以分为专家预设型、适应性生成型和开放共建型教学软件。

除此之外，还可以根据不同的情境需求对其进行更加多样化的分类。

1.1.2　教学软件的特点

尽管教学软件类别多样、形态各异、功能差别也很大，但总体来说，教学软件都应该满足如下几个方面的特点。

1. 教学性

教学性是教学软件最重要的特点。一般来说，教学软件的首要目的是辅助教学内容的有序组织，促进学习支持活动的有效展开，并提高教与学的效率，即不仅要有助于教师的教，更要能够支持学生自主的学。为了满足上述要求，教学软件在内容设计上必须符合教与学的规律，保证软件中整合的资源符合教学大纲和课程标准的要求，

4

对学生的身心发展起到正面的促进作用，进而激发学生的学习动机和学习兴趣，最终促进教学目标的达成。

2. 科学性

内容的科学准确是教育教学的基本要求，因此教学软件在设计过程中需要具有科学性，即教学软件必须能够正确表达学科知识内容，保证其呈现的内容科学无误，表述准确，术语规范。在教学软件中，教学内容是借助多媒体信息和素材进行表征的，因此各种媒体信息和素材需要完整、准确地表达特定知识点的教学目标，并与相关知识点建立符合学科自身的知识结构体系。

3. 系统性

教学软件主要通过对文本、图形、图像、动画、声音、视频等多种媒体类型素材的整合和组织，完成对特定知识的传授和学习，在此过程中知识与知识之间、素材与素材之间需要从整个教与学系统的角度进行选择、加工、排序，进而有效支持教与学的开展。因此，教学软件具有较强的系统性。

4. 技术适应性

教学软件作为互联网时代学习开展的主要载体，其设计与开发需要考虑当前背景的技术趋势，融合多媒体技术、计算机技术、网络技术以及各类促进知识有效呈现和推荐的智能技术，从而使得其可以在当前技术环境下稳定地运行。因此教学软件一方面应当具备技术性特点，另一方面还要适应技术发展的趋势，采用符合最新技术规范的技术，即具备技术适应性。

5. 交互性

学生主要通过与教学软件提供的内容交互和人际交互功能完成学习，因此交互性是教学软件的重要支持属性，其关系着学生能否有效参与并促进学习。内容交互主要是指学生与教学软件中学习资源、界面的交互，如内容浏览、收藏、分享等；人际交互主要是指学生通过系统与相关学生或教师的交互，如讨论交流、提问答疑等。上述交互主要通过学生的行为进行记录，对于建立学习模型并有效评价学生的学习至关重要。

> 所谓交互性主要是指对学生学习行为的记录和采集，当前主流的行为记录标准为 xAPI，其通过行为主体、行为类型、行为客体、行为时间等属性实现了对学生行为的标准化记录和存储。

6. 艺术性

教学软件是利用文本、图像、音频、视频等聚合在一起促进学习的系统的工具集，因此在设计过程中需要结合学生的特征充分考虑其艺术表现力，使他们能够在一种愉悦的情境下进行学习。艺术性的设计主要体现在课件的风格、画面的布局、色彩的搭配，文本、图形、动画、视频、声音等媒体素材的制作质量和运用方式，课件的交互性能等方面。

> 所谓艺术性就是美感。优秀的教学软件不仅可以给用户带来知识上的收获，而且还会在视觉、听觉等方面带来美的享受。

7. 用户友好性

用户友好性是教学软件必备的特点。教学软件的设计应当简洁易用，符合学生的操作习惯，让学生可以在学习过程中流畅地操作，减少由于系统设计和界面操作给用户带来的认知负荷，从而能够让教学软件在最大限度上辅助学生的学习。

8. 内容自适应

教学软件应当具备内容自适应。由于教学软件的作用是为了促进学生知识的学习，因此学生在使用教学软件进行学习的过程中，教学软件应当利用智能计算感知学生的学习需求，并为其提供最适合其自身知识结构和学习风格的内容。

9. 格式多元

互联网时代，随着网络接入越来越方便、移动设备类型越来越多样，教学软件也应当适应这种趋势，具备格式多元的特点，从而可以支持多终端的便携访问，进而支持学生在任何时间、任何地点，通过任何设备无障碍地获取知识。

10. 开源共建共享

在 Web2.0 时代，随着信息的开放共享，人人都可以为内容的完善做出贡献，教学软件的设计应当允许学生进行共建，即具备开源共建共享的特点。教学软件对所有学生开放，让所有学生均可根据所在的情境对知识进行完善，不断提高知识的情境适应性。

1.1.3　教学软件的作用

教学软件可以有效实现图文声像并茂，能够实现人机多种交互控制，在教与学中发挥越来越重要的作用，其具体的作用主要体现在以下几个方面。[①]

1. 教师教学辅助工具

教学软件的目标是辅助教师教学，在"互联网＋"教育的时代，教学软件主要用于辅助教师进行教学知识呈现、个性化学生的辅导、师生通信交流等。教学软件作为教学辅助工具，教师应更加关注其支持教学开展的合理性，从课程目标出发，真正地把

---

① 周忠武、庞敬文、钟绍春：《教学软件与资源建设的思路与方向研究》，载《中国电化教育》，2012(4)。

信息技术融入教学结构之中。教学软件对教学的辅助主要包括如下方面。

(1) 作为教学演示工具。

在教师教学的过程中，应用教学软件进行课堂演示是其教学应用最基本的方式。教师可以利用网络上已有的教学软件或多媒体素材库，选择其中合适的部分用在自己的讲解中；也可以利用 PPT 或者一些多媒体制作工具，综合利用各种教学素材用于辅助课堂教学。此时，教学软件可以呈现教学内容提要，用文本、图表、图像等方式来演示教学内容的概要和理论抽象模型等；可以充分利用动画、视频等方式来模拟事物动态的运动发展过程，形象地演示其中某些难以理解的知识内容。[①] 图1-1-2 展示了学习资源的进化过程，让学生有一个形象的认识；图 1-1-3 展示了适应性微课的构成，这离开了教学软件的支持，在传统的以纸笔为基础的环境下是难以实现的。

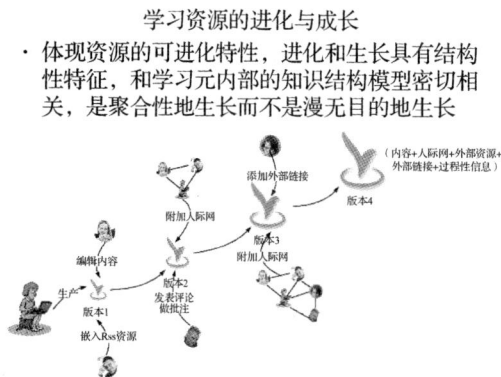

图 1-1-2　学习资源的进化过程

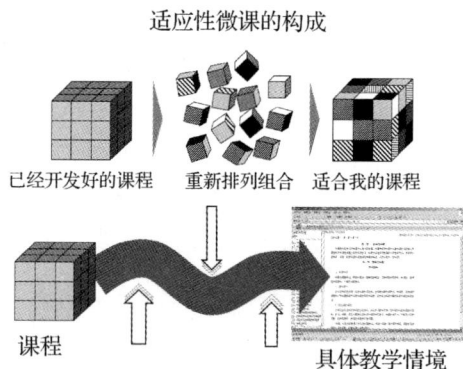

图 1-1-3　适应性微课的构成

(2) 作为个别化辅导工具。

建构主义学习理论强调学生不是知识的被动接受者，而是认知的主体，是意义的主动建构者。教师不是知识的传授者，而是学生学习意义建构的指导者、帮助者和促进者。由于学生已有的认知基础不同，对知识的有意义加工方式和程度也不同，因此在理想情况下，教师应该尽可能地满足学生个性化发展需要，为其提供有针对性的指导。[②] 但这在实际教学活动开展中却遇到了很大的障碍，而教学软件恰恰能够代替部分教师的智能，发挥自己的优势。

目前有大量的操练与练习型教学软件和计算机辅助测验软件，可以让学生在练习和测验中巩固、熟练所学的知识，并以此为依据来决定下一步学习的方向，实现个别辅导式教学。此外，还可以利用教学软件提供的不同的交互方式，如操作、练习、对

①　刘立云、张军征：《探究导向的科学课程演示型课件结构和内容设计》，载《现代教育技术》，2010(5)。

②　熊梅、王艳玲、艾庆华：《个性化教学设计与实施策略》，载《课程·教材·教法》，2011(8)。

话、游戏、模拟、测试等，关注学生的个体差异，根据不同的教学内容和学习目标进行个别化辅导，提高学生学习的投入度和准确度(图 1-1-4)。

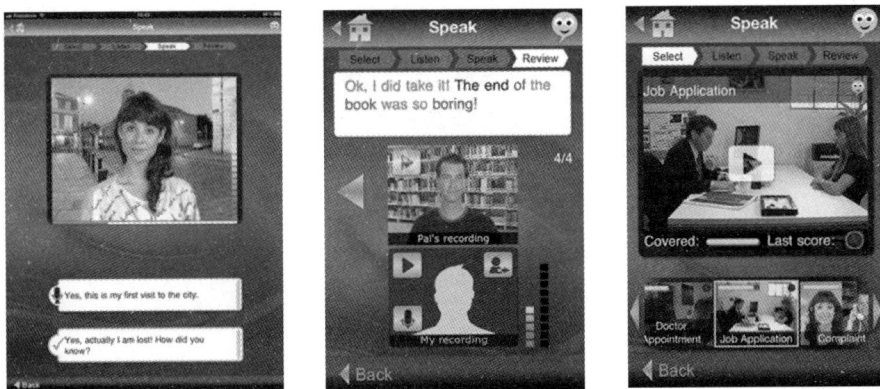

图 1-1-4　个别化辅导工具

(3)作为操练工具。

练习对于帮助学生加深与巩固理解新知识具有重要的作用，无论传统教学还是信息化时代的教学都是教学过程中必不可少的部分。在传统教学中，学生经常对操作、练习丧失兴趣，将其认为是学习过程中的一个负担。而在信息化条件下，教学软件不仅可以将操作、练习等活动赋予一定的娱乐性和情境性，以有效地维持学生的学习动机；同时还可以实现对练习的及时反馈，为学生及时了解自己的学习情况提供依据。教学软件的操作与练习功能在教学过程中得到了广大教师的普遍关注(图 1-1-5)。

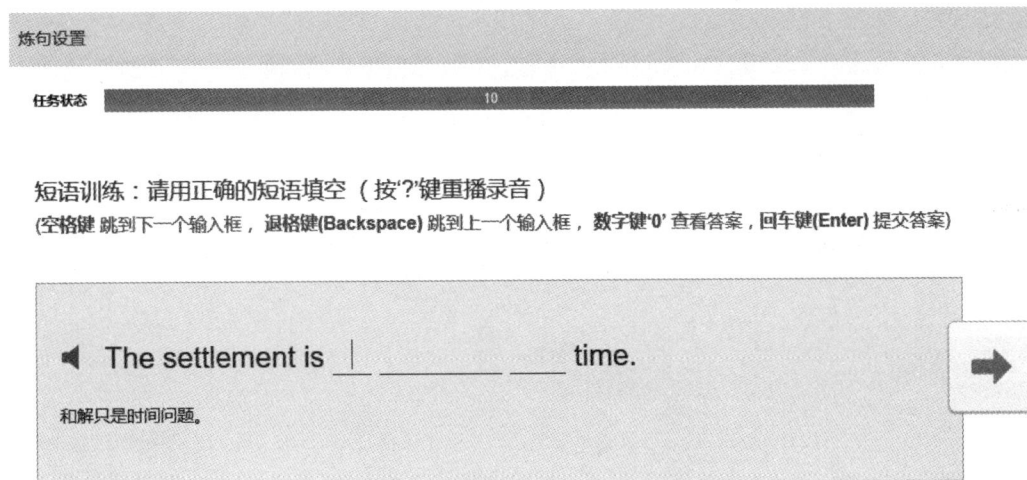

图 1-1-5　教学软件中的练习测试部分

一篇来自教师的日记

我的学生在使用一款叫作"高速跑道数学"的操练与练习型教学软件。我在公告板上画了一个跑道。每一个学生都要设计一辆赛车。在这一周的开始，学生把他们的赛车放到起跑线上，彼此之间展开竞赛。因为我已经根据各人的基础为每个学生设计了问题并编了号。他们在这一周内可以任意使用这款软件，每成功使用一次可以将赛车移动一个位置。他们的短期目标是在本周内达到终点线，最终目标是达到软件中的"名人大厅"，这就表明他们已经掌握了所有的复杂运算。这是促使学生练习的很好的"激发器"！

弗兰·克拉克

三年级教师

（4）作为交流工具。

教学过程离不开教师和学生、学生和学生之间信息和情感的交流，教学软件可以将交流工具引入教学中。教师可以充分利用讨论区、微信群、电子邮件等技术的支持，根据教学的需要以及学生的兴趣开设一定的专题以及交流话题。学生和教师可以在课上交流，还可以利用课外的时间交流，不仅可以和同班的同学交流，还可以和校内其他班级的学生交流，甚至可以和跨校、跨地区、跨国界的教师、同学进行探索和交流，实现一种突破时空界限的信息交流和思维碰撞。

教师可以通过网络为学生提供指导。学生可以通过网络向教师提问题或者交作业。家长也可以利用网络与学校实现更好的沟通和协作，还可以通过互联网访问该领域的一流专家或者第一线的实践工作者。学生可以在不同时间针对"Python 课程"一起进行交流学习，如图 1-1-6 所示。

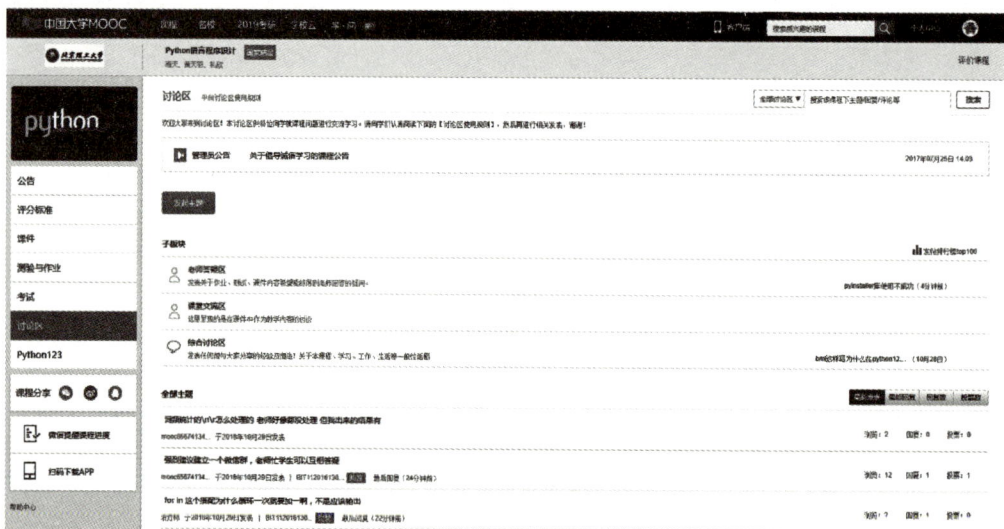

图 1-1-6　作为交流工具

2. 教师教研和专业发展工具

教学和教研是教师工作的两个重要方面。教学软件除了应当辅助教师更好地完成教学工作，还应当辅助教师更好地开展教研工作，从而实现教师的专业发展。教学软件在此方面发挥的作用主要包括以下几个方面。

（1）作为备课工具。

备课是教师教学的重要环节。在传统教学中，教师备课主要依赖经验、教材以及教辅，一方面缺少对备课环节的指导，另一方面缺少适合自己的资源推荐，这对于新手教师来说是一个难题。而一些教学软件可以根据不同课程的需求为教师提供备课环节的选择和自主定义，同时为教师提供了对应课程的优质资源和优质协同备课社群，为教师备课提供了极大的帮助，如图 1-1-7 为学习元平台中的备课功能。[①]

图 1-1-7　作为备课工具

---

①　陈玲、张俊、汪晓凤、余胜泉：《面向知识建构的教师区域网络协同备课模式研究——一项基于学习元平台的实践探索》，载《教师教育研究》，2013(6)。

10

（2）作为听课和问题诊断工具。

听课是一种重要的教研形式，可以通过同伴教师的互评发现教学中存在的问题，并进行适应性的改进和反馈。传统的听课基于纸笔，导致很多过程性的信息无法进行数字化的分析和利用。学习元平台的听课功能则实现了对教师听课过程中问题的有效记录（图 1-1-8），相应地在获取听课教师对课程的评价后，即可辅助上课教师分析、诊断教学问题，并提供相应的改进建议和资源。

图 1-1-8　作为听课和问题诊断工具

3. 学生的认知辅助工具

除了对教师教学和教研的辅助，教学软件最重要的功能就是促进学生的学习。在此过程中，教学软件将作为认知辅助工具，帮助学生更深入地理解教学目标中规定的内容，通过融合在教学软件中的媒体技术和智能技术，为学生提供学习支架，降低学生的认知负荷，提升学习效率。

（1）作为知识检索辅助工具。

信息化社会对人的挑战表现为对人的综合能力的挑战，而信息素养是信息社会中人的综合能力的重要组成部分。要想具备良好的信息素养，首先要能够利用各种渠道快速地获取自己所需要的信息和知识。在培养学生信息素养的过程中，教学软件可以充当检索工具的角色，帮助学生在面临纷繁复杂的信息时，能够高效地获取有用的信息来促进自己的学习。从检索工具的应用对象来看，常用的知识检索工具分为以下几类。

通用型检索工具：此类检索工具不限制检索信息的种类和范围，可以最大范围地检索到相关的信息，但检索的效率往往不是很高。常见的有百度搜索、必应搜索等。

专业型检索工具：此类检索工具往往用于专门收集某一专业或者领域方面的信息资源，并且采用更加详细和专业的方法对资源进行检索。常用的学术期刊检索工具有中国知网、百度学术等(图 1-1-9)。

专题型检索工具：此类检索工具针对某一类别的专题，方便用户进行快速查找，如百度文库、道客巴巴等。

图 1-1-9 作为知识检索辅助工具

(2)作为知识管理辅助工具。

在学生通过检索工具获取到适合自己的学习资料后，如果不能对知识进行合理的管理，就难以促进知识的结构化，因此教学软件又可以作为知识管理辅助工具，使学生能够总结、归纳和有效管理已学知识、已有资源(图 1-1-10)。

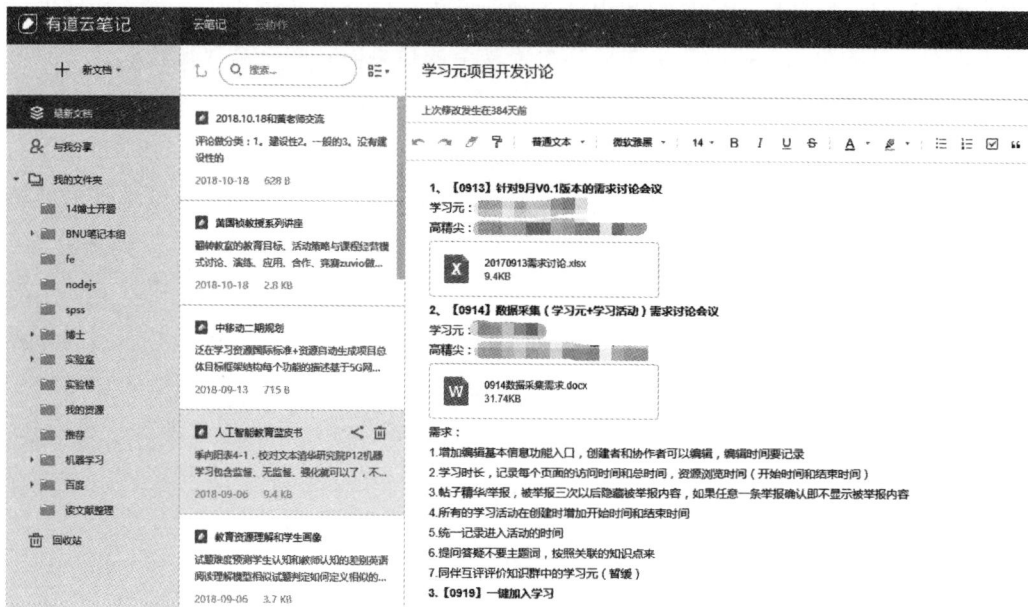

图 1-1-10　作为知识管理辅助工具

（3）作为信息加工和知识协同构建工具。

学习过程不仅仅是接收信息，更重要的是要引导学生利用信息工具对知识进行探究，进而实现对知识的变换、加工，促进知识的建构和深层次内化。[①] 利用一定的教学工具软件可以有效地支持学生的信息加工和自主知识建构。"概念图"（Concept Mapping）工具是专门用来建立"概念地图"以辅助学生认知加工，同时帮助学生建构意义的重要工具，它是语义网络的可视化表示方法，图中有许多节点，节点与节点之间的关系用加语义标记的连线来表示。例如，利用概念图工具可以让学生将已经学过的各种类型的水果进行可视化的表征，加深学生对这一概念的理解，还可以让学生对学习环境构成的系列知识进行归纳和补充，帮助学生在头脑中形成相关知识的认知地图，如图 1-1-11 所示。

（4）作为自主探究辅助工具。

教育过程中虽然强调对信息的加工、处理以及协作能力的培养，但培养学生的探索能力、问题发现和解决能力以及创造性思维能力，才是教育的最终目标。在实现这种目标的教学中，教学软件扮演着"研究工具"的角色（图 1-1-12）。

---

① 何克抗：《建构主义——革新传统教学的理论基础（上）》，载《电化教育研究》，1997(3)。

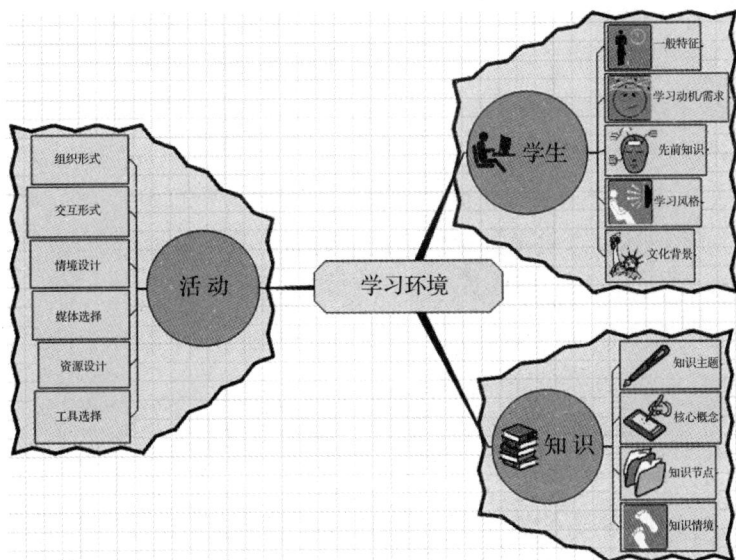

图 1-1-11　概念图的应用

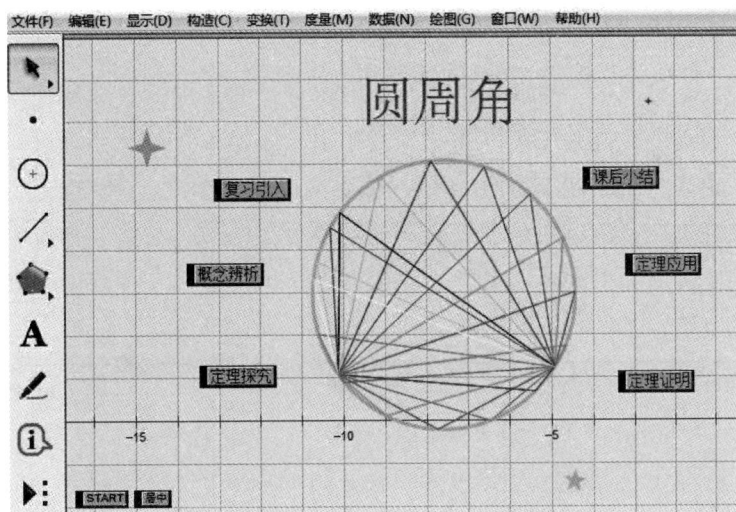

图 1-1-12　利用几何画板探究圆周角

很多工具型教学软件都可以为研究性的教学和学习提供很好的支持。例如，在中学数学教学中，几何画板可为学生提供自我动手、探索问题的机会。当面对问题时，学生可以通过思考和协作，提出自己的假设和推理，然后用几何画板进行验证。此外，学生还可以使用几何画板进行实验，从而发现、总结一些数学规律和数学现象，如三角形的内角和为 $180°$、圆周率的存在及计算等。随着信息技术的飞速发展，新技术在教学中的应用为学生的探索和学习提供了强有力的支持，如在经济学课程中，虚拟现

14

实技术可以模拟真实的商业情境，让学生在各种真实、复杂条件下做出决策和选择，提高学生对真实问题的解决能力。探索式教学和问题解决式教学等都是将信息技术作为研究工具的典型教学模式。

4. 环境构建工具

智能技术的发展推动了学习环境的智慧化，而适应性的、真实的、智能的学习环境将增强学生的学习体验，促进其对学习的主动参与，在学生的学习过程中发挥重要作用。[①] 因此教学软件作为教育教学过程中的环境构建工具，将肩负起利用新技术为学生智能构建适应性的真实学习环境的任务。环境的构建主要包含以下几个方面。

（1）作为探究性学习环境创设的工具。

探究性学习是一种积极的学习过程，主要指的是学生自己探索问题的学习方式。美国国家科学教育标准中对探究的定义：探究是多层面的活动，包括观察；提出问题；通过浏览书籍和其他信息资源发现什么是已经知道的结论；制订调查研究计划；根据实验证据对已有的结论做出评价；用工具收集、分析、解释数据；提出解答、解释和预测；交流结果。探究要求确定假设，进行批判的和逻辑的思考，并且考虑其他可以替代的解释。[②]探究性学习可以充分发挥学生的主动性，促使其完成知识的建构。我国在义务教育课程标准中也明确提出了要实施探究性学习。

开展探究性学习离不开问题和情境。利用信息化的多媒体教学软件可以为探究性学习的顺利开展提供支持和保障。在此类教学中，多媒体教学软件可以呈现生动逼真的探索情境，为学生提供进行自主发现、解决问题所需要的工具和信息资源。例如，多媒体教学软件可以利用动画的方式来呈现一个故事情境，在故事不断发展的过程中会逐渐地出现相关的知识或者探索性的问题，使学生能够在一种高度仿真的情境中自主发现事物的规律。

The ClueFinders' 3rd Grade Adventures 是由学习公司（The Learning Company）开发的一款情境游戏。该软件通过迷人的角色、挑战性的情境、具有艺术特征的图案和音乐来吸引学生，激发学生的学习兴趣。该软件使学生在完成 24 个探究性活动的过程中获得相关的知识，包括数学、写作、阅读、地理、科学等多种学习。它不仅能够使学生高效地建构知识，同时还能够发展学生解决问题的能力以及创造性思维，真正实现寓教于乐（图 1-1-13）。

[①] 黄荣怀、杨俊锋、胡永斌：《从数字学习环境到智慧学习环境——学习环境的变革与趋势》，载《开放教育研究》，2012(1)。

[②] National Research Council, *The National Science Education Standards*, Washington DC, National Academy Press, 1996.

图 1-1-13　The ClueFinders' 3rd Grade Adventures 的主界面

通过这些软件对所呈现的社会、文化、自然情境进行观察、分析、思考，激发学习兴趣，提高观察和思考能力；通过利用技术手段设置的问题情境引起思考、探索；通过利用数字化资源具有多媒体、超文本和友好交互界面的特点，培养学生发现问题、解决问题的能力；通过利用节点之间所具有的语义关系，培养学生进行知识意义建构的能力；通过利用信息技术创设的虚拟实验环境，让学生在虚拟实验环境中实际操作、观察现象、读取数据、科学分析，培养进行科学研究的能力，形成正确的科学研究态度，掌握科学探索的方法与途径。这些都是教学软件工具作为情境探究工具的极大优势。

（2）作为构建分布式协作学习社区的支持工具。

分布式认知强调人的认知不是封闭在头脑中的，而是在人与其环境（包括物质和社会要素）构成的整个系统中完成的，人往往要借助外在的环境线索、文化工具和与他人的互动来完成各种认知活动。[1]　其中，物质要素是指人在认知过程中要利用的各种沟通工具和认知工具（心智性的和物理性的）。社会要素是指人在认知过程中的其他人，如教师、专家、学习同伴等都可以作为认知资源。构建分布式协作学习社区对于知识的

---

[1]　Karasavvidis llias，"Distributed Cognition and Educational Practice，"Journal of Interactive Learning Research，2002，13(1)，pp. 11-29.

学习是非常重要的，它使学习能够在任意时间与地点进行。目前各种分布式学习系统则为构建分布式协作学习社区的环境提供了重要的物质基础和保障，图 1-1-14 展示了学习元平台中构建的学术信息、活动、工具、资源分享。

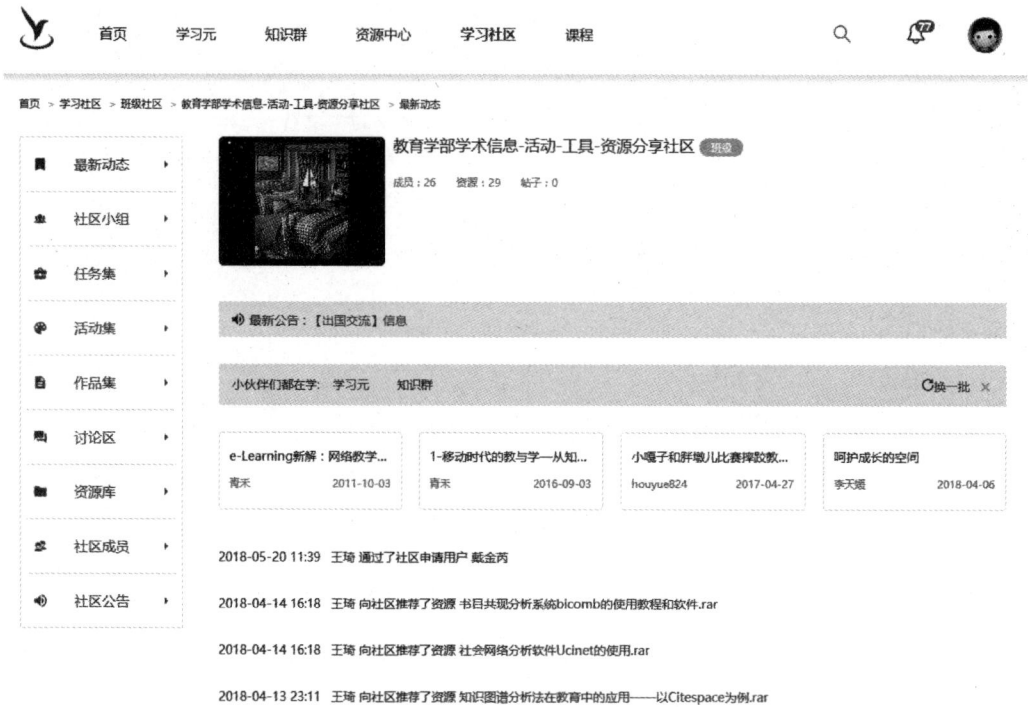

图 1-1-14　协作学习社区环境的构建

（3）作为情境问题解决的辅助工具。

教学软件可以为移动学习创设真实的情境，传统生物课堂或者化学课堂中，学生对一些实验的学习主要发生在实验室环境下，缺乏真实需求和场景的辅助，难以让学生对任务有一个具体的、深层次的认知。而移动教学软件可以通过教学问题，为学生建立情境感知环境，从而通过环境中嵌入的活动、资源引导学生完成任务，与此同时促进学生对知识的掌握和内化。如图 1-1-15 呈现了学生利用情境感知教学软件进行鱼解剖学习的案例，其辅助学习的基本模式为：确定问题；情境感知和资源准备；情境导入，引出问题；问题探究；观察学习；解释总结；反思改进、分享。

模式的环节和应用：

探究式移动学习模式
环节：

（1）确定问题
（2）情境感知和资源准备
（3）情境导入，引出问题
（4）问题探究
（5）观察学习
（6）解释总结
（7）反思改进
（8）分享

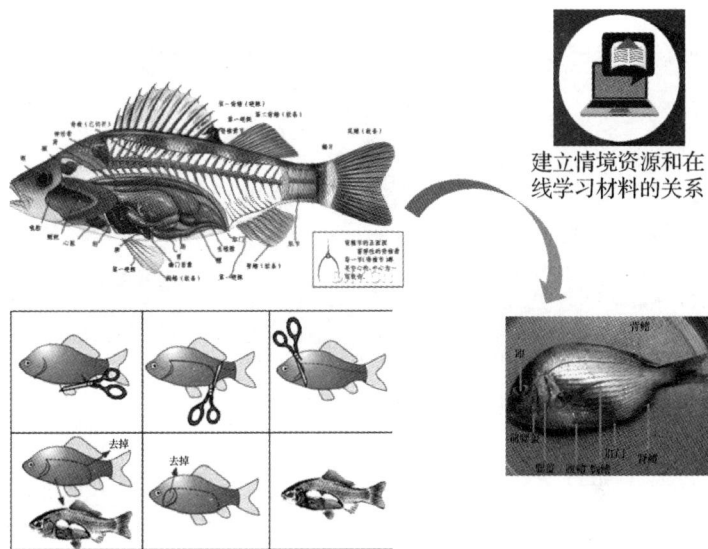

建立情境资源和在
线学习材料的关系

图 1-1-15　情境感知学习环境的构建

（4）作为远程互动环境建设的工具。

传统的远程教学、培训等主要是基于视频的转播，使学生难以针对学习过程中遇到的问题与主讲者形成有效的互动。随着即时通信的发展，在远程教学中引入即时通信工具，使学生可以随时向主讲者提出问题。主讲者也可以实时看到问题并在讲授结束后进行实时的反馈。图 1-1-16 为北京师范大学开设的互联网推动教育变革系列MOOC 课程的远程互动课程。

5．作为非正式环境下的支持工具和学习伙伴

（1）作为非正式学习的支持工具。

非正式环境下的学习已经成为一种重要的学习方式，而教学软件应当具备支持非正式学习的功能。随着社交软件（如微信）的发展，很多学生开始基于微信嵌入式小程序进行学习，这一方面减少了软件开发的工作量，另一方面可以让学生通过已经建立成熟用户群体的微信社交平台的激励机制促进自身学习动机和学习效果的提升。基于微信的非正式学习的典型案例，如薄荷阅读（图 1-1-17）。该学习软件通过嵌入在微信小程序中，让学生打开微信小程序即可学习。另外，软件根据学生阅读和词汇测试的结果为学生推荐可选书单和学习方法，促进学生适应性的学习。更重要的是通过这种方式，学生可以依赖微信群建立学习社群和发现学习伙伴，在协作中得到提升。

图 1-1-16　远程互动课程

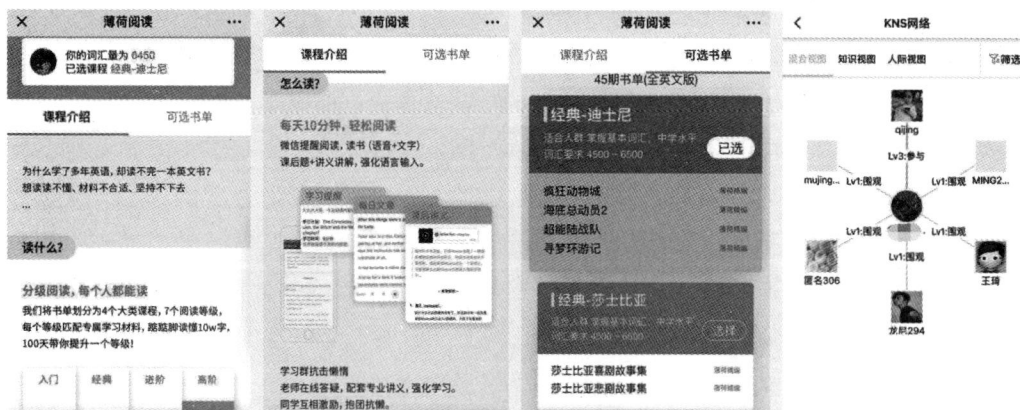

图 1-1-17　薄荷阅读

（2）作为学生的学习伙伴。

随着人工智能技术的发展，目前已经投入使用的智能机器人可以通过背后的知识模型、学生能力模型以及对学生数据的分析，诊断学生的认知状态，确定学生所需要学习的内容，从而以学习伙伴的身份为学生提供建议和有针对性的辅导。通过这种方式可以解决非正式环境下学生缺乏帮助、学习效果不佳的问题。如图 1-1-18 所示为北京师范大学未来教育高精尖创新中心研发的智能机器人学习伙伴。

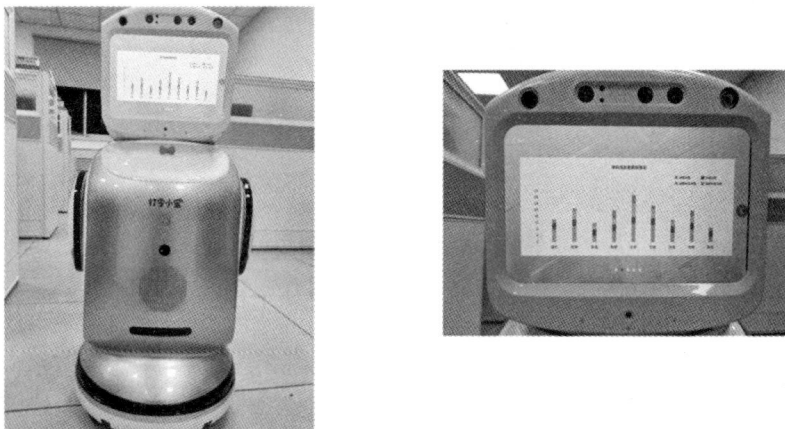

图 1-1-18　智能机器人学习伙伴

6. 评价和管理工具

学习评价和反馈是考核学生内容学习效果和效率的指标，而高效管理则是实现评价有序的重要措施。因此教学软件在提供学习支持服务的同时，还应作为学生学习过程的评价反馈工具和对学生进行管理的工具，通过分析学生的过程性行为、数据，为学生生成反馈报告，促进学生的反思和提升。

（1）作为学习评价工具。

新的课程评价要求更加偏重对学生的多元评价，而基于互联网的教学软件的应用则为这种多元评价方式提供了条件，即考试不再是唯一的评价方法，档案袋评价、课堂评价、学生自我评价、调查问卷、基于学生学习行为的分析等都成为评价的一部分。利用教学软件，教师可以设置相应的学习活动和测评活动，学生通过参与学习活动完成对知识的学习，而教学软件则在学生参与活动过程中采集其参与行为，通过数据分析为学生输出相应知识掌握情况的评价和反馈（图 1-1-19）。

（2）作为学习管理工具。

教师作为教育教学的管理者和指导者，应该对所有学生的学习情况进行查看并相应地为学生提供建议和改进的需求。在传统学习中，教师对学生的了解多基于作业或者经验，难以有效对每个学生的学习进度进行系统化的管理。在教学软件的辅助下，

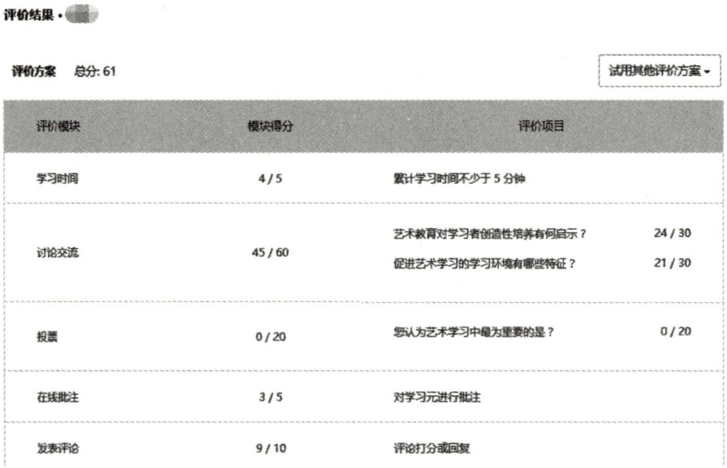

图 1-1-19　作为学习评价工具

教师可以根据课程学习设置的评价方案，查看每个学生的学习进度，进而推动学生的个性化学习（图 1-1-20）。

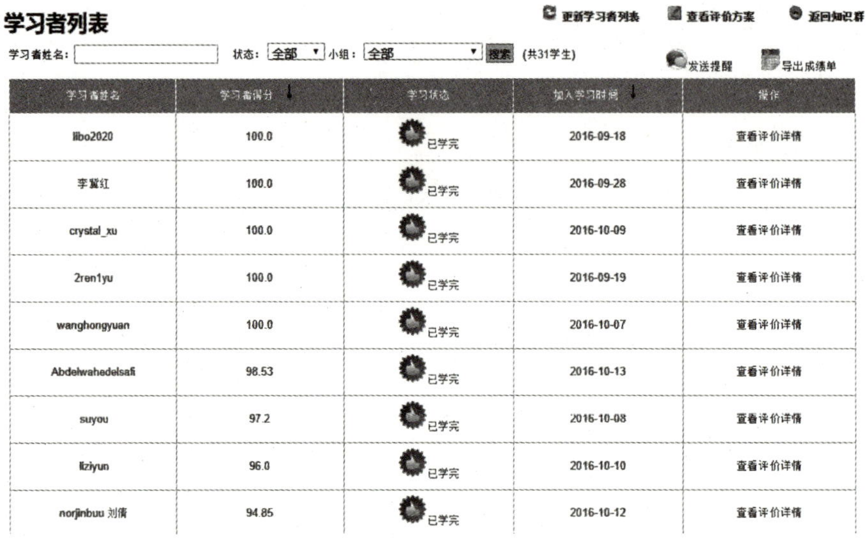

图 1-1-20　作为学习管理工具

> 　　这里仅提供了一些教学软件在教学中的典型应用。在实际的教学中，可以根据需要恰当地选择适合的工具与真实的教与学过程进行整合，或许在运用的过程中还会挖掘出很多其他独特的应用方式哦！

1.2
教学软件的应用情境

不同类型的教学软件，有着不同的应用方式、应用情境以及运行支持环境。了解不同教学软件的适用条件将对不同类型教学软件的设计起到重要作用。随着移动互联技术的大规模应用，非正式学习也成为一种重要的学习方式。以下将从正式学习和非正式学习两个角度对教学软件应用的情境及其环境支持进行叙述。

1.2.1　正式学习环境下教学软件的应用情境

正式学习环境主要指校内的课堂教学环境，主要包含多媒体教室、多媒体网络教室、学科互动多媒体课堂、多媒体远程转播室、虚拟仿真实验室等。

1. 多媒体教室

多媒体教室是目前正式学习的主流支撑环境。该教室环境建设相对简单，成本不高，即在一般综合电教室的基础上增加多媒体投影机、教师多媒体网络终端（计算机或智能电视）、扩音设备及网络覆盖等（图 1-2-1），在此基础上可以实现基于教师多媒体终端的演示教学。

图 1-2-1　多媒体教室

2. 多媒体网络教室

多媒体网络教室有几十台学生计算机（终端），可作为学生个别化学习的环境，也可进行课堂集中演示教学。目前有许多学校在原有计算机房（未联网），或计算机网络（已联网，但非多媒体网）的基础上，建成了多媒体网络教室。大多数学校的多媒体网络教室都与互联网相连，可进行基于网络的探究学习（图 1-2-2）。

图 1-2-2　多媒体网络教室

3. 学科互动多媒体课堂

学科互动多媒体课堂主要根据学科的教学特点和需要，在综合电教室或小型计算机网络实验室的基础上，增加相应的硬件装置和软件系统，使之能够符合特定学科的特定需求。例如，对于强调合作探究、分享交流的学科来讲，可采用如图 1-2-3 中的分组建设方式，搭建支持小组讨论的活动桌椅，配备移动终端和无线网络，在此基础上配备互动式学科教学软件，使学生可以方便地获取知识、参与讨论、分享交流。

图 1-2-3　学科互动多媒体课堂

4. 多媒体远程转播室

多媒体远程转播室主要在传统多媒体教室的基础上，增加了远程转播设备、音频通信设备以及多媒体互动教学软件，使得远程授课的教师可以方便地观察远端课堂实施情况以及学生通过教学软件参与互动的情况，如图 1-2-4 所示。

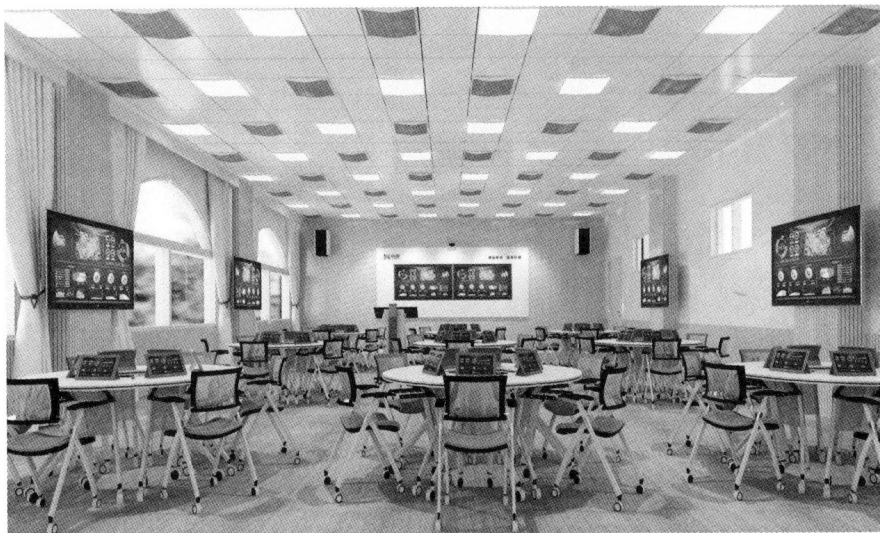

图 1-2-4　多媒体远程转播室

5. 虚拟仿真实验室

虚拟仿真实验室相对于传统多媒体教室，主要依赖无线网络、虚拟成像设备以及感知交互设备，实现学生与环境中虚拟内容的交互。在此过程中教学软件要与周围的虚拟环境紧密配合，营造需要的学习环境，促进学生沉浸式的学习（图 1-2-5）。

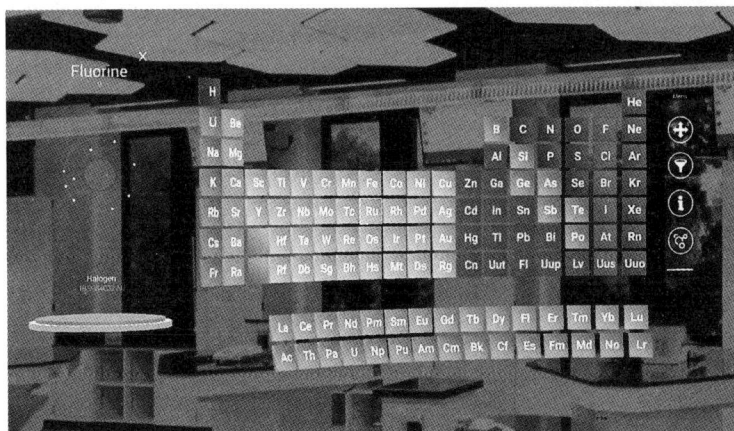

图 1-2-5　虚拟仿真实验室

1.2.2 非正式学习环境下教学软件的应用情境

非正式学习环境是相对于正式学习环境而言的，一般指学生在非正式组织条件下，学习发生的环境。该环境相对比较宽泛，可以是多媒体电子阅览室，学习场馆（如博物馆、科技馆、生态馆），也可以是家庭自主学习环境，还可以是户外的移动学习环境。

1. 多媒体电子阅览室

这种教学环境由多台多媒体计算机和教学媒体服务器组成，可联网访问公共数字教育资源，供学生进行个别化学习。目前多数学校的多媒体电子阅览室不仅可以提供校内的图书资源和公共互联网的免费资源，还购买了一些收费资源数据库，方便学生检索资源和开展学习（图 1-2-6）。

图 1-2-6 多媒体电子阅览室

2. 学习场馆

随着虚拟现实技术、无线互联技术的发展，场馆学习主要包含博物馆中的学习、科技馆学习、生态馆中的学习等。目前场馆中的学习主要通过设计与场馆中实体对象相关的虚拟学习资源，利用感知技术感知学生与学习对象之间的交互，进而通过教学软件为学生提供适应性的学习资源实现（图 1-2-7）。

图 1-2-7　学习场馆

3. 家庭自主学习环境

　　随着各类移动终端和智能设备的普及，个性化学习资源的获取日益便捷，使得家庭自主学习成为可能。学生可以在课后针对自己的学习薄弱点，通过计算机、手机、智能机器人等获取学习资源，开展自主学习（图 1-2-8）。

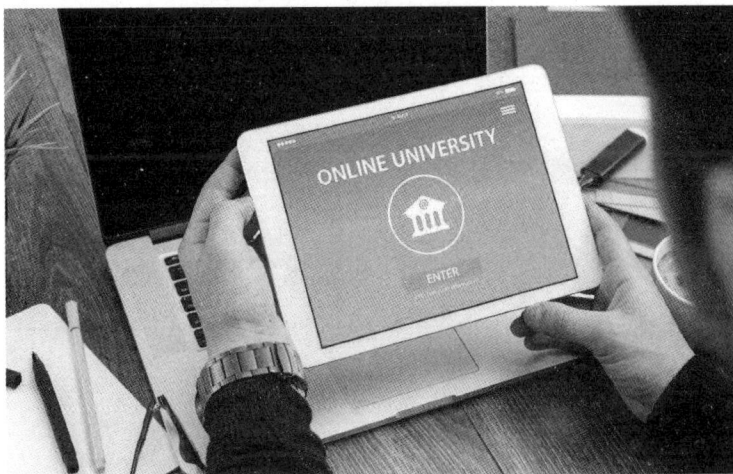

图 1-2-8　家庭自主学习环境

4. 工作场所环境

　　在工作场所环境中，由于信息的不断更新，从业者需要不断地学习新的知识，才能适应自身工作的需求。工作场所中的学习需要为学生提供可快捷接入的互联网环境、问题感知和检索设备，在学生遇到问题时，可以通过语音输入或者文本输入获取资源，辅助其工作(图 1-2-9)。

图 1-2-9 工作场所环境

5. 移动学习环境

移动学习环境是移动通信设备与无线网络通信技术结合所形成的应用体系，它通过教学软件实现了学生无时不在、无处不在的按需学习。目前无线网络和移动设备的普及，使得移动学习已经成为支持学生知识获取的重要学习方式。移动学习由于学习发生情境的不同、学生特征的不同，提供给学生的资源也各不相同。这也就成为正式学习中统一的结构化学习内容的重要补充(图 1-2-10 至图 1-2-13)。

图 1-2-10 移动学习环境 1

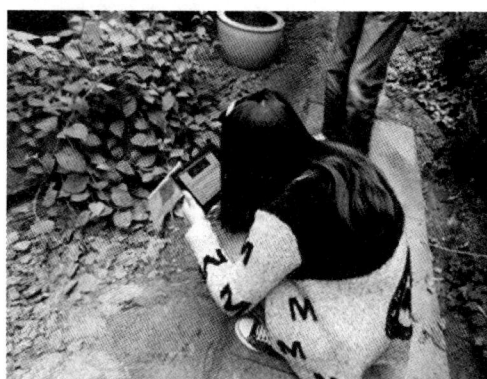

图 1-2-11 移动学习环境 2

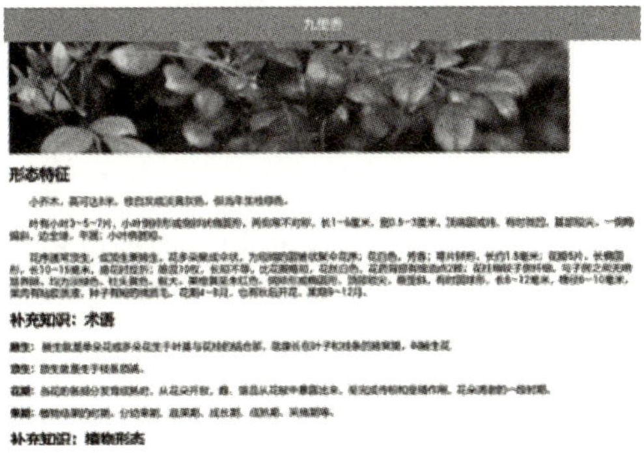

图 1-2-12　移动学习环境 3

图 1-2-13　移动学习环境 4

1.3
教学软件的设计与开发

1.3.1　教学软件的设计与开发方法

教学软件既是一种教学材料，又是一类应用软件。要保证教学软件的教育教学功能就离不开教学设计，要保证产品的成功开发又离不开软件工程的开发方法。因此教学软件的开发过程主要包括两个方面：一方面以软件工程领域的软件设计开发方法为支撑；另一方面结合教育领域的特点，充分发挥教学设计方法的指导作用。基于设计的研究方法则可以在设计与实践两个领域之间建立起有机的联系，从而保证所设计开发的教学软件的有效性。因此，软件工程的开发方法、教学设计方法以及基于设计的研究方法的整合运用，对于指导一线教师以及其他人员开发高质量的教学软件具有重要意义。

1. 软件工程的开发方法

（1）概述。

软件工程的中心思想就是将软件当作一种工业产品，要求按照工程化的原理和方法，对软件进行计划、开发和维护。其中一个重要的概念就是软件生存周期，它把软件生存周期划分为几个阶段，并给每个阶段赋予明确而有限的任务。一般来说，软件

28

生存周期可划分为计划、需求分析、设计、编码、测试及运行维护 6 个阶段。[①] 软件开发模型是跨越整个软件生存周期的系统开发、运行、维护所实施的全部工作和任务的结构框架。目前,常见的软件开发模型大致可以分为 4 种类型。[②]

①以软件需求完全确定为前提的瀑布模型(Waterfall Model)。

②在软件开发初始阶段只能提供基本需求时采用的渐进式开发模型,如螺旋模型(Spiral Model)等。

③以原型界面设计为指导的快速原型模型(Rapid Prototype Model)。

④以短周期、强调循环迭代开发的敏捷开发模型(Agile Model)。

瀑布模型

瀑布模型是最早出现的软件开发模型。其本质是一次通过,即每个活动只做一次,最后得到软件产品,也称作"线性顺序模型"。6 个环节自上而下、相互衔接的固定次序,如同瀑布流水,逐级下落。其具体过程如图 1-3-1 所示。

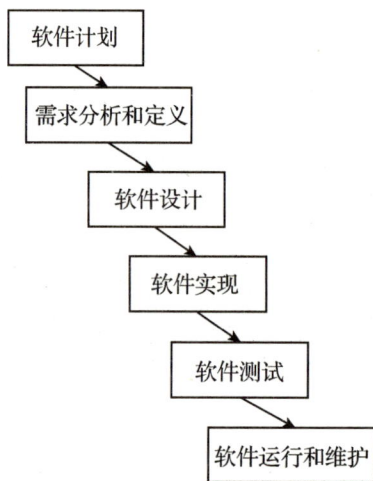

```
┌──────────────┐
│   软件计划    │
└──────┬───────┘
       ↓
  ┌──────────────┐
  │ 需求分析和定义 │
  └──────┬───────┘
         ↓
    ┌──────────────┐
    │   软件设计    │
    └──────┬───────┘
           ↓
      ┌──────────────┐
      │   软件实现    │
      └──────┬───────┘
             ↓
        ┌──────────────┐
        │   软件测试    │
        └──────┬───────┘
               ↓
          ┌──────────────┐
          │ 软件运行和维护 │
          └──────────────┘
```

图 1-3-1　采用瀑布模型的软件开发过程

瀑布模型有利于大型软件开发过程中人员的组织、管理,有利于软件开发方法和工具的研究与使用,从而提高了大型软件项目开发的质量和效率。但这种方法存在一定的缺陷:首先,由于开发模型呈线性,所以当开发成果尚未经过测试时,用户无法看到软件的效果。这样软件与用户见面的时间间隔较长,也增加了一定的风险。其次,当软件开发前期未发现的错误传到后面的开发活动中时,可能会扩散,进而可能会造成整个软件项目开发失败。最后,在软件需求分析阶段,完全确定用户的所有需求是

---

①　[英]伊恩·萨默维尔:《软件工程:原书第 6 版》,北京,机械工业出版社,2003。

②　张友生、李雄:《软件开发模型研究综述》,载《计算机工程与应用》,2006(3)。

比较困难的，甚至可以说是不太可能的。

螺旋模型

螺旋模型的每一个周期都包括需求定义、风险分析、工程实现和评审 4 个阶段，由这 4 个阶段进行迭代。其具体过程如图 1-3-2 所示。

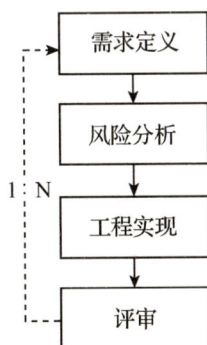

图 1-3-2　采用螺旋模型的软件开发过程

与瀑布模型相比，螺旋模型支持用户需求的动态变化，为用户参与软件开发的所有关键决策提供了方便，有助于提高目标软件的适应能力。但对于螺旋模型来说，过多的迭代次数势必会增加成本，从而延迟提交时间。

快速原型模型

快速原型模型首先是收集需求。开发者和用户一起定义软件的总体目标，标识出已知的需求，并规划出需要进一步定义的区域。然后是"快速设计"。快速设计集中于软件中那些对用户可见部分的标识，并进行原型的创建，由用户评估并提出软件开发的需求，逐步调整原型使其满足用户的需求。其具体过程如图 1-3-3 所示。

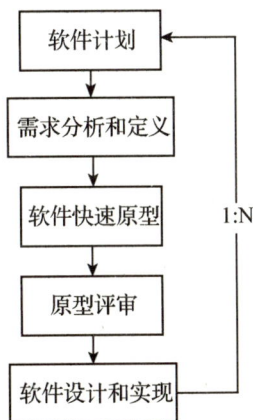

图 1-3-3　采用快速原型模型的软件开发过程

　　快速原型模型在软件开发领域又被称为抛弃型模型。由于其只是为了获得用户需求并实现原型，一旦用户需求确定后，该模型只能支持研发人员对该原型进行技术实现，不支持迭代的改进，因此原型一旦实现即被抛弃。

敏捷开发模型

　　敏捷开发模型是近年来互联网产品设计常用的模型。相对于传统模型来说，敏捷开发模型不强调对原始设计文档完整、无差别的实现。敏捷开发模型强调开发效率和迭代，即在开发过程中它只关注文档中的核心环节，根据核心环节简化文档，敏捷地实现软件的主体功能，对于补充性的功能将在下一个迭代中进行设计和实现。因此敏捷开发模型的重点包括力求简洁、支持变化和扩展、有目的的建模、功能递增可持续。与此同时，敏捷开发模型更注重的是人与人之间的沟通、交流，所以它强调以人为核心。[①] 其具体过程如图 1-3-4 所示。

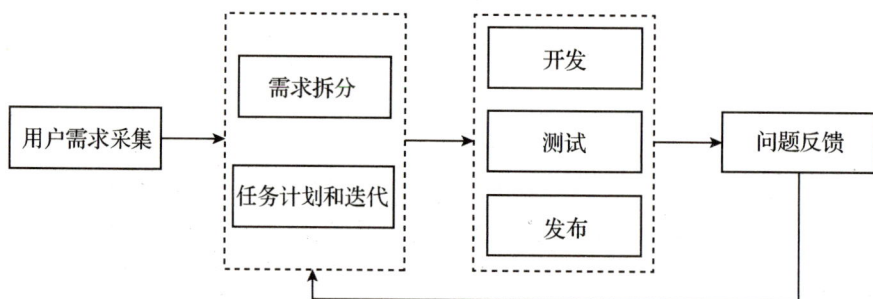

图 1-3-4　采用敏捷开发模型的软件开发过程

　　(2)对教学软件开发的指导意义。

　　教学软件一方面扎根于教学，另一方面也离不开信息技术的支持。教学软件本质上就是一类计算机软件，它属于软件中的一类，专用于教学。因此，教学软件的开发必须依托于软件相关的开发理论。软件工程的思想和方法则为其提供了极大的支持和帮助。软件工程的思想和方法不仅为教学软件产品的快速生成、最大可能地满足学习者需求等方面提供了清晰的指导方法，而且有助于教学软件产品开发的规模化，对于促进教学软件的商品化、产业化具有重要的意义。

　　从教学软件本身的特点来看，教学软件为了满足不同情境下的学习需求，需要充分考虑教育情境的复杂性、学生的多样性。在教学软件的设计过程中，需要充分考虑情境变化和学生需求变化给软件功能带来的适应性影响。例如，当学生在教室中学习时，软件提供的功能更加多样、复杂，能够支持各种正式学习的操作。当学生在户外时，由于操作条件的限制，软件应当为学生提供适合在当前场景下学习的便捷服务，

---

① 林海、徐晓飞、潘金贵：《敏捷开发方法及一个非典型应用实例》，载《计算机科学》，2005(2)。

如语音助理等。与此同时，教育内容强调科学性和与时俱进、教育过程强调对学生的认知适应、教育服务需要适应技术的创新，因此在设计教学软件过程中还需要在需求分析过程中对上述方面做充分的设计。以原型为驱动，不断迭代的敏捷开发路线将是适合教学软件开发的重要方式。

2. 教学设计方法

(1)概述。

在运用软件工程方法支持教学软件设计过程中，教学软件的内容和核心功能逻辑需要充分遵循教育规律。在此过程中教学设计的理论就显得十分重要。教学设计主要运用系统方法，将学习理论和教学理论转换成对教学目标、教学内容、教学方法与策略、教学评价等环节进行具体计划，创设教与学系统的"过程"或"程序"。自教学设计产生以来，产生了上百种不同的教学设计方法。纵观这些不同形式的教学设计方法，不难发现绝大部分都是在 ADDIE 教学设计方法的基础上演变而来的。相对而言，AD-DIE 教学设计方法由于简单易用，也被称为教学设计的"通用型方法"。ADDIE 由 5 个英文单词的首字母组成，它包括以下 5 个步骤：分析(Analysis)、设计(Design)、开发(Development)、实施(Implementation)和评估(Evaluation)。① 各个步骤之间的关系如图 1-3-5 所示。

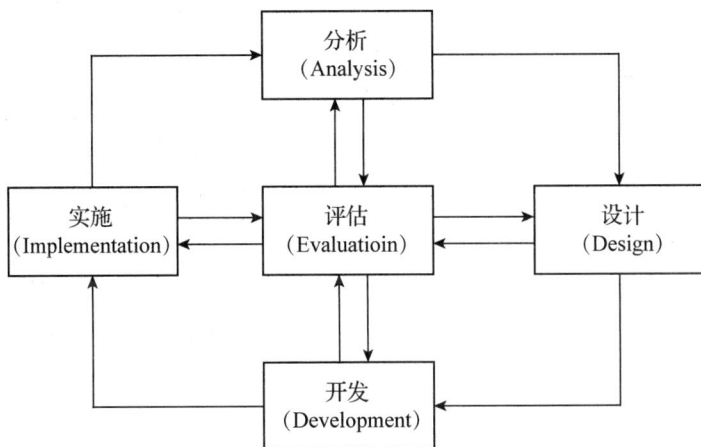

图 1-3-5　ADDIE 教学设计模型

①分析阶段。教学软件设计的目的是有效促进学生的学习，而学生是学习活动的主体，其所具有的认知、情感、社会等特征都将对学习过程产生重要的影响。因此，教学设计的首要环节就是要进行分析，包括学生特征分析、学习需求分析、教学目标分析以及教学内容分析，以此确定教学设计的起点。其中学生特征分析需要对学生的

---

① 李向明：《ADDIE 教学设计模型在外语教学中的应用》，载《现代教育技术》，2008(11)。

32

认知发展特征、学生的起点水平、学习风格、学习动机等方面进行综合考虑，涉及智力和非智力等多种因素；教学目标分析按照课程标准的要求需要从知识与技能、过程与方法以及情感、态度与价值观 3 个方面进行确定。

②设计阶段。该阶段需要在上述分析结果的基础上，选择教学方法和策略，确定教学流程和教学序列，同时还要选择具体的教学媒体，并对所要使用的内容资源和教学软件的功能、呈现方式等进行具体的设计。一般来说，在设计教学软件的过程中，尤其是引入其他信息技术人员做技术支持时，需要进行教学软件脚本的设计，具体可以参考图 1-3-6 和图 1-3-7 中所提供的格式进行填写。

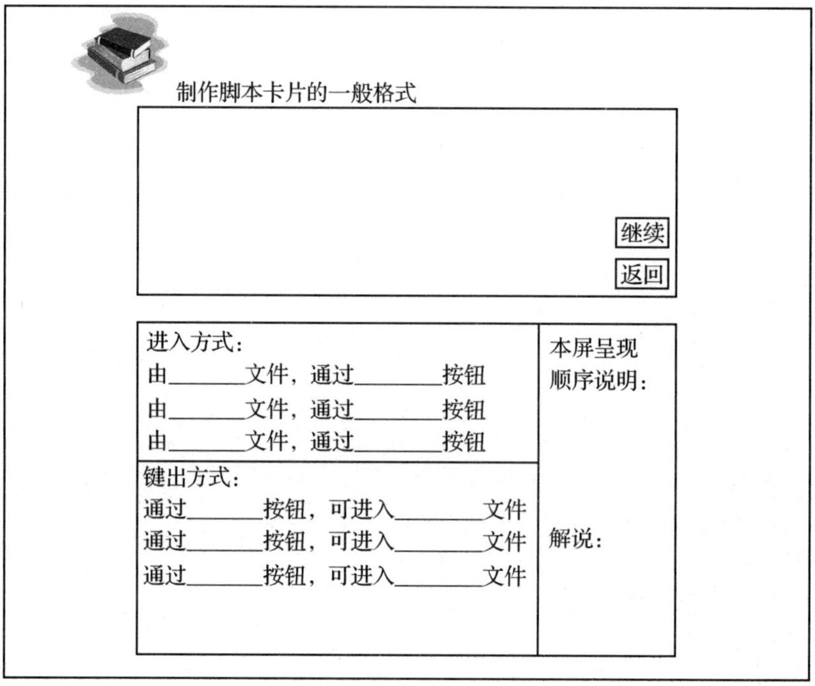

图 1-3-6 脚本卡片制作表格

知识点	目标水平	拟选择的媒体形式	呈现方式	媒体内容要点	技术支持	媒体在教学中的作用
1						
2						
3						

图 1-3-7 教学媒体使用说明一览表

③开发阶段。在分析、设计阶段的基础上，选择恰当的媒体形式素材，按照上述形成的教学软件设计脚本，对教学内容材料本身、教学内容呈现方式和媒体效果等进行技术开发，生成具体的教学内容以及其他辅助的教学材料。

④实施阶段。将所开发的教学软件应用于教学实践，并按照设计阶段形成的策略方法在课堂中进行实际应用，开展教学活动，实施教学。

⑤评估阶段。评估分为形成性评估和总结性评估。该阶段贯穿于教学设计过程的每个环节，包括教学目标和教学内容以及学生特征分析、对教学资源的设计与开发等；对各个环节的评估及时做出修订，使各个环节落实到位，确保教学效果的最理想化。

(2)对教学软件开发的指导意义。

教学设计方法将学习理论和教学理论的原理转换成对教学目标、教学内容、教学方法与教学策略、教学评价等环节进行具体计划，包括对完整教学过程的分析、设计与评估。虽然它不是专门指导教学软件设计的方法，但是却为教学软件的分析、设计与开发提供了重要的依据，使其不仅仅局限在少数个体的感性经验的基础之上。教学软件一旦失去了教学性，也就失去了它的生命。教学设计理论和方法则恰恰能够为教学软件提供该方面的支持，是教学软件开发的最重要的基础保障。

3.基于设计的研究方法

(1)概述。

基于设计的研究，又称设计研究。最早由学习科学的研究者提出，旨在通过形成性研究过程，采用"逐步改进"的设计方法，把最初的设计付诸实施，检测效果，根据来自实践的反馈不断改进设计，直至排除所有缺陷，形成一种更为可靠而有效的设计。这种研究方法最初是为了解决理论和实践存在分离的现象而提出的，从而能够将二者有效地结合起来。经过十几年的实践，基于设计的研究已经逐步在许多领域得到越来越多的关注，包括认知科学、心理学、人工智能、教学设计等领域。在教学软件设计与开发的过程中，一方面需要依据不同的学习对象和客观环境不断地对教学设计进行改进，另一方面也要基于新技术和新需求对软件和技术思路进行逐步改进。在基于设计的研究方法指导下，教学理念和技术实现二者能够在教学软件中实现最优的整合。它具有以下几个方面的特征。[①]

①设计的特征。首先，设计不仅是有目的的，而且是创造性的。设计源于实践中的具体问题，因此目的性、针对性很强，而问题解决本身就是对各种理论的创造性应用。其次，设计是可扩展的，即设计是随着研究的进行而不断变化的。可扩展的设计允许设计人员、研究人员或者开发人员能够随着环境的改变及来自实践的反馈对设计

---

① 梁文鑫、余胜泉：《基于设计的研究的过程与特征》，载《电化教育研究》，2006(7)。

做出适时的更改与修正。最后，好的设计是循环迭代的。这种迭代的思想在很多研究中都有欠缺，但是这对于检验设计的性能是十分关键的。通过创造性设计、实施、记录实施过程、改善设计的过程来理解哪些因素起作用，哪些不起作用，并且哪些设计的要素是本质的，哪些对于目标实现是不相关的。通常情况下，会采用用户测试的形式来优化最初的设计。

②研究的特征。首先，基于设计的研究具有较强的针对性，它直接指向设计给对象带来的改变。其次，研究注重形成性的流程，它关注过程中每个关键性要素的设计以及实施的结果，并做好相关记录，为接下来的不断修正做好铺垫和准备。

③"设计"与"研究"的综合体。基于设计的研究是"设计"与"研究"的综合体，它将设计的思想贯穿于整个研究过程之中，又将研究得到的结论反馈给设计，检验设计的合理性与有效性。设计与研究二者相辅相成，彼此有机整合，以最大限度地实现既定的目标。

(2)对教学软件开发的指导意义。

任何一个教学软件产品的设计与开发都是与一定的理论思想紧密相连的，包括行为主义学习理论、认知主义学习理论以及建构主义学习理论。在这些理论指导下，开发出来的产品又促使广大的教育工作者发现深层次的学习规律和教学规律。图 1-3-8 展示了理论、研究以及 IT 产品的开发过程三者之间的关系。

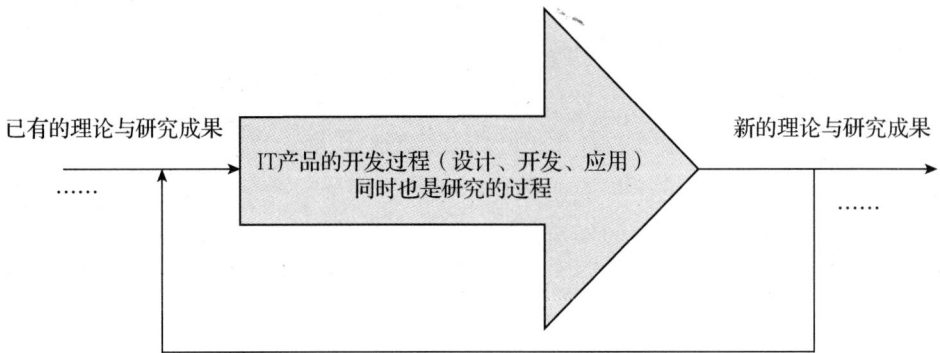

图 1-3-8　理论、研究与 IT 产品的开发过程之间的关系

在以往的开发过程中，人们往往忽略了开发过程也是研究过程这一现象。目前很多教学软件产品在设计层面、开发层面出现了种种问题。实际上，教学软件开发的过程满足了教与学规律的过渡。教育学、心理学的知识不仅仅可以用来对 IT 产品进行设计，更应该针对这个开发流程进行研究。这是以往常常被人们忽略的，而这个过程中的研究成果对于 IT 产品的开发而言意义更加重大。

教与学理论是开展研究与产品开发的基础，在开发过程中又潜藏了对教与学有重要意义的数据点。因此将设计与开发进行有机整合，使二者之间能够相互支持、相互促进，无论对指导具体实践工作还是深化理论的研究都具有重要的意义。

1.3.2　教学软件的设计要素与架构

教学软件的设计最重要的是要符合学生的认知规律，其次在形式上和内容上要与学生特定场景下的学习需求相适应。因此在设计过程中应当考虑的核心要素包含认知设计、界面设计、人机交互设计、知识与素材设计和评价与反馈设计。

1. 认知设计

教学软件的认知设计主要实现了软件呈现内容和功能同学生认知的匹配，其中认知的核心一方面为知识层面上的认知，另一方面为感知层面上的认知。知识层面上的认知，指不同学生的当前知识水平，基于此可以实现因人而异的内容设计；感知层面上的认知，主要通过对学生认知风格的适应达到促进学习的目的。

2. 界面设计

教学软件的界面设计，包括布局、色彩以及导航设计，同时也包含页面所处的设备以及其中引用素材的媒体类型的选择等。只有在教学软件设计过程中对上述要素进行合理的设计，才能最大限度地满足学生的视觉需求，激发学生的学习动机。

3. 人机交互设计

教学软件的交互设计包括人与内容的交互、人与机器的交互、人与机器背后的人的协作机制设计以及软件中仿真与控制设计。交互设计可以使学生能够在系统的操作中，建立与知识、相关学习者之间的联系，促进其知识的深层次内化。

4. 知识与素材设计

教学软件中的知识和素材是支持学生有效学习的基石，其中知识的设计包含特定学科知识点的集合，同时也定义了知识点之间的关系。素材的设计则需要建立在知识点的基础上，则需要对知识表现形式、学习活动等进行设计和包装，从而辅助学生对知识的有效学习。

5. 评价与反馈设计

学生完成知识的学习之后，对其进行有效的评价至关重要，因此需要为教学软件设计良好的评价反馈机制。评价反馈包括总结性评价和过程性评价。

在上述要素的支持下，可以根据不同的设计理念和教学意图，搭建不同的架构，开发多种不同类型的教学软件，包括学科网站、学科资源库、探究性主题资源、教学游戏、虚拟实验、网络课程、演示型教学软件、个别指导型教学软件、评测练习型教学软件以及教学模拟等。这些不同架构形式的教学软件以不同的方式、各自不同的优势对教与学的过程提供有效的支持(图 1-3-9)。

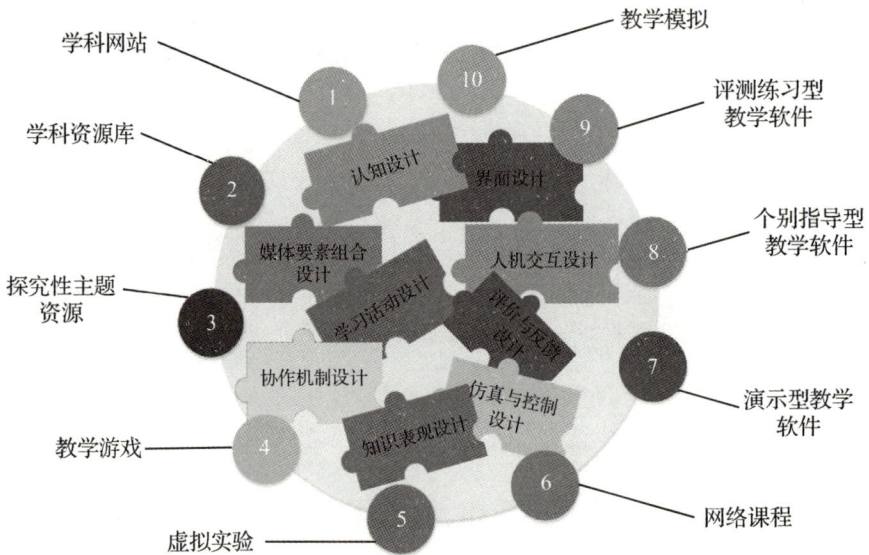

图 1-3-9　教学软件的设计要素与构架关系示意图

1.3.3　教学软件的常用开发工具

目前教学软件的设计工具不仅包含专业化、整合式的教学产品开发工具,如微课制作工具 Camtasia、交互式课件制作工具 Focusky、雨课堂等,还包括文本、图像、动画等素材的制作工具,教学设计辅助工具,教学软件开发管理工具等,主要用来辅助专业软件的内容设计、开发管理等。本部分将聚焦于教学软件设计所需要的工具,让设计者了解当软件设计过程中遇到不同的需求时可以借助何种工具实现。

1.教学软件制作工具

(1)Camtasia。

在教育教学过程中,微课是支持学生学习的重要素材。因此微课制作工具是应用比较多的教学软件制作工具,典型的微课制作工具有 Camtasia,其主要功能为教学视频录制和编辑。该软件可以支持计算机屏幕的录制,也可以支持 PPT 演示的录制,在录制过程中可以通过配置实现对教学过程中需要重点讲解的内容的局部放大和强调。在视频录制完成后,该软件支持导入媒体、字幕以及教师视频,还可以对讲解过程进行剪辑和优化,最终导出适合不同平台和设备的微课(图 1-3-10)。

图 1-3-10　Camtasia 界面

（2）Focusky。

Focusky 是一款演示文稿制作工具。它扩展了 PPT 的功能，提供了多种交互式的模板，让课件开发者在课件制作过程中可以根据教学内容的需求选择更加适合的呈现形式，如在讲解逻辑复杂的内容的时候，可以引入层次性的树状结构，当学习一个根节点时，可以点击根节点下的子节点找到相关的知识点。该软件的另一个优势在于设置了更加丰富的内容呈现和页面切换方式，让教学内容的呈现可以更符合学生的习惯。与此同时，该软件为了适应教学的需求，还增加了录屏配音和动画设置功能，而对于制作完成的课件可以以多种格式进行导出，如网页、可执行文件以及视频等(图 1-3-11)。

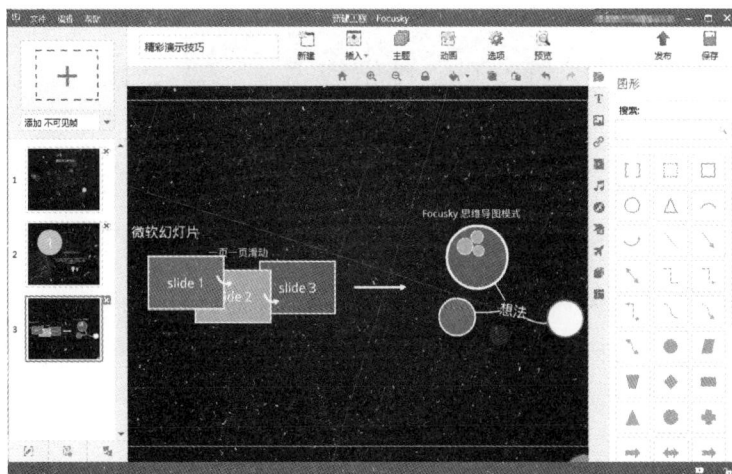

图 1-3-11　Focusky 界面

（3）雨课堂。

雨课堂是一款支持课堂实时互动的交互式课件制作和支持软件。该软件以 PPT 为基本载体，让教师可以在制作 PPT 课件过程中通过雨课堂提供的交互式功能引入班级管理模块、交互式测评设计和推送模块、评价模块、弹幕交流模块等，让教师可以将传统的课下活动转化为线上线下相融合的活动。通过班级管理的功能可以实现开课、学生信息管理、考勤等；通过交互式测评的设计和推送可以实现让班级所有同学进行随堂测试；通过评价模块可以让师生实时获取评价结果；通过弹幕交流模块则可以让学生实时表达自己的想法，从而辅助教师调整课堂，促进课堂改进（图1-3-12）。

图 1-3-12　雨课堂界面

2. 素材制作工具

（1）文字。

Microsoft Word 是微软公司开发的一款文字处理应用软件。它不仅可以实现对文字的各种编辑，包括字体、字号、颜色等，还可以实现很多其他的艺术效果以及应用效果（图 1-3-13）。

（2）图形、图像。

PhotoShop 是 Adobe 公司开发的一款图形处理软件，在图像处理、平面设计等方面具有非常强大的功能。它通过对已有的位图图像进行编辑加工能够实现很多特殊的效果（图 1-3-14）。

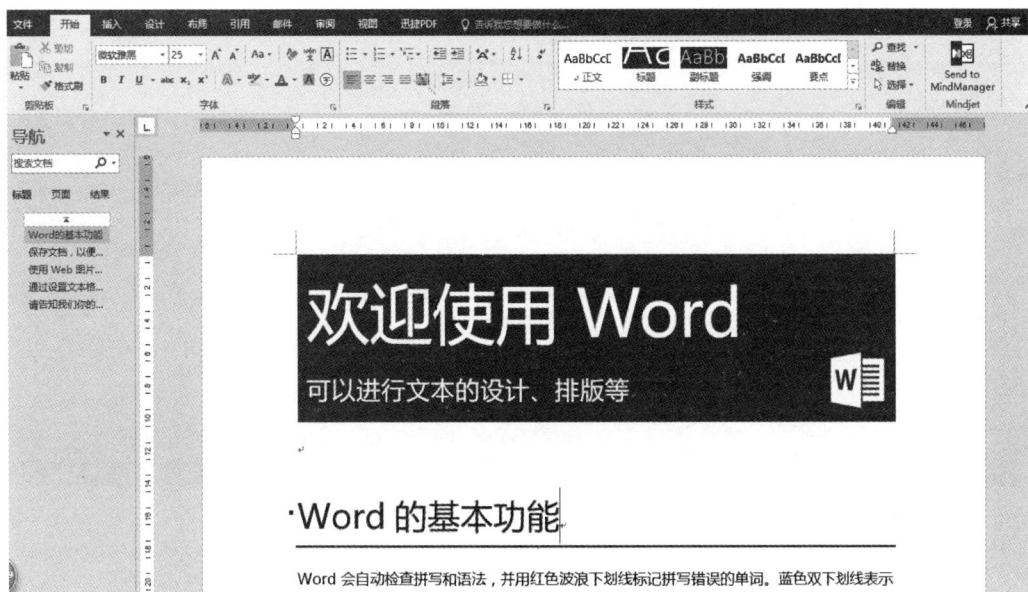

图 1-3-13　Microsoft Word 界面

图 1-3-14　PhotoShop 界面

（3）音频。

CoolEdit 是一款轻量级的音频编辑软件和 MP3 制作软件，也是很多专业录音室常用的软件。CoolEdit 形容为音频"绘画"程序，可以用来"绘"制音调、歌曲的一部分。它可以提供多种特效，如放大、降低噪声，压缩，扩展，回声，失真，延迟等，还可以同时对多种声音进行剪切、合并、重叠等操作(图 1-3-15)。

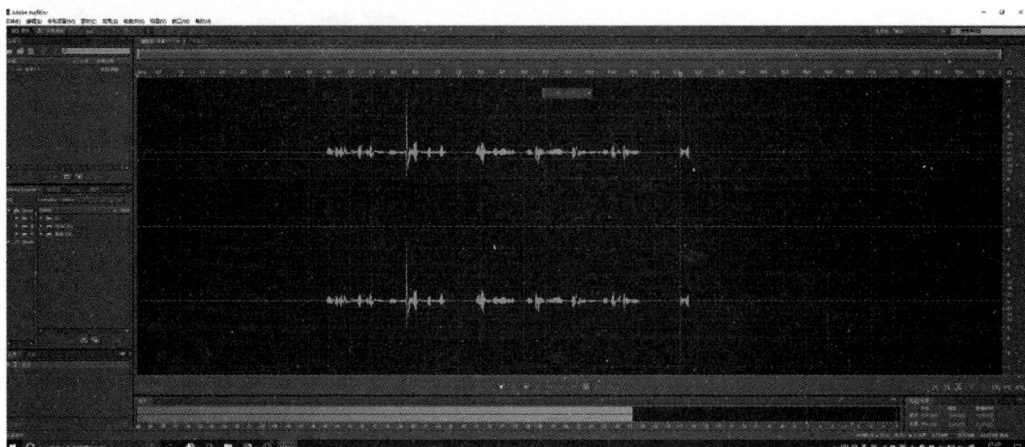

图 1-3-15　CoolEdit 界面

(4)H5 交互式网页和动画工具 HBuilder。

随着移动设备的普及,H5 交互式网页或者动画成为支持学生学习的重要方式,比较典型的如微信小程序。因此 H5 交互式网页设计工具是未来教学软件设计的重要组成部分。当前 H5 网页设计工具比较多,应用时间较长也较稳定的有 HBuilder,它提供给素材开发者大量自动化的 HTML,CSS,JavaScript 辅助编程框架和提示,同时提供了方便的项目管理功能,在页面编写完成后可以面向多终端对项目进行编译和发布(图 1-3-16)。

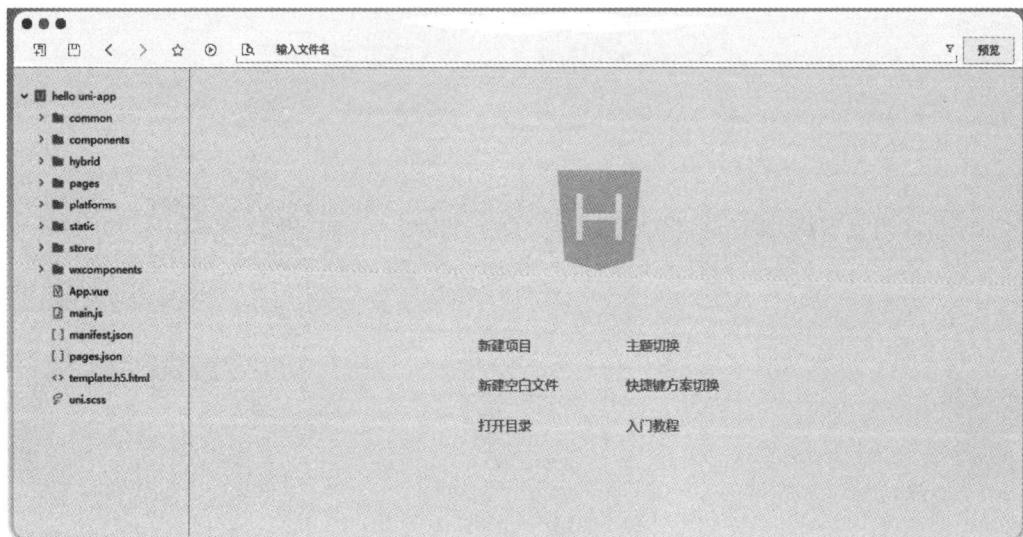

图 1-3-16　HBuilder 界面

(5)视频。

Premiere 是 Adobe 公司开发的一款基于非线性编辑设备的视音频编辑软件,被广泛地应用于电视台、广告制作、电影剪辑等领域,成为应用最为广泛的、非常专业的视频编辑软件(图 1-3-17)。

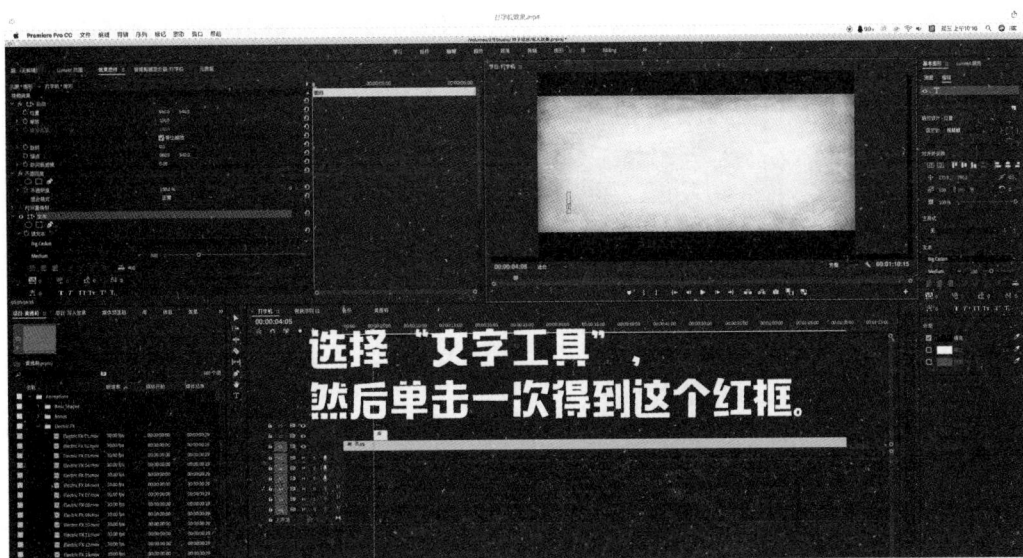

图 1-3-17　Adobe Premiere 界面

3. 教学设计辅助工具

(1)Learning Designer。

Learning Designer 是英国伦敦大学学院知识实验室(UCL Knowledge Lab)开发的支持活动式教学设计的在线平台。教学设计者可以自主设置教学活动,并按照模块的形式进行添加,实现了以活动和评价为导向的教学策略安排(图 1-3-18)。

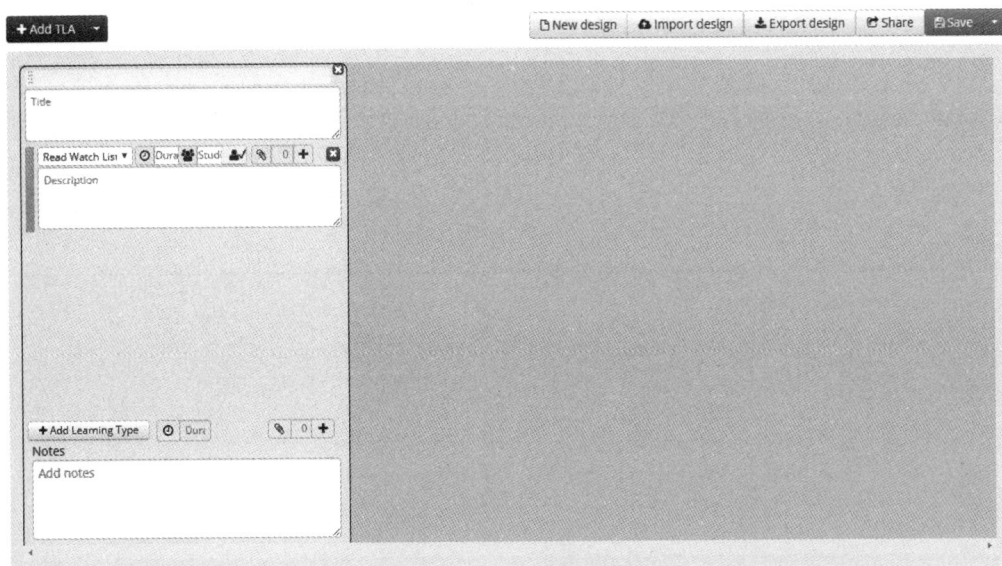

图 1-3-18　Learning Designer 界面

42

（2）备课本。

备课本是北京师范大学未来教育高精尖创新中心开发的一款支持在线备课的工具。它集成了大量的优质教学案例，在教师进行备课过程中可以自主设置教学环节，根据每个环节的需要可以自主添加内容或者从资源库中选取内容。此外，备课本提供了丰富的人际网络支持，可以让新手教师在备课过程中找到相关的专家和同伴（图 1-3-19）。

图 1-3-19　备课本界面

4. 教学软件开发的管理工具

（1）GitHub。

GitHub 是目前对软件进行项目管理的通用软件。一方面，通过 GitHub 可以对项目的工程代码进行管理，可以对同一个项目定义多个分支，每个角色可以根据对自己负责模块的认领在不同分支进行设计和开发，并将文档通过分支进行同步；另一方面，不同角色可以查看、下载其他角色在不同分支下完成的工作，而这些工作又可以合并和融合，形成一个完整的版本（图 1-3-20）。

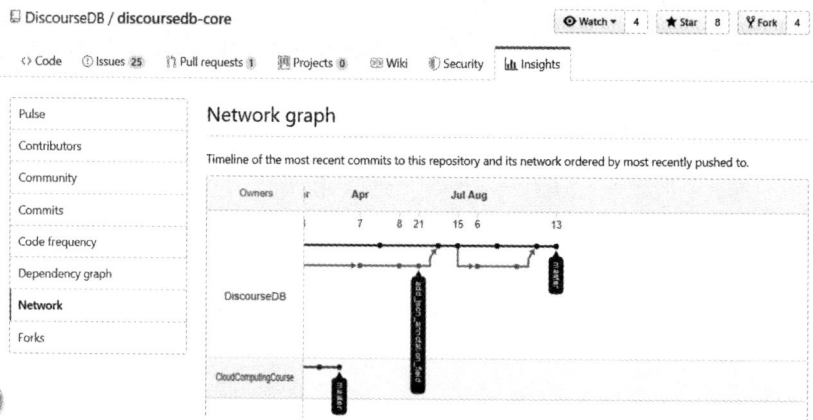

图 1-3-20　GitHub 界面

（2）Worktile。

GitHub 更多的是在设计和开发层面提供软件开发统一管理的功能，但是在开发进度管控方面，其功能相对薄弱。高效的软件开发过程需要有明确的问题分析、时间进度的把控，因此此类工具开始流行，比较典型的有 Worktile。Worktile 是一种协同办公工具，通过该工具可以设置项目，并可以将项目按照阶段进行划分，制订每个阶段的计划和截止时间，最后让不同的参与者高效完成协同工作（图 1-3-21）。

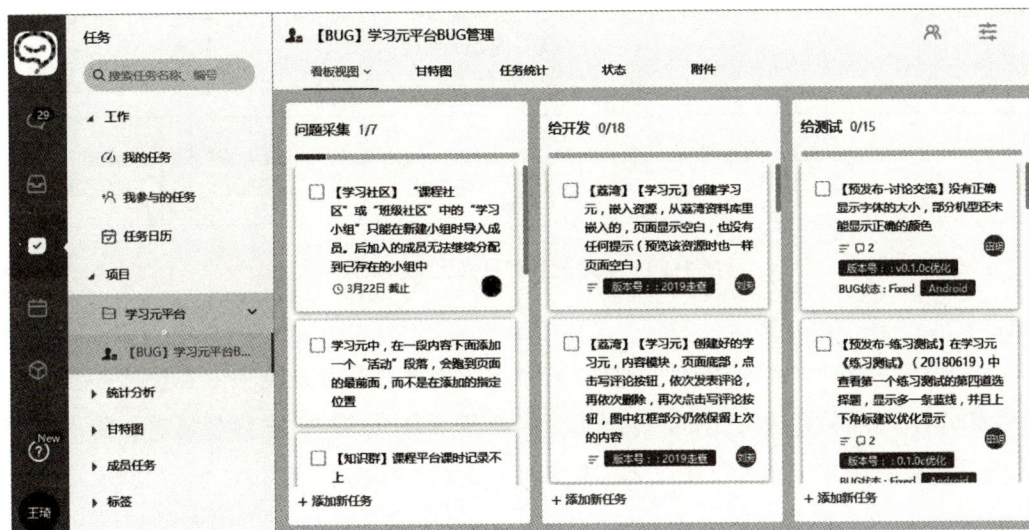

图 1-3-21　Worktile 界面

1.4
教学软件开发项目管理

教学软件由于粒度和服务范围不同，其设计开发流程以及周期也不同，大型教学软件的设计和开发是一个系统化、周期化的过程。整个过程需要多种角色的团队合作，因此一方面需要了解教学软件开发所需要的知识结构、人员配备，另一方面需要了解对开发过程进行有效管理的方法，这样才能使大型教学软件开发取得成功。

1.4.1　教学软件开发需要的知识结构

教学软件是利用计算机技术、网络技术开发的用以促进教与学的计算机程序和系统，因此教学性、科学性、技术适应性以及艺术性是其最突出的特点。为了能够开发出优秀的教学软件，开发团队需要具备的知识结构主要由以下几方面构成(图 1-4-1)。

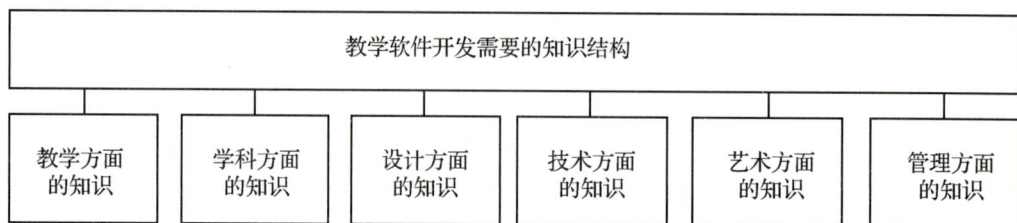

图 1-4-1　教学软件开发需要的知识结构

1. 教学方面的知识

由于教学软件的目的是辅助学生进行学习，因此在其开发过程中需要具备教学方面的知识，教学软件的设计和开发者也就需要了解必要的教学理论和教学方法，懂得如何依据学科知识中具体内容的特点进行设计与组织教学。

2. 学科方面的知识

教学软件的核心是引导学生完成对知识的学习，因此其中学科知识的设计至关重要，优质的学科知识和资源将有利于提高学生的学习效率。教学软件的设计和开发者要开发优秀的教学软件首先需要深入了解学科知识，能够合理把握学科内容的重难点，以保证所开发的教学软件的科学性。

3. 设计方面的知识

教学软件是可以进行大规模应用并促进学生学习的产品，要想达到预期的效果需要进行良好的设计。相应地，教学软件设计和开发者就需要具备设计方面的知识，包括对产品的设计知识和对教学内容的设计知识。

4. 技术方面的知识

教学软件的开发离不开信息技术的支持，因此要求教学软件的设计和开发者具备必要的计算机软件开发方面的知识，熟练应用课件制作软件、编程软件、动画制作软件、图像处理软件、网页制作软件及硬件维护、数据处理等工具。

5. 艺术方面的知识

教学也是一门艺术，这就要求教学软件的设计和开发者具备艺术方面的知识，能够利用这些知识对教学软件的布局、色彩、声音等方面进行系统的设计和协调。只有这样才能使教学软件充分刺激学生多方位的感官，达到最佳的教学效果。

6. 管理方面的知识

教学软件开发本身就是一项系统工程，需要协调各类专业人员综合多方面的知识进行工作。因此在教学软件开发的过程中，一定的项目管理方面的知识对于提高工作效率是非常有必要的，包括项目时间管理、项目成本管理、项目质量管理、项目人力资源管理、项目风险管理以及项目采购管理等。

1.4.2　教学软件开发团队

了解了教学软件开发所需的知识结构，即可以根据相关的知识选择合适的人员进行教学软件的开发。开发过程中涉及人员众多，因此需要建立一个组织有序的团队，其中主要由以下几类人员构成(图 1-4-2)。

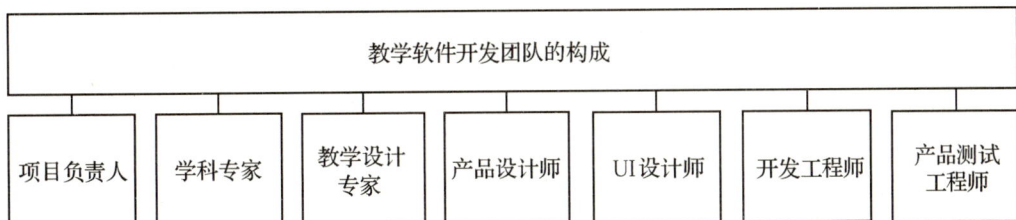

图 1-4-2　教学软件开发团队的构成

项目负责人——负责教学软件设计和开发整个流程的管理和推动，了解软件的整体功能和需求，从而可以对设计和开发的功能进行有效调整，使其能够在实际教学中应用。

学科专家——负责对教学软件中包含的学科知识、资源等进行设计和整合。

教学设计专家——负责教学软件开发的整体设计，与学科专家、产品设计师、UI设计师以及开发工程师共同设计教学软件的功能、呈现方式、要素组成等。

产品设计师——负责对支持学生有效学习的教学软件进行功能设计，并对功能进行产品化。

UI 设计师——负责对教学软件进行美化、艺术修饰，包括对图像、声音的设计与处理，色彩的搭配、界面的渲染等。

开发工程师——负责教学软件的开发工作，包括数据库的设计、Web 端和移动端代码的编写等。

产品测试工程师——负责对教学软件进行功能测试和反馈，使其不断优化。

46

1.4.3　教学软件开发项目的管理流程

开发教学软件是一项庞大的系统工程，整个开发过程需要对参与人员和资源进行合理调配。因此设计合理的项目管理流程是非常有必要的，不仅可以缩短开发所消耗的时间周期，还可以节省大量的人力和物力。一般来说，教学软件开发项目的管理流程如图 1-4-3 所示。

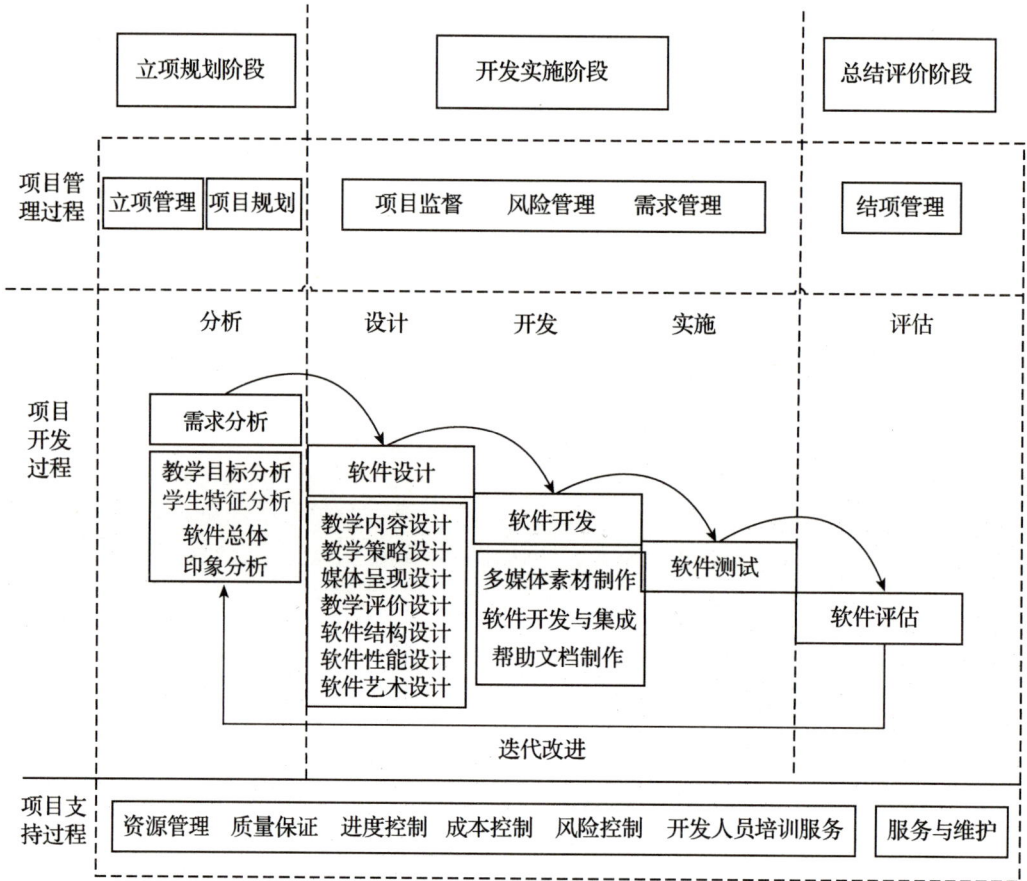

图 1-4-3　教学软件开发项目的管理流程

第 2 章

教学软件的设计要素

章结构图

界面布局的基本原则
典型的界面布局形式 —— 界面设计
界面色彩的运用

导航设计的基本原则
典型的导航方式 —— 导航设计

教学软件中的媒体要素
媒体要素组合的设计原则 —— 媒体要素组合设计

人机交互的设计原则
典型的人机交互方式 —— 人机交互设计
常见的人机交互设备

测评与反馈的设计要点
典型的测评与反馈方式 —— 测评与反馈设计
测评与反馈生成及管理

静态模型设计
用户替身模型及行为建模
交互控制设计 —— 仿真与控制设计
三维虚拟环境中的特殊效果

教学软件的设计要素

帮助与包装设计 —— 常见的帮助设计类型 / 包装设计

活动导向的教学模式设计 —— 学习活动序列的设计原则 / 典型的以活动为导向的教学模式

学习活动设计 —— 学习活动的设计要点 / 常见的学习活动设计方式

知识表现设计 —— 知识的分类结构 / 典型的知识图形化样式 / 知识的交互式分步呈现 / 多种媒体组合呈现 / 促进认知投入的设计原则

协作机制设计 —— 协作学习的构成要素 / 典型的协作学习模式

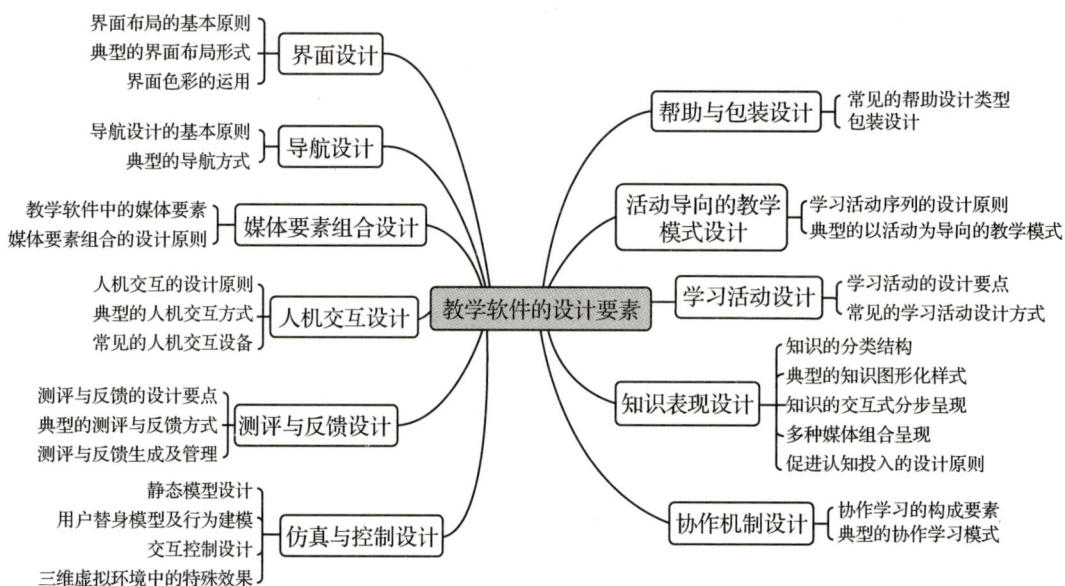

    教学软件的设计是一个系统的过程。设计教学软件时需要考虑到诸多要素，这些要素包括软件界面、导航、媒体要素组合、人机交互、测评与反馈、仿真与控制、协作机制、知识表现、学习活动等。教学软件是用于教育教学的，它的设计要素除了技术手段外，还包含教学设计的因素。好的教学软件不仅界面美观大方，技术手段先进，更是先进教学思想的体现。

2.1
界面设计

    界面是用户与计算机进行信息交流的通道，界面设计就是教学软件形象的设计，美观大方、科学合理的教学软件是计算机多媒体特性的充分展现。良好的界面设计通过合理的布局、科学的色彩搭配，为营造舒适的学习氛围提供了技术环境，不仅将复杂的知识内容生动形象地呈现出来，还会在一定程度上调动学生的学习兴趣，进而提高学习效率。

2.1.1　界面布局的基本原则

布局指的是同一页面中各种元素、各种媒体的相互搭配及各自出现的位置。在教学软件中，屏幕上通常会出现文字、图形、图像、动画、视频等多种媒体对象，同样的几种媒体对象，采用不同的布局会带来不同的效果。合理的布局不仅让人感觉到舒适，还可将教学信息更好地呈现给学生。教学软件在界面布局上应遵循如下原则。

1. 主体突出

主体是页面中最重要信息的承载者，布局设计的基本原则是主体突出。主体突出使学生的注意力集中在页面最重要的内容上。突出主体需要考虑以下几个方面：首先，人们观察页面的习惯是从左到右、从上到下，布局设计要考虑到人们的这一视觉习惯，尽量将主体放置在页面中部偏左上的位置。其次，遵循对比原则，根据格式塔心理学的感知规律，感官对于外界刺激，总是把一部分辨别为背景，另一部分辨别为主体，背景和主体在一定条件下会相互转化，因此在页面形成的刺激环境中，有些元素突出出来成为主体，有些元素则退居为背景。一般来说，主体与背景的区分度越大，主体就越突出，从而成为感知的对象，反之，区分度越小，就越难把主体和背景分开。使主体突出可以通过对比的方法，包括大小对比、明暗对比、色彩对比、形状对比、动静对比等，比如让主体占据较大的面积，在颜色上加大主体与背景的反差，为主体添加一些特殊效果，简化或者淡化背景。最后，遵循简化原则，仅仅在页面上保留必要信息，留有一定的空白，使页面主题明确，内容清晰。我国国画中常常提到的"密不通风，疏可跑马"就是指画面要有疏有密，如果页面被塞得满满的，学生便不能迅速地把握要点，还可能会产生厌烦的情绪(图 2-1-1)。

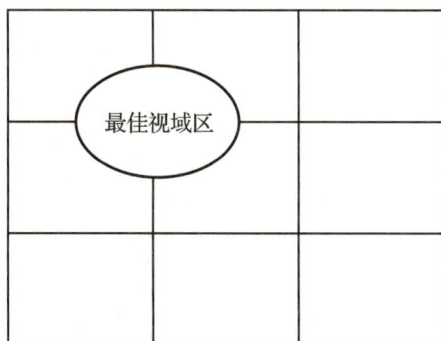

图 2-1-1　界面的最佳视域区

2. 画面均衡

在教学软件中，均衡是页面带给人们的稳定、和谐的感觉。页面中线两侧的对象完全相同，这是一种绝对的均衡。然而，这种绝对的均衡几乎是不存在的。布局时，追求的是心理上的平衡，也就是页面两侧的对象可以不一致，但在感觉上却是等量的。要做到均衡，就要对画面上的各个对象进行安置，将它们安排得疏密得当，相互呼应，让学生感到画面是稳定的、和谐的。均衡主要有两种形式，对称式均衡和非对称式均衡。

对称式均衡是指页面中线两侧的对象在形状、大小、颜色等方面相同或相似。对称在生活中十分常见，比如，许多建筑物的对称结构，能够给人以稳定感。同样，页面的对称也会给人庄重、稳定的感觉。但对称式均衡也有不足之处，它会使页面显得呆板，缺乏生气，时间久了可能会使学生失去兴趣。

非对称式均衡在布局时比较常见，它并不要求页面中线两侧的对象在形式上相同，而是要求页面对象给人们带来心理上的平衡，许多因素都会影响页面对象的"重量"，从而影响页面的均衡，比如，近处的物体在感觉上比远处的物体重，深色物体显得比浅色物体重，暖色调的物体显得比冷色调重，人物目光的前方或者运动物体的前方也会形成一定的"重量"。布局时要综合考虑这些会影响页面对象"重量"的因素，让人们感到页面是稳定的、和谐的。

图 2-1-2 所示的界面，右侧的图片颜色较深而且所占面积稍大，而左侧显示文字的部分使用了白色作为背景色，且面积稍小，整个页面给人不均衡的感觉。

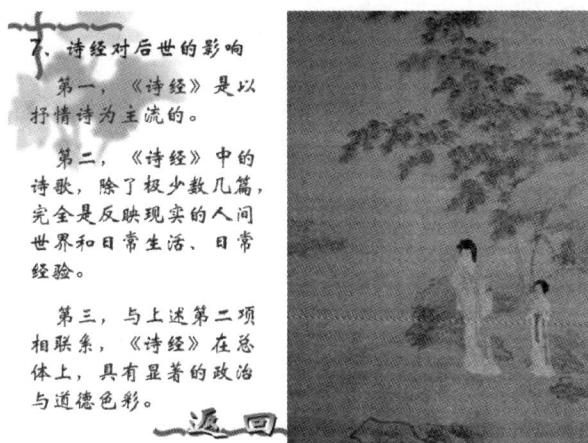

图 2-1-2　画面不均衡

3. 一致性

一致性是指每个教学软件要保持一定的布局风格。根据知觉的整体性规律，人们总是倾向于把看起来相似的事物统一起来，把握其整体特征和意义。在构成整体知觉的过程中，刺激物的物理特征对个体能否顺利地感觉整体特征影响重大，一致的布局风格有利于学生在头脑中形成整体的印象。一般来说，具有相近的、相似的形状、色彩、意义等局部刺激易被知觉成一个整体；能够组合并生成某种意义的刺激常被知觉成一个整体；封闭的图形以及连续的刺激对象也易被作为一个整体来知觉。具体来说，在一系列页面中，控制区、内容区等区块的安排要一致，具有相似功能的按钮、图标等也要位于相同的位置，不会随着软件的运行而改变。

2.1.2　典型的界面布局形式

1. 布局形式一

如图 2-1-3 所示，这种布局设计将页面分为 3 个区域，页面中间大部分为内容区，页面上方与下方的小部分为标题区和控制区，控制区主要放置按钮。这种布局方式的一个例子如图 2-1-4 所示，在页面跳转过程中，标题区与控制区的位置保持不变。

图 2-1-3　典型布局形式一

图 2-1-4　布局形式一实例

2. 布局形式二

图 2-1-5 所示的布局方式将标题以及控制的内容安排在人们注意力相对较弱的页面右侧，而将页面左边大部分区域用作内容显示，这种方式符合人们的视觉习惯，实例

如图 2-1-6 所示。

图 2-1-5　典型布局形式二

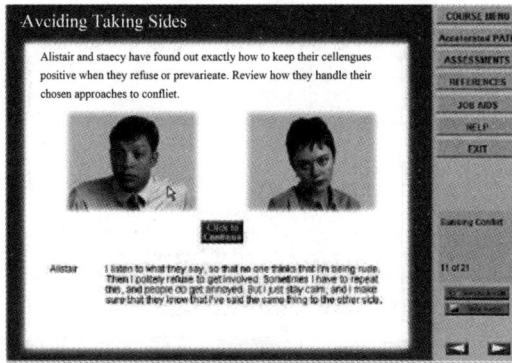

图 2-1-6　布局形式二实例

3. 布局形式三

图 2-1-7 所示的布局方式中，页面左侧的小部分区域为控制区，右侧的大部分区域用作内容的显示。这种布局方式并没有将教学内容在人们注意力相对集中的位置显示，因此，它不适合于课堂教学，但是控制区在左边的设计又是人们较为习惯的，所以这种布局方式常用于自学型教学软件，实例如图 2-1-8 所示。

图 2-1-7　典型布局形式三

图 2-1-8　布局形式三实例

4. 布局形式四

图 2-1-9 所示的布局形式常用于网页中，页面上方区域放置标题与一级栏目的导航条，页面左侧的主要内容是与一级栏目对应的二级栏目列表，具体内容在子栏目导航右侧的区域显示。这是人们最为习惯的网页布局形式。

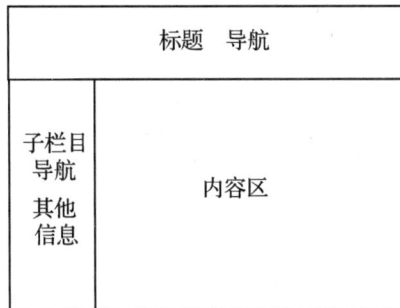

图 2-1-9　典型布局形式四

例如，在"世界近现代史"课程网站中，页面上方是标题与导航条，单击导航条上的某一条目后，页面下方左侧会出现对应的菜单，右面显示对应菜单下的内容，如图 2-1-10 所示。

目前流行的网络教学平台中也较多地采用了这种布局形式。例如，在北京师范大学学习元平台中，页面上方放置了 6 个平台主要模块的导航按钮，页面左侧列出了学习元页面的具体子功能项，右侧显示具体内容。图 2-1-11 就是平台中某个学习元内容的页面。

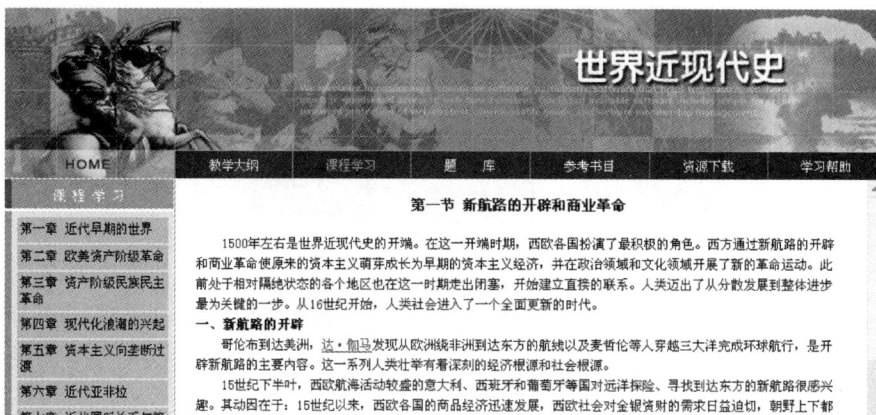

图 2-1-10　布局形式四实例 1

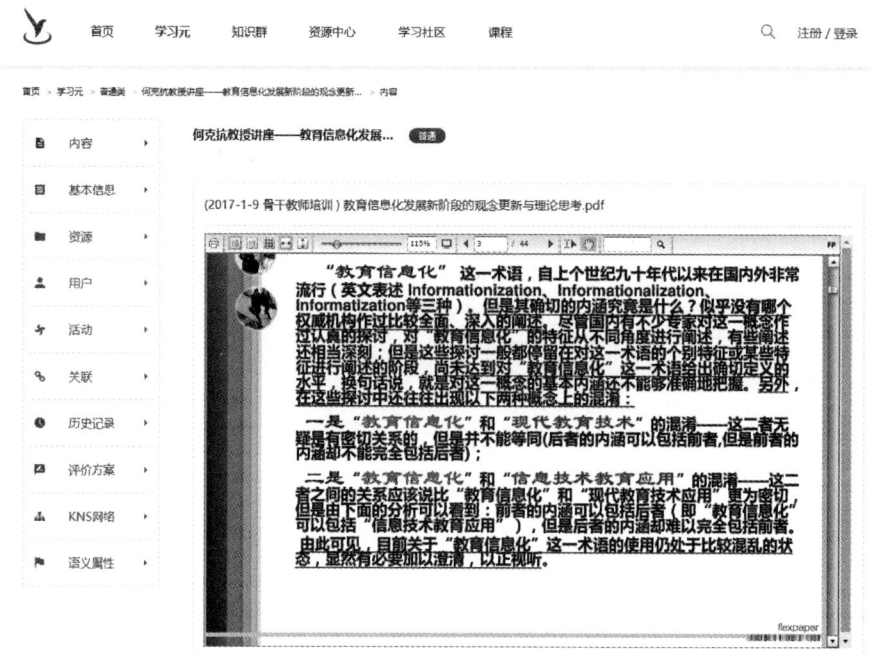

图 2-1-11　布局形式四实例 2

5. 布局形式五

图 2-1-12 所示的布局形式常用于网络课程首页，页面上方一般放置标题及导航条，下方划分为左、中、右 3 部分，每部分又可以放置若干个小栏目。这种布局方式之所以常用于网络课程首页，是因为它可以将部分甚至是全部栏目的主要信息显示出来，让人们对课程有一个整体的认识。实例如图 2-1-13 所示。

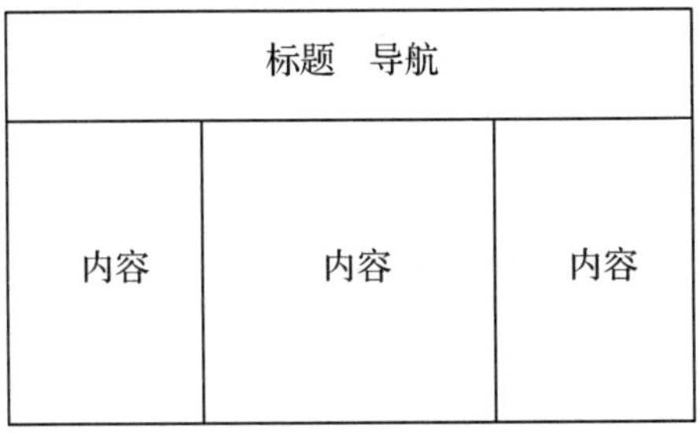

标题　导航		
内容	内容	内容

图 2-1-12　典型布局形式五

图 2-1-13　布局形式五实例

6. 布局形式六

教学软件的首页还可以将一张设计精美的图片作为页面的中心。另外，导航条经过精心设计，与图片完美结合，使整个页面类似于一张宣传海报。其具体布局形成略。如图 2-1-14 所示为"教学设计原理与方法"精品课程首页。

图 2-1-14 布局形式六实例

2.1.3　界面色彩的运用

色彩通常具有先声夺人的力量，打开教学软件，给用户留下第一印象的既不是软件的内容，也不是软件的布局，而是它的色彩。色彩运用得好，能给用户带来更好的视觉感受，还能起到突出重点、烘托气氛、形象刻画等作用，因此，合理的色彩运用对于教学信息的表达也能起到很好的辅助作用。界面色彩的运用需要从主色调的确定、色彩的对比与色彩的调和三个方面进行把握。

1. 主色调的确定

在设计教学软件的界面时，首先应该根据教学内容、教学对象，确定一种主色调，形成一种风格。整个软件的各个板块、页面都应基本符合这个风格。主色调的搭建能使课件具有统一感，形成主体风格，给人一种舒适、稳定的视觉感受。最应避免的是两个画面间色彩反差过于强烈。在确定风格时，应当考虑到教学内容的主题，即根据课件的内容为它安排合适的主色调。例如，内容活泼的常用鲜艳、亮丽的色彩；科学类以及一些专业的内容多使用蓝色、灰色为主色调，来突出它的学术气氛；讲解文言文的教学软件多使用棕黄色为主色调，来突出内容的古典感觉；生物类的教学软件多使用绿色为主色调，给用户轻松、鲜活的视觉感受。

确定一种主色调并不意味着单调，主色调是通过多个色彩的相互配合所形成的一种整体的色彩倾向。为了使画面的色彩统一于一个主题之中而又不显得单调，还应当把握色彩的对比与调和。

2. 色彩的对比

界面中色彩的对比可以用来突出重点，也可以用来区别不同的事物，合理利用对比可使画面丰富。根据色彩的三个属性，色彩的对比可以分为色相对比、明度对比、饱和度对比三种。色相对比是由色相的差别形成的对比，在色相环中，两种颜色距离越近，对比越弱，距离越远，对比越强。例如，红色与绿色、蓝色与黄色都能形成强烈的对比。不同的色相有不同的明度，同一色相也有明度的变化，明度对比常用于主体与背景的着色。一般来说，背景色彩的明度应比主体低一些，这样能使主体鲜明、突出。饱和度的不同也能形成对比，用饱和度低的色彩衬托饱和度高的色彩，可使饱和度高的色彩显得更加鲜亮。

3. 色彩的调和

调和是将界面中的色彩进行合理搭配，产生一种和谐统一的效果。和谐统一不仅指颜色相似，它还要保证画面的丰富。也就是说，调和的目的是使画面既多样，又统一。色彩的调和中，需要注意的技巧，包括以下内容。

(1)对于同一色相，可以通过改变明度、饱和度，产生一定的渐变、对比，使画面自然、丰富。除此之外，为了避免单一色调显得单调、呆板，还可以引入黑、白、灰色，这样可以增强反差，使画面活跃。最常用的方法是使用类似色，如绿色和蓝色、红色和黄色，因为类似色在色相、明度、饱和度上总是存在着一定的共性。它们配合使用时，对比没有那么强烈，还可以避免色彩杂乱，容易产生较强的统一感和表现力。

(2)有时需要对页面中对比过于明显的色彩进行调和。这些色彩往往由于色相对比而显得有些刺眼。进行对比调和，可以适当降低色彩的饱和度，以减少色彩的差距，也可以在对比色之间加入一些过渡色，如果允许，还可以使两对比色不同的面积达到调和。

(3)调和时还应注意同一画面中不要使用太多的色彩。一般不要超过 5 种，过多的色彩容易引起视觉疲劳。

(4)要把握色彩的分布。均匀、对称的色彩分布会使画面没有主次、平淡无味，有时还会破坏画面的平衡，杂乱无章的分布会使人们失去兴趣，因此，色彩的分布要有大小、主次、轻重之分。

色彩的基本知识

色彩具有三个要素，色相、明度与饱和度。色相指的是在不同波长的光的照射下，人眼所感受到的不同的颜色，如红色、黄色、蓝色等，它反映了各种具体色彩的面貌，主要用来区别各种不同的色彩。明度指的是色彩的明暗深浅程度，同一种色彩可以有由明到暗的色彩变化，对于不同的色彩，明度也不相同。例如，黄色的明度较高，紫色的明度较低。饱和度又称纯度，指的是色彩的纯粹程度，对于同一种颜色，饱和度的改变会带来显著的鲜艳程度的变化。

色彩与人们的心理有一定的关系，不同的色彩会给人以不同的感受和联想，正是基于这一点，色彩可以用来烘托气氛，表达情感。一般情况下，白色较为朴实、纯洁。红色代表热情、活泼，还能起到警示、强调的作用，它能够引起人们的注意，但也容易造成人们的视觉疲劳。黄色的明度最高，给人轻快、智慧的印象。蓝色是天空、大海的颜色，它代表安静、深远。绿色象征生命力，给人宁静、清新、健康的感觉。橙色让人感到温馨，它还常常是时尚的代表。紫色的明度较低，会带来神秘的色彩。

色彩本身并不具有情感。由于它经常跟某些具体的事物、环境等联系在一起，这才逐渐形成了人们对色彩的联想。某种色彩并不一定就代表了某种情感，因此机械地将色彩作为某种事物、情感的符号是不可取的。

2.2
导航设计

从技术的角度看，教学软件系统是一个超媒体系统，信息量巨大，信息间的关系错综复杂。利用这样的系统，学生可以在各教学信息间任意跳转，进行非线性学习，获得大量的信息，但与此同时，学生也容易"信息迷航"，不知道自己正在学习的内容处于整个知识体系的哪个位置，不知道从哪儿来，不知道自己下一步应该做什么。导航设计就是为了解决"信息迷航"的问题。

（1）让学生了解当前学习内容在学习过程中、在课件的知识结构体系中所处的位置。

（2）让学生能根据学习过的知识、走过的路径，确定下一步的前进方向和路径。

（3）当学生使用课件遇到困难时，能寻求到解决困难的方法，找到达到学习目标的最佳学习路径。

（4）让学生能快速而简捷地找到所需的信息，并以最佳的路径找到这些信息。

（5）让学生能清楚地了解教学信息的结构概况，产生整体性感知。

2.2.1　导航设计的基本原则

1. 组织结构合理

导航的组织结构集中反映了它的引导功能，也就是导航能够引领学生去做什么。它包括学生能够去哪儿获得资源以及能够获得什么样的资源，能够参与哪些活动，怎样获得帮助等。要使导航能够充分发挥引导功能，需要对导航的组织结构进行合理设计。合理的导航组织结构是以合理的教学设计为基础的，主要考虑两个因素：一是知识的组织结构；二是采用的教学方法。也就是说，导航组织结构的设计，既要能够让学生对教学内容的结构形成一个整体、清晰的认识，又要能够使学生按照一种合理的方式学习，而不是在软件中盲目地点击。

2. 外观简明统一

导航应设计得尽量简单，让学生能够轻松地利用导航进行学习。例如，尽量减少链的数目，对关系不明显的节点之间没有必要建立链，建立的链一定要对学生有明确的意义，并使学生能够理解。

导航的标识应当明确、规范，这些标志包括按钮、菜单上面的文字以及图标，它们的含义应当简单易懂，让学生一看就能明白它们的含义。导航的位置也应考虑到人们的习惯，让学生很快就能找到。例如，网页中的导航条常位于页面的上方或左侧，多媒体课件中的"退出""返回"等按钮常位于页面左下角或右下角。各个页面的导航风格也应当统一，随着软件的运行，导航所在的位置和导航的外观都应保持不变。

3. 操作灵活

在使用教学软件时，经常会遇到这样的问题，当看完某一页面进入下一页面后，突然又想回到上一页面，这时发现没有相应链接，要想回到上一页，只能先返回到这一模块的首页，再不停地单击"下一页"按钮，找到需要的。这样的设计会给软件的使用者带来很大的不便。教学软件的导航应当充分考虑使用者的需要，在必要的地方提供必要的导航措施。例如，要随时能够从子一级页面返回模块首页或软件的首页。灵活的导航才能让使用者在教学软件这个复杂的信息系统中无障碍地、自由地行进，甚至会忘记导航的存在，将精力全部集中到学习中。

4. 教学活动导向清晰

教学软件包含丰富的教学活动，这些教学活动需要学生积极参与，如练习、反馈、设置参数、移动物体、参与讨论、浏览学习目标与课程内容等。对于这些活动，要提供清晰的导航工具。

在教学活动导航中，要给予学生适当的控制权，由学生根据自己的需求和偏爱来选择信息的形式、数量、速度和路径。学生控制需适当谨慎，避免误用了控制的权力。系统应适当监控学生，提供学习建议，提示重要的学习路径，更重要的是评估学习成果，以诊断学习中出现的困难，并保证学习目标的达成。

学习过程中要告知学生学习进度，当学生行进到每一章节或段落时，系统应及时告知，以便了解进度，如路径、页数等的显示。发现学生在系统中迷路或遇到困难时，系统应提供工具，让学生能够安全返回主页面，回到中心节点。

2.2.2 典型的导航方式

1. 线性导航

线性导航将信息按照一定的次序呈现。使用这种导航，学生只能按照设定好的次序使用教学软件。PPT 中的幻灯片在默认情况下就是采用线性导航方式的。线性导航可以利用在空白处单击鼠标的方式，也可以利用按钮的方式（图 2-2-1）。

图 2-2-1 线性导航实例

2. 导航页导航

在导航页中，导航条目占据了页面的大部分。通常情况下，教学软件由若干个模块组成，通过导航页提供的链接可进入各个模块，导航页可以作为教学软件的首页（图 2-2-2）。

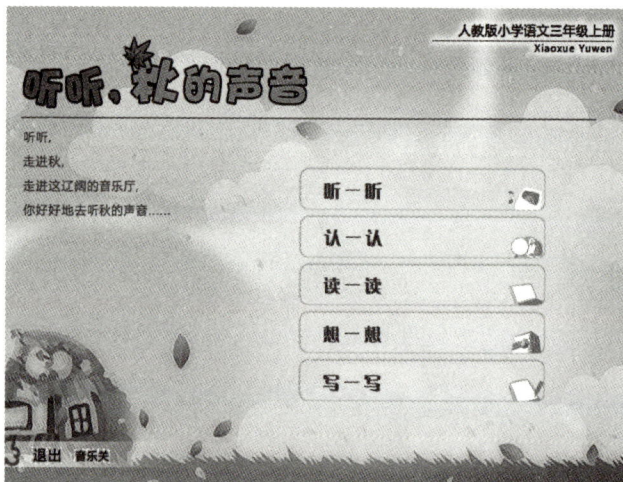

图 2-2-2 导航页导航实例

　　3. 导航条导航

　　无论是单机使用的教学课件，还是网页形式的网络课程，导航条都是一种最为常见的分支导航形式，导航条通常会出现在每个页面中。利用导航条，就可以快速搜索到自己想要浏览的信息(图 2-2-3 至图 2-2-5)。

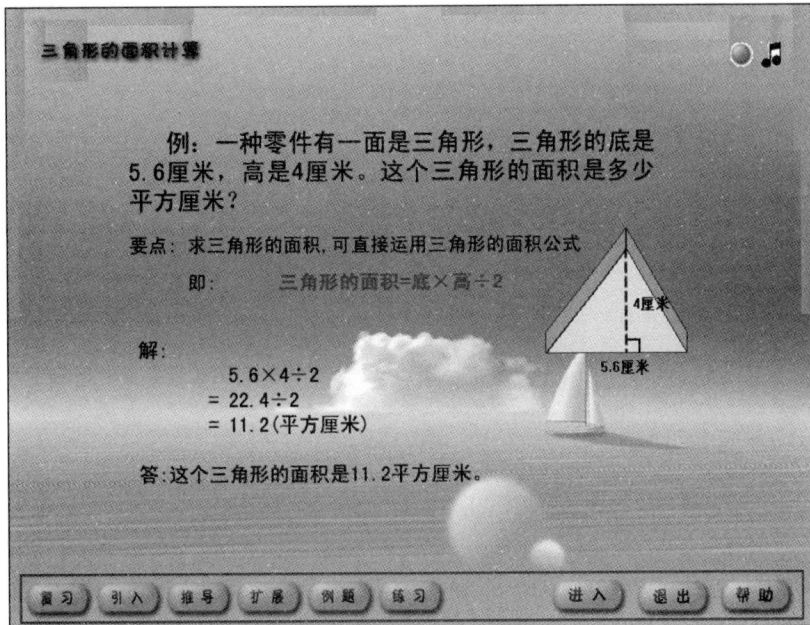

图 2-2-3　导航条导航实例 1

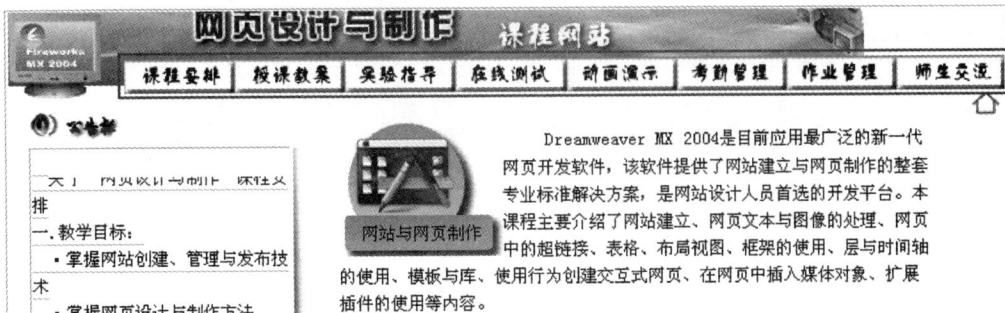

图 2-2-4　导航条导航实例 2

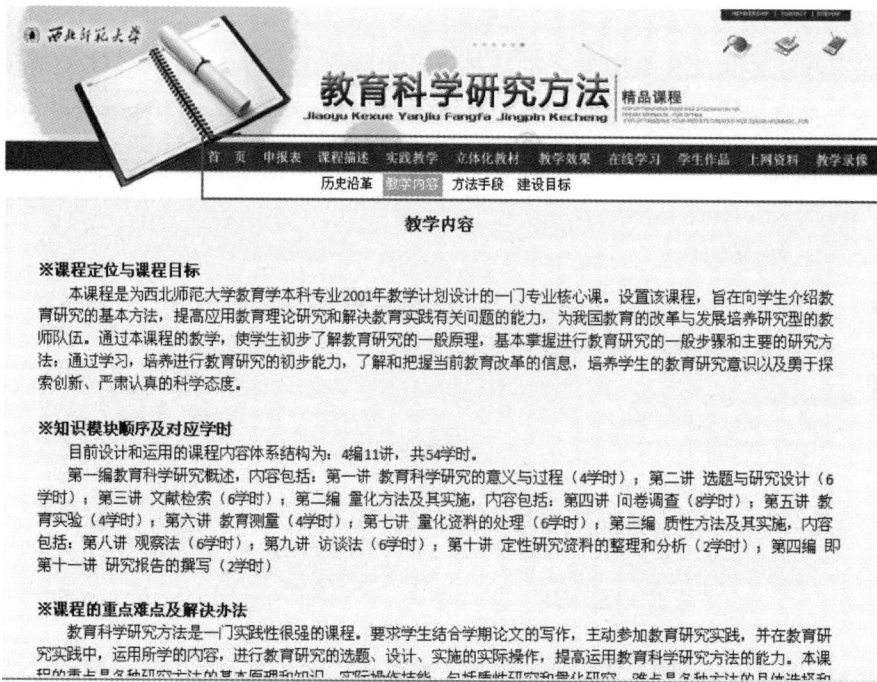

图 2-2-5 导航条导航实例 3

4. 导航树

将教学内容划分层次后，做成像 Windows 资源管理器的目录树的样子，每部分内容都可以打开和折叠，这种形式导航容纳的内容多，并且层次清晰(图 2-2-6)。

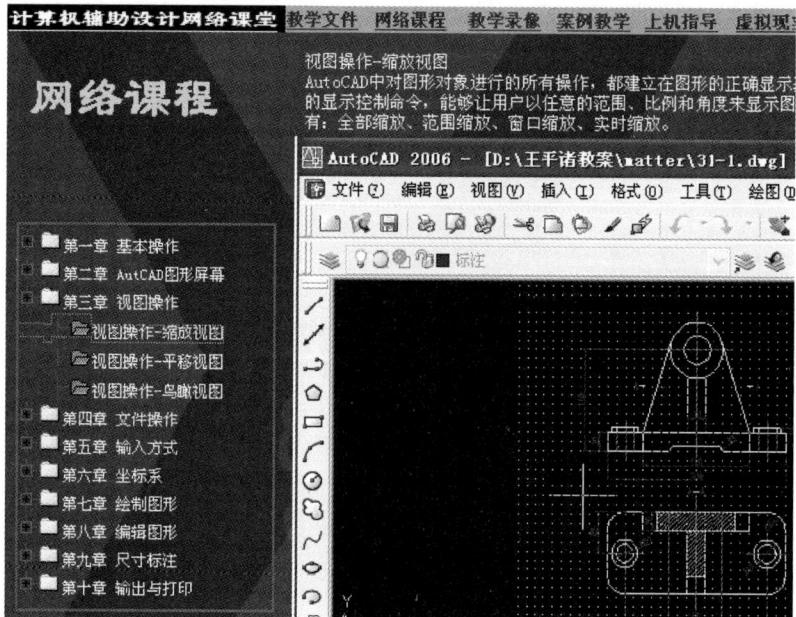

图 2-2-6 导航树实例

5．弹出菜单导航

这种导航方式在页面上只显示第一级内容的标题，当光标移动到标题上时，弹出第二级内容标题的列表，通过弹出的菜单打开具体内容（图 2-2-7）。

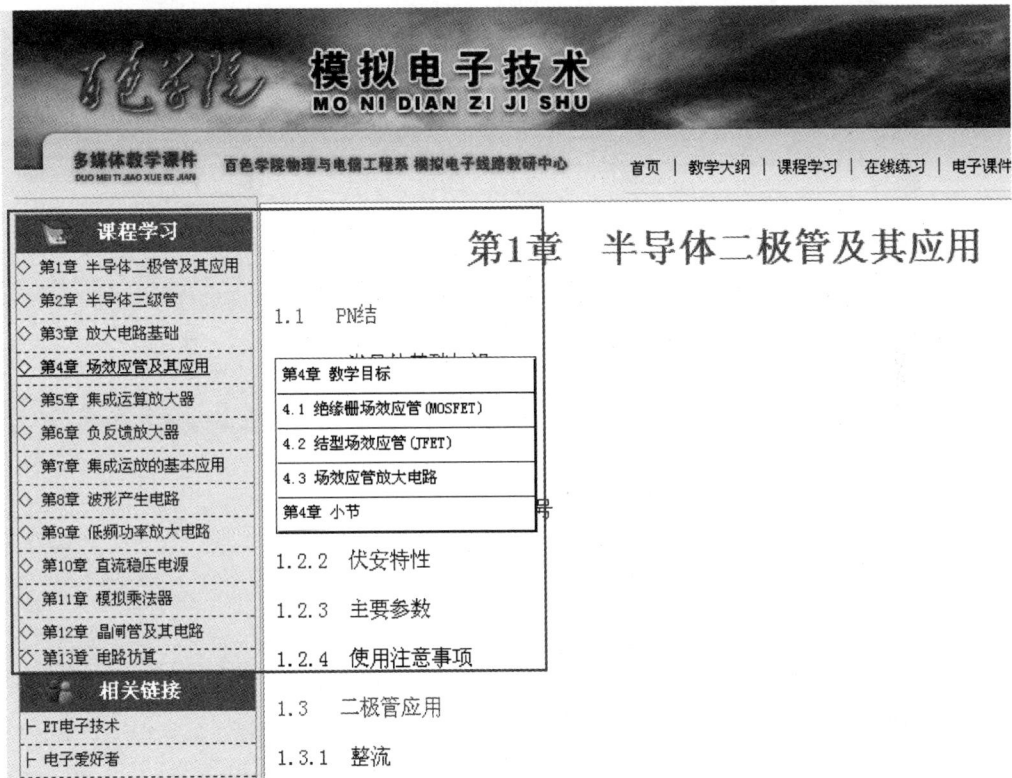

图 2-2-7　弹出菜单导航实例

弹出式菜单采用信息隐形的设计策略，就是将不常用的或在一定的条件下才能使用的选择工具暂时隐藏起来，只有在条件满足或用户选择时，才开放给用户，这样就减少了用户的选择，保持了页面的简洁性。

6．网状导航

网状导航通常以导航图的方式实现，导航图能以图形化的方式呈现整个软件的概况，通过导航图的链接可以进入软件的各个部分，这种导航方式能够使学生清楚地了解每个模块在系统中的位置（图 2-2-8 和图 2-2-9）。

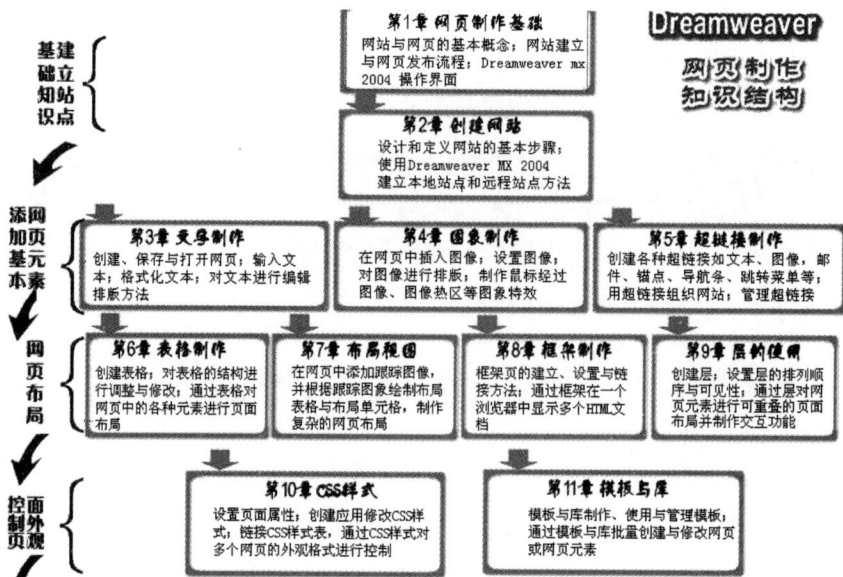

图 2-2-8　网状导航实例 1

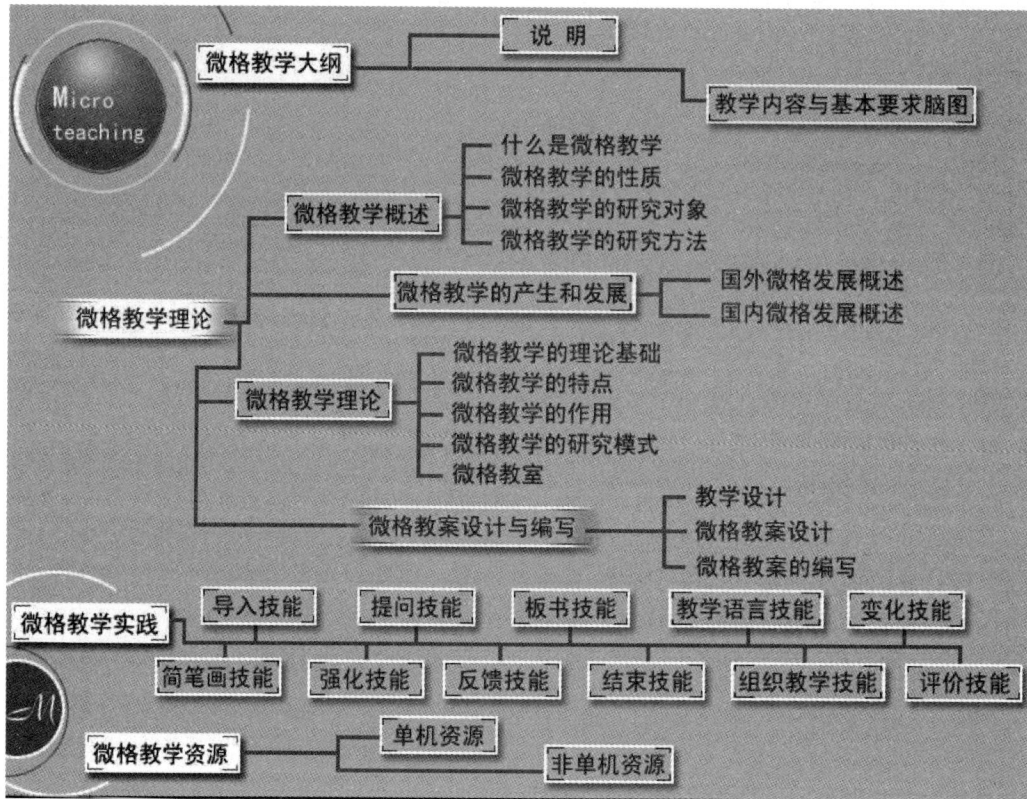

图 2-2-9　网状导航实例 2

　　直观形象的结构图可以显示每个主题内容在整个内容系统网络结构中的次序和位置，指示学生在超媒体系统网络结构中的位置。

　　7. "面包屑"导航

　　"面包屑"导航是网站中应用较多的一种辅助导航方式，它通常位于页头的下方，告知用户所在的位置，同时，通过它还可以追溯到网站首页等所在位置的上级页面。在教学软件中，"面包屑"导航可以使学生明确当前的学习内容，在整个知识体系中的位置或者学习的进程，还可以方便地回顾已学习的内容（图 2-2-10）。

您的位置：🌐 首页 – 课程资源 – 动画课件
▌**课程资源** – **动画课件**

图 2-2-10　"面包屑"导航实例

　　"面包屑"导航这个概念来自童话故事"汉泽尔和格雷特尔"，当汉泽尔和格雷特尔穿过森林时，他们在沿途走过的地方都撒下了面包屑，让这些面包屑来帮助他们找到回家的路，所以"面包屑"导航的作用是告诉访问者他们目前在网站中的位置以及如何返回上级页面。

　　8. 搜索导航

　　搜索导航也是一种导航方式，但它与前面的导航方式又有着很大的区别。前面的导航可以说都是结构化的导航，当教学软件中的内容庞大、结构变得复杂时，使用结构化的导航就不再那么方便了，这时就需要用到搜索导航。在图 2-2-11 所示的教育新媒体学习超市中，可以通过搜索，快速导航到学生需要的内容。

图 2-2-11　搜索导航实例

9. 书签导航

书签导航是一种更为个性化、更为灵活的导航方式。当学生在教学软件中发现自己感兴趣或者需要的内容时，可以利用书签工具做一个标记，就像读书时在书中夹一个书签。当需要再次浏览这些内容时，只需要在书签列表中选择这个标签，就可以迅速显示需要的内容(图 2-2-12)。

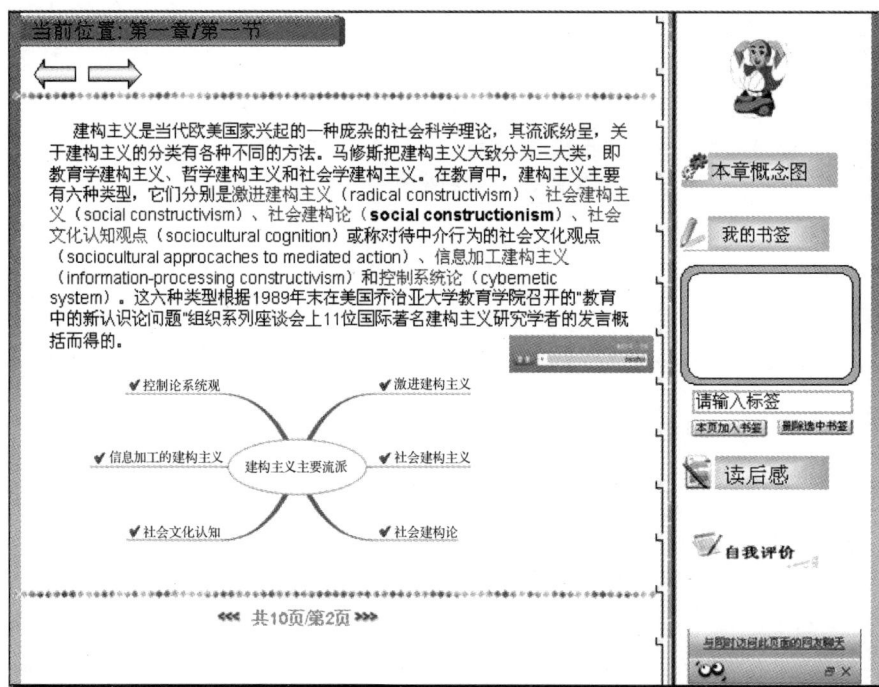

图 2-2-12　书签导航实例

10. 情境导航

情境导航是一种智能化的导航方式，它通过判断学生所处的学习情境，提供即时的导航信息。情境导航是基于语义网络技术的，通过当前情境在语义库中搜寻与之相关的信息，经过排序后呈现给学生。这种导航方式能为学生带来更好的学习体验，是导航发展的一个重要趋势。

11. 索引导航

将教学软件中具有检索意义的关键事项，如人名、地名、关键词语、概念、重要原理、主题词、关键分类条目等，按照一定的方式有序编排起来，并提供内容的超链接，以便学生快速定位与检索(图 2-2-13)。

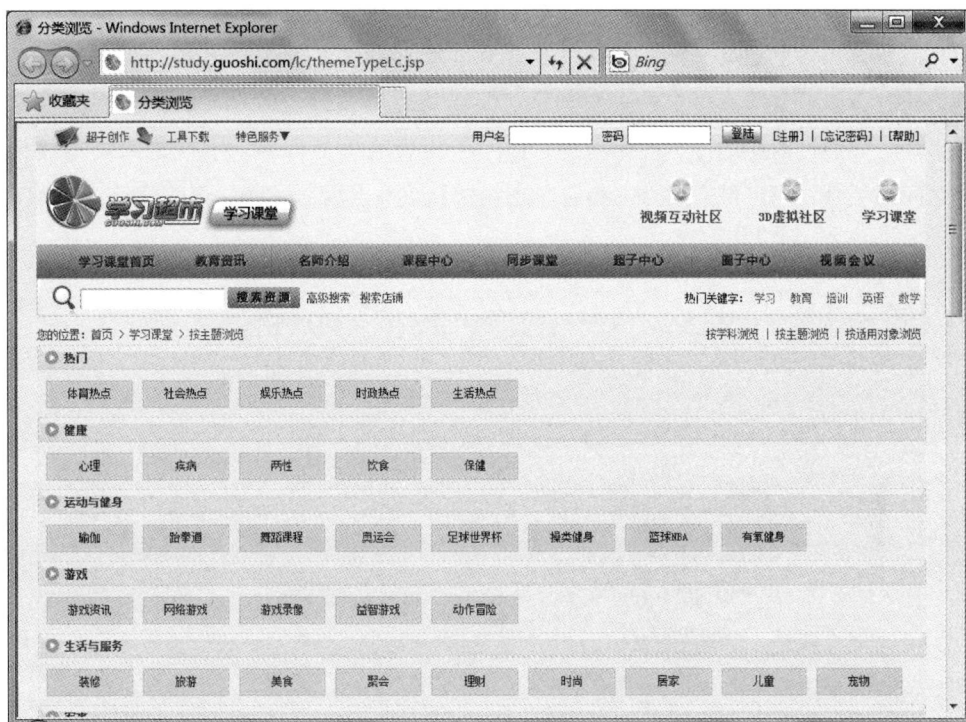

图 2-2-13　索引导航实例

12. 标签导航

以标签的形式标注教学软件中具有检索意义的关键事项，如人名、地名、关键词语、概念、重要原理、主题词、关键分类条目等，计算每个标签的个数。该类标签个数越多所呈现的字体越大，并为每个标签提供对应内容的超链接，以便学生快速定位与检索。同时设置一个阈值，表明最多显示多少个标签(图 2-2-14)。

图 2-2-14　标签导航实例

13. 语义图导航

提取资源内容的语义属性，建立内容语义之间的关系，如 A 与 B 相关，A 是 B 的前序等。通过读取语义关系表中的关联数据，同时将数据在服务器端转化成描述图的通用文件格式，并通过前端进行可视化呈现。图中节点代表资源内容，节点之间的连线代表内容之间的关系，用户可通过点击相应节点跳转到该节点内容的详细页面(图 2-2-15)。

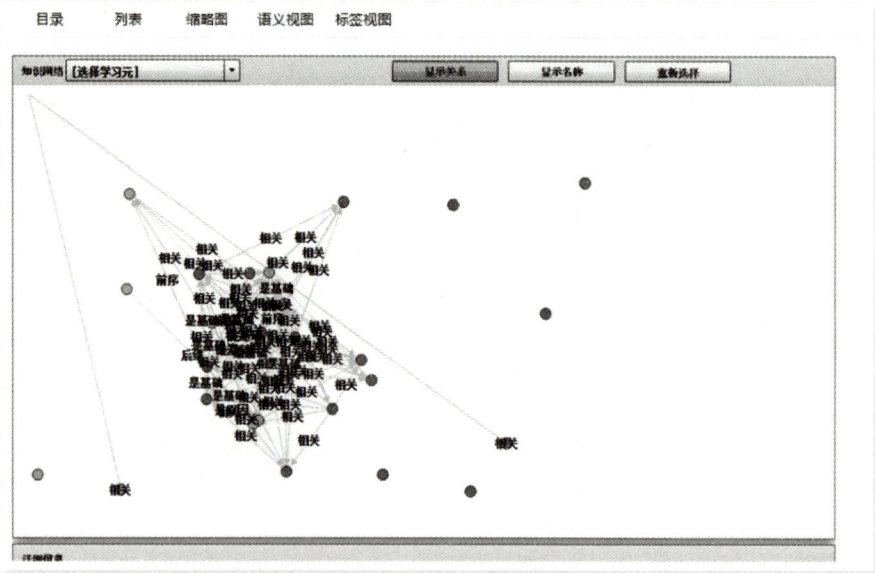

图 2-2-15　语义图导航实例

导航方式的分类：根据导航的结构，以上的导航方式可以分为四类，即线性导航、分支导航、网状导航以及辅助导航措施。导航页、导航条、导航树、弹出菜单等都有着清晰的层次，可以反映出教学软件的结构，它们属于分支导航。搜索、书签、情境导航等在教学软件中一般不会单独出现，它们具备独特的功能，常常作为线性、分支、网状三种结构化导航的有力补充。

2.3
媒体要素组合设计

教学软件具有多媒体的特性。有人认为多媒体就是将几种媒体放在一起，其实不然。多媒体确实是利用多种媒体呈现材料，但这些媒体对象并不是简单的堆砌，而是要根据教学设计的要求，并且遵循一定的设计原则。

2.3.1　教学软件中的媒体要素

教学软件中的媒体要素主要有文字、图形、图像、声音、动画、视频，每一种媒体都有各自的特性。

文字是教学软件中最基本的元素，是教学信息的主要载体，它贯穿于整个软件中，呈现教学内容条目、表述概念、讲解注释等。

图形、图像给学生丰富多彩的视觉感受，与文字相比，它更加生动形象。教学软件中的图形、图像主要包括实物图像、各种模型图、流程图以及各种统计图等。实物图像具有较强的真实性，模型图、流程图有利于学生对知识结构或者某些过程的理解，柱状图、折线图等统计图形的运用则可以鲜明地表现统计信息。

声音有三种形式，即解说、音乐、音响。解说是对教学内容的解释说明，常用来阐释文字、图形图像的具体含义。音乐可以烘托解说或者画面，也可以营造无法用语言文字等表达的气氛。音响是教学软件中的物体运动或者变化时发出的声音，它的应用可以增加教学软件的真实感。

动画在多媒体课件中应用广泛。对于文理科课程，动画有着不同的应用。在理科类课程中，思维和概念的理解是主体，动画常用来创建模型，演示抽象的、没有直观经验的过程。例如，在讲解植物的有氧呼吸过程时，氧分子的运动转化过程，可以利用动画模型生动地展现出来，将抽象的、肉眼无法直接观察的过程，用动画转化为直观且易见的模型，大大方便了学生对知识的理解。对于文科类课程而言，培养理解能力和对作者情感的深入分析则是主体，此时，动画又可以起到渲染气氛、加深感情的作用。

视频素材的真实感强，信息量大，适合有时间维度的信息与形象表达。例如，在讲述历史事实时，相应地播放有关的历史资料，比只是口头传授要好得多，带给学生的信息量也远比口头讲述要大得多。再如，在讲授《香山红叶》一课时，作为课外拓展，可以播放根据这篇文章制作的电视散文，使学生在阅读课文的基础上，通过观看视频加深对作者感情的理解。视频片段中对作者写作期间生活环境的模拟拍摄，再加上饱含深情的旁白解读，能够快速有效地将学生带入到作者的情感氛围中。

2.3.2　媒体要素组合设计原则

美国教育心理学家理查德·E. 迈耶在多媒体学习方面进行了大量研究，他坚持以学生为中心的多媒体设计取向。这种取向强调如何利用多媒体技术来促进人类学习，而不仅仅是利用最新技术促进信息传播效率。此外，迈耶认为多媒体学习是知识建构的过程，学生是主动的意义建构者，而不是简单的信息接收器。基于这些认识，迈耶提出了多媒体学习认知理论[①]，包括多媒体学习认知理论的 3 个假设与 5 个步骤，3 个假设指双通道假设（人们对视觉表征和听觉表征的材料拥有单独的信息加工通道）、容量有限假设（人们在每个通道上一次加工的信息数量是有限的）和主动加工假设（人们为了对他们的经验建立起一致的心理表征会主动参与认知加工）。5 个步骤是选择相关的文本、选择相关的图像、组织所选择的文本、组织所选择的图像以及整合基于文本和基于图像的表征。

> 理查德·E. 迈耶是美国教育心理学家、认知心理学家与实验心理学家，现任加州大学圣巴巴拉分校心理系教授。他曾任加州大学圣巴巴拉分校心理系主任、《教育心理学杂志》主编、美国心理学会教育心理分会主席。他发表实验研究论文近 300 篇，出版专著近 20 部，是国际多媒体学习的认知心理研究的开拓者与带头人，并于 2000 年继斯金纳、皮亚杰、布鲁纳等心理学家之后获桑代克教育心理学终生成就奖。

迈耶的多媒体学习认知模型如图 2-3-1 所示。在多媒体学习认知理论的基础上，迈耶提出了多媒体设计的 7 个具体原则。

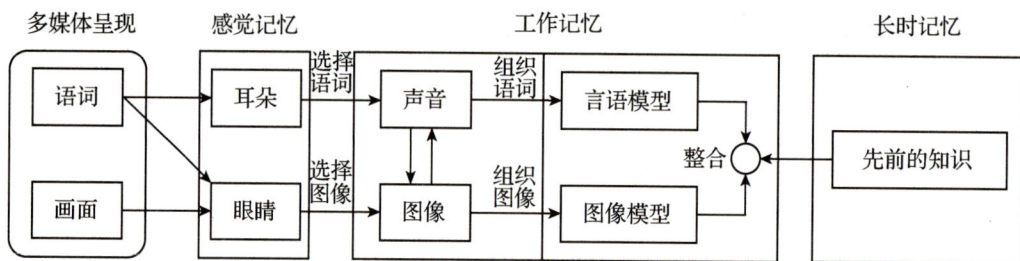

图 2-3-1　多媒体学习认知模型

1. 多媒体认知原则

学习文本和画面组成的呈现比学习只有文本的呈现学习效果要好。例如，在学习"PN 结的形成"时，向学生演示一个配有文字注解的动画要比只呈现一段文字的描述效果会好很多（图 2-3-2）。

---

①　[美]理查德·E. 迈耶：《多媒体学习》，北京，商务印书馆，2006。

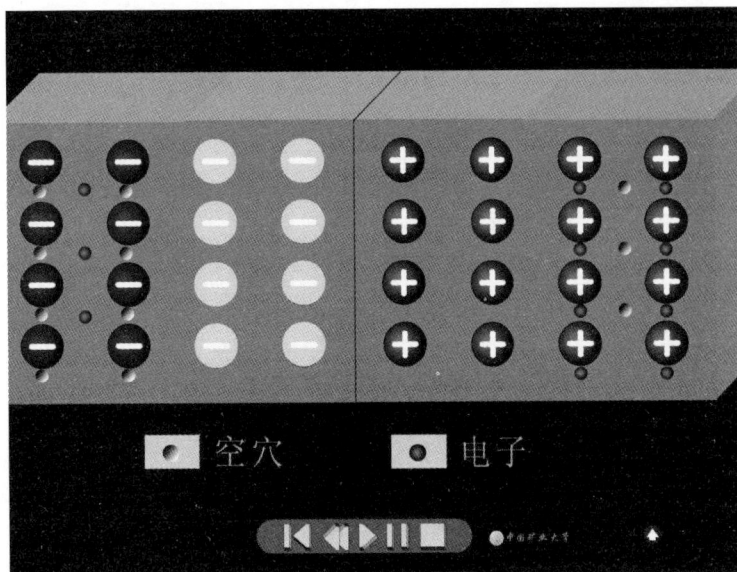

图 2-3-2　PN 结的形成①

2. 空间接近原则

书页或屏幕上对应的文本与画面邻近呈现，比隔开呈现能使学生学得更好。例如，图片的注解最好嵌入图片，而不是放在图片下方。图片与文字最好在同一个页面呈现而不是分开呈现。

图 2-3-3 是两种突触的亚显微结构模式图，左图先在图中标上数字，再对文字进行注解，而右图将有关突触的注解直接嵌入了图中。按照空间接近原则，右图的效果更好。

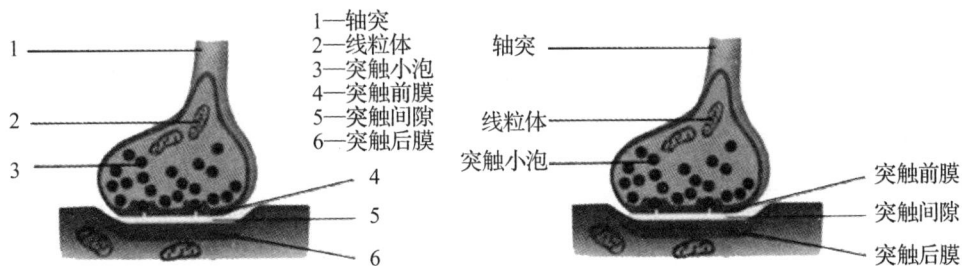

图 2-3-3　突触的亚显微结构模式图

---

① 系第六届全国多媒体课件大赛一等奖作品《电子技术》。

3. 时间接近原则

对应文本与画面同时呈现，比异步呈现时能使学生学得更好。也就是说，图片与相应文字，动画与相应的解说应当同时出现，而不是呈现一个后，再呈现另一个。例如，让学生了解全球变暖的过程，我们准备了文字和动画两种材料，于是就有了两种选择：一种选择是先呈现文字，再呈现动画（或者先动画后文字）；另一种选择是将文字嵌入动画，与动画密切配合同时呈现，如图 2-3-4 所示。这样，全球变暖形成的每个过程，都有相应的文字与动画呈现，学生的学习效果会更好。

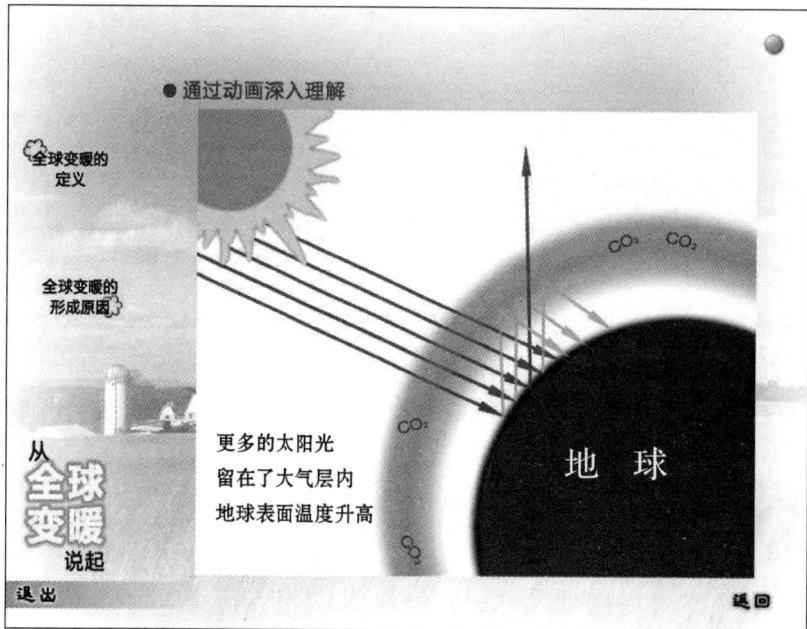

图 2-3-4　动画"全球变暖的形成"

4. 一致性原则

当无关的材料被排除，文字、图片和声音关系密切时，学生的学习效果更好。此原则要求多媒体呈现应当清晰、明确、简洁。增加任何杂乱或者无关的信息，都将影响学生的学习效果。一是当在多媒体呈现中加入有趣但无关的文本和画面时，学生的学习会受到损害；二是当在多媒体呈现中加入有趣但无关的声音和音乐时，学生的学习会受到损害；三是当把多媒体呈现中不必要的文本删掉时，学生的学习会得到促进。这一原则要求教学软件应避免"花哨"，不要为了炫耀技术而增加无关信息，教学软件应力求简洁、明确，呈现的内容应当具有较强的相关性（图 2-3-5）。

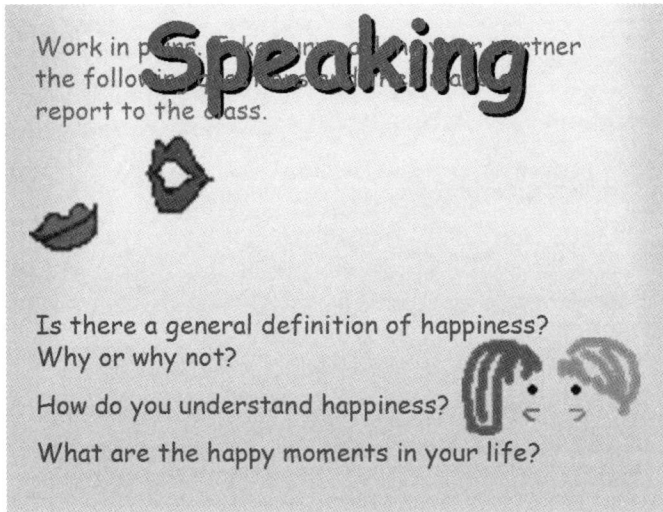

图 2-3-5 无关的信息

在此课件中，两个嘴巴一直在不停地张开闭合，还不时地喷出一些口水，右下角的两个人的眼睛也一直在眨个不停，并且频率很快。学生的关注点容易被这些东西吸引，不利于学习。

5. 通道原则

学生学习由动画和解说组成的多媒体呈现，比学习由动画和屏幕文本组成的多媒体呈现的效果好。也就是说，在一个多媒体信息呈现中，文本用声音形式呈现比用打印文本形式呈现会使学生学得更好。根据这一原则，图 2-3-6 所示的浮力知识讲解（动画＋屏幕文本）还应进一步改进，将动画中的文本改成解说，通过视觉与听觉两个通道传递信息，效果会更好（图 2-3-7）。

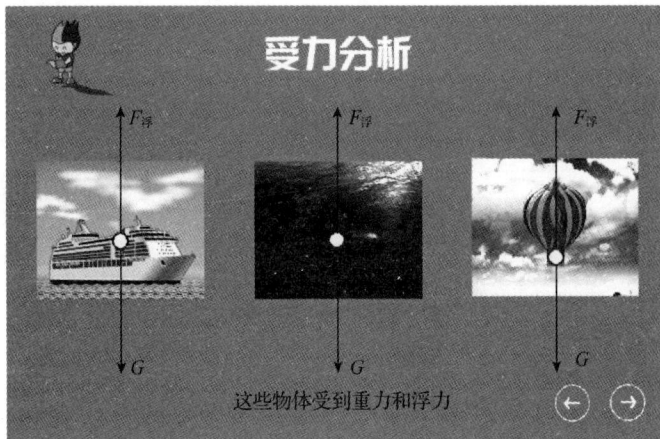

图 2-3-6 浮力知识讲解（动画＋屏幕文本）

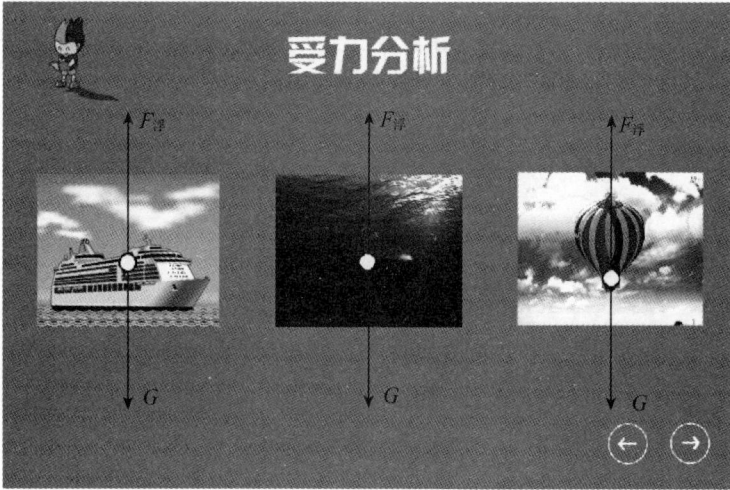

图 2-3-7　浮力知识讲解(动画＋音频解说)

6. 冗余原则

学生学习由动画加解说组成的材料，比学习由动画加解说再加屏幕文本组成的呈现材料能取得更好的效果。例如，图 2-3-8 阿基米德原理的发现(动画＋音频＋文本)是在原视频加上字幕后的效果，对于此类视频应当去除屏幕上的文本，因为有了解说之后，它就成了冗余信息。图 2-3-9 阿基米德原理的发现(动画＋音频)是更好的视频呈现方式。

图 2-3-8　阿基米德原理的发现(动画＋音频＋文本)

图 2-3-9　阿基米德原理的发现(动画十音频)

7. 个体差异原则

多媒体的设计应当考虑到学生的认知水平,既可以对不同水平的学生采用不同的多媒体呈现,也可以对学生欠缺的能力提前进行训练,以达到教学软件要求的水平。

认知负荷理论

约翰·斯威勒是澳大利亚新南威尔士大学的认知心理学家。在前人早期的研究基础之上,他于 1988 年首先提出了认知负荷理论。该理论自被提出以来,得到了世界各地研究者的诸多研究。

认知负荷是指人在信息加工的过程中所必需的心理资源的总量。斯威勒认为当个体进行学习时,如果处理信息的数量超过了学生所能负荷的记忆量,学习就无法进行。该理论的主要观点是:

(1)工作记忆的容量是有限的,这是信息加工的瓶颈。

(2)如果学生所要加工的信息容量超出了学生的工作记忆所能加工的信息容量,那么一部分或者全部信息将会丢失。

(3)在学习的过程中,认知负荷必须是有限的,这样学习才能有效。

(4)所有的信息在进入长时记忆之前,必须在工作记忆中进行信息加工。

认知负荷理论主要研究关于复杂认知任务的学习。它认为影响认知负荷的基本因素有三个,即学习材料的组织和呈现方式、学习材料的复杂性和个体的专长水平(先前的知识经验)。由此也就导致了三大类认知负荷的产生,即外在认知负荷、内在认知负荷和相关认知负荷。

这里主要关心的是外在认知负荷,因为它跟教学软件如何去呈现与组织学习材料密切相关。外在认知负荷也称为无效认知负荷，是由学习过程中对学习没有直接贡献的心理活动引起的，当教学要求学生从事一些与图式获得或自动化没有直接关联的活动时，便会产生外在认知负荷。例如，如果教学材料中包含文字和图解，而这些文字和图解的内容又不完全一致时，便会给学生造成外在认知负荷。又如，对计算机不是很熟练的学生在运用计算机进行学习时，也会造成外在认知负荷，因为他需要动用认知资源来操作计算机。由于外在认知负荷需要的认知资源可能超过人的工作记忆容量，因而可能阻碍学习，影响学习效果。

2.4
人机交互设计

2.4.1　人机交互设计原则

人们常常提到的"交互"含义有很多，如学生与教师的交互，学生与学生的交互，学生与教学软件的交互，这些都是教学或学习的过程中常见的交互方式。本节谈到的交互仅指用户与教学软件的交互，也就是人机交互。

交互性是教学软件的基本特点之一，使学习变成一个双向的交流活动，使学生不再只是被动地接收信息，还可以参与控制学习过程，并获得反馈。缺少交互性或交互性差的教学软件与录像、幻灯片等没什么区别，甚至还不如这些传统媒体的表现力强。好的交互设计能使用户方便地控制教学过程，激发学生的学习兴趣，在交互的过程中积极思考，获得了知识并培养了能力。如果交互设计得很粗糙，交互过程很别扭、很费力，即使教学软件的内在质量再好，也难以使用户满意。

1. 易用性

易用性应当是设计者永远追求的目标，也就是围绕人来设计交互方式，而不是围绕计算机来设计，让计算机尽可能地适应人，而不是让人花费大量的时间去学习各种操作。教学软件的交互操作应当尽量地易用，因为并非每一位教师或者学生都是软件的使用者，面对复杂的操作，他们可能无从下手，这样就影响他们获取学习资源以及参与各种学习活动。为了确保教学软件的易用性，可以从以下几个方面着手：第一，界面上的各种交互元素要简洁，按钮、菜单等标识要清晰、明确，而且要尽量只保留必要的功能，不要罗列很多按钮；第二，要保持交互风格的统一，教学软件中有很多模块、很多页面，在不同的模块、不同的页面中，各种交互操作的风格应保持一致，一致的风格能使用户触类旁通；第三，交互的方式有很多，要尽量选择人们熟悉的、常见的交互方式，这并非不鼓励创新，有更多更好的交互方式当然很好，但这些新的交互方式要尽量符合人们的经验，让用户能够尽快上手。

2. 及时响应

教学软件要能够对用户的操作做出及时响应，要尽可能地减少点击鼠标和敲击键盘的次数以及拖动鼠标的距离。对于那些需要系统进行较长时间处理的操作，不要等处理结束才给用户响应，因为这会使用户感到迷茫，不知道自己的操作有没有生效，应该继续等待还是重新操作。这时可以给用户一些提示信息，如"系统正在处理，请稍候……"，如果处理的时间比较长，还可以使用进度条或者倒计时等方式进行提示。

3. 恰当性

恰当性是指在设计教学软件中的交互时，不仅要考虑交互本身的要素，还要考虑什么时候需要交互，需要什么样的交互。交互的选择是由教学软件的使用场合、使用者以及教学内容决定的。一般而言，个性化学习软件需要学生自己控制学习进程，在没有教师指导的情况下，软件需要提供必要的引导信息。因此，个性化学习软件中交互要无处不在，不仅能使学生方便地控制学习进程，还要利用各种灵活的方式与其他学生互动。而辅助教师课堂教学的课件就不一样了。课堂上，教师要更多地与学生进行交互。如果课件中设计的交互过多，教师在人机交互上花费的时间就多，必然会影响师生互动效果。因此这些课件中不宜设计过多的交互，且交互方式要便捷。

2.4.2　典型的人机交互方式

1. 按钮

按钮是一种最常见的交互方式。按钮通常被设计为立体的样式，上面标注有文字，以说明它们的目的和动作。按钮最适合用于当前控制，如页面间的跳转、播放动画声音视频以及测评时提交答案等。设计时应注意按钮的标识要清晰，风格与画面一致，并且避免在屏幕上出现过多的按钮。

在课件"三角形的面积计算"中，通过动画演示将三角形转化为平行四边形的各种方法，将动画播放一遍学生可能看不清楚，加入各种控制按钮后，学生就能够随时暂停、播放、重播，这为学生带来了很大的方便(图 2-4-1)。

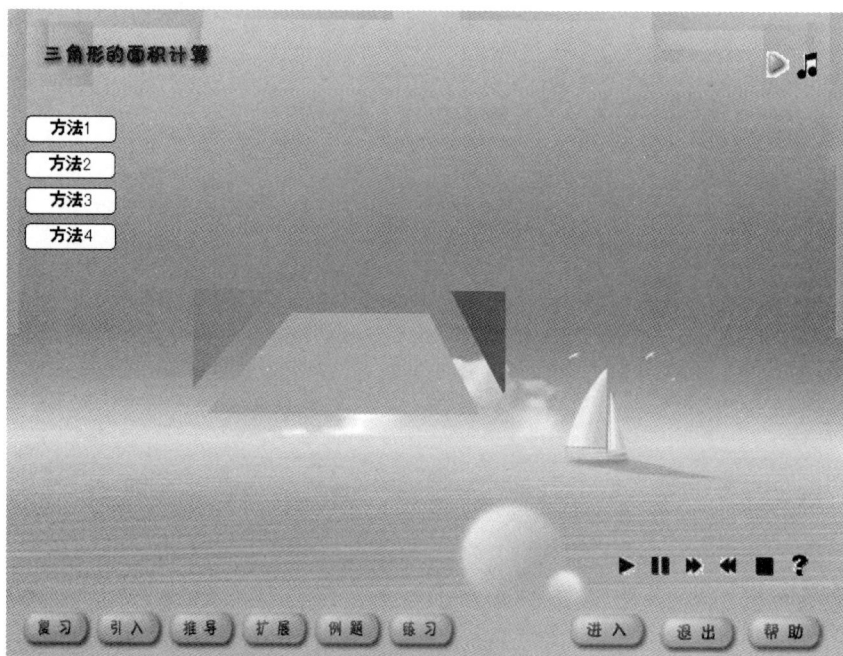

图 2-4-1　按钮交互实例

2. 菜单

菜单一般用来导航,既可以是整个教学软件的导航,又可以是某一小部分的导航。菜单的形式多种多样,如全屏菜单、下拉菜单,而且菜单不一定是将文字整齐排列,还可以有许多活泼的形式(图 2-4-2 和图 2-4-3)。

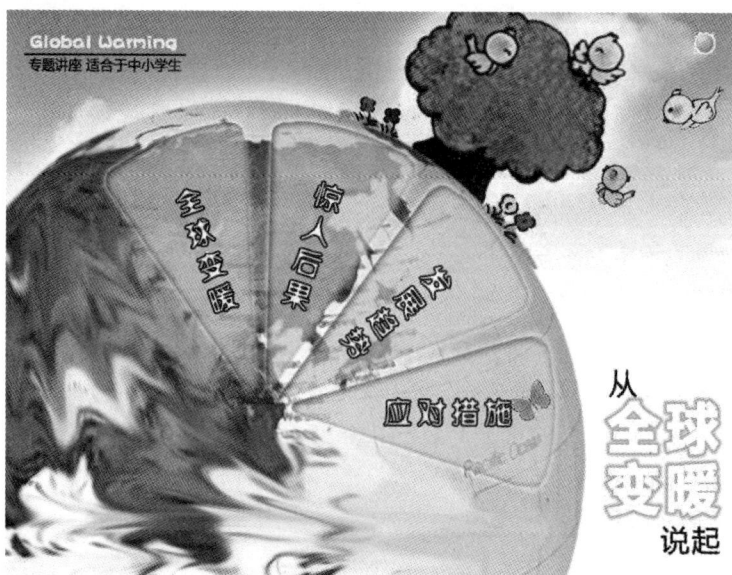

图 2-4-2　全屏菜单实例 1

图 2-4-3　全屏菜单实例 2

3. 热交互

页面上的文字、图片等都可以成为热对象，这样，在不添加额外控制元素的条件下，利用教学内容本身的信息就可以进行交互。

图 2-4-4 是《我与地坛》的文笔赏析部分，图中标注的文字需要重点分析。作者将它们设置为热区，将鼠标移上去之后通过一个弹出框显示对文字的注解。

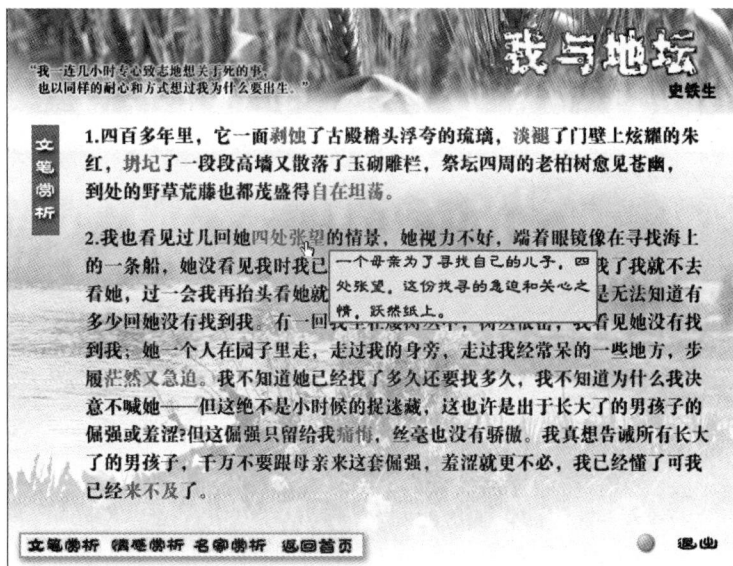

图 2-4-4　热交互实例 1

图 2-4-5 中的"小溪""哗哗""果树""砰砰"都是可以拖动的热对象，将它们拖动到左边题目中的空白处，软件会给出回答正误的反馈信息。

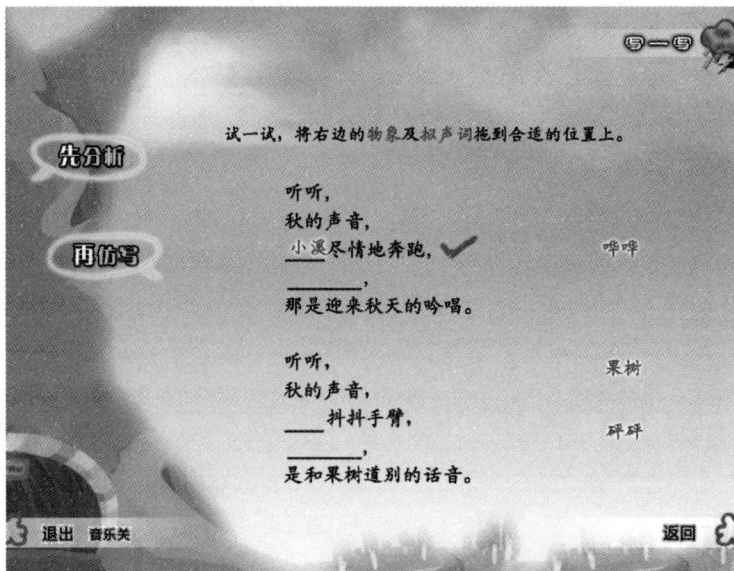

图 2-4-5　热交互实例 2

4．对话框

对话框的主要作用是提示及确认。与其他提示的方式相比，对话框更能引起用户的重视，当用户执行了错误的、危险的或者复杂的操作时，可以通过对话框提示用户。

5．表单

表单是网页中的重要元素，它的作用不容小视。通过表单，用户可以向服务端发送数据。表单包括表单域与表单元素，一个表单域包含若干个表单元素。表单元素有很多，如文本域、单选按钮、复选框、下拉框、文件上传框、隐藏域、提交按钮、重置按钮等。在网页中利用 JavaScript 可在浏览器端对表单中用户输入的数据进行简单验证，如果不符合要求会给用户提示信息。有时候表单数据需要在服务端进行验证，比如，注册用户时检查用户名是否重复，传统的做法是，表单提交给后台进行处理，处理完毕后，页面刷新，给用户相应的信息。使用 AJAX 技术可以避免页面刷新这一环节，在用户填写表单的过程中，AJAX 引擎就会在后台与服务器进行通信，并在当前页面立即给出验证结果，采用这种无刷新的方式可改善用户的体验。

6．滚动条

当有较多的内容，例如，一篇较长的文章需要通过教学软件呈现时，通常一个页面无法将内容显示完全，这时可使用滚动条，这样用户可在不翻页的情况下通过拖动滚动条查看所有内容。滚动条有水平滚动条与垂直滚动条两种，在设计教学软件时需要注意最好两种不要同时使用，因为同时使用会给用户带来操作上的不便。另外，当内容过多时，也不宜使用滚动条，这时通过滚动条很难定位到某一位置(图 2-4-6)。

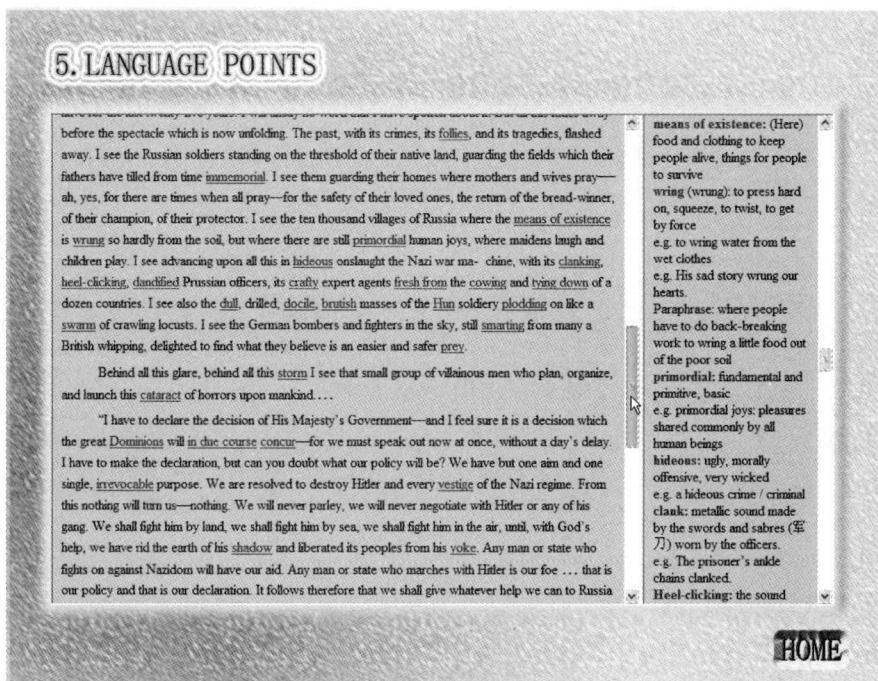

图 2-4-6 滚动条实例

7. 调节杆

调节杆常被用在视频或动画的播放控制中。调节杆不仅能够清晰地标明视频或者动画的播放进度，还允许用户拖动，从而方便自由地进行控制，如图 2-4-7 所示。除了视频动画的控制外，调节杆还可用于页面缩放比例、音量的调节等方面。

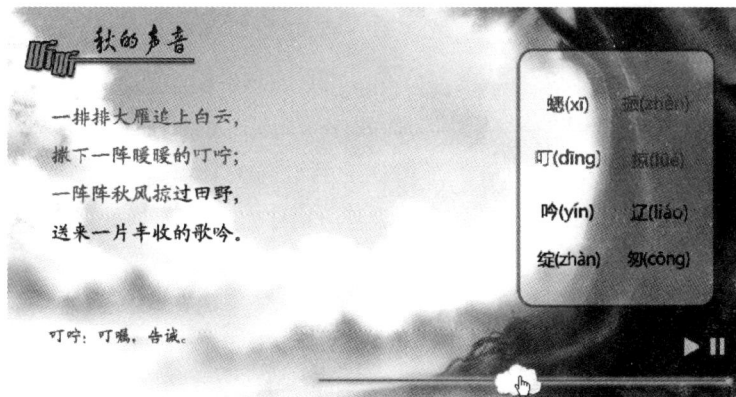

图 2-4-7 调节杆实例

8. 选项卡

这种交互形式包含两个要素，即标签以及标签对应的内容。标签是对内容的分类与标记，各个标签之间并没有层级关系，每个标签都对应了一部分内容。在一个页面中，各个标签通常横向排列，单击一个标签，与该标签对应的内容就会在标签下方显示，而其他标签对应的内容则会隐藏。例如，在《致橡树》中，作者在课文赏析部分设置了三个标签，即"艺术特色""情感分析"与"好词精解"，每个标签页都有相应的对课文的分析，如图 2-4-8 所示。

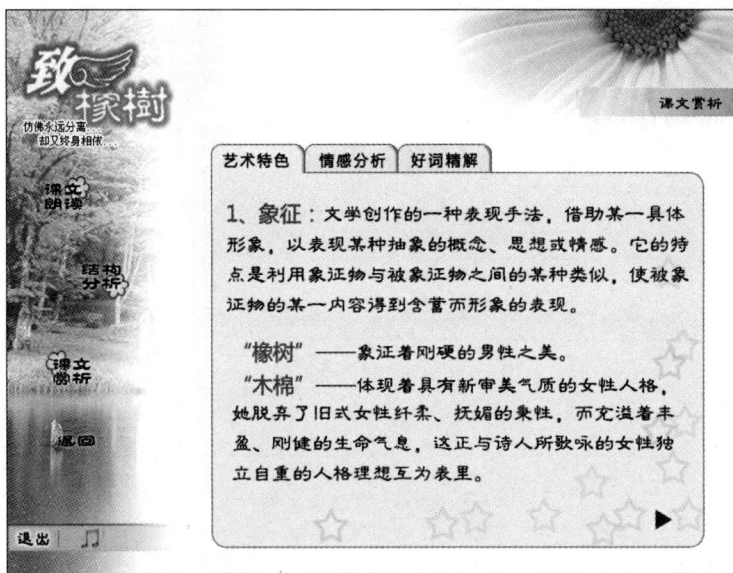

图 2-4-8 选项卡实例

9. 工具箱

工具箱在图像处理软件中最为常见。图像处理软件的工具箱中通常包含了各种画笔、图形绘制以及选择工具。通过这些工具，鼠标的功能会变得非常丰富。教学软件中也可以根据需要设计一些工具。例如，在 4A 网络教学平台的学习活动设计中，工具箱为教师提供了"讨论交流""共享资源""课程学习"等多种学习活动类型。教师在设计学习活动时，可以将需要的活动从工具箱拖动到合适的位置，然后使用连线工具将这些活动按顺序连接起来，形成一个完整的学习活动序列，如图 2-4-9 所示。

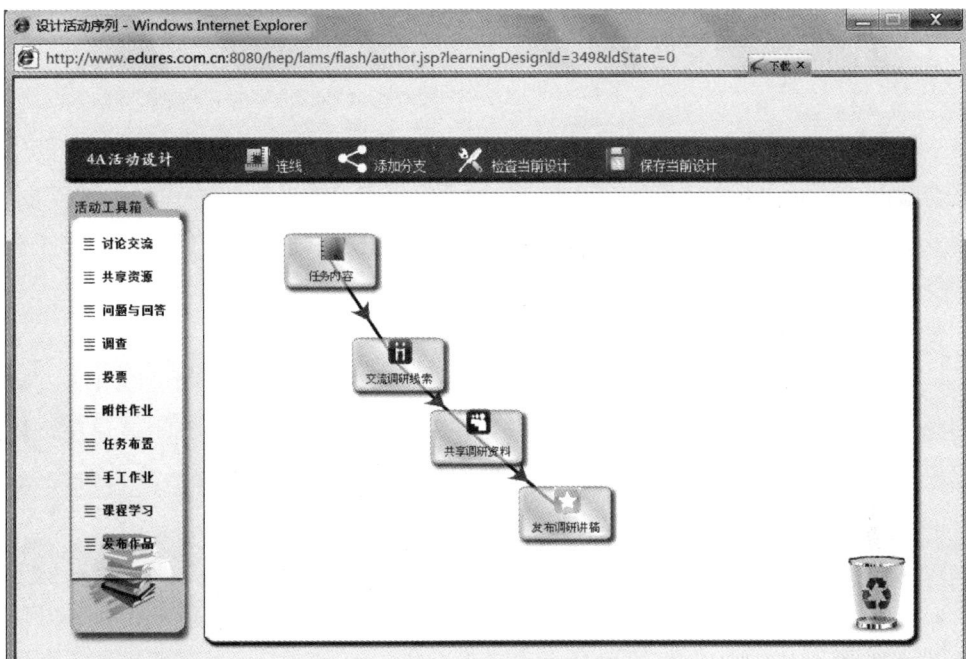

图 2-4-9　工具箱实例

10. 自然语言

这种方式能使用户以自然的方式使用教学软件。计算机能够理解人的自然语言，这些自然语言可以通过键盘、手写、语音等方式输入，计算机将自然语言进行处理后再执行相应的操作。目前，自然语言交互的发展还不够成熟，但它是交互技术发展的一个重要方向，它的应用将会使教学软件的使用发生巨大的变化。

11. 体感技术

体感技术是近几年随着科技的发展，逐渐兴起的一种新型技术。体感技术使用户无须使用任何复杂的控制设备，利用肢体、表情、眼神等动作就可实现与周围环境的互动。例如，你可以通过挥一挥手、摇一摇头来翻阅照片、跳转网页；利用眼神长注视某一超链接来实现链接跳转。利用自身动作，摆脱复杂的控制设备，更能够让人体会到一种身临其境的感觉。目前，体感技术常见的设备包括 Kinect 和 Leap Motion 等，图 2-4-10 为利用 Leap Motion 体感控制器而实现的操作。

图 2-4-10　体感技术实例

2.4.3 常见的人机交互设备

鼠标与键盘是人机交互中最常用到的设备。除了它们之外，还有一些专门设计的人机交互设备，如计算机遥控器、触摸屏、电子白板、Wii Remote、虚拟现实设备等，这些设备的使用与鼠标、键盘不同。在一些情况下，使用它们与计算机进行交互会给用户带来更加方便、真实的体验。

1. 鼠标和键盘

鼠标和键盘是最常见的人机交互设备。鼠标按其工作原理的不同可以分为机械鼠标和光电鼠标，按接口类型可分为串行鼠标、PS/2鼠标、总线鼠标、USB鼠标，用户可以使用鼠标进行方便地定位和选取。常规的键盘有机械式键盘和电容式键盘两种，从外形上看有标准键盘和人体工程学键盘两类。

2. 麦克风

麦克风（Microphone），也称话筒、微音器，是一种能够将声音信号转换为电信号的能量转换器件。常见的麦克风包括电容式麦克风、动圈式麦克风、微机电麦克风和铝带式麦克风等。

3. 摄像头

摄像头（Camera）是一种常见的视频输入设备，在我们日常生活中所使用的手机、电脑等设备上也随处可见，当前被广泛地运用于视频录像、监控拍摄以及视频会议等。整体上，摄像头可分为模拟摄像头和数字摄像头两类。模拟摄像头在早期市场中较为常见，模拟摄像头所拍摄捕捉的视频需要景观特定的视频捕捉卡才能将模拟信号转换成数字信号再转换到计算机上运用，因此，在数码设备日渐丰富的今天，其便利性较差，整体成本较高。数字摄像头在当前更受市场欢迎。数字摄像头无须任何辅助设备，可直接将捕捉的影像通过 USB 接口传到计算机等设备上使用。

4. 点阵数码笔

点阵数码笔是一种通过在普通纸张上印刷一层不可见的点阵图案，数码笔前端的高速摄像头随时捕捉笔尖的运动轨迹，同时压力传感器将压力数据传回数据处理器，最终将信息通过蓝牙或者 USB 线向外传输的新型书写工具。点阵数码笔在书写的时候将纸张上的图形或文字以图片的形式存储在电脑中，也可通过不同终端同步显示。点阵数码笔在远程教育中，协同麦克风、摄像头等设备能够为师生提供更为丰富便捷的交互方式。突破时空限制、保存历史记录、可重复书写利用等优点让其在当今热门的互联网教育中被广泛利用，如北京师范大学未来教育高精尖创新中心研发的智慧学伴所提供的双师服务，教师和学生在家能够借助点阵数码笔，通过智慧学伴进行在线答疑与交流，更利于教师和学生的内容书写、对历史记录的保存和反复查看(图 2-4-11)。

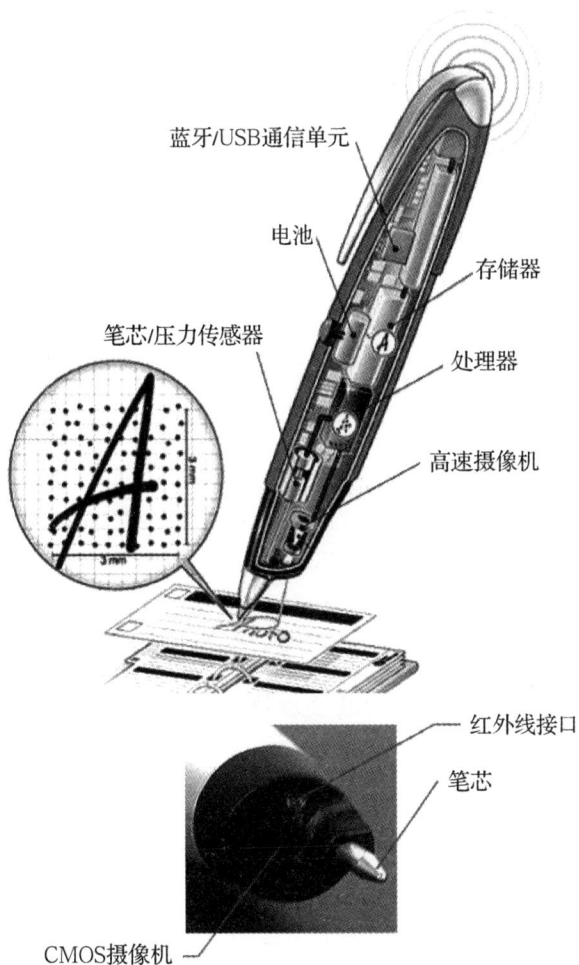

蓝牙/USB通信单元

电池

存储器

笔芯/压力传感器

处理器

高速摄像机

红外线接口

笔芯

CMOS摄像机

图 2-4-11　点阵数码笔构造

5.计算机遥控器

跟许多家电的遥控器一样,计算机遥控器可以使人们对计算机进行远距离操作。它通常包括红外接收器和遥控器两部分,红外接收器通过 USB 接口与计算机相连,接收遥控器发来的信号,并将信号传给主机。计算机遥控器的功能是非常有限的,一般来说,它只具有幻灯片翻页、音量控制、视频播放控制等功能。课堂教学中使用计算机遥控器使教师能够更好地与学生互动。

6.触摸屏

通过触摸屏,使用者只要用手指轻轻地触摸计算机显示屏上的图标等元素,就能实现对主机的操作,这样就摆脱了键盘和鼠标操作,使人机交互更为直截了当。与传统的键盘和鼠标输入方式相比,触摸屏输入更直观。配合识别软件,触摸屏还可以实现手写输入。触摸屏由触摸屏控制器和安装在显示器屏幕前面的检测部件组成。当手指或其他物体触摸屏幕时，所触摸的位置由触摸屏控制器检测，并通过接口送到主机。

7. 电子白板

电子白板系统由感应白板、感应笔、投影机、计算机等组成。感应白板是一块具有较大尺寸、在计算机软硬件支持下工作的大感应屏幕，能够起到黑板与显示器的双重作用。感应笔与白板通过有线或无线的方式连接，既可以像使用粉笔那样直接在白板上写字，又可以使用鼠标在白板上操作计算机。基于电子白板的课堂教学会越来越多，因为它将黑板、粉笔与现代教学媒体有机结合，使教师无须在操作台、大屏幕与黑板之间来回走动，使课堂更加流畅。

8. Wii Remote

Wii Remote 是任天堂游戏主机 Wii 的主要控制器（摇杆）。Wii Remote 的外形为棒状，就如同电视遥控器一样，可单手操作。除了像一般遥控器可以用按钮来控制，它还有两项功能：指向定位及动作感应。前者就如同光线枪或鼠标一般可以控制屏幕上的光标，后者可侦测三维空间中的移动及旋转，结合两者可以达成所谓"体感操作"。使用者可以通过移动和指向来与电视屏幕上的虚拟物件产生互动，此外也可借由连接扩充设备延伸控制器的功能。

Wii Remote 在游戏软件当中可以化为球棒、指挥棒、鼓棒、钓鱼竿等工具，可以由使用者利用挥动、甩动等各种方式来使用。体感操作的概念在以往的游戏中已经出现过，但它们通常需要专用的控制器；将体感操作列入标准配备，让平台上的所有游戏都能使用指向定位及动作感应，可以说是 Wii 的创举（图 2-4-12）。

图 2-4-12　Wii Remote

9. 虚拟现实设备

数据手套、数据衣、数据头盔等虚拟现实设备允许人与计算机进行自然的交互。使用者通过自身的语言、身体运动或动作等自然技能，就能对虚拟环境中的对象进行考查或操作（图 2-4-13）。

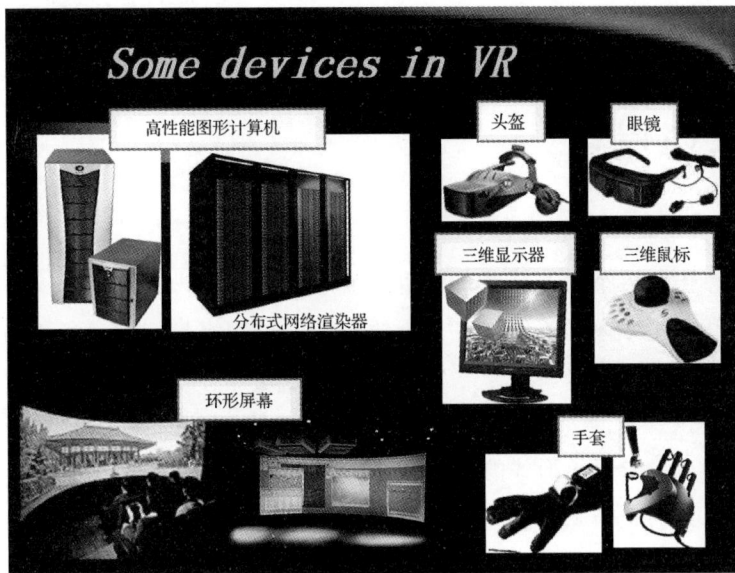

图 2-4-13　虚拟现实设备

10. Leap Motion

Leap Motion 是一个与 U 盘大小相似的体感控制器，它带来了除键盘、鼠标和触摸屏之外另一种使用电脑的方式。它比鼠标还要精确，比键盘还要可靠，比触摸屏还要灵敏。Leap Motion 让你可以通过手指在三维的空间里操控计算机，完全不需要额外的感测器。在 Leap Motion 软件运行的时候，只需要插入该设备到计算机中，便可实现利用手指来控制计算机。该设备不会替代计算机原有的鼠标、键盘等外接设备，相反，而是与它们协同工作（图 2-4-14）。

图 2-4-14　Leap Motion

通过 Leap Motion 体感控制器，你动动手指便可以实现浏览网页、播放音乐、翻阅照片等操作。此外，Leap Motion 也为我们带来了一种全新的学习方式，可与 VR 眼镜结合，通过双手来探索宇宙，触摸星体，也可以围绕星体翱翔。

2.5
测评与反馈设计

测评是教学中的一个重要环节，它可以使学生巩固所学知识，了解自己的学习水平，还可以提供教学效果的反馈信息，为改进教学过程提供依据。测评同样是教学软件系统中不可忽略的一部分。教学软件不仅可以通过多种方式，呈现测评的题目让学生作答，还能提供及时的、多样的反馈，包括回答的正误、问题的分析、参考答案，甚至是对答错原因的分析。形式的多样性以及反馈的智能性使学生能够全面地了解自己的学习水平，同时提高了他们的学习兴趣。

2.5.1　测评与反馈的设计要点

1. 测评题目的设计

测评是一个不可缺少的模块。也许正是因为这个原因，许多教学软件的设计者"为了测评而测评"，添加测评模块仅仅是为了摆样子，随便出几道题就算是测评了。这样的测评由于题目的粗制滥造，对学生巩固知识以及为教师提供教学效果反馈信息基本没有什么帮助。要做好测评，设计者首先要重视这一模块，明白测评的意义，要精心设计题目。题目的设计要紧密围绕教学目标，围绕各个具体知识点，并且尽可能做到趣味化和情境化。

2. 测评环节的设计

测评中的"课本搬家"现象比较严重。好多教学软件都直接将书上的测试题搬到了软件中，题目没有改变，数量较少，且没有反馈功能，与传统测评相比，只是题目的载体改变了，并没有实质上的改变，它的效果还没有传统测评好。教学软件的测评应体现出它自身的优势。

利用教学软件进行测评的优势在哪儿？先不谈反馈，看测评本身，教学软件的优势体现在题目的呈现、题目的管理等许多方面。

教学软件中呈现测评题目可以充分发挥计算机多媒体的特性。测评题目的呈现不仅仅局限于文字的形式，还可以是图像、声音、视频、动画等形式。一个简单的例子就是英语单词测试中的听单词选择相应图片。基于计算机多媒体的特性，教学软件中还可以将测评题目放到一定的情境当中。比如，呈现现实中遇到的问题，在模拟的环境中进行实验技能的测评，以游戏的方式进行测评等。总之，教学软件中测评题目的呈现，要摆脱单一文字或文字加简单图片形式的局限，根据教学的要求以多样的方式设计测评。

教学软件的测评应充分发挥数据库技术在题目管理方面的优势。对于教师，教学软件允许教师设计单选、多选、问答、匹配、填空等多种类型的题目并分类管理，而且可以根据需要进行增、删、改、查等各种操作。当题目达到一定的数量，教师在测试时可以随机出题。对于学生，自测练习功能将会变得强大，因为数据库中存储了各个知识点的不同类型的许多题目。学生可以自己决定做哪个知识点的题目，做哪些类型的题目以及题目的数量。

3. 反馈环节的设计

反馈是教学软件交互性的重要体现。反馈的方式包括对作答正误的判定、纠错、建议、帮助、强化、奖励、总结、评价、统计等。反馈的方式是由具体的测评过程决定的。例如，回答正确进行鼓励或奖赏，回答错误进行纠错，遇到困难时给出帮助，作答完毕给出评价总结等。设计反馈时要注意反馈时机的问题，也就是做完每道题目都立即给出反馈，还是全部做完后一并反馈，反馈时机的选择是由教学目标、教学内容决定的。一般来说，对联想记忆的内容可进行立即反馈，如背单词，一一进行反馈能强化学习效果。对需要深入理解或应用的内容，题目间可能具有一定的相关性，如英语的阅读理解，在这种情况下，不宜进行立即反馈。反馈的内容有多种媒体呈现方式，包括文字、图形、图像、动画、音乐、音响等，呈现方式的选择是由反馈内容、学习者类型以及使用环境等共同决定的。如果是低年级的学生，反馈应当尽量活泼。例如，设计一个卡通人物，并且向学生多提一些鼓励的话。

教学软件还应注意给教师提供学生测评的反馈信息，也就是学生的作答情况，给教师的反馈信息能够使教师了解学生的学习效果，进而采取补救措施，改进教学。

2.5.2　典型的测评与反馈方式

1. 经典测评与反馈

教学软件测评中的选择题最为常见。软件首先呈现题目与选项，并提示学生如何作答，作答后，将会得到有关回答正误的反馈信息。反馈信息既可以是文字、图片的形式，也可以利用一些音响效果(图 2-5-1)。

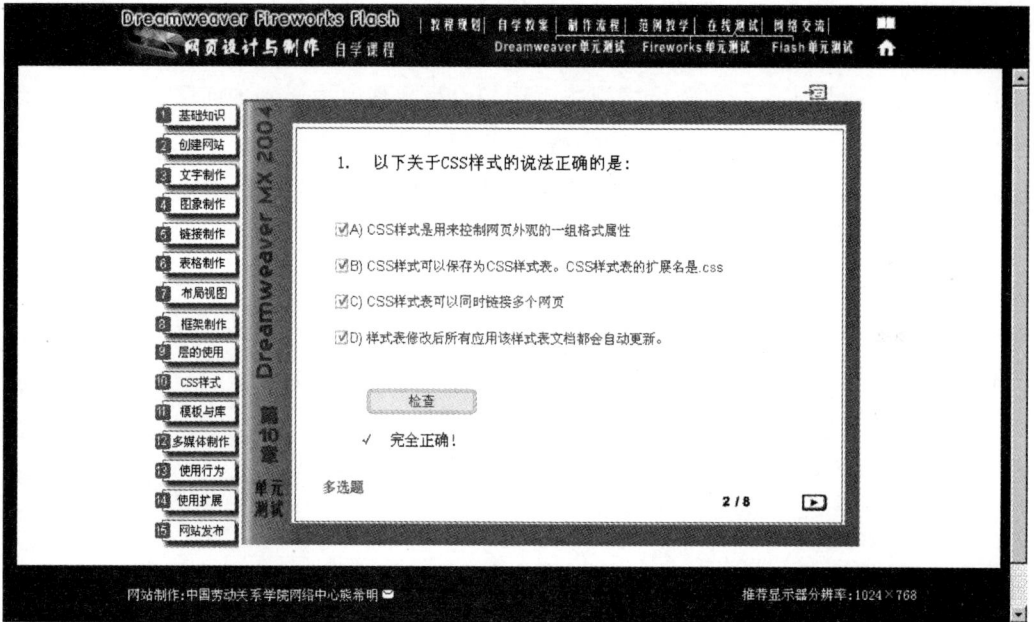

图 2-5-1　在线测试

2. 多媒体测评与反馈

教学软件中的测评可以发挥多媒体特性，图文并茂。图 2-5-2 所示为一道看图判断题，上面显示的是题目的题干部分，中间显示了需要判断的图片，下面是 TRUE 和 FALSE 按钮。作答时，学生只需要单击 TRUE 或 FALSE 按钮，如果选择正确，则会显示笑脸，反之，则是苦脸，如图 2-5-3 所示。同时，题目还会给学生积分奖励，回答正确，积分将会增加。

图 2-5-2　看图判断题

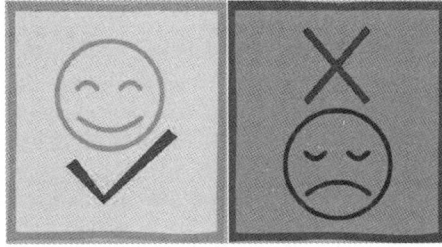

图 2-5-3　看图判断题的反馈

图 2-5-4 所示为一道单词和图片连线题，上面是一组图片，下面是一组单词，每个匹配项都有一个连接点供连线使用。当鼠标移动到某一连接点时会变成手型，按下后连接点会变成一张笑脸并有声音提示，再单击另一列的某个连接点，两个连接点之间会出现一条连线。连线结束，软件会根据作答结果给出音频和正确率的双重反馈(图 2-5-5)。

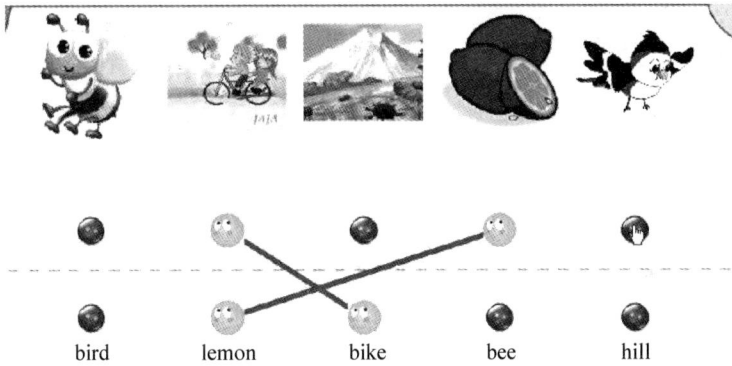

bird　　　　lemon　　　　bike　　　　bee　　　　hill

图 2-5-4　连线题

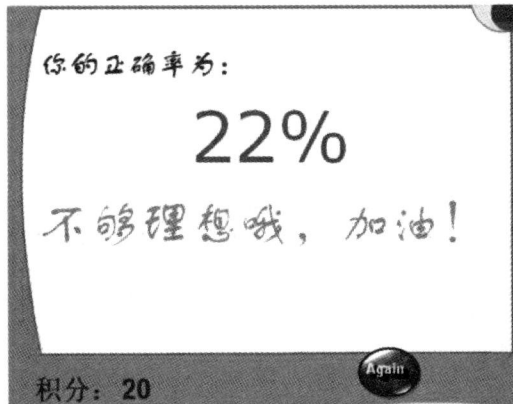

图 2-5-5　连线题的反馈

3. 模拟情境测验

模拟情境测验主要用来评价学生的操作技能，测验时教学软件会提供一个真实情境的模拟环境。在这个环境中，学生可以自由操作，教学软件会根据学生操作的过程与结果给出反馈。例如，在教学"氧气的制取"中，软件为学生提供了制取氧气所需的各种器材，这些器材可以通过鼠标随意拖动，实验时，学生需要将它们拖动到合适的位置，进行仪器的组装，组装好之后，单击"完成"按钮，软件会根据学学生的仪器组装过程及结果给出"实验成功"或"组装是从左向右，从上向下的"等相应的反馈信息（图 2-5-6 和图 2-5-7）。

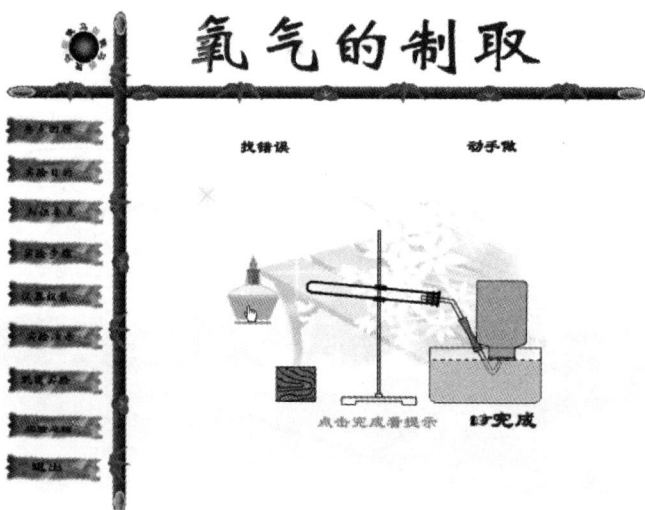

图 2-5-6 "氧气的制取"操作界面

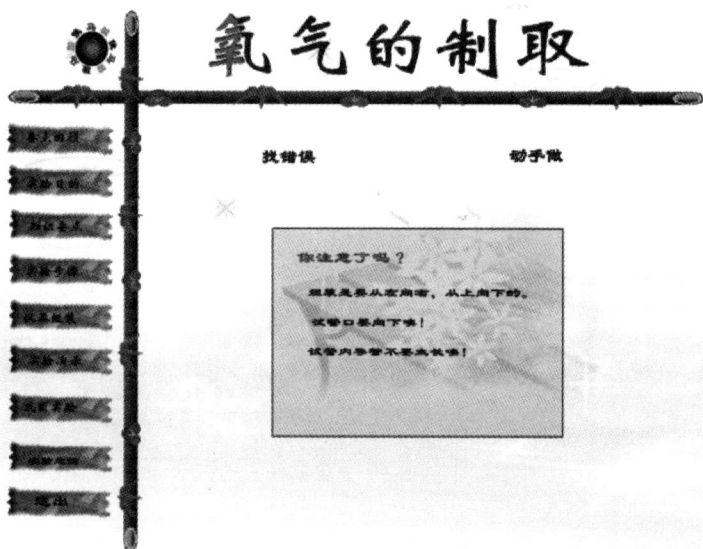

图 2-5-7 "氧气的制取"反馈页面

4. 趣味性测评与反馈

教学软件可以将测评置于特定的情境中，增加测评的趣味性。"打地雷"呈现的场景是一个身穿盔甲的小女孩手握球拍，对面站着一个大地雷，它们的上方是若干个地雷，每个地雷代表一个选项，选项上方是音频或文本形式的题干。呈现问题后，小女孩单击一个地雷，就是选择了一个选项，如果选择正确，所有代表选项的地雷都归小女孩支配，她挥动球拍将所有地雷都打向大地雷一方；否则，所有的地雷都归大地雷，它会用所有的地雷去攻击小女孩，如图 2-5-8 和图 2-5-9 所示。[①]

图 2-5-8　"打地雷"题目场景

图 2-5-9　"打地雷"反馈方式

图 2-5-10、图 2-5-11 所示的是趣味判断题"翻箱倒柜"，场景中柜子的每次表演都代表一道判断题，如果学生回答正确，则柜子能成功完成表演，否则就演砸了。

① 此游戏说明及截图只用于展示教学软件的趣味性测评与反馈，请勿模仿。

图 2-5-10 "翻箱倒柜"题目场景

图 2-5-11 "翻箱倒柜"反馈方式

5. 计算机自适应测验

计算机自适应测验(Computerized Adaptive Testing,CAT)是近些年发展起来的一种新的测验形式,与一般的计算机化测验不同。在 CAT 中,计算机不仅呈现题目、接收输入答案、自动评分、得出结果,还会根据被试对试题的不同回答,自动选择最适宜的试题让被试回答,最终对被试能力做出最恰当的估计。因此,CAT 是因人而异的测验。

CAT 是在项目反应理论基础上发展起来的一种测验,是一种在项目水平上进行分析的测验。这种测验的编制者认为,要测量一个人的能力,最理想的项目就是难度适中的项目,即他答对或答错的概率都在 0.5 左右。在测验开始时,计算机一般会给出一个难度中等的题目,如果被试做对,计算机就会估计他的能力高于中等水平,然后再给他一个难度高一点的题目；如果他做错，计算机就会估计他的能力低于中等水平，然后给他一个难度较低一点的题目。然后，计算机根据被试第二题的回答情况，对其能力再做估计，在第二次估计的基础上，计算机在题库中选择最接近他能力估计值的题目，接着根据被试反应，对其能力再进行估计。这样，随着被试做的题目增多，计算机对他能力的估计精度越来越高，最后其估计值将收敛于一点，该点就是对被试的能力较精确的估计值。

目前，CAT 已经在一些领域得到了较好的应用，GRE、GMAT 等世界范围的大型考试都采用了这种形式，中国汉语水平考试，也采取了 CAT 的方式。

2.5.3　测评与反馈生成及管理

教学软件允许用户方便地利用同一模板生成不同的题目。以"打地雷"为例，进入管理页面中，首先选择题模板"地雷对抗赛"(图 2-5-12)，接着出现该模板的说明(图 2-5-13)，单击"新建试题"后打开试题编辑界面(图 2-5-14)，在这个界面中可以设置题干、选项及正确答案。单击"下一题"按钮继续编辑后面的题目，编辑完成后，单击"生成试题"按钮，选择路径后就能得到前面图 2-5-8 所示的"打地雷"试题。

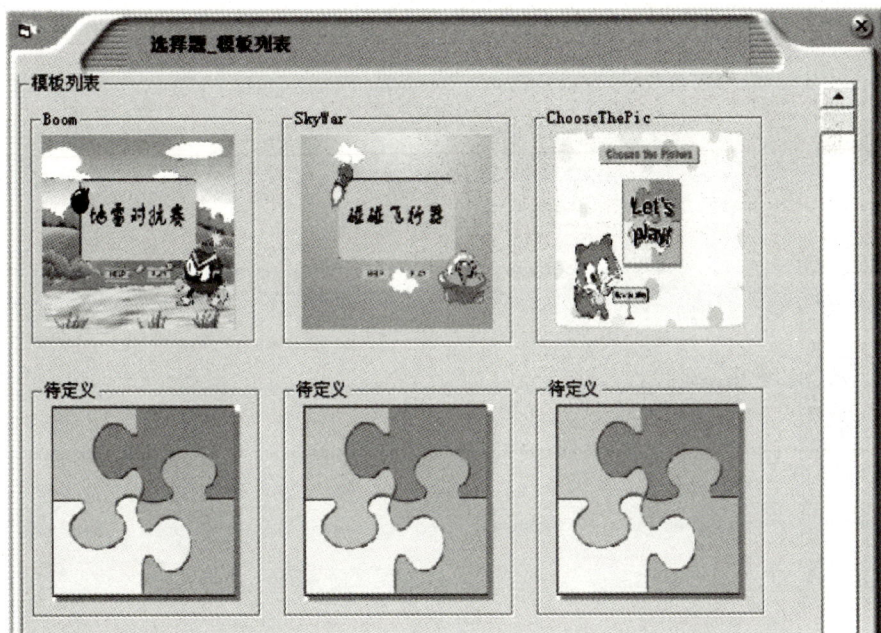

图 2-5-12　选择题模板

图 2-5-13　模板说明

图 2-5-14　试题编辑

　　一般的网络教学平台中都提供了强大的测评管理功能。例如，在 4A 网络教学平台中，教师可以在各个知识点下输入试题，可供选择的试题类型有单选题、多选题、填空题、匹配题、问答题、完形填空、阅读理解等。另外，4A 网络教学平台还能对题目进行统计、查询。在教师布置作业或学生进行自测时，经过简单设置，系统能够自动生成试题(图 2-5-15 和图 2-5-16)。

图 2-5-15　选择添加试题的类型

图 2-5-16　具体设计试题

2.6
仿真与控制设计

　　仿真型教学软件一般都通过创设逼真的环境，让用户深度参与其中。典型的仿真教学软件，如三维虚拟学习环境，除了提供丰富的理论知识学习和实际教学材料为对象的学习模块单元外，它还会创设一个三维情境学习空间，各教学模型形体和位置相对关系，以三维空间向量形式表示，支持实时漫游功能。

一个仿真环境包含的主要要素有静态模型、用户替身、虚拟交互、场景特效等。图 2-6-1 为一个典型的三维虚拟学习环境，该环境中有表示物理世界中的静态模型，如教室、椅子、讲台等；有表示参与者的用户替身，如站着授课的老师，坐在座位上学习或者旁听的学生；三维环境中还提供给用户交互功能，用户在虚拟环境中相互作用（如相互打招呼、聊天，举手回答问题等），或与虚拟环境进行交互（如自由行走、更换服饰等）；有些功能强大的图形引擎还能大力改善图形质量，让场景看起来更加真实有趣，如为场景添加光照、阴影，模拟自然现象等。

图 2-6-1　一个典型的三维虚拟学习环境

2.6.1　静态模型设计

设计和实现虚拟环境中一个重要的技术问题就是虚拟实体的建模，建模的过程就是通过构建虚拟物体的大小、形状、颜色等要素把虚拟实体呈现出来，构建出来的虚拟物体就是静态模型。通常静态模型是由美工人员借助第三方工具如 Autodesk 3DS Max、Maya 等软件构建的，他们先建好一个个独立的对象模型，然后将这些对象模型进行组合，构建成所需要的虚拟场景。

Autodesk 3DS Max 软件功能强大，集成了 3D 建模、动画和渲染解决方案。方便实用的工具使艺术家能够迅速展开制作工作。Autodesk 3DS Max 能让设计可视化的专业人员、游戏开发人员、电影与视频艺术家、多媒体设计师（平面和网络）以及 3D 爱好者在更短的时间内制作出惊艳的作品（图 2-6-2）。

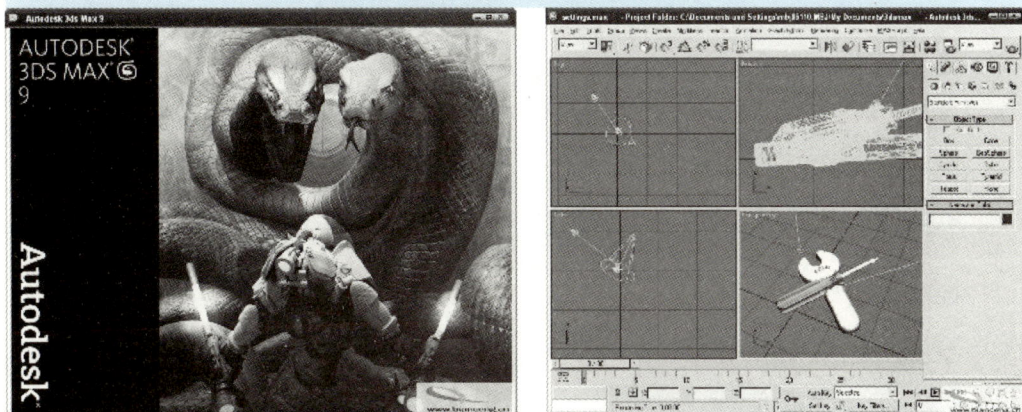

图 2-6-2　Autodesk 3DS Max 三维建模

1. 对象模型

与现实生活中构建一个建筑一样，美工人员在创建虚拟场景时，需要先创作出一个个独立的零件。仿真教学软件中的虚拟场景，大致包括以下三类对象模型。

（1）模拟实体。以实物为对象，用三维建模软件建立的教学模型，如现实生活中的桌椅、房屋，化学实验室里的化学物质等。

（2）抽象实体。现实生活中不存在的或难以观察到的对象，如宇宙中的行星，微观世界中的分子、原子等。抽象实体的建模能给予学生直观的对象概念，并构建概念模型。

（3）艺术加工实体。在模拟实体和抽象实体的基础上，以美化的方式表现的实体。例如，CyberMath 中的数学模型就属于艺术加工实体。

2. 场景

将模拟实体、抽象实体和艺术加工实体这些对象模型有机地组合在一起，就能构建一个三维虚拟场景。使用 Autodesk 3DS Max 或 Maya 等三维建模软件能构建复杂的三维场景，如图 2-6-3 所示。

图 2-6-3　Autodesk 3DS Max 制作的复杂场景

2.6.2　用户替身模型及行为建模

虚拟学习环境中仅仅有客观存在的物理场景是不够的。作为虚拟情境的参与者或对象，我们需要在虚拟环境中扮演学习的主角，即需要构建能在虚拟环境中代表自身的虚拟角色，这种虚拟角色通常被称为用户替身。替身在外观上看起来是一个对象模型，但是这个替身模型又具有一定的交互行为特征，需要软件的设计者和开发者为替身模型撰写一些特定的行为脚本。

1. 替身模型

替身模型本身是一个静态模型，它仅从外观上能代替用户本身。替身模型可以复杂也可以简单，可使用简单的基本几何形体构建替身，也可以使用图形学技术绘制逼真的用户替身，甚至将替身设置成你所想象的任意外形，如图 2-6-4 所示的虚拟环境中的众多形象迥异的替身形象。

图 2-6-4　千姿百态的替身模型

2. 针对替身的行为建模

要想使替身模型有一定的交互功能，或者说有一定的智能，必须对替身进行行为建模。行为建模是探索一种能够尽可能贴近真实实体对象行为的模型，使构造实体对象的人能够按照这种模型，方便地构造出一个行为上真实的虚拟实体对象。[①] 它起源于人工智能领域的基于知识系统（模拟外在智能的抽象形式，如问题求解、博弈等），人工生命（动物行为学中的适应性行为，适应周围环境的变化）和基于行为的系统（Behavior-Based System，BBS），基于行为系统中自主 Agent 行为与计算机动画结合便产生了行为动画机制。[②][③] 行为建模的主要目标是对真实物体的行为（包括反应行为和智能行为）进行准确的建模，并在计算机上对其进行模拟。从软件方法学的角度，可将行为建模分为基于过程的行为建模、基于对象的行为建模和基于 Agent 的行为建模。对替身的行为建模主要由计算机专业技术人员开发设计成现成的软件工具或软件包，如 Poser软件、Autodesk 3DS Max 中的角色建模模块等。

Poser 是由美国 Smith Micro 公司推出的人体三维动画制作软件，俗称"人物造型

---

①　National Computer Security Center，A Guide to Understanding Trusted Recovery in Trusted Systems，NC-SC2TG2022，Library No. 52236，061，Version 1，December 1991.

②　Dept. of Defense Standard. Department of Defense Trusted Computer System Evaluation Criteria，DOD 5200. 282STD，GPO 198626232963，6430，Dec. 1985.

③　National Computer Security Center，Final Evaluation report Wang Government Services，Incorporated XTS2300 STOP 5. 2. E，[Report NO. CSC2EPL292/ 003. E]，August 2000.

大师"。Poser 除提供丰富多彩的人体三维模型外，还能轻松快捷地设计人体造型和动作，免去了替身行为建模的烦琐工作。它可以很迅速地完成人物的姿态塑造，并利用简单直观的关键帧制作方式，方便地得到细腻逼真的人体动作（图 2-6-5）。另外，该软件的导入功能还可以将 Poser 设计的人物造型加入其他的三维设计软件中，如 Autodesk 3DS Max 中，以便再加工重复改造利用。

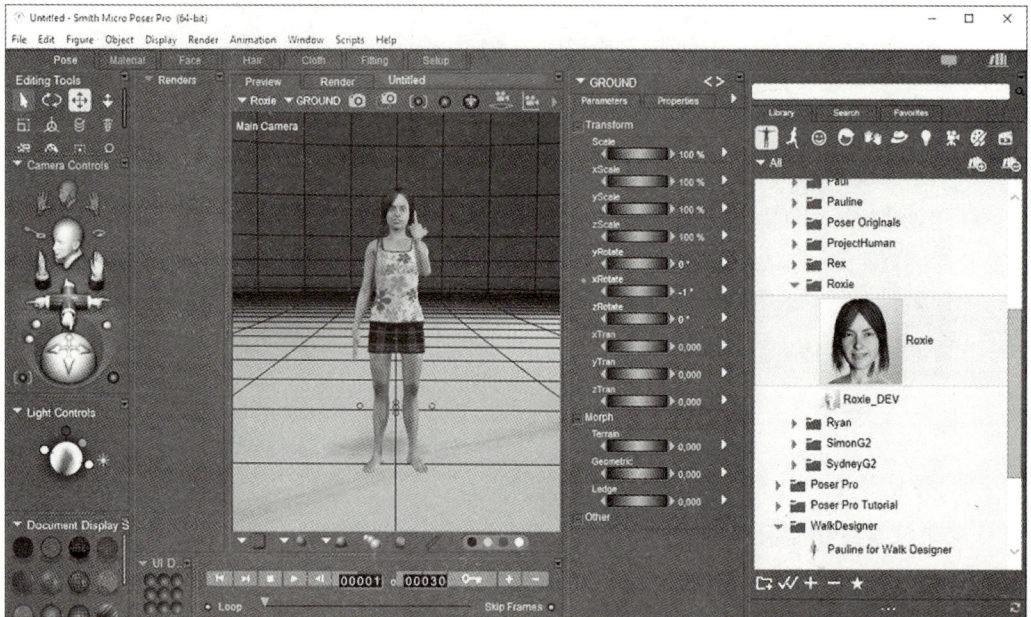

图 2-6-5　Poser 软件

2.6.3　交互控制设计

教学软件的三维虚拟环境与一般的三维动画的最大不同之处就是它能够提供很强的参与性交互功能，即用户不是在被动地观看三维动画，而是通过系统提供的交互功能主动参与虚拟环境中，依据自己的意愿随处漫游，与虚拟对象或其他用户进行自由交互，获取知识。

通常三维交互技术分为导航（navigation）、选择/操作（selection/manipulation）和系统控制（system control）三个方面[1]，它们分别完成视点变换、对象选择和操作以及系统参数设置等功能，其中前两项直接用于实现用户的交互任务。在教学软件系统中，

---

[1]　Bowman D，Billinghurst M，Cugini J，Dachseelt R，Hinckley K LaVila J，Lindeman R，Pierce J，Steed A，Sttuerzlinger W. 20th century 3D user interface bibliography：An annotated bibliography on 3D user interfaces and interaction，2005.

通常可分为下面几种交互技术。

1. 导航漫游

虚拟环境下的导航类型可以划分为有/无目标的导航、是/否指定路径的导航、用户驱动的导航和自动导航等。这些导航方式和导航技术各有优缺点，适合于不同的交互任务需求。融合多种导航模式可以更好地适应用户的不同导航需求，提高导航效率，增加用户满意度。

多种导航技术融合的关键是实现"优美"、平滑的转换和连续、一致的反馈，也就是让用户能够在不同导航之间自然过渡。如果通过系统控制方式进行切换，将使导航过程产生明显的停顿，增加用户操作的复杂性。利用语义对象来辅助导航操作，通过对高层交互语义的解析和推理来感知用户意图，可以实现多种导航方式之间的自然转换。

(1)存在替身的用户驱动导航技术。

用户驱动导航(user-driven navigation)技术的特点是视点位置和方向的变化由用户通过输入设备控制。在桌面虚拟环境(desktop VR)中，鼠标前后移动映射为视点的前进和后退，鼠标左右移动映射为视点的左右转动，变化速度由鼠标的移动速度决定。为了弥补桌面虚拟环境下用户临场感的不足，可在场景中设计和引入一个卡通形象作为用户替身，由替身代表用户在场景中漫游和操作。用户通过鼠标或笔来控制替身的运动，视点位置和方向跟随替身一起变化。这样的观察视图结合了第一人视点和第三人视点，既利于用户对虚拟场景的完整理解，也更容易感知自己所处的空间位置。

在用户驱动替身导航的过程中，替身作为一个语义对象捕捉用户的交互手势，通过解析手势的交互语义，感知和理解用户的导航意图。例如，用户在替身背后做"向前推"的手势时，替身将在虚拟环境中向前行走，推的范围越大，表示推力越大，替身的前进速度也越快。在响应用户导航操作的同时，替身的行为构件执行对应的动画行为，模拟真实世界中人的某些运动行为，如走、跑、坐、飞行等(图 2-6-6)。

图 2-6-6 虚拟环境中替身的走、跑、坐、飞行

当替身在一个起伏的地形环境中漫游的时候，必须考虑地形的变化。系统可采用地表跟踪和碰撞检测技术，以模拟真实环境中的重力作用和碰撞效果，使替身和视点始终沿着地表运动，并根据地形调整身体姿态和视角。这些复杂的导航技术不需要额外的交互操作，由系统在内部完成相关计算，用户通过相对简单的操作便能实现复杂的导航过程。

如图 2-6-7 所示，地形跟踪需要不断地获取空间位置序列，使每一时刻该位置与其正下方投影线和地面的交点之间的距离为一定值，当替身在地面上行走的时候，它的"眼睛"与地面之间总是替身的身高与二分之一头高的尺寸之差。系统不断检测视点与地面垂直方向的距离，并根据给定的视高，调整视点的位置，从而使视点始终跟随地面状况起伏，不致在漫游中陷入地面或飘到空中，增强了漫游的真实感。

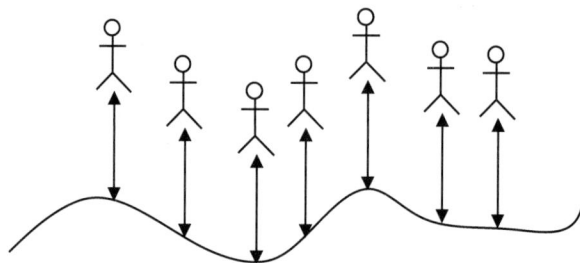

图 2-6-7 地形跟踪

这样，系统借助替身的语义行为，实现了更为简单、自然的交互隐喻，使控制导航的交互过程变得更为直观和易于理解，为替身外形和动作变化提供了自然的操作反馈。另外，通过替身作为交互线索，触发和解除这种导航方式也比较直观。

(2)基于路径规划的自动导航技术。

基于路径规划的自动导航技术是指在导航过程中，视点位置根据预先规划的路径自动漫游到目的地。与用户驱动方式相比，用户控制目标位置，但不具体提供导航动力。在导航目标明确的情况下，采用这种方式，用户的工作负荷比较低，导航效率也相对较高。根据用户导航时选择的目标类型，可以把路径规划分为两种情况。

一种情况是固定路径的自动导航，使导航的目标位置明确、固定。例如，在儿童娱乐城中，从学习室漫游到音乐室时，导航路径在系统中提前预设，漫游目标通过场景中的特殊语义对象——可视化路标来选择，用户在这些路标上操作时，由路标对象解释用户的交互语义，并触发自动导航过程，替身和视点沿设定的路径自动漫游。

另一种情况是基于动态路径规划的自动导航，用户在场景中动态地设定漫游目标和路径。与前一种自动导航方式相比，它只需用户粗略地给出目标位置，导航目标的设定更为灵活，适合于大距离快速漫游。这种导航技术的实现是以语义对象为基础的。例如，用户必须在地面等具有支持"行走"这种语义属性的虚拟对象表面上设定导航路

径，没有这种语义属性的对象（如水面），不支持路径规划的交互操作。例如，在
Second Life 中，当用户想从一个岛屿快速到达另一个岛屿时，他在图右下角的 Loca-
tion 处输入目的地的坐标，再单击"Teleport"按钮即可快速到达目的地，避免了用户在
三维空间中迷失方向而浪费时间（图 2-6-8）。

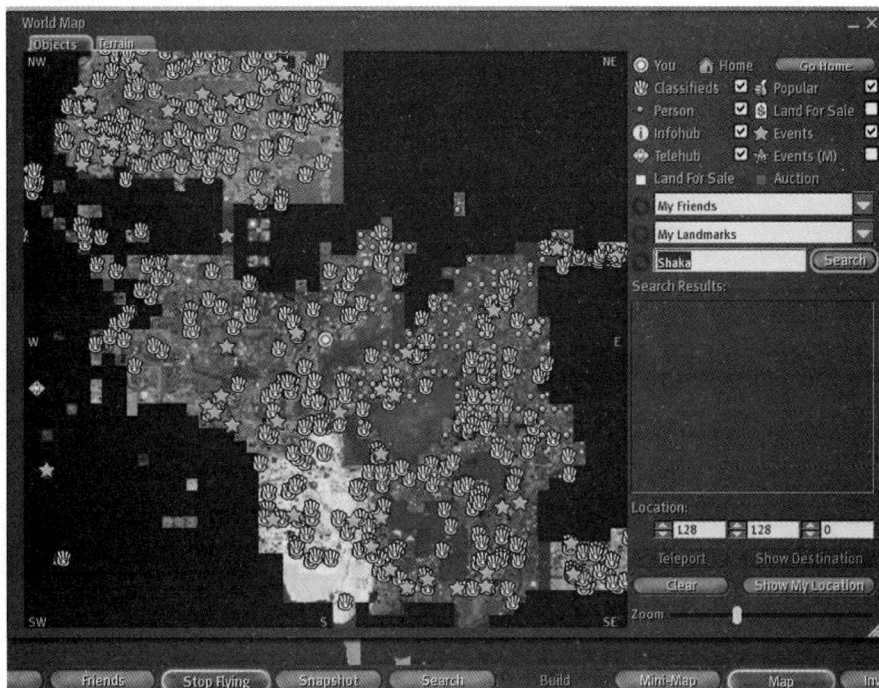

图 2-6-8　Second Life 中的自动导航

　　用户驱动替身在虚拟环境中漫游时，通过上述特定的语义对象，可以随时触发基
于路径规划的自动导航方式。与通过系统控制的方式来切换导航模式相比，这种利用
场景中的语义对象来实现交互方式的变换，对用户来说更为简单、自然。

　　2. 二维地图导览

　　对于区域较大、结构复杂的三维场景，用户常常无法定位当前的方向和位置，并
且较难锁定目标区域；而使用二维地图可以提供一种与三维场景相联系的宏观、整体
的信息，防止用户在三维空间中迷失，并能在不同的方位场景中迅速切换，是一种很
好地维持用户方向感的手段。

　　具体方法是：建立三维场景的二维俯视平面图，在二维地图中增加一个图层来绘
出观察者标志，并设置时间间隔，根据三维场景中观察者位置的改变实时地刷新二维
地图中的这个图层。当用户在三维场景中漫游时，首先获得观察者的位置、方向，通
过预先计算好的二维地图的坐标、缩放因子等来相应地修改图中观察者标志的位置和
朝向。

另外，还可以逆向建立由二维地图到三维场景的映射，即用户在地图中任意选取目标位置，改变观察点时，相应地在三维虚拟场景中跳到对应的位置。实现方式是：首先在二维地图中获得点击处的二维坐标，并将其转换到三维场景的坐标系中，同时设置一个合适的观察高度，然后将观察平台平移到此位置上。

图 2-6-9 为一个复杂三维场景漫游示例，屏幕右下角为该场景的二维地图。

图 2-6-9 复杂三维场景的二维地图

3. 拾取

几何模型层提供用户在虚拟对象被操作时的可视反馈，包括整体或部分的平移、旋转、变形以及材质、纹理、颜色等几何属性的变化；直接操纵用户怎样与虚拟对象进行交互，包括选取、点击、拖动、旋转等功能，它通过调用几何模型层的变换来实现。如图 2-6-10 所示为用户驱动替身拾取虚拟场景中的椅子，通过显示的圆形面板命令可选择坐在椅子上。

图 2-6-10　用户驱动替身拾取虚拟场景中的对象

4. 热区点击

三维模型上定义热区,可设定热区的触发机制是点击鼠标或范围吸引。当用户触发一个热区之后,将执行该热区所定义的动作。比如,将对某个感兴趣的对象用鼠标移上去能弹出标签说明,或跳转链接。图 2-6-11 中在对航空航天数字博物馆的航空馆全景浏览时,其中的战斗机就被设置了热区,当鼠标移到战斗机上,会出现黄色的热区框,点击就能打开新的窗口介绍战斗机的历史及性能参数等详细情况。

图 2-6-11　航空航天数字博物馆的战斗机的热区

5. 时间模型

在真实世界中光线穿过一个透镜是在十亿分之一秒内发生的，一个滴定可能从 10 分钟到 1 小时，诊断一种疾病可能要用几天或几周，山脉或河流的形成需要几百万年。对这些现象都可以建立模型，但是真实现象的时间框架越极端（毫秒或千年），模型就越不真实。然而正是这些发生极快或极慢的现象需要模拟，因为学生不可能真正观察光通过透镜的运动或山脉的成长，但能通过模拟看到。

基本模型用三种方法处理时间框架，即忽略时间、加快或减慢时间、保持真实时间。① 大多数的迭变模拟是忽略时间的，用户设置数值，点击按钮，就看到了结果，没有自然经过的时间。这样的模型称为静态模型。如果在模拟中，有时间因素存在，无论是真实的时间还是修改的时间，则称为动态模型。动态模型常用在物理模拟、程序模拟和情境模拟中。

在一个模型中，时间加快或减慢的比例可以是一致的，也可以是不一致的，可以根据设计者的需求进行设置。例如，用 10 秒模拟真实的 1 小时，而在需要仔细观察或细致操作的阶段，使 10 秒等于真实的 1 分钟。

保持真实时间的模型不普遍，主要用于实际过程不长的程序模拟。在飞行模拟软件中，可以让用户选择是否以真实时间飞行，并且可以随时改变位置，加快或减慢时间，这种考虑对于飞行这样的技能是有用的。例如，在起飞和降落时可以选用真实的时间，而在长距离飞行时，可以加快时间。

6. 虚拟现实中的交互

虚拟现实交互技术是一门新兴的综合信息技术，融合了数字图像处理、多媒体技术、计算机图形学、传感器技术等多方面的信息技术。它通过计算机图形学构成三维数字模型，创设逼真的虚拟环境，在视觉上给用户一种立体的虚拟环境。与通常的CAD(计算机辅助设计)系统所产生的三维模型不同，它不是一个静态的世界，而是一个互动的环境。

具体地讲，虚拟现实交互技术就是使用以计算机技术为核心的现代高科技，生成逼真的视、听、触觉一体化的特定范围的虚拟环境，使用户借助必要的设备以自然的方式与虚拟环境中的对象进行交互作用、相互影响，从而产生与亲临真实环境等同的感受和体验。那么，这种虚拟的真实世界是如何形成的呢？首先，需要生成虚拟实体，虚拟实体主要是针对用户的生理感觉而言；其次，用户通过人生理的自然技能同这个环境进行交互；最后，利用传感器完成人和虚拟环境的交互。

美国麻省理工学院媒体实验室的学生普拉纳夫，发明了一项结合实体世界和虚拟世界的科技，用一个网络摄像头、便携电池投影机、耳机和 PDA 等来完成与自然世界

---

① 张军征:《多媒体教学软件设计原理与方法》，北京，科学出版社，2007。

的交互。例如，大多数人曾经用自己的手组合成相框的手势来确定拍摄目标，在普拉纳夫的实验里，不用回到摄像机上按动摄像按钮，保持住你的手势，就可以把里面的世界拍摄到自己的 PDA 中了（图 2-6-12）。

图 2-6-12　"第六感"交互技术

此外，微软制造了首个不受线缆限制的全息计算机设备——HoloLens，其能让用户与数字内容交互，并与周围真实环境中的全息影像互动。传统的人机交互，主要是通过键盘和触摸，包括并不能被精确识别的语音等。HoloLens 的出现，则提供了一种新型的人机交互方式。看过《机器人总动员》这部电影的人肯定有印象，城市中每个人的面前都有一个可随时按指令出现的全息屏，可以在上面执行各种任务，不用时马上消失无形。HoloLens 所要实现的就是这种交互。在人机交互之外，还有人与人和人与环境的交互。虚拟现实能让远隔万里的人坐在你面前与你促膝长谈，也能让你游览你从未去过甚至目前还不可能去的地方，如撒哈拉沙漠、马里亚纳海沟、月球、火星。微软准备与美国航空航天局合作，比如在一个样片中将火星地貌投射到周围，令人完全沉浸在虚拟世界中，而几乎看不到真实世界（图 2-6-13）。戴上 HoloLens 登陆火星，让科幻大片里面的星际探险成为现实。

佩戴好 HoloLens 后，你可以在前方生成 N 个网页，或者在墙壁上放一个看照片的窗口。另外，它也支持空间内移动。比如，在你的前方放一个网页，当你身体变换位置后，网页依然会停留在那个地方，其定位的精度和屏幕刷新率很高，生成的虚拟影像就像和现实世界融合在一起一样（图 2-6-14）。

图 2-6-13 HoloLens 模拟火星地貌

图 2-6-14 HoloLens 将虚拟操作界面叠加在现实空间

2.6.4 三维虚拟环境中的特殊效果

特效技术是解决虚拟环境中沉浸感和真实度的一个重要课题。这些特效技术包括光照模型、实时阴影、立体声音效果、基于环境的粒子特效（雾、风、雨、雪）的模拟等。这些特效技术的研究主要针对可视化方面的问题而展开，集生动性、趣味性、艺术性于一体，大大增强了教学系统中用户的真实沉浸体验。

1. 光照

光学原理认为，自然界光线的分布与传播是由许多离散的粒子构成的，这些粒子称为光子，它们不断由光源向外散发，当这些光子遇到物体表面之后，一部分按特定波长运动的光子被表面吸收，另一部分则重新分散到环境中。不同的材质，对光子的吸收和反射量不同，从而决定物体表面颜色的差异。场景最终的照明效果取决于物体表面与这些从光源发射出的成千上万光子间的相互作用。物体表面上的任意一点，可能是直接来源于光源的光子的照射结果，也可能是经过一次或多次表面反射后的光子（间接照明）的照射结果。

光照用来表示材质和光源之间的相互作用，也可以表示光源与所绘制几何对象之间的相互作用。光照可以和颜色、纹理以及透明度等一起使用，共同形成屏幕上的视觉外观效果。所以，完整的三维模型信息不仅包含几何与纹理信息，还包含光照信息。计算机显示器上的图像由许多发光点组合而成，称为像素，因此，创建几何模型的计算机图像的过程，就是根据模型所含信息和特定视角对每个像素颜色进行定义的过程。模型表面每个点的颜色都是该表面材质的物理属性与其照明情况的函数化结果（图 2-6-15）。

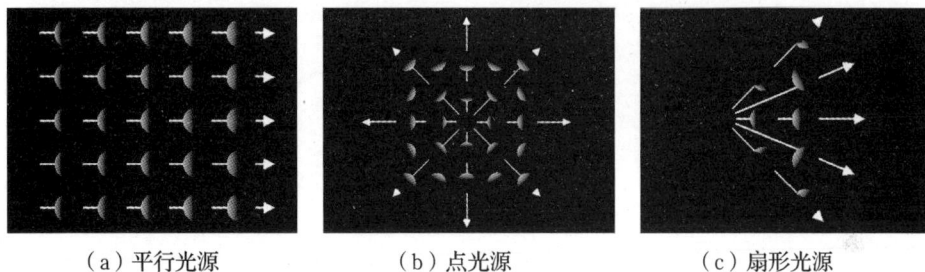

（a）平行光源　　　　　　（b）点光源　　　　　　（c）扇形光源

图 2-6-15　光照模型

2. 阴影

在三维仿真环境中，当观察方向与光照方向不一致时，就会出现阴影，阴影有助于表现虚拟环境中各物体之间的空间位置关系，增加观察者对物体的深度感知，使人感知到景物的远近深浅，从而极大地增强了画面的真实感。虽然并不是所有的场面都会产生阴影，但是在大多数真实感图形显示时，正确地绘制阴影是十分重要的（图 2-6-16）。

图 2-6-16　三维场景中的阴影效果图

人们知道生活中很多阴影的过渡是渐变的，软阴影（Soft Shadow）能更真实地模拟这种变化的效果。Soft Shadow 从字面上直译过来就是"软阴影"，不过叫"柔和阴影"似乎更合适，它实际上是在阴影周边制造虚化的效果，如图 2-6-17 所示。

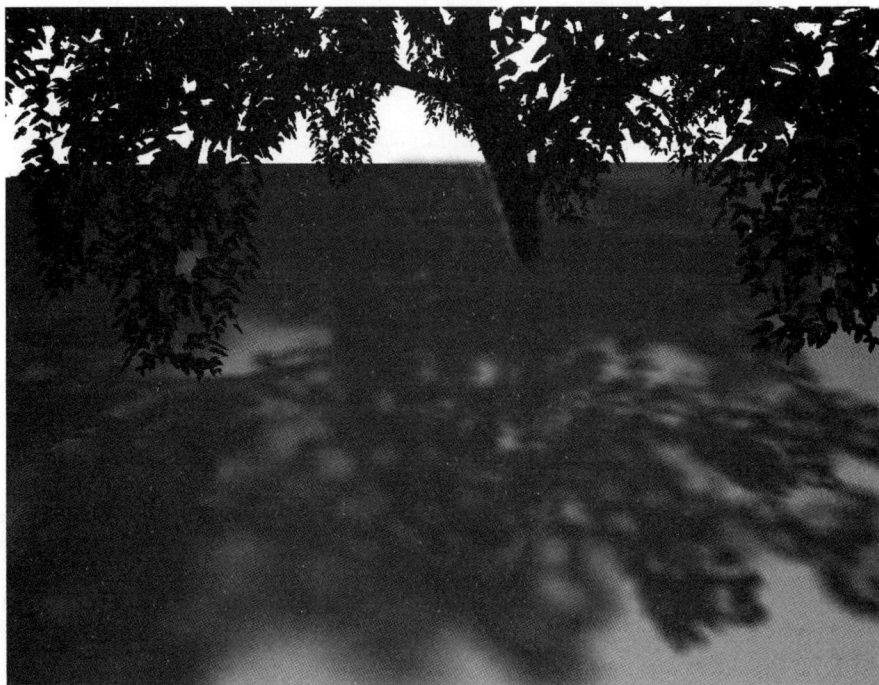

图 2-6-17 软阴影效果

3. 立体音效

在现实环境中，人类从外界获得的信息的 70% 来源于视觉，而听觉获得的信息占 15%～20%，是除视觉以外最重要的信息获取途径，所以为了建立良好的人机接口、增加虚拟环境的沉浸感和提高虚拟环境的逼真度，对虚拟立体声音的合成是非常必要的。在虚拟环境中，虚拟声音信息的作用一方面成为实时生成的视景伴音，产生视觉和听觉的叠加效应，另一方面可以补充和传递视景未显示到的信息，同时也可减轻视觉负荷。

随着虚拟现实技术的发展和其他相关技术的进步，声音不再仅仅是简单的录制和回放，逐渐逼近人在自然环境中对声音、听觉和虚拟声音方面的研究和发展将是未来的方向。图 2-6-18 为虚拟现实建模语言 VRML 中的立体声音模型，声音的强度在蓝色区域内随着与声源的距离越来越远而衰减。

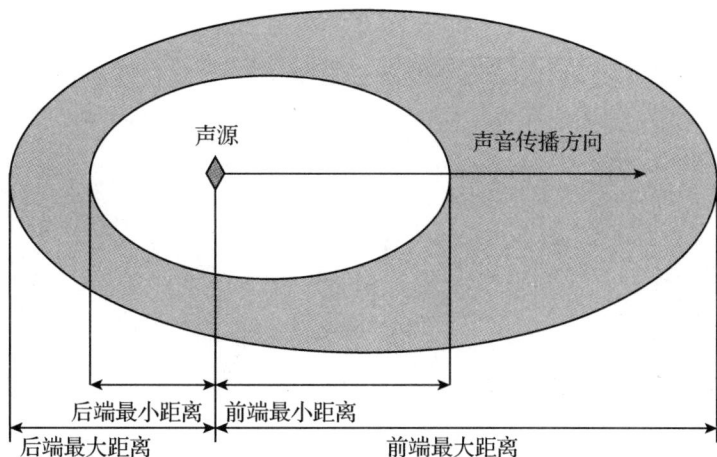

声源

声音传播方向

后端最小距离　前端最小距离

后端最大距离　　　　　前端最大距离

图 2-6-18　VRML 中的立体声音模型

4. 自然现象(雾、雨、雪等)模拟

自然现象模拟通常由粒子系统来完成。粒子系统并不是一个简单的静态系统，它有一个不断生长和消亡的过程。为模拟生长和死亡过程，每个粒子均被赋予一定的生命周期，它将经历出生、成长、衰老和死亡过程。同时，为使粒子系统具有良好的随机性，与粒子有关的每一参数均将受到一个随机过程的控制。粒子系统的上述造型方式使它模拟动态自然景象(雨、雪等)成为可能。

生成粒子系统某瞬间画面的基本步骤是：

(1)加入新的粒子系统。

(2)赋予每一新粒子一定的属性。

(3)删除那些超过其生命周期的粒子。

(4)根据粒子的动态属性对粒子进行移动和变换。

(5)绘制并显示所有生命周期内的粒子组成的图形。

采用粒子系统实现雨、雪现象的模拟，其基本思想是用大量的雨滴与雪花粒子的运动来模拟下雨和下雪现象，通过对粒子数量的控制实现雨、雪强度的仿真(图 2-6-19)。系统中，每个粒子都具有特定的属性，包括动力学属性和绘制属性。粒子的主要属性包括粒子在三维实景中的位置、尺寸、颜色、纹理、生命周期、速度、状态等。

当粒子被加入系统后，其运动通过受控的随机过程来模拟实现。有时为了简化计算，提高运行效率，可不考虑粒子间的相互作用对粒子属性的影响，即假设粒子在其生命周期中不会与其他粒子发生碰撞、融合，同时假设粒子一旦生成，也不会发生变形，其尺寸、颜色、纹理都保持不变。在这里，与一般粒子系统中以设定的时间或帧数作为粒子的生命周期不同，根据视景仿真的特点为粒子设立消亡条件——粒子降落到地面以下，通过对消亡条件的检测，来控制粒子的生命周期。

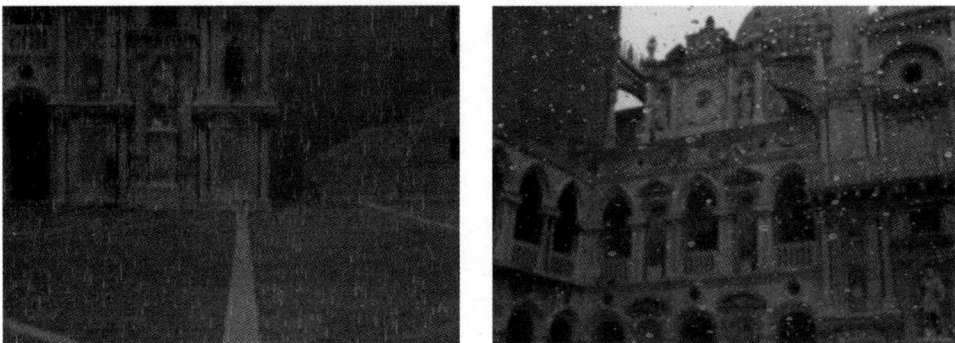

图 2-6-19　三维虚拟环境中的雨景、雪景效果

5. 质感模拟

人类生活在一个复杂的物质世界中，我们身边的事物由各种各样的材料构成，而每种材料都有自己独特的物理属性，这种属性反映到我们的视觉中，就形成了视觉质感。现实中不同事物所展现出的视觉质感是丰富多彩、变化万千的。而就某种具体的材料而言，其视觉质感则可以看作由基本色、反射率、透明度、高光形态、表面肌理以及一些更加微妙的视觉特征混合而成的复杂综合体。[①]

在二维动画中展现丰富的质感是非常困难的事情，我们所见到的大部分二维动画都是以"单线平涂"的工艺绘制出来的。在这种工艺中，只有平整、均匀的色块，而没有细腻丰富的视觉质感。单线平涂的二维动画制作起来相对容易，并且也形成了别具一格的简明的艺术风格，然而就视觉真实感而言，它显然就大打折扣了。

在数字三维动画中，对质感的呈现是通过"虚拟材质"的应用而非颜料的堆砌来实现的。事实上，计算机图形学的一个重要领域就是对各种"着色程序"的开发。在三维软件中，不同的着色程序对应着不同的材质类别，它们有着不同的基本属性，如有的可以用来模拟金属的独特光泽，有的则能再现出透明材料的内部折射。着色程序的研发和应用一定程度上提高了三维动画的整体观赏效果，实现了不同的着色程序对应着不同的材质类别的目的。[②] 此外，这些着色程序一般都是参数化的，它们具有许多可调项目和贴图通道，当这些设置更改后，它们又可以呈现出完全不同的视觉外观。计算机图形技术发展到今天，现实世界中几乎任何一种特定材料的质感都已经可以被着色算法还原出来了(图 2-6-20)。当三维模型被赋予了虚拟材质之后，接下来的工作就可以再次交由渲染过程去自动完成。在这个阶段中，每种材质都按照特定算法所规定的逻

---

① 李翔：《论数字三维动画的视觉真实》，载《西藏大学学报(社会科学版)》，2014(1)。

② 万鲤菠：《数字时代背景下三维动画的艺术表现和美学分析》，载《大众文艺》，2015(21)。

辑去和场景中的光线进行互动，并最终给出与现实视觉经验相符合的质感效果。

图 2-6-20　室内视觉质感

2.7
协作机制设计

2.7.1　协作学习的构成要素

协作学习是一种通过小组或团队的形式组织学生进行学习的一种策略。小组成员的协同工作是实现班级学习目标的有机组成部分。小组协作活动中的个体可以将其在学习过程中探索、发现的信息和学习材料与小组中的其他成员共享，甚至可以同其他组或全班同学共享。在此过程中，学生之间为了达成小组学习目标，学生之间可以采用对话、商讨、争论等形式对问题进行充分论证，以期获得达成学习目标的最佳途径。学生学习中的协作活动有利于发展学生的思维能力，增强学生之间的沟通能力以及对学生之间差异的包容能力。此外，协作学习对提高学生的学习业绩、形成学生的批判

116

性思维与创新性思维、对待学习内容与学校的乐观态度、小组成员之间及其与社会成员的交流沟通能力、自尊心与成员间相互尊重关系的处理等都有明显的积极作用。

协作学习由 4 个要素构成：协作小组、成员、辅导教师、协作学习环境。[1]

协作小组是协作学习模式的基本组成部分。小组划分方式的不同，将直接影响到协作学习的效果。通常情况下，协作小组中的人数不要太多，一般以 3~4 人为宜。

成员是指学生按照一定的策略分派到各协作小组中。成员的分派依据许多因素，如学生的学习成绩、知识结构、认知能力、认知风格、认知方式等，一般采用互补的形式有利于提高协作学习的效果。协作学习成员不限于学生，也可以是由计算机扮演的学习伙伴。

辅导教师在协作学习模式中并非可有可无，因为有辅导教师存在，协作学习的组织、学生对学习目标的实现效率、协作学习的效果等都可以得到有效控制和保证。协作学习方式对辅导教师提出了更高的要求，即要求辅导教师具有新型的教育思想和教育观念，由传统的以"教"为中心的教学方式转变为以"学"为中心的教学方式，同时还要实现二者的最优结合。

协作学习是在一定环境中进行的，主要包括协作学习的组织环境、空间环境、硬件环境和资源环境。组织环境是指协作学习成员的组织结构，包括小组的划分、小组成员功能的分配等。空间环境是指协作学习的场所，如班级课堂、互联网环境等。硬件环境指协作学习所使用的硬件条件，如计算机支持的协作学习、基于互联网的协作学习等所使用的硬件条件。资源环境是指协作学习所利用的资源，如虚拟图书馆、互联网等。

2.7.2　典型的协作学习模式

1. 协同

协同是指多个学生共同完成某个学习任务，在共同完成任务的过程中，学生发挥各自的认知特点，相互争论、相互帮助、相互提示或者进行分工协作。学生对学习内容的深刻理解和领悟，就在这种和同伴紧密沟通与协调协作的过程中逐渐形成。基于互联网的协同学习系统，可让多个学生通过网络来解答系统所呈现的同一问题。他们之间的交流和协作通过公共的工作区来实现，一般都要进行紧密的协作或分工才能够解决问题。在开始之前，每个学生都必须与其他学生讨论，交流彼此的观点并共享集体的智慧，最终在学生之间达成一致的行动方案。学生可以选择他们认为最有效、最合适的协作方式。

---

[1]　赵建华、李克东：《协作学习及其协作学习模式》，载《中国电化教育》，2000(10)。

　　2. 竞争

　　竞争是指两个或多个学生针对同一学习内容或学习情境，看谁能够首先达到教学目标的要求。由于竞争关系，学生在学习过程中，会很自然地产生人类与生俱来的求胜本能，所以在学习过程中会全神贯注，使学习效果比较显著。基于竞争模式的网络协作学习，一般由学习系统先提出一个问题或目标，并提供学生解决问题或达成目标的相关信息。学生在开始学习时，先从网上在线学生名单中选择一位竞争对手(也可选择计算机作为竞争对手)，并协商好竞争协议，然后开始各自独立地解决学习问题。在学习过程中，学生可看到竞争对手所处的状态以及自己所处的状态，学生可根据自己和对方的状态调整自己的学习策略。如果在学习过程中，一个学生的行为能影响其他学生的处境，那么竞争就会与教学目标结合得更加紧密。

　　例如，在教学游戏 Moptown Hotel 中，两个游戏者要把客人安排到 16 个旅馆房间里，但是必须要考虑到每位客人的不同性格，以便使同一房间中所有客人能和睦相处。游戏者的目标就是把尽可能多的客人都安排到房间里。但是，一个游戏者把一个客人安排到房间里就会给另一个游戏者的安排增加限制条件。在这个教学游戏中，学生在兴趣和竞争的驱动下，能对不同类型人的性格进行迅速地分析和识别，促进知识的有意义建构。

　　3. 角色扮演

　　角色扮演通常有两种不同的形式：师生角色扮演和情境角色扮演。师生角色扮演就是让不同的学生分别扮演学习者和指导者的角色，学习者被要求解答问题，而指导者则检查学习者在解题过程中是否有错误。当学习者在解题过程中遇到困难时，指导者帮助学习者解决疑难。在学习过程中，他们所扮演的角色可以互换。让学生分别扮演指导者和学习者的前提是他们对所学习的问题有"知识上的差距"，怎样衡量和认识这种知识上的差距是运用这种教学策略的难点之一。情境角色扮演要求若干个学生，按照与当前学习主题密切相关的情境分别扮演其中不同的角色，以便营造一种身临其境的氛围，使学生能全身心地去体验、去理解学习内容和学习主题的要求，从而更好地实现意义建构的教学策略。相对来说，情境角色扮演的适应范围更广，对学生的要求也较低。

　　情境角色扮演教学模式适合于较复杂的教学。它既适合同步教学，又适合异步教学，具有很大的推广价值。同时，它的运用方式也非常灵活，可以是"派别式"，也可以是"演员式"。"派别式"，即学生选择加入持不同观点或有不同重点的派别，然后扮演该派别中举足轻重的人物，以其身份发言，阐述其思想和观点，从而在不同派别的交流中理解不同派别的思想，深化自己对问题的认识。这种教学形式很适合理论探讨、学术辩论。在教学中，我们发现，只要将上述教学模式稍加修改，就可以适应"演员式"(学生像电影中的演员角色一样，以唯一身份的方式进入情境，进行角色扮演学习)

的教学形式。在这种教学形式中，学生分别扮演某一事件或某一故事中的人物，大家按照事件或故事的原型对其进行发展，在身临其境中达到意义建构的目的。这种教学形式具有更广阔的使用范围。"演员式"角色扮演在我们平时的教学中已经得到了广泛的应用，如在高中学习《鸿门宴》时，学生可以分别扮演刘邦、项羽、张良、范增、项庄、樊哙等历史人物，切身体会当时紧张激烈的场面和复杂的人物关系；在本科生学习与法律有关的课程中，学生可以分别扮演法官、陪审员、原告、被告、证人等不同角色，从各个角度来分析案件、学习法律知识。下面详细介绍一个应用"派别式"角色扮演的实例。

应用实例："建构主义"学习——"派别式"

在实践探索中，以本科生学习"建构主义"为例，设计了一个"派别式"角色扮演的教学课例，并开发了与课程实施相配套的网络工具：能标识用户派别的聊天室。整个教学过程如下。

(1)教师首先收集国内论述"建构主义"的学术文章，通过收集文献可以知道，国内论述"建构主义"较多的学者有何克抗(北京师范大学)、高文(华东师范大学)、张建伟(北京师范大学)，他们三者论述的重点不一样，有差别，也有共同点，可以分为三种学术观点。

(2)将所有文献放在网上，限定一个时间段，要求学生阅读这些文章，了解三位学者的学术观点。

(3)根据学生的个人兴趣(对哪一位学者的学术观点更加欣赏)选择扮演的学者。

(4)要求学生到网上学术演讲厅中以扮演的学者身份演讲辩论，在演讲过程中必须阐述他所扮演学者的观点。

(5)教师做主持人维持演讲规则与秩序，并适当给予学生帮助与提醒。

(6)结束学习，教师做总结发言：阐述三位学者的主要观点，帮助学生进行归纳和总结；总结讨论过程中所存在的问题与不足，对学生的表现做适当的评价。

4.伙伴

在现实生活中，学生们常常与自己熟识的同学一起做作业。一方面，可以进行自主学习；另一方面，当遇到困难时，便可以相互讨论，从别人的思想中得到启发和帮助。同伴学习系统与此类似，它可以使学生在学习过程中感觉到他并不是孤独的，而是有一位伙伴可以互相支持、互相帮助，当一方有问题时，他可以随时与另一方讨论。由于个人的思考范围有限，在学习过程中，若能和伙伴相互交流、相互鼓励将达到事半功倍的效果。利用互联网，学生可以选择的学习伙伴更多，而且有更加便利的条件。在这种系统中，学生通常先选择自己所学习的内容，并通过网络查找正在学习同一内容的学生，选择其中之一，经双方同意结为学习伙伴。当其中一方遇到问题时，双方便相互讨论，从不同角度交换对同一问题的看法，相互帮助和提醒，直至问题解决。当他们觉得疲倦的时候，还可以在聊天区闲聊一会儿，使得学习过程不再枯燥和孤单，而是充满乐趣和友谊。

应用实例：地理教学

美国一位小学六年级的教师为了教授地理方面的知识，选择了伙伴式教学模式。他让学生每 3 人组成一组，每个组都充当不同国家、不同地区的见习大使，要求他们共同学习，找出国家的名称、首都名称、政权类型、进出口情况、国家的特征、货币兑换的内容等。然后，所有的小组合在一起，就成了一个小型的联合国。学生可以用网页、PPT 等形式展示他们的"国家"。在观看完大家的成果后，教师和学生共同进行讨论，提出一些疑惑的问题，如埃塞俄比亚和乍得要有什么样的气候类型才能种植花生？马里的一半面积都是撒哈拉沙漠，而且没有大湖，怎样才能出口鲜鱼？西部非洲是否具有跟西欧一样发达的工业？从而促进伙伴之间更好的协作和交流。

5. 辩论

辩论式学习是以学生为主体，以反向思维和发散性思维为特征，围绕给定主题，各抒己见，互相学习，在过程中主动获取知识、提高素养的一种学习方式。首先，要确定自己的观点，在一定的时间内借助虚拟图书馆或互联网查询资料，以支持自己的观点。其次，辅导教师则作为中立方对他们的观点进行甄别，组织双方开展辩论。辩论的进行可以由双方各自论述自己的观点，然后针对对方的观点进行辩驳。最后，由教师就辩论的得失利弊做出中肯准确的评议，对胜负做出评判，对一节课进行小结。辩论既可在组内进行，也可在组间进行。辩论式学习可以最大限度地激发学生的积极性和主动性，发挥学生的主体作用，有利于培养学生的批判性思维。

6. 虚拟学伴

虚拟学伴系统[①]（Virtual Learning Companion System，VLCS）是利用人工智能技术，让计算机来模拟教师和学生的行为。关于人工智能在 CAI 中的作用，存在着一个认识不断发展的过程。20 世纪 80 年代初提出智能导师系统（Intelligent Tutoring System，ITS）的概念，即企图用计算机模拟教师的行为；20 世纪 80 年代中期提出让计算机扮演学生的角色，而不是教师；20 世纪 80 年代末期更进一步提出了让计算机同时模拟教师和学生（多个或至少一个）的行为，从而形成一个虚拟的社会学习系统（图 2-7-1）。

---

① 祝智庭：《现代教育技术——走向信息化教育》，北京，教育科学出版社，2002。

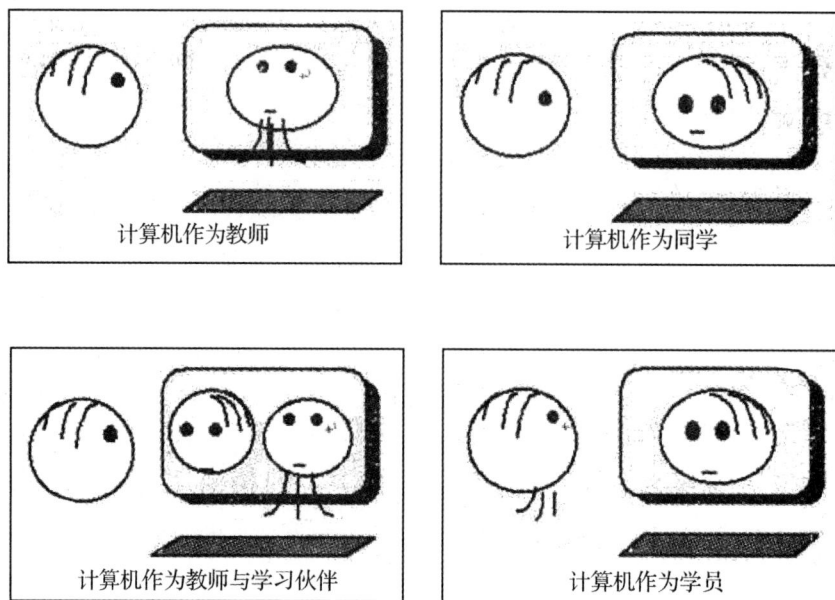

图 2-7-1　虚拟的社会学习系统

7. 虚拟学习社区

虚拟学习社区是由一群具有共同学习目标的学习者在网络上自愿组成的，相互间具有持续交互关系的学习共同体及其网络空间。也可以将其视为学习者与其他成员在一定的支撑环境下，通过共同交流、探究和协作来解决问题的一种学习方式。虚拟学习社区也是一种新型的学习协作方式，具有鲜明的社会学属性。学习的本质是社会性的，组织虚拟学习社区是为了提供一个能实现知识的社会性建构的空间。学习共同体是促进学习者进行知识协作性建构的重要方式/途径之一。学习者在面对一个具体的任务时，各自提供意见并进行探讨协商，拓宽解决问题的思路，对问题形成更深层次的理解，最终达成共识。这个过程能提升学习者的知识水平，增强团队合作能力，提升共同体的智慧。

虚拟学习社区没有地域的限制，其成员可以是地球上任何一个地方的能够连接互联网的个体学习者，不受时间的限制，可以全天 24 小时对社区成员开放。虚拟学习社区中的每一个参与者都是独立的，可能有着不同的学历和不同的知识背景，他们在社区中处于不同的位置，有着不同的学习目的和动机。虚拟学习社区的学习和协作活动丰富多彩，交互形式灵活多样，从浏览学习到讨论、交流以及意义辨析、观点协商、共享知识、创作作品、展示成果等。在一个良好的虚拟学习社区中，学习主体对学习目标具有认同感，有对组织的归属感，并且相互之间能建立起良好的信任关系，能各自发挥专长，分享学习的体验和成功，互惠互助。

2.8
知识表现设计

　　教学软件的核心功能之一是传授知识，故如何组织和呈现知识是教学软件设计的核心关注点之一。在教学活动中，有意义的学习是学生学习的价值体现。如何促进有意义的学习发生，针对不同性质的知识，应采取相应的教学策略或方法。奥苏贝尔提出，有意义的学习发生有以下两个条件：一是学习材料必须具有逻辑意义，这是外部条件；二是学生有能积极主动地把新知识与认知结构中原有的知识加以联系的倾向，使得新知识与旧知识发生相互作用，从而使旧知识得到改造，新知识获得实际意义。因此，在设计教学软件时，应考虑到两个方面：一是如何组织知识材料，使其具有逻辑意义；二是如何促进学生积极进行新旧知识间的联系，主动建构知识的意义。

> 　　奥苏贝尔(David P. Ausubel)，主要关注学校学习理论的研究，同时在理论医学、临床医学、精神病理学和发展心理学等领域也有研究。他在 1976 年获美国心理学会颁发的桑代克教育心理学奖。

2.8.1　知识的分类结构

　　按照知识及其应用的复杂程度，可以将知识划分为良构和非良构两种类型。良构类知识是指有固定答案的知识，这些知识点简单明确，适合用在传递式的教学当中；非良构类知识是指比较复杂的知识，这些知识点相对深入，适合于学生进行较高层次的自主建构。针对这两种类型，在教学软件中分别将知识点分为知识呈现和知识建构这两类来进行设计(图 2-8-1)。

　　学生的学习通常是以良构类知识为基础，逐步加工消化，将其运用到解决更加复杂的问题情境中去。但教学不仅仅是教会学生知道某个概念或者了解某个程序的过程。人本主义教学思想认为要强调学生在教学中的能动性，提倡个性化的教学。社会互动理论提出要强调教师与学生、学生与学生之间的相互作用，重视学生社会性的发展。因此在教学活动中，也要注重培养学生解决实际问题的能力、创新能力和协作能力等，

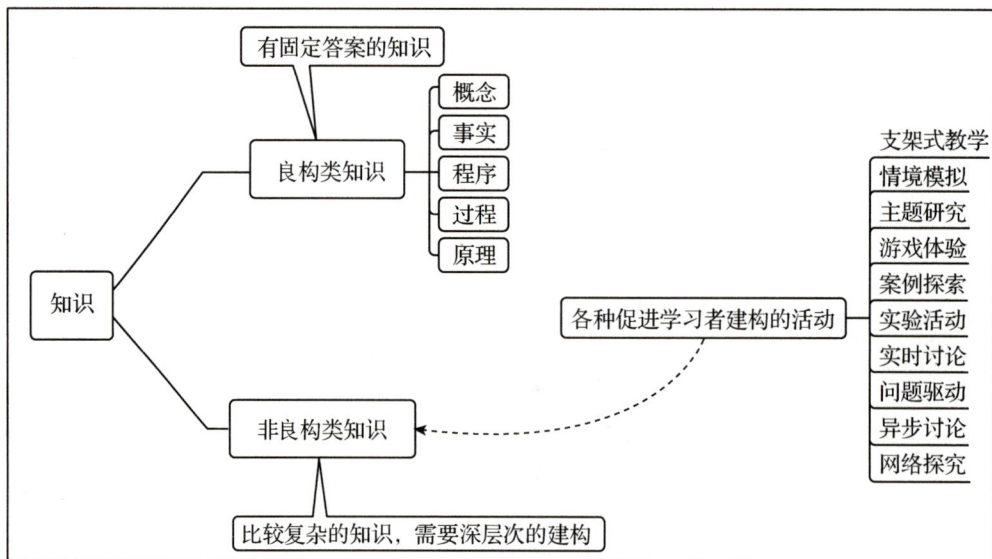

图 2-8-1　知识的分类概念图

即高阶认知能力的发展。另外，对于复杂的非良构知识领域，学生通过研究、实践、讨论等交互式学习方式能取得更好的学习效果。在网络环境下，借助于各种信息手段，这些活动的形式更丰富，其开展也更加便捷、高效。

> 人本主义学习理论从全人的教育视角阐释了学生的整体成长历程，重点研究如何为学生创造一个良好的环境，引导其从自己的角度感知世界，启发学生的经验和创造潜能，肯定自我，进而实现自我。代表性的人物是美国心理学家马斯洛。

我们将用于知识呈现的良构知识点分为 5 类：概念、事实、程序、过程和原理。[①]概念，用单一的词或条款对一组对象、符号、观念想法或事件来进行定义，其相关特征是可以共享的，无关特征是不同的。事实，以陈述、数据或图表等方式对具体事物进行唯一、明确的信息描述。程序，个人为完成一个任务或做出一项决定所需遵循的一系列步骤，程序包括指导说明、程序目标和每一次执行相同步骤的行为。过程，描述事件的工作流程，事件不一定是由单个人完成的，可以是许多人或是一个组织。原理，进行判断与决策的依据，为学生提供不同情境下的指导方针，通过各种实例和非实例的具体应用来培养学生的思维能力。[②]

这 5 类知识点在教学软件中呈现方式的结构可以按表 2-8-1 划分，在教学软件的设

---

① Clark，R. C. Developing technical training：a structured approach for the development of classroom and computer-based instructional materials，http：//jewish-books. net/0201149672. html，2004-07-20.

② Cisco Systems. Reusable Learning Object Authoring Guidelines：How to Build Modules，Lessons，and Topics，http：//whitepapers. zdnet. co. uk/0，39025945，60080111p-39000633q. 00. htm. 2004-07-20.

计中，首先要明确知识点的分类，然后根据参考表中给出的结构项，具体来设计每一项应用什么方式表现出来。

表 2-8-1　知识点的分类结构及表现策略

知识点分类	结构项	策略
概念	介绍	向学生出示学习目标和要求
	定义	对概念特征进行说明，强调术语的使用，可以配有图像、列表等
	事实(o)	需要对概念进行解释时使用事实。此项为可选
	实例	使用正例来增强学生对于概念相关特征的理解
	非实例	使用反例来帮助学生区分概念的无关特征
	类比	相似或相反的概念的比较，突出指导性，加深学生对概念的掌握
事实	介绍	向学生出示学习目标和要求
	事实图解	先对事实进行陈述说明，区分出关键部分，然后使用图解来详细描述关键部分及相互关系，根据需要，可以与列表、表格组合起来使用
	事实列表	先对事实进行陈述说明，进一步对事实所包含的要素进行分类标识，根据需要，可以与图解、表格组合起来使用
	事实表格	先对事实进行陈述说明，列出事实包含的各部分的功能，对表格中的每一列使用适当的列标题，标识出相关要素，根据需要，可以与列表、图解组合起来使用
	辨析	对相关、相近的事实进行区分和判断
程序	介绍	向学生出示学习目标和要求
	事实(o)	需要对程序进行解释时使用事实。此项为可选
	程序表(e)	使用介绍性的语言对程序进行说明，将列标识成"步骤"和"行为"，注意二者的对应及行为动词的使用
	决策表(e)	使用介绍性的语言对程序进行说明，将列标识成"如果"和"然后"，把条件(如果)和行为(然后)构成完整的句子，形成流畅的决策表
	综合表(e)	程序表和决策表的结合，以程序表开始，决策表蕴含其中，呈现出来的形式是表中表
	示例(o)	利用图解、媒体对程序进行演示，也可以通过教师的提示和示范引导学生完成相关程序步骤。此项为可选
	知识迁移	给出实际蕴含程序知识的问题案例，让学生在解决问题的同时，灵活地应用程序知识

续表

知识点分类	结构项	策略
过程	介绍	向学生出示学习目标和要求
	事实(o)	需要对过程进行解释时使用事实，此项为可选
	阶段表(e)	使用图表、表格或者图示，将列标识成"阶段"和"发生方式"，按时间划分阶段，用第三人称对阶段中行为的负责人和事物进行描述
	模块表(e)	使用图表、表格或者图示，不对列进行标识，而是使用模块，按时间划分阶段，用第三人称对阶段中行为的负责人和事物进行描述
	循环表(e)	使用图表、表格或者图示，注意使用箭头标明过程的方向，用第三人称对阶段中行为的负责人和事物进行描述
	案例分析	给出实际的问题分析过程，促进过程分析的清晰化
原理	介绍	向学生出示学习目标和要求
	事实(o)	需要对原理进行解释时使用事实。此项为可选
	原理陈述(o)	对于可接受的行为标准进行陈述。此项为可选
	指导方针	应用原理分析解决问题的指导原则
	实例	使用正例来加深学生对原理的正确应用
	非实例(o)	使用反例来帮助学生区分错误的原理。此项为可选
	类比(o)	通过易识别的类比，增强学生对原理的掌握。此项为可选

注：(o)＝可选项，可以不进行设计。(e)＝任何一个，在若干项中任选一项即可。

2.8.2 典型的知识图形化样式

为了增强知识的表现效果，呈现类知识点的设计要尽量简明、形象、有吸引力，这里总结归纳了几十种实用的图形化结构样式，包括趋势关系、选择关系、循环关系、多种因素、互动制约、内容列表、阶段过程、组织结构等，以供设计者参考。应用方法是将各知识点的关键字词灵活嵌入这些图形中，从而形象地表征知识点的逻辑结构或知识点间的关系，能有效帮助学生建构知识的意义。

1. 循环关系样式

循环关系——事物内部或之间有互为因果的逻辑联系(图2-8-2)。

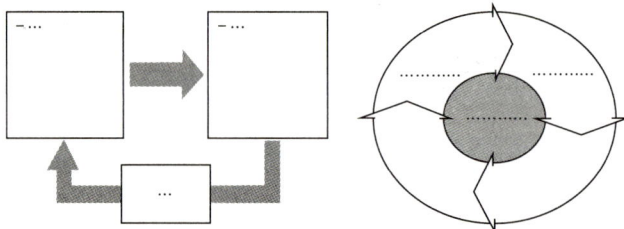

图 2-8-2 循环关系样式

2. 数据图表样式

数据图表——对数据较多的知识信息，利用各种图表表示其关键特征，使其更加简明（图 2-8-3）。

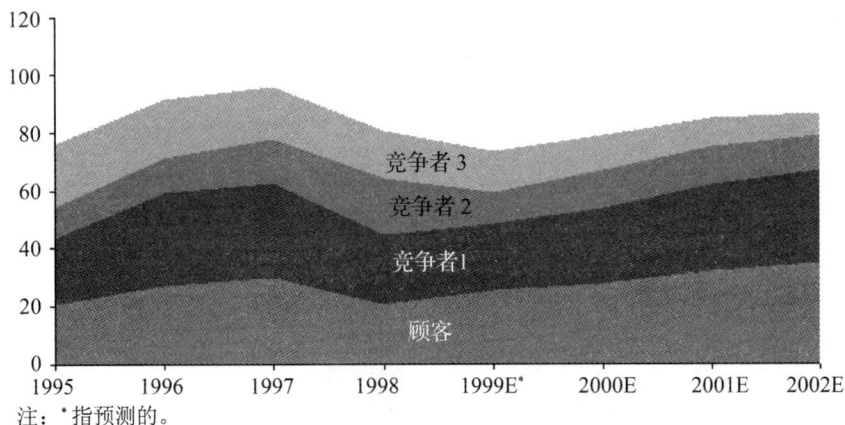

注：*指预测的。

图 2-8-3　数据图表样式

3. 多种因素样式

多种因素——某个事物受多个关联事物的影响（图 2-8-4）。

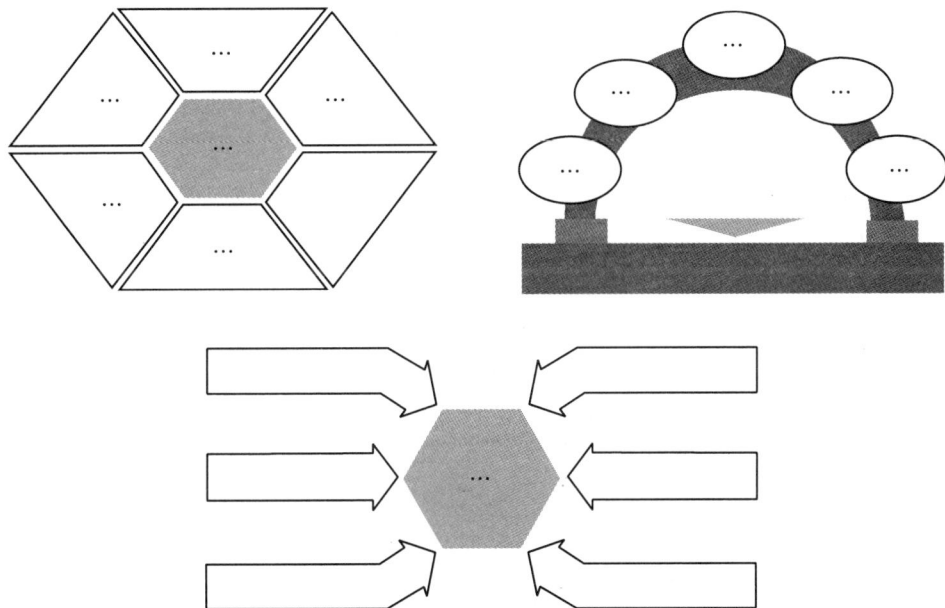

图 2-8-4　多种因素样式

4. 阶段过程样式

阶段过程——事物内部或之间有发展递进的联系（图 2-8-5）。

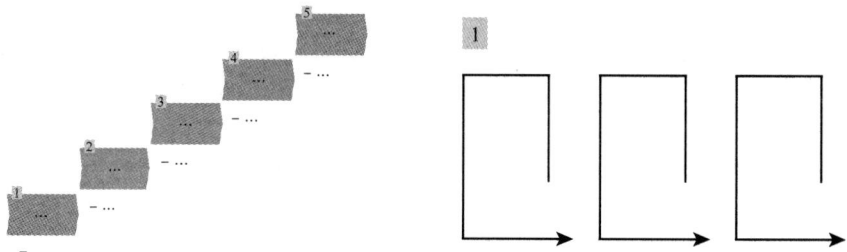

图 2-8-5   阶段过程样式

5. 对比关系样式

对比关系——事物之间有易混淆或处于对立面的关系(图 2-8-6)。

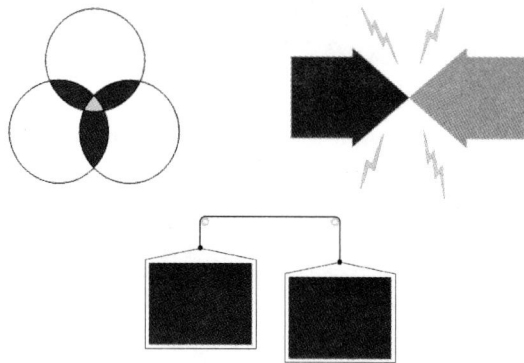

图 2-8-6   对比关系样式

6. 选择关系样式

选择关系——事物在某些要求的限制下形成的多种分支路径(图 2-8-7)。

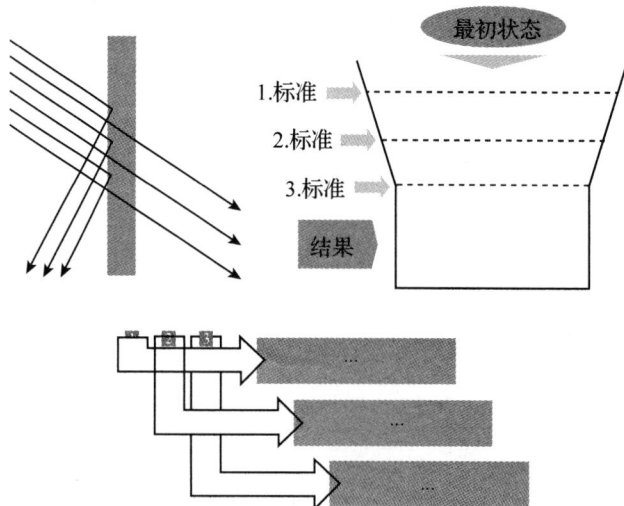

图 2-8-7   选择关系样式

7. 因果关系样式

因果关系——事物间有原因和结果的逻辑联系(图 2-8-8)。

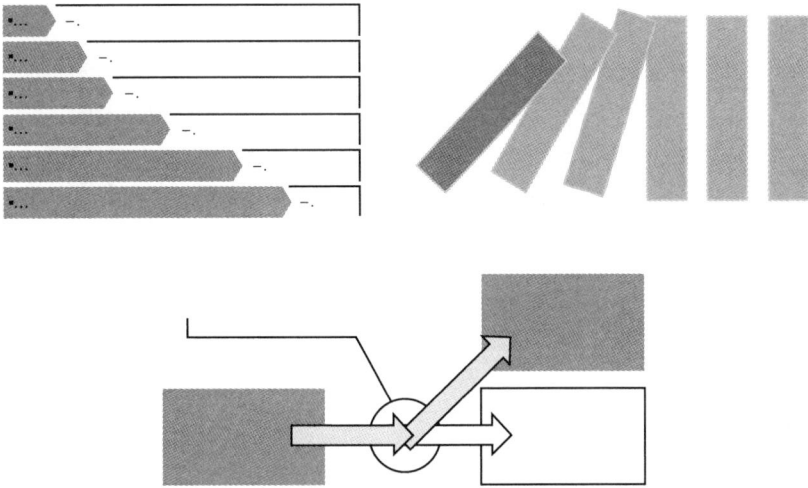

图 2-8-8　因果关系样式

8. 互动制约样式

互动制约——事物间有互相作用形成反馈制约的关系(图 2-8-9)。

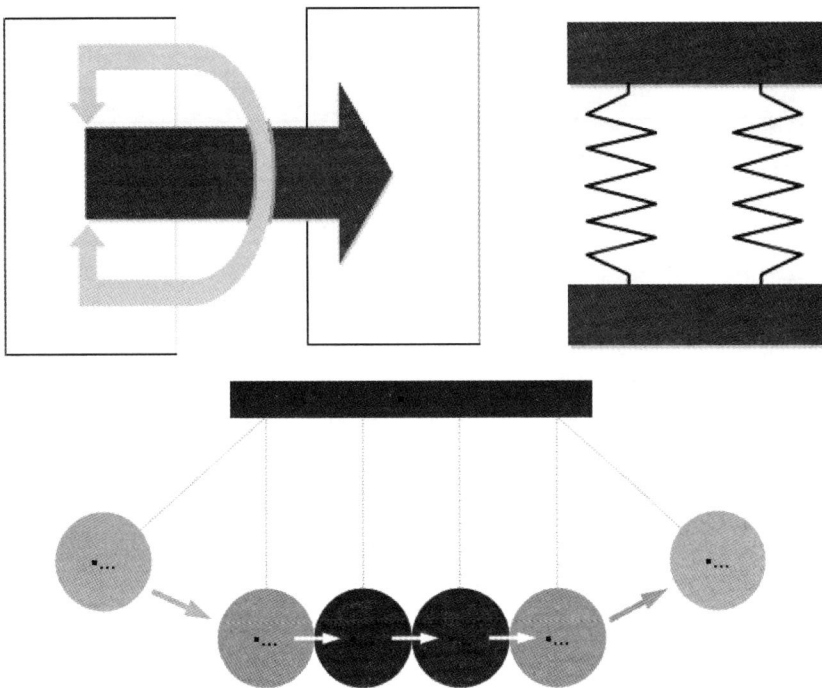

图 2-8-9　互动制约样式

9. 障碍/阻力样式

障碍/阻力——某些事物成为整体发展的障碍因素，需要跨越和突破(图 2-8-10)。

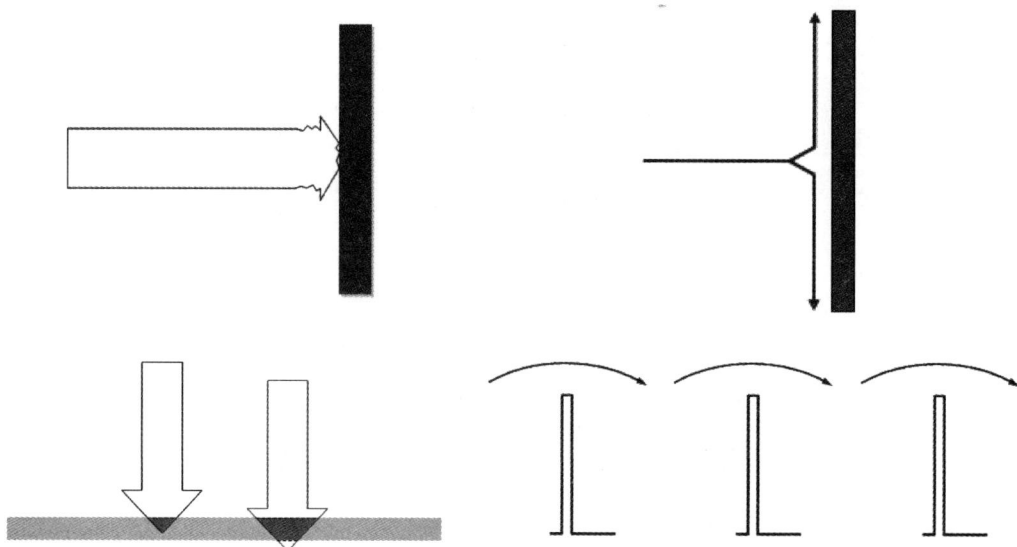

图 2-8-10　障碍/阻力样式

10. 整体与部分样式

整体与部分——部分的集合形成整体，或者整体中有部分元素的分离(图 2-8-11)。

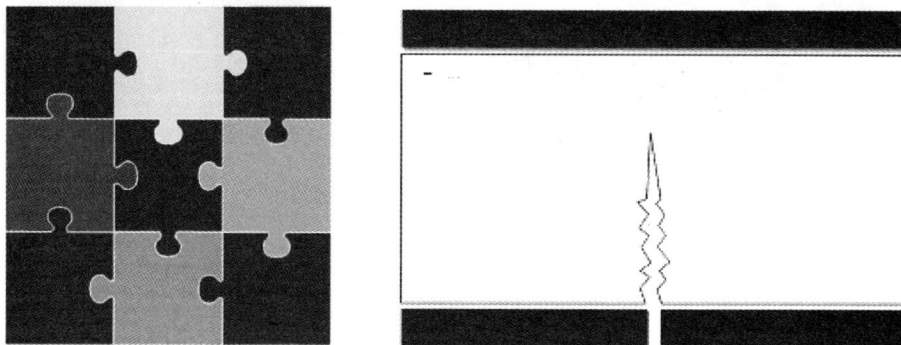

图 2-8-11　整体与部分样式

11. 组织结构样式

组织结构——某个事物由多级层次结构组成(图 2-8-12)。

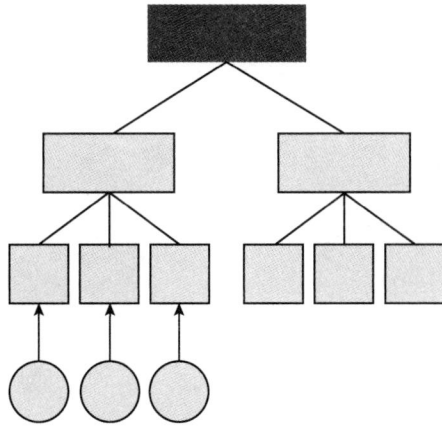

图 2-8-12　组织结构样式

12. 内容列表样式

内容列表——某个事物由多个鲜明的项目组成(图 2-8-13)。

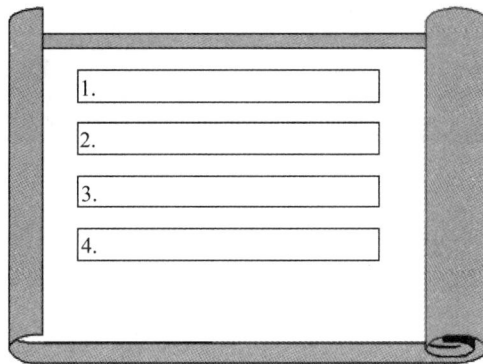

图 2-8-13　内容列表样式

13. 趋势关系样式

趋势关系——事物发展的趋向描述或各种趋向的对比(图 2-8-14)。

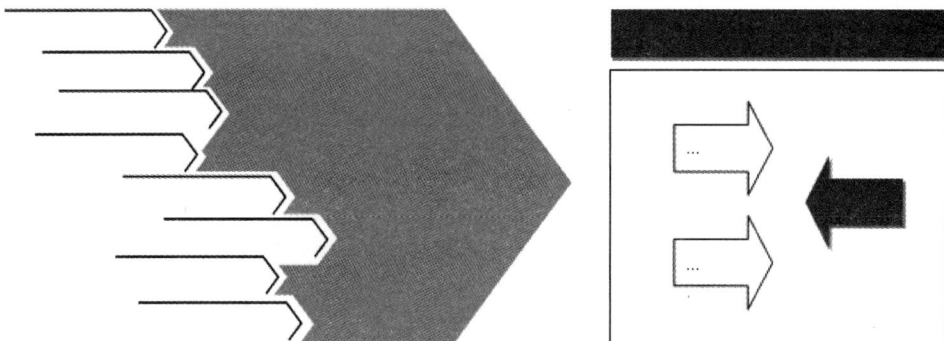

图 2-8-14　趋势关系样式

14. 内部作用样式

内部作用——事物内部要素的互相影响和作用关系（图 2-8-15）。

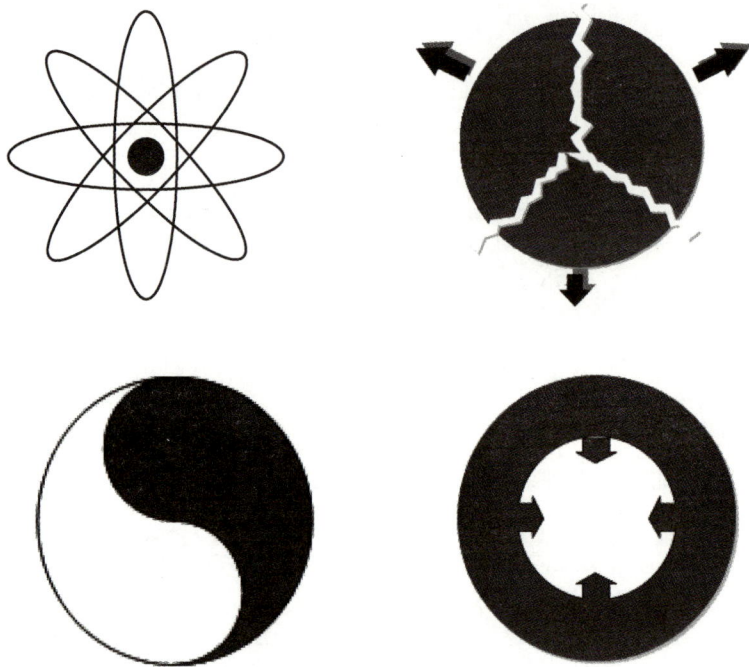

图 2-8-15　内部作用样式

运用知识图形化样式实例
——给本科生讲解认知心理学中"表象"的概念①

1. 介绍

学习目标：知道什么是表象。

2. 定义

表象是事物不在面前时，人们在头脑中出现的关于事物的形象。表象具有直观性（以生动具体的形象在头脑中出现的），概括性（是人们多次知觉的结果，不表征事物的个别特征，而是表征事物的大体轮廓和主要特征）和可操作性（人们可以在头脑中对表象进行操作）（图 2-8-16）。

---

① 彭聃龄：《普通心理学》，250 页，北京，北京师范大学出版社，2006。

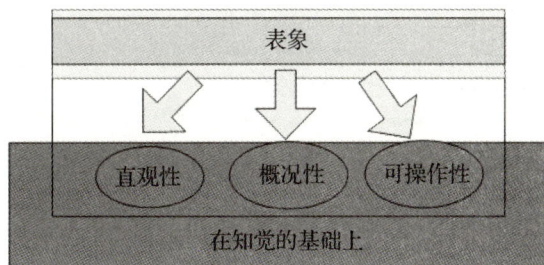

图 2-8-16　对表象特征的图示

3. 实例

例如，有研究发现，在儿童中可能发生一种"遗觉象"。给儿童呈现一张内容复杂的图片，30 秒后把图片移开，让其看灰色的屏幕，这时他会"看见"同样一张清晰的图片。儿童还能根据当时产生的表象准确地描述图片众多细节，就像图片仍在眼前一样。这就是表象直观性的体现。又如，"老虎"的表象，可能只是棕黄色毛皮、有深色条纹、额头有"王"字形花纹等主要的外部特征。这是表象的概括性特征。

4. 非表象

人们看到一棵树时，树直接作用于感官而在头脑中产生对树的认识，这时树在眼前，所以这种认识不能称为表象。

5. 类比

表象和知觉中的形象具有相似性，但又有所不同。一棵树的表象不如树的知觉形象鲜明，它的形状、颜色和大小都不是很清楚，而且表象的浮现常常不完整，我们一会儿想到树干，一会儿想到树枝等。

2.8.3　知识的交互式分步呈现

具有交互性的文本和图形常用来呈现和解释软件特征、功能，如按钮、菜单项、译码或标记属性、语法。这种策略也是将复杂的概念分解为小概念的有效方法，如图片被分为多个部分，单击不同的部分将出现特定的解释信息。学生可以通过单击图形或图标对主题进行纵向深入的了解。每一个文字项或图形都有相应的解释。图 2-8-17 就是交互式图形的一个例子。界面上显示了多个统计图，鼠标单击某个统计图，则在上方显示相应的数据说明文字。这样也可以避免同时显示所有信息以造成界面拥挤。

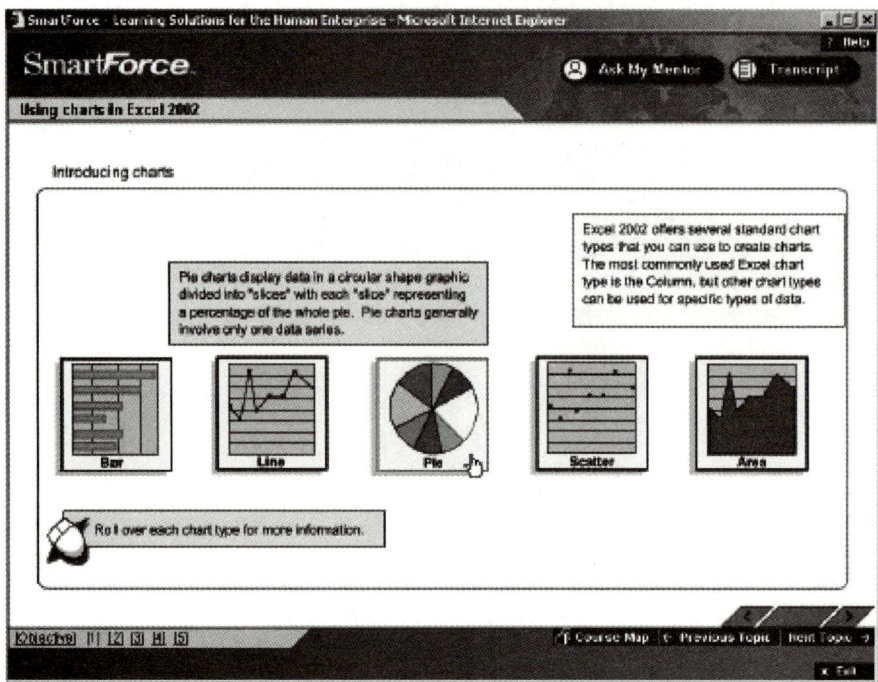

图 2-8-17   Skillsoft 课程中的交互性图像

> Skillsoft 是 E-learning 提供商，Skillsoft 公司致力于帮助全球的学校、企业、机构推进他们的 E-learning 方案以获得长期的、最大效果的应用，主要提供课程内容并且帮助客户在内部搭建适合自身的 E-learning 系统。Skillsoft 的多模式课程、视频、书籍和微型学习模块每日的访问量超过了 1.3 亿次，这些内容覆盖 160 个国家、29 种语言，有数百种音频、模型、内容摘要、工作助手等多种主要的专业和商业技能，以满足企业培训的需求。

2.8.4 多种媒体组合呈现

随着媒体技术的不断进步，应用于教学软件中的媒体形式逐渐丰富，使得呈现知识的手段更加多样。在教学软件中组合使用多种媒体具有如下优点。

（1）实时交互性，有别于传统媒体只能单向地传播知识，多媒体支持人与知识、人与人的互动操作，并实时给予用户反馈。

（2）多样性，多媒体通过图、文、声等多种途径以非线性的方式呈现知识，可满足用户不同认知风格的需求。

（3）智能性，多媒体可模拟复杂、危险、难以操作的实验过程，让用户身临其境地观看化学变化细节、物体运动过程，促进对知识的理解。

因此，在各个学科的教学软件中，如外语口语、地质变化、细胞分裂、数学规律推演等情境中，都普遍采用多媒体形式来提供"鲜活"的学习资源。

1. 动画演示

动画演示分为可交互和不可交互两种。不可交互的动画主要是利用组合图片、图像、文字及声音等元素，将事物间的联系、事物的变化过程动态而形象地表现出来（图 2-8-18）；而可交互的动画适用于习题练习、模拟实验操作等需要根据学生反馈情况决定下一步呈现内容的情况。一般常见的是二维动画，而三维动画则能创造更逼真的问题情境，达到更好的学习效果。在讲授过程图、数据流图、层次和依靠关系、转台或视角的变化等内容时，动画都是内容呈现较好的策略。

最为经典的是一个动画演示将程序或任务分为几个具体的步骤按顺序呈现出来。随着演示从上一个步骤进入下一个步骤，会呈现软件将要发生的变化，并由提供的文本来解释发生了什么。除此之外，教学软件允许使用者执行程序突出显示的步骤，鼓励用户执行特殊的步骤或进入能获得特殊结果的环境。例如，邀请学生在虚拟的界面中执行某个程序的某个步骤，学生执行正确，则界面会模拟真实的应用给出反馈。学生可以选择执行或直接观看结果。如图 2-8-19 所示，按步骤引导学生自学使用软件完成波谱比值增强图像处理的过程。又如图 2-8-20 所示，这是一个模拟的分子蒸馏化学实验，学生可以反复多次地观察该反应中各种细节的变化。

图 2-8-18　不可交互型——航天遥感示意动画[1]

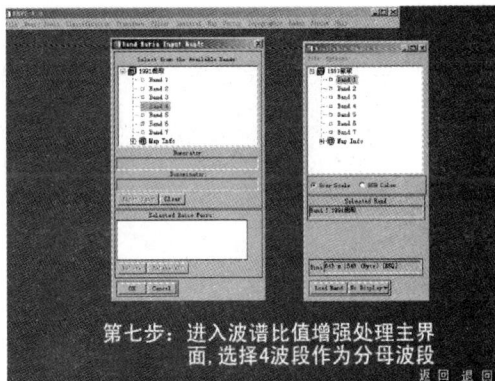

图 2-8-19　可互动型——波谱比值增强
图像处理[2]

---

① 2007 年桂林工学院《遥感地质学》计算机多媒体课件。
② 2007 年桂林工学院第七届多媒体课件大赛高教理特等奖，A692《遥感地质学》计算机多媒体课件。

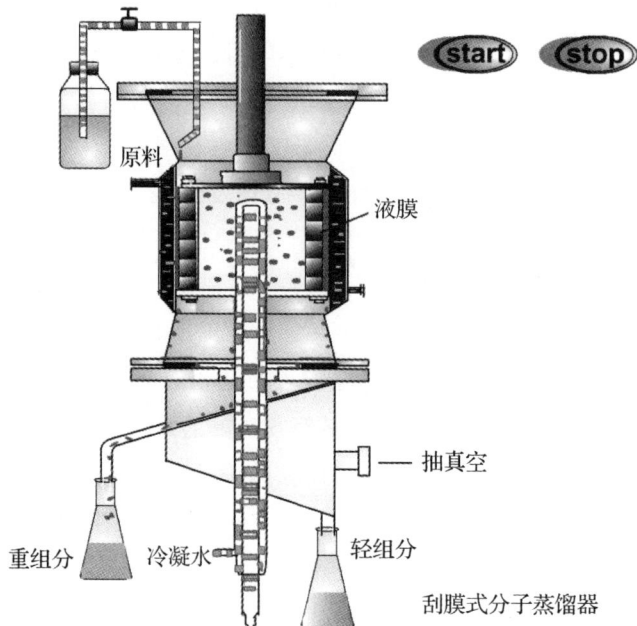

图 2-8-20　分子蒸馏过程动画模拟①

2. 音视频

视频主要用于演示，它能把符号、语言、文字、声音、图形、图像和动画等多种视听信息集于一体，同时刺激人的多种感官，再现事物发展的过程，带给人身临其境的感觉，故视频的应用很广泛（图 2-8-21）。

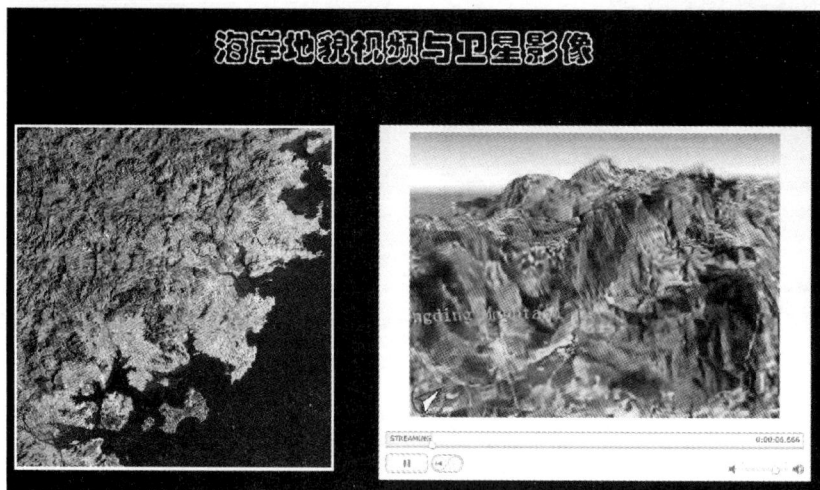

图 2-8-21　海岸地貌视频与卫星影像②

① 河南工业大学 2005 年河南省精品课程"生物工程设备"。
② 2007 年桂林工学院第七届多媒体课件大赛高教理特等奖，A692《遥感地质学》计算机多媒体课件。

视频主要适合应用于以下情况。

(1)由于教学环境以及条件的限制，很难用其他方式显示和分析事物的发展变化。需借助摄像机拍摄和剪辑制作，再展现给学生。

(2)交代问题情境时，利用视频画面造型、画面变换和镜头组接，使学生更容易进入角色，激发解决问题的动机。

(3)有助于学生拓宽视野、开发思维的录像资料、电视节目、网络视频等。

声音是人类传播信息和感情交流的重要媒体。教学软件中所涉及的声音包括朗诵录音、旁白解说、情境音乐、与教学内容相一致的歌曲等，也可以根据实际教学情况需要，适当而不多余地嵌入教学软件中去。

2.8.5　促进认知投入的设计原则

教学软件的制作过程始终是围绕着如何能促进学生认知的加工来设计的。教学软件的类型有很多种，如学生自主学习型、模拟实验型、练习巩固型、教学游戏型、资料或工具型等，每一种类型其功能侧重点不同，但是都面对着解决如何将知识呈现出来能促进学生积极主动地对知识进行加工的问题。根据各种学习理论，针对教学软件的知识呈现方式设计，总结出以下要点作为参考，但并非每一种教学软件都得全部遵循这些原则，具体情况需视教学需求而定。

1. 行为主义原则

行为主义是美国现代心理学的主要流派之一，在整个西方心理学界有很大的影响。行为主义者认为学生的行为是他们对环境刺激所做出的反应，所有行为都是习得的。强调"邻近"和"强化"在学习中的价值。认为"刺激—反应"(S-R)联结构成了学习过程的全部。对于一个已经形成的 S-R 联结，如果在短时间内不断地进行强化，那么这对联结就将越来越牢固。固化 S-R 联结的过程，也就是学习进行的过程。

按斯金纳的观点，任何能够提高一个特定反应出现概率的事物都是强化。相应地，对一个错误的反应不给予强化的行动叫作消退，合理地运用强化和消退，就会使正确的反应得以重复，而不正确的反应会被排除。有人也把消退称为负强化。这指导我们在教学软件设计中合理地使用强化与消退，也就是要在人机之间形成刺激—反应—强化的学习机制，即提供刺激引起学生的反应，并根据反应正确与否进行巩固强化或消退强化。为此，就要将教学内容进行明确分割，组成一个个单元或框面，并按单元内容之间的逻辑关系组合起来。引导学生循序渐进地掌握知识，同时在教材中设置强化机制，采用不断地提问、核对和评价等措施，引导学生达到学习目标。行为主义的理论原则对操作与练习型、游戏型、个别辅导型课件的设计和制作具有十分重要的指导意义，提供了可以借鉴的设计指导原则。

(1)小步子原则。

小步子原则即把学习内容按其内在的逻辑关系分割成许多细小的单元。这个小单元称作小步子。分割后的小单元按一定的逻辑关系排列起来就是程序化教材或课件，确保学生由浅入深、由易到难、循序渐进地进行学习。

(2)积极反应原则。

学生做出的积极反应会有更好的学习效果，这指导我们在课件设计时，要尽量为学生提供积极反应的机制，如回答问题、进行抄写，而不只是"看"屏幕。斯金纳认为，传统教学主要是教师传授知识，学生被动地接受知识，很少有机会对教师提出的每个问题做出反应。要改变这种消极学习的现象，就要求在程序教材的每一项目中让学生做出积极反应。通过选择、填空、书写答案和"按键"等方式使学生做出反应，以保持积极的学习动机。这项原则在课件设计中也得到广泛的应用，并以多种形式体现出来。

(3)即时反馈强化原则。

反应必须在刺激之后立即出现，当学生做出反应后，必须使他们知道其反应是否正确。要求课件要对学生的反应给予"及时强化"或"即时确认"。尤其对学生做出的正确反应给予及时强化，就会提高其操作力量。一般情况是这样的，但有时候，"悬念"同样能起到很好的效果。

在多媒体课件设计中，很好地设计并恰当地使用反馈是非常重要的。有关反馈的研究表明，良好的反馈能够促进学生获得学习上的成功。良好的反馈具有如下特点：反馈在应答后立即出现，能说明应答的正确与错误，能解释回答正确或错误的原因，多使用负反馈(应答出错所提供的反馈)，可以间歇地、相对集中地提供反馈，反馈与教学对象的年龄和知识水平相适应。

(4)自定步调原则。

自定步调原则是指程序教学应该让学生根据自己的潜力进行学习。教学软件应允许学生根据自己的情况来确定掌握材料的速度。这与传统教学在课堂传授中一般以"中等"水平的学生为参照点的教学法不同。传统教学法使掌握快的学生被拖住，而学习慢的学生又跟不上，致使班级学生之间学习水平差距越来越大。程序教学法相对显得比较"合理"，使每个学生可以按自己最适宜的速度进行学习。由于有自己的思考时机，学习就较容易成功。

(5)低错误率原则。

低错误率原则要求在教学过程中尽量避免学生出现错误的反应，错误的反应会得到令人反感的刺激，过多的错误会影响学生的情绪和学习的速度。少错误或无错误的学习可以增强学生学习的积极性，提高学习效率。程序教学的设计，既要保证学生在学习中把错误率减少到最低，又要合理地设计教材，使每一个问题(每一小步)都能体现教材的逻辑价值。

　　上述 5 项原则对教学软件设计有重要的参考价值，尤其是即时反馈强化原则和积极反应原则在指导软件设计和制作中取得了极大的成功。比如，在游戏软件中，在不断地产生刺激—反应的过程中不断给予及时强化，同时辅之趣味的环境，这对学生产生着巨大的持续吸引力。

　　2. 认知主义原则

　　认知学习理论认为，学习是建构内部心理表征的过程，人类的认识是外界环境与认知主体内部的心理相互作用的结果。内部心理包括态度、需求、兴趣、原有的经验与知识水平等。认知主义的学习理论既强调外在的客观因素（环境），也强调学生内在的主观因素（心理结构），重点放在两者的结合上。主张学习就是将外在事物的关系（结构）内化为学生自己的心理结构（认知结构）的过程。为了便于将外在的客观事物的关系内化成学生内在的认知结构，该理论特别强调外部学习活动与内容心理过程的一致性。教学软件作为一种教学系统或学习环境，应为有效学习的发生创造外部条件，这种外部条件具体就是课件中基于技术的特点为学习所安排的各种教学活动。无疑，如果这些外部教学活动能与学习的内部心理过程相一致，必定会增加多媒体教学应用成功的可靠性。所以，在设计教学软件时必须要注意对这一原则的遵循与运用，以提高课件的促学效果。

　　（1）逐渐分化原则。

　　美国教育心理学家奥苏贝尔提出的逐渐分化的原则，是指先让学生了解最一般的、包容性最广的概念，然后根据具体细节对内容逐渐加以分化。这种呈现顺序与人类认知结构中表征、组织和存储知识的方式相吻合。这种呈现顺序不仅与人类认知内容的自然顺序一致，而且也与人类认知结构中表征、组织和存储知识的方式相吻合。当学生认知结构中已有的、包容性广的、与新知识相关的概念能被用来作为"固定点"时，学习和保持新知识最有效。依照该原则，教学软件知识内容的设计要注意其呈现序列，要从包容性最广的整体知识开始，然后根据具体细节对它们逐步加以分化。例如，对"网站"这个概念的学习，首先从"网站"是"在互联网上，使用 HTML 等工具制作用于展示特定内容的相关网页的集合"的理解开始，然后根据教学的需要对"网站"的内容向网页制作、Ajax 技术、网页布局等各个领域分化。

　　（2）先行组织者策略。

　　奥苏贝尔认为，通过在新的学习任务之前呈现比学习任务本身更有抽象、概括水平的引导性材料，可以清晰地将认知结构中原有的观念和新的学习任务关联起来。学生的先前知识对新知识的学习有重要影响。在设计教学软件的具体内容时，设计者应了解和分析学生是否具备学习新内容所具备的先前知识，来考虑是否需要在新的教学活动开展之前提供给学生准备性的、引导性的材料。

（3）积极参与原则。

在学习过程中，学生不是在被动地接受刺激后才做出反应，而是积极主动地参与学习活动。认知理论在学习方法上倡导发现学习和接受学习的形式。但无论"发现"还是"接受"都主张学生积极的思维活动，使学生已有的认知结构产生"同化"或"顺应"的变化。这项原则为教学软件设计的交互性设计赋予新的、更高水平的含义。行为主义倡导的程序教学也有交互性，但这种交互性处在学生外在变化的水平上。认知理论则把交互性提升到学生内在认知思维水平上。设计教学软件时，更要关注学生思维活动的变化，给其信息加工活动提供条件和空间。

（4）九段教学策略。

美国教育心理学家加涅将认知学习理论应用于教学过程，提出了著名的"九段教学策略"。加涅认为，教学活动是一种旨在影响学生内部心理过程的外部刺激，因此教学程序应当与学习活动中学生的内部心理过程相吻合。根据这种观点，他把学习活动中学生的心理活动分解为九个阶段：激发兴趣与动机→阐明教学目标→刺激回忆→呈现刺激材料→根据学习者特征提供学习指导→诱导反应→提供反馈→评定学生成绩→促进知识保持与迁移。

"九段教学策略"由于有认知学习理论作基础，所以不仅能使教师发挥主导作用，也能激发学生的学习兴趣，在一定程度上调动学生的学习主动性、积极性。按照外部教学活动与学习心理过程相一致原则，设计教学软件时也应包含9个步骤。

①创设趣味学习情境，在进入课件学习的开始就吸引学生的注意力，把学生的注意力集中到要呈现的学习材料上。

②呈现学习目标，让学生建立学习的期望，以唤起学生获得知识的渴望和热情，并促使学生回忆与新的学习有关的原有知识和技能。

③回顾复习，在新知识学习开始前，告知学生所要求的预备知识、技能和策略，必要时回顾以前的学习材料。

④知识呈现，对特性显著的重要内容采用图形或动画等多种方式来表现，以使学生容易获取感知信息，加强对知识的理解和记忆。

⑤对学生进行有针对性的指导以促进语义编码过程（对新知识的意义建构过程）的发生。例如，通过一系列提示或问题为学生提供思路，启发学生去寻求答案，达到对新知识的正确理解。

⑥新知识学习之后，要检验学生对其理解程度，提供问题或练习让学生去做。

⑦学生对问题应答后，要及时对行为的正确性和正确程度给出反馈，以有助于形成所期望的行为和强化成功的反应。

⑧在学生完成一个学习单元后，对学生学习的情况和效果进行评价。评价的设计与实施应有助于调动学生学习的积极性和主动性，并能使成功的意义得到强化。

⑨提供有利于学习迁移的任务实例和问题情境，让学生能够应用学过的知识与技能去求解，去探索，以促进知识的保持、学习的迁移和认知策略的发展。

(5)多种媒体表现策略。

一方面，人在学习中若接受多种感官刺激能使左右半脑同时兴奋，有助于理解、记忆，学习效果会更好；另一方面，不同媒体具有各自表现知识的优势，选用多种媒体交叉使用，分别呈现不同的教学内容，优势互补，优化学习效果。因此在设计教学软件时，要根据实际情况尽可能用多种媒体信息呈现教学内容，如符号、语言、文字、声音、图形、动画和视频图像等，把各要素按教学要求，进行有机组合，构图、色彩、声效搭配合理，整体风格统一，简约大方，为学生提供多样化的外部刺激，激发学生的兴趣，促进对知识的认知加工。

(6)类别化处理原则。

类别化处理原则是指对教学内容所表达的事物和现象要依据它们的属性或关键特征进行分类处理。美国认知心理学家布鲁纳认为人类是有系统地对环境的信息加以选择和抽象概括的。这种抽象和概括就是对大千世界根据它们的属性或关键特征进行分类。一个类别的共同特征就组成了一个概念，而概念又是思维的核心要素。学生的学习也是对基本概念的掌握。多媒体教学软件不仅是呈现事物的形象，更要揭示事物的属性和特征。为了帮助学生有效地获得概念，促进其思维发展，在教学设计中要注意对知识内容的分类化处理。

(7)最近发展区原则。

维果茨基认为，在儿童智力活动中，对于所要解决的问题和原有能力之间可能存在差异，通过教学，儿童在教师帮助下可以消除这种差异，这个差异就是"最近发展区"。换句话说，最近发展区定义为，儿童独立解决问题时的实际发展水平(第一个发展水平)和教师指导下解决问题时的潜在发展水平(第二个发展水平)之间的距离。可见儿童的第一个发展水平与第二个发展水平之间的状态是由教学决定的，即教学可以创造最近发展区。因此教学绝不应消极地适应儿童智力发展的已有水平，而应当走在发展的前面，不停顿地把儿童的智力从一个水平引导到另一个新的更高的水平。教学软件的知识组织应按照学生智力的最近发展区来建立，通过设计递进式支持材料，不停顿地把学生的智力从一个水平提升到另一个新的更高的水平，真正做到使教学走在发展的前面。

维果茨基(1896—1934)，苏联心理学家，"文化—历史"理论的创始人。维果茨基对于心理学思想的主要贡献之一，是强调有社会性意义的活动对人类意识的影响的重要性。维果茨基有关人的心理发展的研究，对于理解建构主义是十分重要的。

140

2.9
学习活动设计

学习活动是指学生以及与之相关的学习群体(包括学习伙伴和教师等)为了完成特定的学习目标而进行的操作的总和。学习活动是学生身心发展的源泉，因此学习活动的设计是教学设计的核心内容。[①] 杜威曾指出个体的活动是他们经验的来源。建构主义理论也强调指出学习是在一定的情境背景下，借助教师或学习伙伴的帮助，利用必要的学习资料，完成对知识的意义建构的过程。因此学生的学习活动过程就是以已有的知识经验为背景，在教师和同伴的协作下，逐渐形成新的经验，不断丰富自己的认知结构。仅仅提供给学生相应的知识对于其主动建构是不够的，知识获取的关键是有效的学习过程。所以活动是学生学习的必要条件，也是教学软件设计的重要内容。

> 约翰·杜威(1859—1952)，美国哲学家、教育学家，实用主义的集大成者，美国进步主义教育运动的代表。他的著作很多，涉及科学、艺术、宗教伦理、政治、教育、社会学、历史学和经济学诸方面，使实用主义成为美国特有的文化现象。

而今在各种计算机软件和信息手段的帮助下，学习活动的形式更丰富多样。不同类型的学习活动可能适合于不同的学习内容，选择何种形式的学习活动开展教学取决于知识的内在结构。以下列出的学习活动设计模型，包括了适用于多种知识的内容，并提供了活动设计的框架结构，以便教师结合自身教学情况进行选择。

2.9.1　学习活动的设计要点

学习活动设计应采用建构主义学习理论为基本指导原则，由于建构主义学习理论强调以学生为中心，认为学生是认知的主体，是知识意义的主动建构者；教师只对学生的意义建构起帮助和促进作用，并不要求教师直接向学生传授和灌输知识。因此学

[①]　杨开城：《学生模型与学习活动的设计》，载《中国电化教育》，2002(12)。

习活动设计应遵循以下基本原则。①

1. 以学生为中心

明确"以学生为中心",这一点对于学习活动设计有至关重要的指导意义,因为从"以学生为中心"出发和从"以教师为中心"出发,将得出两种全然不同的设计结果。至于如何体现以学生为中心,建构主义认为可以从以下 3 个方面努力。

(1)在学习过程中要充分发挥学生的主动性,要能体现出学生的首创精神;

(2)让学生有多种机会在不同的情境下去应用他们所学的知识(将知识"外化");

(3)让学生能根据自身行动的反馈信息来形成对客观事物的认识和解决实际问题的方案(实现自我反馈)。

2. 注重问题情境设计

学习活动设计要给学生提供与其现实生活相类似的或真实的情境,以利于学生在这种环境中去探索或发现问题,解决问题,从而提高学习的质量。建构主义认为,学习总是与一定的社会文化背景即"情境"相联系的,在实际情境下进行学习,可以激发学生的联想思维,使学生能利用自己原有认知结构中的有关经验,去同化和联系当前学习到的新知识,从而在新旧知识之间建立起联系,并赋予新知识以某种意义。真实性的学习情境或任务可以使学生了解自己要解决的问题,产生主人翁的责任感。同时,这种情感又是整体性和富有挑战性的,容易激发学生的内部动机,有利于培养学生解决问题的能力和探索精神。

在呈现学习任务时,最好是由整体向具体展开,即先给学生呈现整体性的任务,将他们带入一个较完整的问题情境之中。然后,让学生根据自己的经验尝试解决问题,使学生在尝试解决问题的过程中找出和掌握相关的、具体的知识和方法。

3. 注重个体间的协作学习

学习活动设计需注重创设学生之间的协作学习任务,营造一个协作学习环境。协作学习环境以及学生与周围环境的交互作用,对于学习内容的理解(对知识意义的建构)起着关键性的作用。这是建构主义的核心概念之一。通过这样的协作学习,学习者群体(包括教师和每位学生)的思维与智慧就可以被整个群体所共享,即整个学习群体共同完成对所学知识的意义建构,而不是其中的某一位或某几位学生完成意义建构。

4. 提供丰富而有针对性的学习资源

学习活动设计不仅仅是为学生提供需解决的问题,在学习过程中为学生提供各种信息资源(包括各种类型的教学媒体和教学资料)也非常重要,目的是支持学生的主动探索和完成意义建构。但是必须明确:这些媒体和资料并非用于辅助教师的讲解和演

---

① 何克抗:《CAI 的理论基础和以学为中心的课件设计(二)》,载《四川教育》,2001(2)。

142

示，而是用于支持学生的自主学习和协作式探索。信息资源应如何获取、从哪里获取以及如何有效地加以利用等问题，则成为主动探索过程中迫切需要教师提供帮助的内容。学习资源的组织应有多个学习起点和多条学习路径，应该遵循开放性原则。建构主义理论强调事物的复杂性和多样性，对事物的了解或对知识的掌握应从多层次、多角度入手，没必要给学生设定某一个固定的学习起点和固定的学习路径。认为知识是围绕着关键概念所组成的网络结构，学习可以从网络的任何部分随机进入或开始。遵循开放性原则，就是为学习者从多角度、多层次进入学习活动提供资源环境，为灵活地展开学习进程创造良好条件。

5. 活动支持工具的设计

活动支持主要是考虑在学生活动过程中何时、以何种方式提供用于支持、指引和扩充学生思维过程的心智模式和设备(认知工具)。在现代学习环境中，主要指以计算机和通信网络相结合，用于帮助和促进认知过程的工具，学生可以利用它来进行信息与资源的获取、处理、编辑、制作等，并可以用其来表征自己的思想，与他人通信协作等[1]，如电子报表、语义网络工具、计算机化通信工具、超媒体工具等。

6. 强调学习环境的设计

学习环境是学生可以在其中进行自由探索和自主学习的场所，在此环境中学生可以利用各种工具和信息资源(如文字材料、书籍、音像资料、CAI与多媒体课件等)来达到自己的学习目标。在以学生为中心思想指导下的学习活动设计应是针对学习环境而非教学环境的设计。这是因为教学意味着更多的控制与支配，而学习则意味着更多的主动与自由。

7. 强调学习过程的最终目的是"意义建构"

在以"学"为中心的建构主义学习环境中，由于强调学生是认知主体、是意义的主动建构者，所以把学生对知识的意义建构作为整个学习过程的最终目的。在这样的学习环境中，学习活动设计要在进行教学目标分析的基础上选出当前所学知识中的基本概念、基本原理、基本方法和基本过程作为当前所学知识的"主题"(或"基本内容")，创设有利于学生意义建构的情境，然后再围绕这个主题及情境进行意义建构。整个课件设计过程要紧紧围绕"意义建构"这个中心而展开，不论是学生的独立探索、协作学习还是教师辅导。总之，学习过程中的一切活动设计的出发点都要立足于此，学生参与每一个活动都要有利于其完成和深化对所学知识的意义建构。

---

[1] 余胜泉、路秋丽、陈声健：《网络环境下的混合式教学——一种新的教学模式》，载《中国大学教学》，2005(10)。

2.9.2　常见的学习活动设计方式

1. 协同创作

协同创作的目的是让学习者分享彼此拥有的资源，以集体的智慧共同完成对某一领域的调查研究，一般借助于 Wiki 工具完成，适用于写作或评论相关的内容，可培养学习者的合作学习能力。适合写作类、创作类学习内容，也可作为一项小活动，穿插于其他活动模型中的报告撰写部分(表 2-9-1)。

> Wiki 一词来源于夏威夷语的"wee kee wee kee"，是一种多人协作的写作工具。Wiki 站点可以有多人(甚至任何访问者)维护，每个人都可以发表自己的意见，或者对共同的主题进行扩展或者探讨，目前广泛应用于互联网。

表 2-9-1　协同创作活动模型

学习活动名称	结构项	指导策略
协同创作	建立	针对需要由学生完成的任务，教师创建初始文档或资源，并规定共同创作的规则。例如，可以修改他人创建的内容，或是只能对他人内容做出评价
	收集	给学生确定完成任务所需要的资源(包括网络资源和非网络资源)，如各种相关软件、所有 URL 链接、录像、录音带、书籍、海报、地图、模型和雕塑、讲座、小组教学、实地考察等
	创作	组织学习者以个人或小组形式围绕确定的主题范围进行创作
	维护	指导学习者对 Wiki 工具进行维护，将创作内容与其他学生共享。根据任务不同，维护可以进行一次，也可以在维护之后，再进行新一轮的创作，以便完善创作内容
	总结评价	对集体创作的内容，可制订评价标准，依此评分，也可由小组之间相互评价。对于每一位学生或每个小组，可依据其对整个创作过程的贡献度进行评价

2. 创建词汇表

创建词汇表活动主要适用于术语或概念等内容的学习，但并不局限于对某一名词的解释，根据课程需要还可设置常见问题、专业词典等形式，培养学生对专业概念的梳理归纳能力。学生自行创建词汇表并按照要求分类、加入标签，供自己和其他学习者查询。词汇表可由教师、学生个人或小组协同创作，在词汇表中还可用图片、声音等方式对文本表述进行补充。通过创建词汇表，学生可清晰地看到自己对知识内化的过程(表 2-9-2)。

表 2-9-2 创建词汇表活动模型

学习活动名称	结构项	指导策略
创建词汇表	明确主题	无论是单独作为一个学习活动，还是配合其他学习活动，在创建词汇表之前教师应帮学生确定所建表是围绕着哪些关键词展开的
	收集积累	督促学习者在学习过程中积累与关键词相关的内容，如作为单独的学习活动，可指导学生阅读一定的资料，从中提取相关内容
	归纳提炼	指导学生将收集的内容系统化。例如，可按良构类知识点的结构对某知识点进行表述
	建立档案	帮助学生将建立的词汇表保存好，放入学习档案中，通过多次进行词汇表活动，学习者可在某方面获得大量的知识积累
	分享、评价	当学生的知识积累达到一定规模时，可组织以小组或班级的形式进行分享。对于同一知识，不同的学习者会有不同的表述形式，分享将有助于学生之间的相互学习

3. 辩论会

针锋相对的辩论，往往能使人思维变得清晰，对问题的认识也更加深刻。辩论会活动适合于就某领域存在争议的问题展开。在信息技术环境下，开展辩论活动必须严格注意时间和流程的控制，需安排专门负责管理的学生或辅导教师，在规定时间内赋予发言者发言权限。而自由辩论阶段为防止"刷屏""争吵"等现象出现，也应设置举手发言机制，每队的发言权在同一时间内只能分配给一位学生并进行队间轮换。如条件允许，网络形式下的视频和音频形式的交流将更有助于辩论会流畅进行（表 2-9-3）。

表 2-9-3 辩论会活动模型

学习活动名称	结构项	指导策略
辩论会	资料准备	针对某一存在争议或两难的问题，教师指导学生从不同的角度收集材料。学生对问题的分析可能会将问题扩大化，教师要注意限定讨论的范围
	发言整理	学生收集到的材料需要进行整理，教师可帮助学生按照一定的思路整理，准备发言
	现场辩论	发言过程中，严格控制时间，同时教师要避免学生因辩论而将话题引向与学科无关的话题，也要避免反复纠缠于一个问题
	总结梳理	辩论的结果不重要，教师应帮助学生梳理辩论中产生的问题以及双方是如何解释的，哪种解释更有力。学生通过辩论会活动，对知识将产生深层理解，达到综合运用的层次

4. 投票选举

投票的选项可以设为单选或多选，在网络环境下可提供留言板等功能使学生在投票之后将自己为何支持某一选项的想法写下来。不同立场的意见以及不同的角度将有助于学生了解某一方案或对某概念理解恰当与否(表 2-9-4)。

表 2-9-4　投票选举活动模型

学习活动名称	结构项	指导策略
投票选举	情境设置	一般可由教师设定在学习过程中遇到的某一具体问题作为活动的情境，尽量描述清晰具体，如有参考资料可提供给学习者。也可由学生发起这类活动，教师帮助学生尽可能详细地描述情境
	选项设置	当选择解决方案时，可先组织学生进行头脑风暴，提出备选项，再由每个学生或学习小组展开深入研究
	发表意见	教师应强调无论发表何种意见，都要明确立场，避免无意义的发言
	分析结果	帮助学生分析，无论是支持或是反对的结果，都可能对进一步完善方案起到推动作用

5. 角色扮演游戏(MUDs)

MUDs[①]中每位参与者可以完成更多在真实生活中做的事情，并在虚拟的环境中进行探索和交互。MUDs 是一种以学生为中心的学习活动，可以文字或图形的方式呈现，是一种自主性极高的实践活动，目的是让学生从某个角度亲身体验所学知识在生活与实践中的意义。因此要求学生必须有足够的主动性和参与性，才能达到更好的效果(表2-9-5)。

表 2-9-5　角色扮演游戏活动模型

学习活动名称	结构项	指导策略
角色扮演游戏	构建环境	MUDs 运行的环境需要事先由教师设置好，应尽可能使环境与真实生活接近。学生根据环境要求，选择要扮演的角色进入活动
	扮演角色并完成任务	学生在虚拟环境中要完成所扮演的角色的任务，教师的指导行为可在虚拟环境中以一种特殊的角色进行，也可在虚拟环境之外对学生提供帮助，或由构建良好的环境提供帮助
	评估学习	对 MUDs 的评估较难，可通过跟踪对话、选择或建构的过程来评测学生学习，要避免学生无目的地在虚拟环境中进行游戏或不完成学习任务而进行其他活动

---

① MUDs(Multi-user Dungeon，Dimension，or Domain)来源于网络游戏，目前也被应用于教学，着重培养学习者在具体情境中解决问题的能力。

6. 六项思考帽

"六项思考帽"是英国学者爱德华·德·博诺（Edward de Bono）开发的一种思维训练模式，或者说是在讨论中如何调动各项思维能力、进行全面思考问题的模型。他认为"思维最主要的困难在于混淆不清"，应避免将时间浪费在互相争执上，强调"能够成为什么"的延展性问题，而非"本身是什么"的终极原理问题。"六项思考帽"代表了六种思维角色的扮演（表2-9-6），它几乎涵盖了思维的整个过程，既可以有效地支持个人的行为，也可以支持团体讨论中的互相激发与讨论。

表 2-9-6　不同帽子的颜色控制不同的思维过程

帽子颜色	思维过程
蓝色帽子	冷静逻辑思维。是指挥帽，主宰思维过程的控制与组织，管理整个思维进程，讨论前阶段要控制整个思考过程，讨论过程中切合教师的身份，教师要不失时机地对讨论进行控制与组织
红色帽子	感性直觉思维。能控制个人的直觉与预感，形成观点和感觉的功能，教师和学生在收集资料的过程中要有敏感性和问题意识，预期所要达成的目标
绿色帽子	跳跃创造思维。是创造力之帽，创造解决问题的方法和思路的功能，产生新的想法与建议，需要在教师的引导下或者在一定知识积累基础上鼓励学生"佩戴"
白色帽子	中立客观思维。一般是中性的事实、信息数据处理功能，针对讨论问题有什么信息，现有信息怎么处理，对收集的信息要进行归类、整理和加工
黄色帽子	乐观积极思维。是乐观的帽子，有识别问题正面、积极因素的功能，驾驭包容性思考的能力，鼓励学生思考讨论问题的积极方面
黑色帽子	谨慎消极思维。有识别问题负面、消极因素的功能，驾驭批判性思考的能力，鼓励学生思考讨论问题的可能缺陷与不足

利用此模型，我们可以从不同侧面、不同角度获得资料和参考信息，给予学生在讨论前充分的准备和思考时间，而且能给予学生一个清晰的思考框架。在这个框架内，学生可以随时根据讨论的需要组织与内化材料，或者产生新的思想和观点，有助于对于内容有一个清晰、全面的理解，培养创新思维习惯，提高教学的效果（表2-9-7）。

表 2-9-7　六项思考帽活动模型

学习活动名称	结构项	指导策略
六项思考帽	任务创设	针对相关学习内容，教师创设需要由学生完成的任务，形成任务相关的要求文档，并规定相关流程
	扮演不同的帽子进行思考	学生在活动开展过程中，根据需要，依次扮演不同颜色的帽子身份，依据该帽子的特征对任务进行构思、发言
	完成任务	依据不同思考帽的不同角度，最终形成对任务的全方位理解，创造性地形成任务的解决方案
	总结评价	一方面，可以由小组或个人对本次活动的参与感受、成果进行分享，总结其对预设任务的理解；另一方面，教师对活动的整个过程进行评价

7.SWOT 分析法

SWOT 分析法又称为态势分析法，它是由旧金山大学的管理学教授于 20 世纪 80 年代初提出来的，SWOT 四个英文字母分别代表：优势(Strength)、劣势(Weakness)、机会(Opportunity)、威胁(Threat)。SWOT 分析实际上是将对企业内外部条件各方面内容进行综合和概括，进而分析组织的优劣势、面临的机会和威胁的一种方法。SWOT 分析法应用在教学活动中，通过在学习活动工具中提供数个 SWOT 分析的模板，引导学生建立问题解决策略的方向。强调学生在选择或执行已有的策略前，运用发散思维尽可能地提出更具体和多样的方案，由此也提升了学生的创造力及问题解决能力。在结构不良问题和创造性问题解决中，涉及深层学习中的高认知的目标层次，学生对问题的答案并非一目了然，需要将新知识与已有知识发生联系迁移，主动建构其内在认知结构。正是由于结果的不确定性，先借鉴 SWOT 分析法对学生的内部条件、外部支撑环境资源等进行发散分析，再以聚合思维选择最合适的解决方法(表 2-9-8)。因此运用 SWOT 分析法解决教学问题经历了从发散到聚合，再从聚合到发散的多次循环，并且始终围绕着学习目标，而对学习目标的聚焦正是支持有效的网络学习的基本要求。开放性问题的解决强调小组协作学习，这也正好与上面 SWOT 分析法引入教学中的论述相契合。学生从一个被动的信息加工者变为一个主动的问题解决者，进一步体现了建构主义理论中学生的中心地位。

表 2-9-8　SWOT 分析法活动模型

学习活动名称	结构项	指导策略
SWOT 分析法	主题设计	教师根据学习内容涉及的知识类型，设计与学习目标相关的活动主题，通过选择工具预设的分析模板为学生参与活动任务提供思考的方向
	协作分析	学生根据教师预设的分析模板，将原有的 SWOT 分析法中固定的四个分析维度灵活拓展为可变数量的维度，通过 SWOT 分析法实现知识的共享、协商和创造。学生进行 SWOT 分析法涵盖了头脑风暴、认知冲突、小组建构共识、生成智慧制品的系列过程
	综合评价	教师完成对学生活动参与度和 SWOT 分析结果的评价，学生参与度针对个人，分析结果针对小组。作为学习活动反馈与总结的过程，学习评价是活动有效参与、维持学习动力的重要保证

8. 内容策展

策展最初是艺术领域的概念，后来随着互联网的发展带来的信息量急剧增长，内容策展在互联网领域蓬勃发展起来，含义也发生了相应的变化。在教育领域，内容策展就是围绕某个主题用有意义和有组织的方式对学习资源进行整理和展示的过程，这个过程包含了对学习资源的收集、筛选、整理、发布以及促进围绕基于主题的会话等环节(表 2-9-9)。① 在教育教学过程中，内容策展能促进对内容进行筛选和过滤、评价和鉴定知识的能力、批判性和创造性的思维能力的发展。在策展的实践中，策展人选定主题，筛选与此相关的优质资源，从多个角度进行分析剖析并完成有意义的组织，进而发起基于主题的交流和互动，在整个过程中学生的相关技能能够得到提高。

表 2-9-9　内容策展活动模型

学习活动名称	结构项	指导策略
内容策展	主题设置	教师根据学习内容和教学目标制定特定的主题
	资源的收集	学生根据教师给出的主题任务，借助各种媒体和工具进行资源(如图书、专题网站、电影、音乐等)的收集
	资源筛选	根据资源的质量，内容策展的结构，不同内容资源之间的联系等对已收集到的资源进行筛选
	资源整理	可以借助系统预设的几套展示模板或自定义模板，依据模块化思路对主题相关的资源进行组织和安排
	资源发布	可以将策展集分享给学习同伴、班级社区以及当前主流的社交网络等，建立策展结果与用户的关联
	总结分享	在学生共享他们的成果之后，教师可挑出制作认真、总结细致或具有特点的作品加以表扬，同时也可以组织围绕策展集的讨论，促进策展内容的优化

9. 学习反思

杜威的反省思维理论告诉我们，学生要进行有效的学习反思，应该在复杂的学习情境中意识到自身的观念和行为存在的问题，在此基础上，分析原因，提出假设，并通过观察，收集资料，验证自己的假设，从而获得实践知识(表 2-9-10)。学生反思的内容应该包括一切与学习实践相关的问题。一般情况下，学生的反思源于对所学知识的深入思考和对解题过程的缜密分析。及时反思不仅是一种重要的学习策略，更是一种学习能力。

表 2-9-10　学习反思活动模型

学习活动名称	结构项	指导策略
学习反思	发起活动	由教师发起学习反思任务，督促学生针对学习内容进行自我反思
	制定学习反思自评表	针对学习内容，制订多维度的学习反思表，给学生作为反思参考
	自我反思	学生参考教师制订的学习反思自评表，从多个维度对自己的学习效果进行深入的反思，总结收获与不足
	总结评价	教师可以根据学生的反思总结，找出学生普遍的疑惑点，为学生进行解答；学习者之间也可以相互分享交流

---

① 唐瑶、余胜泉、杨现民：《基于学习元平台的教育内容策展工具设计与实现》，载《中国电化教育》，2014(4)。

10. 同伴互评

同伴互评通常是学术界进行学术论文评价的方式，这种方式后被广泛应用于教育教学过程中。在同伴互评的教学中，计算机网络的介入，使该活动的开展更为便利，借助网络交流减少了学生面对面互评中的焦虑感和心理压力，使沟通能更顺畅地进行，使学生有更长的思考时间，能发现更多的错误，也能注意到交流的技巧，反馈的质量往往比较高。[①] 学生在网络互评中可以随时提出问题并参与讨论，他们能更积极、更自主地寻找自己所需要的反馈；与此同时，网络使学生可以反复回顾互评的细节，能够更加容易地读到同伴的作品（表 2-9-11）。

表 2-9-11　同伴互评活动模型

学习活动名称	结构项	指导策略
同伴互评	课题设置	教师依据教学目标设计相关的作答题目
	学生作答	学生依据自己对题目的理解进行作答，并将答案提交共享
	设计同伴互评表	教师针对设置的题目，设计同伴互评表，作为学生进行同伴互评的支架，这里互评表的设计，互评内容要明确，结构不能过于复杂，否则不利于学生接受评价信息
	同伴互评	学生参考教师制订的同伴互评表，依据自己的理解，对同伴的作品进行客观的评价
	集体共评	教师根据互评的结果，选出几个比较典型的作品案例（如得分高的、中等的、低的），进行集体分析评价，共同研讨，共同提升
	自我修改	依据同伴反馈以及集体的案例评价，学生进行自我总结反思，并对自己的作品进行修改
	总结评价	教师对整个同伴评价的过程进行总结，可以对学生在各个环节的参与度，评价的准确度、客观性等方面进行评价

11. 程序教学

程序教学的活动中，学生需按照教师安排好的学习步骤完成活动，一般情况下要求学生完成前一步骤后才能进入下一步骤。学生看到自己一步步地完成任务与活动，会得到相应的激励而继续顺利地完成剩下的学习过程（表 2-9-12）。

---

① 张义兵、孙俊梅、木塔里甫：《基于知识建构的同伴互评教学实践研究》，载《电化教育研究》，2018(7)。

表 2-9-12　程序教学活动模型

学习活动名称	结构项	指导策略
程序教学	设定程序	合理的程序和恰当的激励将有助于学生顺利完成活动。教师在设定活动程序时，除了考虑所学知识的结构，也应考虑学生完成整个学习活动的难易度
	进入程序	如何使用学习软件是教师应当指导学生的，当学生熟悉程序后，才能顺利完成后面的活动
	逐步完成	如学生碰到无法继续进行的困难时，教师可建议学生退回上一环节，重新学习后再尝试。当学生想要放弃活动时，教师应给予鼓励，同时程序的每一步跨度不应太大
	检查结果	如学生没有得出程序要求的最后结果，教师可指导学生回到某一步骤重新学习，并重复前面两项，直到能按要求得出结果
	评价总结	程序教学评价较简单，可以以学习成果评价为主，另外学习中学生完成各环节的顺序和成功率等也可作为评价内容

12. 提问答疑

学习过程中的每个环节都可以使用提问答疑活动，这是一种学生之间的交互活动。提问答疑活动既可使学生在相互答疑中提高学习的主动性，培养其合作交流能力，又提供给教师作为评价其参与活动积极度的有效数据（表 2-9-13）。

表 2-9-13　提问答疑活动模型

学习活动名称	结构项	指导策略
提问答疑	头脑风暴	学生通过头脑风暴的形式找到自己或小组想要提的问题，教师帮助学生将问题表述清晰
	回答问题	以学生通过个人思考或小组合作解决上一项中提出的问题为主要活动形式，如有必要教师提供解决问题的思路即可
	选择答案	教师帮助问题提出者分析各个回答是否有效，选择有效或最佳方案作为答案
	评价总结	评价应综合考虑在提问环节与回答环节各位学生或各小组的参与积极程度以及回答问题的有效程度

13. 绘制概念图

学习者根据自己对课程内容的理解以及自身学习过程中积累的资源和成果，将各个环节知识重新梳理、排列。也可由小组协作绘制富有集体智慧的知识体系，供学生之间共享。较适合结构性强、知识点关系复杂需要梳理的学习内容，可培养学生对知识的梳理与归纳能力（表 2-9-14）。

表 2-9-14　绘制概念图活动模型

学习活动名称	结构项	指导策略
绘制概念图	学习概念图	第一次进行该活动时，如学生对概念图并不了解或初次接触，教师应先介绍概念图的特点、使用方法、对学习的帮助等，并指导学生使用如 Mindmanager、Mindmap 等概念图软件
	确定范围	教师帮助学生确定哪些知识需要整理，或由学生提出该需求
	寻找结构	各知识点之间必要的框架结构可由教师给出，更多细节可由学生自由发挥。如学生不是初次接触该活动，可由学生自行组织所有结构
	绘制概念图	在学生使用软件完成概念图的过程中，教师应对软件使用进行指导，帮助学习者顺利完成
	个性化课程	如课程环境支持，可将学生制作的概念图嵌入课程中，作为个性化导航，教师帮助学生在教学软件上实现这一功能
	共享总结	由于概念图是个人思维与知识结构的体现，并无对错之分，在学生共享他们的成果之后，教师可挑出制作认真、总结细致或具有特点的作品加以表扬

14. 整理学习标签

在自主阅读和自主学习过程中，学生主动记录有疑问或认为重要的词语及语句，形成个人学习标签。完成一个学习单元后，将这些标签进行整理，分析出少数重复次数较多的词语，可看作该学习单元的学习关键词。根据关键词将很容易完成对学习内容的复习和再认。这一活动可培养学生良好的学习习惯及反思总结能力，适合于以自学为主的阅读类知识(表 2-9-15)。

表 2-9-15　整理学习标签活动模型

学习活动名称	结构项	指导策略
整理学习标签	标签收集	初次进行该活动时，教师应在学生开始自主学习前将认为重要或有疑问的内容记下，养成良好的自学习惯
	标签归类	教师指导学生按类别将学习标签归类
	与课程整合	如课程支持按关键词搜索，可将个人学习标签嵌入课程的搜索系统中，使某些关键字一旦出现，便有链接指向学生整理好的标签中
	总结评价	该活动可贯穿整个课程的学习，也可在某一次自主学习结束后进行，评价也可按阶段进行

15. 分布式数据收集

适用于研究过程较长、需要跟踪记录数据的自然学科实验和探索活动，或是需要长期观察的调查项目。在较长的学习研究过程中，大部分时间都是由学生自行进行研究活动，教师无法过多参与和干涉研究。学生会养成良好的记录实验现象习惯，通过长期观察得出的数据除了记录下实验研究所需的数字，还记录下了学生探索的过程。这一活动培养学生数据收集与分析、独立进行长期研究活动的能力（表2-9-16）。

表 2-9-16　分布式数据收集活动模型

学习活动名称	结构项	指导策略
分布式 数据收集	建立项目	只有研究如鸟类活动、种子发芽、气候变化、社会习惯等需要长期观察，且数据不能通过一次实验收集的项目，才适用于分布式数据收集活动
	实地观察	一次或两次的观察可能收集不到有效数据，教师应注意鼓励学生参与活动的积极性，并指导观察方法以及记录数据的方法
	发布记录	如网络环境良好，教师应及时关注学生收集到的信息，发布给其他学生，以便督促学生保持观察，做好记录
	提供情报	教师可能掌握一些观察的最佳时机等情报，应在这些时机到来之前提供给学生这一信息，使学生的观察记录更加丰富
	撰写报告	帮助学生分析记录下的数据、完成研究报告
	总结评价	评价应以学生参与活动程度、观察次数、数据有效度、研究报告等方面为主

16. 头脑风暴

头脑风暴指在规定时间内，众人围绕一个主题，在不对别人的见解有任何批评和指责的前提下，尽量展开自己的想象思维，随意发表自己的见解，从而寻求问题解决新策略的教学模式。适合发现式学习、问题解决式学习、抛锚式学习等学习形式，有利于培养学生发散思维和创新思维（表2-9-17）。

表 2-9-17　头脑风暴活动模型

学习活动名称	结构项	指导策略
头脑风暴	选择题目	要选择让学生有很大发展空间，并且在其最近发展区的问题才能激发学生的学习兴趣和内在思考潜力
	宣布时间	教师宣布头脑风暴教学活动的开始和结束时间，时间范围不宜过长，也不能过短。取决于问题的难度，学生人数和学生对该问题的理解程度。让学生既有紧迫感，促进他们积极思考；又有成就感，不至于打击学习的积极性
	发表见解	学生在发表各自见解的时候，教师要强调不允许对别人的观点进行指责和批评；否则，将会抑制一个人的思考能力，打断思路，这与教学的初衷是相违背的
	总结发言 与评价	教师将学生提供的问题解决思路进行总结，评价应以过程评价为主，也要考虑学生提供的方案与思路

17. 虚拟旅行

虚拟旅行能够给全世界的学生提供浏览其他文化，了解被访问地方的民众、地理、文化、饮食等的机会。这一活动需要借助互联网，访问具有在线版本的博物馆或其他科学探索网站，也可由教师团队开发，制作虚拟探索程序。虚拟旅行可以重复多次，并且不会遇到现实中的危险（表 2-9-18）。

表 2-9-18　虚拟旅行活动模型

学习活动名称	结构项	指导策略
虚拟旅行	旅行任务	学生进入虚拟旅行之前，教师应明确任务，保证学习活动的有目的性
	开展旅行	教师在学生旅行的过程中应扮演类似导游的角色，让学生在旅途中不要迷路，能顺利到达他们的目的地，并给予对学生的旅途具有参考性的建议
	解决问题	在活动中教师应时刻提醒学生的学习任务，避免活动失去学习的意义
	交流分享	教师应经常组织学生之间交换活动中的体会
	评估总结	可对旅行中的重要事件、对旅行的记录、解决问题、决策过程等项目进行评价

18. 虚拟实验

虚拟实验室是利用虚拟现实技术仿真或虚构某些情境，供学生观察与操纵其中的对象，使他们获得体验或有所发现。比起传统实验室，虚拟实验室更加以学生为中心，可由学生选择参与实验的时间和地点，同时也更具开放性、人性化（表 2-9-19）。

表 2-9-19　虚拟实验活动模型

学习活动名称	结构项	指导策略
虚拟实验	实验任务	在学生进入实验室之前，教师应明确任务，保证学习活动的有目的性。并像传统实验一样，明确实验目的、原理、器材的使用规范等
	进行实验	虚拟实验室更适合学生进行探索性实验，教师应注意引导学生测量与分析传统实验中难以重复测量的一些数据，并由学生提出一些规律的猜想，并进行验证。当进行有危险或微观实验的模拟时，教师应注意让学生观察平时难以观察的实验现象
	实验报告	学生在完成实验后撰写实验报告是对学习活动的总结，教师指导学生以描述现象、分析数据为主，在虚拟实验中碰到的问题也应记录在实验报告上
	评估总结	应以实验的规范性、对现象的描述、数据分析结果为主，也可参考学生在活动中的参与程度进行评价

154

案例：网络课程"信息技术与课程整合"活动设计

1. 学习内容分析

本模块的核心内容是"常见信息技术与课程整合模式"。这一模块中各种信息技术与课程整合模式特点的相关资料比较丰富，除了文本教材和网络教材之外，还有大量案例以及教学设计方案供学生学习。这类学习内容较适合让学生针对具体问题进行调研、讨论等，如图2-9-1、图2-9-2所示。

图 2-9-1　初识"模式"活动中提供的案例资源

图 2-9-2　供学生自主阅读的材料

2. 学习目标

（1）说出常见信息技术与课程整合模式的特点和应用方式。

（2）能够针对有鲜明特点的具体问题，合理选择恰当的整合模式。

（3）能够比较国外整合模式与国内整合模式的异同。

3. 学习活动

学习活动简述如表 2-9-20 所示。

表 2-9-20　学习活动简述

活动名称	活动流程	活动目的	活动模型	学习资源	形式
初识"模式"	观看两个采用不同整合模式的教学案例，并从中找出教学模式和教学策略、教学方法的不同之处。之后在讨论区交流对整合方式的初步认识	了解教学模式与整合模式的关系，熟悉案例分析研究法	探究—发现	教学案例视频 3 个，提供讨论区供学生发言	个人
制作整合模式表	先进行头脑风暴，说说有哪些常见的整合模式，之后小组完成常见信息技术与课程整合模式特点表及流程图	掌握整合模式特点，培养探究学习能力	协同创作探究—发现	自行收集，提供整合模式总结表	小组
情境下整合模式选择	针对不同情境，以投票活动的形式选择恰当的整合模式并阐述理由	针对有鲜明特点的具体问题，可合理选择恰当的整合模式	情境选择角色扮演游戏	投票活动区、描述教学情境的几个问题	个人
学习国外整合模式	学习国外信息技术与课程整合文献，从个人学习经历角度写关于国内外整合模式区别于联系的体会	对比国外整合模式与国内整合模式的异同	基于问题的学习	文献材料	个人

2.10
活动导向的教学模式设计

　　教学模式是指在一定的教育思想、教学理论和学习理论指导下的、在某种环境中展开的教学活动进程的稳定结构形式。教学活动进程的简称就是通常所说的"教学过程"。众所周知，在传统教学过程中包含教师、学生、教材三个要素。在现代化教学中，通常要运用多种教学媒体，所以还应增加"媒体"这个要素。这四个要素在教学过程中不是彼此孤立、互不相关地简单组合在一起的，而是彼此相互联系、相互作用形成一个有机的整体。既然是有机的整体就必定具有稳定的结构形式，由教学过程中的四个要素所形成的稳定的结构形式，就称为"教学模式"。[①] 随着计算机网络的迅速发展，网络教学逐渐融入人们日常的学习当中。借助网络教学平台可以很好地实现学习内容的共享和互操作，方便开展各类教学活动。以活动为导向的教学模式，要求教师能够根据教学目标、教学内容、教学情境灵活地选择和设计各种学习活动，让学生通过参与活动进行学习。不同的活动序列组合很自然地形成不同的教学模式。如此一来，不同的教学模式从不同的教学环节和程序安排上显示其特征，每一种教学模式都有自身相对固定的活动逻辑步骤和每一阶段应该完成的教学任务。

2.10.1　学习活动序列设计原则

学习活动序列是学生在完成活动主题任务时的前后操作流程，活动操作序列是对活动的一种控制，它的设计通常包括完成活动主题任务所包含的子活动及其操作顺序。每个子活动又包含子任务。活动操作顺序设计的目的在于引导学生的学习，让学生充分体验从完成一个任务到另外一个任务的学习过程，在享受获得知识的满足感中递进式地完成学习。[②] 为了保证学生在完成任务中的流畅性和适应性，作为设计者的教师同样应注意以下几点。

1. 必要的活动描述

活动描述是对学生所要完成的某个特定活动的简述，即用一段文字简洁地陈述学生在进行某个活动时所要完成的工作和目标，以便学生准确了解当前活动在整个活动序列中的位置和完成意义。活动描述是保证序列活动之间顺畅过渡的必要条件之一。

2. 确定活动操作顺序是关键

学生进入活动序列后，只有完成前一个学习活动才能进入下一个学习活动，这种严格的先后完成顺序是不容更改的。因此，活动操作序列必须彼此之间相互联系又符合认知规律，而不是简单地把学习任务分解成若干子任务，随意连线排序。

3. 学习活动序列包含的活动量要适度

在设计学习活动序列时，不能纯粹为了丰富学习活动的形式而堆砌各种活动。活动太多又过于复杂，会使学生产生抵制情绪；而活动数量太少，又无法构成活动系统设计的充分条件。教师应当视具体教学情境和需求灵活设计。据调研，一般 6 个学习活动所形成的序列最为适中，否则应拆分成多组序列。

———————————

①　何克抗：《建构主义的教学模式、教学方法与教学设计》，载《北京师范大学学报（社会科学版）》，1997(5)。
②　叶荣荣、余胜泉、陈琳：《活动导向的多种教学模式的混合式教学研究》，载《电化教育研究》，2012(9)。

4. 学习活动序列设计完成之后，教师需要对其进行反思

反思就是分析影响活动效果的若干因素。活动主题是否和教学内容紧密相连、学习任务的完成是否达到了预期教学目标、设计的活动序列是否符合学生的认知发展、学习活动是否有清晰的描述、学习活动所包含的任务大小是否合适、学习活动的难度是否适中、活动过程中教师和学生之间是否设计了充分的互动、是否为学生提供了完成活动所需要的工具和资源等。

2.10.2　典型的以活动为导向的教学模式

1. WebQuest 网络探究式教学

"探究—发现"学习活动是一种综合性较强的实践活动，可培养学生自主探究能力并扩充其知识面，适合于学科内对知识综合运用、学科间大综合等以应用为主的知识的学习（表 2-10-1）。

表 2-10-1　WebQuest 网络探究式教学模式

教学模式名称	学习活动序列	指导策略
WebQuest 网络探究式教学	绪言	给学生选定主题，激发学生的学习兴趣，提供探究任务的情境性学习资源
	确定主题	在确定的主题中，教师帮助学生针对其兴趣所在方向，选择恰当的研究方向，开展研究。方向不宜过大或过偏，尤其是对于初次接触该种形式的学生，模糊的界定会导致研究无法深入开展
	数据收集	帮助学生组织良好的资源环境，当面对浩瀚的网络资源时，帮助学生学会如何在信息海洋中搜索和筛选自己需要的有效信息
	推演解释	学生应学会自己对知识与信息做出解释，建立逻辑推理和演绎的证据线索
	结论报告	将在探究过程中得到的内容整理为系统的研究报告，教师应指导学生报告撰写的规范，使研究活动不仅仅停留在"乐趣"上，更能深入"知识"中
	总结评价	这是学生进行反思、教师进行总结的阶段。教师要给学生留出讨论和应用的时间，并鼓励学习者提出一些不同的解决问题的方法

2. 基于问题的教学

基于问题的教学是指一种让学生通过不一定有正确答案的真实性问题而获取知识的教学，是由理解和解决问题的活动构成的一种新的教学方式，也可以叫作问题解决式学习。乔纳森将主要包括良构性（well- structured）和劣构性（ill-structured）问题两大

类的问题，具体分为 11 类，即逻辑型问题、运算型问题、文字型问题、规则运用型问题、选择型问题、故障排除性问题、诊断—解决型问题、策略型问题、真实情境/案例型问题、设计型问题和两难型问题。其中前 5 种问题为良构性问题，后 6 种为劣构性问题。后者更需要学生表达关于问题的个人意见或信念（表 2-10-2）。

> 戴维·乔纳森（David H. Jonassen），美国教学设计领域著名专家。他被认为是继加涅（Robert M. Gagne）、梅瑞尔（David Merrill）之后美国教育技术学领域的第三代领军人物。乔纳森发表了 27 本专著以及大量的文章、论文，其研究领域涉及视觉文化、认知风格、教学设计、基于计算机的学习、超媒体、建构主义、建构主义学习环境以及认知工具等。[①]

把教学置于复杂的、有意义的问题情境中，通过让学生解决复杂的、实际的问题，来学习隐含于问题背后的科学知识，形成解决问题能力的一种教学模式。其旨在使学习者建构宽广而灵活的知识基础，从而培养和激发学生的内部学习动机，发展有效的问题解决能力和终生学习能力。

表 2-10-2　基于问题的教学模式

教学模式名称	学习活动序列	指导策略
基于问题的教学	创设情境	给出实际问题情境，将学生的注意力由理论知识转向具体问题。情境应尽量贴近学习者的生活经验
	分析问题	根据实际情境，明确要解决哪些问题，需要使用何种知识与工具，要展开哪些调查研究工作
	任务分工	教师根据学生的情况，帮助学生划分成研究小组，问题解决式的学习通常以小组形式展开，便于学生之间相互学习。各小组也可以担任情境中的不同角色，以某一角度出发，进行问题解决
	探究解决问题	指导学生寻找解决问题的方法，当遇到需要获取的资源时，提供足够的资源供学生利用与学习，最终形成问题的解决方案
	成果展示	小组之间提交并共享他们所创建的答案或解决方案
	总结评价	对小组提供的问题解决方案进行评价，制订评价方案及标准，应注重过程性评价。因为在基于问题的学习中，提供的问题不一定只有唯一正确的解决方案

3. 讲座式教学

对于相对独立或者前沿的教学内容，通过讲座的形式，教师或学生做主题发言，

[①]　宋述强：《"满怀激情地探究感兴趣的问题"——戴维·乔纳森博士访谈》，载《现代教育技术》，2004(6)。

然后集体讨论探讨，让学生通过自学解决自己所能解决的问题，而让教师把主要精力用于指导学生的学习方法，解决教学中的重点、难点，既能加深对学习主题的理解，又扩充了学生学习的知识领域(表 2-10-3)。

表 2-10-3　讲座式教学模式

教学模式名称	学习活动序列	指导策略
讲座式教学	教师分组，确定讲座主题	教师根据学生的学习情况进行异质分组，便于小组成员之间优势互补，相互学习
	分工协作	根据讲座主题，小组成员进行分工，共同收集整理相关资料
	专题讲座	小组成员以讲座的形式，小组同学侨主题发言，将所负责的专题分享给其他学习者
	提问答疑	其他学生针对专题报告进行提问，在这个过程中，一方面是听众学习拓展的机会，另一方面也是小组成员加深理解的机会
	提交讲稿	小组之间提交并共享他们所创建的讲稿

4. 案例式教学

对于某些复杂和综合性的教学内容，通过引入某些有代表性或典型的案例，在教师的引导下对案例进行解剖，特别是深入对案例一般情况的共性与个性的分析，达到举一反三、触类旁通、从个别到一般的学习目的(表 2-10-4)。

表 2-10-4　案例式教学模式

教学模式名称	学习活动序列	指导策略
案例式教学	查看案例	针对复杂的教学内容，教师负责寻找相关的典型案例，分享给学生，让学生在分析案例的过程中学习
	提出问题	一方面，教师可以进行引导，逐步深入地对案例进行剖析；另一方面，可以由学生提出疑问
	分享讨论	学生之间基于提出的问题进行讨论，各自发表自己的观点，相互学习，相互吸收
	反思总结	教师组织学生对整个案例分析的过程进行总结反思，以达到熟练掌握相关教学内容的目的，且能熟练运用

5. 研究型教学

在教学的过程中，教师把研究的项目及方向和教学课程相结合，让学生阅读文献，在学习中研究、在研究中学习，遇到了问题深入分析研究，用已有知识学习求解问题所需要的知识，使学习和研究成为一个互动的过程。在研讨中积累知识、培养能力和锻炼思维(表 2-10-5)。

表 2-10-5　研究型教学模式

教学模式名称	学习活动序列	指导策略
研究型教学	提出课题	教师针对教学内容，与研究课题相结合，向学生提出一个研究课题，或共同讨论，形成一个感兴趣的研究课题
	分组协作	针对确定的研究课题，进行分组，在教师指导下阅读文献，收集资料
	深入研究	在课题研究的过程中，遇到问题，收集更多的资料来解决，达到对该课题的深入理解
	集体研讨	经过分组的深入研讨，教师组织学生集中对研究过程中遇到的难题进行集中的讨论；对研究过程中的收获、感悟进行分享
	提交报告	针对课题，以小组为单位提交研究报告
	评价	对研究报告的质量以及课题研究的过程性参与效果等进行评价

6. 比较式教学

布鲁纳认为，比较式教学不仅有助于学生对所学知识进行有效的组织，运用所学知识解决问题，而且有助于提高学生的思维能力、实现发现学习。比较式教学改变了过去的堆砌式教学方式，一改以往"教师讲，学生听"的传统教学模式，变单向教学为互动教学，让学生在热烈、活泼的互动学习氛围中轻松、愉快地掌握知识和技能（表 2-10-6）。

表 2-10-6　比较式教学模式

教学模式名称	学习活动序列	指导策略
比较式教学	对比展示	由教师根据教学内容提供可用于比较的素材内容，布置给学生
	提出问题	在对比两个内容的过程中，教师提问时要给予学生一定的提示，帮助学习者找准方向，并且可以让学生受到启发，引发思考
	观察讨论	学生根据教师提出的问题，进行观察、比较、反思、讨论，形成对所比较内容的理解和运用
	整理罗列	依据前一阶段的结果，学生自行梳理，并提交共享
	总结评价	教师根据学生的学习过程以及最后的成果，进行补充分析，并给出总结性评价

2.11
帮助与包装设计

2.11.1　常见的帮助设计类型

帮助是为了方便用户更好地使用教学软件，用户常常需要的帮助有两类：一类是提示性帮助，另一类是系统帮助。提示性帮助是用户在使用教学软件的过程中系统向用户提供的帮助，它通常出现在用户在操作时可能会感到迷惑的地方。系统帮助向用户提供的是全面的使用与操作信息，是对教学软件使用的详细说明。

帮助的使用者是教学软件的用户，不是开发者，因此设计帮助时应站在用户的角度。比如，编写用户手册时要注意不能使用专业术语，常见问题不只是摆摆样子，要真正能够解答用户常常碰到的困惑，制作演示视频或动画时最好加入播放控制功能，这些都是为了使帮助的内容清晰、有价值，真正能够帮助用户。

帮助的类型有很多，每个教学软件都应根据自己的情况设计恰当的帮助形式，一般来说，较为复杂的教学软件(如网络教学平台)最好编写用户手册。结构简单、操作容易的教学软件做一个 FAQ(FAQ 是 Frequently Asked Questions 的缩写，翻译成中文就是"经常提出的问题")就可以了，简单的小课件提供一些操作按钮说明就可以了。操作类型的教学软件(如虚拟实验、教学游戏等)可以录制一段演示视频，在用户经常感到困惑的地方可以使用情境帮助。

1. 用户手册

用户手册是为用户设计的有关该软件使用的资料，描述教学软件的功能及使用方法。复杂的教学软件，还会根据用户权限制作不同的用户手册，如教师手册、学生手册、管理员手册等。用户手册可以 doc、pdf、chm 等格式单独存放，也可以直接集成在软件当中，如 4A 网络教学平台帮助手册(图 2-11-1)。

2. 检索型帮助

检索型帮助与用户手册同样有着系统详尽的内容，但后者通常通过目录进行浏览，而前者则是通过输入关键字进行检索。检索型帮助虽然也有一个目录，但通常比较简单，只是列出一些关键的主题。其目的是用户在使用教学软件时获得帮助，通常会与快捷键 F1 配合使用，按下 F1 键就能进行检索。

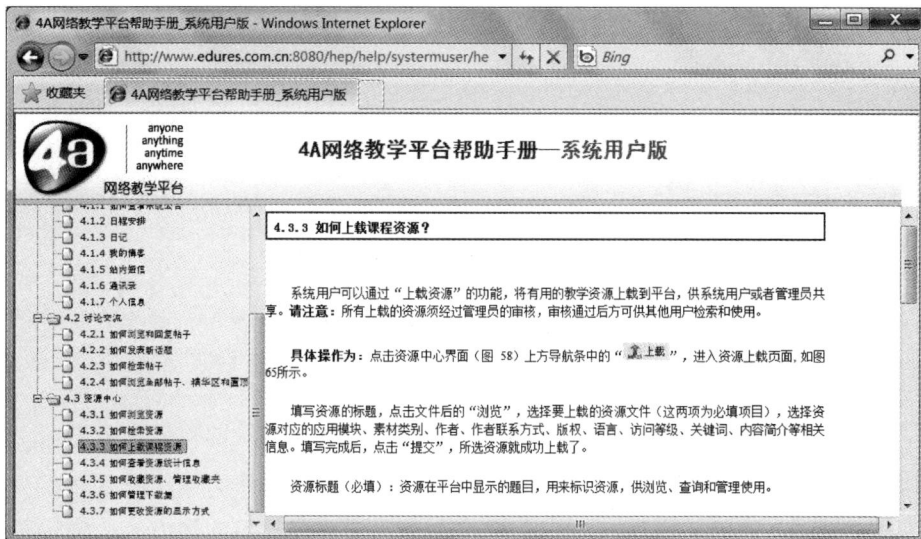

图 2-11-1　4A 网络教学平台帮助手册

3. 常见问题

　　设计者会把网站的功能或经常遇到的一些问题以及解答放在一起，用户遇到困难时可以方便地从中得到解答，这就是 FAQ 的作用。教学软件的帮助也可运用 FAQ 方式，将用户经常遇到的问题做成一个列表，以方便查询。FAQ 方式不仅仅局限于基于文字的问答形式。如图 2-11-2 所示，这个帮助的作用是使用户了解软件中导航按钮的作用，界面中列出了软件中的导航按钮，每个按钮都是一个热区，鼠标移动到按钮上面会显示这个按钮的功能，这种交互性的帮助更加直观。

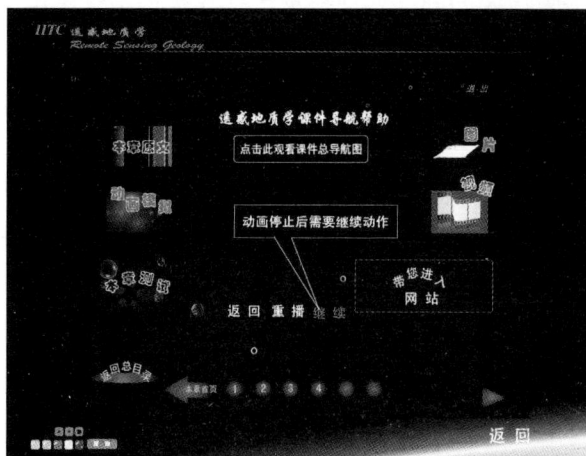

图 2-11-2　"遥感地质学"帮助①

---

　　①　第七届全国多媒体课件大赛高教理特等奖作品。

4. 演示视频

这种帮助方式通过视频或动画，向用户直观地介绍软件的功能以及演示软件的使用过程，特点是生动、易学。例如，K12 应用系统基础平台，通过一段视频介绍了该软件的理念、功能以及使用方法（图 2-11-3）。

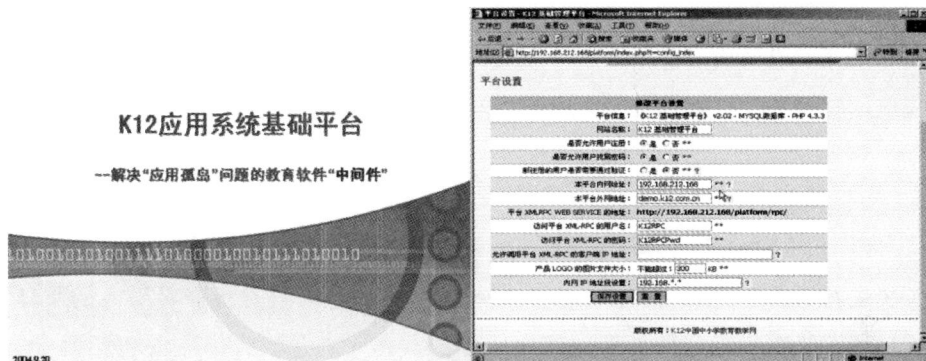

图 2-11-3　K12 应用系统基础平台演示视频

5. 情境帮助

前面的帮助多是针对整个教学软件，情境帮助与它们不同，它是用户在使用教学软件的过程中系统向用户提供的帮助，通常出现在用户在操作时可能会感到迷惑的地方。

图 2-11-4 是一个学习船闸是如何工作的小游戏。学生需要操作船闸让船通过，刚刚进入这个游戏，学生可能会感到迷惑，不知道如何操作，点击软件提供的帮助按钮，后可打开使用帮助，学习软件的使用。

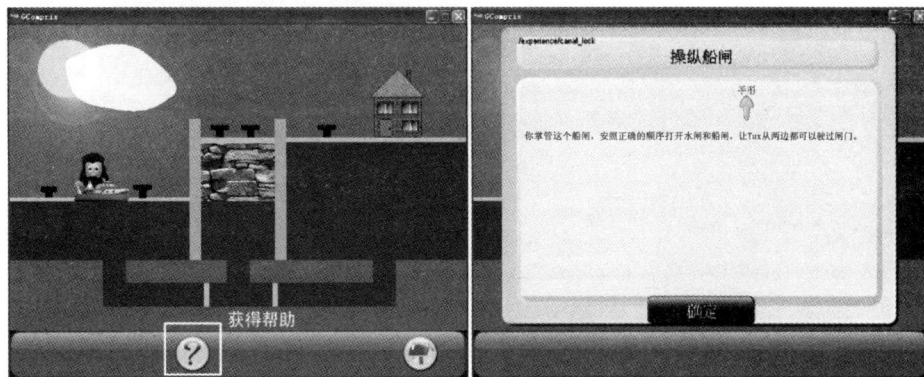

图 2-11-4　情境帮助

6. 智能答疑

智能答疑系统中预先设计了一个问题库，类似于 FAQ。当用户提出问题时，系统会首先在问题库中检索，如果有类似的问题，系统会显示这些问题及其解答的链接，如果没有相似的问题，问题会提交给系统管理员进行解答。解答后，在用户获得帮助的同时，该问题会被添加到问题库，以后再有人遇到类似问题，就能直接得到解答。

7．个性化帮助

个性化帮助能够根据用户在教学软件中的位置，向用户提供相关的帮助内容。提供个性化帮助的教学软件，通常会在每个页面都设置一个帮助链接，或者快捷键，也可以设计一个随时等候为用户服务的卡通形象，就像曾经 Office 中那个叫作"大眼夹"的 Office 助手。设计成卡通形象时，需要考虑有些用户不需要或者不喜欢这种形式，因此应该设置显示与隐藏卡通形象的开关。

2.11.2　包装设计

包装是教学软件设计开发的最后一个环节。好的包装设计更能吸引人的眼球，提升教学软件的档次。当以光盘作为教学软件的载体时，包装设计主要包括两个方面：一是光盘盒的外装帧纸；二是光盘的印刷标识面。

1．外装帧纸的设计

外装帧纸的内容须准确无误，文字除用于港、澳、台地区和涉外目的外，不得使用繁体字。印制质量应符合 CY/T 5 的要求，规定的列载信息不得小于 6 号字。

外装帧纸上可列载信息包括制品名称、序号、出版单位、出版时间、出版单位地址、电话、邮政编码、著作权有关事项(研制单位主编)、注册商标或出版社社标、内容简介、出版物版号、条形码、载体类型、软硬件环境、安装使用说明等(图 2-11-5)。

图 2-11-5　小学英语三年级上册多媒体教学光盘－外装帧纸

2. 印刷标识面的设计

印刷标识面的设计需要考虑以下要素：制品名称，序号，节目目录出版单位，研制单位和主编，"版权所有，违者必究"的字样，载体标识，版号。设计时需要考虑到以上设计要素，根据实际情况确定应列载哪些信息(图 2-11-6)。

图 2-11-6　小学英语三年级上册多媒体教学光盘—印刷标识面

3. 印刷二维码的设计

国家质量监督检验检疫总局、国家标准化管理委员发布《中华人民共和国国家标准公告》，共批准 312 项国家标准发布。国家标准《商品二维码》(标准号 GB/T 33993－2017)也列入其中。

随着智能手机的普及以及移动通信技术的不断发展，二维码成为人们获取信息的一种便捷方式。在此背景下，《商品二维码》应运而生。《商品二维码》主要规定了二维码的数据结构、二维码的符号等。

(1)商品二维码的数据结构。

商品二维码的数据结构分为编码数据结构、国家统一网址数据结构和厂商自定义网址数据结构三种。

①编码数据结构。

编码数据结构由多个单元数据串组成(表 2-11-1)，每个单元数据串由 GS1 应用标识符(AI)和 GS1 应用标识符数据字段组成，其中全球贸易项目单元为必选。

表 2-11-1　商品二维码的单元数据串

单元数据串名称	GSI 应用标识符(AI)	GSI 应用标识符(AI)数据字段的格式	可选/必选
全球贸易项目代码	01	N_{14} [a]	必选
批号	10	$X_{..20}$ [b]	可选
系列号	21	$X_{..20}$	可选
有效期	17	N_6	可选
扩展数据项	AI	对应 AI 数据字段的格式	可选
包装扩展信息网址	8200	遵循 RFC1738 协议中关于 URL 的规定	可选

a. N：数组字符，N_{14}：14 个数字字符，定长。

b. X：附录 B 中的任意字符，$X_{..20}$：最多 20 个任意字符，变长。

c. 扩展数据项：用户可以从表 A.1 选择 1～3 个单元数据串，表示产品的其他扩展信息。

②国家统一网址数据结构。

国家统一网址数据结构由国家二维码综合服务平台服务地址、全球贸易项目代码和标识代码三部分组成。国家二维码综合服务平台服务地址为 http：//2dcode. org/和 https：//2dcode. org/；全球贸易项目代码为 16 位数字代码；标识代码为国家二维码综合服务平台通过对象网络服务(OWS)分配的唯一标识商品的代码，最大长度为 16 个字节(表 2-11-2)。其数据结构为 URI 格式。

表 2-11-2　国家统一网址数据结构

国家二维码综合 服务平台服务地址	全球贸易项目代码	标识代码
http：//2dcode. org/ https：//2dcode. org/	AI＋全球贸易项目代码数据字段 如 0106901234567892	长度可变，最长 16 个字节

③厂商自定义网址数据结构。

厂商自定义网址数据结构由厂商或厂商授权的网络服务地址、必选参数和可选参数三部分连接而成，连接方式由厂商确定，应为 URI 格式，具体定义及有关格式见表 2-11-3。

表 2-11-3　厂商自定义网址数据结构

网络服务地址	必选参数		可选参数
http：//example. com https：//example. com	全球贸易项目代码查询关键字"gtin"	全球贸易项目代码数据字段	取自商品二维码单元数据串和解析查询表的一对或多对查询关键字与对应数据字段的组合

注：example. com 仅为示例。

（2）二维码的符号。

①码制的选择。

标准规定商品二维码应采用汉信码、快速响应矩阵码（简称 QR 码）或数据矩阵码（Data Matrix 码）等具有 GS1 或 FNC1 模式，且具有国家标准或国际 ISO 标准的二维码码制。其中，数据结构在进行二维码符号表示时，应选用码制的 GS1 模式或者 FNC1 模式进行编码。

②商品二维码的尺寸。

商品二维码的尺寸应根据编码内容、纠错等级、识读装置与系统、标签允许空间等因素综合确定，如有必要，需要进行相关的适应性试验确定。最小模块尺寸不宜小于 0.254 mm。

章结构图

PowerPoint简介
Prezi简介
Focusky简介
101教育PPT简介
演示型教学软件简介

演示型教学软件的设计要点
作品的总体设计
素材设计与选择

演示型教学软件设计

创设教学情境
突破教学重难点
化静为动
增强趣味性
演示型教学软件的特点和作用

演示型教学软件设计的基本原则
目的明确，选题恰当
简洁明了，重点突出
信息适量，适度运用
结构清晰，便于操作
界面友好，画面和谐
加强交互，有机结合

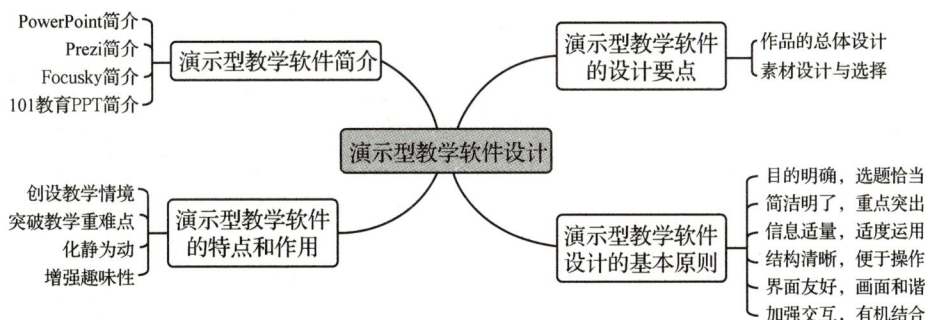

演示型教学软件，多指以讲解或展示教学内容为主的教学资源。该类资源以文本、图形图像、动画等形式进行教学演示，讲解课本知识的原理和规律，提示事物发生、发展和变化的内在规律。演示型教学软件在具体教学实践中，根据教学内容、教学目标以及教学对象，在不同的时机恰当应用会起到不同的教学作用。

3.1
演示型教学软件简介

演示型教学软件主要用于演示，如计算机投影和演讲。因此，与文字处理软件不同的是，演示型教学软件的内容以展示文档的目录、标题、关键词、图标和图像为主，并不注重文档的详细文本内容。这种形式与教科书的根本区别在于它对知识的表现是动态的，极具表现力、深层次、连续性和整体性的教学形式，并能以一种喜闻乐见、富有表现力的演示形式来营造一种和谐的、极具趣味性的教学氛围。

3.1.1　PowerPoint 简介

PowerPoint 简称 PPT，是微软公司推出的一款演示文稿软件，是 Microsoft Office 系统中的一个组件。PPT 适用于工作汇报、企业宣传、产品推介、婚礼庆典、项目竞标、管理咨询、教育培训等领域，并具有相册制作、文稿合并、运用母版、图片运动、动画控制等功能，如图 3-1-1 所示。

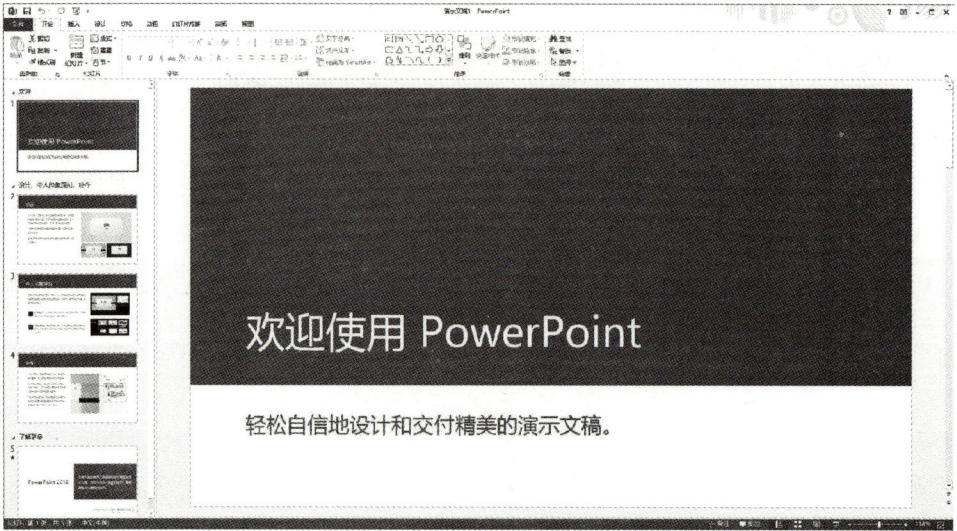

图 3-1-1　PowerPoint 界面

3.1.2　Prezi 简介

　　Prezi 是一款富有创意的演示文稿制作软件，与 PPT 具有类似的应用领域，常用于授课、会议展示等。它具有流畅的页面转换能力和平面化的资源组织能力，使信息呈现更具有逻辑性，如图 3-1-2 所示。

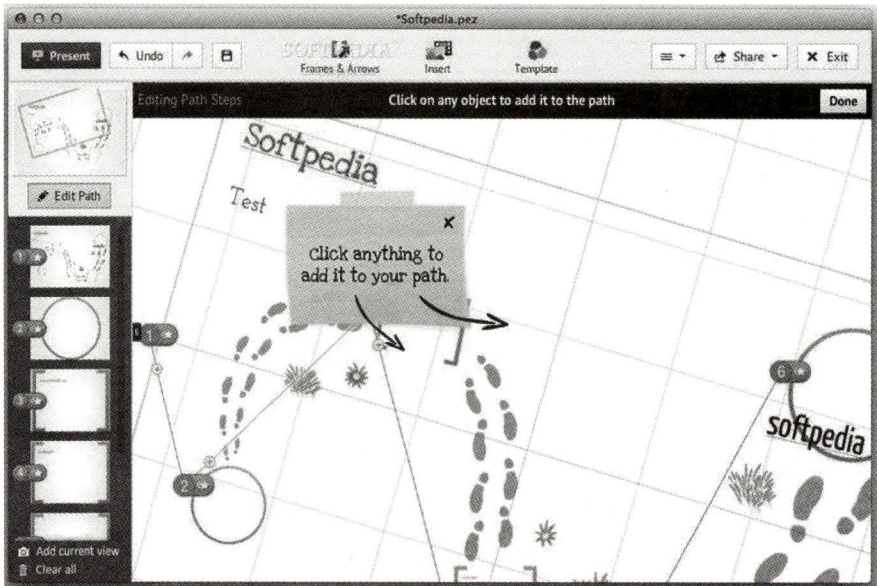

图 3-1-2　Prezi 界面

Prezi 以平面的方式组织资源，主要通过缩放动作和快捷动作对文稿进行演示。它打破了传统 PPT 的单线条时序，采用系统性与结构性一体化的方式来进行演示，以路线的呈现方式，从一个物件忽然拉到另一个物件，配合旋转等动作则更有视觉冲击力。

Frame(焦点)是 Prezi 文稿中的基本单元，类似于 PPT 中的幻灯片，每个 Frame 都可以根据用户的需求来放大或缩小，通过一系列缩小后的 Frame 集中组合，从而形成整个 Prezi 作品。因此，Prezi 允许用户随机进入画布内的某个 Frame 并放大对其观察，也允许用户沿一条线路逐步前进观察。

3.1.3 Focusky 简介

Focusky 是一款新型多媒体幻灯片制作软件，其操作便捷性以及演示效果超越 PPT，主要通过缩放、旋转、移动动作使演示变得生动有趣。Focusky 内部包含思维导图、软件自带模板、3D 演示特效、多语言支持、多种输出格式等功能。使用者可以完全免费地使用其制作炫酷演示文稿，还可以制作产品说明、纪念册、商业手册、公司报告、时事报道、视频等，如图 3-1-3 所示。

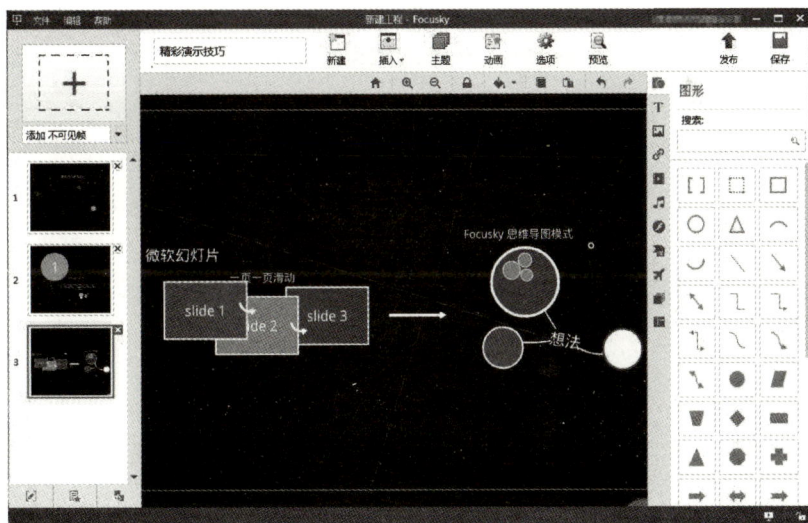

图 3-1-3 Focusky 界面

Focusky 比 PPT 还要简单，所有操作即点即得，在漫无边界的画布上，拖曳移动也非常方便，大部分人可以在 1 小时内学会基本操作。传统 PPT 只是一张接一张播放，而 Focusky 打破常规，模仿视频的转场特效，加入生动的 3D 镜头缩放、旋转和平移特效，像一部 3D 动画电影，给观众带来强烈的视觉冲击力。

172

Focusky 完美支持中文，除此以外，还支持输入其他语言，如英语、日语、韩语、法语、阿拉伯语等，并且 Focusky 支持多种输出格式，如 HTML 网页版、＊.EXE、视频等，可以上传网站空间在线浏览，或者在 Windows 和苹果电脑上本地离线浏览。

3.1.4　101 教育 PPT 简介

101 教育 PPT 是网龙网络公司研发的一款服务教师用户的备授课软件，内含百万级的教学资源以及贴合教材版本的课件素材，可实现一键备课。软件提供了教学工具、授课互动工具、3D 资源等，辅助教师授课。在课堂上，教师可以通过手机客户端直接操控大屏幕上的 PPT 课件，同时调用软件内置的课堂互动工具、学科工具等。

101 教育 PPT 拥有课件制作功能，为教师配备了教育资源库，除了课件素材、电子教材、学科工具、3D/VR 资源以及系统资源外，还有多媒体资源以及 PPT 模板等各类教学资源。

101 教育 PPT 提供的教学资源涵盖了电子教材、教案、课件等素材，并针对全国不同地区的老师提供了人教版、北师大版、苏教版、外研社版等在内的全国主流教材版本，覆盖学前阶段、K12 阶段、中高职及本科以内的语文、数学、英语、物理、化学、地理、生物、历史、政治等几十个学科。

教师可以在课堂上使用 101 教育 PPT 的数据资源对学生进行教学，而这些数据资源可以帮助学生理解和体会整个学习过程，其界面如图 3-1-4 所示。

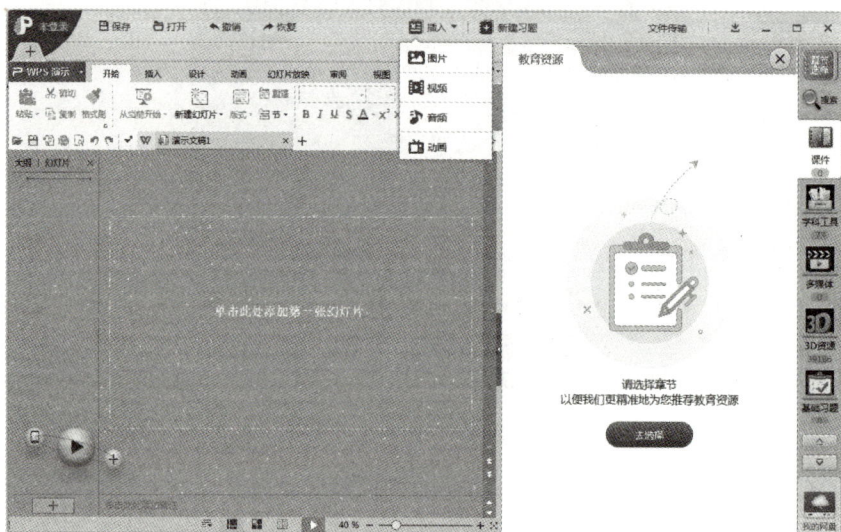

图 3-1-4　101 教育 PPT 界面

3.2
演示型教学软件的特点和作用

3.2.1　创设教学情境

演示型教学软件可以起到创设教学情境的作用。例如，一位小学语文教师在教授《颐和园》一课时，在导入环节为学生播放了一段关于颐和园的视频材料；对于很多学生来说，可能都没有去过颐和园，即使去过记忆也已经模糊了，而教师利用演示型教学资源通过播放视频材料配合生动的解说词，将学生带入这座集悠久文化历史与优美风景于一体的皇家园林，让学生感受到佛香阁的庄严与雄伟，欣赏到颐和园黄绿交错的红砖绿瓦，也领略了昆明湖的静和绿……通过演示型教学资源的运用，教师寓教于乐，使枯燥的教学变得生动有趣，有效地激发了学生的学习动机。

3.2.2　突破教学重难点

演示型教学软件可以帮助教师突破教学难点和重点。对于教学中的一些难点知识，单纯地靠教师的语言讲述，会使学生很难理解或者理解不够深入，此时教师可以通过演示型教学软件对教学内容重新组织来突出教学重点和难点；还可以动态演示一个概念的含义或者一个问题的解决思路，从而帮助学生构建起概念，或者帮助学生来理解和解决一个问题。如图 3-2-1 所示，就是通过演示生活情境来帮助学生理解如何用一个数对来表示学生的座位，(3，2)表示的是小青在班级中的位置是第 3 组第 2 行。

演示型教学软件还可以使微观事物"变"宏观、宏观事物"变"微观，从而帮助学生在抽象知识和直观表象之间建立联系，帮助学生对知识的记忆和迁移。例如，在生物和化学教学中，对于一个细胞的结构、一个分子的构成等微观现象，现实中如果不借助特殊的观察工具肉眼是很难看见的。此时用演示型教学软件提供相关的图片或动画，就可以帮助学生建立清晰的、直观的认识，他们由此将更容易掌握抽象概念。

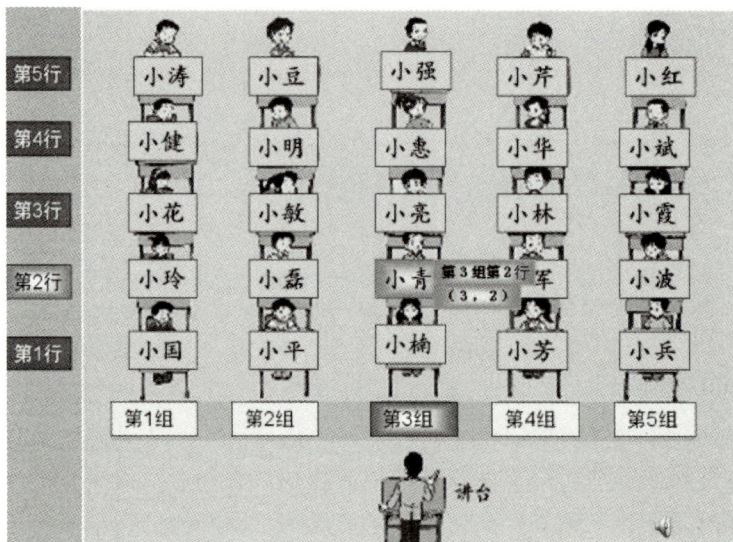

图 3-2-1 利用数对来确定学生的位置

3.2.3 化静为动

化静为动，展示事物的发展或运动过程，是演示型教学软件在课堂教学中应用的又一大特点。在化学或物理教学中，会有很多化学反应或事物的运动规律，很难用清晰的语言来表述，这个时候教师就可以通过演示型教学软件来模拟化学反应或事物的运动规律，帮助学生来更好地理解和掌握。如图 3-2-2 所示，就是一位物理老师在讲平抛运动时开发的一个演示型教学资源，让学生通过观察来理解为什么平抛运动可以分解为水平方向和垂直方向两个独立的分运动。

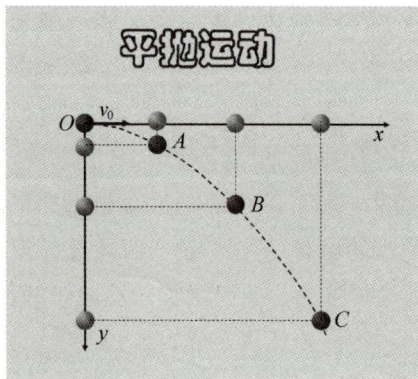

图 3-2-2 平抛运动

3.2.4　增强趣味性

演示型教学软件能够增加内容的趣味性，从而激发学生学习的兴趣。像思想政治课等这种理论性较强、概念较抽象、趣味性较少的课程，恰当地运用演示型教学软件，能够增强教学的趣味性，提高课堂教学效果。演示型教学软件支持超链接和动态的页面切换，也支持自定义动画效果，从而有利于组织页面和提升演示过程的吸引力，对课堂教学提供帮助。

总的来说，演示型教学软件一般针对课堂教学设计，使用者是教师，它不同于个别学习型教学软件。第一，演示型教学软件任务单一、制作简单、制作过程较易且周期短。第二，使用环境和学生相对固定，一般都是班级的学生。所以演示型教学软件必须充分考虑到上述两个因素，不能随意发挥。第三，它可以是某堂课教学内容的一部分或一个片段，而不一定是该堂课的全部内容，这就决定了演示型教学软件不必面面俱到，以简洁明了、重点突出为主。第四，演示型教学软件的交互方式相对比较简单，主要功能还是演示。这些特点是由这类教学软件在应用时的辅助地位决定的，它不能取代也不应取代教师在课堂教学中的主导作用。

3.3
演示型教学软件设计的基本原则

如何制作优秀的演示型教学软件，并很好地运用它，是教师普遍关注的问题。优秀的演示型教学软件应当满足如下几点要求。

3.3.1　目的明确，选题恰当

教师要能够抓住学生的年龄特点，以他们喜闻乐见、富有表现力的形式来营造充满趣味性、乐于接受的教学氛围。教师应明确制作教学软件的目的是为教学对象和教学内容服务的，所以所做的一切都是为了更好地呈现所要表达的信息，而不是为了表现教学软件本身的制作技巧。无论是文字、图片、声音，还是影像、动画，如果影响到教学目标的实现，都应该剔除。

演示型教学软件的优势之一就是能够以动画、影像等形式将教学内容变静为动、变抽象为具体、变微观为宏观，所以，一些难以用传统教学手段表现的教学重点、难点问题，恰是编制演示型教学软件很好的选题。例如，在语文或科学学科教学中利用一些影像、声音片段，加深学生对教学内容的理解，都不失为好的选题。相反，如果我们不认真思考，认为多媒体教学软件可以取代一切传统的教学手段，把一些用传统的教学手段可以很好地表现的内容制作成多媒体教学软件，其结果只能是事倍功半。

3.3.2　简洁明了，重点突出

演示型教学软件本身从来不是演示的主角，它的目的在于支持教师的叙述，而不是使教师成为多余的人。学生倾听、感受或接受教学软件传达的信息，不必过于繁杂，应力求简洁，不要让教学软件喧宾夺主。教学软件呈现内容越少，它提供的视觉信息就越直观。

(1)提纲挈领：教学软件上展示的文字不宜太多，首先要展示的是所讲内容的纲要或各级标题。

(2)层次分明：通过使用不同的序号或项目符号，把所讲内容的层次关系展示出来。无论是在同一页面上，还是在不同的页面之间，同一个级次的问题要使用同一类序号或项目符号。

(3)重难点突出：课程的重点和难点、必要的知识点都需要在教学软件上展示出来。

(4)释疑解惑：遇到学生不亲眼所见就有可能不明白或搞错的字和词(如"飞燕"和"飞雁"读音完全相同，容易混淆)，要尽可能在教学软件适当的位置展示出来。

(5)注明页码：对那些在教材中已经讲解得很好的概念和原理，在展示相关内容时，可以将对应讲解的教材页码在教学软件上标明，给学生课后阅读教材以提示和引导。

3.3.3　信息适量，适度运用

演示型教学软件的信息量应该适中。以幻灯片制作为例，每张幻灯片中文字的数量不宜过多，30~60 字比较合适，对于内容较多的问题或概念，可以拆分成两张。一般认为，每张幻灯片传达 5 个概念效果最好。7 个概念，人脑恰好可以处理，超过 9 个概念，学生的认知负荷就过重了。

幻灯片中的素材和动画的运用要适度。可以根据需要在某些幻灯片中加入声音和图片，如果影响到教学效果，就要谨慎使用了。例如，有些教师在制作幻灯片的时候，喜欢加入一些声效(如打字声、门铃声、敲门声等)，认为这样会让学生觉得比较有趣或者帮助学生提神。但事实并非如此，某些突然出现的声音极有可能扰乱学生的注意力，甚至引起学生的反感，成为课堂中不和谐的音符。所以如果不是为了教学需要的话，大可不必插入一些多余的声效或动画小图片等。

同样，动画效果也是如此。幻灯片不可缺少动画，加入一些动画当然不错，可以使画面更生动一点，但是应谨慎使用。对于画面上展示的要点来说，使用简单的从左至右显示就行了，但移动或漂动动画就显得过于沉闷与缓慢。至于幻灯片之间的过渡，只需要使用 2～3 种类型的过渡特效，不要在所有幻灯片之间添加特效，过多的动画只会不经意间打断学生的思维，分散学生的注意力，也会增加学生认知的负担。

3.3.4　结构清晰，便于操作

演示型教学软件应该具备良好的结构设计，页面与页面之间可以进行适当的链接跳转，呈现辅助内容，但是结构一定要清晰，尽量避免一些不恰当的跳转。跳转太复杂、太乱，嵌套层次太多，容易影响演示效果。另外，教学软件的操作应该简单，教学软件界面上应有简明的操作标识，特别是应有选择演示内容的功能，便于教师在课堂上方便地根据需要对教学软件中的内容进行演示、播放。当授课教师有不正确的操作时，教学软件的演示不应出错或"死机"，不应影响教学软件的正常功能，从而不影响课堂教学顺利进行。

3.3.5　界面友好，画面和谐

美观清晰的画面、适当的动态效果给人以美的享受，可以使演示型教学软件具有亲和力。画面可以简单，但是不能粗糙。不必做得非常精美，但至少不应该影响视觉效果，起码能让人看起来觉得不难看。但是，有一点儿必须注意。不应过多地应用它们，否则也会成为一种课堂干扰因素，分散学生的注意力，产生不好的效果。例如，不恰当地应用与主题无关的装饰图，全程配以无法关闭的背景音乐，运动不停的动态标题等，这些都应避免。

另外，做教学软件的时候应该充分考虑到教学软件应用的环境。有些教学软件在计算机上看得很清晰，但是通过投影机放映出来后，效果却差强人意。这可能跟投影机的效果或者周围光线有关系。所以在制作过程中，应该尽量采用可视性好的画面。要让班级后排的学生也能看清演示内容，教学软件的文字、图形等要做得大一些。如果文字内容一屏显示不完，可以做成几屏。背景与文字应有较强的对比度，应选用对比强烈的色彩，如蓝色与白色。

3.3.6　加强交互，有机结合

　　演示型教学软件的交互功能比较简单，在演示过程中只要按照预先设计的步骤运行就能满足需求。不过还是可以灵活运用，使其更具交互性。这种交互作用是学生通过授课教师的操作间接实现的，常常是与课堂提问的形式相结合，达到反馈教学信息的目的。问答、判断、选择等形式都可以具有交互功能，如果设计得当，还可以有一定的智能化。例如，学生对某问题答错了，计算机会自动演示相关的教学内容等。传统板书教学中，对于逻辑推理性的问题，在由形象向抽象、由感性向理性转换时，有经验的教师总是让学生自己去思考、推理。师生根据一条非常明晰的思路逐渐推进，直至得出结论，最终实现思维能力的培养。多媒体方式下，有些教师的教学软件无法体现循序渐进、步步深入的推理过程，只是罗列出相应的结论，进行线性思维。没有留出时间让学生独立思考，学生只能顺应教师的思维方式做一些简单的应答。这种做法很容易抑制学生的抽象思维能力和想象能力。教师如果掌握了制作技巧，完全可以通过流程的设计，辅助以动画的形式，很好地演示出逻辑推理过程，这样的效果甚至比板书的效果更好。[①]

　　另外，交互性还体现在教师在使用过程中的各种控制交互，如超链接、各种开关等，允许教师以不同的方式选择使用软件。以上说的只是优秀演示教学软件应该满足的一些基本要求，真正要制作出一款优秀的教学软件，还要考虑很多方面的因素。但是，有一点是最主要的，教学软件是为教学服务的，一切都应该从教学实际需要出发。

　　各种教学媒体和教学方法各有其特点。"寸有所长，尺有所短"，教学媒体的采用也要根据教学内容及教学目标来选择。不同的教学内容及教学目标可选择不同的教学媒体，将不同的教学媒体有机结合，优势互补。根据教学内容及教学目标，选用恰当的表现媒体和方式并将其进行有机结合，会收到事半功倍的教学效果。

3.4
演示型教学软件的设计要点

　　目前演示型教学软件常见的制作工具有 PPT、Prezi、Authorware、Flash、几何画

---

　　① 花双莲、花召兴：《多媒体课件制作与教学的"五忌"与"五要"》，载《考试周刊》，2008(3)。

板等。在国内的学校课堂教学中，PPT 的使用范围最广，几何画板的应用潜力也很大。以 PPT 制作为例，具体介绍一些演示型教学软件制作的设计要点和技巧。

3.4.1 作品的总体设计

在教学软件制作之前，应该先分析教学对象和教学内容。注意对学生特征的分析，包括分析学生的初始能力、心理发展、年龄特征、学习风格。不同的对象有不同的需求和学习风格。例如，低年级的学生可能更需要图片、动画来吸引他们，而高年级的学生可能更关注内容结构方面。另外，还必须注意对教学内容的分析，不同的教学内容也有不同的呈现方式和重难点。不同学科、同一学科的不同章节，甚至同一学科的同一章节的不同知识点，教学内容的组织和呈现方式肯定会有所不同。例如，语文的朗诵课，可以放点音乐、影像来形成感性认识，但如果数学课也采取这种方式，就不是很合适了。

根据教学对象和教学内容的不同，先进行总体设计，包括确定风格、合理选择和组织教学内容以及采取恰当的信息呈现方式。

1. 软件内容结构设计

演示性教学软件的一般结构包括以下几点。

(1)封面。运行课件时出现的第一幅页面，一般呈现了制作单位的名称或课件的总名称。

(2)目录。内容的纲要提示，就像一本书的目录，供学习者选择学习内容之用。

(3)内容。这是演示内容的主要页面部分，呈现教学内容。

(4)说明(帮助)。为了帮助使用者使用课件，课件中应该设计一些提供如何使用课件的帮助信息的页面。

(5)封底。一般是致谢或是制作课件的人员名单信息。

其中主体内容的组织结构大致有[1]：

①线性结构。学生顺序地接受学习内容，就如 PPT 默认的设计方法(图 3-4-1)。

图 3-4-1　线性结构

②分支结构。学生沿着一个树状分支展开学习活动，该分支按教学内容的章节分

---

[1] 崔阳华：《PPT 课件设计的框架式构思》，载《中国教育信息化》，2007(6)。

180

布如图 3-4-2 所示。

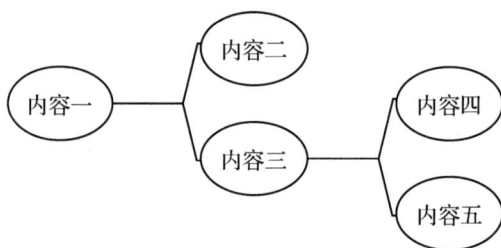

图 3-4-2　分支结构

③网状结构。可在内容单元(模块)间自由选择，没有预置路径的约束(图 3-4-3)。

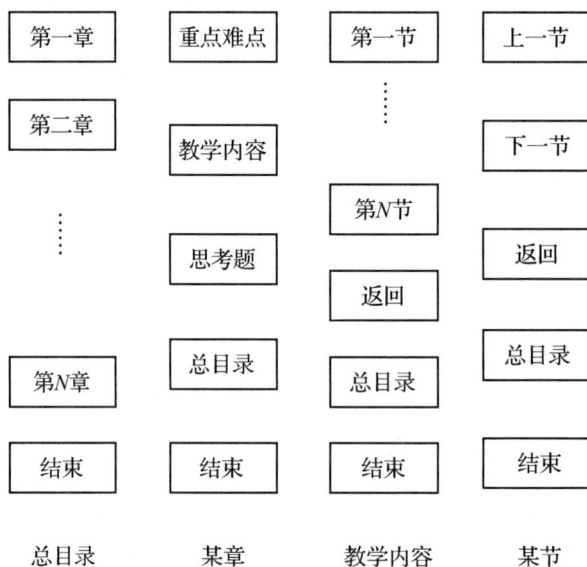

图 3-4-3　网状结构

可以根据教学内容来选择不同的教学软件结构。线性结构可能不需要设计导航，而后两种结构则需设计清晰的导航。演示型教学软件常用前两种结构，网状结构更适合个别指导型教学软件。导航一方面是为了教师讲解方便，另一方面是为了让学生对教师所讲的内容有一个清晰的结构认识。有些教师设计的导航纷繁复杂，一会儿跳到这个页面，一会儿跳到那个页面，这样反而使学生更加迷糊，也会影响到讲解者自己的思维。因而导航设计应该清晰明了，而且能够很方便地返回。可以利用热键或者热区来添加链接。导航设计比较容易操作，以下列举两个导航设计得较为成功的例子：导航设计简洁、清晰、明了，可以让观看者一下子了解要表达的内容；链接设计也比较合理，能够让使用者马上就能知道如何跳转，即使跳转错误，也能很快地返回(图 3-4-4 至图 3-4-6)。

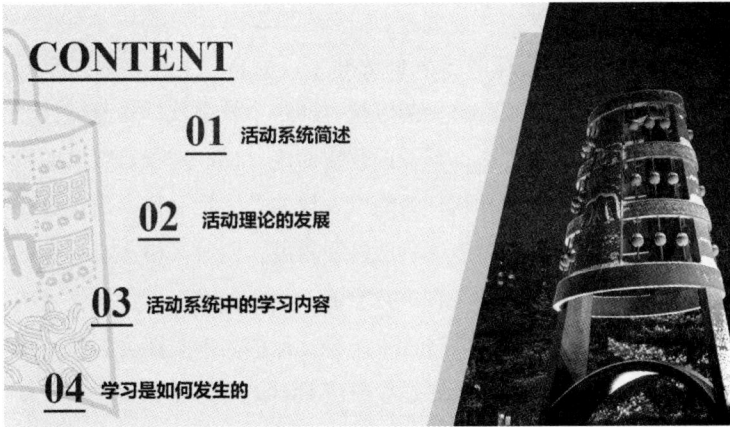

图 3-4-4　目录导航一

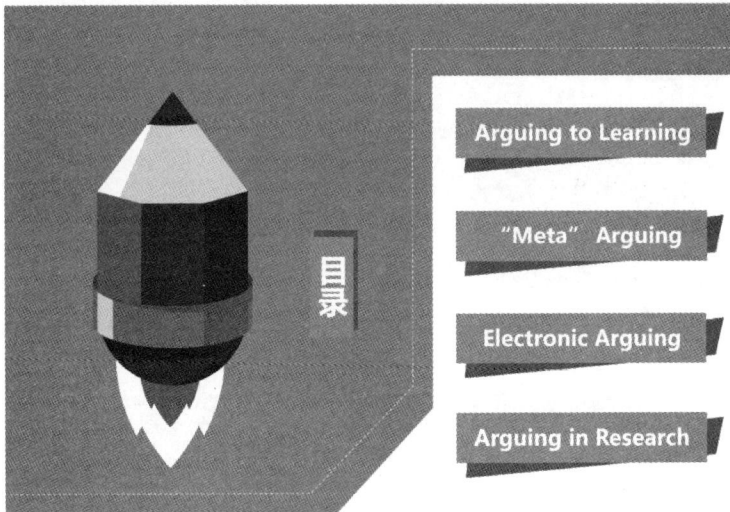

图 3-4-5　目录导航二

图 3-4-6　单击右下角"返回"按钮回到目录

2. 整体风格创意设计

教学软件的整体形象，包括该教学软件的标志、色彩、字体、版面布局、文字、语气等，通俗地讲就是要给读者一个综合感受的定位，即这个教学软件是专业性较强的、比较严肃庄重的，还是活泼生动的，这要根据课程的性质而定，但一定要有自己的风格。风格是独特的，是该教学软件不同于其他教学软件的地方。风格是一种品位，通过这种品位，可以让学生感受到该课程的重要性，增添对该课程的喜爱程度。同时风格是有人性的，通过教学软件的外表、内容、文字，你和你的学生在进行交流。优良的教学软件风格会增加学生的亲和感，并给学生以美感，使学生在学习的过程中不自觉地提高审美能力，从而提升教学软件的价值。^① 如图 3-4-7 至图 3-4-9 所示的就是 3 种不同风格的 PPT。

图 3-4-7　天文

图 3-4-8　服装学

图 3-4-9　人工智能

3. 整体色彩设计

在演示型多媒体教学软件的设计中必须考虑色彩的运用，它直接影响学生的视觉

---

① 崔阳华：《PPT 课件设计的框架式构思》，载《中国教育信息化》，2007(6)。

心理，同时也关系到能否准确表达主题内容以及如何体现形式美感。色彩运用得好，可以使教学软件产生更强的感染力和更高的艺术性。

颜色可分为冷色（如蓝和绿）和暖色（如橙或红）两类。在进行幻灯片配色设计时，一般的原则是：背景色用冷色，前景色用暖色，如蓝色背景＋黄色文字。

幻灯片的配色方案要根据使用的环境进行选择。如果在暗室（如大厅）中进行演示，使用深色背景（深蓝、灰等）再配上白或浅色文字可取得不错的效果。但如果现场需要把灯打开，那么白色背景配上深色文字处理会得到更好的效果。在灯光明亮的房间内，用深色背景配浅色文字效果不佳，但浅色背景配深色文字会更好地维持视觉效果。[①] 背景颜色不宜使用过分鲜明的色彩，如大红等。过分鲜明的色彩会对受众的视觉会产生较大的刺激，难以使人产生愉悦的感觉。

背景与文字、图表（内容）的色彩对比要明显。不合理的搭配首先是导致文字不清晰，让人看不清楚，其次是让人看了不舒服。另外，显示器和投影仪的显示效果可能会有差别，投影仪放映出来的效果可能会失真，甚至看不清楚，这点儿也是特别要注意的。

每个画面的颜色不宜过多，一张幻灯片中的色彩一般不要超过 3 个色系，以免分散学生学习的注意力。

不同屏之间背景的变换不要特别频繁，背景色彩的变化不要大幅度跳跃，否则会潜在地增加眼睛的疲劳程度。如图 3-4-10 所示，一个 PPT 中，出现了 3 种不同的背景，频繁变化，容易造成视觉疲劳，而且背景颜色较深，会引起观看者的不愉悦感。

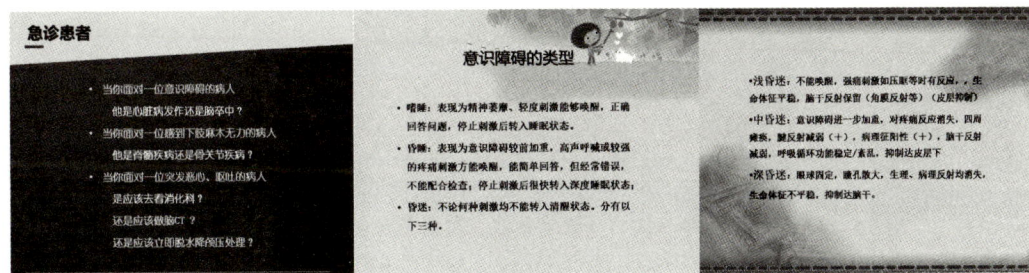

图 3-4-10　背景变换太频繁

3.4.2　素材设计与选择

哪些知识点用文字表现，哪些用图片表现，哪些用动画表现，这些需要进行仔细分析。例如，化学中的"化学键"，内容抽象，对于刚接触这方面知识的学生来说，缺乏相应的感性认识，单靠教师口头讲解，学生难以想象，图片也显得不够直观，若采

---

① 牛合利：《如何制作引人注目的 PPT 幻灯片》，载《科技资讯》，2007(32)。

用动画来展现，展示其三维演变过程，则可以大大地提高教学的直观性，便于学生理解和记忆。如果不是重难点，就没必要这么大费周折地找视频、动画，只要用一般的文字或者图片描述就可以了。另外，在制作教学软件的时候，可以先把平时收集到的和教学内容相关的素材放到教学软件中，然后再把重复和相关性不大的素材去除，这样操作性可能更强一点。

1. 文字

PPT 上的文字要精练简洁、提纲挈领，不要在 PPT 上简单罗列文字和堆砌文字，避免 PPT 的 Word 化。PPT 作为展示工具，强调丰富的视觉表达方式，包括图形、色彩、动画和空间布局等。同时，PPT 在展示时一般会配合用户的讲解，因此应突出关键信息，而非堆积信息。如图 3-4-11 所示的 PPT，主要问题就是文字太多，完全把 PPT 当成黑板，同时文字与 PPT 背景对比不明显。图 3-4-12 为修改之后的 PPT 页面，提炼出大纲，显得简明扼要。

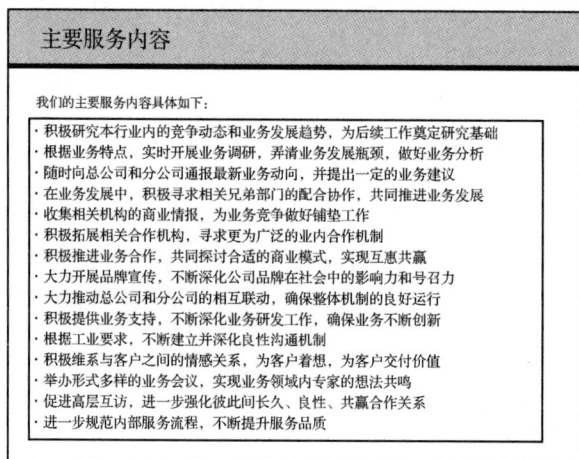

图 3-4-11　文字太多，对比不明显

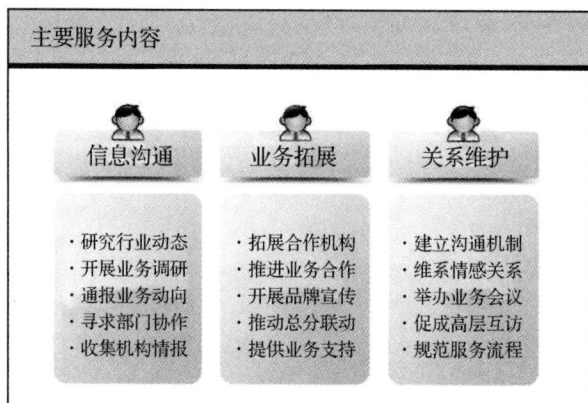

图 3-4-12　修改后的样式

实践经验表明，同一层次的文字一般要尽可能地使用相同的字体和字号，不同层次的文字则使用不同字号，同一张幻灯片中的字体式样不应太多。文本和背景颜色对比要有一定的反差，如果相近的话，通过投影屏幕放映出来的效果就不会很理想。

2. 图形和图像

图形和图像是 PPT 设计、制作中最需要关注的一类媒体。教学中需要展示的图形和图像通常有 3 类。

(1)表示事物间关系的图形。用图形来表示事物间的关系，可充分调动学生的形象思维能力，使之与抽象思维相结合，比用文字说明更加直观，更容易理解和记忆。图形通常需要教师自己绘制，要以对事物间关系的正确理解为基础，也要有创新，是教师知识积累和创造性劳动的凝结(图 3-4-13 至图 3-4-15)。

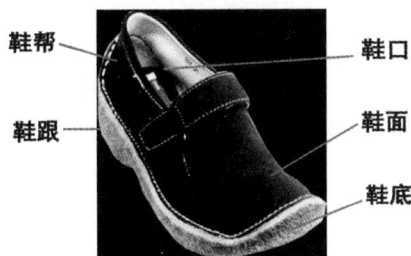

图 3-4-13　用图片形象说明

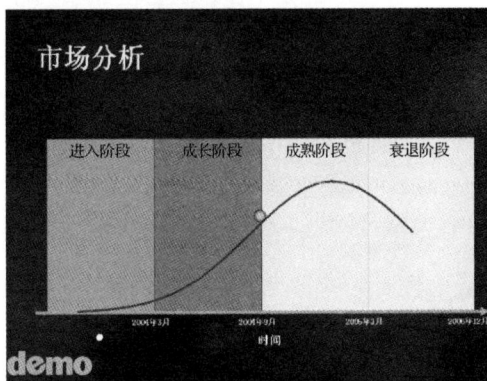

图 3-4-14　用图表形象说明

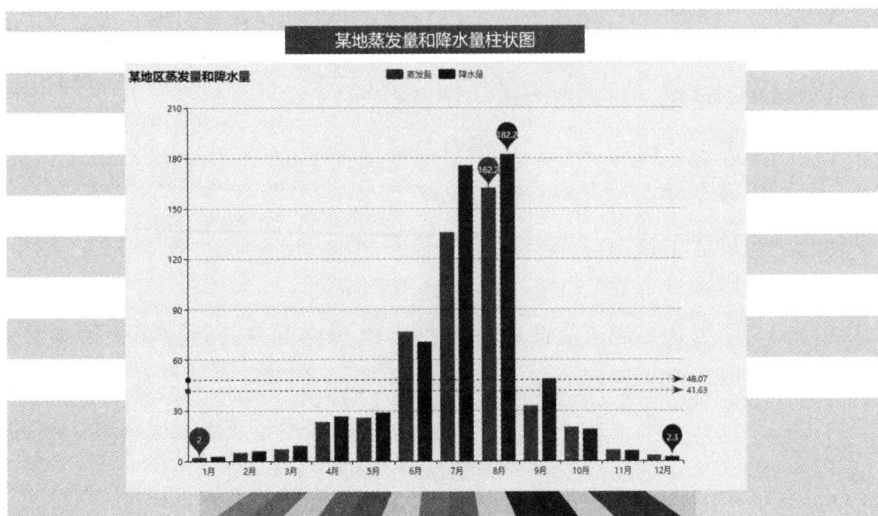

图 3-4-15　用柱状图形象说明

(2)表示单一事物的图片。比如,与所讲事物密切相关的实物、人物肖像、场景和地理景观等。此类图片可以通过网络获得,也需要教师自己拍摄积累。如图 3-4-16 所示,在某堂手工课中,教师可以认真分析本节知识并结合学生的动手情况,用数码相机拍下不同小组学生的操作过程并整合到教学软件中,当学生看到屏幕上自己的形象时,不仅能调动课堂气氛,还可以让学生产生自豪感。

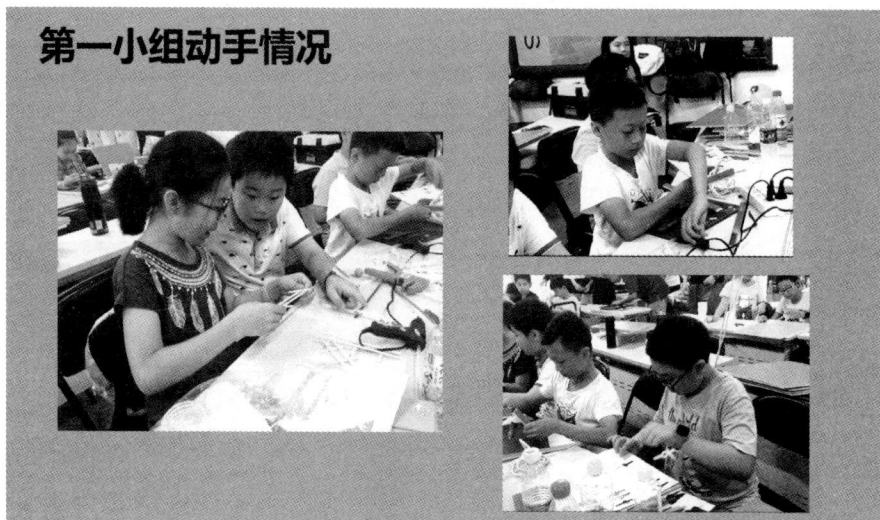

图 3-4-16　手工课

(3)用于装饰的图形和图像。在过于简单呆板的幻灯片上插入一些按钮、几何图形、人像、建筑物、场景、自然风景和抽象画等装饰性图片,可以改善视觉效果。如图 3-4-17 所示,加入一些装饰性的图片,整个画面就显得生动活泼。此类图片不一定要有什么特定含义,不一定要与所讲内容相关,但也要谨慎选择,避免与所讲内容在视觉和内涵上产生冲突。①

如果在一张幻灯片中插入过多与教学内容不相关的图片,使学生只顾看新奇而忘记所要表现的实质问题,分散注意力,不但达不到应有的效果,反而由于内容安排过多过杂,造成学生视觉上的不适应,使学生产生烦躁心理。图 3-4-18 是政治课的教学软件,装饰性的图片太多,喧宾夺主,反而使得主题不明显,学生的注意力大部分都被这些图片吸引了。

图 3-4-17　装饰性图片

---

① 王永亮:《PPT 教学的三个问题及解决思路》,载《山西财经大学学报(高等教育版)》,2007(3)。

图 3-4-18　与教学内容不相关的图片太多

　　与文字相比，图形和图像可以让学生获得更直观的感受。PPT 自带了多种剪贴画，要谨慎地使用它们，最好不要经常使用，经常使用易造成审美疲劳。

　　值得注意的是，一些教学软件往往存在一个缺点，就是插入的图片模糊不清，有时候甚至要花费很大的力气才能看清楚图片的内容。究其原因就是所插入的图片太小了，以至于拉伸之后就变得异常模糊，直接影响了视觉效果。可以用数码相机拍摄高质量的相片，或使用网络上的大量优质图像资源。不要将小尺寸、低分辨率的图片简单地拉伸，使它适合幻灯片的布局——这样做只会进一步降低图片的分辨率。图 3-4-19 就是因为图片拉伸过多以致模糊不清，与其这样，还不如不用这张图片。相反，如果能找到分辨率更高的图片(图 3-4-20)，效果就会好很多。

图 3-4-19　拉伸后不清晰

惠崇春江晚景

（宋）苏轼

竹外桃花三两枝，
春江水暖鸭先知。
蒌蒿满地芦芽短，
正是河豚欲上时。

图 3-4-20　未拉伸的清晰图片

3．动画

在教学中，合理利用动画能够发挥以下 3 个方面的作用。

（1）引导教学进程，激发学生思维。

教学内容有主有次，有先有后，利用动画可以合理地设置内容的呈现次序，使之和教师的讲解同步，有利于调动学生的思维。

（2）动态布局图片，增强显示效果。

同一张幻灯片上图片与文字、图片与图片相互重叠时，需要将已经应用完的图片通过动画在合适的时间退出，从而不影响其他内容的展示。如图 3-4-21 所示，有一些图片重叠在一起，可以利用动画效果的功能为这些图片设置显示和隐藏的效果，最后效果如图 3-4-22 所示，当单击某一个热区的时候，就会出现其中某张图片，效果如图 3-4-23 所示。

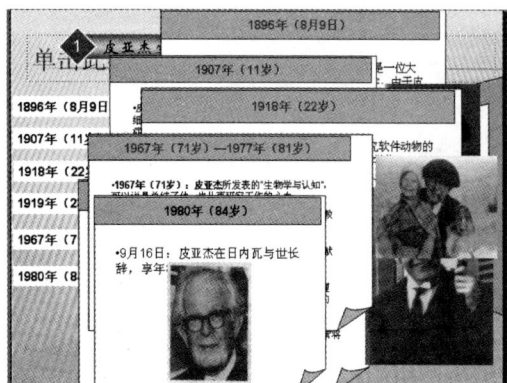

图 3-4-21　重叠的图片

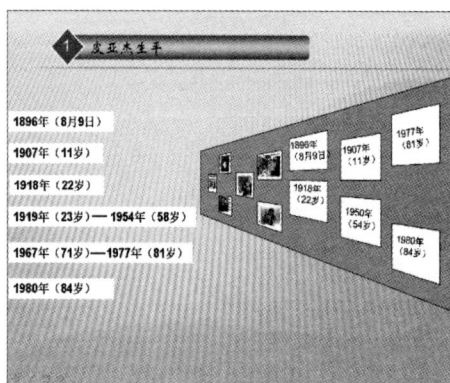

图 3-4-22　处理之后

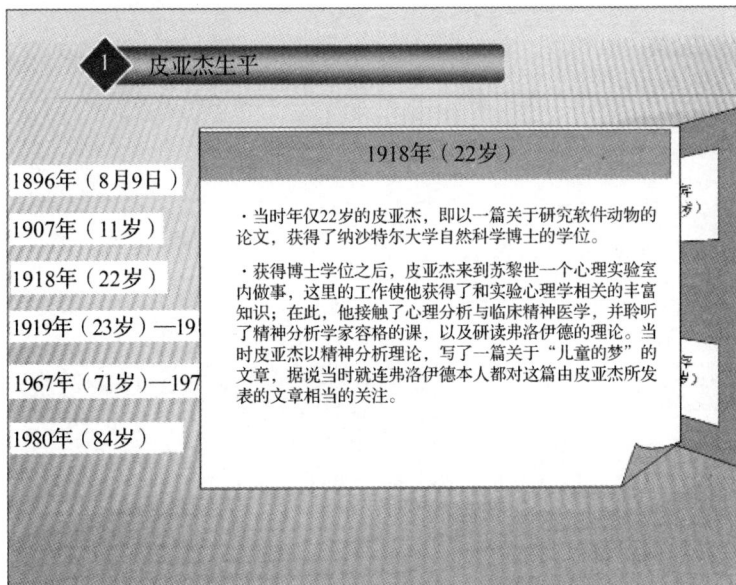

图 3-4-23　点击某一热区，出现图片

（3）强调重难点，吸引学生注意。

教学的重点、难点和需要学生特别注意的内容，都可以通过动画的"强调"来吸引学生的注意力。当然，动画要有秩序感，动画类型不能太多，否则就会有杂乱无章、哗众取宠的感觉。

使用动画效果可以增加内容的显示效果，可以让教学软件显得更具交互性。PPT提供了多种动画效果，如果应用得当，也可以制作出像 Flash 一样的效果，当然需要花很多的工夫。通常只要运用一些普通效果就可以使 PPT 增色不少。应该适度使用动画，使用太多、太繁，效果反而会不好。

动画呈现时间的长短也是值得关注的问题。有些教师在 PPT 中加入动画效果，但是没有考虑到动画呈现的速度，以至于运行的时间太长，影响了教学进程。如图 3-4-24所示，就是一个动画呈现时间太长的例子，从第一张幻灯片到第四张幻灯片，动画效果显得冗余、拖沓。

动画效果多种多样，可根据不同的需要进行选择。如果文本部分是按第一层为主要讲解分段，那么可选择按照第一层段落分组方式来进行自定义动画；如果文本部分的讲解分段主要是以第二层来进行的，应选择按照第二层段落分组方式来进行自定义动画，也可把某些关键文字设成动画。至于动画出现的方式及声音，也应根据内容来进行选择，但声音一般不应过多采用。如果采用过多的效果音响，容易分散学生的注意力。动画插放后的文本颜色一般可选择较暗于原本的颜色，以提示学生上一部分已

图 3-4-24　动画效果太长

讲授完毕，其注意力应放在其后出现的文本。但其颜色也不应过暗，因为在上课过程中往往还会用到刚刚讲授的内容，以示比较。如图 3-4-25 所示的两张幻灯片，就是很好的例子。

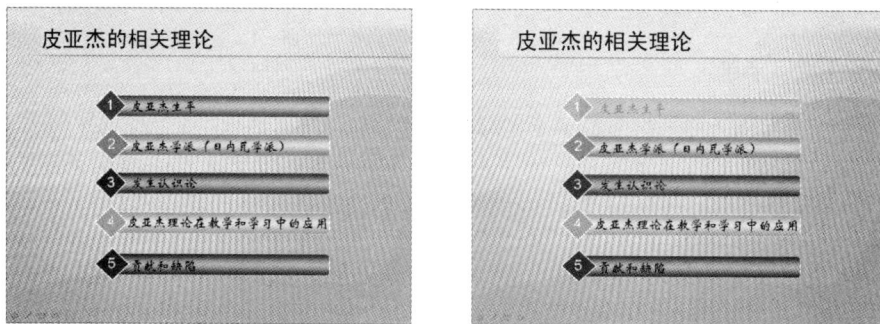

图 3-4-25　信息呈现完之后变暗

4. 声音和影像

选取和播放合适的影像资料不仅可以丰富教学内容，而且可以调节课堂气氛，有益于增强教学效果。PPT 自带的声音类型非常有限，应谨慎使用。教师自己收集的与讲课内容相关或不冲突的音乐可以适当利用。素材的使用要符合教学的需要，很多老师喜欢在教学软件中加入一些声音，如爆破声、打字声（可能是 Windows 自带的声音，也可能是自己录制的）。在某些场合，这类声音是恰当的。例如，上《春天》这节语文课的时候，配上符合主题的背景音乐，教师可以伴随着背景音乐进行朗诵，这样效果就非常好。物理课上演示物体碰撞，加入类似爆破的声音，会使得演示更生动、具体。但是在大部分场合，和教学内容无关声音的出现（如刹车声）导致的是学生注意力的分散，听觉的不舒适感，甚至招致学生反感。所以在教学软件中使用的声音必须和教学相关。

还可以利用在教学软件中插入影像来丰富自己的教学内容，加深学生对知识的印象或向学生传达一些不易用语言表达的信息。同样所插入的影像必须和教学内容相关，当然也应该选择恰当的内容和时机。网上有很多丰富的影像资源。例如，初中生物"光合作用"这节课的教学资源就非常丰富，有现成的教学软件，有动画，有视频。如果没有条件让学生自己动手进行植物光合作用探究实验的话，就可以从网上下载有关光合作用探究实验的视频材料，使学生在观看教学软件的同时，也能体验科学家是如何通过实验来研究光合作用的，使这个教学软件很好地为教学服务。

另外，比如说在讲《白鹅》（丰子恺著）一文时，需要让学生了解什么是"鹅蹀步"，因为很多在城市里长大的学生很少能在现实中看到活的鹅，用图片和文字都不容易表达这种信息，那可以放一段有关"鹅"的视频，让学生对"鹅蹀步"有直观的认识，这样就能达到非常好的效果。而且插入影像的时候应该事先对影像进行分割，把需要的内容挑出来，可以避免无关信息干扰（图 3-4-26）。

图 3-4-26　合理插入影像

　　本章内容主要是以 PPT 的制作为例，对于其他演示型教学软件的制作工具来说，这些注意事项和基本原则都是共通的。上述内容只是优秀教学软件应该满足的一些基本要求，真正要制作一个优秀的教学软件，还要考虑很多因素，需要发挥我们的聪明才智。有一点是最主要的，教学软件是为了教学服务的，一切都应该从教学实际需要出发。

第 4 章

个别指导型教学软件设计

章结构图

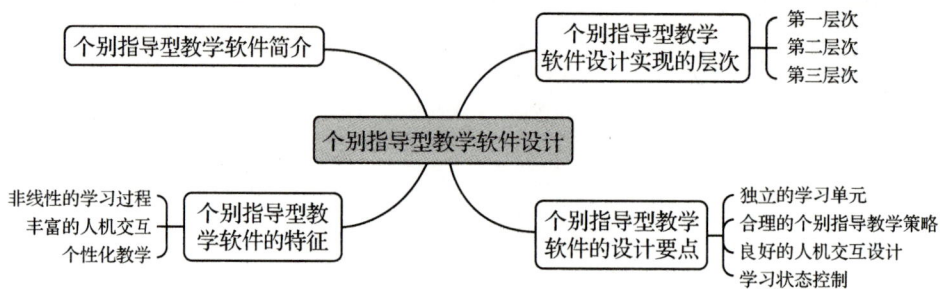

个别指导型教学软件源于程序化教学模式的思路，是计算机辅助教学中使用比较广泛且有针对性的一种教学软件。

4.1
个别指导型教学软件简介

在介绍个别指导型教学软件之前，先介绍一下与个别指导型教学软件密切相关的一个概念——个性化教学。可以说，个别指导型教学软件就是在个性化教学基础上发展而来的一类现代化的学习工具。

什么是个性化教学

学校的教学是以班级为最小教学单位的，在普及教育的过程中，很难对每一位学生进行有针对性的教学，一刀切式的课堂教学模式越来越不能满足信息化社会发展过程中学生对知识的渴求。

为了弥补一般性教学的不足，在这些教学活动之外，很多老师也会针对不同学生的学习情况和个性特点，对学生进行有针对性的单独辅导，这就是我们常说的个性化教学，也称为个别指导教学，如图 4-1-1 所示。

图 4-1-1　个性化教学

个性化教学尊重学生的个性化学习，根据每个学生的个性、特长、兴趣、爱好进行因材施教，激发学生自主学习的兴趣，达到更好的教学效果，培养出社会真正需要的人才。个性化教学模式是"一对一"的教学，即一位老师对一位学生进行辅导。即使在教育普及化的今天，由于我国优质教育资源短缺，在课堂教学活动中实现对每一位学生的个性化教学难度仍然非常大。随着在线教育的兴起，在线一对一辅导成为可能，在一定程度上实现了个性化教学。

个别指导也称为个别辅导，是信息化教学中比较经典的一种教学模式。在这种教学模式中，学生是教学过程的主体和支配者，其对整个学习过程进行控制，这是这种教学方式最主要的特点。个别指导型教学软件就是指利用计算机系统模拟个别指导教学的整个过程，教学软件与学生之间是一对一的关系，在学习过程中由学生自主控制学习过程，决定每一步学习内容的一类教学软件。

通过使用个别指导型教学软件，可以在信息化的教学环境中实现一种非常理想的教学状态，即每一位学生在一位老师的单独指导下进行学习活动。个别指导型教学软件在教学活动中扮演电子家教的角色，且由于利用多媒体技术可以将知识的传授过程变得图文并茂、声色俱全，甚至可以在计算机搭建的虚拟环境中完成传统方式难以实现的教学内容，因此可以使教学过程更加引人入胜。通过引入个别指导策略可以使学生在学习过程中了解到自身学习的薄弱环节，并根据自身对知识掌握的水平决定学习的进程。在个别指导型教学软件的评测环节，并不要求学生百分之百正确地对系统提出的所有问题进行回答，更多的是希望学生在对与错的不断练习过程中，了解自身的掌握情况。当出现错误时，学生能在教学软件提供的反馈信息的帮助下，了解错误的原因，并加深对正确知识的理解。单纯的评测练习会使学生很快地感到枯燥，因此还可以引入竞争和激励机制，如学生与计算机间的竞争、不同学生间的竞争等，进一步激发学生的学习动机。在计算机这个不知疲惫的"老师"的督促下，即使没有教师面授参与，学生依旧能很好地完成学习内容，有较高的学习质量。

4.2
个别指导型教学软件的特征

4.2.1　非线性的学习过程

个别指导型教学软件是以个性化教学为基础的，因此这类软件的一个最显著的特征就是学习过程的非线性化。在学习过程中，学习路径不是固定不变的，学生可以充分选择所要学习的内容，对整个学习过程有充分的控制权，其中包括两方面的含义。

一方面，学生可以灵活选择学习的内容，学习过程不是一个线性序列，而是可以在软件导航界面的帮助下在不同的学习单元间跳转，甚至对同一知识点可以反复学习。这里所说的导航界面与传统意义上的教学软件中提供的导航界面并不相同。在传统的教学软件中，所谓导航通常只是章节的选取，各章节之间通常是一个线性序列，这样的导航界面无法实现个别指导。在个别指导型教学软件中，通常不再按照章节的方式进行学习单元的划分，更多的是从学生的视角对学习单元进行划分，如音乐赏析的教学软件，就可以划分为"历史介绍""大师生平""世界名曲"等多个学习单元，学生在学习过程中可以结合自身的兴趣和学习情况进行学习单元的选取。

另一方面，可以在个别指导型教学软件中添加个别指导策略来控制学习的进程，而个别指导策略的决策依据同样是由与学生间的互动操作决定的。添加个别指导策略的目的是教学软件可以根据学生对学习内容的掌握情况给予学习路径的推荐，并自动进行学习的跳转。这一过程的主体同样是学生，个别指导策略只是按照预先设计好的算法辅助学习过程的继续。

4.2.2　丰富的人机交互

随着语音、手势和情绪识别技术的发展，各种新颖多样的交互模式相继出现，人机交互的方式也相应变得更加丰富和高效。人机交互的形式从传统的借助键盘、鼠标、打印机、显示器等输入输出设备向直接的触碰、手势以及语音交互演变。这使得教学软件中运用丰富的人机交互成为可能。个别指导型教学软件是以学生为主导，因此在设计该类教学软件时就要有大量的人机交互信息来引导学生学习。一方面，这些交互信息对学生的学习过程可以起到正确的引导作用，使学生可以快速、正确地使用软件。另一方面，学生在使用这类教学软件时还要了解自身对知识点掌握的情况，因此个别指导型教学软件中通常会添加各种测试题目，并将学生的答题结果反馈给学生。这种交互性的反馈可以更好地指导学生的学习过程，无论是对了解当前知识点的掌握情况，还是对下一步的学习方向，都有很重要的指导意义。

4.2.3　个性化教学

个性化教学是个别指导型教学软件的另一个特征。不同的人有不同的学习风格，在学习同一个内容时会有不同的视角或者喜好。例如，有的人喜欢接受类似文字叙述这样的教学方式，而有的人更喜欢如图像、声音这类形象的教学方式，因此在个别指导型教学软件中通常会提供多种知识的表现形式以满足个性化教学。在个性化教学活动中，每一位学生的学习过程和学习路径都不相同，系统会根据学生的现有学习状态和知识掌握情况推荐不同种类、不同难度的学习资源，并在阶段性学习结束后提供个性化的学习反馈，显示学习时长、完成情况、学习表现等数据，指明下个阶段建议学习的内容。

4.3
个别指导型教学软件的设计要点

尽管个别指导型教学软件有着诸多优点，能够实现较好的教学效果，但这类软件的设计难度比较大，尤其是学习过程控制在现阶段并没有一个很好的标准或者规范，因此在设计过程中更多的是需要开发人员结合技术和自身的经验进行。

个别指导型教学软件设计流程如图 4-3-1 所示，其核心内容就是通过一定的个别指导策略来决定知识学习的方向。通过在学习过程中建立个别指导策略，通常就是进行评测练习，根据评测的结果由系统自动给出相应的指导意见，以决定不同学生的学习过程。例如，指出学习中存在的不足之处，或者是转到相应的知识点重新学习。当学生通过了评测练习时，就可以跳转到新的知识点继续学习。

图 4-3-1　个别指导型教学软件设计流程

4.3.1　独立的学习单元

学习单元的划分是建立知识导航的基础，也是教学软件设计过程中非常重要的一个部分。个别指导型教学软件的特征表明，学习过程是非线性的，这就要求教学软件中的各学习单元间应该保持一定的独立性。如果无法达成这一点，即学习单元间存在明显的先后学习次序，就将会导致学习路径的单一，难以体现出个别指导型教学软件的特色。当然，学习单元的独立是相对的，并不是指各学习单元间都毫无联系。保持学习单元独立性的主要目的是增加学习路径的可选择性，把握好该原则是软件设计的前提条件。

在构建符合个别指导要求的学习单元时，可以将教学内容的难度、表现形式等作为划分的依据，使得各学习单元在学习过程中不要有过于明显的先后次序。而要实现这一点，就要求对课程的知识点和教学内容有一个清晰准确的划分，同时结合课程的实际情况构建最为有效的学习单元。实际的学习中，学生可以自定步调，根据自己的特点自定学习进度和速度。

4.3.2　合理的个别指导教学策略

在个别指导型教学软件中添加个别指导策略，可以更好地帮助学生选择学习过程，而不至于迷失方向。个别指导策略通常以知识点为基础，以一系列问答或者测试题目的结果为依据，经过个别指导策略算法的计算来对学习过程进行控制。

常见的个别指导策略可以由一系列测试题目组成，一般选择易于量化的客观题以便于计算机处理，如选择题、判断题、连线题等，使得题目的自动判定更加简单和准确。在学生回答之后，根据学生对测试题回答的结果及时给出相应的反馈，以进行强化。例如，指出学生存在的错误并进行纠正，或者提示学生应该重新学习相应的知识点。

如果个别指导策略完全由计算机进行判定，在教学软件的使用过程中会出现学生"卡"在某处知识点无法前进，或者是难以用简单的测试来准确判定知识掌握程度的情况。在这种情况下，可以在计算机控制学生学习进度的同时，给予学生一定的学习自主权。例如，在知识点的学习过程中，可以选择类似于问答题或者是论述题这类非客观题，在学生回答结束后给出参考答案，然后让学生决定下一步的学习进程。当然，也可以让学生与教师直接进行交流，由教师直接给出指导意见或者后续的学习内容。

4.3.3　良好的人机交互设计

使用个别指导型教学软件进行学习时，一般不需要教师的辅导，而是完全由学生决定学习的进度和方向。为了避免出现教学软件过于复杂而导致学生使用过程出现困难的情况，个别指导型教学软件通常都要提供便于使用的帮助系统，尤其是在学生刚开始接触这类软件时，适当的指引是非常有必要的。

4.3.4　学习状态控制

在个别指导型教学软件的设计及开发过程中，很重要的一点是如何利用计算机软件实现对不同学生状态的区分以及对下一步学习内容的判断。通常，个别指导型教学软件是按照图 4-3-2 所示的过程来实现的。

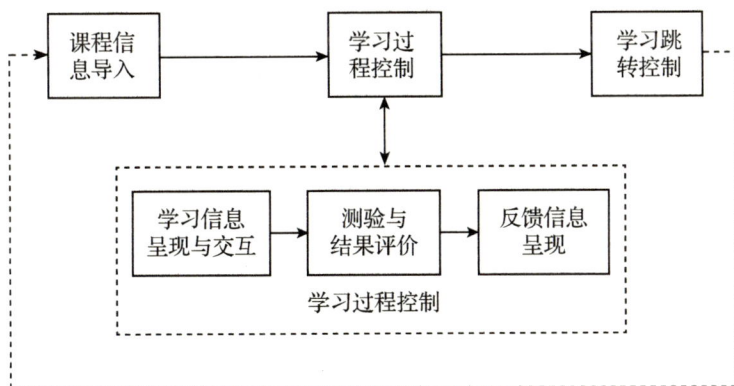

图 4-3-2　个别指导型教学软件流程

从图 4-3-2 中可以看出，个别指导型教学软件的实现由多个部分组成。

1. 课程信息导入

通常在个别指导型教学软件中，设计人员会将整个课程划分为多个部分，每一部分以知识点或者知识单元的形式出现。在学生进行学习前，这一知识单元所涉及的数据应该被预先导入到系统中。同时，这也是学生最先接触到的界面，因此也会包含如学习目标、学习方式以及如何进行操作等提示信息。

2. 学习过程控制

学习过程控制是学生进行学习活动的主体，一般学生会根据计算机呈现的界面来浏览学习内容并与学习内容交互。而在个别指导型教学软件中，学习不一定是线性的，学生也不一定必须从头学起，因此可以通过导航条或者导航按钮等形式，使得学习者对学习过程进行控制，甚至可以直接退出。

在个别指导型教学软件中，学生的学习过程是多变的，一般在知识学习结束之后，都要进入知识评测阶段，通常由教学软件提出与当前学习内容相关的问题让学生解答，并及时将学生的回答情况进行反馈，以便使学生了解其对知识的掌握情况，同时也可以进一步激发学习的兴趣。其基本的实现过程是：计算机呈现知识点的学习→对学生进行知识点的测试→由学生进行回答，并给出测试的结果→根据测试结果，由计算机判别(或人为控制)下一步的学习内容，具体过程如图 4-3-3 所示。

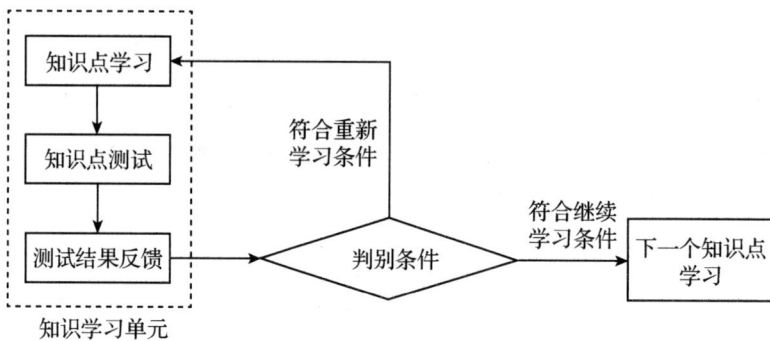

图 4-3-3 个别指导型教学软件实现过程

整个学习过程控制既可以是线性的过程，也可以是跳转的过程，甚至可以是一个不断循环的过程。

3. 学习跳转控制

每当一个学习单元结束后，教学软件能够进一步总结学生的学习情况，在退出当前学习单元的同时，依据一定的判定策略决定下一步课程信息导入的内容。

有时系统很难自动给出指导意见，即使预先经过了构思缜密的设计同样难以针对所有出现的情况给出准确的策略安排，这时还可以将系统自动给出的指导策略替换成师生间的互动交流，即教师通过一定的反馈收集机制了解学生在教学软件中存在的学习问题，并有针对性地给出指导意见，以加强该类教学软件的灵活性。

案例：急救常识[①]

这个课件主要是向学生普及一些简单的急救常识，分为急救之家、公园、急救实习、知识库 4 个板块。学生可以联系家庭生活、室外活动中可能遇到的情况进行学习，然后把学到的知识运用到"急救实习"中，检测自己的学习效果。

比如，在这个急救之家的饭厅模块中，软件设计了很多教学及检测模块。比如，单击鱼时，系统就给你呈现问题：吃鱼被鱼刺卡住喉咙该如何处理？并呈现检测，当用户提交检测时，系统根据预定的辅导策略，给用户呈现教学辅导，学习过程如图 4-3-4 所示。学习完毕后，再由系统跳转到其他知识点继续学习。

图 4-3-4　急救常识教学软件界面

---

① 第六届全国多媒体课件大赛北京市海淀区永泰小学作品，作者陈琪。
② 如遇案例中的情况，请遵医嘱。本课件只作教学使用。

4.4
个别指导型教学软件设计实现的层次

鉴于个别指导型教学软件在实际开发时难度较大，因此可以将该类软件分为 3 个层次，软件的开发设计人员可以结合教学内容等因素选择在不同层次上进行开发，以适用不同程度的学生使用。

4.4.1　第一层次

第一层次一般基于良好的导航界面进行开发，同时将所有的教学内容、附带资料等数据一并提供给学生，由学生结合自身情况选择学习的进程。在这一层次中，实际上并没有引入真正意义上的个别指导策略，而是主要以知识模块的建构和学习导航的设计为主。现有的大多数教学软件都可以达到这一层次。

4.4.2　第二层次

第二层次一般基于网络的交互式应用，利用近年来兴起的 Java 技术、ASP 技术、H5 技术等，将教学内容嵌入网页中，这样既可被主流的网页浏览器所支持，同时还可以满足教学软件跨平台运行的需要。良好的软件兼容性对于个别指导型教学软件的开发有着非常重要的意义。在这一层次教学软件的开发过程中，要注重充分挖掘多媒体和网络技术的潜力，通过使用声音、图片、视频等多媒体内容更好地将学生吸引到教学软件的学习环境中，同时在学生学习过程中同步引入个别指导策略，使每一位学生都可以在个性化的教学过程中充满学习兴趣，并针对自己学习的薄弱环节重点加强。

4.4.3　第三层次

第三层次则是在第二层次的基础上增加网络协作学习的功能，使得学生可以在自主学习的同时，与教师间进行充分的互动。例如，老师可以查看学生学习的状态，控制学生的学习进度，同时学生和老师间可以通过网络环境进行交互式的沟通，进一步提高教学质量。这一层次的网络教学软件可以理解为向学生提供了一个不知疲惫的虚拟化"家教"，一方面可以利用计算机技术协助学生的学习过程，通过智能导师系统模拟"家教"的行为，允许学生与计算机进行双向对话，了解学生的学习风格，同时老师会在适当的时机介入学生的学习过程，给予学生以更加完善的指导，真正实现依托网络教学软件的个别指导化教学。网络协作的学习模式是教学软件将来进一步发展的必然趋势。除了学生和教师之间的交互，也可以设计学生之间的协作。

很多教学软件通常还是以章节的形式进行教学内容的划分，在章节之下还可以进一步划分为多个学习单元。而个别指导型教学软件强调的是学习的自主性，因此在这类教学软件中并不适合以简单的章节方式进行教学内容的划分。如图 4-4-1 所示的是某课件在导航界面的章节划分，尽管该课件的内容非常丰富，但是以数字排列命名的章节难以让学生找到进行自主学习的适合路径，只能按照线性的方式学习所有内容。

图 4-4-1　某课件导航界面

合理的学习单元划分要从学习者角度出发，通过不同的视角进行划分。图 4-4-2 和图 4-4-3 分别是课件《中国生物多样性保护》[①]和课件《社会认知》[②]的导航页面，前者是按照不同的主题进行学习单元的划分，后者则是按照不同的学习形式进行学习单元的划分，这样的划分方法比较适合在个别指导型教学软件中使用。

---

① 第六届全国多媒体课件大赛高教文一等奖作品《中国生物多样性保护》。
② 第六届全国多媒体课件大赛高职二等奖作品《社会认知》。

图 4-4-2　适合自主学习的学习单元划分 1

图 4-4-3　适合自主学习的学习单元划分 2

很多个别指导型教学软件的教学流程中既包含了知识点的学习，也包含了对学生的评测环节，因此可以在每一个学习单元的开始对本单元包含的知识点及教学目标进行介绍，然后在学生完成学习单元之后给出与本单元知识学习相关的评测练习题目供学生回答，同时利用系统后台建立的个别指导策略模型对学生的回答及时给出反馈，并决定下一步跳转的学习单元。

　　个别指导型教学软件以与学生间的互动式教学为特征，在实现了个性化教学的同时也造成了这一类教学软件很难一次性开发成功，包括该类软件中包含的个别指导策略往往不是一次就能够设计完善的。因此，个别指导型教学软件往往都经过了由开发到使用、由调试到再发布使用等一系列的过程。进行软件调试主要有两方面的依据：其一是开发人员对教学理念和教学内容的不断深入理解；其二是通过对教学软件使用过程中学生学习过程进行分析。例如，在个别指导型教学软件中对每一个知识单元的评测是一个重要的组成部分，通过对评测结果的进一步分析，就可以在一定程度上对学习单元划分和系统流程进行改进。一个个别指导策略，在基于个别指导策略评测模型的基础上，通过对学生学习过程的监测可以进一步实现手动或自动化的评测模型的改进。

第 5 章

评测练习型教学软件设计

章结构图

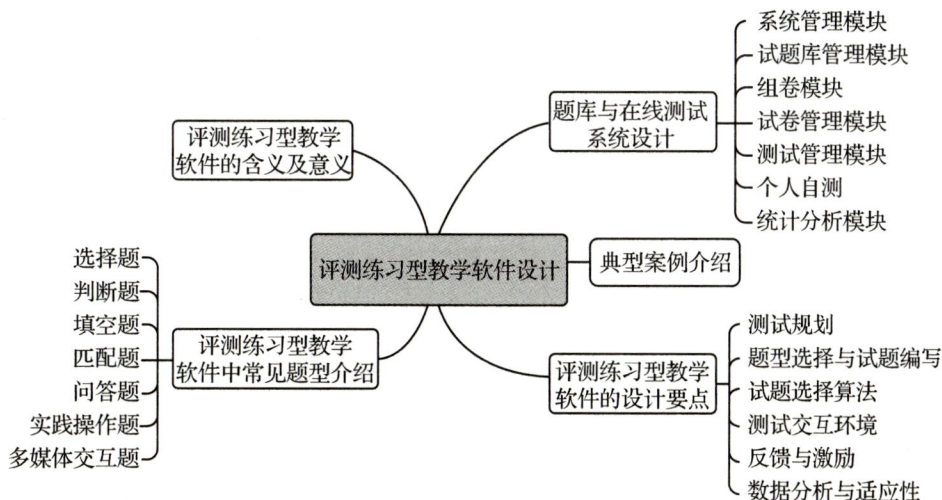

评测练习型教学软件不同于一般的教学软件，它以大量的评测练习题目构成了教学软件的核心，学生使用这些评测题目的同时能够进一步巩固所学的知识。评测练习型软件一般包括选择题、判断题、填空题、匹配题、问答题、实践操作题、多媒体交互题。评测练习型教学软件设计要点主要涉及测试规则、题型选择与试题编写、试题选择算法、测试交互环境、反馈与激励、数据分析与适应性等。题库与在线测试系统设计包括系统管理模块、试题库管理模块、组卷模块、试卷管理模块、测试管理模块、个人自测、统计分析模块。

5.1
评测练习型教学软件的含义及意义

顾名思义，评测练习型教学软件的主要组成要素就是大量的评测练习题目，这些评测练习在软件中起着非常重要的作用。

什么是评测练习

评测练习是教学活动中非常重要的一个环节，是学生学习活动的进一步延续，同时也是对教学效果进行评判的重要指标。可以说，无论是传统的课堂教学活动，还是越来越普及的网络化教学环境，都离不开评测练习这一重要的环节。

在教学活动中使用评测练习主要有两个目的：一是了解学生对所学知识的掌握情

况，并给出易于评判的量化分数；二是通过完成一定数量的评测练习题目进一步巩固学生对知识的掌握。学生学习知识一方面是要提高自身的整体素质，另一方面很多时候还要面临学习结束后的考试。考试在一定程度上可以说是评测练习的浓缩和升华。因此，评测练习题目质量的好坏对学生也起着很重要的作用。

实际上，大多数教学软件在设计时都会涉及一定数量与教学内容相关的评测练习题目，有的教学软件甚至在每一个知识单元都会包含一定数量的练习题目，或者是在教学软件中设计多套模拟考试题目。广义上讲，这些教学软件都属于评测练习型教学软件范畴，但练习与测试只是教学软件中的一部分，不作为整个教学软件的核心内容出现，其主要目的是考查学生对知识点的掌握情况。

真正意义上的评测练习型教学软件的核心部分是测试和反馈，使用的主要目的是对学生进行强化训练，这也是该类教学软件与其他类别间的最主要区别。与评测练习相关的教学软件的划分见图 5-1-1。在这一类评测练习型教学软件中，通常没有知识学习单元或操作演示的内容，而是直接由大量的评测练习题目或者是模拟考试环境组成，教学软件会在学生使用过程中给出评测练习的答案或者相关的知识点，以此帮助学生了解自身的掌握情况。

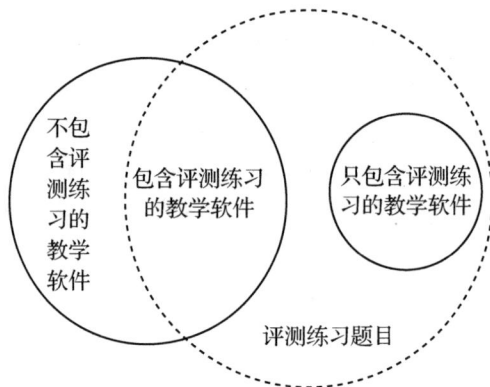

图 5-1-1　评测练习相关的教学软件的划分

由于评测练习型教学软件不以知识学习为主，所以这类软件一般都不是单独出现的，通常是以教学辅助软件的形式存在的。例如，在很多等级考试辅导课程或者是辅导教材之外都会有配套的模拟练习或模拟考试软件作为课程的支撑。通过这些评测练习型教学软件的使用，学生可以在了解自身不足的同时，熟悉真正的考试题型或者考试环境。精心设计的评测练习型教学软件，可以使学生在较短时间内快速达到考核要求，提高应试能力，这往往对学生最终通过考试有很大的帮助，在一定程度上甚至起着决定性的作用，因此这类教学软件在那些以通过考试，或考取某类证书为目的的课程学习中起着不可忽视的作用。

由于纯粹的评测练习型教学软件本身并不包含完整的学习体系，而仅仅是以强化训练为主要目的，因此在正常的课程体系中，评测练习型教学软件的使用并不多见。

5.2
评测练习型教学软件中常见题型介绍

在设计评测练习型教学软件时应考虑评测练习题型的选择，传统的各类题型并不一定都适用，应该选择易于计算机实现的题型。

5.2.1　选择题

选择题又分为单项选择题和多项选择题，无论是单项选择题还是多项选择题，都是由问题叙述和备选答案两部分组成的。所谓单项选择题，指的是在备选答案中只有一项是正确的，而多项选择题则有两项或两项以上为正确答案。多项选择题由于备选答案中的正确项可能有更多的组合，因此答题难度比单选题有所增加。

一方面，在计算机环境中，选择题是最容易实现的，因为使用者只能在题目提供的备选答案中选取，在实际的教学软件开发过程中需要处理的异常情况最少，因此选择题的开发效率是最高的。另一方面，通过选择题作答的结果也是最便于进行统计分析的，可以很方便地计算每一道题目回答的正确率及不同选项的选择比率，以便于教学软件的使用人员进行进一步的分析。因此在各种评测练习题型中，选择题所占的比重最大。

图 5-2-1 和图 5-2-2 所示的是单项选择题和多项选择题的示例。在设计选择题时，练习者的答题方式也是需要考虑的一个环节。下面示例中的第一个单项选择题示例，回答时需要敲动键盘来填入答案，然后再单击"确定"按钮来判断是否正确，而第二个多项选择的示例，则可以直接使用鼠标单击正确答案前的标记。比较而言，第二种方式只需要一种指向型设备（如鼠标、触摸屏等）即可完成答题，因此更加适合在计算机环境中使用。

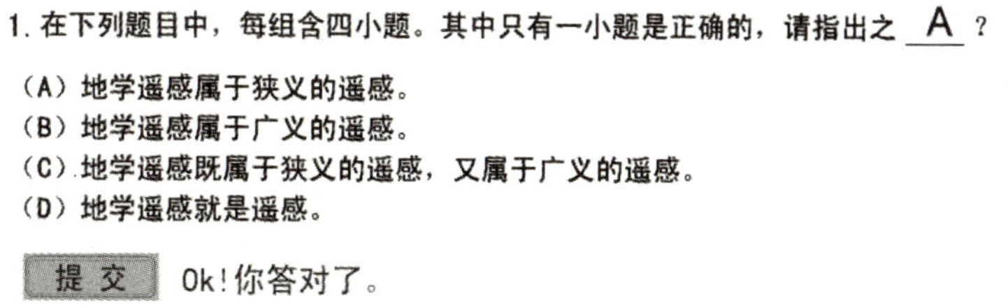

1. 在下列题目中，每组含四小题。其中只有一小题是正确的，请指出之 __A__ ？

（A）地学遥感属于狭义的遥感。
（B）地学遥感属于广义的遥感。
（C）地学遥感既属于狭义的遥感，又属于广义的遥感。
（D）地学遥感就是遥感。

提　交　Ok! 你答对了。

图 5-2-1　单项选择题示例

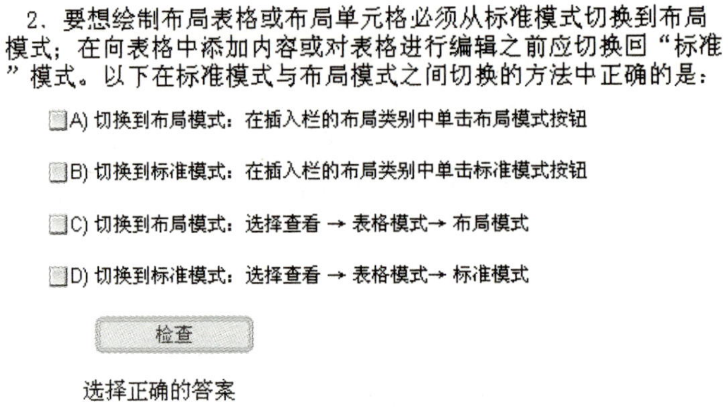

2. 要想绘制布局表格或布局单元格必须从标准模式切换到布局模式；在向表格中添加内容或对表格进行编辑之前应切换回"标准"模式。以下在标准模式与布局模式之间切换的方法中正确的是：

☐ A) 切换到布局模式：在插入栏的布局类别中单击布局模式按钮

☐ B) 切换到标准模式：在插入栏的布局类别中单击标准模式按钮

☐ C) 切换到布局模式：选择查看 → 表格模式→ 布局模式

☐ D) 切换到标准模式：选择查看 → 表格模式→ 标准模式

检查

选择正确的答案

图 5-2-2 多项选择题示例

5.2.2 判断题

判断题要求学生判断一个陈述句或一个表达式正确或错误。其选择答案由一对反义词组成。在设计判断题时，命题一般是由一些比较重要的或者有意义的概念、事实、原理等组成的，要求文字叙述清晰、易懂，一定要避免出现二义性问题。判断题的格式能很方便地用于对知识成果的测量，它也能较好地测定学生的理解能力和逻辑推断能力。主要用于考查学生对一些重要概念和原理是否真正掌握或理解。但判断题凭猜测得分的概率很高，因此在做最终的答题数据统计时可能会存在较大的误差。

5.2.3 填空题

填空题一般要求被试者写出一个数字或符号、一个单词、一个短语或一个句子，使题目内容的含义变得完整和连贯。填空题主要用于考查学习记忆的情况，有些题也适用于测验判断力和理解力等。

填空题的优点是命题容易，提问自然，有助于评价学习目标。此外，与上述两种题型相比，填空题覆盖面较广，评分也较客观；与判断题、选择题相比，填空题降低了利用猜测来获取概率分的机会。填空题的主要缺点是难于考查高层次认知目标，且利用计算机实现时不易进行自动评分。

填空题编写应确保各题都能用一个简单的或者唯一的词组、单词等进行答题，并且只能有一个正确答案。编写多空填空题，应表明题意的基本指向和逻辑性，切忌题意模糊不清。

填空题是比较基本的题型之一，在传统的考试中占有较大的比重，但是鉴于填空题往往不能像选择题和判断题那样有唯一的答案，因此在计算机环境下填空题的开发就有了更大的难度，可以推广应用的题目也相对较少。因此，为了能够实现自动评分，需要预先在程序中提供标准答案，如果填空题的正确答案不是唯一的，就会造成评分时的困难，或者需要穷举所有的标准答案，或者增加误判的可能。因此，如果需要在计算机环境中实现填空题，填空题的命题一定要严谨、全面，一般一道填空题中只有一个填空即可，如果需要在一道题目中出现多个填空，这些填空之间最好有一定的逻辑关系。

例如，"计算机网络分为＿＿＿＿、城域网和广域网"就是比较好的命题形式，题目的答案唯一；"请按照由下至上的顺序依次写出 OSI 互联参考模型：物理层、数据链路层、＿＿＿＿、＿＿＿＿、＿＿＿＿和应用层"也是比较好的命题，在考查了知识内容的同时，还考查了对知识逻辑关系的理解。而像"计算机网络中的报文分组交换的工作方式分为两种，包括＿＿＿＿和＿＿＿＿"就不太好，题目中考查的知识点没有逻辑先后的关系，无论是在答题时，还是评判时都会增加难度。

5.2.4　匹配题

匹配题是另一种可提供多种选择的考试形式。通常题目包括两列词句，学生可根据题意按照某种关系将左右的项目连接起来。匹配题具有形式简单、易于计分等优点，但也存在难以独立成题、只能考查低水平知识等不足。

1. 连线题

连线题是一种类型的匹配题，通常由两组或两组以上备选项组成，备选项可以是文字，也可以是图形等多媒体形式，在多组备选项之间有一定的内在联系，回答题目时将有对应关系的项目连接到一起，即回答完毕，如图 5-2-3 所示。

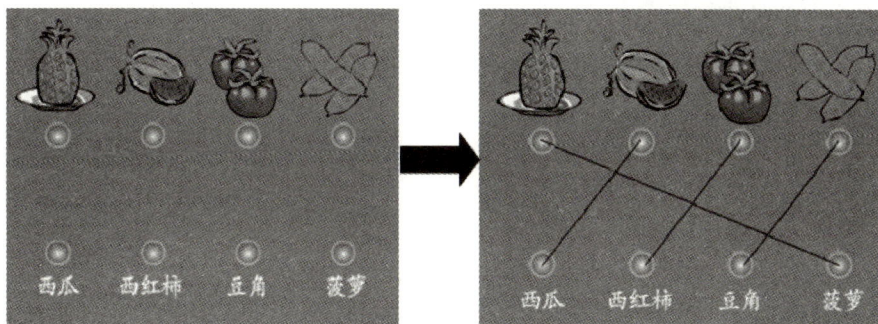

图 5-2-3　连线题示例

连线题答案的可选组合与备选项数量的多少有关，备选项越多，连线题回答的难度就越大。连线题可以考查学生对事物概念的了解，随着图形的加入，可以更好地考查学生对事物形象的掌握情况。尤其是在以形象教育为主的低年级教育过程中，可以更多地使用连线题这一类型。

2. 雅思考试阅读匹配题

雅思考试阅读匹配题是阅读考试的重点题型，共有四种类型，分为人名观点匹配、事物特征匹配、段落信息匹配和半句式匹配。雅思阅读段落信息匹配题如下所示，关键是读清题干，把握题干所阐述内容在文中的位置，抓住核心词，去目标段落寻找其同义替换。

Reading Passage 2 has nine paragraphs，A-I.

Which paragraph contains the following information? 【标志性问法】

Write the correct letter A-I in boxes 14-19 on your answer sheet.

14. a biological explanation of the teacher-subjects' behavior

15. the explanation Milgram gave the teacher-subjects for the experiment

16. the identity of the pupils

17. the expected statistical outcome

18. the general aim of sociobiological study

19. the way Milgram persuaded the teacher-subjects to continue

5.2.5　问答题

问答题考查的是学生对一个对象或者事件的综合理解和掌握的情况，通常一道完整的问答题由提示内容、中心内容、问答内容等几部分组成。提示内容是对考生回答方式的提示；中心内容是问答题的主体，主要规定了答题的范围及所依据的对象和内容；问答内容是要求学生回答的内容和项目。

问答题特别适于评价学习者认知领域的高层次目标，如分析能力、应用能力、综合能力和评价能力，同时也有利于测定学生的逻辑思维和表达思想的能力。此外，问题还能为学习者独立思考和创造性思维提供较大的发挥空间，为了解学生的认知风格和解决问题的策略提供有利的条件。学生对某问题的回答有较大的伸缩性，可能不全对或不全错，因而能反映出答案的正确或错误的不同程度。

问答题也有诸多弊端，如试题少、覆盖面小。这就难以考查学习内容的全貌，只能就学过的内容有选择地出题。由于命题范围较窄，反映学生成绩带有一定的偶然性，难以取得客观的评价资料。另外，评分受主观因素的影响很大，有的问题难以制订客观的或较具体的评分标准；而一些对测试无关的因素，如学生的文字书写技巧以及教师的观点与偏好，这些都可能影响评分的真实结果。

由于对于问答题的评判主观因素占据很大比重，同时也难以给出一道问答题非常精确的答案，想要利用计算机实现问答题的自动评判，现阶段还不太容易。因此，教学软件中一般很少涉及问答题，现在个别网络教学软件中也开始在一定程度上使用问答题进行测验，但是通常不是由系统自动评判，而是利用网络平台的交互功能，由教师进行评判，最后给出一个参考的分数。

5.2.6 实践操作题

实践操作题是比较特殊的一类题目，传统的笔试考试限于条件，并没有这类题目。实践操作题主要应用于计算机课程的教学，或者是有较高动手要求的实验课程的辅助学习上。

简单的实践操作题可以是一段计算机操作的叙述，如"创建××文件夹""修改 IE 浏览器的主页地址"等类似的文字描述。还有很多教学软件充分利用了多媒体和交互技术，制作了更加逼真、有效的实践操作环境，也使得实践操作题的作用大大提升。复杂的实践操作题通常是利用计算机技术搭建一个虚拟或者模拟的实际操作环境，练习者在这个模拟环境中进行操作，通过接近真实的体验达到掌握实际操作的目的。利用模拟环境进行操作练习的成本一般都会远远小于在实际环境中操作的成本。如图 5-2-4 和图 5-2-5 所示，这两个案例都使用了近年来比较流行的三维技术，甚至还引入了先进的虚拟现实技术，在实际的使用过程中都获得了其他教学形式无法达到的教学效果。

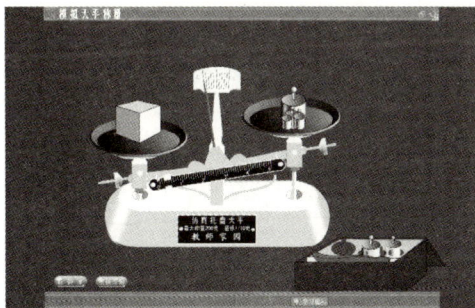

图 5-2-4 仿真天平实践操作测试

图 5-2-5 在虚拟现实中实践城市规划

问题解决测试是 2012 年 PISA 项目中的附加内容，2003 年也曾经进行过一次。与 2003 年评估不同的是，2012 年的评估不是通过纸笔测试，而是在计算机上进行的。学生在完成评估的过程中，只涉及基本的计算机操作，如使用键盘、操作鼠标、点击、拖放、使用鼠标滚轮、下拉菜单以及超链接等。这样做是确保在评估学生问题解决能力时，将由计算机操作能力而产生的影响降到最低。

由于计算机可以模拟真实的情境，使得评估的范围更真实、更广泛，因此PISA2012问题解决的试题有静态和互动两种呈现方式，即设置了静态题和互动题。互动题，与解决问题相关的信息是不完全的、相对隐蔽的、非一次呈现的。更多的信息是需要学生通过与计算机的"互动"才能获得，如鼠标的点击、拖曳、按键、按下虚拟情境中遥控器或者售票机上面的键、让画面上的清洁机器人"行走"起来等。换言之，就是需要学生进行一些探索或实验，才能获得必要的信息和知识来控制这些设备，解决问题。

5.2.7　多媒体交互题

除了上面介绍的各种常见题型外，在进行教学软件开发过程中，还有可能使用各种各样的题型。例如，用于考查学生声音辨析能力的声音辨析题，用于激发学生对图像认识的拼图题目，带有游戏性质寓教于乐的游戏题目等。如图 5-2-6 所示的是英语猜谜游戏，在游戏中不仅可以通过图片和文字的介绍学习英文单词，单击其中的单词还可以听到英文单词的发音。这些多媒体交互型的题目通常适合于低年龄的学生和某一学科的初学者使用。

图 5-2-6　英语猜谜游戏

托福考试出现了一些多媒体交互和表现的新题型，对开发测试软件很有借鉴意义，如阅读部分的"插入句子题"和"拖动选择的多选题"。"插入句子题"需要考生利用鼠标，把句子拖动到自己认为正确的位置，如图 5-2-7 所示。"拖动选择的多选题"要求考生利用鼠标，从左边选择适当的短句拖动到右边合适的位置，如图 5-2-8 所示。

Look at the four squares [■] that indicate where the following sentence could be added to the passage

Such episodic events will cause a population of dandelions, for example, to vary widely.

Where would the sentence best fit?

and creates a gap in the forest canopy.
  Opportunists must constantly invade new areas to compensate for being displaced by more competitive species. Human landscapes of lawns, fields, or flowerbeds provide settings with bare soil and a lack of competitors that are perfect habitats for colonization by opportunists. ■ Hence, many of the strongly opportunistic plants are the common weeds of fields and gardens. ■
  Because each individual is short-lived, the population of an opportunist species is likely to be adversely affected by drought, bad winters, or floods. ■ If their population is tracked through time, it will be seen to be particularly unstable—soaring and plummeting in irregular cycles.■ **Such episodic events will cause a population of dandelions, for example, to vary widely.**
  The opposite of an opportunist is a competitor. These

图 5-2-7 托福插入句子题样题

Directions: Select the appropriate phrases from the answer choices and match them to the type of organism to which they relate. TWO of the answer choices will NOT be used. *This question is worth 4 points.*

Drag your answer choices to the spaces where they belong. To remove an answer choice, click on it. To review the passage, click on **View Text**.

Answer Choices   **Opportunists**

Vary frequently the amount of energy they spend in body maintenance   ●   Succeed in locations where other organisms have been removed

Have mechanisms for protecting themselves from predation ●

                                                       ●

Have relatively short life spans   ●

图 5-2-8 托福考试选择题样题

在托福考试的听力部分，引入了对话和演讲题，对话部分会在播放录音的同时，以大量相关图片配合声音资料，将题目场景化，加强考生的理解程度，如图 5-2-9 所示。

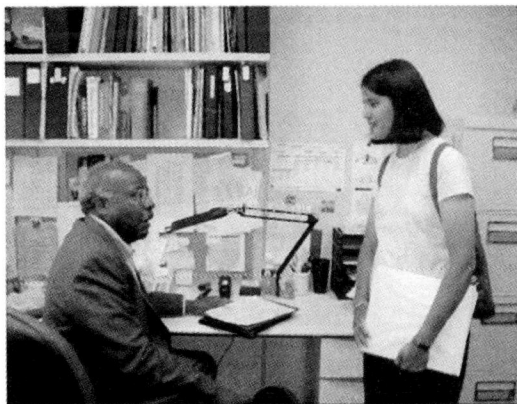

LISTENING CONVERSATION

图 5-2-9 托福考试听力题（对话）样题

演讲部分一般是模仿学校课堂的情况，模拟出教师讲课时在黑板上写下文字，以帮助考生更好地理解考试内容，并通过在表格中点击来答题。考试的界面见图 5-2-10 和图 5-2-11。

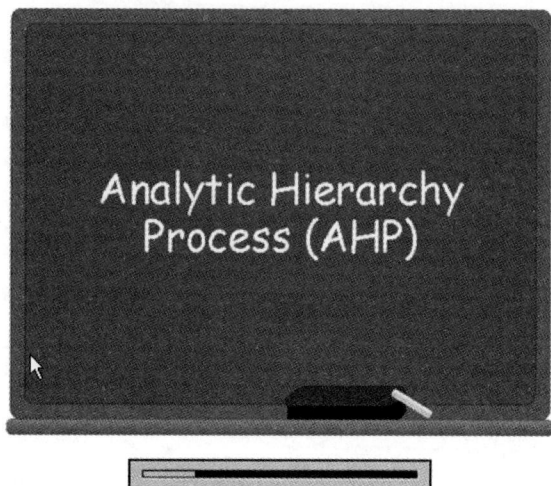

LISTENING LECTURE

图 5-2-10　托福考试听力题（演讲）样题

图 5-2-11　托福考试点击表格题样题

托福考试的口语部分会有 6 道题，其中 Task1-2 为独立口语部分，Task3-6 为综合口语部分。第 1 题和第 2 题属于独立题，准备时间为 15 秒，回答时间为 45 秒。题型要求考生就某一话题阐述自己的观点。问题会被朗读出来，同时会出现在屏幕上。第 3、第 4、第 5、第 6 题均为综合题。第 3 题和第 4 题是集合了读、听、说的形式。听力时间为 60～120 秒，准备时间为 30 秒，回答时间为 60 秒。也就是先阅读一篇文章，听一篇文章，然后回答问题。第 5 题和第 6 题集合了听、说的形式。相比第 3、第 4 题少了一份阅读材料。听力时间为 60～120 秒，准备时间为 20 秒，回答时间为 60 秒，如图 5-2-12 所示。

Task1真题举例

Nowadays universities usually hold exams in the class, and recently some universities allow students to take exams at home. Talk about its advantages or disadvantages. Give specific reasons to support your answer.

图 5-2-12　托福考试口语题样题

写作部分在答题前，考生首先需要阅读一篇学术演讲，然后将文章隐去。接下来考生需要听一段演讲，最后开始写作。这一题型综合考查了学生听、读和写 3 项能力，考试界面如图 5-2-13 所示。

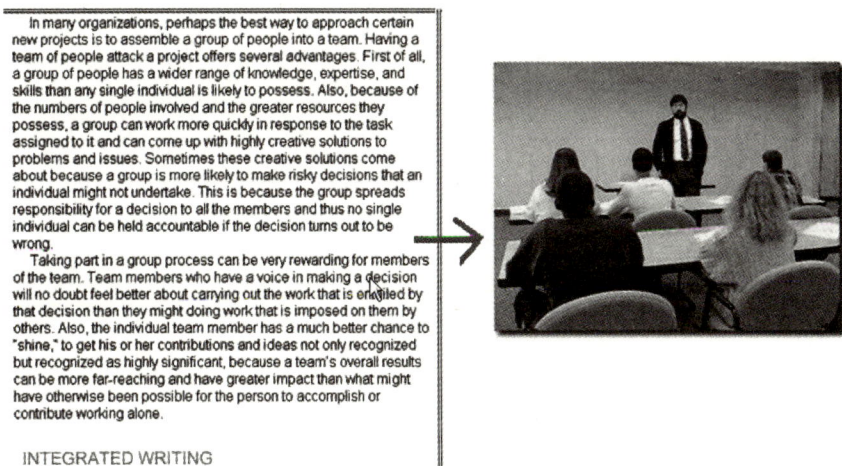

In many organizations, perhaps the best way to approach certain new projects is to assemble a group of people into a team. Having a team of people attack a project offers several advantages. First of all, a group of people has a wider range of knowledge, expertise, and skills than any single individual is likely to possess. Also, because of the numbers of people involved and the greater resources they possess, a group can work more quickly in response to the task assigned to it and can come up with highly creative solutions to problems and issues. Sometimes these creative solutions come about because a group is more likely to make risky decisions that an individual might not undertake. This is because the group spreads responsibility for a decision to all the members and thus no single individual can be held accountable if the decision turns out to be wrong.

Taking part in a group process can be very rewarding for members of the team. Team members who have a voice in making a decision will no doubt feel better about carrying out the work that is entailed by that decision than they might doing work that is imposed on them by others. Also, the individual team member has a much better chance to "shine," to get his or her contributions and ideas not only recognized but recognized as highly significant, because a team's overall results can be more far-reaching and have greater impact than what might have otherwise been possible for the person to accomplish or contribute working alone.

INTEGRATED WRITING

图 5-2-13　托福考试写作题样题

5.3
评测练习型教学软件的设计要点

评测练习的主要目的是通过测试题目或者模拟环境实现对学生的考查，因此要针对考核的内容或者目的来进行测试规划、选择练习题目类型、设置试题选择算法、试

218

题呈现、应答评判、反馈与激励设计等。

5.3.1 测试规划

在设计评测练习之前，要做好测试规划。编制测试计划主要应解决两个问题，即用何种测验工具和用多少试题最适于对学生关于某种学习目标达成度的测量。要弄清这两个问题，教学设计者或教学人员首先必须明确测试的目的、范围和有关的学习目标，并熟悉各种测验工具的特点；其次应了解学习者愿意承受的测验长度。当这些基本确定以后，教学设计者可以拟定出测试的计划。为了使计划一目了然，便于编题，一般应制成"双向细目表"，或称"两维表"，表格的具体内容见表5-3-1。一维是学习目标，纵向排列；另一维是各种测验工具，横向排列。

表 5-3-1　测验项目双向细目表

知识点	学习目标	题目数量	题目内容
1			
2			
3			

学习目标可用某种目标分类体系，如知道、理解、应用、分析、评价、创造（布卢姆），或言语信息、辨别学习、概念学习、应用原理、解决问题（加涅），也可写出具体学习目标。例如：

学习目标1：能按某课题寻找相应的参考书。

学习目标2：能从参考书中找出与课题有关的信息。

学习目标3：能对课题有关的信息分类编排。

学习目标4：能从文章、图表、索引中寻找有意义的研究课题，等等。

5.3.2 题型选择与试题编写

评测练习型教学软件由大量评测练习题构成，因此在设计过程中需要充分考虑出题策略，而策略的设计和实施重点要考虑如下几方面。

一是题型的选取。前面介绍了可以由计算机实现的几种评测练习题型，但是在实际开发时题型的选取还是有一定规律的。对于考查知识点的题目，通常使用选择题、判断题、填空题等这类题型。对于考查综合概念、观点的题目，则可以选择简答题、论述题等这类题型。对于强化训练、熟悉真实考试环境的题目，则多需要使用实践操作题，同时要求设计人员尽可能开发出与真实考试环境类似的模拟环境或模拟考试题目，才能够达到更好的使用效果。当然，题型的选取并不是固定不变的，更多的还是需要结合实际情况，选择最佳的题型组合方案。

在一套评测练习教学软件中，题型的种类不要低于两种（单纯以模拟考试环境为目的的题型数量，则要看实际考试情况确定）；否则，会使学生感觉练习的过程过于枯燥，缺少变化。而题型也不宜过多，不要刻意地将所有题型都添加到教学软件中；否则，会使学生感觉过于杂乱，降低评测练习的使用效果。

二是要考虑知识点和题目难度的合理搭配。很多评测练习型教学软件中都由多套试题库组成，这就要求每套试题库中包含的知识点和难度尽可能平均，即教学内容所涉及的知识点至少要在一套试题库中有所考查，而每套试题库的整体难度要尽可能相同。要达到这种平均的要求，就要求开发设计人员对所有题目有充分的了解，并对题目所属的知识点和难度做出量化，这样才能建立合理的试题库。

三是要考虑题目的表现形式，即在设计一道评测练习题目时，要尽可能兼顾对知识点的考查和对学生的吸引，尤其要在界面设计上下功夫，多使用声音、图形、动画等反馈方式，使学生有不断学习下去的动力。最后，如果技术条件允许的话，可以在所有评测练习题目完成后将答题结果反馈给学生，同时给出一定的参考意见，使学生对所考查知识的掌握情况有更深刻的理解。

题型确定后，要根据测试需要编写试题，在编写的过程中，要注意以下几点。

(1)题意清楚明确，使学生阅读试题时能明白试题要求他们回答的是什么问题。

(2)试题的理解难度和语言难度应适合被试水平。

(3)在无碍题意表达的条件下应尽可能简练。

(4)避免提供正确答案的线索。

(5)准备的试题应比实际实施的试题数更多一些。

5.3.3 试题选择算法

有了适当的试题列表之后，在每一个练习循环中，计算机就可以按照一定的规则从中选择一个试题，并把它呈现给学生。试题选择规则是影响练习效率的关键因素。常用的项目选择方法包括以下几种。

1. 随机选择法

许多练习型课件采用最简单的随机选择法，即由计算机每次从试题库中随机选择一个试题，呈现给学生。终止这种练习的条件通常是达到了预先规定的练习次数或答对率。随机选择有很大的盲目性，如果学生答错一个项目，计算机给予纠正之后，正确答案就进入学生的短时记忆，但是如果计算机在较大的时间间隔之后才再次呈现该项目，那么学生就可能已经忘记了该项目的正确答案，从而再次应答错误。要使信息进入学生的长时记忆，应当在短时记忆丢失之前，再次呈现该信息。随机选择法是无法保证这一点的。另外，它还可能造成项目表中难度较大的项目练习不足，而容易的项目练习过多的情况发生。

随机选择法中试题的选择与学生的应答情况无关。实践证明，它的效率不高，一般用于比较简单的测试情境，而高质量的练习型课件通常根据学生的作业情况来选择项目。

2．参数选择法

在测试设计启动之前，用户要提出选题要求，通常包括题目内容范围、题目类型、题目数量和测验目标等方面。这些要求由计算机按一定算法转化成测试中每个题目的量化参数，如按照测验目标确定各知识点内容所占的比例数，各层次的目标（记忆、理解、综合、应用等）分别由哪些题型反映，每种题型在试卷中的数量，各难度级在卷中所占比例，难度与时间的比例等要求。计算机根据这些设置的参数，就可以选择不同目标、不同难度、不同内容的题目，组织在内容分布上符合用户参数设置的一份测试题列表。

3．适应性选择法

学生选定试题难度后，系统自动从自测题目中抽题，学生进行测试后，系统对学生的自测情况给予评价，并提供未掌握的知识点列表，然后系统对每道题进行解析，给出每道自测题的总体思路和正误分析；然后系统根据自测的错误情况，适应性地选择后续测试试题。这种选题方式对学生的测试更有针对性。

5.3.4　测试交互环境

评测练习型教学软件对于学生来说是一种主动的学习环境，需要学生有完成评测练习的意愿，因此有吸引力的评测练习环境是一个优秀教学软件的重要标志。评测练习型教学课件的主要目的是训练学生熟练地掌握有关知识和技能，它强调的是快速和准确。因此，有些场合训练阅读速度的练习，对项目显示时间有一定的影响。显然，呈现的时间应与学生的实际水平相当，随着学生阅读速度的提高而缩短呈现时间。

呈现训练反应速度的项目时，需要给学生提示时间信息。例如，可在屏幕上显示一个倒计时器。若学生未能在规定的时限内做出反应，计算机就认为学生应答错误。可以在题目中添加与考查内容有关的声音、图形、动画等多媒体内容，并在答题过程中给出适当的反馈信息，以使答题的过程更加有吸引力。在此过程中还应注意多媒体和反馈信息的呈现不能过当，不能将过多与题目本身无关的内容放置到评测练习环境中。例如，有的教学软件对在评测练习题目中的每一步操作都设置了各种声音效果，但与题目本身并没有太大联系，学生刚开始使用时可能有新鲜感，可是长时间使用之后，可能会产生厌烦的感觉，最后只能将计算机声音全部关闭，与设计者的初衷完全相反。

如果制作的评测练习型教学软件中包括实践操作练习，往往需要搭建模拟练习环境。模拟练习一定要能够较好地与实际的课程内容相匹配，使得学生能够通过做模拟练习了解到自己学习的不足之处。

评测练习型教学软件设计时，应当考虑到学生通常要面临的实际考试的压力。因此，这类教学软件中多以实践操作题为主，在提供多套模拟考试题目的基础上，通过高强度的训练，以在较短的时间内达到帮助学生通过考试的目的。对于所提供的模拟考题，设计上一定要注意模拟考题要尽量与实际考试时的题目难度和题目数量接近。近年来，越来越多的考试已经实现了利用计算机系统的无纸化考试，因此这类教学软件中设计的模拟考试环境应该与真实考试环境尽可能一致，这对学生建立顺利通过考试的信心非常有帮助。

5.3.5 反馈与激励

无论是模拟练习，还是模拟考试，学生在使用这类教学软件时不仅希望有一个进行练习评测的环境，同时还希望通过软件的使用了解自己对教学软件涉及相关知识的真实的了解程度。因此在评测练习型教学软件的设计过程中，需要给予学生适当的反馈，同时反馈要在不干扰软件正常使用的前提下出现，否则将产生适得其反的效果。

反馈的具体做法可以很简单，如仅提供"正确"或"错误"；也可以很复杂，例如，对正确应答给予鼓励，对错误应答指出错误的原因，或者告诉学生正确的答案。在提供反馈信息方面，练习型课件与指导型课件没有什么本质的差别。然而，在练习型课件中，也有一些需要深入分析的问题。例如，针对辨别错误的反馈就是一个特殊的问题。

在指导型课件中，并不要求学生正确地应答计算机呈现的所有问题。当学生出现辨别错误的情况时，计算机可能提供反馈信息，告诉学生正确的答案。然而一般不会试图去彻底纠正学生的辨别错误，因为这是操练与练习的任务。学生只有通过多次练习才能快速且准确地区分表面上相似而实质上不同的刺激。

由于在操练和练习过程中，呈现、应答和反馈的内容和形式的多次重复很难避免，很容易使学生感到乏味，因此在这种情况下如何激发学生的动机是设计练习型课件的一大难题。

激励学生的措施很多。在试题呈现方面，呈现方式多样化、多媒体化就是一种措施；在学生应答方面，可结合使用鼠标、光笔、触摸屏、图形输入板和游戏操纵杆等输入手段，也就是使应答方式多样化；在提供反馈信息方面，可给那些练习成绩达到预定标准的学生提供娱乐性的奖赏，比如，允许他们玩计算机游戏。

在练习中掺进竞争的成分，也是激励学生的重要措施。竞争的对象可以是其他学生、计算机、学生本人和计时器等。

(1)与其他学生竞争。实现这种竞争的方式有两种：一是让两名学生同时在一个教学终端上进行练习；二是在计算机上存储其他学生的练习成绩名次表，使每一位学生可以确定自己在名次表中所处的位置。学生间的竞争适合于激励成绩较好的学生，对那些成绩差的学生来说却可能是一种惩罚。因此，在课堂教学中，通常避免使用个人之间的竞争，而代之以小组竞争，这在练习型课件中也值得借鉴。

(2)与计算机竞争。通过计算机模拟可以产生任意学习程度的学生的成绩数据，因此当学生水平较高时，计算机可以显得很有竞争力；当学生成绩较差时，可以降低计算机的竞争力。这样，每个学生都尽自己的能力进行练习，而且都有获胜的机会。

(3)与自己竞争。通过告诉学生以前练习中的最好成绩，以激励他打破自己以前"创造的纪录"。使用这种方法时，每个学生都有获胜的机会。它可用于各种类型的练习，不过激励的效果不如前面两种方法。

(4)与计时器竞争。这种方法通过在屏幕上显示不断跳动的正计时器或倒计时器，以刺激学生在规定的时限之内完成练习，它主要用于提高学生的反应速度。时间的设定依据可以是学生自己过去的成绩(时间记录)，也可以是其他学生时间记录的平均值。这种方法实际上是上述3种方法的演变。

上述各种激励措施的效果不仅与练习的性质有关，而且还与学生的年龄和认知水平有关，具体情况应具体分析。

在练习评测后，系统应该能够给出一个学生掌握情况的客观评价，通常可以使用分值的形式表现，这样比较符合学生的使用习惯。同时，最好还可以给学生一个指导性的建议或意见，帮助学生进一步巩固自己所学的知识。

5.3.6 数据分析与适应性

利用大数据技术能更有效地分析学生的需求和特点，从而使学习更倾向于个性化。祝智庭教授等人认为，教育技术学的下一个研究范式应是大数据技术支持的"个性化自适应学习"(Personalized Adaptive Learning，PAL)。关于个性化自适应学习的内涵，简单地说，就是在自适应学习的基础之上，让学习内容更多、更好地体现不同学生的特点与需求。根据学生的个人特点(已有知识基础、认知特点、学习风格等)以及学生的其他数据信息(年龄、性别、兴趣等)，自适应学习系统将自动对学生进行分组；对不同组别的学生，学习系统将根据学生的不同需求，向其推荐不同的学习内容；学生则可以自己选择最符合自身特点的学习资料、学习方式与评价方式。

适应性学习支持系统是指针对学生个体在学习过程中的差异性而提供适合个体特征的学习支持的学习系统，它本质上是一类支持个别化学习的在线学习环境，能够针对个体在学习过程中的差异性（因人、因时）而提供适合个体特征的学习支持，包括个性化的学习资源、学习过程和学习策略等。

适应性学习支持系统的运行机制源于布鲁西洛夫斯克所提出的"适应性系统中用户建模与适应性的经典循环"。布鲁西洛夫斯克建议使用适应性超媒体（Adaptive Hypermedia，AH）来支持学生开展个别化学习。适应性超媒体是超媒体与用户模型的组合，它能够根据用户模型来调整超媒体，以适应特定的用户需求。实现布鲁西洛夫斯克所提出的适应性超媒体系统必须满足三个基本条件：第一，内容必须采用超媒体表示；第二，系统必须建立用户模型；第三，系统能够根据用户模型来调整超媒体内容。适应性学习支持系统的核心组件包括领域知识模型、学生模型、教学策略模型和适应机制（或适应性模型）。适应性学习支持系统的运行机制是：系统收集学生的相关数据建立学生模型、初始化学生模型；适应机制调用教学策略模型、学生模型和领域知识模型，生成个性化服务；系统监控学生的学习过程，动态更新学生模型。

计算机化自适应考试会选择在考生能力范围附近的题目进行测试，通常具备以下特点：施测题目少，效率高；试题的选择和评分更加灵活；测量结果能够更精确地反映考生的水平，大大提高了分数的测量精度；施考的标准化程度大大提高。同时，计算机的介入使考试媒介发生了完全改变，考试成绩可以直接录入学籍管理系统，对于教务工作也是大有裨益。适应性测试系统基于项目反应理论（Item Response Theory，IRT），采用计算机化自适应考试的形式，能够解决传统考试方法的多种问题。测试时间短，测量精度高，而且测试结果具有横向可比性，不同测试者的测试结果可以互相比较。

要实现自适应性水平测试系统，首先须建立 IRT 题库，这是测试系统的基础，一切测试及评分功能都要基于 IRT 题库来实现。该题库的试题应包含测试算法所需要的一切参数。系统的另一个主体部分是计算机化自适应考试系统，该系统通过对受测者的答题情况，来判断受测试者的能力水平，并适应性地选取后续题目，在达到终止条件时结束测试，以实现自适应性测试的目的。整个考试系统一般分为三大部分：能力估计模块、后台题库、界面控制。能力估计模块主要通过算法和学习者的测试情况对学习者的能力进行计算；后台题库通过大量关联了能力的题目实现对自适应测试的支持；界面控制主要是用户参与测试的交互接口。对受测试者的能力估计是计算机化自适应考试的重要部分，由 IRT 的局部独立性假设，可以采用极大似然估计法来估计能力参数，如以 Newton-Raphson 法逐次迭代，求出能力的极大似然估计值。

5.4
典型案例介绍

通过对两个在全国多媒体课件大赛中出现的比较优秀的评测练习型教学软件的介绍，希望能对评测练习型教学软件的实际设计有所帮助。

案例一：《遥感地质学》

《遥感地质学》是第七届多媒体课件大赛中获得特等奖的作品，有着很高的参考价值。课件的设计者非常重视图形图像技术的应用，在课件的每一个环节中使用者都能够得到很好的体验感受。

《遥感地质学》课件的"练习测试"模块是非常有特色的一个部分，其中包含了常见的大多数题型，且题型的选择画面非常清晰，只需要使用鼠标点击即可进入到相应的题型测试环境。课件中的测试题目都是基于 Flash 动画制作技术和 Action Script 脚本语句编写的，因此所实现的题目类型和交互效果都极具特色。

课件中提供的测试题型包括选择题、填空题、问答题、实践题和综合题 5 大类。

选择题是设计评测练习时最常使用的一类题型，各类知识点都可以使用选择题这种表现形式，而且选择题也是最容易通过计算机实现自动评分的一类题型。因此很多课件在设计评测练习时，也都把选择题作为重点题型考查。在《遥感地质学》课件中，基于 Flash 动画制作技术的选择题通过鼠标单击备选项就可以实现答案的选择。课件中的题型设计主要是为了强化知识点的理解，而不是进行学习情况的考核，因此单击界面中的"提交"按钮马上就可以显示所选答案的对错，同时对错误的选项进行纠正，如图 5-4-1 所示。

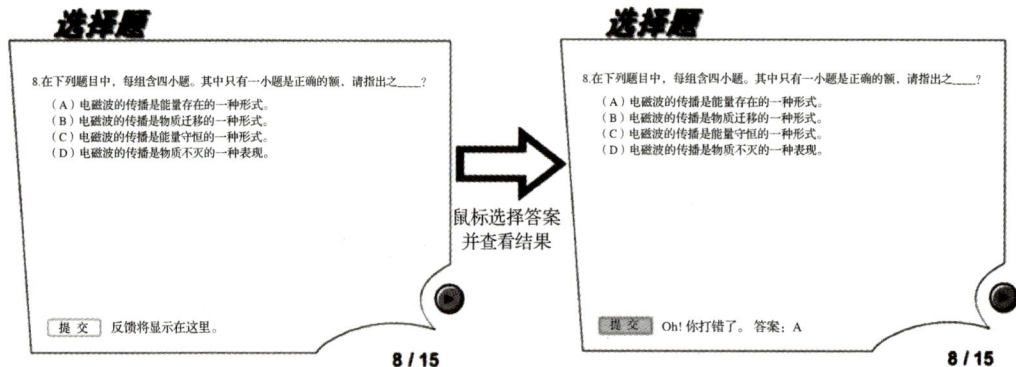

图 5-4-1　选择题答题示范

对于课件中的填空题和问答题两类题型，系统本身没有提供评分的功能，而是给出题目内容，让学生进行思考，然后通过按钮的单击得到教学软件给出的标准答案。鉴于这两类题型进行自动评分的准确率较低且难度较大，而课件中评测练习题目的主要目的是强化知识的掌握，因此这样的设计思路也是可以接受的。

图 5-4-2 所示的是填空题的答题过程，实际上学生看到题目后只能通过单击"答案"按钮查看标准答案，并不是直接输入文字回答。

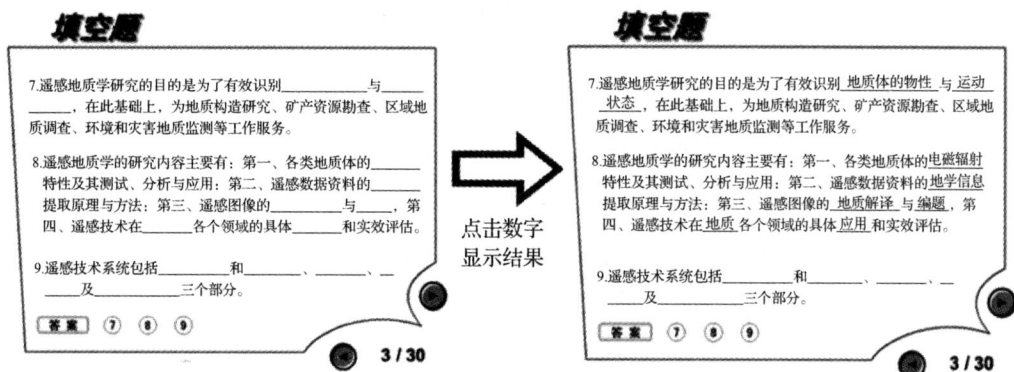

图 5-4-2 填空题答题示范

问答题的答题过程与填空题类似，单击界面中的"提交"按钮可以查看答案，如图 5-4-3 所示。

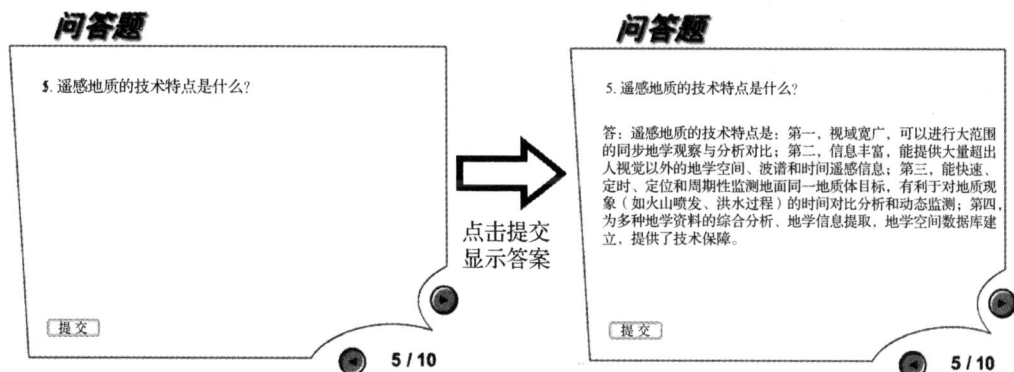

图 5-4-3 问答题答题示范

《遥感地质学》课件中涉及了很多本领域内的专业软件，这些软件的学习是课程的一个难点，而课件在练习题型中提供的实践题则是帮助学生掌握这些专业软件的重要手段。开发人员的精心设计，使这些实践题成为课件的一个亮点。软件操作的学习不同于其他知识的学习，文字加图形的表述方式烦琐且教学效果往往不如直接在真实环境下动手操作更有效。

　　本课件中的实践题采用了搭建模拟软件环境的方式来进行评测练习，在模拟环境中课件会对使用软件的关键操作给出注释和操作提示，学生使用鼠标在模拟环境中对软件的操作与真实环境中的操作基本一致，这样可以在进行软件教学的同时，更好地帮助学生熟悉软件的操作。实践题由众多操作题目组成，每道题目在具体实现时又分为两种方式，即引导学习方式和自测学习方式。

　　引导学习方式主要是在模拟环境中不断地提示练习者下一步的操作内容，学生按照屏幕上提供的明确的提示信息就可以顺利完成整个练习过程，练习结束后基本上能够理解软件的使用流程。自测学习方式的操作内容与引导学习方式相同，但学生在做这类题目时不呈现提示信息，要由学生独立完成题目要求的操作，同时在做自测练习题目时有操作时间的限制，这样设计更加提高了进行自测练习时的挑战性。

　　图 5-4-4 所示的是引导学习方式，图 5-4-5 所示的是自测学习方式。其中引导学习方式下，提示信息主要包括提示下一步操作的闪烁区域和每一步操作的文字介绍。而在自测学习方式下，没有了主动提示信息，操作正确和错误时会分别给出声音提示，且有 30 秒的倒计时声音提示。这样设计避免了自测学习时的枯燥，同时也增加了练习时的乐趣。

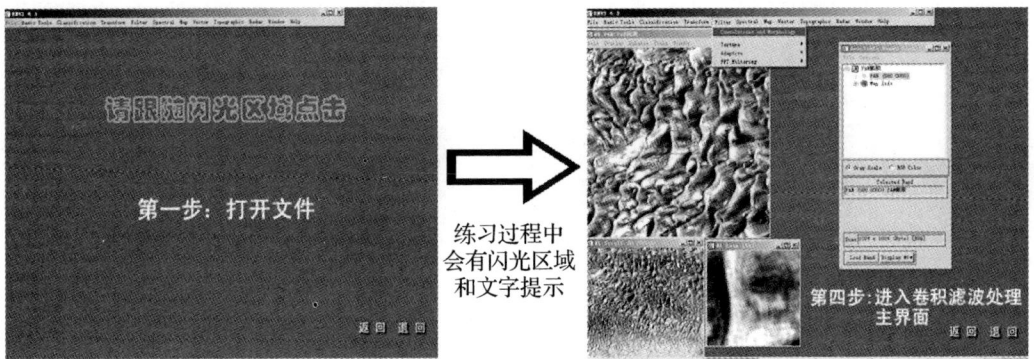

图 5-4-4　引导学习方式

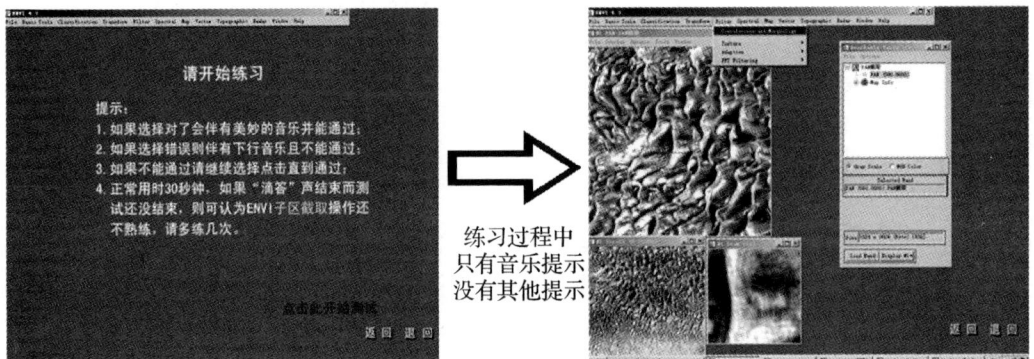

图 5-4-5　自测学习方式

综合题实际上是问答题的进一步扩展。综合题中不再局限于单纯的文字描述，还包含了图形图像识别、实践分析等多种形式，目的是使学生对具体问题有综合判断和分析的能力。图 5-4-6 是综合题中出现的一道包含图形识别的题目，这样的题目形式非常新颖，且需要有一定的实践分析能力才能够正确回答，可以说是非常适合考查学生综合能力的题目。

2、如下是广西平桂地区的一幅TM卫星遥感影像：
(1) 请用粗红线解译出线性构造和环形构造影像特征；
(2) 根据地质解译的线性构造和环形构造，结合图中标明的地质信息，请用黄色矩形圈定出可能的找矿预测区，然后根据其所处地段的成矿地质条件，对各找矿预测区编号。最有望的找矿预测区编为No.1预测区，次有望者编为No.2预测区，其余类推；
(3) 请你对该区遥感找矿预测提出看法。

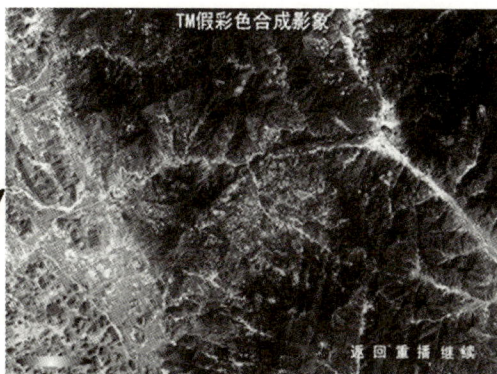

点击小图片
进行图像识别

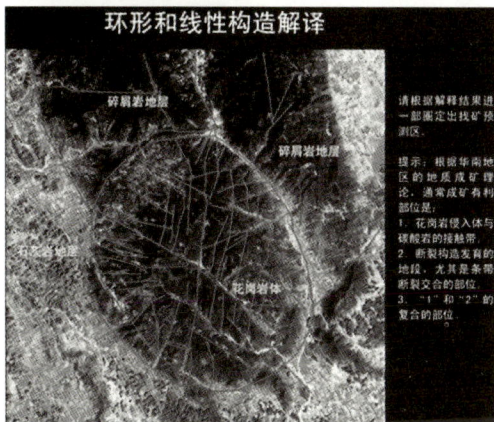

图 5-4-6 综合题答题示范

案例二：《网页设计与制作》①

案例一使用了 Flash 动画制作技术进行开发，但是没有提供网络发布平台，实际上很多评测练习型教学软件还利用 HMTL 网页设计和数据库技术来增强这类软件的功能，将整个教学软件以一个网站的形式提供给学生，通过互联网可以不受时间、地点的限制来使用教学软件。

《网页设计与制作》是第六届多媒体课件大赛的一等奖作品，课件本身就是一个学

① 熊希明：《网页设计与制作——Dreamweaver MX 2004、Fireworks MX 2004、Flash MX 2004 课程网站》，中国劳动关系学院计算机教研室。

习网站，综合应用了动态网页技术和 Flash 动画制作技术。整个课件按照知识单元作为学习的线索，学生对于每一个感兴趣的部分都可以进行在线测试。测试的选择界面如图 5-4-7 所示，可以看出由于知识单元划分较多，可选的测试也很多，但是通过网页制作人员的合理版面设计使得整个界面整洁、有序，而且可以很方便地点击选择想要进行测试的链接。

图 5-4-7　在线测试选择界面

对于具体的测试过程，课件同样提供了多种形式。例如，在评测练习题中最为常见的是单选题和多选题，答题界面如图 5-4-8 所示。图中显示的多选题在答题时单击"检查"按钮即可显示回答是否正确，回答错误时不能进入下一题，这就在一定程度上对学生进行了强化训练。

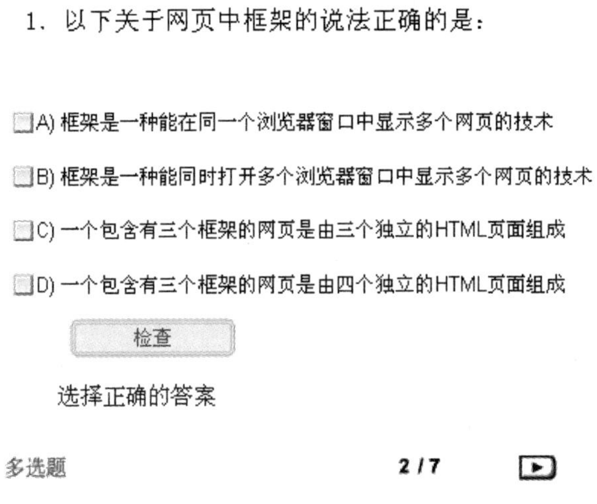

图 5-4-8　多选题答题界面

　　课件中还提供了一种比较有特色的评测练习题目，就是图片拖曳题。这类题目的回答与图形连线题类似，答题时需要将正确的答案拖动到对应的区域中，这样设计一方面考查了学生对知识的掌握，另一方面增加了答题的乐趣。图片拖曳题的答题过程如图 5-4-9 和图 5-4-10 所示。

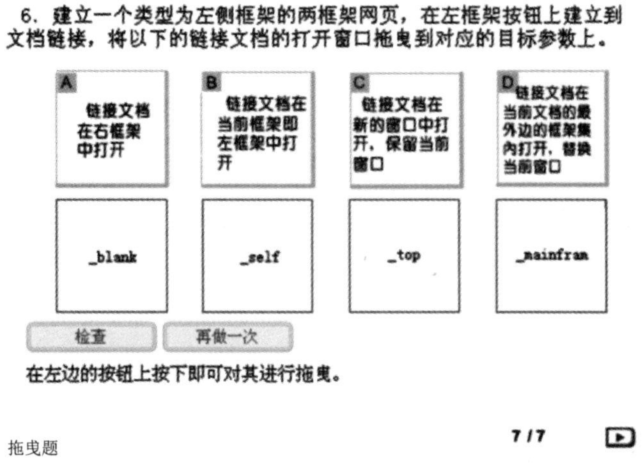

图 5-4-9　拖曳题答题界面 1

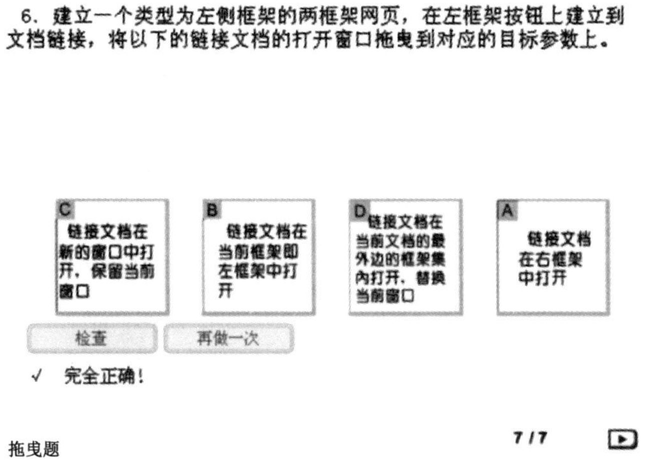

图 5-4-10　拖曳题答题界面 2

　　该课件在每一套测试题完成后，还提供了测试结果的简单统计，包括测试题目的数量、正确和错误题目的数量以及正确率等信息，如图 5-4-11 所示。

测验结果

本次测验共	5	题
回答正确	2	题
回答错误:	3	题
正确率:	40%	

图 5-4-11　测验结果显示界面

《网页设计与制作》课件对学习者动手能力要求较高，学习结束后学生应当能够独立制作出完整的网站、带有特效的图片或者是 Flash 影片，因此在课件中还提供了"实验指导"这种类型的练习题目。"实验指导"以学生实际动手操作为核心，在课件中提供操作要求和操作范例，学生需要根据操作要求找到相应的范例和素材，接下来再完成所有的操作。例如，在 Fireworks 软件教学中，"实验指导"的显示界面如图 5-4-12 所示，主界面中以滑动图形的方式显示出所有的范例样式，单击后可以进行范例的放大或缩小操作，下方则以文字的形式对操作进行描述。范例放大后的显示界面如图 5-4-13 所示，其中不仅有题目完成后的效果，还有演示和素材下载的链接，单击"演示"按钮可以学习整个操作过程。学生按照这些提示内容结合自身对知识的掌握程度完成题目，这一过程非常适合考查学生对软件使用的综合处理能力，非常适合以软件教学为主的这类课件的使用。

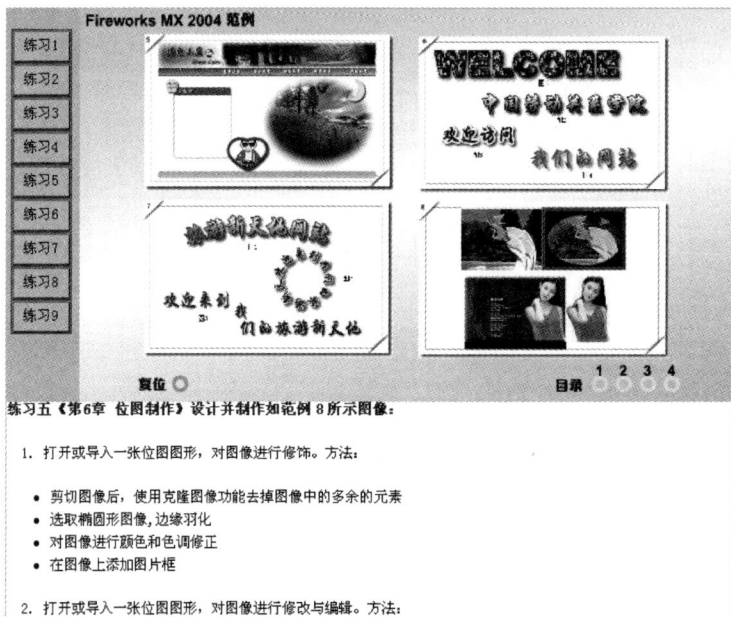

图 5-4-12　"实验指导"的显示界面

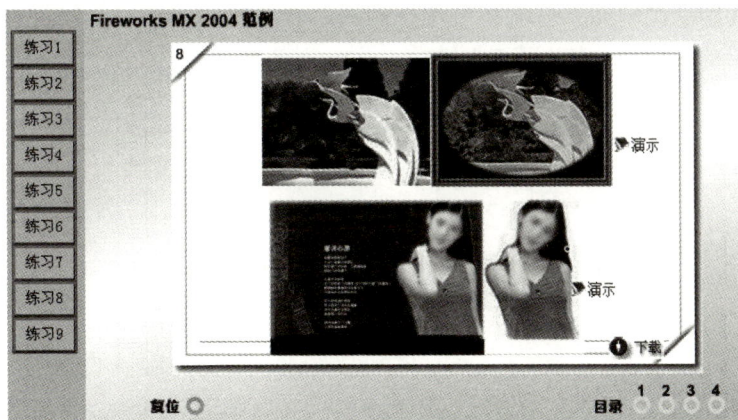

图 5-4-13 范例放大后的显示界面

5.5
题库与在线测试系统设计

　　题库是按照一定的教育测量理论，在计算机系统中实现的某个学科题目的集合，它是严格遵循教育测量理论，在精确的数学模型基础上建立起来的教育测量工具。

　　建立题库是一项复杂的系统工程，首先要建立系统的数学模型，其次确定试题的属性指标以及试题的组成结构，再组织优秀学科教师编写大批量的试题，最后还要开发非常实用的题库管理系统。为了保证试题的科学性和有效性，需要组织大量的被试，进行抽样测试，对试题参数标注的有效性进行校正。

　　题库作为一个教育测量工具，它不仅仅只有试题管理和组卷的功能，它更重要的功能是收集测试数据，并对这些测试数据进行统计与分析，发现题库中所存在的问题、教师教学过程中的问题以及学生学习过程中的问题。这些问题都隐藏在考试分数的背后。题库系统应该通过分析考试数据，发掘信息，提供给教师更多的信息以改进教学过程。

　　一般题库系统分为系统管理模块、试题库管理模块、试卷管理与组卷模块、数据统计模块等，各模块中均包含若干子模块。其中，系统管理模块提供对题库整体要素的管理任务，并负责对数据库进行存取操作，确保数据完整和安全。题库具有层级结构，能够对试题库和统计分析提供支持。数据统计模块用于对试题库进行数据挖掘和统计分析，并随着系统的运行而积累海量的数据并进行挖掘处理，以形成有价值的统计报告。常见的模块划分如图 5-5-1 所示。

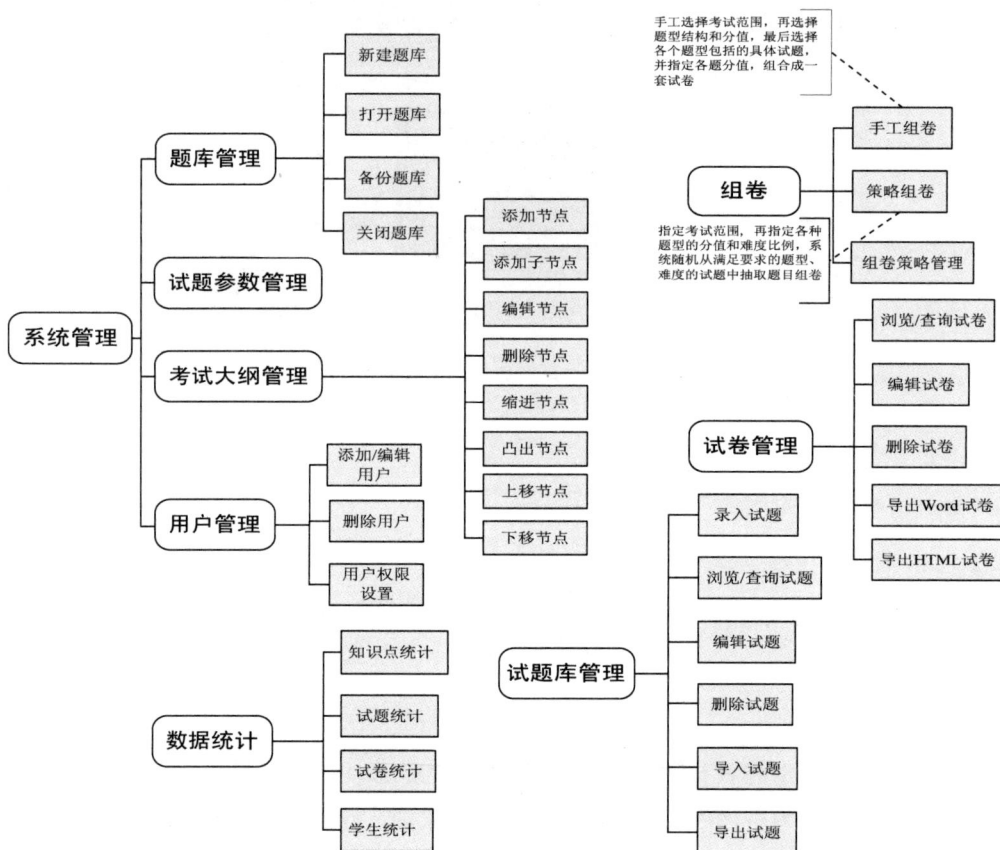

图 5-5-1　题库模块结构图

　　测评系统除了包括试题库、测验试卷的生成工具之外，一般还包括测试过程控制系统和测试结果分析工具、测试批阅工具。试题库的主要功能是将某门课程的试题资源按照一定的教育测量理论组织起来，为测试试卷的生成与作业的布置提供试题素材，并为学生考试成绩的评价提供学科结构的支持。测验试卷的生成工具就是要根据测试的目的，自动从试题库中抽出试题，组成符合教师考试意图的试卷。测试过程控制系统主要完成对网上测试过程的控制，如远程实时监控，在需要时锁定系统，不允许学生进行与测试无关的浏览，控制测试时间，自动提交试卷等。测试结果分析工具一般是根据每道题中的知识点和学生的答题情况，对一些教育测量指标做统计与分析，根据这些测量指标所指示的意义，调整教学过程中的活动，并对具体学生给出诊断，对下一步学习提出建议。另外，还要根据考试测验的统计数据，运用教育评估理论分析题目的质量，如区分度、难度等。作业布置与批阅工具可以在试题

库系统的基础上，自动生成作业，并在网络上发布、收集和批阅。整个测评系统的
结构图如图 5-5-2 所示。

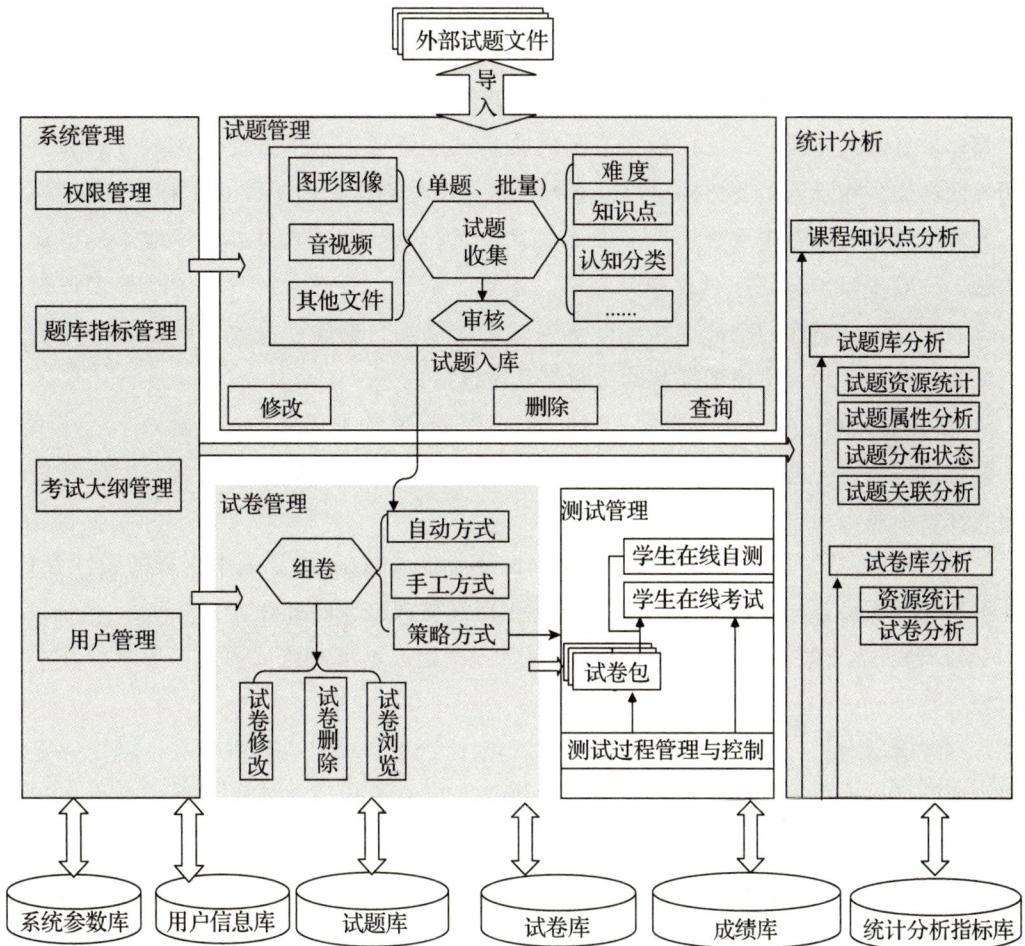

图 5-5-2　测评系统结构示意图

　　各个模块紧密配合，整体协调发挥作用。下面对题库与在线测评系统中涉及的部
分模块进行详细介绍。

5.5.1　系统管理模块

　　系统管理模块提供对系统权限、用户注册、考试大纲、用户管理、系统整体参数
设置、多媒体试题指标设置等方面的全面支持。

234

5.5.2 试题库管理模块

试题库管理模块主要完成基础试题库的构建，它是整个系统的基础，主要提供试题录入、试题管理、试题审核以及对试题库进行自我更新的功能。该模块还提供各种多媒体信息录入功能，保证在最大范围内收集试题资源，提供方便的录入方式和便捷的界面操作。在录入试题的同时可以进行预览，以达到所见即所得的效果。

传统的纸质试卷中无法处理多媒体信息，而利用计算机则可以方便地添加多媒体试题。一般多媒体试题中可以包含文本、图形、语音、音频、视频、动画等多种媒体形式。多媒体试题库的维护工具可以实现试题的添加、删除、修改，试题的分类统计浏览和试题的使用频率控制等基础功能。具体包括：

(1)添加试题。在试题库中加入编好的试题。有两种方式加入：单题录入，按预置的试题格式一道一道地填写；批量录入，将多道试题按预定的格式形成一个标准格式的文件，由录入程序一次性地录入题库。

(2)查询试题。用户在查询界面中输入试题查询参数(包括试题中所有的属性参数，并可实现逻辑组合)，查出符合条件的试题供后续修改或删除处理。

(3)删、改试题。查询出试题后，可删除该试题，也可对该试题的各项参数及试题内容进行修改。

(4)试题休眠。试题一旦被选入试卷库，则该题目自动进入休眠状态，随后一定时间内抽题试卷生成过程将不再有被选取的机会，可有效地防止连续几批试卷出现相同题目情况的发生。

(5)远程收集试题。参与建设题库的各地教师可通过网络提交试题(填写的内容与本地的单题录入一样)，提交后试题可自动汇总，形成标准格式的试题文档，供学科专家审查修改，然后批量录入题库。

(6)用户授权。授权哪些用户可以使用本系统，只有经过授权的用户才能查询试题或组卷。

(7)系统设置。设置一些影响系统运行的全局参数，如题型、题目数量、难度分布表等。

(8)专家确认。对题库进行修订时，必须通过学科专家的确认，包括修订试题参数、增删试题等。

(9)退出系统。退出题库系统，若退出后，还需继续使用本题库，需要重新登录。

由于试题库管理模块是测评系统科学性的基础，因此对试题的质量控制有着很高的要求。为了保证试题库有较高的质量水平，设计者可以尝试从以下几方面入手进行控制。

(1)控制入库试题的质量，质量不高的题目不能入库。要根据各种测验目标，运用恰当的命题技巧，控制合理的题目类型结构，进行严格的审核，形成一定规模的题量。

(2)控制入库题目具有合理的结构比例，包括题目分布、难度分布等。

(3)题目参数的完整性。只有具有完整参数的题目才能供测验编制者使用，包括标准答案、各种控制参数的确定、试题进一步的解释等工作。个别不确定性参数(如题目难度)可以使用等级量纲。

(4)试题库中试题的参数设置、功能设计应该本着科学、合理，为使用者提供最大方便的原则。

(5)试题库必须是动态的，应该提供可以不断地对库内题目进行增加、修改、删除的功能。

(6)数据应具备防止意外的或恶性的破坏特性。

5.5.3　组卷模块

建设计算机题库就是要把教育测量理论和计算机管理功能两方面的优势结合起来，使之成为科学高效的现代教育测量辅助工具，完善而实用的策略组卷模块是题库功能的直接体现者和执行者。

组卷模块根据题库使用者对试卷指标的各项要求，从题库中挑选出相应的题目，拼成一套可供使用的试卷。用户可以从实际应用出发，指定考试类型和相应的参数，从而形成策略。考试类型应能满足诊断考试、适应性考试、标准参照考试、常模参照考试、模拟考试等各种考试类型，供在不同情况下为实现不同目的加以选用。不同类型的考试，在设置策略参数时呈现给教师的界面可能会有不同，但是在算法实现上有共同之处。

通过教师在浏览器中输入相应的组卷参数(主要参数有试卷标题、考试时间、总题数、满分值、曝光时间、考察的知识点、平均难度、平均区分度、题型结构等)，系统会自动组出一份符合要求的试卷及其标准答案，当自动组卷的覆盖率等要求不满意时，可以通过手工调整或重新设置参数。查询出试题后，教师可在线预览，并可通过查询的方式在线修改试题。组卷模块逻辑流程如图 5-5-3 所示。

```
                        开始

                              或者
              输入有关试卷描述
                  参数

              填写试卷结构参数

                                        否
          试卷结构参数是否与
            填写参数相符
                  是
                                        否
            是否开始组卷?

                  是

        调用组卷算法,开始组卷          取消组卷,参数置零

        查找题库组成组卷

                                        是
            是否生成答案?

                  否                组出试卷,并给出
                                      试卷答案
            组出试卷
                                        结束

            结束
```

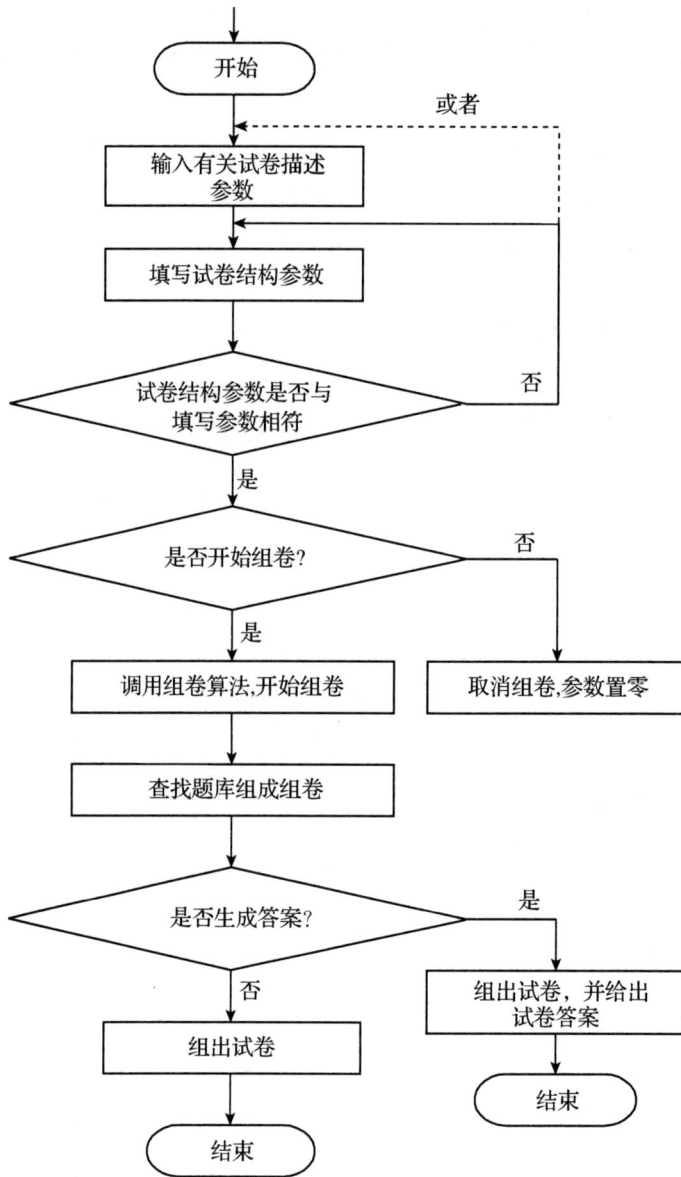

图 5-5-3　组卷模块逻辑结构流程

若教师对组卷结果满意,就可调用试卷生成模块完成试卷的文本转换,可以直接输出 Word 文件打印或者保存到试卷库中。组卷主界面如图 5-5-4 所示。用户确认组卷后,系统根据用户指定的题型、题量逐一完成答题卡的形成(文本文件)。

图 5-5-4　组卷主界面

在题库系统中，策略是用一套参数来表示的，抽取题目组卷就是从题库中挑选满足这些约束参数的题目的过程。目前已有的组卷算法主要有随机抽题法、回溯试探法、遗传算法等。

（1）随机抽题法。

根据输入选题的参数以及参数状态空间的约束条件，由计算机随机地抽选一道试题加入试卷中，此过程不断重复，直到组卷完毕，或已无法从试题库中抽选满足指标的试题为止。

（2）回溯试探法。

回溯试探法是对随机抽题法的改进，它将随机选取产生的第一状态记录下来，搜索失败时，释放上次记录的状态类型，然后再依据一定的规律变换一种新的状态进行试探，通过不断地回溯试探直到试题生成完毕或回到出发点为止。

（3）遗传算法。

遗传算法（Genetic Algorithms，GA）产生于 20 世纪 60 年代末，是由美国密歇根大学的霍兰德（Holland）教授提出的。它模拟达尔文的"优胜劣汰，适者生存"自然进化学说和孟德尔遗传定律，是一种迭代式搜索算法，根据一定的标准在迭代过程中保持种群稳定的基础上，激励好的结构，淘汰劣质结构。

遗传算法具有简单通用、鲁棒性强、全局寻优、收敛速度快等特点，这些都适用于解决组卷问题。组卷算法中，适应度函数是用来评判试卷群体中个体优劣程度的指标，采取合适的适应度函数是应用遗传算法的关键。编码方式、种群规模、交叉概率、变异概率等参数是影响遗传算法性能的重要因素。很多研究者基于几百道试题规模的题库，对遗传算法在组卷中的应用进行了研究和实验，并取得了比较好的实验效果。[1]

在要求比较宽泛的情况下，满足条件的结果集可能有很多。然而由于抽题组卷的约束条件之间有相互制约存在，同时考虑到实际题库中题目资源毕竟有限，而且题目分布不一定恰好满足抽题的需要，因此不能排除从题库中抽不出完全满足组卷策略的题目的情况。在题目资源相对于策略参数的要求显得紧张的情况下，如何合理地调整组卷策略的参数，并按照一定顺序适当放宽约束强度，这是在设计组卷算法时需要认真考虑的一个重要问题。

5.5.4　试卷管理模块

对组出的试卷进行管理、格式编排等。其具体功能如下。

(1)浏览/查询试卷。用户可以根据试卷的属性对试卷进行组合查询。例如，选中任意一个组卷策略时，其下属的试卷就会以列表的形式显示在右侧。双击列表中的一个试卷显示试卷的详细属性及内容。

(2)编辑试卷。系统支持手工选题，替换试题，对试卷组成结构进行手工调整。具体包括以下几项功能，即添加试题、替换试题、删除试题、调整试题分值、调整试题顺序。

(3)删除试卷。选择一份要删除的试卷，选择删除，系统就会将试卷从当前题库中删除。

(4)试卷生成与发排。其主要功能是将生成的试卷库数据信息转换并形成试卷。根据用户的需要，可形成标准试卷文件、标准答案文件、试题详解文件。本部分设计生成的试卷文件格式有以下两种。

①Word 文件格式。文件生成后自动启动 Word 软件，进入 Word 环境下的试卷编辑状态，方便用户对其进行修改或打印。

②HTML 超文本网页文件格式。系统自动采用 HTML 超文本标记语言对试卷进行转换处理，形成适合网上发布的 HTML 文件，同时自动调出 Windows 操作系统自带的浏览器显示该试卷，如图 5-5-5 所示。

---

① 周红晓：《遗传算法在试题库智能组卷中的应用》，载《浙江师范大学学报(自然科学版)》，2003(4)。

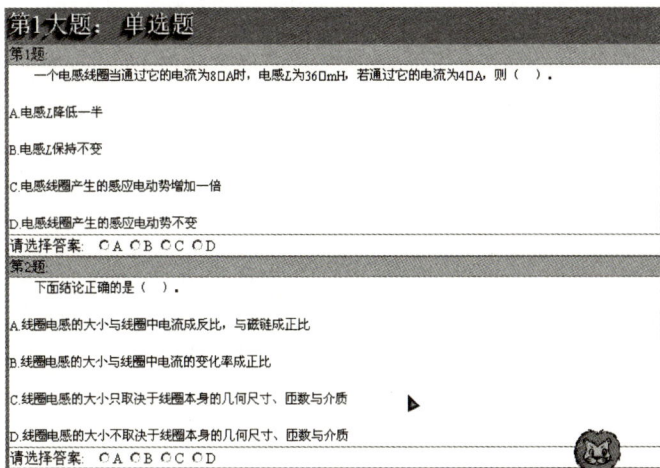

图 5-5-5　HTML 试卷示意图

　　用户确定试卷中每一道试题内容后，就可以生成试卷并保存试卷结构，存储于试卷库中，供考试备用。

　　(5)试卷模板支持。试卷模板用以指定试卷的格式及内容。用户可以自行建立自己的试卷模板，指定纸型大小、单/双栏、页眉页脚、装订线等排版格式，并通过特定标志来指定生成的 doc 试卷的内容，如包含试题还是答案、是否包含试题编号等。

　　(6)试卷打包、加密存储。题库系统并不是一个单独的系统，它需要与其他系统配合使用才能发挥作用，因此要求系统能将考试信息导出给其他系统使用。打包工具可以将一个或者多个试卷打包成一个文件，方便下载使用，包内包括试卷的所有参数，如整体参数、内在结构、测试对象、试题内容、试题答案、答案详解以及其他外围参数设定等，同时系统定义了试卷作业包的格式，与目前市场上流行的编辑软件保持一致，可以打包成 XML 格式、RTF 格式，或者是系统自定义格式等。

　　(7)预览和打印试卷。生成的试卷可以进行预览和打印，并且是所见即所得的。

5.5.5　测试管理模块

　　测试管理模块负责处理和控制测试的过程，对考场进行设置和控制，处理考试过程的意外等。联机考试与阅卷模块逻辑流程如图 5-5-6 所示。

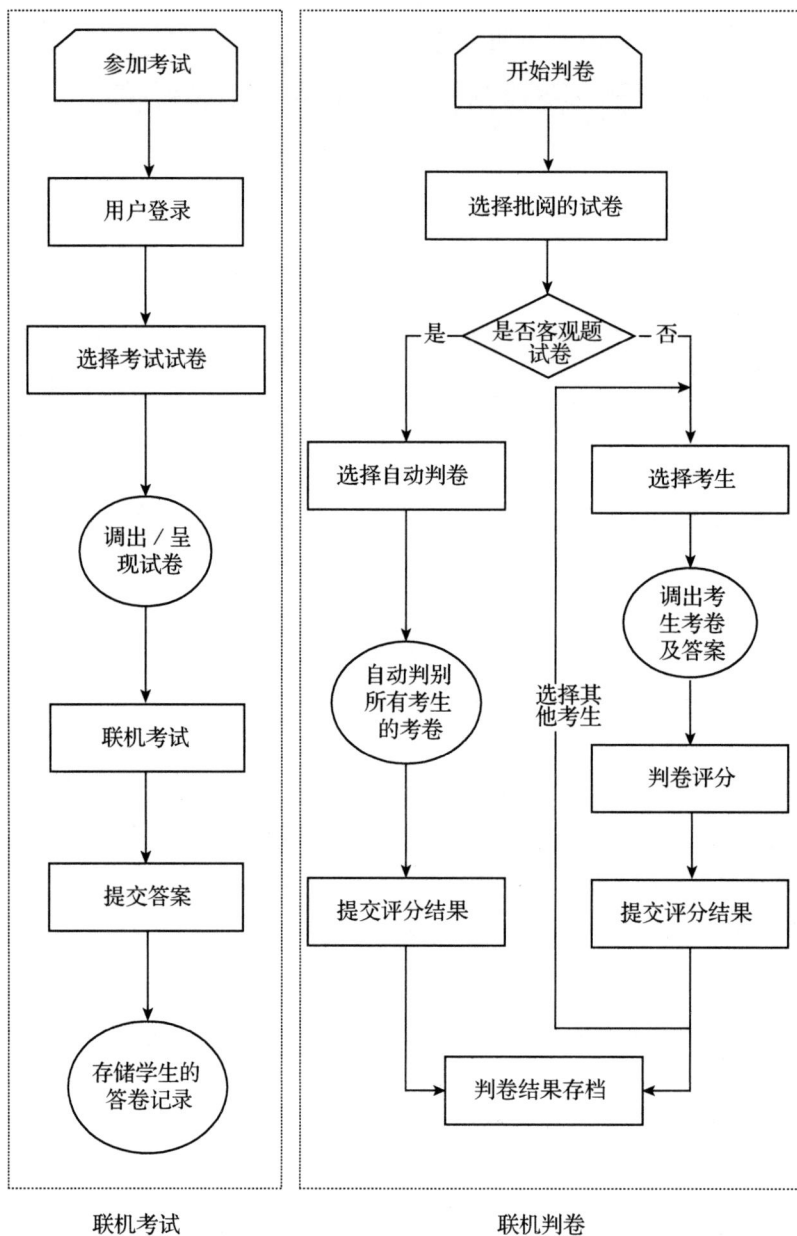

图 5-5-6　联机考试与阅卷模块逻辑流程

1. 监考控制

计算机考试的整个过程一定要严格地在管理员的控制下进行，包括考试科目和时间的限定、考生的限定、交卷控制等。通常管理员可以设置自动控制考试的起止时间，或者是手动控制考试的开始和结束，而不同的考生一般不允许随意选择考试试卷，只能在系统指定的试卷中答题。学校监考端主要完成本校考试的组织和管理、考场秩序的监控和维护等。各监考控制模块的内容见表 5-5-1。

表 5-5-1　监考控制模块表

模块	说明
开启考试	开启一场考试
暂停考试	暂停一场考试
继续考试	将暂停的考试继续
结束考试	结束一场正在开展的考试
考场计时	自考试开始时即自动计时
考场提醒	当一个时间段（如 30 分钟）结束后，自动提醒监考员与考生
换机请求	响应或拒绝学生的换机请求
允许重考	允许已经考试的学生进行重考
导出考试数据	自动导出学校考试数据，压缩并加密
上报考试数据	向阅卷服务器报送考试数据

　　（1）开启考试：由监考员负责监控和管理考试现场，提供开考、暂停考试、继续考试、结束考试、学生换机管理、重考管理等全面的考务管理功能。监考员通过输入监考账号和密码进入监考功能，并负责开启考试，如图 5-5-7 所示，监考时所使用的控制菜单和考试状态显示如图 5-5-8 和图 5-5-9 所示。

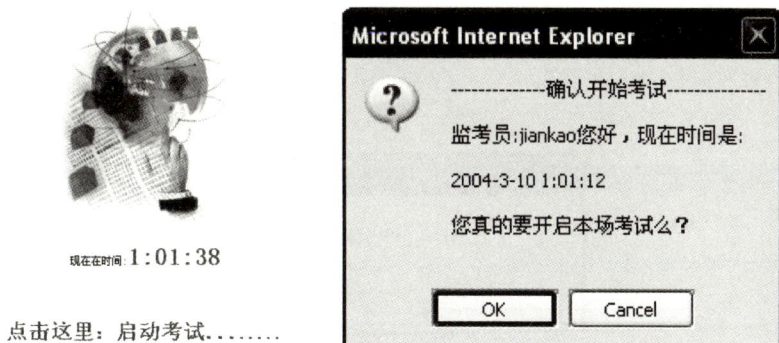

图 5-5-7　监考员开启考试

图 5-5-8　监考员的主控菜单栏

图 5-5-9　考试时钟

（2）监测考试状态：考试期间监考员应该定时关注下面这个监控页面，它列出了当前正在参加考试的学生的基本信息以及学生目前作答的情况。这个页面会定时刷新，有助于监考员了解学生的作答情况，并予以提醒。监测考试的界面如图 5-5-10 所示。

监考员监考老师 您好

本校目前共有6名考生已经登录……

姓名	考号	登录IP	重考次数	判断题	单项选择	录入题	作品题	操作题
考生1	060601001	127.0.0.1	0	6	4	0	0	0
考生8	060601008	128.0.0.101	0	0	0	0	0	0
考生101	060601101	128.0.0.103	0	10	10	1	0	0
考生102	060601102	127.0.0.1	0	3	1	1	0	0
考生104	060601104	128.0.0.102	0	8	0	0	1	1
考生105	060601105	128.0.0.102	0	5	5	1	1	1

共1页，上为第1到6记录

图 5-5-10　考试状态监测界面

（3）换机请求：考试期间一名学生只允许在一台计算机上进行考试，不得随意换机续考。如果确实需要换机，应该由学生向监考员提出换机申请，由监考员确认可以换机之后才能进行，界面如图 5-5-11 和图 5-5-12 所示。

..:学生申请换机请求列表

用户	准考证号	考试次数	上次登录时间	考生IP
考生105	060601105	0	2004-3-10 1:13:06	128.0.0.102
考生101	060601101	0	2004-3-10 1:03:51	128.0.0.103

图 5-5-11　查看学生换机请求

图 5-5-12　允许学生换机

（4）暂停和继续考试：当考试进行过程中出现了突发事件，可以利用监考界面中的暂停/继续考试功能，令考试暂停。暂停期间各考生不能答题。暂停结束继续考试后，暂停的时间不计入考试的总体时间内，界面如图 5-5-13 所示。当需要结束考生的考试过程时，也可以使用结束考试的功能，令指定考生的考试过程立即终止，界面如图 5-5-14 所示。

图 5-5-13　输入监考密码，暂停/继续考试

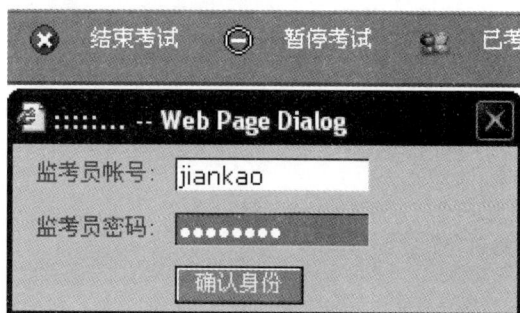

图 5-5-14　单击"结束考试"按钮，终止本场考试

（5）允许重考：由于特殊原因，考生不得不中途停止考试，可以在考试结束后由学校安排进行重考。考生重考仍然使用同样的考号，重考过程和正式考试一样。设置重考的界面如图 5-5-15 和图 5-5-16 所示。

图 5-5-15　管理已考学生，允许部分学生重考

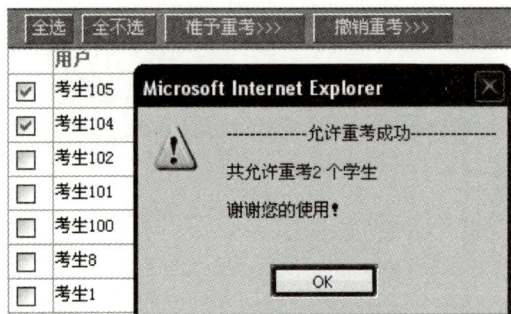

图 5-5-16　允许学生重考

(6)结束考试：监考员单击结束考试后结束本场考试，考生将不能继续答题。

2. 在线测试

考生进行在线测试时，需要对其身份进行认证，并处理考生在测试过程中的交互，记录测试过程信息，提交测试过程信息等。在线测试模块的组成见表 5-5-2。

表 5-5-2　在线测试模块表

模块	说明
学生身份验证	考生考试身份的验证、加密号的生成等
试题应答模块	考生每做一道题即自动向服务器提交做题结果
考试提醒	每隔一定时间，给考生一次计时提醒
检查	自动为考生检查试卷作答情况，提示未作答试题量
交卷	向服务器提交学生作答结果，完成考试过程

(1)考生登录：考试平台的登录通过浏览器进行，打开浏览器后在地址栏输入由监考员公布的地址，即可看到如图 5-5-17 所示的界面。

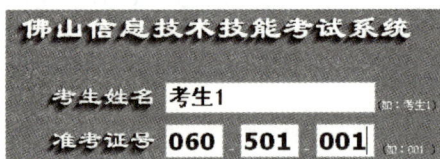

图 5-5-17　考试登录界面

输入考生的姓名和准考证号，单击登录即可进入下一步考试。

(2)考生应答：登录之后平台会为考生安排一份试卷进行作答，系统在浏览器中以 HTML 的方式呈现该试卷，考生通过表单来输入试卷答案，提交答卷后，系统将考生的答案存入考生档案之中。教师在阅卷时，可以调出考生的答卷记录进行批阅。界面顶端是整个考试平台的主菜单，具体内容如图 5-5-18 所示。

图 5-5-18　考试平台主控菜单

　　考生直接接触到的只是考试答题界面这一部分，这一部分的设计主要考虑界面显示要清晰、美观，由于计算机考试时间一般会在 1 小时以上，考生需要长时间注视显示器，因此在色彩搭配上一定要清新，切勿过多使用鲜艳夺目的色彩。单选题的答题界面如图 5-5-19 所示。在回答多媒体试题时，界面的设计要便于对题目的控制，如对于图形图像题目可以提供图片的移动和放大、缩小等功能，而对于音视频题目，则要提供诸如播放、暂停、音量调节和进度控制等功能按钮，需要时还可以提供素材文件的下载功能，如图 5-5-20 所示。

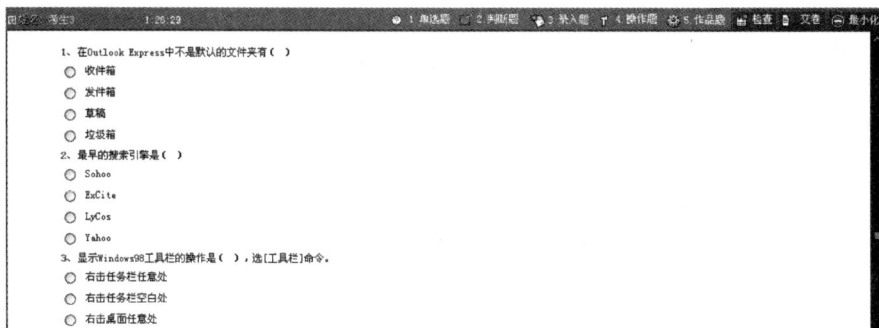

图 5-5-19　单选题作答

请根据题目的要求，下载相应的文档，完成作品的制作，并上传。

步骤 1：阅读本题要求

主题：互联网时代

1、围绕主题，制作一个多媒体作品。制作工具可以选用 powerpoint，flash，frontpage 等。

2、要求有一个主版面（页）及两个内容版面页。

3、主版面（页）要有链接到内容版面，内容版面可以返回到主版面。各版面有遍体及内容，作品中有一定的文字、等

4、选材：可以从素材文件夹中进行选择，也可以向素材文件夹中添加新素材进行制作。

5、作品中不能有学校和考生姓名等信息，否则视为无效。

步骤 2：下载素材文件夹到桌面，并将其解压

　　📁 Zuopin_003.zip

步骤 3：在已有素材的基础上，结合"步骤 1"中的要求，完成作品

步骤 4：压缩作品文件夹并上传，同时填写答题简要说明（如作品设计思路，素材组织思路等）

作品路径：　[　　　　　　　　]　Browse...

作品说明：　[　　　　　　　　　　　　　　]

　　　　　　[　↑上载我的作品>>>　]

图 5-5-20　作品题作答

(3)交卷：考生确认无误后就可交卷。交卷之后，如果考试还没有结束，考生可以再次登录平台继续作答，或者对先前作答的题目加以检查。监考员宣布考试结束后，考生就可以离开考场了。交卷的时候，平台会自动检查考生各种题型作答的数量，界面如图 5-5-21 所示。

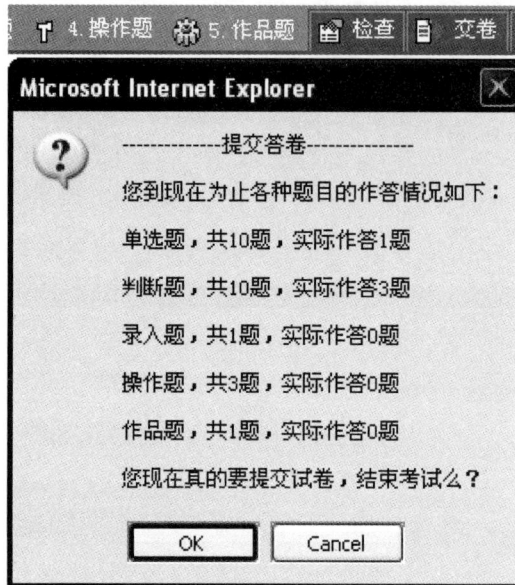

图 5-5-21　交卷检查

另外，答题区按钮的设计一定要合理，尤其是"交卷"按钮一定要单独放置，并且在单击"交卷"按钮时要有警示信息，避免考试时考生由于紧张而犯误交卷这样的严重事故。

(4)联机阅卷：考试结束后，教师可通过网络批改试卷。教师登录后，选择要批阅的试卷，再选择参加考试的考生，调出该学生的考卷及答案，客观题由系统自动判别，非客观题由教师判定给分，教师确认提交后，判卷信息便存入考生的档案之中。

(5)考试结果查询：阅卷结束后，考生可登录选择自己考过的试卷，便可调出该试卷，显示出该试卷的内容、标准答案、答卷记录、教师的评分情况等。

3. 考试系统保障机制

网络考试系统实现了很多传统笔试考试所无法实现的功能，在现代教学活动中有着无可比拟的优势，但考试过程的安全问题也变得非常突出，稍有不慎就会造成严重的教学事故。对于网络考试系统的保障机制有两个层面的含义：一是在硬件层面保障考试能够顺利进行，而不能因为网络或计算机故障造成考试中断；二是在软件层面保障考试的公平性，防止非正常事件(如替考、登录错误等)的发生。

考试系统需要有网络作为数据传输的基础，为避免出现断网或计算机死机这类事件造成的损失，在设计考试系统时一定要充分考虑硬件保障机制。常见的做法是进行服务器端和考试端的双备份。例如，在托福网络考试中，为了保证网络考试顺利进行，考试试卷会先下载到本地，考生在答题过程中会进行本地存储，同时会上传到远程服务器中进行备份。当出现断网状况时，并不影响考生在本地的考试，网络恢复后数据会及时上传。而当本地计算机出现死机这种状况时，只需要重新启动计算机，如果有数据丢失即可从远程服务器上下载，当本地数据完整后继续考试。双备份形式可以说是一种比较有效的网络保障机制，在设计考试系统时一定要结合实际情况重点考虑。

在软件层面的保障上，主要是防止登录错误等事件的发生，一般通过在考试系统中设置过滤机制解决。允许登录的考号和考试科目、允许登录的计算机名、允许登录的计算机 IP 地址区间等都可以作为过滤条件，通过在考前预先设定好过滤信息，可以防止绝大部分非正常考试事件的发生。而诸如考生的二次登录等特殊事件的处理，也应该在考试系统设计过程中考虑到。无论如何，保障机制是评判一个考试系统质量优劣的重要方面，在设计时要尽可能地避免出现漏洞。

5.5.6　个人自测

一般题库与测评系统不仅可以用于正式测试，还可用于学生自测学习。学生可以根据自己的学习情况，有针对性地输入试题表（通过试题表中的属性值来查找和定位试题），试题图形表，考查知识点表，试题答案表（通过生成的查询条件，查出试题，组成试卷，以 HTML 文件方式呈现）等参数，组出适合自己的练习试卷，作自我测试，可用于对还未掌握好的知识点进行练习。自测时个人组卷界面如图 5-5-22 所示。

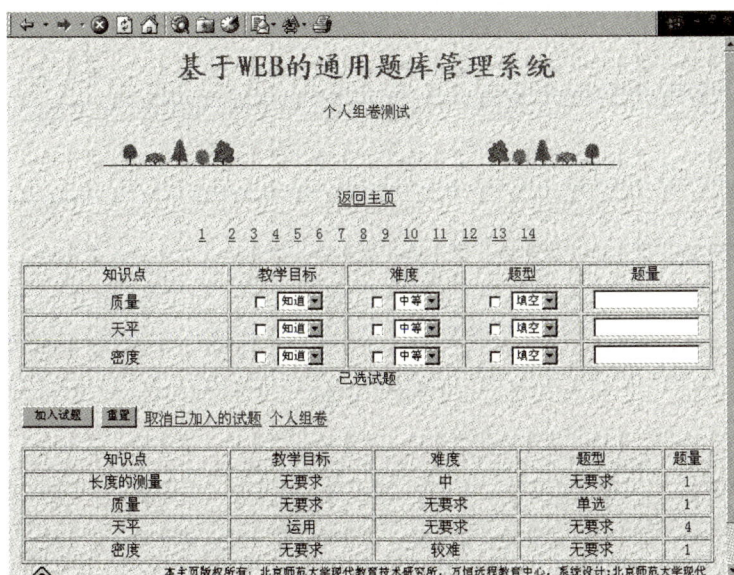

图 5-5-22　个人组卷界面

其逻辑流程如图 5-5-23 所示。

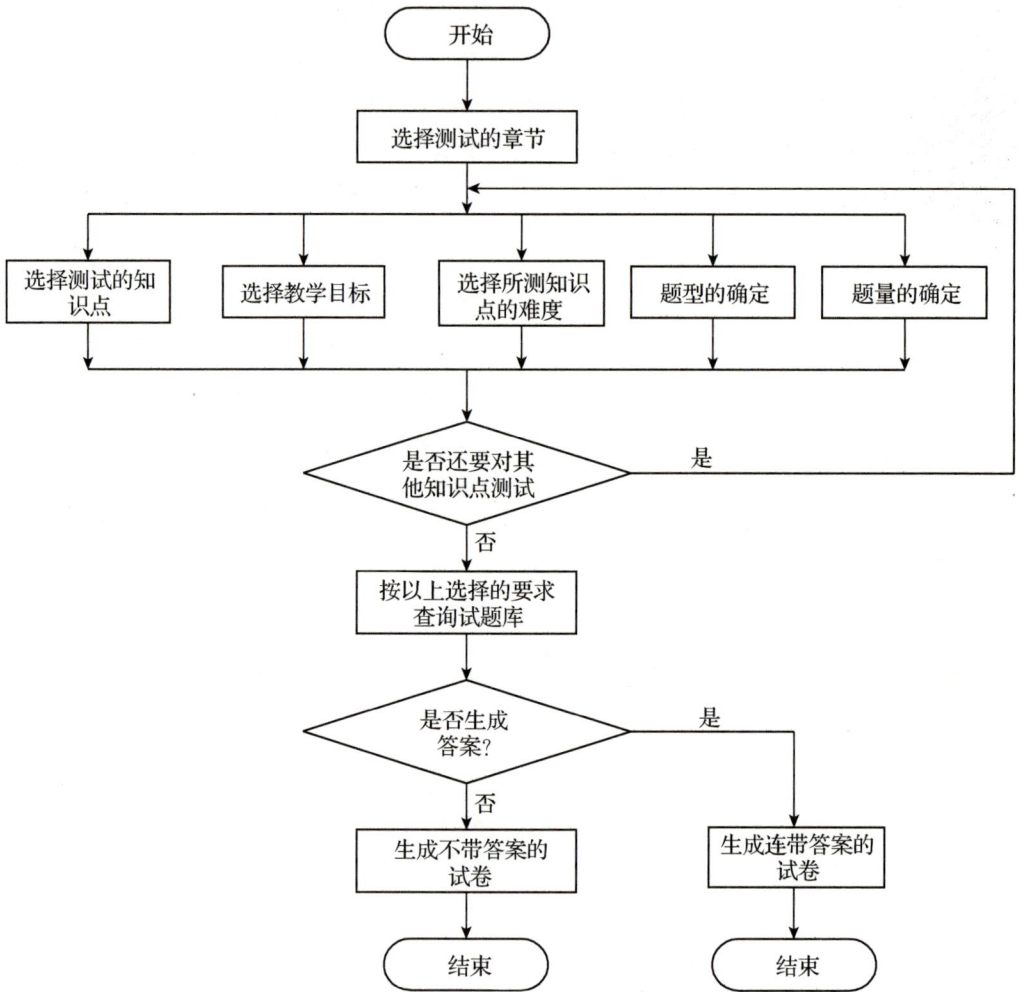

图 5-5-23　自测个人组卷逻辑流程

5.5.7　统计分析模块

统计分析模块的作用主要是统计分析学生的考试成绩，挖掘隐藏在分数之下的学习问题与教学问题。它包括 4 个方面的情况分析：知识点分析、试题分析、试卷分析、学生分析。统计分析模块逻辑流程如图 5-5-24 所示。

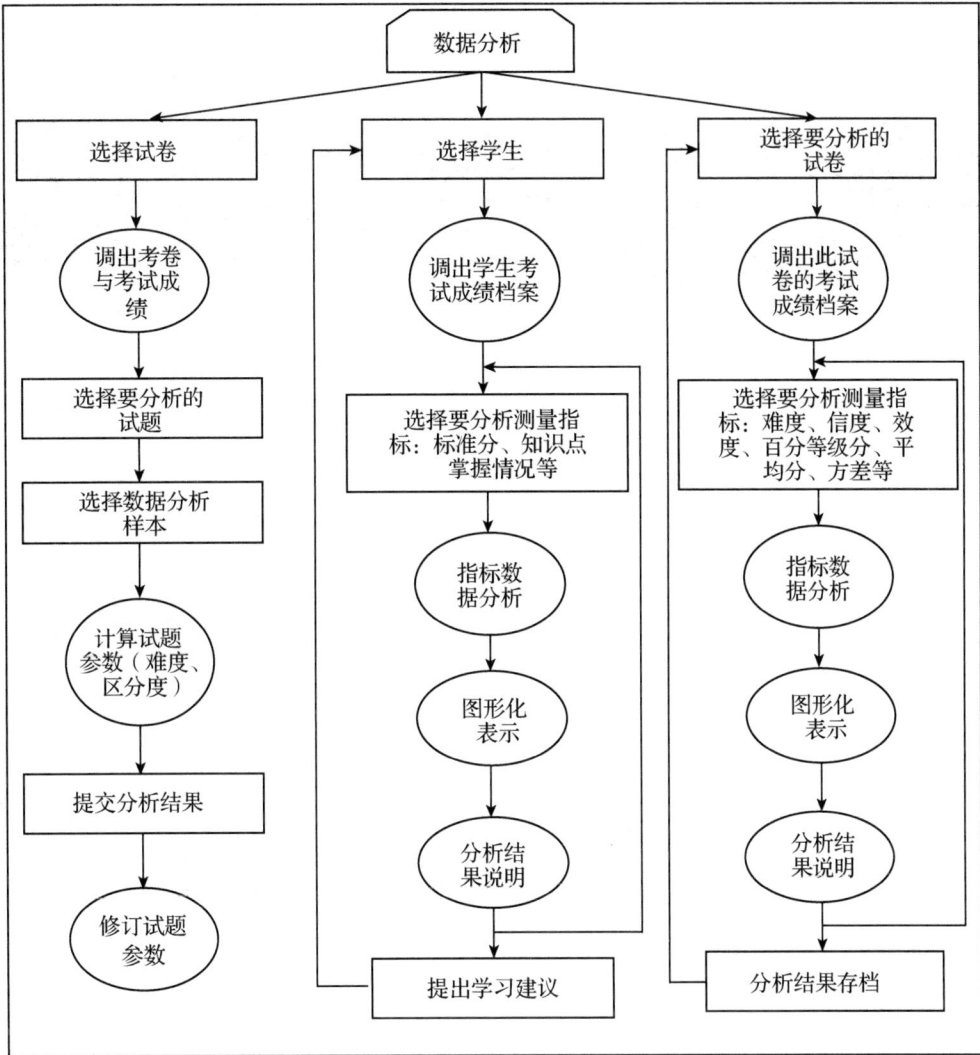

图 5-5-24　统计分析模块逻辑流程

1. 知识点分析

　　题库系统应该是以课程为依托、以知识点为核心的有组织结构的系统。课程内容组织的科学性、有序性直接关系着系统运行的效果。每个试题都对应着要考查的一个或多个知识点以及在知识点上的认知结果分类，所以，系统提供了对课程知识点的统计分析，分析结果的呈现方式采用表格和图形结合的办法，既直观形象，又有精确数值的支持。如图 5-5-25 所示就是对知识点进行分析的界面。

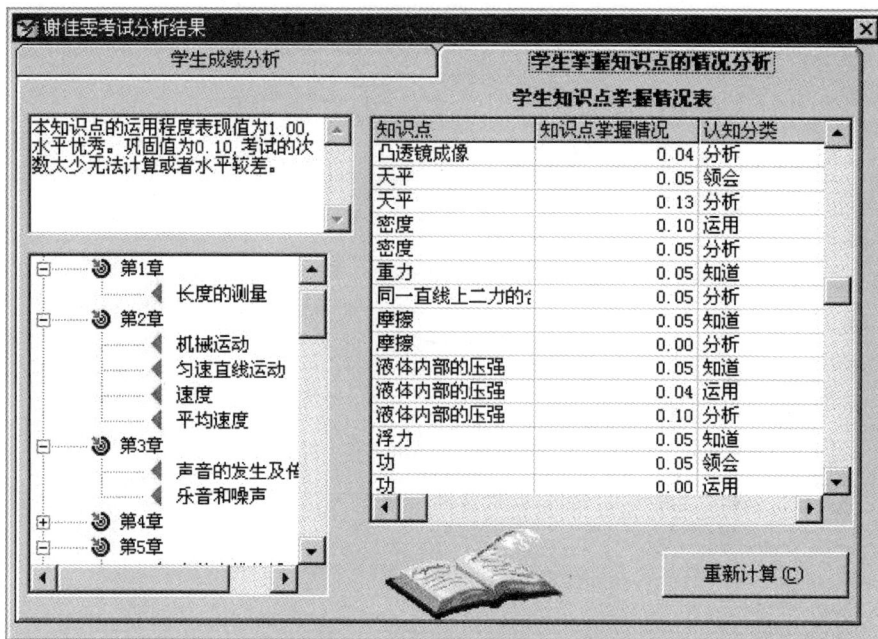

图 5-5-25 知识点分析

知识点分析，主要指动态的统计知识点数量、数据量以及用户对它的利用率和隶属于该知识点的题目数量、知识点分布，试题类型分布；试题难度、区分度、认知分类分布；学生反应信息以及课程所拥有的知识点情况和各知识点上的试题分布情况、利用情况等，检查试题在知识点上的分布状态，如果严重失衡，则报告管理员进行调整。

2. 试题分析

一般而言，在题库系统中，试题所具有的属性项有试题编号、试题类型、考查知识点、难度、区分度、认知分类、题干、操作说明、答题时间、建议分数、使用总次数、上次使用时间、出题人、出题日期、归档时间、保留项等。其中，最重要的试题属性有试题难度、区分度、认知分类、考核知识点等。其中难度是衡量题目难易水平的数量指标，通常以题目的答错比率来表示；区分度是衡量题目对不同水平被试心理特质的区分程度的指标；认知分类是衡量试题的学科体系与教育目标分类的指标，这是选择试题的根本依据；考核知识点可以标识试题在这个学科的教学大纲中所属的知识点，可以用来确定考试的范围。具体的试题分析的界面如图 5-5-26 所示。

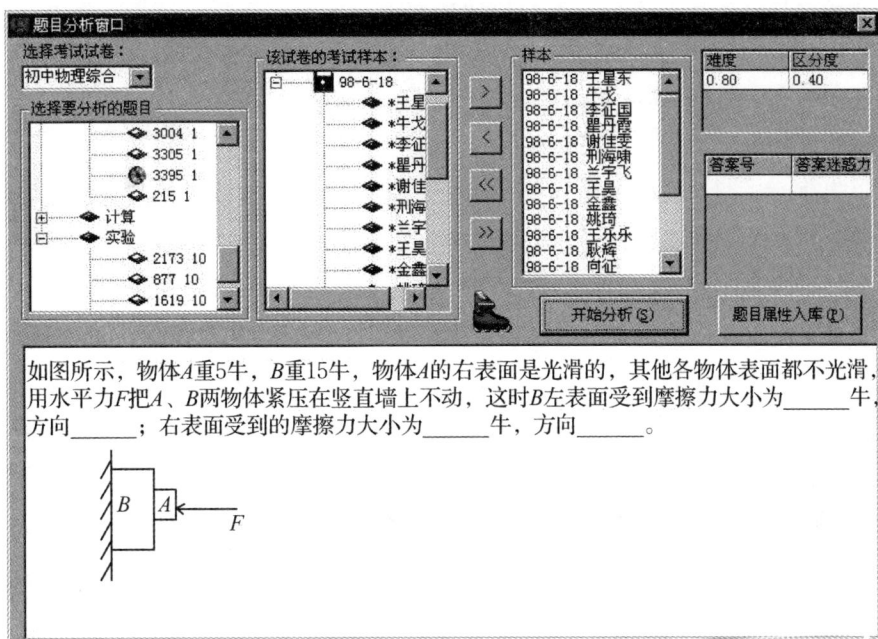

图 5-5-26　试题分析

试题分析可以体现在以下几个方面。

(1)试题关键属性的动态更新。试题入库的时候所定义的试题属性值可能不够准确。随着系统的运行，结合学生测试成绩的统计结果，需要对试题的关键属性进行检测，并进行动态更新，使试题随着系统的运行而不断改进，这些关键属性值可以根据试题方面的分析评价结果进行动态的更新，使之更加科学化。

(2)异常试题报警。在系统运行过程中，需要动态地检查试题的状态信息，对于学生都能回答正确或错误，或者答案错误倾向过于明显或者其他使试题质量明显下降的情况，则进行异常试题报警。

(3)试题分布统计。系统提供了有关试题的统计工具，能够动态地统计课程和隶属于该课程的题目数量、知识点分布等，动态地反映出试题的利用率和更新信息，并以图形等直观的方式来显示。根据课程知识点信息，检查试题在知识点上的分布状态，如果严重失衡，则报告管理员进行调整；可以从试题的难度级别、区分度级别、使用次数级别统计试题的数量和所占比例，对于使用次数可以采用分段的方式，首先选择时间段，然后选择使用次数分段(如分为 1000 次以上，500～1000 次，200～500 次，200 次以下，可以再分细一些)，并以图形配合。

系统允许用户查看各个课程/知识点下不同题型、难度、区分度条件下的试题数量、试题被引用次数以及试题使用过程中学生对试题的反应等信息，对题库的整体情况可以进行实时把握。

　　随着多媒体试题库的运行，系统自动记录试题的使用频率、最后使用时间、使用次数、学生反应情况等，自动对试题的难度、区分度进行调整，使其更加科学；对表现异常的试题（如某选择题的某选择项从来就没有被学生选择等），系统定期进行检测，并提供异常试题报警功能，向用户提供试题统计报告。

　　系统提供对试题数据的统计功能，以便掌握现有试题数据的属性及使用情况。按照统计的角度，不同数据统计可分为从数据属性角度的统计和对数据使用情况的统计。

　　3. 试卷分析

　　对于测试后的试卷要统计的关键属性有信度、效度、平均难度、测试知识点情况，样本群体的最高分、最低分、各个分数段的累计人数、平均分、标准差，各个学生的原始分数和经过转换后的分数等，利用折线图和直方图的呈现方式可以直观地表示出学生在各个分数段的分布情况以及学生成绩是否符合正态分布等。如图 5-5-27 所示就是以表格和图形的方式显示的试卷统计结果。

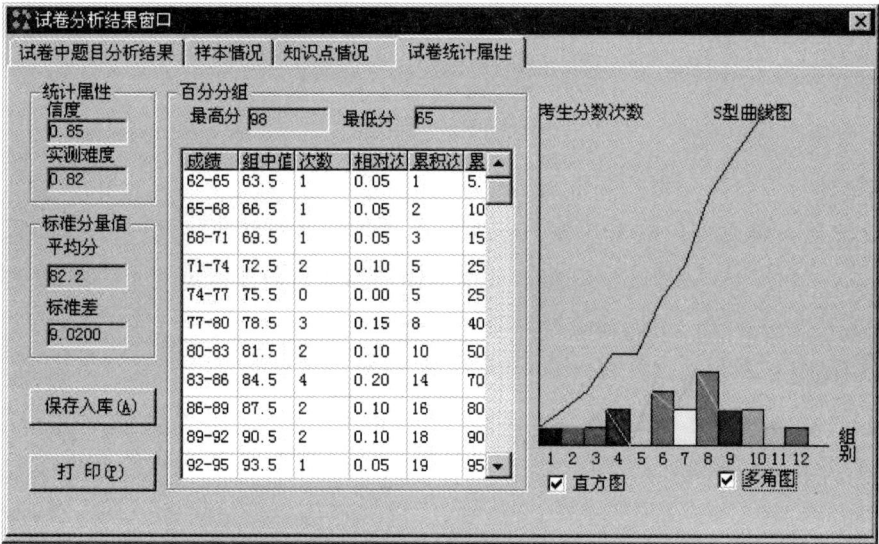

图 5-5-27　试卷分析

　　对于测试试卷，通过分析学生在每道题上的得分情况，并结合试题与课程、知识点、认知分类等的关联关系，可以推知在所关心的知识点和认知目标上，学生在多大范围、多大程度达到了预期的要求，据此可以对知识点和学生的认知目标进行分析。

　　4. 学生分析

　　学生分析包括学生的历次考试/作业成绩及各题的得分、进步情况、学习障碍、知识单元的掌握情况等，并对学生的试卷/作业成绩做出有确定意义的解释，以便让学生在与群体的比较中认识自己的地位，属于常模参照评估。系统首先将学生历次成绩转换为标准分数、百分等级分数进行比较，并按照时间轴进行历史追踪，可以非常明显地看出学生的变化趋势。如图 5-5-28 所示，可以明显地看出学生成绩的变化曲线。

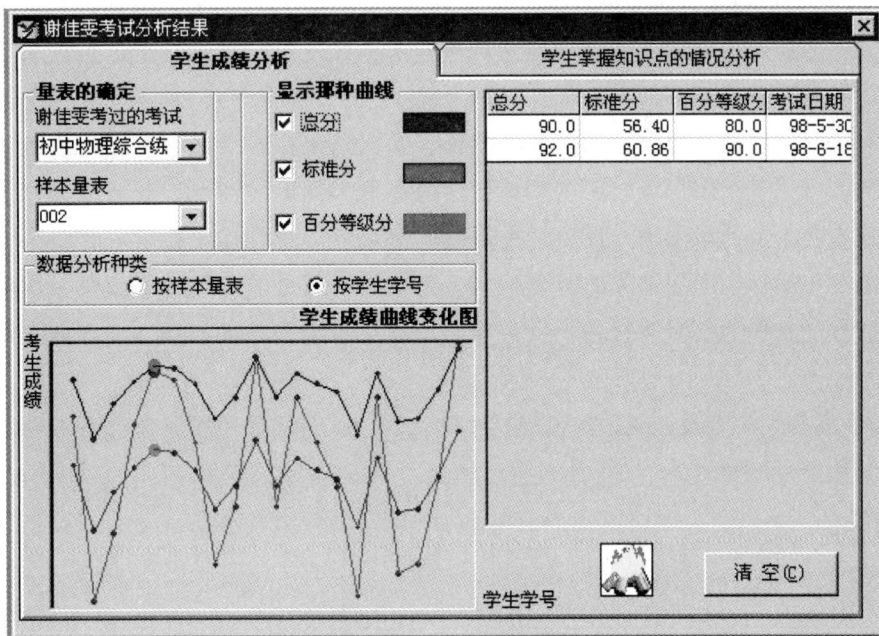

图 5-5-28　学生分析

　　学生分析包含两个维度，即知识内容和认知能力。通过分析学生在试题的表现和试题与知识点、认知分类的关联关系，可以获知在知识点上达到教学目标的范围和程度，分析结果可以用于生成针对学生个人的指导语，提示学生在哪些方面已经达到教学要求，哪些还需要加强训练，并为学生准备相关的教学材料，包括错答题目的例题讲解和题目所考查的知识点的教学目标的说明性材料等。评价方面包括相对评价、绝对评价、个体差异评价等几个角度。系统在对学生进行整体分析的基础上，对每个学生生成评价报告及其解释，附加原始评价数据，并针对问题提出有建设性的改进意见。对于学生提供个性化的学习指导语，给学生提供有效的学习决策，评价结束后，系统发布评价公告，并将每位学生的评价报告和信息发送到学生的个人信息窗，即时反馈。

　　学生分析可以体现在如下几个方面。

　　(1)帮助学生澄清对分数的认识。对于学生的某一次考试，选择参加这次考试的全体学生中的不同样本范围并计算出量表，就可以按照量表转换公式得到学生的原始分数在不同的样本范围的转换分数。对这个分数的解释可以帮助学生确定自己在所处的学习群体中的位置，并正确认识这种位置。它让学生明白分数的含义是相对的，而不是绝对的；单纯的分数并不能说明全部问题。

　　(2)获知学生变化趋势。学生如果想知道自己是否进步了，就需要按时间轴做一个关于考试成绩的历史追踪。由于直接比较原始分数是没有意义的，因此我们将它们转换成标准分数、百分等级分数等进行比较，就能够得出是进步还是退步的结论。

(3)学生知识和能力的分析。题库系统与学生之间通过联机测试界面进行交互，计算机记录并分析学生有意义的反应信息，通过对这些反应信息的分析，可以获得很多有价值的教学过程信息。由于每道题目都考查了某个(或多个)知识点和认知分类，因此通过分析学生在某些考题上的表现，就可以知道学生在相应知识点上达到教学目标的范围和程度，了解该生对知识点掌握的情况和能力的发展情况。分析结果可以用于生成针对学生个人的指导语，提示学生在哪些方面已经达到教学要求，哪些还需要加强训练。可以为学生准备有关的教学材料，包括错答题目的例题讲解和题目所考查的知识点的教学目标的说明性材料，以帮助学生纠正错误的理解和观念，找到并加强自身的薄弱环节。

(4)激励学生的学习。通过与适当样本的比较，并对比较结果做出合理的解释，可以激发学生学习的动力。

第 6 章

教学模拟软件设计

章结构图

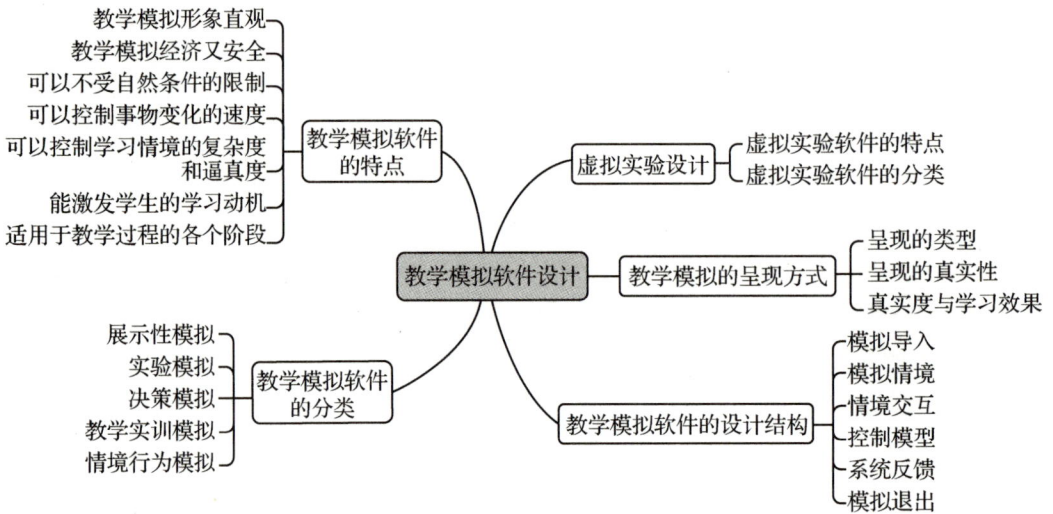

在信息化教学中，借助于计算机模拟现实世界的各种现象及其变化发展过程，学生可旁观模拟现象，或者以外在主体的身份与之相互作用，或者在模拟中扮演一个角色而成为模拟现象的一个组成部分。计算机模拟可使学生进入一个虚拟的环境中去体验所学内容，获得近似于真实生活的经验，增强学习动机，并为促进学生的认知发展提供支持，帮助学生进行有意义的思考和解决现实问题，发展高阶思维能力。尤其在数学和物理学科中，计算机模拟成为强有力的教学工具。基于可视化的分析工具，一些科学模型从静态的图表进化为具有交互功能的动态模型，改变学生理解科学的方式。

近年来，世界各国在数学和科学教学中应用大量的计算机模拟程序来促进学生对数学和科学的理解。从"看"到"做"，学生在课堂上进行自主探究与实践，并进行实时的验证，真正理解复杂的科学概念和原理，拓展了思维深度和广度，发展了高阶思维能力。

6.1
教学模拟软件的特点

教学模拟是利用计算机建模和仿真技术来表现某些系统（自然的、物理的、社会的）的结构和动态，为学生提供一种可供他们体验和观测的环境，产生各种与现实世界相类似的现象，供学生观察，帮助学生认识(发现)和理解这些规律与现象的本质。有研究者定义计算机模拟教学软件为"以真实或理论模型的可调控计算机程序"。[①] 它是指用计算机去建立模型来模拟真实世界中的现象，以帮助学生掌握和理解现实规律。学习者可在交互控制状态下对某种现象或过程进行学习或研究。例如，教学模拟软件可以模拟电子运动、原子裂变、落体运动等，帮助学生加深对原理的理解；可以模拟构造一个微型公园，让学生通过合理设计和妥善经营形成相关的操作技能和解决问题的能力等。具体说来，教学模拟的主要优点包括如下几个方面。

6.1.1　教学模拟形象直观

与直接实验一样，教学模拟具有生动直观的特点，它可以将许多抽象的概念、原理转化成直观的现象呈现在学生眼前，使学生便于接受和理解。这些抽象的概念可包括太小(分子)、太快(电子)、太抽象(力)、太大(太阳系)的现象等。[②]

6.1.2　教学模拟经济又安全

在很多实验和培训场合中，由于有时设备极其昂贵，或者它的操作具有危险性，因此需要使用教学模拟以使得实验和培训是在安全且经济的环境中进行的。例如，在飞行模拟中，如果学生撞毁了飞机，可以重新再来，而不会造成真正的损失和伤害，以确保实验和培训既经济又安全。

6.1.3　可以不受自然条件的限制

在教室或实验室中，学生只要使用计算机就可以进行模拟练习，而不受天气状况、昼夜或其他条件的限制。例如，在一堂课的时间内，学生可以通过模拟，学习如何在不同的天气情况下，在不同的机场降落飞机。在现实中，有些现象要经过很长时间才会发生一次，而通过模拟，就可以在短时间内多次重复该现象，学生就可以反复观察该现象，从而理解其中的规律或掌握操作技巧。例如，在飞机起飞时，引擎出现故障的概率很小，但它一旦发生，经过模拟训练的飞行员就能熟练地处理该故障。

[①]　Thomas R，Hooper E，"Simulations：An Opportunity We Are Missing，"Journal of Research on Computing in Education，1991(23)，pp. 497-513.

[②]　［美］马西娅·C. 林、［以］巴特-舍瓦·艾伦：《学科学和教科学　利用技术促进知识整合》，上海，华东师范大学出版社，2015。

6.1.4　可以控制事物变化的速度

在现实中，有些事物运动变化得很快，有些却极其缓慢，导致学生难以观察和理解它们的全部变化过程和机理。在模拟中，可以改变这些事物的运动变化速度，从而有利于学生观察。例如，可以通过模拟让学生观察计算机中数据从内存流向 CPU（中央处理器）的过程。

6.1.5　可以控制学习情境的复杂度和逼真度

通过使用彩色图形、声音效果、动画和文字描述，教学模拟可以弱化，甚至剔除现实情境中的无关干扰，抽取关键部分加以呈现，使初学者把注意力集中于关键内容，以提高学习效率。另外，随着学生能力水平的提高，可以逐步提高模拟的逼真度，以促进学生认知迁移。

6.1.6　能激发学生的学习动机

交互性是教学模拟的一大特色。在决策模拟中，学生在某个情境中扮演一个角色，成为积极的参与者。因此，相对于个别辅导型或练习型课件来说，教学模拟更容易激发学生的学习动机。

6.1.7　适用于教学过程的各个阶段

计算机模拟可用于从呈现、指导、练习到测验的教学过程的各个阶段。例如，在交通规则模拟中，系统先介绍（呈现）交通信号灯及其有关规则，然后引导学生识别信号灯和掌握有关规则。接着让学生在模拟中练习驾车通过有信号灯的各种交通路口，最后还可以用该模拟系统测试学生的熟练程度。在学习的过程中，计算机模拟还可以提供一个暂时性的支持环境来协助学生发展各种能力。随着对学习内容的逐渐熟悉和掌握，学生学习能力得到进一步提升，可以利用模拟程序进行自主探究，建构个人的知识体系。计算机模拟作为学生探究学习的支架，其最主要目的就是使学习者始终处于他们的邻近发展区进行学习，这主要通过两种方式达成：一是建构学生的交互活动和探究虚拟环境；二是针对学生目前的需要与能力，不断提供不同的支持工具。

6.2
教学模拟软件的分类

教学模拟软件的种类有很多，很难用一个系统的分类框架把它们严格地分成若干类，根据学科内容、展现方式、教学应用方式等，都有不同的分类。比如，根据交互性来划分，可以把模拟分为静态模拟和交互式模拟。在静态模拟中，学生只能被动地看和听，而不能参与模拟过程。在交互式模拟中，学生可以操纵模拟中的各个成分，并观察自己行为所产生的效果。其分类如图 6-2-1 所示。

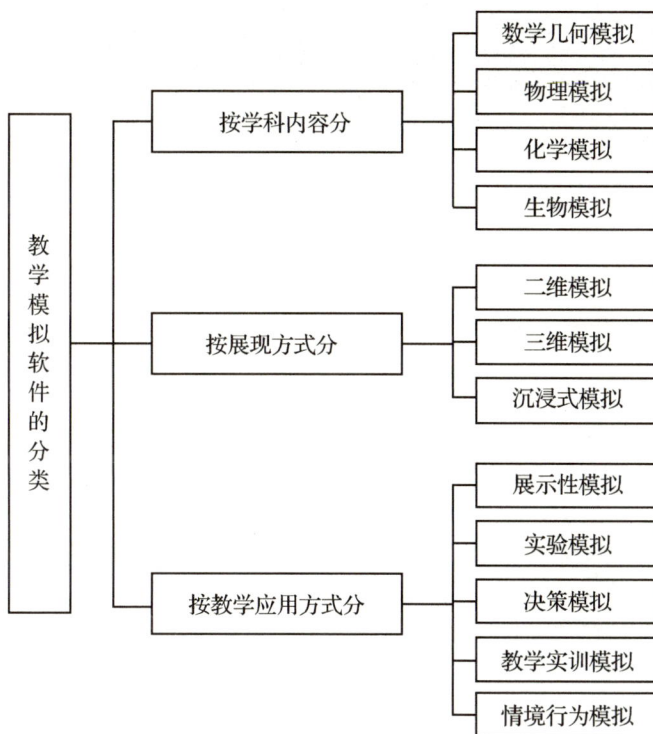

图 6-2-1　教学模拟软件的分类

按教学应用方式可以分为展示性模拟、实验模拟、决策模拟、教学实训模拟、情境行为模拟。

6.2.1 展示性模拟

展示性模拟用计算机来模拟在现实情况中不容易观察到的自然或社会现象，如微观原子结构、历史长河的演化等，常用于课堂教学。重在模拟真实世界的现象，揭示一定的数量关系或变化规律，帮助学生对规律有比较深刻的认识。通常设置一些参数的交互，从而模拟出不同情况的发展结果。

在教学方面，展示性模拟的最显著优点是可以加快或放慢实际事物的变化过程，使模拟中的事物变化速度适合于学生观察。例如，有些事物运动过快，肉眼观察不到，如光的传播，计算机模拟可以将其运动过程像电影慢动作一样显示出来；有些事物变化过程太长，如人口增长、经济增长，计算机模拟可将其漫长的历程显示在一瞬间。比如，图 6-2-2 就将不同海平面空气温度和平均降雪量的条件下冰川的变化过程展示出来，让学生能清晰地观察一定条件下数千年间地球上冰川的动态变化情况。

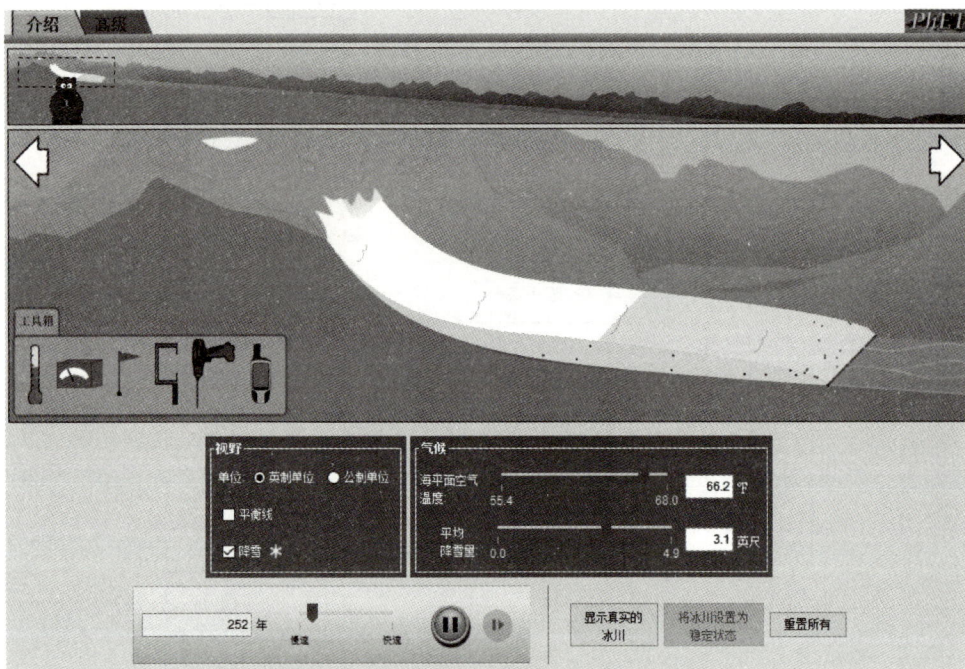

图 6-2-2　展示性模拟

6.2.2 实验模拟

实验模拟使用计算机技术来模拟虚拟仪器、虚拟实验台等实验环境，演示实验过程，并给予学生用自然的手段进行实验操作，按照真实实验的逻辑，得出实验结果，可用于替代或补充传统的实验手段。

如图 6-2-3 所示为检测营养液酸碱度的实验，它为学生提供了实验所需的各种器材。学生可以通过拖曳等形式从下方的器材库中取出所需的器材，并在上方通过与计算机的一系列交互操作完成实验，在虚拟实验室中检测营养液的酸碱度。

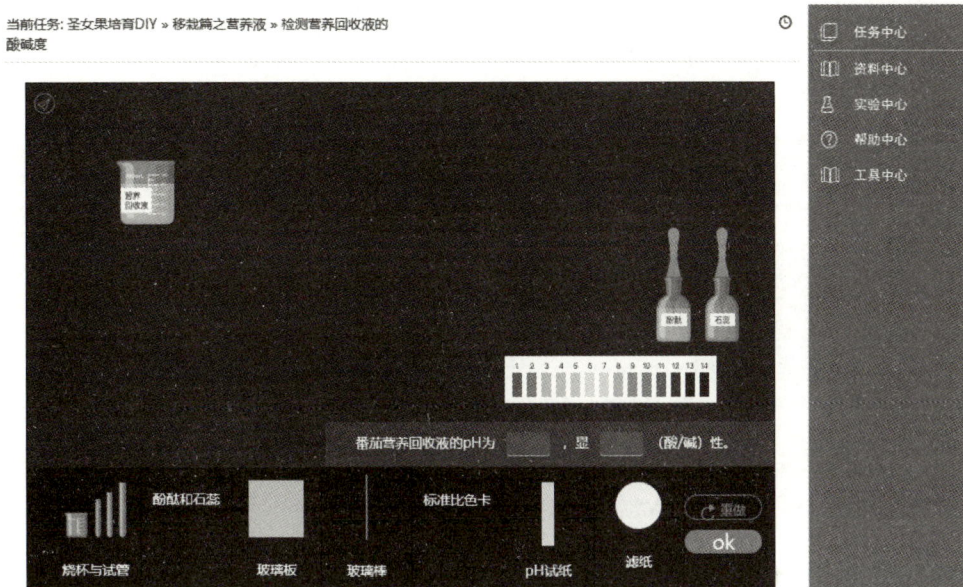

图 6-2-3　实验模拟

6.2.3　决策模拟

决策模拟将现实生活抽象建模，提炼出核心要素以及要素之间的作用关系，进行复杂事物演化模拟，如公司财务运行、城市规划、酒店管理等，它有助于学生在管理决策方面的能力和素质的培养。

在决策模拟中，计算机首先对系统的模型进行描述，给出系统初始状态，然后要求学生在一定的范围内改变系统参数的取值；接着学生按照问题的假设和学习策略，确定这些参数的数值，并把它们输入计算机中；最后计算机根据系统模型计算出系统新的状态，并以一定的方式呈现给学生。有时计算机还能根据学生的要求，对系统的演变过程进行解释。学生可以多次改变系统参数，观察相应的系统变化结果，并对这些结果加以比较，从而深入理解系统模型。

决策模拟的应用领域很广泛。在经济学中，可以模拟国家财政收入的变化过程，其中可改变的参数包括失业率、国民生产总值、劳动生产率和所得税税率等；在生物学中,可以根据遗传定律建立模型,模拟动物各种特征的遗传过程。

例如,如图 6-2-4 所示,市场营销模拟教学软件 SimMarketing 的基本思路是模拟一个产业环境(如数码相机产业)中多个企业生产不同的商品(如各种数码相机)相互竞争。学生分成多个小组(2~6 个),分别扮演各个虚拟企业的营销小组,他们的职责是分析市场环境,发展公司营销战略,围绕市场的核心制订各种具体营销决策来争取各自公司的成功。学生的决策根据教学的要求可以分为多个季度(8~12 个季度),每次决策全部完成之后,决策数据都将被送入市场营销模拟教学软件 SimMarketing 的 Mkt-Module 中进行模型运算,产生模拟的市场运作结果。在新的决策季度,学生可以获得各种市场调查分析报告,并且根据这些资料分析市场变化、竞争者动态,从而在新的环境中进一步修正自己的战略战术,完成持续的营销管理过程。[①]

图 6-2-4 市场营销模拟教学软件 SimMarketing

决策模拟有助于学生认识、领会和运用系统模型,了解系统模型适用的条件。学生可以根据一定的价值目标,确定最优的系统参数。通过模拟学习,有些学生可以对系统模型提出修改方案,甚至提出新的系统模型。这时,学生的学习过程类似于科学家的科学研究过程。在科学研究中,系统决策模拟是一个非常有用的工具。

---

① SimMarketing 营销模拟实验室,http://www.simmarketing.net/index.htm,2019-10-07。

6.2.4　教学实训模拟

教学实训模拟的主要目标是训练学生熟练掌握操作技能，一般由软硬件结合构成，包括传感器、机械装置、软件控制等模块，由计算机控制的模拟训练器能产生高度逼真的训练、操作环境，可以在节省训练时间和经费的前提下达到同样的训练目的，如飞机驾驶模拟等。

在教学实训模拟中，计算机首先呈现一个操作任务，并要求学生做出反应。当学生做出反应之后，系统将对反应的质量给予评价(反馈)。如果学生不能立即完成操作，系统将给学生提供帮助信息。如果学生操作错误，系统或者弹出一个窗口以显示该信息，或者在指出错误之后显示该错误操作在实际系统上造成的后果。

教学实训模拟可用于训练学生操纵各类仪器仪表，也可用于帮助学生学会使用各种计算机应用软件。例如，计算机初学者可以通过模拟系统学习计算机的操作。在一些使用计算机管理和销售货物的商业机构，可以用任务执行模拟系统培训管理人员和销售人员使用相关应用软件的能力。

人们可能会产生这样的疑问：为什么不用真实系统培训学生的操作技能？主要有以下几个方面的原因。第一，有些场合不允许学生操作真实系统。例如，由学生操纵核电站的仪器设备是很危险的；再如，让学生直接在运行中的货物管理和销售软件上操作，如果操作有误，就有可能破坏数据库的重要数据。第二，真实系统的操作可能比较复杂，从教学上考虑，需要让学生通过模拟程序一步一步地学习。第三，使用真实系统进行培训可能费用较高。比如，采用真实飞机培训飞行员既昂贵又危险。第四，采用真实系统进行培训，可能会干扰实际生产过程。以上 4 个方面同样说明了教学实训模拟的优点。[①]

6.2.5　情境行为模拟

情境行为模拟主要用于培养学生社会沟通行动方面的能力，训练学生在特定的社会情境中选择适当的社会行为，以解决面临的实际问题。在这种模拟中，学生在所模拟的社会情境中扮演一个角色，成为模拟的一个组成部分。例如，学生扮演政治家处理国际事务；扮演经理管理一个企业。下面以 SimSchool 情境模拟为例具体说明，如图 6-2-5 所示。

---

① 薛理银：《教学软件的设计与开发》，北京，人民邮电出版社，1997。

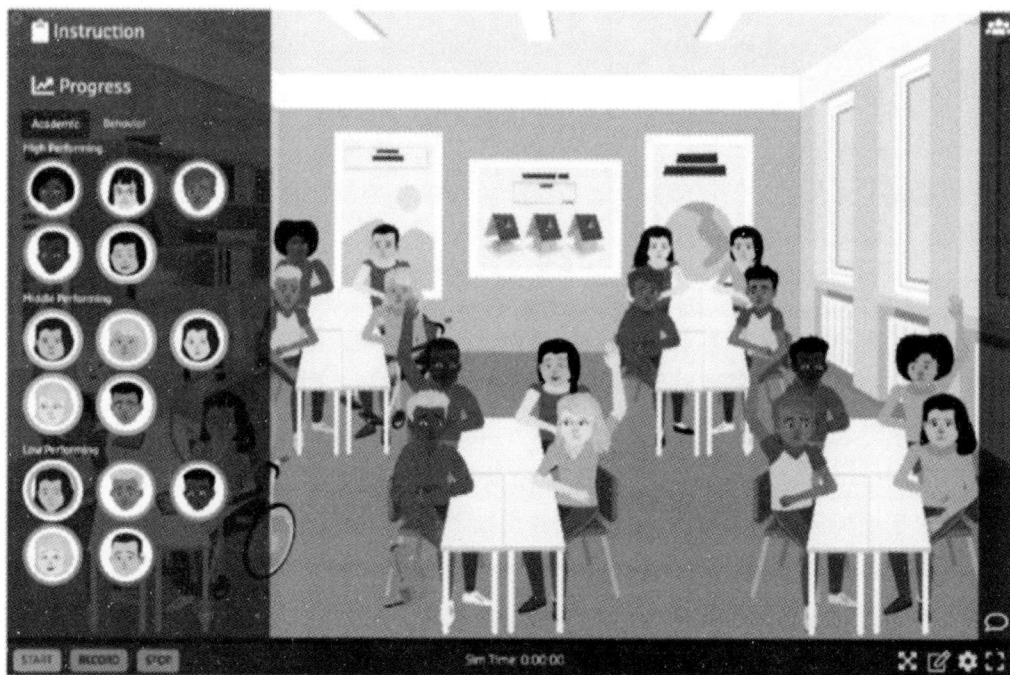

图 6-2-5　SimSchool 情境模拟

　　SimSchool 是由美国教育部直属的教师培训技术教学部投资开发的一款针对 7～12 年级课堂教学的计算机模拟系统。它以教育实践理论为基础，综合了领导学、人际心理学以及行为主义学习理论，为教师提供了一个教学实践的模拟环境，可以让教师如同在真实课堂教学中一样进行专业教学技能的实习，并提供可视化的教学结果供教师进行教学反思。游戏者在模拟课堂中担任教师角色，对不同个性、不同行为特征、不同学习类型和不同技能层次的虚拟学生进行教学。这些虚拟学生与真实学生一样，能对游戏者所设计的学习任务展开学习并做出相应的反应。同时，SimSchool 的设计者将一些教学专家在现实教学过程中获得成功的隐性过程、心智模型和教学技能融入游戏的结构和规则以及使用环境之中，让教师获得教学设计、课堂管理、特殊教育以及对具有不同认知能力的学生进行个性化教学的实践机会。①

　　当学生选定某一类型的问题情境之后，模拟系统就进入了控制模型。计算机首先呈现该问题情境中的一个问题，要求学生去处理，然后呈现几种可能解决问题的方案，要求学生从中选择一个。需要说明的是，由于非智能型教学软件不具有自然语言理解能力，因此行动方案被限定在系统设计者预先想到的范围之内。一旦学生做出决策，选择了一种处理方法，系统就把学生这种决策对问题情境的影响结果呈现出来，同时

---

① 　卿小波、李慧华：《SimSchool——教师教育的新视域》，载《中小学信息技术教育》，2009(3)。

把对这种决策评价的结果反馈给学生。有的模拟系统允许学生要求计算机再次呈现原来的选择行动方案，选择其他的解决办法，以观察比较它们的后果。接着系统把学生决策引起的新问题呈现出来，要求学生继续处理。如此循环往复，到模拟完成时，学生可能选择了一条成功的路径，即正确的行动方案；也可能选择了一条不适当的路径。学生还可以选择重新进行同一问题的模拟，或者选择新的问题情境类型进行新的模拟，也可以终止模拟。

　　情境行为模拟可以用于许多场合。例如，在培训失业者申请工作的模拟中，学生在其中扮演失业者的角色，他需要处理求职面试情境中出现的各种问题。在培训机场服务人员的模拟中，问题情境可以采用一段录像节目来呈现，学生可能碰到的问题有旅客行李超重、无法满足旅客选择特定座位的要求、旅客迟到、办理登机手续时间已过等。当学生选择了某一行动方案之后，计算机将呈现录像片段，告诉学生其决策引起的后果。

　　情境行为模拟的优点是：对同一问题情境，学生可以大胆尝试采用不同的行动方案处理问题，因为出现错误不会受到实际"惩罚"。它的缺点是：把实际问题情境过分简化了，只允许学生选择设计者规定好的行动方案，而且只有一个是最优的，这就忽视了学生的个性。

6.3
教学模拟软件的设计结构

　　教学模拟软件以学习者掌握真实领域的逻辑模型为目的。[①] 如图 6-3-1 所示，学生一方面通过对模型的学习理解了专业知识，另一方面潜移默化地掌握数学和科学的思维方法。通过对发生在真实世界中的事件的观测，人们获得真实事件的行为数据。对专业工作者而言，通过将真实世界中发生的事件简化，得到其模型，通过对模型的输入后生成的行为数据与实际观测去比较验证模型的正确性。随着技术的发展，软件开发人员和专业工作者合作，将模型开发成计算机模拟和仿真程序，通过虚拟的实验和控制得到所需的数据，还可以加快专业领域的研究。

---

　　① 李文昊、郑艳：《教学模拟：信息技术与课程整合新途径》，载《现代教育技术》，2006(4)。

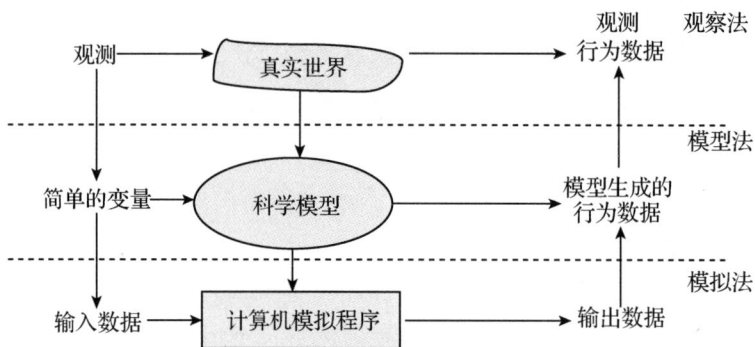

图 6-3-1　现实与模拟的关系①

教学模拟软件的基本结构一般包括模拟导入、模拟情境、情境交互、控制模型、系统反馈、模拟退出等基本组成部分。其逻辑结构如图 6-3-2 所示。

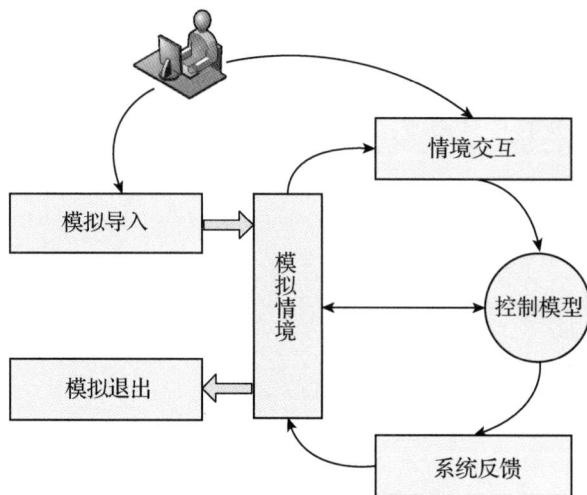

图 6-3-2　教学模拟的逻辑结构

当用户进入模拟系统后，计算机呈现场景，要求学生做出反应，学生反应和系统调整或更换场景构成一个循环体。计算机呈现的场景可以是被模拟的对象所处的状态，有待解决的问题的情境，或有待操作执行的任务及其环境条件。学生的动作包括确定系统参数，选择解决问题的行动方案，或具体执行一项操作任务。系统调整就是根据学生的反应提供反馈信息，并调整或更换场景。至于模拟体的循环频率，则取决于模拟类型和模拟对象的性质。例如，对于飞行模拟，系统要不断更换场景，循环频率很高；而对于决策模拟，循环可能只出现一次。

---

① 李文昊、郑艳：《教学模拟：信息技术与课程整合新途径》，载《现代教育技术》，2006(4)。

6.3.1　模拟导入

教学模拟的导入部分包括标题页、教学目标和操作提示等内容。相对于个别辅导型和评测练习型课件来说，学生一般对教学模拟都比较陌生，因此在说明教学目标时要把教学模拟的特色充分表述。例如，在人口增长模拟中，不仅要告诉学生"通过本课的学习，你将能理解出生率、平均寿命、平均结婚年龄和婴儿死亡率等因素对人口增长的影响"，而且还要指出"你将扮演人口政策制定者的角色，制定有关政策，使人口数量朝期望的目标发展"。这样就更能激发学生的学习兴趣。如图 6-3-3 所示的是教学模拟"Plants and Snails"的导入部分。

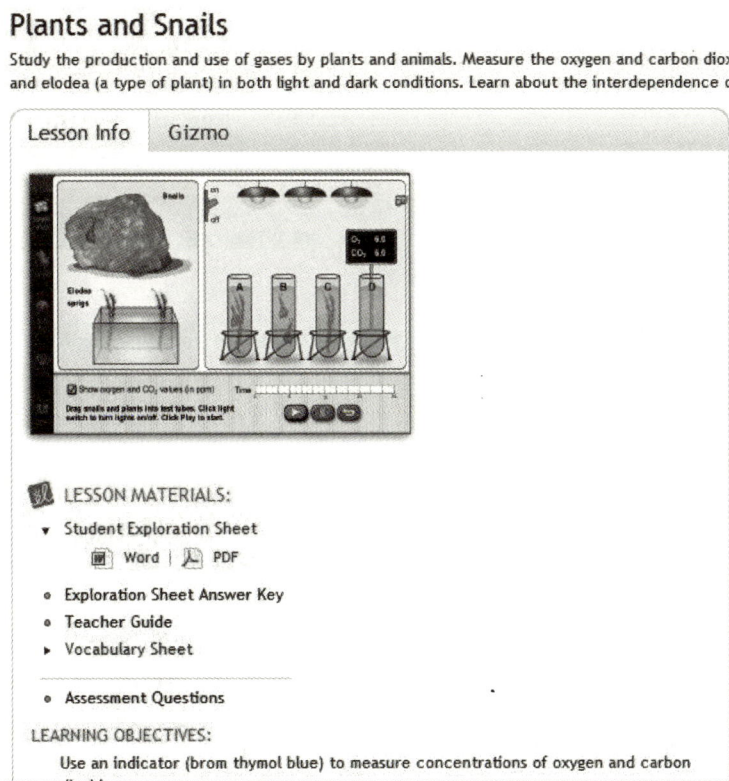

图 6-3-3　教学模拟"Plants and Snails"的导入部分

教学模拟软件的操作通常比其他教学软件复杂、多样，因此，操作指导语应当更加清晰和完整。在模拟运行过程中，应当随时响应学生的要求显示操作提示。必要时，还应当为学生提供练习使用有关输入设备的机会。

教学模拟中通常还要包括一段"开场白"，它可以包括文字描述和图形。"开场白"的内容主要是对模拟的情境或背景进行描述，包括学生将要遇到的社会事务、交流环境、事物的发生变化过程或者需要操纵的仪器设备等。

6.3.2　模拟情境

情境可以是自然实体或事物发生变化的过程，也可以是学生参与的活动过程。教学模拟就是利用计算机来模拟实际情境，把各种情境呈现在学生面前，以达到一定的教学目的。

在模拟情境中，计算机首先需要呈现场景。场景指的是被模拟的事物在特定时刻的状态，场景即由时间、地点、人物、事件组成。模拟情境设计即用计算机程序创设虚拟的时间、地点、人物、事件。所以，情境设计包括以下几个部分：背景、对象、事件。背景指场景的布置，对象即人或物，事件指人与人（物）之间的关系及发生的事情。例如，在教学模拟"Plants and Snails"中，学生在模拟实验室中，通过将蜗牛和藻类植物放入试管中，创设不同的实验组，观察各个实验组在有光照和无光照条件下的结果，探究动植物生存所需物质和互相依赖的关系，如图 6-3-4 所示。

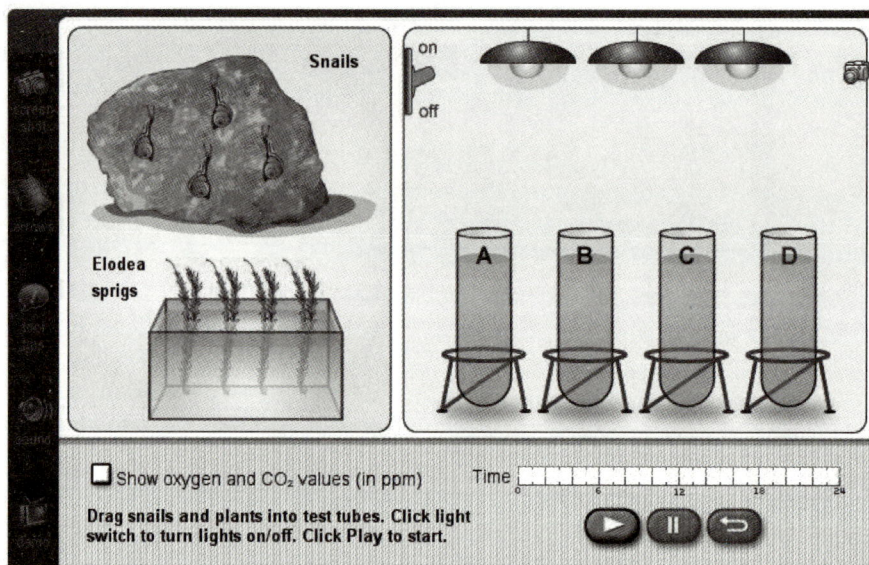

图 6-3-4　教学模拟"Plants and Snails"情境

根据某一情境与教学目的之间的关系，可以把情境分为 3 种，即内在的、相关的和任意的情境。它们与教学内容之间的关系分别为直接有关、有所联系和无直接联系。例如，在屏幕上模拟一架钢琴，如果是用于教授如何演奏钢琴，则此情境是内在的；如果是用于教授声学与振动原料等内容，只是为了举例说明问题而采用此情境，则它是相关的；如果它用于教小学生做算术练习，当学生计算正确时，钢琴就发出一个音以刺激学习兴趣，则它是任意的。当然，许多模拟的情境包含上述 3 种成分。决定情境性质的因素很多，要建立模型就必须分析这些因素。

1. 情境的类型

根据情境是否是现实世界中实际存在的，可以把它分为实际情境、夸张情境和虚构情境。实际情境对应于现实世界实际发生的事物。夸张情境是对现实世界的某些方面采用夸张的方法进行描述的结果。例如，在人口模拟中，任意将人口出生率扩大或缩小几倍。虚构情境是现实世界中根本就不存在的事物，如星球大战模拟。各种类型的情境都可以用于教学模拟，以实现不同的目的，它们之间并无优劣之分。

2. 模拟对象的数目

情境中的模拟对象指的是被模拟的各种实际事物或虚构事物，如实验仪器、发动机、各种计算机外部设备、城市交通简图、棋盘、顾客、经理、待解剖的动物、飞碟、外星人、企业团体和国家等。有些模拟只涉及一个模拟对象。例如，在照相机操作模拟中，模拟对象只有一架照相机。有些模拟涉及很多模拟对象。例如，SimSchool 模拟中出现的教师、校长、学生、家长以及课堂环境等。模拟中模拟对象数量的多少与模拟程序设计的工作量有很大的相关性，但是，数量多并不一定意味着该模拟就复杂，很难设计或很难使用。一般来说，如果某一情境把"人"作为模拟对象，那么模拟可能就比较复杂，设计难度可能较大。因为现代心理学所提供的关于人的行为规则的知识还非常有限，故人的模型很难建立，而物质模拟对象的运动变化规则相对来说比较简单。或者说，人们对它的了解程度较高。

3. 模拟对象行为规则

在进行模拟时，需要对情境中存在的各个模拟对象行为进行描述和预测。教学模拟的设计难度大小取决于情境中各个模拟对象行为的可预测程度。人们对被模拟情境了解越深，所做的模拟就越精确。对于那些严格遵循数学、物理或化学定律的情境，我们比较容易预测其模拟对象运动变化的情况，模拟程序设计也就比较容易。即使在这些场合也可能存在随机因素，这时我们对模拟对象行为预测的精确度将降低。当情境中包含人这个模拟对象时，由于作为个体的人的行为很难预测，故比较难以模拟，但是对某些社会群体行为的预测则可以达到一定的精确度。

4. 事件序列的类型

一个情境中包括许多事件，它们在模拟中出现的顺序构成了事件序列。最简单的是线性序列，各个事件按某个确定的线性链出现。例如，在某些化学实验模拟中，学生只能按某一个严格的先后顺序操作实验装置，一直到结束为止。有些事件序列是循环的。例如，在交通规则模拟中，扮演驾驶员角色的学生将遇到包括红绿灯在内的各种路标信号。这些信号出现的顺序可以看作循环的（当然不是严格意义上的周期性，这里的循环指的是模拟场景不断重复）。学生也总是重复观看交通灯、减速、停车、启动和加速等动作。还有一类事件序列比较复杂，事件出现的顺序不是确定的，有些事件不可预测，这类事件序列统称为复杂序列。例如，在"SimSchool"模拟中，扮演见习教师角色的学生可能碰到许多意想不到的事件，而且在计算机呈现一个事件之后，其后出现的事件取决于学生所做的决策。

5. 解的个数

在教学模拟中，情境的解指的是学生的正确反应，如正确的决策或操作。有些情境只有一个解，有些有多个解，还有一些则无解（或者说有无限多解，即学生的反应不存在正确与错误之分）。

在许多任务执行模拟中，如钢琴演奏模拟和交通规则模拟，情境只有一个解，即学生只有一条正确的行动路径可供选择。在系统决策模拟中，学生的任务只是选择输入参数和观察模拟结果，学生可在系统规定的范围内任意选择参数，无所谓对错。在一些情境行为模拟中，如"学校事务"模拟，学生虽然可以在很大程度上自由选择行动方案，但是其中只有少数几条行动路径是合乎要求的。

需要指出的是，模拟中解的个数与实际现象的解的个数不一定相等。为了设计方便，可以减少教学模拟中解的个数。例如，对于 SimSchool 模拟，在实际教学实践中可行的行动方案数目可能很大，但是为了简化模拟设计，只给学生提供了其中一部分方案。在极端情况下，可以只允许有一种正确反应。

6. 时间尺度伸缩

情境中事件发生的持续时间可能极短，也可能极长。例如，光线穿过透镜只需十亿分之一秒，国家人口增长一倍需要几十年时间，山川河流的形成要经历几百万年。在教学模拟中，必须伸缩时间坐标，使情境的变化速度适合于学生观察。当然，实际现象的持续时间长短越极端，模拟在时间维度上就越欠真实。然而，这恰恰是教学模拟的优点，而不是缺点。

7. 学生的角色

学生可以内在于情境，也可以外在于情境。前者指的是学生作为情境中的一个模拟对象参与模拟过程，即学生在其中扮演一个角色。例如，在情境行为模拟中，学生可以扮演见习教师、企业经理和机场服务人员等各种角色。后者指的是学生不作为情境中的一个模拟对象，学生是外在的。例如，在许多系统决策模拟、任务执行模拟和示范模仿模拟中，学生通常在局外操纵或观察情境。

除了上述分类外，学生在不同模拟中的地位也不相同。在某些模拟中，学生是主角，可以控制情境中的有关模拟对象，如演奏钢琴。而在另一些模拟中，学生比较被动，对计算机呈现的场景进行反应。例如，在交通规则模拟中，学生必须对模拟中出现的某种路标做出反应，而无权控制路标或红绿信号灯。还有一些模拟，学生和情境中的模拟对象相互作用，双方都不是主角。例如，在 SimSchool 模拟中：一方面，课堂中学生的反应是由见习教师(模拟系统使用者)的决策引起的；另一方面，见习教师又必须对这些反应做出反应。对于最后这种情况，模拟系统所依据的模型比较复杂，系统设计也较困难。

6.3.3　情境交互

模拟软件中的情境交互是指通过计算机输入、输出设备，以有效的方式实现人与计算机、人—机—人之间互动通信并交换信息的技术。它包括计算机通过输出或显示设备给人提供大量有关信息及提示请示等。人通过输入设备给机器输入有关信息、回答问题等。常见的交互方式有：点击对象、菜单、条件判断、文本输入、按键、按钮等。

教学模拟很重要的特点是学生和计算机之间的交互非常频繁。在计算机呈现场景之后，学生须完成相应的动作。学生动作指的是学生在各种场景下进行的种种反应。在各种教学模拟中，系统通常都不同程度地呈现待选择的项目、待操纵的模拟对象、待反应的事件和待考察的系统 4 种类型的信息。相应地，学生的动作类型也包括项目及其选择、模拟对象及其操纵、事件及其反应和系统及其考察 4 个类型。至于学生如何实现上述动作，则与系统的输入设备有关。一般来说，教学模拟系统中的输入设备应比指导型、练习型系统丰富。下面对 4 个类型的信息和动作分别加以叙述。

1. 项目及其选择

计算机常以文字形式呈现待选择的项目，要求学生在多个项目中选择一个。在很多情况下，类似于多重选择题和是非题。

2. 模拟对象及其操纵

计算机通常以图形形式呈现可供学生操作的各种设备装置，如飞行控制器、化学实验装置。学生通过外部设备来操纵模拟对象在屏幕上运动。例如，把某个化学实验用的各个部件装配起来；再如，在模拟的天平上加砝码。

3. 事件及其反应

许多模拟中会频繁出现需要学生立即反应的事件。这些事件的呈现形式多种多样，可以是字、图形、图像和声音等。例如，当飞机中某个仪表的状态发生变化时(待反应的事件)，学生就要采取相应的行动措施；在交通规则模拟中，当前方十字路口出现红灯时，学生的正确动作应该是减速和停车。学生的反应可以是在备选的行动方案中选择一个，也可以是操纵模拟对象使之在屏幕上以一定的方式运动。

4. 系统及其考察

计算机呈现的待考察系统，通常用于描述实际情境的总观，以供学生观察、分析和推理。这类信息常见于系统决策模拟中。它的呈现经常同时采用文字与图形。例如，用数字和图形描述特定生态环境中某种动物数量的变化情况。学生仔细考察所呈现的系统之后，就可输入观察结果。

信息呈现与学生动作的逼真度是教学模拟设计中的一个重要问题。逼真度高，学生的学习效果未必就好。这是设计中应当注意的现象。逼真度应根据教学目的、学生水平和设计成本等因素来确定。例如，在化学实验模拟中，如果模拟的目的是介绍某实验仪器的构成和使用方法，那么在呈现仪器时，就应当采用较高的逼真度（如清晰的刻度）；如果在模拟中该仪器只是某实验的一个组成部分，那么逼真度就不一定要高，甚至只要呈现它的草图即可。

6.3.4　控制模型

在教学模拟软件的设计中，模型的建立是最关键的任务。通俗地说，模型是指用于刻画自然实体、过程或场景等的形态、特征和规律的全部内容，它在某种程度上能再现原型客体的本质关系。模型可分为物质模型和观念模型，后者又可分为形象模型和控制模型。形象模型用于刻画教学内容中自然客体的形象，如各种机器设备图、地形图和化学实验装置图等。控制模型主要有 3 种，即逻辑模型、连续模型和离散模型。教学模拟中形象模型主要由专业的美工人员设计，而教学设计人员主要关注控制模型。

1. 逻辑模型

逻辑模型由一组"如果—那么"规则组成。它可以用于描述社会互动行为，在情境行为模拟中得到广泛应用。例如，"如果实习教师采取某种行动措施，那么就会得到校长的鼓励（或批评）"。也可以用于描述操作性行为，作为任务执行模拟模型的一个组成部分。例如，"如果合上电源开关，那么机器就会启动"或者"如果加大油门，汽车就会加速"。还可以用于评价学生和情境中人物客体的行为。例如，"如果学生闯红灯，那么他就违反交通规则""如果学生操作错误少于 10 个，那么他的学习成绩等级为优秀"。逻辑模型可以表征的事物范围很广，故在教学模拟中得到广泛应用，但在科学仿真研究中用得较少。

2. 连续模型

连续模型是用一组由连续函数组成的描述系统行为的方程组，用于表征随时间连续变化的事物，如自由落体运动、火箭飞行的轨迹、国民经济发展和人口增长等。这种模型经常表现为数学方程，如某种函数或微分方程。它是根据各种现象的运动变化规律建立起来的。比如，可以根据牛顿定律建立力学系统的微分方程。方程中的系数与系统的一些可控制参数有关。只要给定系统的初始状态，就可通过求解微分方程而知道系统未来的行为。改变系统参数或初始状态，就可改变系统的行为。

3. 离散模型

这类模型适合于描述各种离散系统。在这种系统中，变量随时间变化只能取离散值，如各类排队系统就可以用离散模型表征。概率论、数理统计和图论是描述这类模型的有力工具。

以上 3 种模型在教学模拟中应用很广。有时在一个教学模拟中同时包含连续模型和逻辑模型，如市场营销模拟教学软件 SimMarketing（图 6-3-5）。

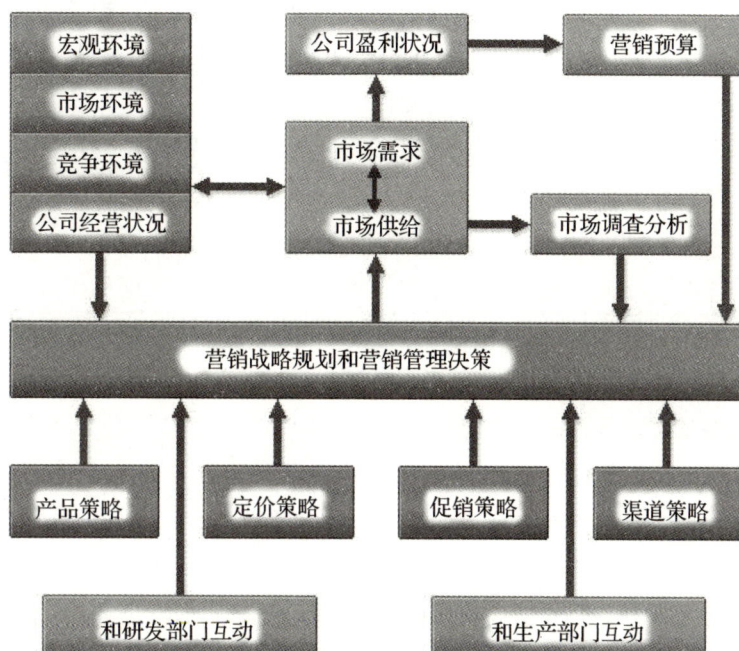

图 6-3-5　市场营销模拟教学软件 SimMarketing 的模拟逻辑图示①

6.3.5　系统反馈

反馈指的是控制系统把信息输出后，由于信息作用的结果，又将已发生变化、增加一定新内容的信息返回到控制系统，并对控制系统在输出信息发生影响。在信息传输的这种循环过程中，信息内容不断发生变化，进而实现了控制。它可以是由学生动作引起的系统的调整，也可以是系统对学生动作的正确性程度的评价。例如，模拟飞行软件，当学生在遇到气流慌乱时，有可能会发生操作错误，这时系统可以提示"您操作错误，应该……可以避免坠机事件发生"。反馈在模拟软件的信息传播过程中可以发挥巨大的作用。从设计者角度看，反馈可以检验软件的效果。检验模拟软件是否适合

---

① SimMarketing 营销模拟实验室，http：//www.simmarketing.net/，2019-10-07。

学习者，设计者能够据此规划模拟软件的修改方案。因此，作为设计者，必须增强获取信息反馈的自觉性。从学习者的角度看，反馈可以让学生明确自己行为的对错以及能够获得更合理的解决方法。学生可以据此更积极、主动地介入模拟过程，不断修改错误，形成良性互动。

根据逼真度高低，可以把反馈分为自然反馈和人工反馈。如果系统提供的反馈逼真度很高，类似于实际发生的现象，那么就是自然反馈，否则就是人工反馈。例如，在飞行模拟中，当学生驾驶飞机进入云层而迷失方向，最后飞机撞到山上时，计算机可以采用自然反馈的方法，在屏幕上显示模拟飞机炸毁的场景，也可以采用人工反馈，呈现诸如"你的飞机炸毁了"之类的文字或语音提示。

根据系统提供反馈的时刻不同，可把反馈分为即时反馈和延时反馈。人工反馈多半是即时的。在教学模拟中，许多自然反馈往往是延时的。例如，在上面的例子中，当飞机迷失方向时，系统不提供反馈，飞机会继续飞行，直到飞机炸毁，才出现自然反馈；如果采用即时反馈，那么就应当在飞机进入云层之后立即给予反馈，告诉学生已迷失方向。当然，自然反馈并不都是延时的，例如，在飞行模拟中，学生的很多操作会立即在驾驶舱的各个仪表上显示。

根据系统对学生动作正确性情况的评价结果，可把学生行为分为4类，即好的（或合理的）、多余的（或中性的）、差的和有害的。对不同性质的学生动作，系统应该提供不同的反馈。当学生的动作有助于模拟朝正确的目标进展时，它就是合理的。如果它对达到目标无任何影响，那就是多余的或中性的，例如，在飞行中学生要求显示机上的时钟。如果它使模拟的展开偏离正确目标，那么就是差的。例如，机上燃料已不多了，却仍然要求进行长距离飞行。如果它使模拟的目标永远不能达到，那就是有害的。例如，在无燃料的情况下要求继续飞行。

对于合理的动作，一般不需要即时反馈，多数情况采用自然反馈比较合适。当学生的动作是多余的或中性的时候，一般也可采用自然反馈。对于差的或有害的学生动作，系统一般应给出即时的人工反馈。当然，教学模拟开发者应根据教学目的、教学内容和学生水平等因素灵活使用各种反馈。

6.3.6 模拟退出

当学生已经成功或失败地经过了某一模拟运行的全过程时，模拟就完成了。这时，学生可以选择终止模拟，使系统进入终结阶段；也可以选择再做或重做一次模拟。例如，在系统决策模拟中，模拟的完成意味着计算机给出了系统在特定的决策（学生选定的参数）下所处的状态。这时学生可以选择新的参数，再进行一次模拟，也可以退出模拟体，进入终结阶段。在情境行为模拟中，模拟的完成通常意味着学生已经选择了一系列成功的行动方案，顺利地解决了问题；或选择了不适当的方案，而导致失败。不管是成功还是失败，学生都可以选择继续模拟或终止模拟。当然，有些简易的模拟系统可能无此选择，模拟就自然进入终结阶段。

模拟运行的时间长短通常与模拟对象的复杂程度有关，有时与学生的反应也有关系。例如，在飞行模拟中，当学生操作失误，使飞机撞到山上而炸毁时，模拟即告完成，这时学生可以要求重新开始模拟。当有些模拟的运行时间较长时，学生有时可能希望临时终止模拟过程，过后再继续运行。

教学模拟软件的开发技巧

虽然教学模拟软件可在现实情况不允许或者不容易实现的情境下，用计算机模仿实际状况，让学生从屏幕上感受到实际现象，但是某些情况下过犹不及。下面情形值得教学人员在开发教学模拟软件时注意。

(1)某些现实状况在不可能如实模拟的情况下，则可采取加快或减慢、放大或缩小的方式模拟。

(2)某些现实状况不可能全面地模拟，则可采用局部化、焦点化或简单化的模拟方式，将其中一个具有教学意义的可见性主题特殊地表现出来，其他枝节删掉。

(3)教学中虽然需要通过更换模拟的状况为学生提供归纳、总结规律的材料，但是也不能过于频繁地更换模拟状况而不给学生留有思考和尝试的机会。

(4)要给予学生控制权，包括选择起始值、重返起点、再来一次、结束模拟、结束后再进入模拟、获取说明资料，等等。

(5)适当地制造使学生犯错误的机会，并使他们从中得到教训。

6.4
教学模拟的呈现方式

模拟可以使用各种媒体元素及其组合，要根据内容和教学要求进行选择。不同的呈现方式也会影响模拟的动机作用、真实度和易用性。例如，对于道路信号标志，用图像比用文本好；描绘教学经历，用解说比用绘画好。一般而言，在物理模拟和迭代模拟中图像、动画和文本能发挥很好的作用，在程序模拟和情境模拟中视频、动画和音频的呈现有助于学习。

6.4.1　呈现的类型

模拟中有 4 种主要的呈现类型：被选择的项目、被操纵的对象、反应的事件和探究系统。

被选择的项目既可以用文本呈现，也可以用图像呈现，取决于选择的性质。例如，用文本列出下一步活动的若干选项、点击选择不同的图像来看到相应的指南等。

被操纵的对象通常用图像呈现，如可选择的图形或物体、可拖放物体、可拨动滑块、可用键盘的方向键移动的物体等。

学生必须反应的事件可以运用任何方式呈现。例如，用生理指标变化的曲线告知学生患者病情恶化、用仪表告知飞行员状态、播放一段音符让学生鉴别等。

探究系统可以用多种方式呈现。例如，用表格中的数字说明人口变化规律，用老鼠的图像的变化说明遗传特征的变异等。

6.4.2　呈现的真实性

模拟的模型是对真实事物和现象的简化和抽象，降低了模拟的真实度，但并不意味着模拟不同于真实世界。呈现的真实性是指特定的对象与它的真实对应物在外观上的相近程度。模拟中的对象的呈现可以看上去像照片那样逼真，也可以删除无关的细节而突出与教学目标一致的特征，同时还可以用其他方式补充说明不可见的其他特征。例如，在关于气象的模拟中，要很准确地再现积雨云的形状，同时用文本列出云的生长速度、高度和密度等细节，这样使积雨云呈现得更加真实。而在远程飞行的模拟中，即使航行中任何一处都有云，也仅需要呈现飞机附近的云。

在体育类教学软件中，往往需要真实地、全方位地展示教授者的动作姿态，一般的文字、图片甚至视频都不可能将一个动作、一个场景全角度地展示出来。而图 6-4-1 中的二十四式太极拳 3D 教学[①]融合了动作捕捉、三维人体建模、数据仿真等多项最新科技，充分地模拟出几近真实的教学环境，更重要的是，学生可以全视角、实时操控每一个动作的播放。

---

① 第七届全国多媒体课件大赛作品《二十四式太极拳 3D 教学》。

图 6-4-1 二十四式太极拳 3D 教学

在一些物理、化学实验模拟中，如果目的是介绍化学仪器，需要呈现每件仪器的细节，如刻度、塞子、正确的尺寸比例等。但如果主要目的是介绍实验过程，如图 6-4-2 所示，呈现仪器只需要有简单的轮廓就足够了。

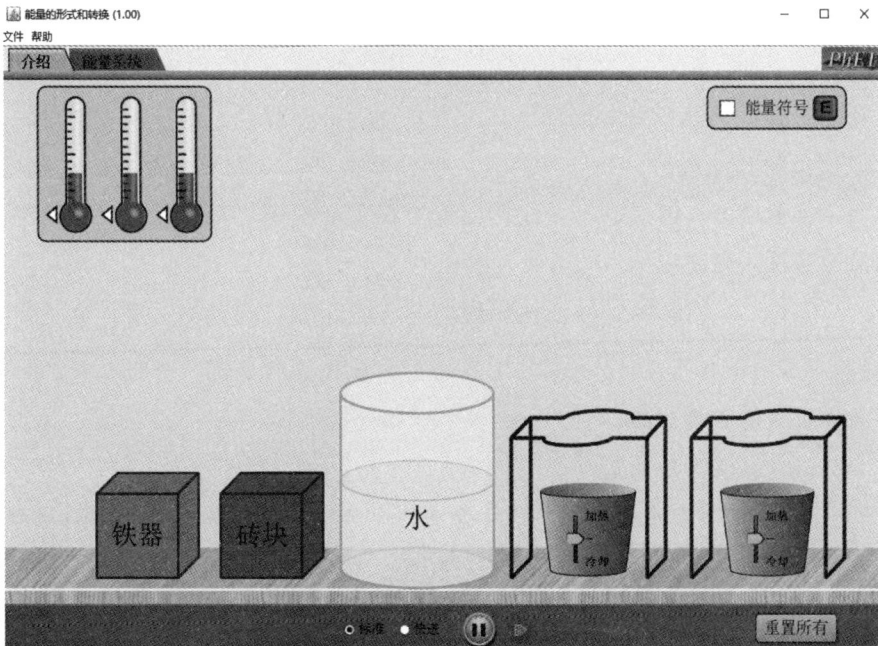

图 6-4-2 具有简单轮廓的实验器材

6.4.3　真实度与学习效果

对于刚开始学习一个课题的新手，低真实度的教学对学习是有效的。虽然增加真实度会使其学习效果提高，但是高度的真实也可能会使其学得更少。一个学习驾驶的新手能通过阅读关于汽车和驾驶的书学到一些东西，从有解说的教学视频中可以学得更多，反而可能在有高度真实的模拟驾驶中学得较少。如果让他直接驾车，可能会因为紧张而大脑一片混乱什么也学不到。

对于有经验的学生来说，情况可能刚好相反。在真实度较高的教学中学习效果更好，如驾驶模拟。如果在真实驾驶中学习效果会降低，但情况比新手要好。有经验的驾驶员学习新汽车的驾驶，高度真实的模拟器很有效，真正的汽车试驾更有效。

模拟学习不仅受真实度的影响，也受对真实的感知的影响。也就是说，如果由于模拟的真实而使学生沉浸在模拟环境中，学习动机就会增强，模拟学习效果将由于动机水平过高反而下降。

长久以来，人们形成的认识是真实度与学习收获成正比的，即增加真实度就能增加学习的收获。然而学习收获还受模拟学习的影响。真实度越高，会使模拟学习效果降低。学习者不能准确地掌握模拟中的知识和技能，使最终收获也会减少。

解决上述两难困境的方法是使真实度适合于学生当前的知识和能力水平。对于新手，以低真实度的模拟学习为重点，对于成熟的学生以高真实度来促进学习迁移过程。

在模拟设计中，动态真实性是由 3 种真实度结合而成的，即呈现真实度、模型真实度以及模拟的其他成分，如交互的真实度。模拟可以有真实的呈现，简单的交互，如青蛙解剖实验模拟。模拟也可以保持模型的真实度不变，而动态地改变呈现真实度和交互的真实度，以适应学生的情况。

案例：情境行为模拟——CommonTown

《虚拟社区—合作学习》（CommonTown）是一款优秀的情境行为模拟软件，是第七届多媒体课件大赛获奖作品。[①]

【CommonTown 的简介】

CommonTown 活动是一个利用信息技术建立基于互联网的软件平台，通过 3D 虚拟社区来模拟教学活动。如图 6-4-3 所示，学生可以环绕某一个主题，利用软件提供的功能构建不同的虚拟社区，并组织不同的社区活动，同时还通过访问其他虚拟社区，

---

① 第七届全国多媒体课件大赛作品《信息技术与课程整合实践案例》，报送单位深圳外国语学校（集团）。

对所关心的问题进行讨论。通过虚拟社区的模拟活动，培养学生学习的创造力，发展学生的批判性思维。

图 6-4-3　CommonTown 虚拟社区

　　CommonTown 是新加坡肯特岗数码实验室学习研究组研制开发的支持网上协作学习的软件平台。它的主要宗旨是为了"建立一个社区，将全世界的人们联系在一起"。通过该软件学生不仅能在网上冲浪，而且利用该软件的相关功能，成为网上虚拟社区的一员，并将自己的想法与其他社员共享。通过 CommonTown，用户能快捷地在网络上建立一个类似 3D 效果的虚拟社区，利用这个软件平台人们能建造房子、树木、公园、游泳池、机场等建筑，每个建筑都以图标的形式显示，在图标上用户都能建立他们所喜爱的网站、个人主页、讨论区和聊天室，作为社区的每一位用户都能访问其他社员的建筑物，并以此与学习社群的其他人员实现思维共享。

　　【模拟活动内容】

　　1. 建立虚拟社区城市群

　　组织者提出了学习城镇概念，建议各校学生利用 CommonTown 建立虚拟社区城市群。这个城市群包含一个城市中心（City Center）和几个卫星城（Town）。城市中心由一个指定的"市长"主管；每个卫星城由一位市镇顾问及市镇领袖掌管。市镇顾问和市镇领袖由参与该项目的学校选出一名教师和学生分别担任。其中，市镇领袖将执行顾问的计划。为方便管理各城镇，每个城镇将被赋予名称，各卫星城与城市中心将以围绕城市中心向外辐射的关系组织。

2. 确定社区各角色职责

"市长"——作为城市中心的主管，主要负责学校各项活动的组织、对合作学习活动进行建议、设计并建立集体活动、提供或建议共同的话题并组织好学习过程中的讨论工作和在必要情况下为学生提供帮助与指示等。

"城镇领袖"——在本城镇内根据给定的话题组织学习活动，对活动的参与进行监控，邀请其他学校到自己的卫星城来参加选定的活动与讨论，向学生说明他们扮演的角色、相应职责及他们应遵守的规则，对学生活动进行监控，以确保他们以可接受的方式使用卫星城并协助其他城镇领袖实施各项活动等。

"社员"——学生在虚拟社区中将以社员的身份出现，他们则应积极参与由市长和卫星城镇领导组织的各项活动、遵循基本的规则、以友好向上的态度与其他城镇的社员进行学习交流沟通。

3. 探讨给定主题

虚拟社区是要受一个共同的学习主题约束的。学校与学生可就给定的主题进行不同方式的探讨。主题可能包括传统服饰、传统游戏/玩具、节日与风俗、食物、我的一天、为什么作为一个中国/泰国/越南人我觉得自豪、受欢迎的运动/娱乐项目、文化冲击、旅游胜地、货币兑换、增进 APEC 国家青少年之间联系的途径、交通运输等，各校学生先用一个较短的时间对主题内容进行探究。

4. 互访主题"城市"

经过一段时间的探讨后，"市长"可以提出环绕主题可能进行的活动建议供卫星城参考。各校学生将进行卫星城之间的互访，以便对主题进行更深入细致的探究。

5. 组织合作活动

由"市长"提议各卫星城之间可以进行的共同合作完成的项目，让学生进行合作学习活动。合作学习期间，城市中心将举行各种活动，所有的学生均能参加。

【学习者的实践活动】

深圳外国语学校(集团)是中国参加 CommonTown 项目的第一个学校。该校学生由于主修专业为英语，英语底子较好。学生以自愿报名的形式参加该项目实践，学校在报名学生中选出 10 名学生(5 男 5 女)参加该项目的学习。其主要活动内容包括以下几点。

1. 建立"自我介绍"的小型虚拟社区

学习进行的初期，每位学生都利用 CommonTown 在网络上建立自己的小社区。社区的主题主要以介绍本人和自己的学校情况为主，目的之一是让学生在介绍本人情况和学校情况的过程中熟悉 CommonTown 软件的使用，目的之二是通过社区向中国香港、新加坡乃至全世界的学生伙伴做一个自我介绍，以备日后能进行更好的交流与沟通。

2. 环绕主题建立"主题社区"

经过一个月左右的自我介绍后，学习转入正题内容，各校选定一个学习主题建立自己的社区。深圳外国语学校(集团)的学生以向其他地区的学生介绍我国传统文化为学习的最终目标，选择了介绍我国文化为主的学习主题。学习期间，学生参与了国家文化、中国食品、风景名胜、中国家庭、中国风俗、中国节日等专题的探讨。

3. 组织合作学习

活动过程中，在教师的指导下，学习小组成员进行了两种类型的合作学习。

①学习小组成员之间的合作学习。在学习初期，由学习小组成员共同开会讨论决定学习主题；在学习期间，各学习小组成员分工合作，共同商定，完成资源收集、信息整合、社区搭建、网页制作等工作。

②网络上的合作学习。学生利用 CommonTown 提供的各种网络合作学习的各种功能，诸如论坛、聊天室、信息发送和接收、文件的上传和下载等与东南亚等国家和地区的学习伙伴在网上进行了学习探讨和交流。

整个学习过程中，学生投入了极大的学习兴趣，不仅按照教师的要求完成指定专题的讨论与合作，而且还根据自己的兴趣特点与志趣相投的网络伙伴进行感兴趣的专题探讨学习。

4. 教学模拟的效果

经过 4 个月的学习后，深圳外国语学校(集团)的学生和老师们代表中国在新加坡举行的亚太经合组织教育部大会上进行了学习成果展示并获得各国专家的好评。在学习过程中收获最大的当然要属参加学习的各位学生，他们在参与了该项学习后不仅学到了地理、历史、习俗、计算机等文化知识，而且口头表达能力、书面表达能力、英语阅读水平、英语书面与口头表达能力均获得较大的提高。学生还反映在学习过程中给他们带来极大乐趣的就是结交了许多国际上的朋友，并通过他们了解了许多在国内无法了解到的知识与文化。在参与项目过程中，学生尝试到一种全新的学习方式。这种方式能让他们以自己的风格进行学习，能让他们在参与项目的过程中感到学习乐趣的真正所在。

6.5
虚拟实验设计

虚拟实验是教学模拟的典型应用，它利用虚拟现实技术仿真或虚构某些情境，供学生观察与操纵其中的对象，使他们获得体验或有所发现。虚拟实验室是在传统实验室的基础上,利用先进的计算机技术、网络通信技术、多媒体技术等相关的信息加工处理传播技术,将现实实验室中的各种实验资源虚拟,并通过计算机进行实验教学管理的综合性、开放型的实验教学环境。其重要意义是使实验室在时间和空间上得到延伸。虚拟实验室应包括以下几个方面:虚拟的实验教学资源(虚拟实验、在线辅导材料等),实验教学指导,计算机化的面向过程的实验教学管理以及计算机化的实验室管理。从学生来看,虚拟实验室更是一个以学生为中心的、开放性的、人性化的实验学习支持服务系统。

虚拟实验室在计算机系统中采用虚拟现实技术实现各种虚拟实验环境。这是一种异构的问题解决环境,它使得处于不同位置的学习者可以同时对一个实验项目进行实验工作。和其他领域相同的是,实验工具和技术是独立于各自领域的。不同之处在于,虚拟实验室中操纵的并不是真实存在的仪器和设备,而只是以软件仿真来模拟已经存在和使用的设备。在此环境中每一个可视化的三维物体代表一种实验对象。通过鼠标的点击以及拖曳操作,用户可以进行虚拟的实验,就像在真实的环境中一样完成各种预定的实验项目。虚拟的实验设备在学习者的操作下,发生着真实社会中相同的反应。例如,学习者将一根点燃的火柴移近酒精灯的灯芯,这盏虚拟的酒精灯应该相应地产生火苗,开始"燃烧"。

虚拟仪器技术与认知模拟方法的结合赋予虚拟实验室智能化特征,无论是学生还是教师,都可以自由地、无顾虑地随时进入虚拟实验室操作仪器,进行各种实验。在服务器端通过软件技术对各种实验环境进行仿真,并接收来自客户端的实验操作请求,根据客户端不同的实验请求,调整仪器的状态,模拟产生实验的现象,输出对应的实验数据。虚拟实验室要求实验的参与者共享实验环境和实验规则,服务器端的后台数据库提供了可以共享的实验数据和实验方法。虚拟实验室的结构如图 6-5-1 所示,一般包括人机接口,虚拟实验工作台,信号采集卡,虚拟仪器模型库,实验知识库,数据分析以及数据可视化、显示输出等模块。

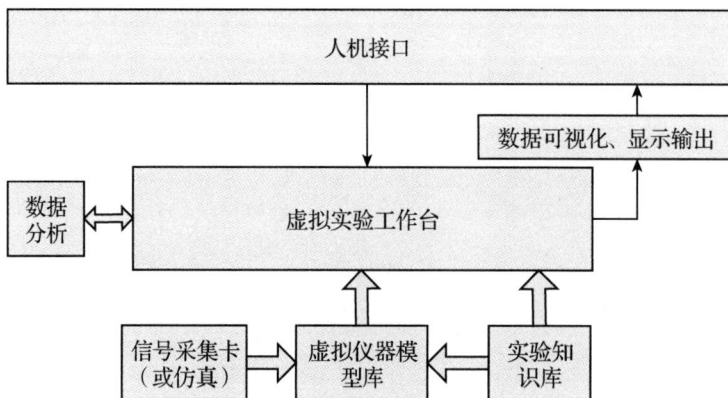

图 6-5-1　虚拟实验室的结构

在虚拟实验室的结构中，最底层的部分包含信号采集卡、虚拟仪器模型库和实验知识库。其中，通过信号采集卡建立各类虚拟的实验仪器模型，放入虚拟仪器模型库中。实验知识库是实验相关知识的数据库，中层为虚拟实验工作台，所有的虚拟实验都在工作台进行，通过数据可视化、显示输出技术，向用户展示虚拟实验界面。用户则通过最顶端的人机接口进入虚拟实验工作台，通过与计算机进行的各种交互操作进行虚拟实验。同时，用户在进行虚拟实验时与计算机进行的各种交互数据将被自动记录。

利用三维建模和三维交互技术，可以建立各种虚拟实验室，如医学、地理、物理、化学、生物实验室。在虚拟实验室里，学生可以自由地做各种实验。在虚拟的医学实验室里，可以进行解剖教学、放射治疗定位、具有危险性的人体实验、预测手术结果和远程手术。在虚拟的地理实验室里，可以做地震波传播、火山喷发等实验。在虚拟的物理实验室里，可以做重力、惯性等实验。在虚拟的生物实验里，可以做各种解剖实验。在虚拟的化学实验室里，可以利用各种化学药品和天平、砝码、温度计等工具，做各种不同的化学反应，观察燃烧、爆炸等反应现象。

6.5.1　虚拟实验软件的特点

虚拟实验软件具有虚拟性、实践性和灵活性 3 大特点。[①]

1. 虚拟性

虚拟实验与实际试验的一个显著而本质的不同就在于其虚拟性。正是由于虚拟性，才使虚拟实验具备了实际试验所不具备的特殊优势，在很大程度上减少了实验设备与空间，节约了资金，改善了实验条件。首先，虚拟实验中的设备、仪器和对象都不是实物，都是虚拟的，是对实物的模拟，拓展了实验对象的范围，以便获得在自然状态下难以获得的模拟对象信息。其次，从实验过程来看，虚拟实验不涉及实际的物理、化学、生物等过程，它是建立在计算和逻辑推理基础上的。因而一些具有破坏性、损伤性的实验能在虚拟实验系统中得以进行。

2. 实践性

虚拟实验虽然不能像真实实验那样直接地提供新的未知的事实，但在人们获取对事物的一些新的认识，完善已有的知识结构，或者在实践中消除不确定因素，提高实践能力方面具有重要的作用，因而具有明显的实践性特征。

首先，虚拟实验是与客观世界相联系的。虚拟实验中的虚拟仪器、设备和实验对象都有着各自的结构原型。实验程序和操作规则也是在实际经验和理论指导下的产物。

---

① 单美贤、李艺：《虚拟实验原理与教学应用》，北京，教育科学出版社，2005。

因而虚拟实验具有与实际实验活动系统相同的组成要素、结构和运作程序。

其次,从某种角度来看,虚拟实验系统能为实验者提供具有一定意义的实践环境。例如,在对发动机和汽车虚拟装配过程中,学生可以用虚拟工具将汽车的零部件一件件拆下来,观察各个组成部分,在拆卸过程中的任何时候,还可以将散件重新装回去,如图 6-5-2 和图 6-5-3 所示。当学生不懂操作时,可随时向计算机提问,它会不厌其烦地向学生说明或示范正确的操作方法。同时,学生还可进行一些小测验,自己指出汽车的各个部件的名称及作用。为了更加接近真实,学生还可以对器件或某一部件进行任意角度的旋转或随意放大缩小。

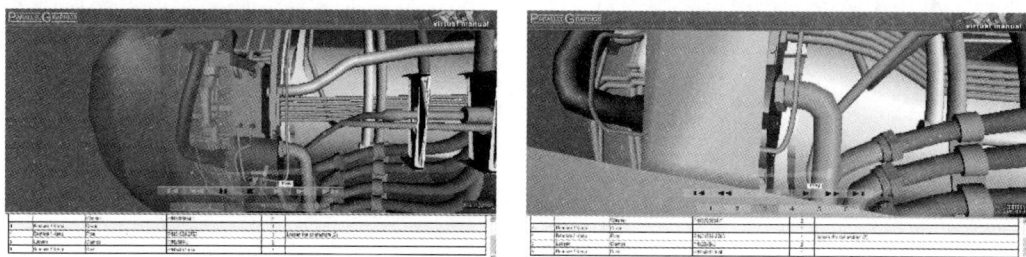

图 6-5-2　发动机装配

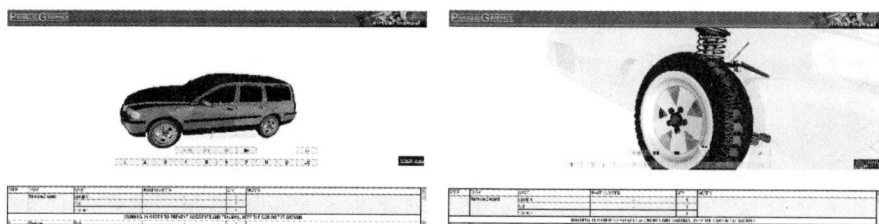

图 6-5-3　汽车装配

最后,人们借助虚拟实验,虽然不能像真实环境中那样获得直接经验,但却能提高对相关领域的认识,以便在今后的实践活动中懂得应当如何行动。例如,外科手术是一个复杂精细的过程,由于患病部位在体内,具体细节不得而知,难以制定手术方案。利用虚拟实验后,医生将患者的病区扫描进计算机并绘制成三维图像,医生带上专业头盔显示器就能进行虚拟手术了,每一步手术过程所造成的后果都一目了然,医生可以据此来制定最佳的手术方案,做到切口最小,出血最少,时间最短。图 6-5-4 为一个虚拟手术系统,该软件在一个虚拟腹腔镜下的虚拟手术环境中研究了虚拟器官的软组织的形变特点及碰撞响应,医生通过力反馈设备能够定位 3D 位置,"碰触"到实施手术的虚拟器官,并且"感受"到反馈回来的力,使医生从视觉和触觉上都能真实地感受到虚拟的器官。

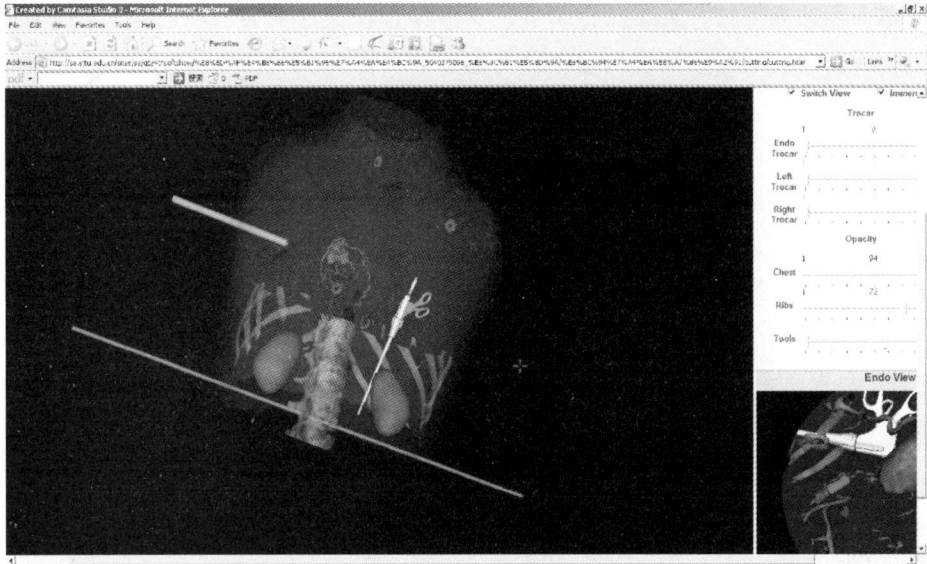

图 6-5-4 虚拟手术系统

3. 灵活性

虚拟实验系统在设计时应采用软件设计思想里的"面向对象"的概念,而不是以往"面向过程"的方法。这种模块化的设计能提高资源的可重复利用率,具有良好的可扩展性。仪器可由用户自己定义,使组建系统变得更加灵活、简单。与此同时,在虚拟实验的过程中,学生能方便地改变事物的条件以观察所发生的变化,有利于学生获得丰富的感性认识,便于学生根据自己的假设分析实验数据。在虚拟实验环节并不一定需要一种理论或假设做指导,但却可能会为某一理论提出某些观点或意见,因为虚拟实验的灵活性使得学生能从实验过程中学习,不仅知道实验的结果,而且能体验知识的发现过程,激发学生进一步提出问题与寻求解决问题的兴趣(图 6-5-5)。

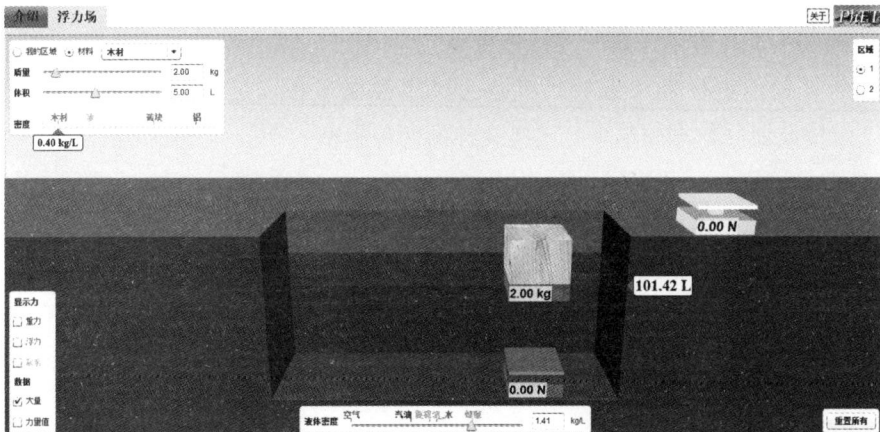

图 6-5-5 学生任意改变液体密度

虚拟实验的虚拟性、实践性和灵活性使虚拟实验与真实实验相比具有以下特殊作用：它拓展了实验的对象范围，使实验者能够获得在真实实验条件下难以获得，甚至根本无法得到的关于客观对象的信息。

虚拟实验主要在以下 3 个方面拓展了实验的范围：第一，它能够对现实存在的，但由于主、客观条件的限制难以或无法进行直接实验的对象进行实验研究。从客观方面看，对有些自然现象，如地震、台风、大气环流等，人们在现实中无法进行控制的，需借助虚拟实验，使这些自然现象进入实验的范围。另外，有些事物现象本来是可以通过真实实验认识的，但由于客观方面的原因（如危及人体生命安全的核反应堆爆炸实验）不能进行真实实验，必须求助于虚拟实验。第二，虚拟实验能够认识历史上曾经出现过，但由于事过境迁已不复存在的事物对象。虚拟实验在这方面显示了巨大的优越性。第三，虚拟实验可以彻底打破时间和空间的限制，缩短实验周期，更利于科学研究。大到宇宙天体，小至原子粒子，学生都可以进入这些物体的内部进行观察。一些需要几十年甚至上百年才能观察的变化过程，通过虚拟现实技术，可以在很短的时间内呈现给学生观察。例如，生物中的孟德尔遗传定律，用果蝇做实验往往需要几个月的时间，而通过虚拟实验就可以在一堂课中实现。

6.5.2　虚拟实验软件的分类

虚拟实验系统的分类划分有多种标准。按实现难易程度分为简单演示型虚拟实验、自适应虚拟实验和智能化虚拟实验。其中，自适应虚拟实验是将实验与反馈结合起来，形成感知—交互式、以目标为导向的系统；智能化虚拟实验运用人工智能或人工神经网络技术，具有一定的智能性。

按是否基于网络分为单机版虚拟实验和分布式虚拟实验。其中，分布式虚拟实验指在分布式环境下应用虚拟现实技术，构造一个虚拟环境，允许多个不同物理位置的用户投入到同一个环境中，实时进行信息交互。

按是否使用虚拟仪器来划分，可分为远程控制虚拟实验和软件仿真虚拟实验两类。[①] 下面按此划分标准介绍虚拟实验软件的两种类型。

1. 远程控制虚拟实验

以实现对远程实验仪器进行访问控制为主要目的的虚拟实验系统，其特征是实验仪器是真实存在的。与传统的实验仪器的不同之处在于，这些实验仪器是一种基于计算机的自动化测试仪器系统，其核心部件是可以接受数字控制的实验装置和同时连接实验装置和网络的控制器。我们通常称之为虚拟仪器。

① 李欣：《虚拟现实及其教育应用》，北京，科学出版社，2008。

虚拟仪器就是利用现有的计算机配上相应的硬件和专用软件,形成既有普通仪器的基本功能,又有一般仪器所没有的特殊功能的高档低价的新型仪器。这种技术实质上是充分利用最新的计算机技术来实现和扩展传统仪器的功能。如图 6-5-6 所示,虚拟仪器由计算机、软件、多功能接口卡、控制器、传感器和物理仪器组成。虚拟仪器通过软件将计算机硬件资源与仪器硬件有机地融合在一起,从而把计算机强大的计算处理能力和仪器硬件的测量控制能力结合在一起,大大减少了仪器硬件的成本和体积,其软件还可以实现数据的显示、存储和分析处理。虚拟仪器的软件可以用通用编程语言如 C/C++、Java 等进行开发,也可以采用 LabVIEW(Laboratory Virtual Instrumentation Engineering Workbench)、VEE 或 LabWindows/CVI 等进行开发。由于 LabVIEW 技术相对成熟、开发周期较短,目前许多远程控制虚拟仪器大都采用 LabVIEW 作为开发平台。服务器与虚拟仪器的应用程序之间采用客户端/服务器结构进行通信,学生在进行实验时通过网络控制器,调节实验装置的算法、参数等实验要素,并通过数据或视频的形式反馈实验的过程或结果。

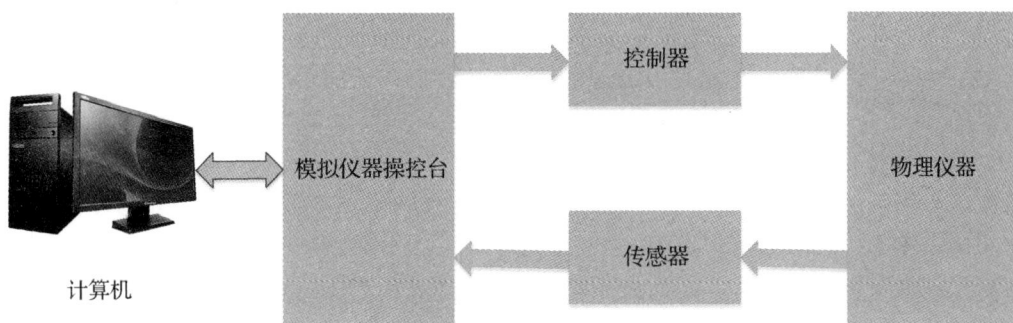

图 6-5-6　虚拟仪器的结构

(1)LabVIEW。[①]

LabVIEW 是由美国国家仪器公司开发的图形化程式编译平台,其发明者为杰夫·考度斯基。它是一种以图形化编程语言为基础来设计虚拟仪器的软件开发环境,主要用于数据采集、仪器控制、数据分析和表示。加拿大蒙特利尔的 LICEF 研究中心设计的远程交互式虚拟电子工程实验系统、美国田纳西大学查塔努加设计的网上工程实验室等都采用这种技术来开发远程控制实验室(图 6-5-7)。

---

① LabVIEW,http://www.ni.com/labview/,2019-10-09。

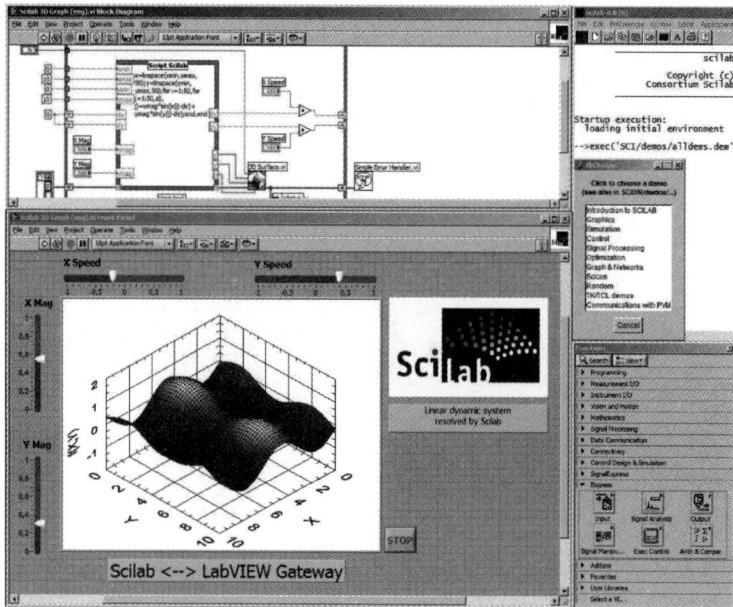

图 6-5-7　LabVIEW

(2)中南大学虚拟实验平台。[①]

机器学习虚拟实验系统是针对以机器学习实验为核心的实验平台不便于机器学习的教学和学习的问题，基于 Web 技术设计的一款以机器学习算法的组件化为基础，实现了跨语言调用的机器学习实验平台。该平台具有易操作的实验流程创建界面和多样化的实验结果展示接口。在机器学习实验平台中，用户能够在简洁美观的实验环境中，方便快捷地建立机器学习实验模型，并根据平台多样化的结果展示分析实验结果。同时，平台支持多种编程语言开发的机器学习实验组件，能保证同一实验由不同组件自由组合，实现了跨编程语言的数据交互(图 6-5-8)。

(3)SeeLight 光学系统虚拟仿真实验平台。[②]

SeeLight 光学系统虚拟仿真实验平台是由中国科学院软件所、国防科技大学光电科学与工程学院、中山大学物理学院联合研制而成的。SeeLight 平台以互联网思维打造，界面友好，功能齐全，运行稳定。平台注重基于物理原理的数字化仿真方法，通过对光源物理特征、干涉、衍射、偏振等方面进行虚拟仿真方法的研究，从物理、数学层面进行可视化仿真，仿真结果准确可靠。平台模型覆盖面广，案例丰富，教学功能齐备，具备一定的系统方案设计、实验方案论证的科研能力与教学能力，并具备完全自主知识产权，能够提供本地化、个性化的技术服务保障(图 6-5-9)。

---

① 中南大学虚拟实验平台，http://vlab. csu. edu. cn/systems/ML. html♯，2019-10-09。

② SeeLight 光学系统虚拟仿真实验平台，http://www. seelight. net/，2019-10-09。

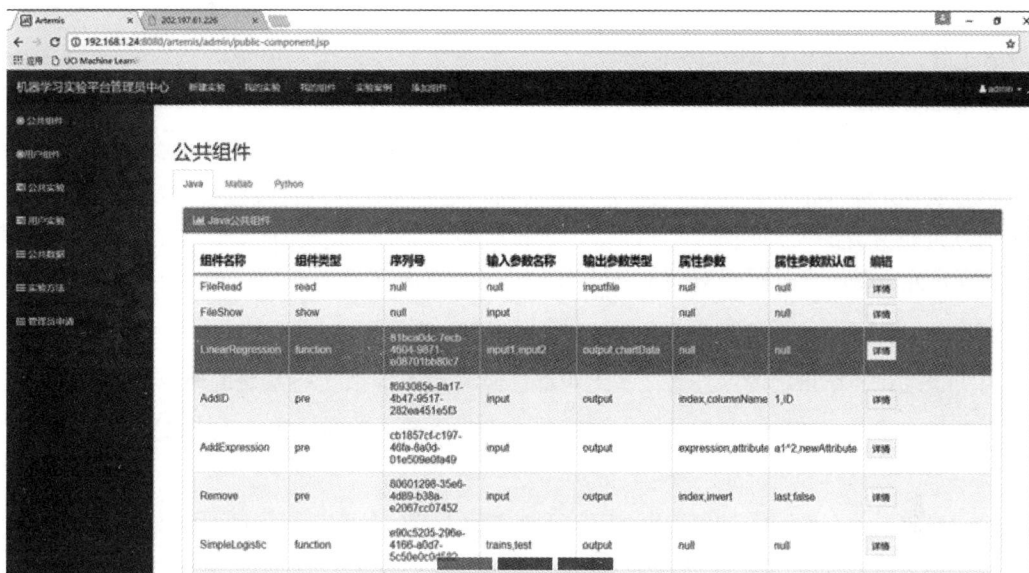

图 6-5-8 机器学习虚拟实验平台

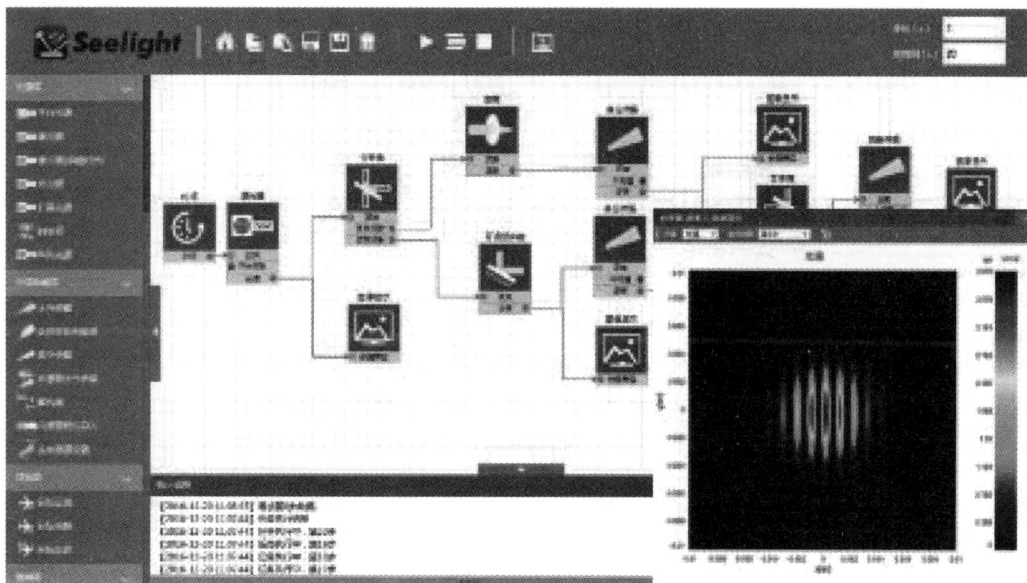

图 6-5-9 SeeLight 光学系统虚拟仿真实验平台

2. 软件仿真虚拟实验

软件仿真虚拟实验中，所有的实验仪器和实验材料都是通过软件实现的，没有真实存在的仪器。整个系统通常就是以计算机为平台，不需要额外的硬件。它由一组仿真引擎模块组成，通过对实验数据的建模和数学求解对实验过程、结果进行计算机仿真，并可以结合计算机网络技术、图形图像处理技术和虚拟现实技术等以网络化、可视化的方式向远程学生提供直观的具有真实感的实验结果。这类系统的开发、维护和升级工作一般都集中在服务器端完成。为了能够反映真实仪器设备的特性，综合运用3DS Max、Flash、VRML 等多种技术来达到仪器设备外观的真实感。仪器的内部设计则按照真实仪器的参数进行仿真，通过构建一些数学模型模拟仪器的性能。交互则采用 JavaScript 或 Virtools 中的行为模块来实现。这样能在人机实时交互、绘制等方面均达到较好的效果。

软件仿真虚拟实验面临最大的挑战是能否对物理世界进行真实的计算机仿真。随着计算机网络特别是虚拟现实技术的快速发展，软件仿真虚拟实验已经能够提供越来越真实的实验过程和结果。国内外有很多组织都已经开展了虚拟实验系统的研究和建设工作，特别是在一些大学和虚拟实验室中，已经建好并投入使用的虚拟实验系统也不少。

（1）VRSemLab。

西弗吉尼亚大学开发的 VRSemLab（The Virtual Reality Semiconductor Laboratory）主要用于解决电机工程专业的学生在学习半导体概念时遇到的困难。由于电子确实小得看不见，而且电子间的复杂作用难以形象化地描述。在 VRSemLab 中，使用者利用数据手套操作虚拟设备可以从不同角度看到半导体设备的内部结构，并可改变设备的固有物理属性，如图 6-5-10 所示。

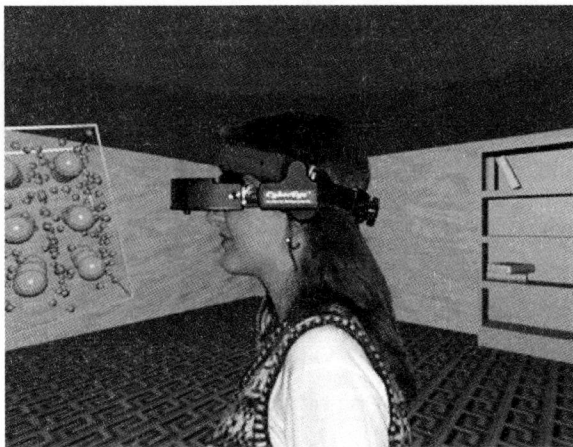

图 6-5-10　VRSemLab

（2）VSL。

虚拟系统实验室[①]（Visual Systems Laboratory），始建于 1989 年，由中佛罗里达大学教育训练研究院建立，旨在提高计算机图形的艺术表现力以及改进仿真过程中的人机接口设计。该实验室开展多项与虚拟实验相关的支撑技术研究，如虚拟实验环境中

---

① Institute for Simulation and Training，http：//www.ist.ucf.edu/，2019-10-09。

的网络及并行计算技术、复杂实验环境的实时物理仿真技术、图形仿真技术等；已取得了大量的研究成果，如设计并开发了第一例实时动态虚拟环境、第一例 VR3DCAD 虚拟设计系统等(图 6-5-11)。

图 6-5-11　中佛罗里达大学虚拟系统实验室

(3)虚拟工程/科学实验系统。

虚拟工程/科学实验系统是由约翰·霍普金斯大学化学工程系为配合课程"What is Engineering?"①的教学而建立的，实验的目的是引导学生尽快地掌握实验、问题求解、数据采集和科学分析的方法。该实验系统尚在建设中，目前能够提供的实验项目有逻辑电路实验、扩散过程实验、石油勘探实验、机器人手臂控制实验、桥梁设计实验、管道传热实验、树木测量实验、声音传播实验、热传导实验、概率分布实验(图 6-5-12)。

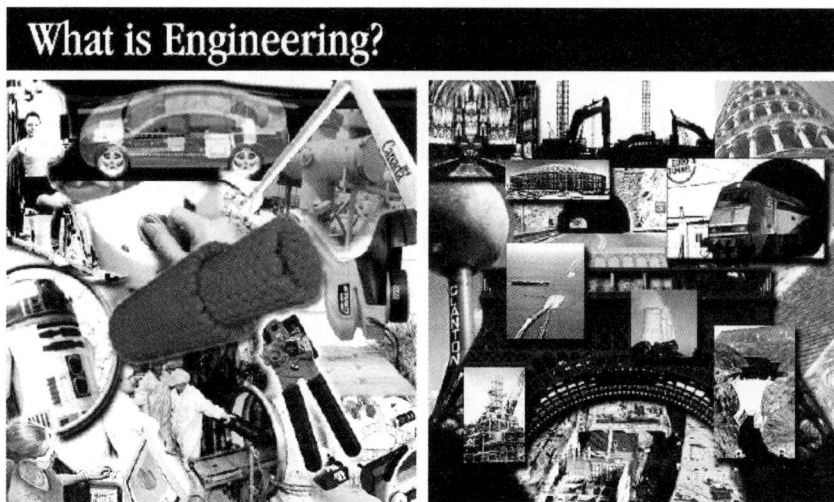

图 6-5-12　约翰·霍普金斯大学的课程"What is Engineering?"

---

① What is Engineering?，http：//www.jhu.edu/～virtlab/，2019-10-09。

（4）VETL。

VETL（Virtual Environment Technology Laboratory），由休斯敦（Houston）大学和美国国家航空航天局/约翰逊（NASA/Johnson）航天中心联合建立。该实验室主要致力于虚拟现实技术在教育、训练和科学/工程数据可视化领域的研究和开发工作，目前已经取得了多项研究成果，如开发的一组功能强大的软件工具，普通的非专业程序设计人员即可利用这些工具来创建多感知的、连接到特定硬件上的三维环境；哈勃太空望远镜维修训练系统；对分散在各地的军事人员进行培训的系统，该系统已被成功地用于联合国维持和平部队的训练。

（5）Vicher 系统。

伊利诺伊大学芝加哥分校的 VRICHEL 实验室研制的 Vicher 系统将虚拟现实技术应用在化学工程教育领域，并充分利用网络资源，在网上提供了一系列的实验教学指导包括在线实验教材，实验教学时间表，实验测评方法、形式、时间，虚拟实验，相关教学资源的链接等。

（6）LAAP。

卡罗来纳州立大学的 LAAP（Learn Anytime Anywhere Physics），利用 Java 技术建立了基于 Web 的探索式虚拟物理实验室，主要有以下几个模块：基于 Java Applet 的虚拟实验设备和实验设施，相关的实验课程模块，实验学习结果评价模块，协作学习模块。

（7）国内的虚拟仿真实验室。

国内很多大学也提出了许多软件仿真实验，并且在实际教学中得以应用，比较有代表性的有：清华大学工程力学虚拟实验室是一个场景逼真的模拟实验教学软件，它参考了众多工程实验资料，根据控制理论原理和实际实验所得数据对力学实验进行模拟，界面逼真，交互性强，内容丰富，不仅可以配合教师作为实验前的预习教学，具有良好的人机交互界面，也可供学生课余时间的练习使用；工业工程系的系统仿真实验室可以进行生产系统和服务系统的设计，能对工程产品或企业系统进行规划、设计、实施、评估及优化的学习和实践；工业工程系的虚拟现实与人机界面技术实验室，主要针对以虚拟现实技术为基础的复杂"人—机—环境"交互系统进行模拟、仿真、测评和研究，立足于构建各种人机界面进行近似真实场景的测评，并运用多通道人机界面技术开展部分虚拟体验教学研究，通过"视觉、听觉、触觉"的集成体验来加深理论知识的学习并"感知"复杂的系统或理论。

案例：虚拟青蛙

南佛罗里达大学的一个研究生花了两年时间建立一个虚拟青蛙的网站。① 它是一个

---

① froguts，http：//www.froguts.com/，2019-10-09。

用 Flash 开发的解剖青蛙的实验。用户可以不必戴乳胶手套、不用真正的蜡盘，可以在网页上拿大头钉、手术刀、剪子做非常逼真的青蛙解剖实验，可"剥"开青蛙的皮肤和肌肉观察内脏、骨骼，还可"解剖"眼睛和大脑了解其内部构造，想解剖几次就可以解剖几次。我们可以现场来操作一下。

(1)进入解剖青蛙的界面后，右边是解剖工具箱，有大头钉、刀、剪刀、放大镜、显微镜、X 射线、镊子、三维移动等工具(图 6-5-13)。

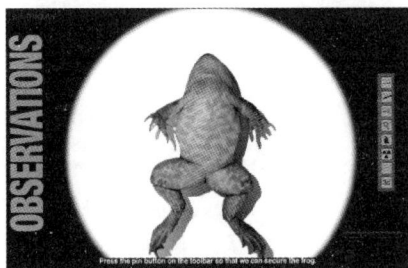

图 6-5-13　初始界面

(2)先用大头钉把青蛙钉在蜡盘上，然后用剪刀沿着红线划开，如图 6-5-14 所示。

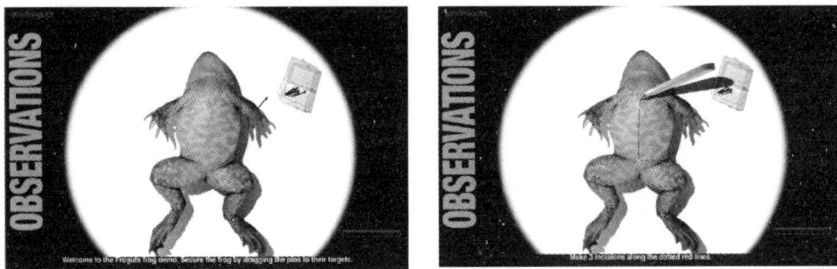

图 6-5-14　固定青蛙

(3)再把皮肤向两边掀开，固定在蜡盘上，接着再掀开肌肉层并固定。由于青蛙内脏的一部分被挡住了，因此还必须用剪刀剪开青蛙下颌部位的皮肤和肌肉，如图 6-5-15 所示。

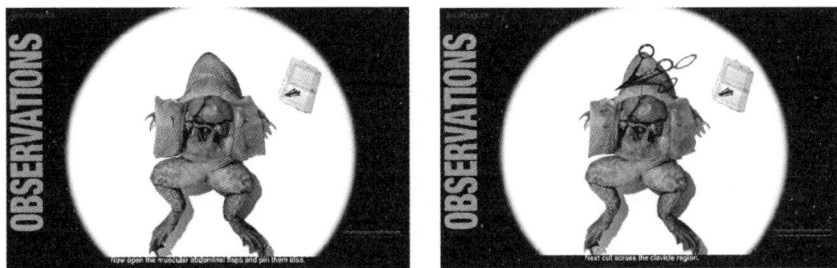

图 6-5-15　划开表皮和肌肉

(4)现在可以用放大镜仔细观察青蛙的内脏器官了，如图 6-5-16 所示。

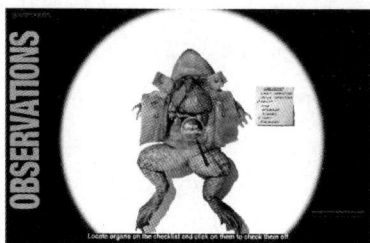

图 6-5-16　观察内脏器官

　　在这里，操作者可以对画面进行任意角度的旋转和随意放大或缩小，将青蛙从头到脚，从里到外彻底了解一番。就像真正的解剖实验一样，除了没有呛人的福尔马林味外，其余没有什么区别。这种实验实际上是一种虚拟实验。

第 7 章

教学游戏软件设计

章结构图

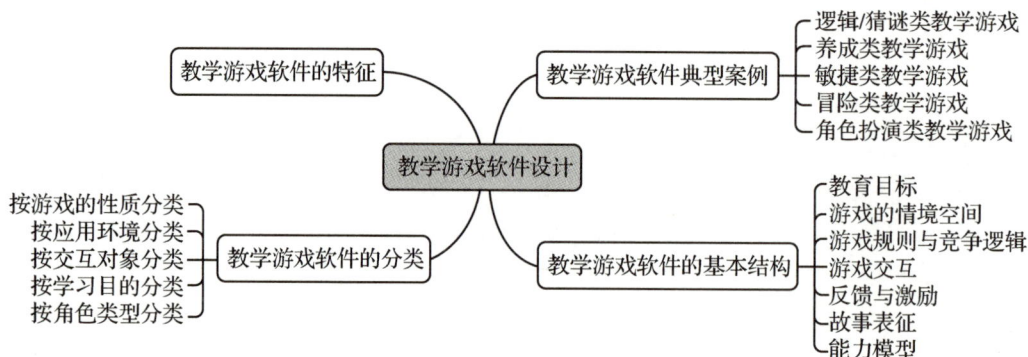

教学游戏是寓教学于游戏之中。教学游戏提供和控制一种富有趣味性和竞争性的教学环境，激发学生的学习动机，使学生在富有教学意义而且教学目标明确的游戏活动中进行训练和探索，取得积极的教育成果。教学游戏强调教学性，有着明确的教学目标和具体的教学内容，蕴含了精心设计的教学策略，倡导以游戏的形式传递某种特定的信息，目的是让参与者在游戏中获得知识，而非单纯为了娱乐。

7.1

教学游戏软件的特征

教学游戏与计算机模拟有着密切关系。大多数教学游戏本质上也是一种模拟程序，只不过在其中特意加入趣味性、竞争性、参与性的因素，做到"寓教于乐"。例如，在教学游戏中，学生可以扮演某些角色，如作为探险家在蛮荒险地求生存，作为企业家在市场竞争中求发展等，从而使学生在娱乐中培养相关的能力。教学游戏具备如下基本特征。

（1）教育目的指向：教学游戏中包含教育目的或学习目标，教育目的与游戏目的不同，教育目的可能蕴含在游戏目的中，也可能独立存在，甚至蕴含在游戏过程中。

（2）游戏故事化：完整、生动的故事情节，其体例与孩子们爱玩的角色扮演类游戏的故事情节是一样的，趣味性与角色扮演游戏相同。

（3）明确的游戏规则：教学游戏和娱乐游戏一样，都制定了明确的游戏规则。虽然这些规则通常是虚拟的、人为规定的，但是学生必须遵守规则。

(4)强烈的竞争与挑战：教学游戏具备较强的竞争性，以刺激学生的挑战心理。通过竞争可以激发学生的内部需要，转化为玩游戏的过程中促使学生持续投入的学习动机。

(5)提供幻想性体验：教学游戏把幻想转换成学习动机，每个教学游戏都带有程度不同的幻想因素。这种虚拟的不同与现实的因素，可以引发学生的兴趣和好奇心，促使学生持续保持兴趣，继续学习。

(6)安全的冒险：很多游戏是模仿现实生活的情节制作的。但是在现实中，错误的尝试可能对尝试者本身造成不利的影响，甚至产生严重后果。然而在游戏的虚拟世界中，游戏者可以安全地感受现实生活中带有危险性的事物或者无法经历的体验。

(7)趣味娱乐：游戏带给人的是一种在现实生活中无法获得的娱乐体验。娱乐性是游戏的最大特点，而教学游戏可以把游戏的娱乐性转化为学习动机，并使游戏者在游戏过程中达到特定的学习目的。

(8)沉浸体验：游戏提供给游戏者某种情境，使他们完全被吸引并投入情境当中，忘记了自己的压力、烦恼等与游戏无关的知觉，取而代之的是一种满足感和愉悦感。

(9)高峰情感体验：高峰体验通常是指在追求自我实现时所体验到的一种短暂的狂喜、入迷、出神、极大的幸福感和愉快感，一种臻于顶峰而又超越时空的自我的心灵满足感和完美感。根据马斯洛的高峰体验理论，孩子能有并且是经常有高峰体验。这种体验主要集中在他们玩游戏的时刻，游戏的背景故事、角色塑造与伴随游戏过程的剧情发展等正好可以提供给孩子这种情感体验[1]，因此，孩子们更乐于玩这些游戏甚至沉迷于其中。此时获得的游戏性体验与高峰情感体验是同质的[2]，由此完成了自我实现，从而使得孩子对游戏产生更大的兴趣。

(10)学习纯粹高效：游戏和学习之间没有明确的界限，两者无缝连接并相辅相成，学习是学习，游戏也是学习。学生在高度精神投入的时候，每一知识点的学习用时最少，而效率最高，效果最好。

(11)学习效果的可见性：具备科学、合理、行之有效的评估系统，能对学习效果进行即时准确的评估，并用数据的形式记入数据库中，可实时进行查阅、分析研究。

教学游戏是在教育软件和一般娱乐游戏的基础上发展起来的，它与二者有相似之处，但又不同于二者的简单相加。教学游戏是独立存在的。它把游戏中的有利因素转化为学习动机，有利于学生独立学习，培养独立解决问题的能力，对提高学生的综合素质也有很大的作用。[3]

---

[1]　古锐：《教育游戏中的情感体验设计研究》，硕士学位论文，华中师范大学，2009。

[2]　李东林：《从马斯洛高峰体验理论探讨儿童游戏》，载《四川教育学院学报》，2007(S1)。

[3]　方芳：《教育游戏的理论基础及应用模式》，硕士学位论文，上海交通大学，2007。

7.2
教学游戏软件的分类

从不同的角度观察，教育游戏有多种分类方法，一般按游戏的性质、应用环境、交互对象、学习目的、角色类型等维度划分。

7.2.1　按游戏的性质分类

（1）探索性游戏。在游戏设计中设置客体和事件的未知成分，游戏者在游戏过程中通过对未知成分的探索来激发兴趣和好奇心，获取有关的知识信息。该类游戏适合于知识学习型的教学游戏，如角色扮演类游戏、冒险类游戏等。

（2）创造性游戏。该类游戏是在已有知识水平上，通过改造自己已有的经验去解决和处理一些新问题，发挥自己的聪慧，从对于游戏的超越中获得喜悦和满足，丰富自己的经验和知识，如角色扮演类游戏、策略类、养成类游戏。

（3）娱乐性游戏。该类游戏主要是消遣解闷式的游戏，可以用于知识巩固和复习，如策略类游戏、益智类、逻辑/猜谜类游戏。

（4）模拟性游戏。通过设置一定的情境，让游戏者重复别人的活动结构和象征意义，在模拟不同角色的过程中来完成知识的学习，如运动类游戏、策略模拟类游戏、角色扮演类游戏等。

7.2.2　按应用环境分类

（1）单机版游戏：单机版游戏适合于个人学习，在单机上运行，强调内容的丰富性和游戏的可玩性。

（2）网络版游戏：通过计算机网络作为传播媒体的教学游戏，基于互联网的在线教学游戏可以不受时空的限制，游戏者可以在任何可以上网的地方访问在线游戏网站进行学习。

7.2.3 按交互对象分类

(1)基于人机交互的教学游戏。其游戏规则和交互方式都是面向人机的，有计算机或服务器提供智能性竞争对手与游戏规则。

(2)基于人际交互的教学游戏。这类在线教学游戏不仅能实现人与机器的交互，还可以通过网络实现人与人之间的竞争、交流与协作，可以实现更广泛的基于现实情境和人际交互的模拟式教学，如问题解决式学习、角色扮演等协作式学习、任务驱动式学习、询问式学习等。

7.2.4 按学习目的分类

(1)学科学习型游戏。用于学科知识点的学习，适合课堂教学和自主学习。

(2)知识巩固型游戏。该类游戏一般可以用于结束课程，进行知识的复习和强化。

(3)训练型游戏。在这种游戏中，游戏者根据若干问题、一系列的事实的考核来通过认证，并根据自己的需要来选择进行过关。这种游戏既适合于课程学习，也适合于企业员工的技能培训。

(4)考试型游戏。用于对某学科知识内容掌握程度的考核。在游戏中根据知识点的难易程度来设置一系列关卡，通过游戏者在一定时间内所通过的关卡数来评判学生知识掌握的程度。[1]

7.2.5 按角色类型分类

(1)单角色任务式游戏。这类游戏以流水形式设计，通过任务串联故事情节，易于实现。游戏者以单一角色参与其中，在持续的任务进展中达到学习目标。这类游戏适用于个人独立自主的学习，借助于不同难度的任务激发学生的挑战欲望，达到由浅入深的学习。

(2)多角色协同游戏。借鉴现实场景中通过相互配合完成共同任务的协作模式，游戏中基于协同理念设置了多重角色。游戏者根据个人偏好选择和操纵不同的角色，在达成相同目标或完成共同任务的进程中与其他角色相互配合、密切协作，在交互活动中能够提升游戏的趣味性，同时有利于促进合作意识的增强以及自身能力的提高。

---

[1] 田爱奎:《数字化游戏学习的发展及展望》，载《电化教育研究》，2006(1)。

7.3
教学游戏软件的基本结构

　　教学游戏的基本结构类似于教学模拟，其中最根本的不同在于教学模拟的控制规则是按照自然和社会的真实规律来设计的，而教学游戏的控制规则是按照教学和娱乐的要求进行设计的。教学游戏的关键结构性因素包括教育目标、游戏的情境空间、游戏规则与竞争逻辑、游戏交互、反馈与激励、故事表征和能力模型，其基本结构如图7-3-1 所示。

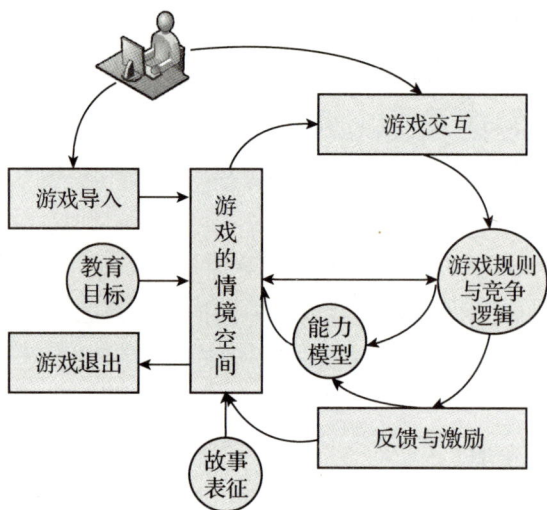

图 7-3-1　教学游戏的基本结构

7.3.1　教育目标

　　对于教学游戏来说，存在着双重的目的与目标，一方面是游戏本身的任务目标，即从初始状态出发，经过游戏者的决策和动作（输入），最后一定能够达到的胜负（或平局）状态，一般是显性的；另一方面是希望学生达成的学习目标，一般是隐含的。设计教学游戏的基本原则是要尽量使游戏本身的任务目标与隐含的教学目标相一致，当学生成功达到游戏任务规定的目标时，应同时能够达到教学上设定的行为目标。

　　游戏的目标设计不仅是为学生定义一定类型的目标，还必须设计一系列不同层次的目标状态让学生去实现，只有把特定内容作为学习的对象并且学习目标被精确地限定时，游戏活动才能显现出有益的效果。[①] 游戏任务是教学目标与教学内容的外部表现形式，教学目标与教学内容是游戏的本质，游戏中的任务和目标来源于教与学的目标及内容的确定。因此，首先需明确分析游戏者需要获得的经验知识是哪些，游戏者使用该游戏软件后需形成的思想和表现的行为，然后分析当前状态与目标状态之间的差距，最后确定是否能使用游戏的形式加以实现。假如游戏是可行的方式，下一步开始设计合适的游戏任务和目标。游戏任务是从游戏者的角度出发，而游戏目标则是从教学与游戏的设计者视角出发，即学习目标。这些目标隐含在任务中，游戏者完成任务意味着达到游戏设计师预设的学习目标。

　　教学游戏不同于教育软件和一般娱乐游戏，是以一种独立的形式存在的，不能将教学游戏等同于那些以娱乐为目的的电子游戏。娱乐游戏没有教学目标，没有教学内容，也不考虑教学策略，其目的是让使用者得到娱乐，充其量训练了使用者的手眼联动操作。当然教学游戏是基于娱乐游戏和教育软件发展起来的，又和二者有着千丝万缕的联系。

7.3.2　游戏的情境空间

　　教学游戏中的情境空间是游戏者活动于其中的"世界"，如游戏中的角色造型、随着时间改变而变化的一切活动空间的造型等。情境空间的空间要素主要包括物质要素，如景观、建筑、道具、人物、装饰等；效果要素，如外观、颜色、光源等。情境空间通过画面、动画、音乐、音效和文字等展现在游戏者面前(图 7-3-2)。

图 7-3-2　What A Trash Game! 的情境空间

---

① 王广新、董飞：《计算机教学游戏的基本结构与特征综述》，载《中国电化教育》，2006(7)。

　　游戏情境空间不仅仅是绘景，还要展现游戏故事情节，完成游戏冲突，刻画人物性格，让游戏者随着游戏交互的发展而紧张、忧伤、欣喜、兴奋。在游戏过程中，情境空间通过色彩、构图、光影等表现手法来强化游戏场景的视觉表现，让游戏者直接感受到游戏所传达出来的复杂情绪。因此在游戏的创作中应充分认识、充分利用情境空间对于情绪氛围的推动作用。好的情境空间可以提升游戏的美感、强化渲染主题，提升附加值，直接影响着整部作品的风格和艺术水平。优秀的游戏作品应该是内容与形式的完美结合。情境空间的造型形式，是体现游戏整体形式风格、艺术追求的重要因素，直接体现出游戏的空间结构、色彩搭配、绘画风格，设计者需要探求游戏整体与局部、局部与局部之间的关系，形成游戏造型形式的基本风格。

　　同一个情境空间可以服务于不同的教学目标，教授不同的教学内容。同样，同一教学内容，可以与不同的情境空间相结合。根据情境空间与教学目标之间的关系，可以把情境空间分为内在的、相关的和任意的。当教学内容内在于情境空间时，才会有好的教学效果(图 7-3-3)。

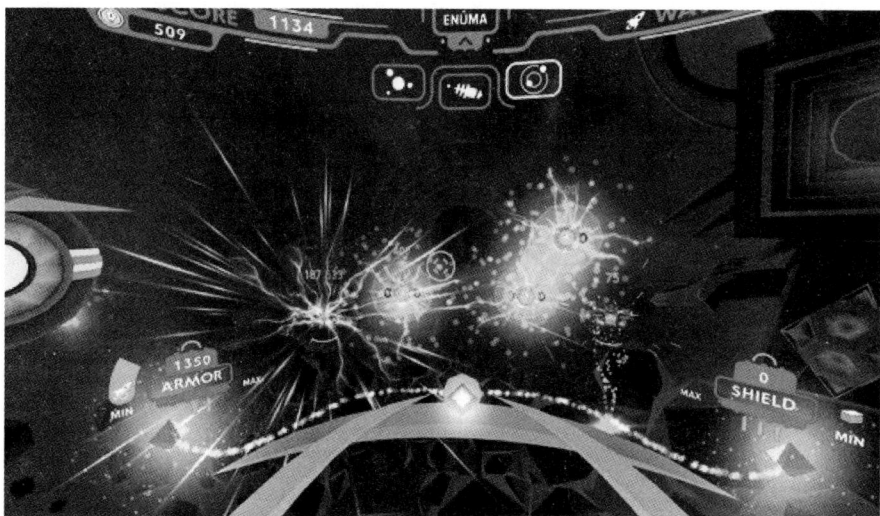

图 7-3-3　Brain-training Game-Cerevrum 游戏界面

　　教学游戏的情境空间设计与教学模拟的情境空间类似，但更需要注重趣味性、竞争性。在设计时，需要考虑以下几点。

　　(1)空间结构。确定整个游戏空间的结构，根据游戏背景和教学的功能需求，制订出游戏中大体的空间地理地貌分布。根据游戏的历史、时代、物种、文化、地理等背景因素，确定游戏中的建筑、地貌、服饰、物品等风格类型，确定画面类型是 3D 还是 2D，确定空间采用写实、写意还是卡通等风格类型等。

　　(2)游戏视角。全自由视角、固定视角、旋转与否，这些也是决定场景表现方式的关键。确定角色比例，一个角色在游戏屏幕中显示的基本大小，决定了同样视野中游戏者能看到的内容；确定人与建筑的比例等。

（3）支持资源。在教学游戏中，游戏者需要各种丰富的游戏支持资源来帮助他们了解游戏任务的背景、建构他们对游戏任务的理解。支持资源可以是各种游戏元素形态，如宝物、武器、地图、路人、道具、对白、语音、场景、界面、规则等。大量的学习信息被嵌入这些可视化游戏元素中，也常用特殊的热区链接，直接提供帮助与资源。

（4）认知工具。游戏学习认知工具不仅是游戏用来学习任务目标的工具，也是学生用来表征自己认知发展的工具。认知工具可以是支持、指引、扩充使用者思维过程的心智模式和设备。游戏学习认知工具一般是法术、地图、移动方式、保存、装备、对白、语音等游戏元素形式，其中地图和对白是游戏学习认知工具设计的重点。地图为学生展示整个游戏学习的知识结构图，方便学生制定学习目标、检索知识要点、联结学习内容。对白一般分系统对白和玩家聊天对白两类：系统对白指引学生的学习方向，或表征陈述性知识，或反馈学习者的学习成果；玩家聊天对白为学生的协作学习提供了交互空间，是学生知识内化的重要场所，为聊天对白添加保存功能，还可以丰富学习者的检索信息，建立动态持久的学习资源交流空间。[1]

7.3.3　游戏规则与竞争逻辑

游戏的操作性只是决定了如何进行输入输出行为，而并不决定输入输出什么。决定输入输出集及输入输出响应策略的是游戏规则，它才是游戏真正的核心，才是游戏最深层次的灵魂，才是吸引游戏者为之废寝忘食的魔力所在。拥有了优秀的游戏规则，才有发挥外部效果的可能性，否则游戏的外部效果将成为无源之水、无本之木。

游戏规则是游戏者采取决策和动作时所必须遵守的规则约定。游戏是基于一系列规则来执行的，它设定了参与游戏活动的基本结构，在游戏活动中是强制执行的。规则设定了各个游戏者的行为、所使用的装备、允许的活动步骤、操作方法、可用的资源、限制条件、晋级的规则、可能的惩罚等。在游戏中，启动游戏之前，规则一旦设好，一般在退出之前就不再允许修改。规则应包含所要达到的教学目标，所要教学的规律与知识，如计算游戏应符合计算规则、语言游戏应符合语法或词法规则、化学实验游戏应符合化学实验操作规则等。从静态的技术角度来看，计算机游戏世界就是庞杂的数学模型的再现。游戏中各种要素之间的关系和行为都是相互关联的，用数学公式来表达它们之间的属性和行为的相互变化要素所有存在状态是用一定的数值呈现出来的。规则就是利用游戏中的数学模型，限定各要素属性和行为变化的状态，控制游

---

[1]　范良辰：《RPG 电子教育游戏设计模式的构建》，载《远程教育杂志》，2008（6）。

戏的发展和变化。

游戏规则中最核心的是竞争逻辑，竞争是人类基本特征的一部分，人类之所以被游戏所吸引，就是因为其天性趋向竞争，喜爱挑战。竞争、对抗让游戏者在游戏活动中变得兴奋，激励着他们迸发出充沛的精力和创造性的思想。

游戏要为游戏者提供"胜利"或"失败"的感觉，这就需要伴随着形式多样的竞争和对抗。游戏中的冲突或挑战是游戏者要尝试解决的问题，它是游戏的核心元素，游戏者解决这些问题的基础就是参与游戏活动。游戏中产生于问题解决中的冲突或挑战也许是与其他竞争者、现实问题或人工智能的对抗，还可能是一个要破解的谜语，或者是任何处在前进道路上的障碍等多种形式。目前专为教育而设计的游戏中，较为缺少冲突和对抗的成分，其竞争、挑战主要来自问题解决，并且可以与合作的团队共同完成。[①]（图 7-3-4）

图 7-3-4 Writers 游戏好友竞争界面

游戏设计理论在提到各种冲突和对抗的时候，除了关注冲突和对抗因素的内容之外，还关注这些冲突和对抗的强度、节奏、组合与合理性等问题。按照心理学的研究成果，冲突和对抗强度不够则不成为挑战，游戏也将索然无味；强度太大，则游戏者屡屡受挫，不能实现游戏娱乐的基本功能；如果冲突和对抗的频度太小，就不能维持一种焦虑情绪的积累，如果频度太高，也无法通过释放这种情绪而产生舒适的感受，因此也就无法产生强烈的游戏体验。至于合理性，就是冲突和对抗的水平与学习者的技能和进步保持同步，称为"平衡"状态，就是说如果游戏系统通过一定的策略达到比游戏者强大的效果，那么游戏者同样可以通过研究系统的策略增强自己的能力，去战

胜系统，这种游戏对游戏者来说无疑是有趣的。因此，游戏设计中的一个关键技能就是为游戏设置不同层次的难度等级，游戏者可以根据自己的水平灵活地选择和设置游戏的难度。

7.3.4　游戏交互

游戏者与计算机的交互推动着游戏活动的运行。游戏的进展过程是根据游戏者的操作活动而改变的，计算机根据游戏者的行为做出真实和合理的反应，从而促使游戏者对计算机进一步地发出操作的指令。游戏在游戏者与计算机的交替推动下向前进行，因此，游戏能够允许游戏者进行灵活设置的范围越大，游戏者的发挥空间越大，游戏者获得的体验越流畅，能得到的乐趣越多(图 7-3-5)。

所谓流畅体验是个人在投入他所参与的活动中时，所感受到的一种深层次的任务定向、认知效率及内心愉悦的心理状态。通俗地讲，流畅体验是指一个人对自己在执行某事件时所获得的满足感和幸福感。

图 7-3-5　Math Classroom Challenge 游戏页面

有学者称流畅体验是沉迷于网络游戏的动力。他们于 2004 年在韩国进行的有关游戏忠诚度影响因素的探讨中得出①，如果人们在玩游戏的过程中能有愉快的体验，他们就会继续玩下去，如果游戏者与系统有着有效的个人互动或通过网络与其他人进行愉悦的社会互动，就能获得这种体验。愉悦的体验直接与顾客的忠诚度挂钩，而当游戏

---

① 周晖：《体育活动与网络游戏的流畅体验及心理健康》，载《浙江体育科学》，2007(6)。

有益于流畅体验的形成时就更容易吸引游戏者参与。

　　游戏传递信息给游戏者，游戏者通过游戏指定的操作方法反馈信息给游戏。游戏过程就相当于"体验学习活动"。学习发生于活动中，知识成为动态学习经验的天然"副产品"。体验学习的学习活动发生在体现真实情境的一系列场景中，游戏者作为场景中的角色感知、观察、判断现场环境，参与到练习群体的共同的真实活动之中。通过从环境中获取行为效果的反馈，再继续感知、判断环境、调整自己的行为，这样游戏者在一系列场景中的活动就构成自己的学习过程，每一次具体的经历可能由不同场景、不同活动组成。[①]

　　游戏中的人机交互模式不能过于单一化、简单化。游戏者应能参与游戏场景、操作方式等游戏元素的设计，这样更能体现"自主性学习"的目的，游戏者所获得的东西自然就不会仅限于知识了（图 7-3-6）。

图 7-3-6　Jam Studio VR-Education & Health Care Edition 的交互界面

　　游戏交互有两个重要的层面：第一是游戏者与计算机的交互，表示游戏者在游戏活动中做了什么事；第二是游戏者之间的交互，包括游戏者和游戏者与游戏者和游戏设计者之间的交互。游戏应提供交流的平台、小组合作的平台、反馈的平台，游戏者和其他人一起共同完成游戏的过程中，形成了社会性小组。与其他人一起参与游戏活动有更多的乐趣，因而促进了社会化小组的形成。在计算机游戏的初始阶段，人们关注的是单用户的游戏或游戏者与机器对抗，当今游戏的趋势是基于网络多用户游戏，同时游戏设计者正在尝试把许多新的人工智能技术应用到游戏中，把更多创造者的"心

---

　　① 　孙莅文、邓鹏、祝智庭：《基于娱教技术的体验学习环境构建》，载《中国电化教育》，2005(7)。

理"整合进游戏中的基于计算机的竞争者或合作者中。

要根据游戏的场景以及学习内蕴的需要，设计合适的交互。比如，学生可以请求帮助，获得如何进行操作的信息；可以在情境空间中操作，用操纵杆或键盘在屏幕中移动物体；通过回答问题、选择行动方案来确定自己的游戏策略；根据自己的意愿随时退出游戏等。

比如，常见的交互是移动，设计移动首先要考虑移动速度，移动速度决定了游戏地图中补给点、切屏点等地点的分布。如果游戏者从一个练功地点到最近的补给点，需要花费的时间太长，那么就需要考虑一下是否要增加补给点，避免过于疲惫。其次要考虑是否穿透：人与人可以自由穿行，又或者会互相成为障碍，这个对游戏场景设计有很大的影响，包括道路、出口的设计方面都要考虑。最后还要考虑特殊移动的方式：在游戏中是否有骑乘，是否可以飞行、跳跃，这些也会很大程度地影响游戏地图设计。

7.3.5 反馈与激励

当游戏者做了某种动作之后，系统应该能对该动作的性质做出评价，以某种形式反馈给学生，并对游戏情境空间做适当的调整。反馈是用来响应游戏中某些事情发生转化时所产生的结果，它是激励学习活动发生的重要因素（图 7-3-7）。

图 7-3-7　PRINCIPIA：Master of Science 的反馈界面

　　游戏的典型结果是至少有一个目标状态的获胜或者失败。对于游戏来说，获胜或失败的结果具有强烈的情绪和自我满足的含义，它是游戏最有吸引力的部分。学生可以通过多次尝试来测量自己的能力。

　　反馈能让学生立刻知道自己的活动是积极的或是消极的，是在规则内还是超越了规则，离目标更近或是更远了，指引着学生连续不断地探究游戏是以何种机制工作的，知道设计者设计的潜在模式是什么，如何获得成功，如何达到下一个目标水平，并获得最终胜利。游戏中应该提供积极的反馈以提高学生的自我胜任感和自尊。反馈的形式也应多样化，有数字表示的成绩和自己在竞赛中所处位置的标识以及其他表示形式，如图片、音乐等。游戏针对不同程度的操作，反馈的强烈程度也不一样，太弱或太强的反馈都会使学生产生不一样的反应，这意味着问题解决水平的上升和下降。不管如何设计反馈，它的目的总是提高学生的经验，激励学生继续探索游戏中隐含的问题（图 7-3-8）。

图 7-3-8　Musician 实时反馈界面

　　教学游戏的结果和反馈是用来指引学生的学习活动的，它们用于测量学生与目标相对应的进步状况，并激发学生的学习动机。良好的反馈应该包括以下几个方面。

　　（1）挑战。在游戏中，挑战一般表现为难度、任务、解谜与动作技巧、反应灵敏度等方面，需要参与者高度集中注意力、获取更多的信息、唤醒原有的认知、产生联想与顿悟等，从而提高响应技能去适应、完成。为了能使学生不断接受新的挑战，应设计多个难度不同的任务，同时提供短期目标和长期目标，引入隐蔽的信息和随机因素，使游戏达到挑战与技能的平衡，从而进入沉浸状态。

（2）新奇。游戏可以通过现代高科技营造出一个充满幻想、神奇的世界，为游戏者带来刺激、冒险、兴奋等娱乐体验。一个好的教学游戏应当有适当的复杂度，游戏的目标要与学生能力水平相适应，要略高于游戏者的知识水平，这样学生就会在游戏中感觉新奇。教学游戏的新奇性会直接引起学生的好奇心，而好奇心是人们学习的重要内驱力。

（3）控制。让游戏者融入游戏、控制游戏的一系列交互过程，充分的互动游戏能满足游戏者情感上的需求，也能够满足其心理上的某种期待，让游戏者在游戏的过程中得到感官上、精神上、情感上等多方面的娱乐体验。

（4）期待、悬念。游戏的一个重要组成部分是不可预见性，由此产生期待与悬念。一个游戏要有一定的曲折，不能够平铺直叙，不能够味同嚼蜡，同时也不能过分地强调各种悬念。

（5）幻想。幻想不仅能够表达学生的情感需要，而且有助于帮助学生理解所学知识。当幻想的东西与所学的东西融合起来时，学生就可能具有较强的创造力。

（6）焦虑及其释放。游戏是玩的，要唤起游戏者某种情感，在这种情感的推动下完成某些动作，借助这些动作最终消除那种情感，这就是所谓寓教于乐。在游戏中获得的愉悦和兴奋，其实是在一个高度负荷的情感释放过程中获得的，游戏也为这种释放过程提供了虚拟情境（场所）和游戏行为系统（手段），而产生这一高度负荷的情感及其所带来的焦虑、紧张等不适感的恰恰正是游戏本身。

（7）协作。在教学游戏中，通常游戏者要完成许多任务，如果把游戏活动分解成相互关联的几个部分，然后让一个游戏小组共同来玩，使该小组的每一个成员在其中扮演一个角色，并完成一项或多项任务，那么就可以使游戏者形成协作动机。团体的协作精神可以增强每位成员的学习动机，并且促使他们为争取团体的胜利而努力。

（8）竞争。通过有益的竞争，人际动机可以得到加强。游戏者可以与计算机、同伴、时间进行竞争。如果一个游戏者的行为能够影响游戏中其他游戏者的处境，那么竞争因素就可以促进学习者进行更多投入。

（9）激励。在教学游戏中，如果经过努力所取得的好成绩能够获得社会认可，人际动机就会得到加强。例如，很多游戏都采用"排行榜""名人厅"来增强认可方面的人际动机。有些游戏还把成功游戏者的策略存储起来，以供其他游戏者参考。

7.3.6 故事表征

游戏活动处于一个具有新奇故事情节的情境之中，对游戏者是有更多吸引力的。情境化学习观点认为，叙事的限制和可能性条件促进了学习活动，成为学生理解学习任务的基本组成部分。[①]

表征意味着游戏是基于某件事情或某个故事的，它可能是抽象的或具体的、直接的或间接的，给予学习者解决游戏任务的叙事情境。游戏故事与游戏场景共同创设了游戏学习情境。各种游戏理论工作者对表征的作用持完全不同的意见。有人认为表征在本质上成就了游戏，也有些人认为它仅仅是环绕游戏的美丽外衣。我们认为游戏故事和游戏任务是表征游戏学习目标、游戏学习内容的载体，是整个教学游戏设计模式的核心。好的游戏故事可以激发学习者的想象力和好奇心，引起并维持他们的游戏学习动机，帮助他们对游戏任务进行主题意义建构（图 7-3-9）。

图 7-3-9   Discovery Tour by Assassin's Creed：Ancient Egypt 游戏界面

游戏故事设计要注意确定游戏主题和故事背景：不同文化背景的学习者适应不同的游戏主题，游戏主题的设计可以使用新的创意，但要与教学游戏的设计目标相统一。另外，还可以在沿用老题材的基础上，使用新的角度、新的观念或新的体裁来描述故事，让学习者在不同的方面领略到新意；背景故事通过调用游戏者的想象力增强其游戏体验，这些小说化的元素不仅激发学习动机，还传递了驱动游戏者行为的命令。恰当的游戏主题和故事背景设计有助于引起学习者的共识与共鸣，易于教学游戏的推广。教学游戏的故事设计还强调：第一，故事对新旧知识表征的联系性；第二，故事对游戏学习资源的整合性；第三，故事对情节描述戏剧化和角色成长科学化的支持性。[②]

教学游戏还要强调基于故事背景对游戏任务、任务结构和任务反馈的设计。在游戏中学习的一般模式是：进入一个故事空间→面临问题与挑战→接受任务→寻找完成

①   王广新：《游戏的教学设计：问题的情境化表征》，载《电化教育研究》，2007(1)。
②   范良辰：《RPG 电子教育游戏设计模式的构建》，载《远程教育杂志》，2008(6)。

任务的方法→探索游戏情境空间→获取相关资源→不断与他人交流→在虚拟的协作下完成任务→达成隐含于任务中的学习目标。游戏具有浓重的故事情节以及游戏角色随着经验增长的属性设置变化两大特点，在游戏任务设计的过程中应该不断考虑情节描述的戏剧化设计和角色成长曲线的科学性设计。

在游戏故事表征中要故意制造某种情感的负荷，使游戏者产生焦虑，然后巧妙地调动引导游戏者，最终使其解除焦虑状态，产生解脱感和兴奋感。同时要针对游戏者的期待，适度产生悬念对抗游戏者不断增长的经验，使其能感到游戏处于一种动态的变化中。

7.3.7　能力模型

教学游戏要根据学生在游戏空间中的交互进行响应和反馈、判断竞争的胜败。因此，游戏系统必须了解当前游戏者，这就要求把游戏的进展情况用适当的数据结构记录下来，作为游戏进行响应反馈和教学决策（选择教学内容和教学方法）的依据，这种用于记录游戏者个别情况的数据结构及依据此数据结构存储的数据称为游戏的能力模型，能力模型需要定义记录哪些交互信息，交互信息在评价游戏者状态时的作用等。游戏的能力模型依据游戏者和系统之间的交互作用及应答历史而形成，并可以根据每个游戏者在游戏中的进展情况动态地进行修改（图 7-3-10）。

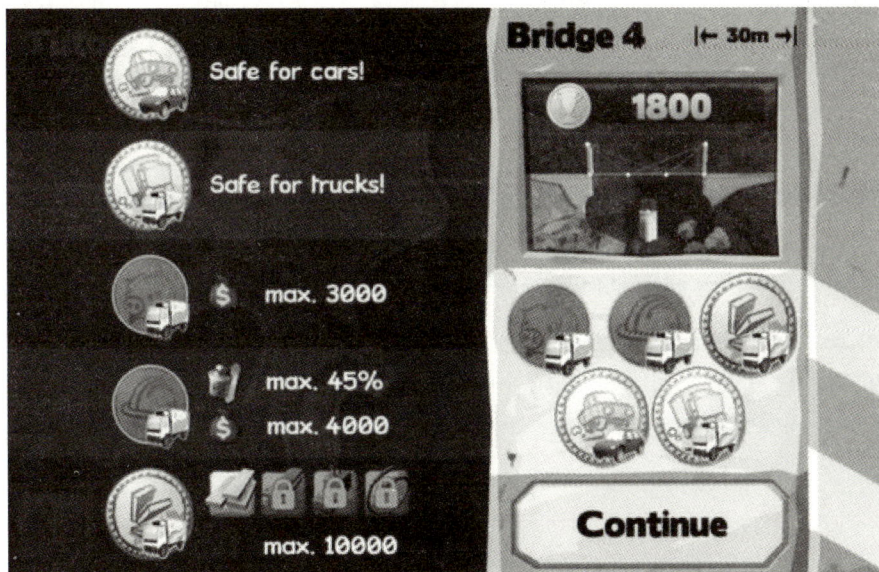

图 7-3-10　Bridge Constructor Playground 个人成就界面

能力模型一般都是通过"资产""气""财富""健康""等级"等易于理解的方式来表征，

312

随着游戏的进行，这些值都在发生变化，变化由游戏规则所控制。

7.4
教学游戏软件典型案例

目前真正得到广泛接受的、成熟的教学游戏产品不是很多。但是在国外和我国台湾地区，教学游戏已经具备一定的市场，有些教学游戏还进入了学校的课堂，促进了教育教学的多样化和快速发展。以下主要介绍了国外和我国台湾地区的几个较为典型的教学游戏案例。

7.4.1 逻辑/猜谜类教学游戏

逻辑游戏要求学习者用逻辑思维解决问题。从简单的判断到复杂的推理，猜谜游戏同样要使用逻辑思维，但有更多的猜测尝试，这两类游戏不易严格区分。逻辑和猜谜游戏主要教授一般的问题解决技能，如观察、收集信息、制定方案、验证假设等，也可以用于结合具体科目的知识和技能练习，在面向中小学生的游戏中占有很大的比例。逻辑和猜谜游戏需要把谜题视觉化，通常借助一定的预设的故事情境，最常见的是使用拼图、迷宫、识图、匹配等方法的游戏。这类游戏通常都比较简单。[1]

逻辑/猜谜类教学游戏基本上都是小型游戏，目前的产品有很多，在网络上可以很方便地找到。如图 7-4-1 所示，游戏设置了小狗走迷宫的场景，当走到问号的地方，游戏就会要求学习者回答问题，回答正确获得积分，错误则有惩罚。在固定的时间内走出迷宫，则游戏结束。另外还有大量的 Flash 小游戏，可以帮助学习者训练某一特定的知识(数学运算、语文造句等)，如图 7-4-2 所示。

---

[1] 张军征：《多媒体教学设计》，68～69 页，北京，科学出版社，2007。

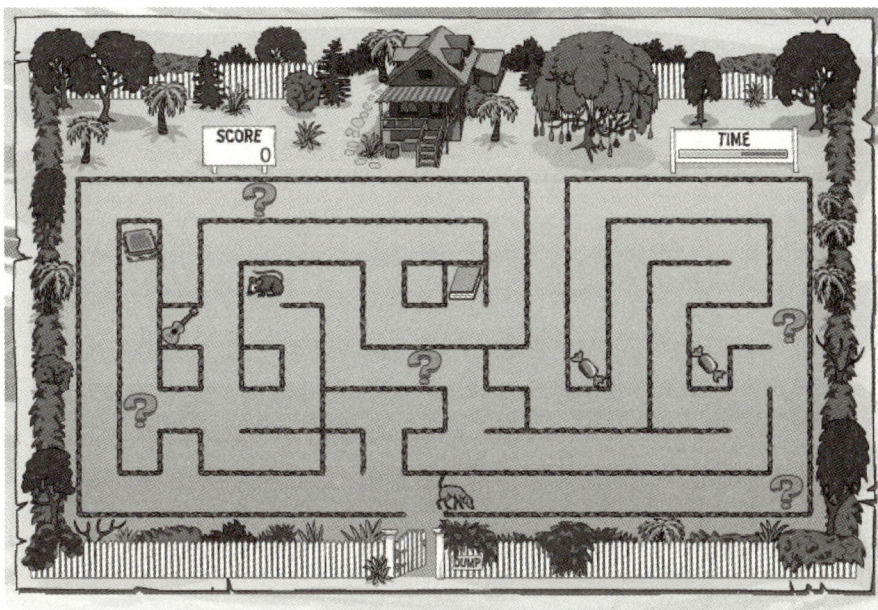

图 7-4-1　Featured Puzzle Game 游戏界面①

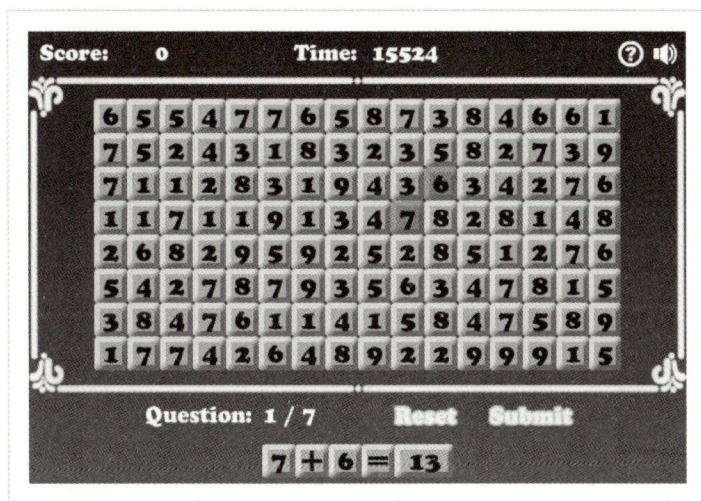

图 7-4-2　数学运算

逻辑/猜谜类教学游戏案例：the challenge

Games2train(http：//www.games2train.com)，已拥有多种类型的教学游戏产品，适合于各个年龄阶段的人使用。该教学游戏网站共分 4 个主题供用户选择，有 Sexual

---

① Teacher's Activity Guide，http：//www.scholastic.com/winndixie/maze.htm，2019-10-09。

314

Harassment、Ethics、Technology、Math，用户可以根据自己的需要来选择过关。the challenge 就是该网站的一个子游戏，模拟的是电视上的知识抢答节目，用户选择相应的知识主题进入对应的游戏，并选择人物形象角色。在游戏过程中，如果对某个问题回答错误，可以根据自己的需要在所提供的网站或网页中查阅参考资料，适用于自学（图 7-4-3）。

图 7-4-3   the challenge 游戏主界面

the challenge 采取的是基于网络的单人/双人游戏模式，游戏的目的是利用游戏中竞争的因素（知识抢答）激发用户的学习动机。该游戏没有预设的故事情节，在游戏中设置了用户在生活中经常碰到的一个情境（知识抢答电视节目），知识呈现方式较为单一，主要采取的是问题直接呈现的方式，没有和游戏元素有更多的衔接，可以很方便地扩充知识内容，不需要对游戏本身进行太多改动，这也是逻辑类教学游戏一个共同的特点。不过这也带来一个弊端，就是游戏的可玩性和持久性不高，用户在游戏中得到的体验较少，可能很难维持持久性的动机。所以此类游戏比较适合类似于单元章节某一知识点的练习。如果应用得当的话，对于激发学习动机也是很有帮助的。

图 7-4-4   游戏角色选择

用户可以选择不同的角色，但是这些角色在游戏中的能力没有任何差别，只是形象不一样而已。（图 7-4-4）该游戏还支持多人模式，多个人可以在同一台计算机上，轮流回答问题。用户答题所得分数根据他答题耗费的时间和答题的对错来判定。如图 7-4-5 所示，答题的初始分值为 1000 分，随着用户思考时间的增加，分数递减，直至 0 分。

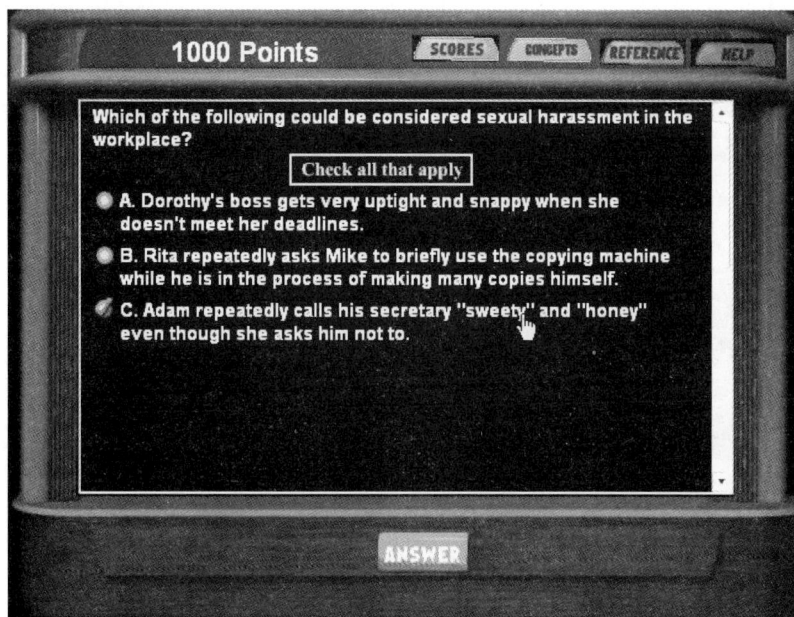

图 7-4-5　答题界面

可以根据需要添加相关的主题，游戏的扩展性比较强，不过知识点之间的联系相对弱了点(图 7-4-6)。

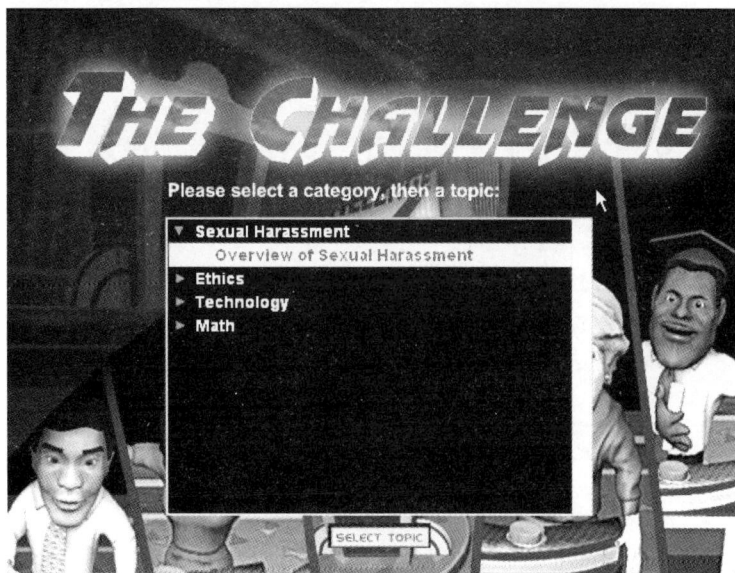

图 7-4-6　主题选择

和主题相对的题目也可以任意调换，方便教师添加题目。由于这个优点，此类游戏在中小学课堂练习中可以得到应用(图 7-4-7)。

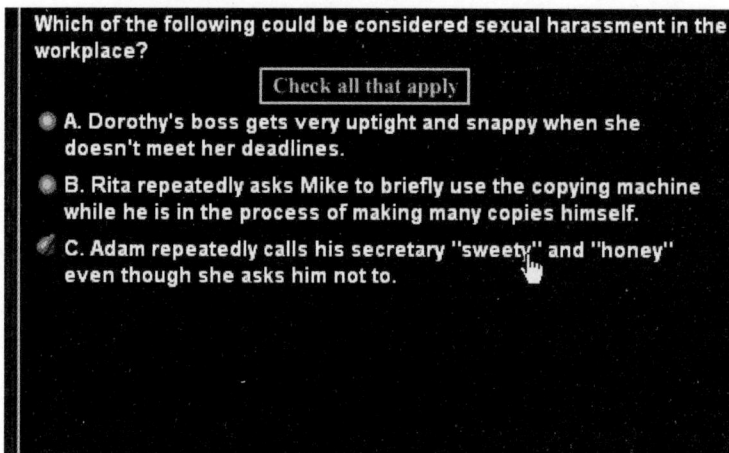

图 7-4-7 题目

用户回答错误之后，游戏会要求用户单击"REFERENCE"按钮，进入题目相关资料的参考界面，之后才能重新进入游戏界面。题目回答正确也会出现"REFERENCE"按钮，但是不要求用户一定要单击(图 7-4-8)。

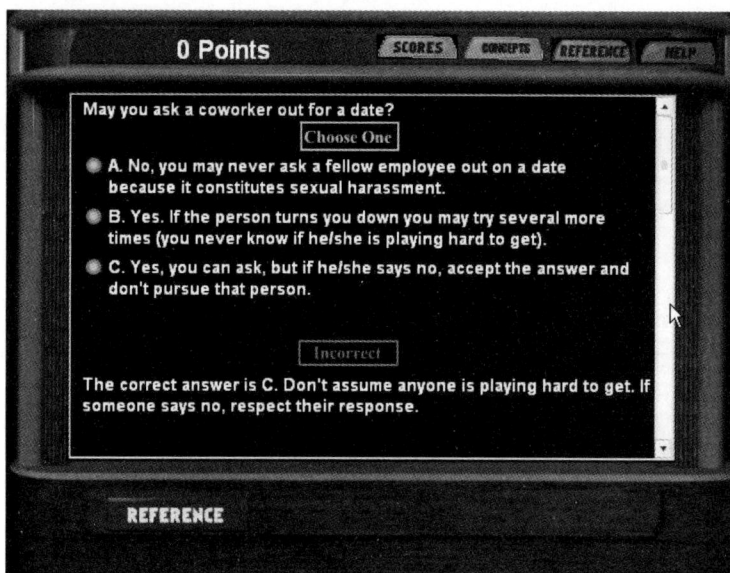

图 7-4-8 回答错误

Games2train 网站还有其他形式的游戏，如 Move-It!（仿造"大富翁"游戏制作的教学游戏）及 Pick-it!（类似于电视节目"幸运 52"，答问题，揭商标）等，知识主题只有 4

个，只是把游戏的场景、游戏方式换了一下（图 7-4-9 和图 7-4-10）。

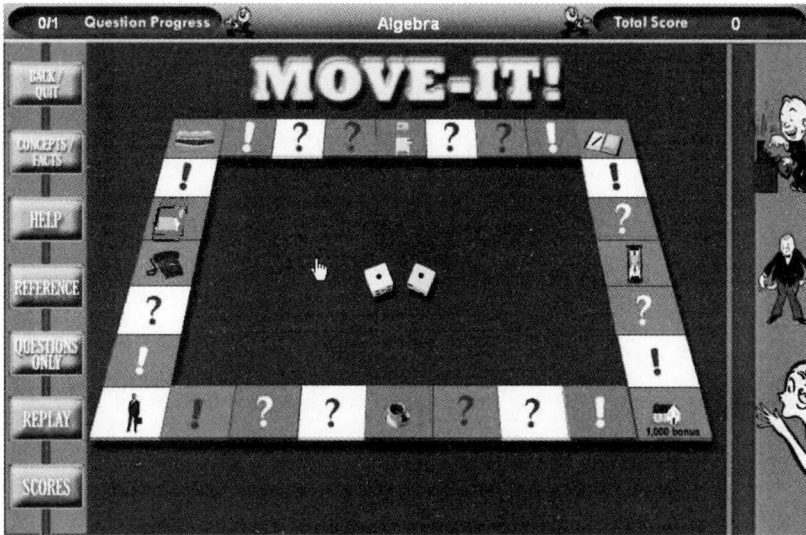

图 7-4-9　Move-It! 游戏界面

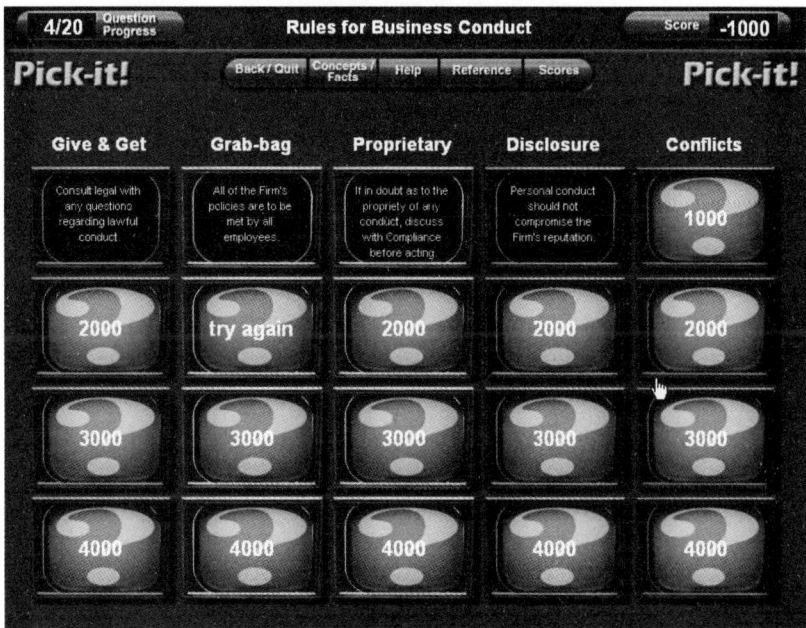

图 7-4-10　Pick-it! 游戏界面

7.4.2 养成类教学游戏

养成类游戏一般是要通过游戏中的各种事件来锻炼游戏主角，使主角达到一定的能力层，能够完成特定的任务。教学游戏采用养成类游戏的方式，游戏的沉浸性和可玩性比逻辑类教学游戏高，而且知识之间可以形成连贯性。

养成类教学游戏案例：Nurturing My-Pet[1]

Nurturing My-Pet 属于宠物养成类游戏，游戏对象是小学五六年级的学生，游戏采取多人在线游戏模式。针对孩子普遍喜爱小动物的特点，在游戏中以小狗为主角，每个孩子都在游戏中拥有自己的小狗，小狗具有 energy、experience 和 effort 3 个属性，通过游戏任务来提高小狗的 3 种属性。游戏有"学堂""店铺""竞技""奥运"4 个部分，游戏过程分为两个过程 nurturing phase 和 performance phase。在 nurturing phase，孩子们可以对小狗进行训练、喂养等操作，从而提升小狗的各项能力，使小狗能在 performance phase 中表现良好。在 performance phase，不同孩子拥有的小狗会进行比赛，主要根据小狗能力的高低来判定比赛的胜负。所以为了能在 performance phase 表现良好，孩子们会努力提升自己的小狗的能力（图 7-4-11）。

图 7-4-11　Nurturing My-Pet 游戏界面

游戏过程中，主要以回答问题、完成任务等形式呈现知识内容，利用游戏的竞争、幻想等特点来激发学生的学习动机。知识本身的呈现倒没有做多大的改动，和游戏的

---

[1]　Zhi-Hong Chen，Calvin C. Y. Liao，Tzu-Chao Chien and Tak-Wai Chan. "Nurturing My-Pet：Promoting Effort-Making Learning Behavior by Animal Companions，"The Sixteenth International Conference on Computers in Education，2008.

其他环节没有本质的联系。

例 1：汉语成语的习得，一共有 5 步，以下是第 4 步，如图 7-4-12 所示。

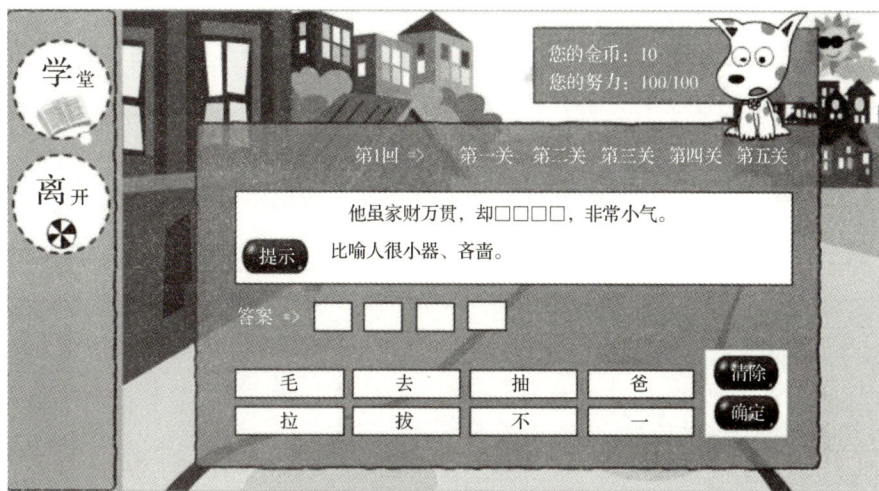

图 7-4-12　学习汉语成语

例 2：performance phase（小狗与小狗之间进行竞赛，主要根据它们的 effort 来决定它们之间的输赢，学习者对这个阶段控制较少），如图 7-4-13 所示。

图 7-4-13　performance phase 界面

7.4.3　敏捷类教学游戏

敏捷类教学游戏指的是一些要求游戏者集中注意力，在限定的时间内做出准确的反应和操作的游戏类型，主要包括动作类、射击类、体育类等。由于去除了暴力成分，敏捷类教学游戏成为许多学生喜爱的练习游戏。这类游戏在普通的敏捷类娱乐游戏强调手眼协调、快速反应的基础上，增加了知识和技能的应用。

　　敏捷类教学游戏主要利用游戏中存在竞争性的特点，使游戏者和计算机之间、游戏者和游戏者之间形成竞争关系，从而提高了游戏的可玩性。图 7-4-14 为"游艇竞赛"游戏，游戏者通过正确选择问题的答案使得游艇获得前进动力，如果不能在很短时间内正确回答问题，那么游戏者的游艇可能就会被其他游艇远远甩在后头，所以游戏者必须训练在最短时间能敏捷思考的能力。

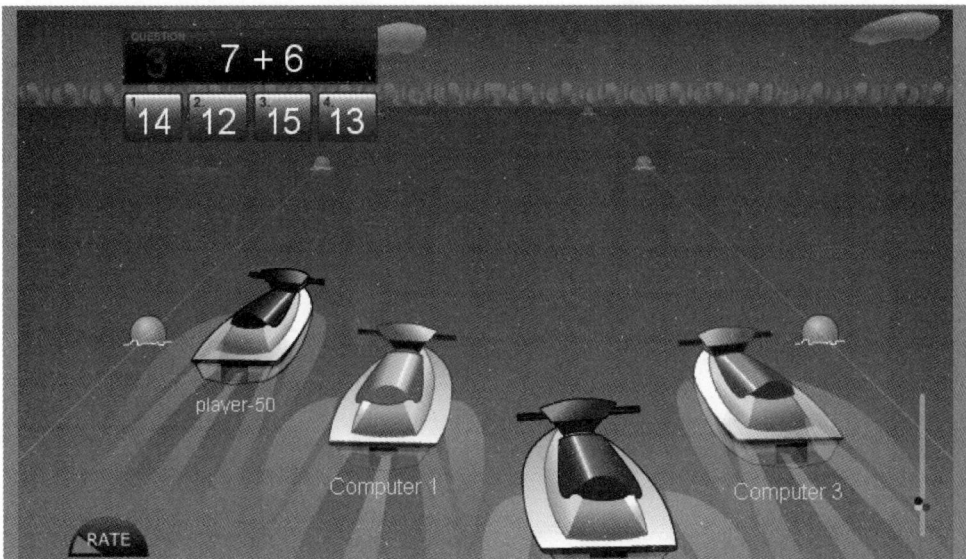

图 7-4-14　游艇竞赛

　　另外，可以通过收集游戏过程信息，来了解学习者对知识的掌握情况。比如，有人在应用 4 款游戏的同时设计了一个能够收集游戏过程信息的功能，用以掌握学习者在游戏过程中的相关信息：哪些知识能够很快地做出回答，哪些知识需要花费时间，哪些知识是凭猜测得到答案的。根据游戏过程信息，可以适时地调整游戏中内嵌的知识内容和难度，使游戏能更好地促进学习者的学习。[①] 图 7-4-15 是其运用的 4 款迷你小游戏，采用敏捷类游戏的形式，游戏界面和功能相对比较简单。在游戏的基础上，设计了 Mini Game Shell、Teacher Monitoring System、Data Center、DB Server、Jabber Instant Messenger Server 等几个功能模块来实时地收集游戏过程的信息，从而做出实

---

① Oskar Y. M. Ku，Jesse C. Y. Wu，Blake C. J. Yang，Chi-Jen Lin and Tak-Wai Chan，"Maintaining Student Engagement in Extensive Practice by Implanting Gaming Factors，"International Conference on Computers in Education 2008，2008.

时的调整，更关注了个体的差异(图 7-4-16)。

图 7-4-15　4 个迷你小游戏

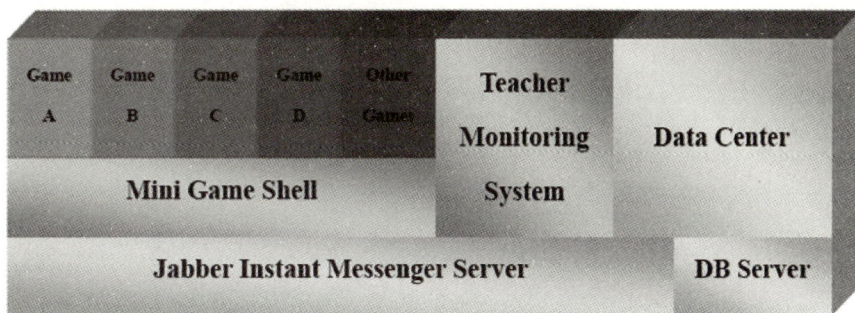

图 7-4-16　收集游戏信息的系统框架

　　敏捷类游戏还可以训练游戏者的反应能力、思维判断能力。如果从这一角度出发，敏捷类游戏在某种意义上可以归为教学游戏。例如，日本任天堂开发的一款游戏 Big Brain Academy，就可以称之为教学游戏。

敏捷类教学游戏案例：Big Brain Academy

　　任天堂基于 NDS(日本任天堂生产的掌上游戏机)开发了一系列益智游戏——脑力锻炼系列，充分具备了启发性益智游戏的魅力。脑力锻炼，顾名思义是一个让游戏者可以活用脑的游戏，里面有很多看似简单其实有很深学问的小游戏，让游戏者在游戏过程中训练一下你的左右脑的灵活度。头脑柔软训练补习班(Big Brain Academy)就是该脑力锻炼系列的其中一款。该游戏的可玩性非常高，游戏形式和内容丰富。在游戏过程中，游戏者可以充分调动大脑，在短时间内对出现的事物做出准确的判断。对于从事教学游戏开发的人员来说，该游戏的设计思想有许多借鉴之处(图 7-4-17)。

图 7-4-17　Big Brain

图 7-4-18 和图 7-4-19 就是其中的两个游戏界面，游戏者配合着轻快愉悦的音乐节奏，根据画面的文字提示，在规定时间内选择出符合条件的图像。

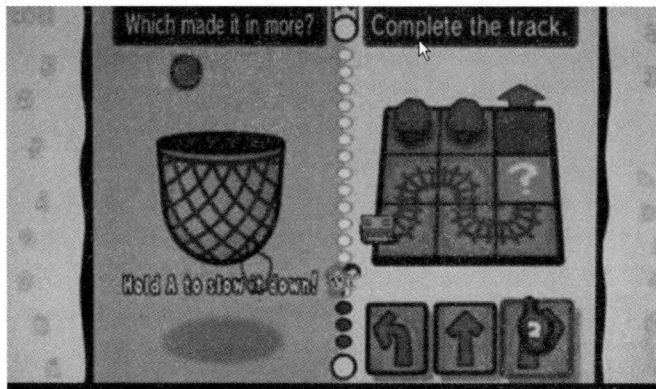

图 7-4-18　Big Brain 游戏界面一

图 7-4-19　Big Brain 游戏界面二

7.4.4 冒险类教学游戏

冒险游戏(Adventure Game，AVG)是电子游戏中的一个大类。它强调故事线索的发掘，主要考验游戏者的观察力和分析能力。有时，冒险游戏与角色扮演游戏有些类似，但不同的是，冒险游戏中游戏者操控的游戏主角本身的属性能力一般是固定不变并且不会影响游戏的进程。冒险游戏的故事背景一般很复杂，游戏者需要不断地解开各种谜题来完成游戏。

冒险类游戏要求游戏者在游戏过程中利用自己的观察、判断和决策去筛选信息，和游戏中的角色进行调查、探险、问题解决和交互。这类游戏并不要求反应能力，更多的是要求游戏者对游戏情节描述的把握。冒险类游戏一般包括幻想、科幻、秘闻、恐惧和喜剧等元素，用文字描述和少量场景显现以激发游戏者的想象。冒险类游戏是游戏者被设想成一个情境中的角色，该情境所提供的信息很少，游戏者必须利用现有的线索和资源去解决角色所面临的问题，以推动情节发展。冒险类游戏强调故事情节的描述，因此大部分冒险类游戏都是采用单机模式，这样更方便游戏设计。

教学游戏采取冒险游戏这种形式，可以让学习者进行简单的技能和知识练习、问题解决技能学习、推理和假设检验方法的学习等。

图 7-4-20 所示的 African Adventure 是一个冒险游戏。在游戏中学生扮演一个冒险者驾驶一辆车在非洲进行冒险活动，在旅途中必须根据游戏的提示、地形的不同、目标的不同操控车辆到达指定的地点。路途上和到达指定地点之后都会触发一些随机事件。在这些随机事件中，游戏者将应用一定的地理、生物、历史等学科知识，根据自己的判断对这些随机事件进行处理。

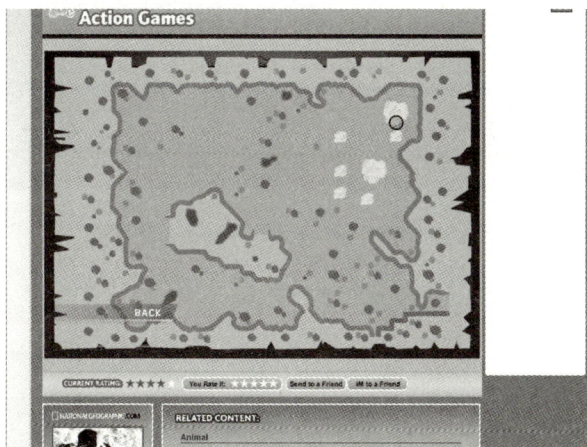

图 7-4-20　African Adventure 游戏界面一

　　如图 7-4-21 所示，到达指定地点之后，游戏提示"前方有狮子，不能再靠近了，可以利用视频盒子观察一段狮子的视频"，游戏者单击视频盒子之后，就会播放一段有关狮子日常生活的视频，游戏者可以通过视频了解到狮子的一些习性（图 7-4-22）。另外，游戏还提供了参考资料，可以通过这些参考资料获得更全面的知识。

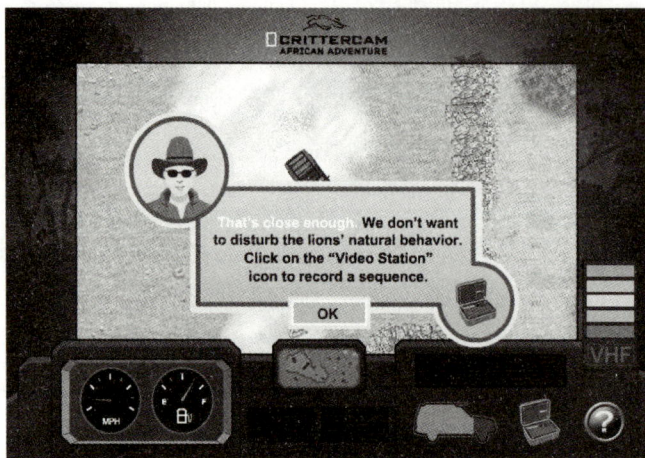

图 7-4-21　African Adventure 游戏界面二

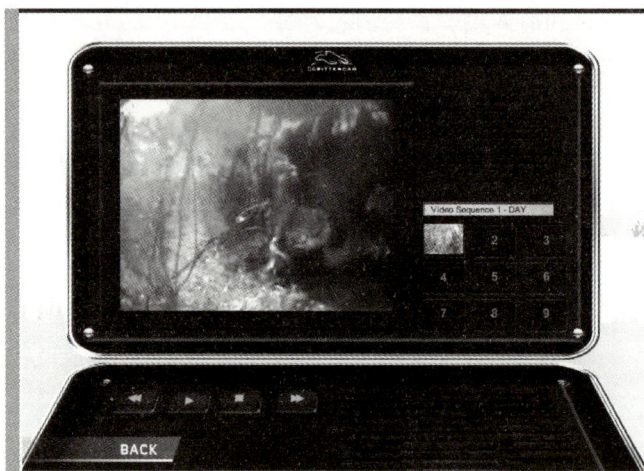

图 7-4-22　African Adventure 观看狮子视频

冒险类教学游戏案例：Global Conflict：Palestine[①]

　　Global Conflict：Palestine 是 2007 年 6 月上市的一款教学游戏产品，游戏采取的是单人单机 3D 虚拟环境的游戏模式，游戏的目的是想让游戏者了解有关地区冲突的根源

---

　　① Globalconflicts. eu，http：//www. globalconflicts. eu/，2009-03-01。

和实际情况。尽管该游戏可能带有游戏开发者的一些主观性偏见,但是该游戏还是具有借鉴意义的。游戏者在游戏中扮演的是一个来到耶路撒冷的自由记者,他试图为某家报社收集多种信息资料,撰写一篇有关地区冲突的真实报道。而这些信息主要依靠游戏者在游戏过程中的线索,在地区冲突的双方进行协调斡旋,和多个游戏角色进行人物对话交流。游戏者可以和冲突的双方进行周旋,不过应该不带任何偏见,否则会影响最后报道的真实性。

这个游戏最有创新性的是它的游戏目标,就是发布一篇关于地区冲突的报道。游戏者通过收集到的信息,一步一步撰写报道,有相应的图片和文字,最后发表出一篇报道,如图 7-4-23 所示。

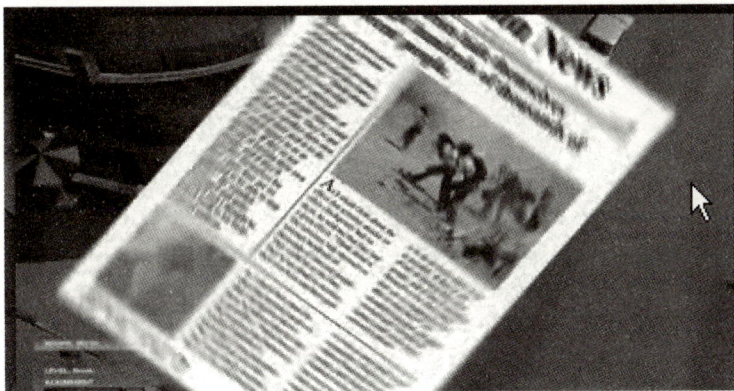

图 7-4-23　发布报道

7.4.5　角色扮演类教学游戏

角色扮演是儿童游戏的一种重要形式。儿童在游戏中模仿一定的角色,将自己置于角色的位置,根据游戏所赋予角色的特性和对成人世界的观察来构建自己对角色的理解,与玩伴协同完成游戏的过程。可以说,角色扮演游戏是儿童早期社会化的一种重要方式。将这种形式的游戏移植到计算机中,便有了角色扮演类计算机游戏。角色扮演类游戏是当前计算机游戏的重要分支。

角色扮演类教学游戏与冒险类教学游戏的相似之处是都有复杂的故事情节,学习者要在其中扮演一个角色,不同之处是所扮演的角色面临的不是影响故事情节发展的难题,而是相关的线索,或是要求回答有关知识和技能的问题。作为角色的学习者,需要利用游戏内外的资源来解答问题。[①]

---

① 张军征:《多媒体教学设计》,68~69 页,北京,科学出版社,2007。

326

图 7-4-24 所示的 Nine Class Club(NCC)就是一个多人在线角色扮演游戏，采用的 3D 虚拟环境，模拟具有浓厚中国乡村味道的场景，目的是教授母语非汉语的人学习汉语的日常表达，培养其认知和元认知能力。[①]

图 7-4-24　Nine Class Club 游戏界面

游戏设计了多个场景(图 7-4-25)，虚拟构建出一个文化交流环境。游戏者可以在这些场景间穿梭，在感受中国文化的同时训练自己汉语的认知能力。游戏者可以和其他游戏者进行交流，也可以和 NPC(游戏的内置角色)进行沟通，完成指定的任务，在这个过程中，熟悉日常事物的汉语表达。

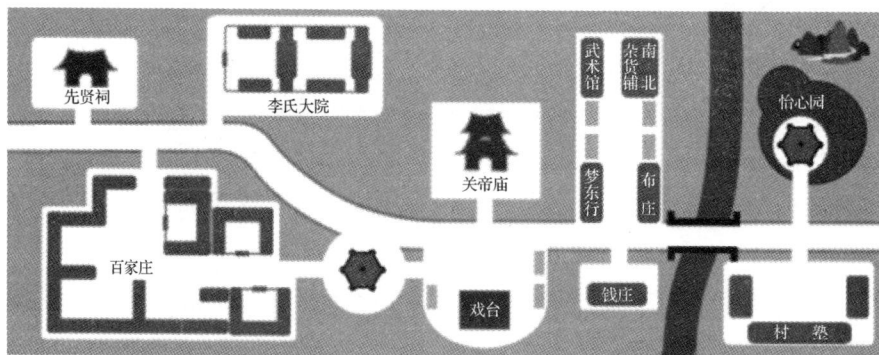

图 7-4-25　Nine Class Club 游戏场景总览

图 7-4-26 是该游戏的游戏框架图，可供借鉴参考。

---

① Yi-Mei Lin，Chi-Syan Lin，Li-Hung Lin，Hsueh-Yu Chen，Ming-Huay Hsia and Jung-Tsan Ma，"Designing a Digital Game—Based Learning Environment for CSL Learners，"Proceedings of the 16th International Conference on Computers in Education，Taipei，ICCE，2008.

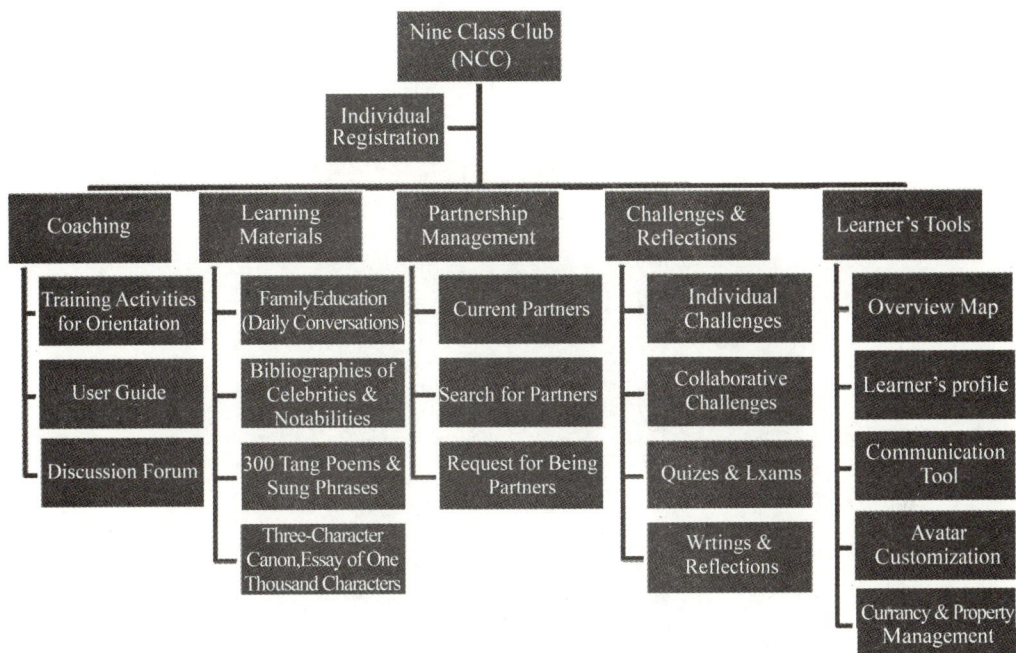

图 7-4-26　Nine Class Club 游戏框架图

角色扮演类教学游戏案例：时空港－WaWaYaYa①

《时空港－WaWaYaYa》是创新未来电脑有限公司开发的一款多人在线角色扮演类教学游戏，游戏采取 Q 版卡通形式，目的是通过营造良好的游戏氛围，培养孩子对事物感悟和认知的能力。界面生动，游戏环节也比较多，具有一定的可玩性（图 7-4-27）。

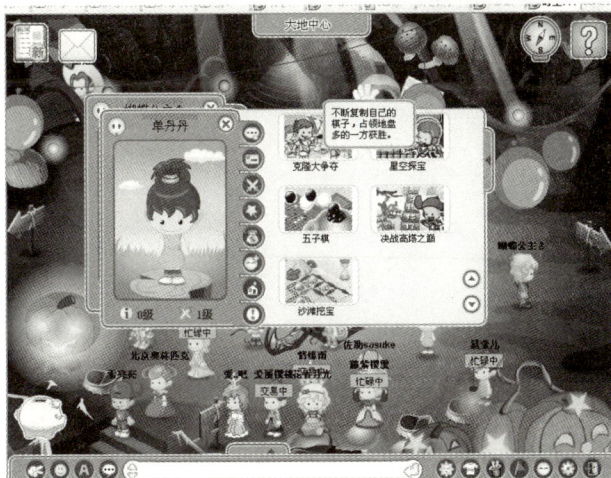

图 7-4-27　"时空港－WaWaYaYa"人物角色

---

① http：//www.wawayaya.net/space/，2009-03-01.

在游戏中，仿造目前主流网络游戏，设置了多种游戏任务和在线交流平台，游戏者主要通过和其他游戏者进行互动、情感交流，完成游戏中的任务，人物角色的能力得到加强。游戏更多强调的是一种情感体验。如图 7-4-28 所示，游戏中 WaWa 和 YaYa 两个角色进行对话交流，从而让游戏者了解一些游戏任务。图 7-4-29 为"时空港"超时空竞技场。

图 7-4-28 "时空港—WaWaYaYa"游戏任务查看

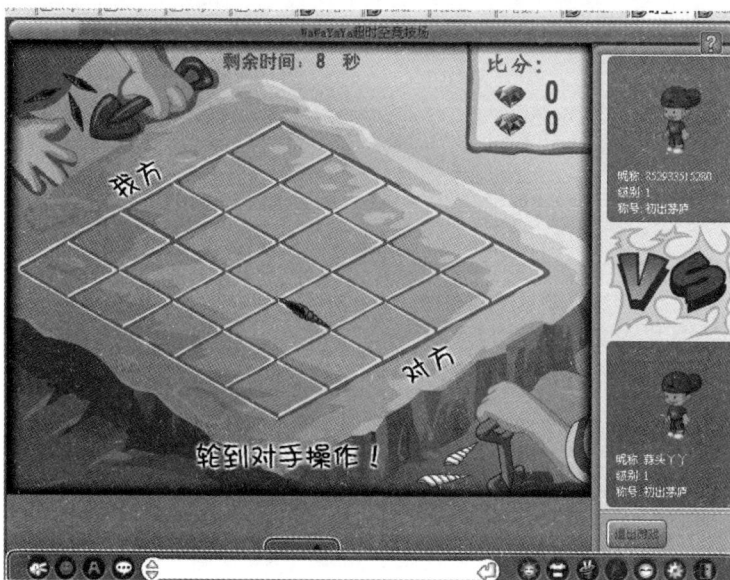

图 7-4-29 "时空港—WaWaYaYa"超时空竞技场

第 8 章

专题学习网站设计

章结构图

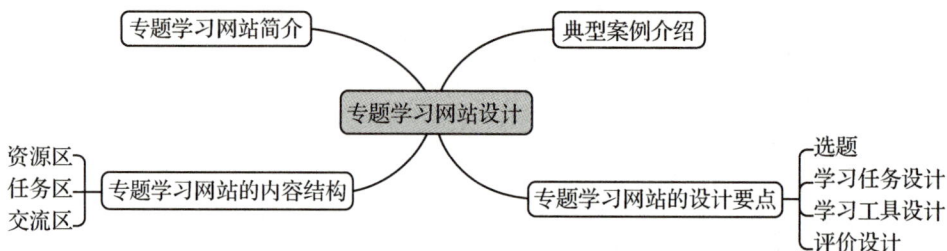

随着互联网络的发展，教学软件出现了一些新的设计形态，如主题资源网站、专题学习网站，它们体现了教学软件的网络化发展取向，充分利用网络资源促进学习。主题资源网站和专题学习网站都是围绕特定主题设计资源、任务、活动，丰富学生的自主探究。专题学习网站不是简单的资源堆砌，此类教学软件的开发者要注意它们的选题、学习任务设计、探究活动设计、活动评价设计等方面的设计要点。

通过本章的学习，你将会对专题学习网站有一个更加全面的认识。本章包括了专题学习网站简介、内容结构和设计要点，中间会穿插网络环境下学习模式的介绍，如探究性学习、WebQuest 以及典型实例——WISE 探究平台，最后还有综合的案例介绍如何基于不同的主题网站开展学习，帮助你快速掌握如何根据自己的教学需要选择、设计、制作和应用适合的专题学习网站。

8.1
专题学习网站简介

所谓专题学习网站，实际上是一种根据具体特定的教学内容而搭建的一个辅助教和学的开放式学习资源集合。它除了一些基本的知识性网络课件之外，其主体构成是一个个与新课程标准密切相关的探究性学习专题任务，这些专题任务紧密结合新课标，以课堂教学为依托，通过各类丰富的情境、任务、资料、提示与反馈指导等激发学生的探究欲望，给学生提供广阔的探究与交流空间。学生在教师的帮助下，利用专题中相关性很强的扩展资源完成对课本某主题知识的学习，并主动探索专题网站上的实践任务、与他人协作交流，在实践问题的解决过程中实现知识的深层次学习。

拓展阅读——探究性学习

所谓探究性学习，就是根据知识学习的需要，从学科领域或现实生活情境中选择蕴含学科知识的实践性问题或者探究性小课题，在教师的指导下，学生通过认真思考、主动探究和协作交流等活动，主动地去获取知识、应用知识、解决问题，从而促进学生更好地达到课标要求、实现知识的深化理解和迁移、培养学生探索精神和发展学生创新能力的学习方式。探究性学习通常包含以下 5 个环节，如图 8-1-1 所示。

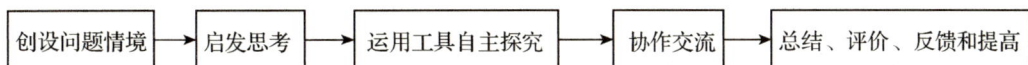

图 8-1-1　探究性学习的 5 个环节

8.2
专题学习网站的内容结构

一般来说，一个典型的专题学习网站主要由资源区、任务区和交流区三个功能模块组成，其结构示意图如图 8-2-1 所示。

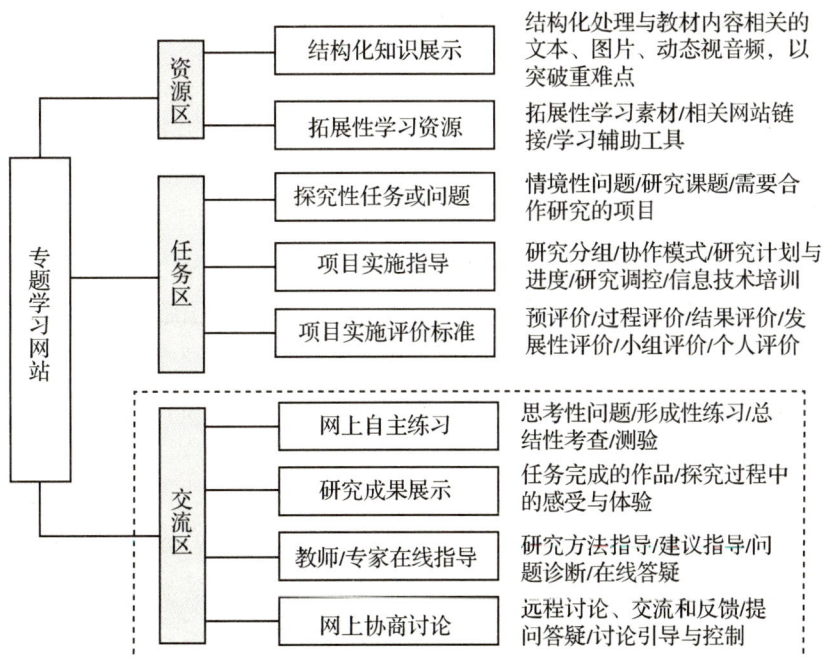

图 8-2-1　专题学习网站的结构示意图

8.2.1 资源区

专题的知识结构体系，主要提供一些有助于突破教学重难点、促进学生思维的材料，包括教材相关内容的结构化知识展示和拓展性学习资源。

1. 结构化知识展示

专题学习网站是基于具体的课程内容而构建的，因此对于每一个学习专题来说必须首先建立该专题的知识结构体系，即依据一定的教学设计，把该专题所对应教材内容的相关文本、图片、动态的音视频资料等进行结构化处理，展示在相应的专题网站上。一般是有助于教师解决教学重难点的辅助教学资料以及与教学主题密切相关、有助于学生内化所学知识并经过结构化处理的学习材料。例如，一些演示型视频或动画、交互性软件、引导性或启发性问题、"温馨提示"、本专题内容概念图等。其主要目的是帮助学生有效地建构知识体系，深入理解知识，为进一步探究打下坚实的基础。

2. 拓展性学习资源

紧密围绕教学主题而拓展的资源，用于扩充知识、开阔视野，拓宽学生思维的广度，加深学生思维深度。在探究性学习中，所要研究的任务和问题既基于教材，也源于生活。除了教材资源，丰富的拓展性学习资源也是必需的。这些拓展资源不仅可以扩充学生的知识，拓展学生的视野(如一些故事、常识等)，而且可以为学生提供思维训练的机会，拓宽和加深学生思维的广度与深度，促进学生对知识的理解与迁移，如语文课中不同风格、不同体裁的对比阅读的拓展；英语教学中大量阅读和听力材料的拓展；物理课中大量与生活实践应用相关的拓展等。

拓展资源的来源很广泛，主要包括相关的书籍(可以是以书名、作者、出版社的形式推荐，也可以提供该书的电子稿)，相关文章(或该文章的链接)，视音频的参考资料，相关网站的链接以及各种学习工具的提供(如字典、辞典的推荐或链接、下载等)等。这些资源可以通过学校购买各类资源库、网上收集、教师之间共享、教师自己创作等方式获得。但任何一个资源都不是随便选取的，教师必须根据一定的教学设计要求，对资源进行精心挑选和严格把关。所选取的资源应该与教学内容密切相关，有助于问题解决，具有启发性、多层次性、多样性和适宜性等。而且，这些资源应该按照一定的难易程度和不同的类型来呈现，并辅以相应的提示性或启发性问题。

8.2.2 任务区

探究性学习是以任务为驱动、以问题为中心而展开的学习。通过任务可以促使学生更主动地激活自己的原有经验，将新获得的信息整合到任务解决活动中，通过任务解决来学习知识和培养智能。可以说，任务是探究性学习的载体，整个专题的学习主要都是围绕着研究任务的提出和完成来开展的。因此需要针对学习专题的内容设计一些开放且具有激发探究和思考作用的任务，并提供解决这些任务所需活动过程的指导建议以及相应的评价方法。

1. 探究性任务或问题

这些任务可以是一些情境性问题或探究性课题，也可以是一些需要合作研究的项目。在任务的设计过程中，以下几点十分重要。

(1)任务具有可探究性，提出的问题必须蕴含所要学的学科知识。

(2)具有实际意义，且与学生生活相关。

(3)具有激发性和挑战性，能激发学生的思维。

(4)具有层次性，不同的任务和问题适合不同层次的学生。

(5)与所提供的资源密切相关。

(6)对教学内容的理解、掌握有良好的作用，能够帮助学生提高学习效率。

(7)任务表述清晰、明确、易懂。

2. 项目实施指导

这是整个探究性学习专题的关键，是具体的研究过程。在探究性学习中，提倡学生探究、学习的自主性，但也不能忽视教师的指导作用。在探究任务的实施过程中，包括研究小组的确定、协作模式的选择、研究计划的制订和实施、研究进度的控制与时间安排以及必要的信息技术的培训等都离不开教师适当的指导。教师需要给出分组的规则和要求，明确每个小组及其成员的责任，明确研究成果的要求和形式，帮助小组制订研究计划，提供一些必要的研究方法、信息技术使用小技巧、温馨小提示和评价指标体系等，并对学生的探究进行适时地引导和调控。研究结束时给予评价指导、成果展示指导，还可以建立学生相互指导机制。

3. 项目实施评价标准

为学生的自主探究、任务解决提供评价标准也是十分重要的。好的评价机制可以激励学生的学习动机，帮助学生自我定位、自我调节，还可以指导学生的任务解决。评价时应当采取教师评价与学生自评、互评相结合，定性评价与定量评价相结合，个人评价与小组评价相结合的方式。根据不同阶段，探究性学习专题中的评价可以分为预评价(专题学习开始前进行的诊断性评价)、过程评价(对学生在学习过程中的各种收获与体验、能力与品质进行的评价)、结果评价(对学生在学习专题中对给定的探究性任务的完成情况给予评价)和发展性评价(包括形成性评价和总结性评价)。

在设计评价量表时，教师应该根据评价阶段、评价目的的不同，注意评价的全面性，多种评价方式相结合。教师可以自行制定评价标准和评价量表，也可以借鉴其他一些已有的探究性学习评价标准，并结合平台中的电子档案袋。一般来说，探究性学习的评价内容主要包括以下几点。

（1）参与态度，如参与探究的积极性和责任感、协作意识及效果、是否能按研究计划完成研究任务。

（2）探究性学习活动中有关方法、技能的掌握和运用水平（如信息加工处理、使用新技术手段、小组协作能力、对研究结果的表达与交流等）。

（3）学生创新精神和能力的发展情况，如学生在探究活动中从发现和提出问题、分析问题到解决问题的全过程所显示出的探究精神和能力（也要注意通过探究活动前后的比较来评价其发展状态）。

（4）对探究性学习的成果进行评价，重在肯定现有成绩并指出努力的方向。

8.2.3 交流区

在学习和任务解决过程中，对学生知识掌握程度的检测、协作交流、成果展示、专家指导等一系列的支持工具，一般借助网络教学平台来实现，通过链接的方式实现与主题资源的完整结合。

1. 网上自主练习

为学生提供自主练习和测试的服务。该服务主要通过提供与该专题有关的思考题、形成性练习、总结性考查题、测试题等来实现。这一功能模块一般与教学网络平台结合起来。教师将习题输入教学平台，利用平台的自动出题、自动批阅、智能答疑、自动反馈、自动统计等功能，使学生可以随时检测自己并及时获取反馈，加深对问题的理解，教师也可以迅速获得所有学生练习情况的统计分析反馈，及时掌握学生水平并加以指导和调整。

2. 研究成果展示

探究性学习专题不仅重视学习的结果，即任务完成的作品，如研究数据、实验报告、阶段成果、研究报告等，它更重视学习的过程，尤其重视学习过程中学生的感受和体验。因此，在探究性学习专题中，从某种意义上说，学生完成任务的过程本身也是该专题的学习所要追求的成果。这种成果包括研究心得、研究评论以及学习者在研究过程中态度的转变、能力的提高等。在研究过程中，学生可以随时将自己的阶段性成果上传至平台，并通过平台浏览他人作品，相互借鉴、相互评价。这样可以促进学生之间的成果共享，激励学生的责任感、竞争意识和学习动机，同时也帮助学生关注学习过程，训练学生的表达能力，而且这些成果也可以留作学生成长档案。

3. 教师/专家在线指导

这个环节主要是指在探究性学习专题中教师和专家的支持，包括研究方法的指导、研究建议的提供以及对学生在研究过程中遇到的各种问题的诊断和在线答疑等。通过网络，学生可以得到来自本校教师，甚至是校外专家关于研究过程中出现的一些问题的指导和答疑。教师也可以通过在线指导了解并控制学生的研究进度。

4. 网上协商讨论

该模块通过链接到平台或者直接借助网上教学平台来实现。它充分利用网络超越时空的交互性这一强大优势，实现了师生、生生之间的交流与反馈。通过该模块，研究小组内部之间、小组之间、师生之间可以就研究中的问题、研究方法、研究结果等展开实时或异步讨论。为了减少学生的无效交流或表面交流，提高交流效果和深度，教师需要对协商交流进行适当地引导与控制。在协商讨论之前，教师需要给学生提供操作指南，制定明确的网上协商规则，并通过一些情境和问题充分调动学生的思维和积极性；交流中，教师需要关注不同层次的学生，给予每位学生充分的发言机会，鼓励学生之间互相交流指正，并对学生的交流情况做及时调控；交流结束后给予及时的总结反馈。

拓展阅读——WebQuest

WebQuest 是随着互联网的发展而发展的，是由圣地亚哥州立大学的伯尼·道奇 (Bernie Dodge) 教授和汤姆·马奇 (Tom March) 博士于 1995 年利用网络资源开发的一种课程计划，其目的是让学生学习如何进行深层次的思考，是一种基于网络环境的教学模式。他们把它定义为：基于 WebQuest 的教学是一项以探究为导向的学习活动，通过利用网络资源的授课计划或是课程单元。[1][2][3]

WebQuest 呈现给学生的是一个特定的假想情境或者一项任务，通常是一个需要解决的问题或者一个需要完成的项目，课程计划中为学生提供了一些互联网资源，并要求他们通过对信息的分析和综合得出创造性的解决方案。根据完成时间的长短，WebQuest 可以分为短周期和长周期两种。短周期的 WebQuest 一般用 1~3 课时完成，其教学目标是获取与整合知识，学生需要处理大量新信息并最终形成对这些信息的意识。而长周期的 WebQuest 一般耗时一个星期至一个月，其教学目标是拓展与提炼知识，学生需要深入分析"知识体"，学会迁移，并能以一定的形式呈现对知识的理解。[4]

一般，WebQuest 在使用中往往被设计成网页形式的 6 大模块，如表 8-2-1 所示。

① Hassanien A，"An evaluation of the WebQuest as a computer-based learning tool，"Research in Post-Compulsory Education，2006(2)，pp. 235-250.

② 范陵兰：《基于 WebQuest 的中学语文教学探究》，硕士学位论文，苏州大学，2009。

③ 寇大巍：《虚拟服饰博物馆的交互性设计研究》，硕士学位论文，北京服装学院，2008。

④ 姜志臣：《基于网络的探究性学习 WebQuest 研究》，硕士学位论文，华东师范大学，2005。

表 8-2-1　WebQuest 的组成

名称	简称	简介
情境模块	情境	为学生的探究创设情境
任务模块	任务	给出探究任务 提出任务要求 组成小组合作研究(或个人独立研究)
资源模块	资源	完成探究所需的资源(经过教师整理和归类的)
过程模块	过程	完成任务的详细过程(或细化的子任务)
评价模块	评价	各类评价量表:自我评价与互相评价
结论模块	结论	学生进行反思,教师进行总结

随着移动互联网、物联网技术的发展以及对校外非正式学习的重视,基于场馆、虚拟空间的 WebQuest 学习越来越受欢迎,借助 3D 技术、增强现实/虚拟现实技术等可以为学生营造一种身临其境的感觉,仿佛进入某个历史古迹进行探究学习。目前关于这类基于场馆、景点场景开发的 WebQuest 主题型网络探究课程网站资源也变得丰富起来,如图 8-2-2 所示。

图 8-2-2　"故宫"主题探究课程网站资源中的截图——全景虚拟游故宫(景山公园眺望)[①]

---

① 吉鑫:《WebQuest 教学模式在虚拟场馆中的设计与应用研究——以虚拟游故宫为例》,硕士学位论文,贵州师范大学,2016。

拓展阅读——WISE 探究平台

WISE（http：//wise. berkeley. edu）是由美国国家科学基金会（National Science Foundation，United States）资助的，伯克利大学主持的知识整合环境（Knowledge Integration Environment，KIE）研究计划的主要研究成果。[①] WISE 是一个操作简单但功能强大的基于网络进行科学探究的学习环境，旨在促进科学知识学习和科学问题探究能力培养，学习者可在其中了解真实世界、分析各种现代科学观点、亲历科学探究过程等。WISE 主要适用于 4～12 年级的学生，其中包含了一些与各国科学课程标准相匹配的精品项目。WISE 的实践成果已经说明了基于 WISE 的探究学习活动对于科学教育具有非常明显的优势。它不仅可以利用互联网中的丰富资源，而且采用了适合科学探究的活动方式。[②]

该平台有两种界面，其中一个是学生的探究学习活动界面，学生的探究学习活动主要由一系列的网络探究学习活动组成，每个活动又通过详细地呈现学习内容、交互交流等步骤来激励学生进行深层次思考，从而达到让学生积极参与、交流讨论、合作反思、问题解决的目的；探究活动能够使学生对所学的物理知识多方位接触、识别，并在解决一些具体问题的过程中达到对其的深层次理解。该平台的另一个界面是教师的工作界面，主要由项目、管理、社区、帮助 4 大块组成，可以为教师们提供探究活动的设计、开发环境，还可以对学生的探究活动进行实时监控、在线学习评价、及时给予指导、学生账户管理、教师信息维护等。[③] 如图 8-2-3 所示是教师的工作界面。

WISE 课程单元的主题往往来自与个人生活息息相关的科学问题，如"我能做什么以减少温室气体的排放""气候变化是受什么影响"。[④] WISE 课程在知识整合框架的指导下，利用了强大的交互式的信息技术工具，为学生创设生活相关情境，并展现出在现实生活中无法观察到的科学现象（如化学反应中的原子分子变化、碰撞瞬间的变化、气候在长时间段内的变化等），为 6～12 年级学生的科学探究学习提供了一个具有理论支持的技术增强、形式灵活的网络学习环境。

WISE 课程单元会为学生提供一张探究地图，以此帮助学生开展对一个课程主题的探究学习。探究地图引导学生进行学习、反思，并监控学生的学习过程。因此，学生可以脱离教师的指导，独立地开展自主探究学习。学生通过点击地图上的学习步骤，

---

① 黄都：《促进知识整合的科学探究环境设计——基本对 WISE 网络探究平台的评价》，载《全球教育展望》，2004(7)。

② 赵建华、朱广艳：《技术支持的教与学——多伦多大学安大略教育研究所 Jim Slotta 教授访谈》，载《中国电化教育》，2009(6)。

③ 吴伟、吴成娟、杨清华：《国外物理探究教学案例及其启示：以 WISE 为例》，载《物理教师》，2010(5)。

④ 吴开天：《借力网络学习环境促进学生科学探究的研究——以 WISE 为例》，硕士学位论文，华东师范大学，2017。

338

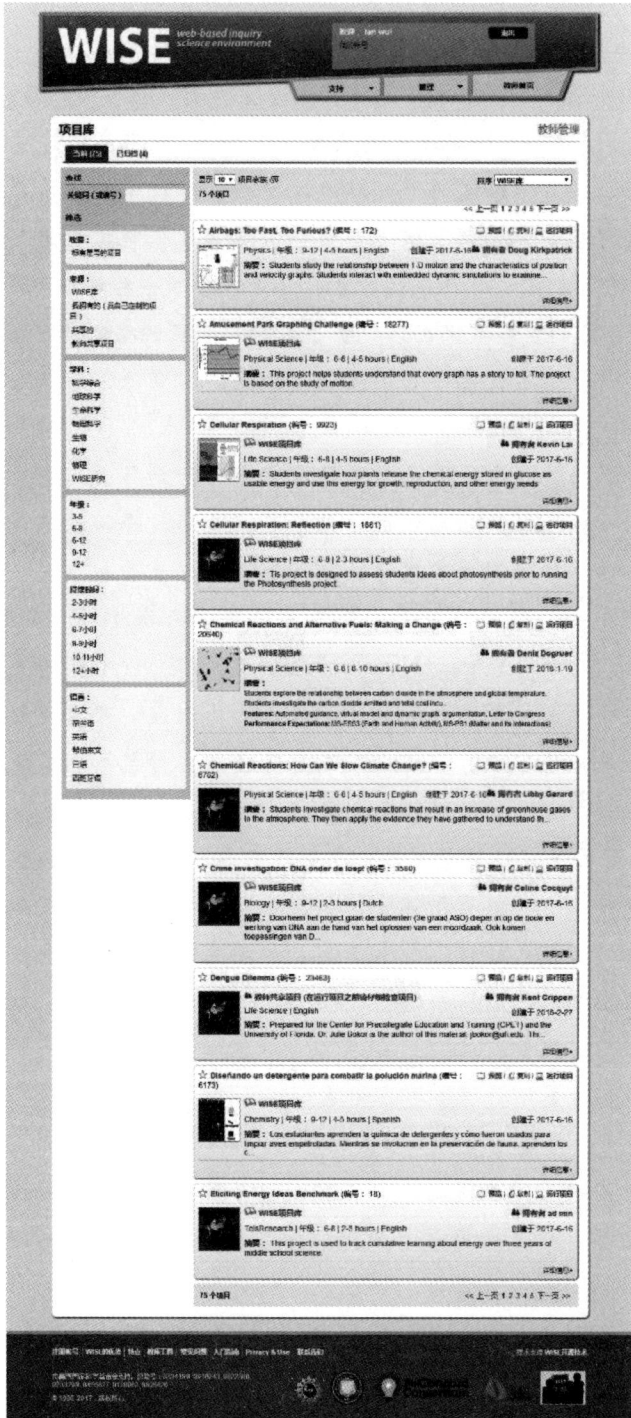

图 8-2-3　WISE 平台教师的工作界面

循序渐进地完成整个课程。学生点开一个学习步骤，浏览器窗口主体部分就会呈现相应步骤的学习内容，它可能是简单地打开网页，也可以是打开"WISE 日志""反思笔记本"等任何 WISE 探究工具（如呈现表格或图表的"数据可视化"、将科学证据分类成证据的"意义建构"、在交互式概念图中安排因果因素的"因果图"）。

WISE 开展科学探究活动的基本流程如下。[①]

第一，了解预置的科学探究主题。项目首先要描述一个情境或背景，在情境中创设一个非常明确的值得探究的科学问题。这个科学问题的答案，或者是学生未知的，或者具有多种可能性，以激发学生的好奇心。

第二，借助认知工具，提出假设和预期。学生借助"浏览工具"查找到与研究问题相关的知识或信息，运用"快速存贮工具""网络证据数据库""HIML 编辑工具""活动设计与记载工具"等认知工具分析问题，确定变量，提出假设和预期。

第三，进行虚拟实验，验证假设。通过 WISE 创设的虚拟实验，运用"数据分析""概念图""小组笔记本"等认知工具收集证据，通过数学方法处理数据、解释数据，合作小组根据数据做出合理的判断。

第四，根据数据和收集的证据得出结论。利用"网络证据数据库""SenseMaker""绘图"等认知工具绘制模型图、组织证据与观点的关系图，通过"HIML 编辑工具"制作网页汇报成果。

第五，交流反思。生生间、师生间通过课上交流或"论坛"等方式听取他人的意见、反思和修改观点、对自己得出的结论辩护、交流中产生了新的科学问题，为下一次的科学探究活动做前期准备。"教师社区"是教师间交流心得、体会、感悟以及解决教学困惑的平台，通过交流、反思、相互帮助，有效地促进教师专业发展。

8.3
专题学习网站的设计要点

一般来说，专题学习网站的设计包括选题（需求分析、功能定位、学习者特征分析、学习主题的内容分析），学习活动的设计（活动任务的设计、活动形式与流程的设计、活动支持的设计），学习资源的设计（知识结构体系的设计、信息资源的选择与设计），评价的设计（学生评价系统的设计、网站评价的设计）等。由于主题探究性学习是

---

① 高明：《基于 WISE 的高中生物科学探究项目的设计与实践》，硕士学位论文，东北师范大学，2013。

340

在一系列与主题相关的活动和任务中进行和完成的，学习活动的设计尤其是活动任务和学习支持的设计是专题学习网站设计的重点，但却往往最容易被广大资源设计者所忽视。下面将以学习活动设计为重点，介绍专题学习网站设计过程中的一些要点。

8.3.1 选题

选题是主题资源设计的第一步，也是最为重要的步骤之一。主题的选择要体现主题探究的特点，可以涉及与学生学习有关的学科知识、人文社会、自然科学等方面。在进行选题之前，首先要对资源的功能进行定位、对学生特点进行分析，然后根据教学内容的特点进行横向或者纵向的挖掘，从而确定主题。从教学内容的角度来看，专题学习网站的主题类型一般至少包括以下 4 类。

1. 以课、节或知识点为单位的探究性主题

这种选题是从教材本身的知识点出发，按照教材组织体系，以教材中的某一个知识点、某一个章节为主题，设计探究活动，进行纵向深度挖掘。例如，"滑轮"主题资源网站就是以北师大版八年级下学期物理第五章"人与机械"中第二节"滑轮和滑轮组"为探究主题，围绕教材设置的知识点设计和开发的支持这一主题探究的专题学习网站（图 8-3-1）。

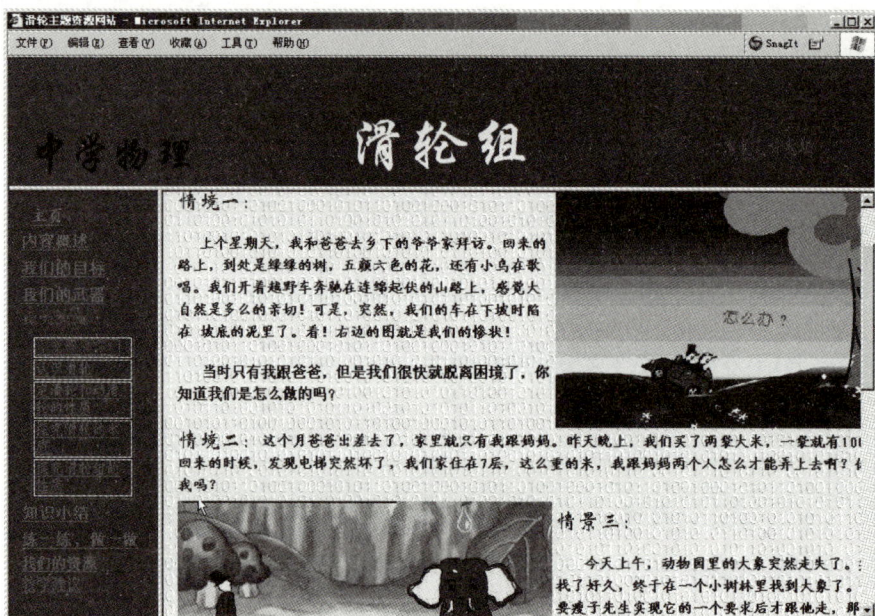

图 8-3-1 "滑轮"主题资源网站

2. 从教材中抽取出小的研究性主题

以教材中某一个点延伸和拓展开来，进行深度挖掘，形成一个小的探究主题。例如，"走进青藏高原"主题探究资源，就从北京市 21 世纪教材九年义务教育教材地理实验本第 2 册第八章——"中国山区的开发"中关于青藏高原的内容出发，在教材的基础上进行拓展，确定了"走进青藏高原"这个主题，从"青藏高原的农牧矿业""青藏高原的交通""青藏高原的旅游业""青藏高原的居民生活"4 个方面设计了主题资源和小组探究活动(图 8-3-2)。

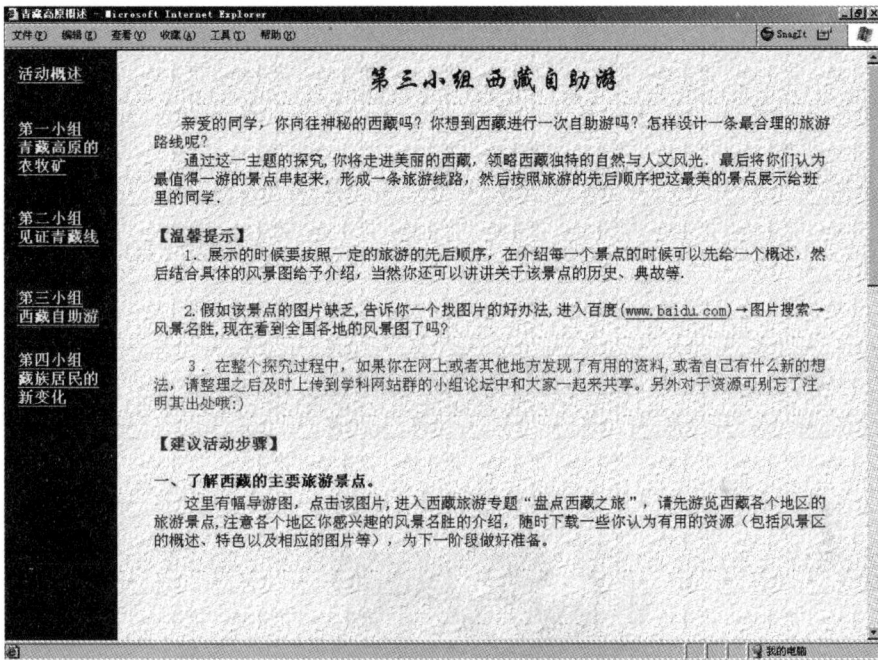

图 8-3-2 "走进青藏高原"主题资源网站

3. 整个章节或单元的综合性探究应用

学生学完某一章或者单元，甚至一册书之后，需要对这一单元或者一学期的内容进行综合性应用。这时就需要从单元的高度出发进行综合性应用的选题设计。例如，"父母之爱"就是在学生学完人教版语文第九册第六单元之后的一个典型的单元专题学习网站。人教版语文第九册第六单元 4 篇课文分别从不同角度表现了父亲或母亲的爱，但仅仅 4 篇文章是不够的，为了帮助学生进一步体会到更多不同类型的父母之爱，更加深刻地领悟到父母之爱的不同表现形式，在本单元学完之后，可以设计一个以"父母之爱"为主题的单元型的主题探究资源，如图 8-3-3 所示，进行纵向深度挖掘。

再如，"漫游语文世界"是人教版七年级第二单元以"生活中的语文"为主题的探究性资源，如图 8-3-4 所示。该主题资源通过"娱乐中的语文""图片中的语文""趣味语文

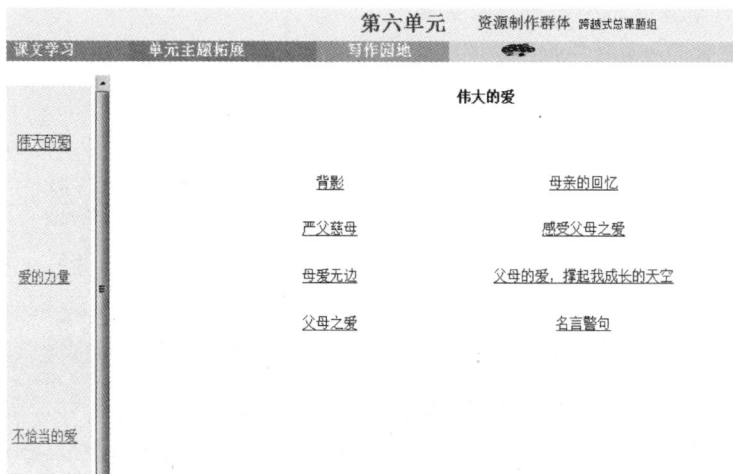

图 8-3-3 人教版五年级"父母之爱"主题资源

思维"等结构化资源，向学生集中展示生活中语文的魅力。同时，该主题资源还提供了一些相关的学习任务及评价方案，并提供了让学生进行网络讨论的论坛接口。

图 8-3-4 人教版七年级"漫游语文世界"专题学习网站

4. 跨学科的探究性主题

从生活经验出发，选取与学生学习相关的人文社会、自然科学方面的主题，这种主题一般会涉及多个学科的知识，需要学生综合利用各方面知识来进行问题探究。深圳市南山小学的"小小鸡蛋知多少"主题探究资源从实际生活中学生浪费鸡蛋的问题引入，通过学科联动，辐射型地引入与鸡蛋及研究有关的各科知识，如信息、数学、语文等（图 8-3-5）。

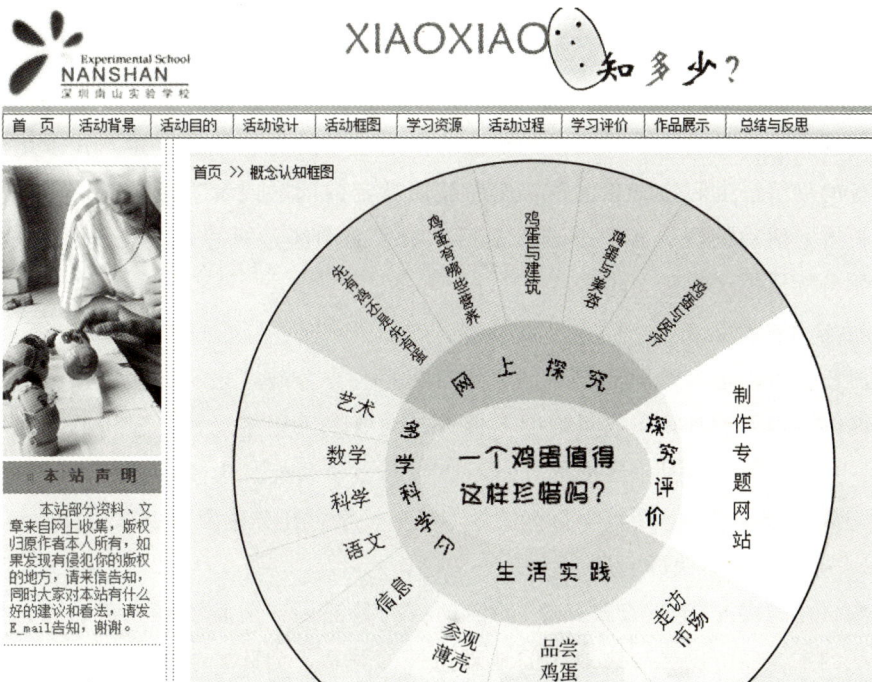

图 8-3-5　"小小鸡蛋知多少"探究性主题网站

主题资源不同于一般性网络课程，课程在内容上有系统性、完整性、教学性，而主题资源的内容则相对具体，更加针对一项具体的知识内容，因此在选题时应注意以下原则。

(1)集中性原则：为了适于学生进行主题式学习，使学生能够把握学习内容的核心，主题应该集中反映某一个特定专题的内容和知识。同时，主题要小而精。定位要小，内容要精，选择的题材涉及面可以很广，不要只是局限于学校的学科教学，但也要有所侧重，以实用为主。

(2)整合性原则：主题不只是单个知识点，它是具有相关知识特征的知识点的集合与延伸，所以选题要在主题范围内自成体系，各相关知识点要围绕专题设立，不仅仅局限于书本内容，允许在该专题涉及的范围内涵盖相关学科，体现了学科的整合。

(3)开放性原则：主题应该具有一定的开放性，一方面同课本或教学任务相结合，另一方面应该能够激发学生的兴趣和创造性，与学生的先前经验和生活实际有一定的联系，便于学生发挥自己的主体能动性。

(4)可操作原则：选择的主题应具备学生亲自参与研究，应用文献法、实验法、调查法等研究方法进行实践研究的可能性，并能与学生生活及社会实践建立较密切的联系。

8.3.2 学习任务设计

活动任务设计是设计学习活动的起点。学习活动首先从任务开始，让学生经过对学习任务的理解产生问题或者主题，然后按照特定的问题或者主题进行信息资源的收集处理，进入活动流程的各个部分。最后，学生必须经过反思活动任务的完成情况，达到教学目标所规定的意义建构。

1. 学习任务的类型

学习任务可以是一个问题、案例、项目或是观点分歧，它们都代表连续性的复杂问题，能够在学习的时间和空间维度上展开，均要求采用主动的、建构的、真实的情境学习。构建学习任务时，要根据对学习内容和教学目标、学生等的分析，设计能够使学生完成学习内容，达到教学目标的学习任务。学习任务主要有以下几种类型。

(1)一系列需要解决的问题。

例如，主题探究"走进青藏高原"的活动目的是深入、全面了解青藏高原，并探究一个地区的人文经济发展与该地区的地理条件的关系，为此，本主题活动的任务就包括了解并评价农牧矿业发展，了解交通状况、变化及其变化原因，了解旅游业的发展状况，了解居民生活方式与风俗等一系列问题(图 8-3-6)。

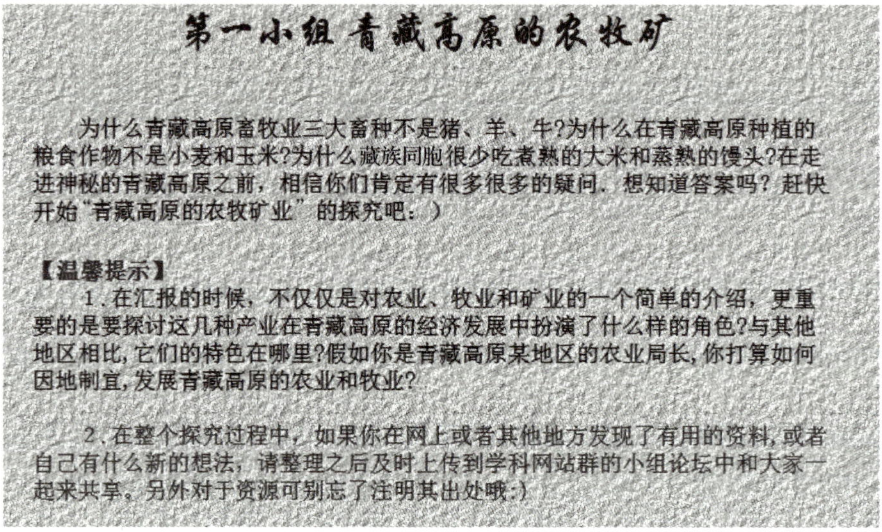

第一小组 青藏高原的农牧矿

为什么青藏高原畜牧业三大畜种不是猪、羊、牛?为什么在青藏高原种植的粮食作物不是小麦和玉米?为什么藏族同胞很少吃煮熟的大米和蒸熟的馒头?在走进神秘的青藏高原之前，相信你们肯定有很多很多的疑问。想知道答案吗? 赶快开始"青藏高原的农牧矿业"的探究吧:)

【温馨提示】
1. 在汇报的时候，不仅仅是对农业、牧业和矿业的一个简单的介绍，更重要的是要探讨这几种产业在青藏高原的经济发展中扮演了什么样的角色?与其他地区相比，它们的特色在哪里?假如你是青藏高原某地区的农业局长，你打算如何因地制宜，发展青藏高原的农业和牧业?

2. 在整个探究过程中，如果你在网上或者其他地方发现了有用的资料，或者自己有什么新的想法，请整理之后及时上传到学科网站群的小组论坛中和大家一起来共享。另外对于资源可别忘了注明其出处哦:)

图 8-3-6 "走进青藏高原"第一小组活动任务设计

(2)一项有创意的工作。

一项有创意的学习任务，可以激发学生的探究欲。例如，为郊游设计游戏，为历史画卷配文，为了激发学生热爱家乡的情感、唤起学生保护文物古迹的意识而展开一个"寻找身边的历史"的主题探究活动等(图 8-3-7)。

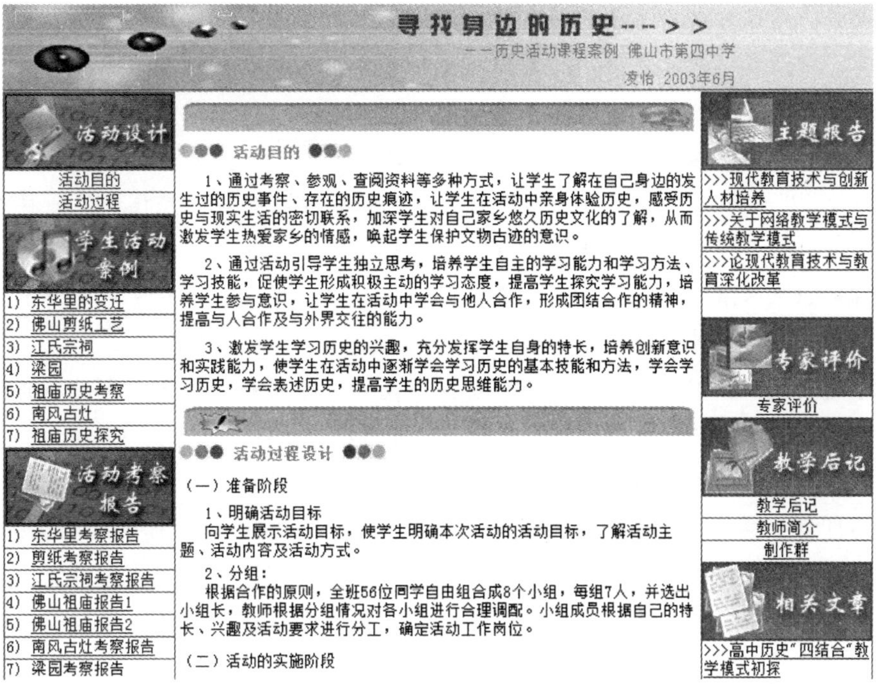

图 8-3-7　"寻找身边的历史"主题探究活动任务设计

(3)有待分析的复杂事物或事件。

对于复杂事物或者事件的分析,可以培养学生解决复杂问题和实际生活问题的能力,为学生应对未来生活提供准备。

例如,"金融风暴是如何爆发的?""孙悟空与猪八戒性格的比较"等探究任务的设计,要求学生在充分理解和掌握课本要求的知识之外,还要充分利用各方面的素材,发挥自己的主观能动性,按照一定的思维方法,对事件或者事物进行深入的剖析,达到解决问题的目的。

(4)探讨一个有争议的问题。

在历史上或自然界中,很多问题对于人类来说都是一个谜,值得后人进行深入探究。世界上的很多事情也并没有标准答案。不同的探究思路,可能有不同的结论,关键是为自己的论点找到充分的证据,在论证与探究的过程中逐步完善已有的认知。以往的课堂教育,往往将标准答案提供给学生,固化了学生的思维,扼杀了学生的批判性思维能力。主题探究学习中,通过一系列具有争议的问题或者自然/历史之谜的探究任务,可以培养学生的质疑能力、批判能力以及创新思维。

例如,"郑和和哥伦布谁对人类的贡献更大?""马可波罗来过中国吗?""'愚公移山'之我见"等问题都是属于这一类型的探究性学习任务。

拓展阅读——学习任务的分类①

活动任务的设计必须注意任务类型的选择，活动任务集中体现在其中出现的待解决的问题。问题在结构性方面，有良构问题和非良构问题之分。良构问题很典型地呈现出问题的全部要素，包含有限数量的规则和原理，而这些规则和原理是以肯定的和规定性的安排而组织起来的，拥有正确的、收敛的答案，并且有一个优先的、建议性的解决方法。② 例如，数学中的一般概念、法则和原理以及与之直接相关的样例和练习，其内在结构是规则的、线性的。相反，非良构问题有不明确规定的或不清晰的目标和未陈述出来的限制，它们可能会有多种解决途径，或者根本就没有解决办法。对这种问题的解决办法的评价也很可能会有多个标准。③

基于这种认识，在网络资源型学习任务中大体上可以分为基于良构问题的学习任务和基于非良构问题的学习任务，一般采用后者的设计比较多。

2. 设计学习任务需要注意的问题

学习任务是整个专题学习网站设计的核心和重点，它为学生提供了明确的目标、任务。其他辅助设计使任务更加明确具体，使学生解决问题成为现实的可能，使学生在解决问题过程中，确实能够达到教学目标的要求。在进行活动任务设计时，需要注意以下几点。

(1)"任务"设计要有明确的目标要求，注意子问题的设计。

教师要在学习总体目标的框架上，把总目标细分成一个个小目标，在教学目标分析的基础之上提出一系列问题。这些问题可分为主问题和子问题，子问题的解决是主问题解决的充分条件，同理下层子问题的解决是上层子问题解决的充分条件。这样就形成了一个树状谱系图，为学生解决问题提供不同的路径。

学习任务要涵盖教学目标所定义的知识，只能更加复杂，不能更简单，任务的活动内容应能引发学生的高级思维活动。学习任务陈述时应该使学生明确任务所要达到的目标以及完成任务的一些基本要求。

教师在设计学习任务时，要注意让学生能够通过自己的实践解决问题，要将大问题、大任务进行分解，以便于学生能够通过解决一个个子问题、完成一个个子任务，逐步解决大问题，完成大任务。

例如，在"走进青藏高原"主题资源中，了解青藏高原这一主题任务被分成了4个子主题活动：青藏高原的农牧矿业、青藏高原的交通、青藏高原的旅游业、青藏高原

① 尹睿：《基于专题的网络协作学习活动设计的行动研究》，载《现代教育技术》，2005(4)。

② Jonassen，D，"Instructional Design Models for Well-structured and ill-structured Problem-Solving Learning Outcomes,"ETR&D，1997，45(01)，pp. 65-94.

③ Jonassen，D，"Instructional Design Models for Well-structured and ill-structured Problem-Solving Learning Outcomes,"ETR&D，1997，45(01)，pp. 65-94.

的居民生活。每一个主题活动的完成，又需要解决一系列的子问题，如"青藏高原的交通"子活动的主要任务是"青藏高原该如何更好地发展交通建设"？为了解决这一问题，就必须先了解青藏高原交通发展的脉络（从古至今，包括公路、铁路、水路、航空、桥梁等），分析修建青藏铁路的背景、进程及意义，青藏高原的交通与其地理、经济的发展关系等，如图 8-3-8 所示。

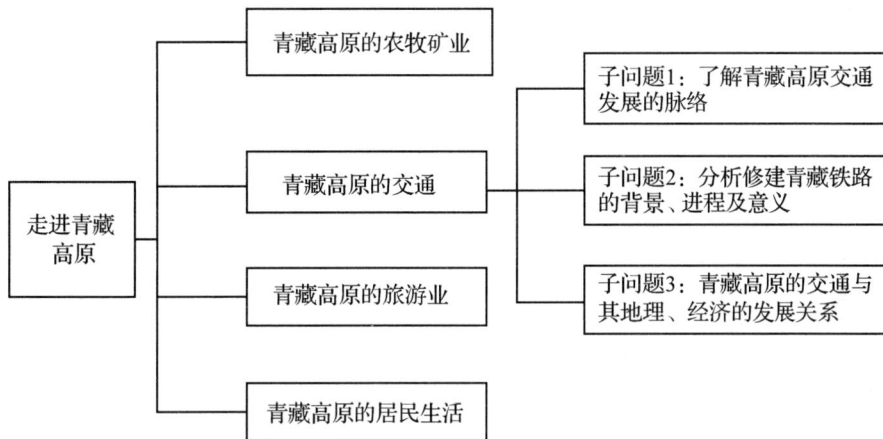

图 8-3-8　"走进青藏高原"任务设计示意图

（2）要设计开放的、非良构的问题。

第一，要设计非良构的问题。非良构的问题具有无显示目标和限制条件，有多解、唯一解或者无解，有多种评判答案的标准，问题的概念理论基础的必要性及其组织具有不确定性等特征。

第二，设计的问题要具有开放性。解决问题的目的不是期望学生一定就能给出完美的答案，而是鼓励学生参与，使其了解这个领域，强调问题解决的体验，而不仅仅是关注问题解决的结果。这种问题能够在学生的经验世界中产生共鸣，使学生感到问题的意义、挑战性和趣味性。而且，不同学生可能会对问题有不同的观点和思路。

（3）"任务"设计要符合学生的特点。

设计学习任务要符合学生的特征，要在学生的最近发展区，不能超越学生的知识能力太多，主要表现为以下几点。

第一，"问题"设计时要注意学生特点、知识接受能力的差异。不同年龄段的学生，甚至同一年龄段的学生，他们接受知识的能力往往会有很大的差异。教师进行"问题"设计时，要从学生实际出发，充分考虑学生现有的文化知识、认知能力、年龄、兴趣等特点，遵循由浅入深、由表及里、循序渐进等原则。对于新内容或一些有难度的"问题"，教师最好能提供一些有启发性的方法或学习资源，便于学生自主学习。实践证明，学生在完成一个与他们的实际生活与学习密切相关而且比较有趣的"问题"时，他们会非常专心致志，乐此不疲。

第二，"问题"设计要注意分散重点、难点。学科知识和实践技能是一个逐步积累的过程。"任务"设计时要考虑"任务"的大小、知识点的含量、前后的联系等多方面的因素。一般说来，对于课堂学习，每个"任务"中涉及的知识点不宜过多，最好不要有两个以上的重点、难点，过多会增加学生学习的难度；"任务"的规模宜小不宜大，规模过大，会偏离"任务驱动"的本意；前后"任务"之间能有一定的联系是比较理想的，但不要强求，否则也会加大难度。任务是手段，便于学生学习、掌握有关的知识、思想和方法才是"任务驱动"的目的。一般不提倡设计一个统领全局的"任务"，而是要注意由点到面，逐步介绍各知识点。一开始先让学生有所了解，经过一段时间的熟悉以及相关知识的积累后，再深入理解，然后适时地加以概括和总结。让学生对知识的理解、认识、运用有一个逐步深入的"螺旋式"上升过程。

第三，尽力体现以"学生为中心、教师为主导"的教学策略。传统教学模式的主体是教师，教学时往往是教师讲、学生听，学生被动地接受学习，这非常不利于调动学生的积极性。在建构主义教学理论指导下的"任务驱动"教学法，要求师生改变传统的观念和角色。学生在学习中起主导作用，教师在教学中起组织、引导、促进、控制、咨询的作用。强调学生的主体性，要求充分发挥学生在学习过程中的主动性、积极性和创造性。学生被看作知识建构过程的积极参与者，学习的许多目标和任务都要学生主动、有目的地获取学习材料来实现。在主题探究性学习中，学生在教师的组织、引导下，用不同的方法完成活动"任务"，在这个过程中，学生的知识、思维、技能和情感得到锻炼和熏陶。因此，教师进行"任务"设计时，要以"学生为中心"，设身处地为学生着想。

（4）"任务"设计要注重渗透方法，培养学生能力。

在"任务"设计时，要注意引导学生从各个角度去解决问题，用多种方法来解决同一个问题，防止思维的绝对化和僵硬化。在教学过程中，培养学生产生大量疑问、不受固定模式约束的能力，还要鼓励学生学会大胆猜想、判断，并将其猜想作为逻辑推理的一种形式、发展学生创造力的一种重要手段，帮助学生克服思维定式。同时，培养能力、领会思想方法重在"渗透"和"潜移默化"，不应该把方法当作知识向学生灌输。因此，教学中让学生完成的"任务"，要注重讲清思路，厘清来龙去脉，在不知不觉中渗透处理问题的基本方法。让学生在掌握了基本方法后，能够触类旁通，举一反三，开阔思路，增加完成类似"任务"的能力，提高自主学习能力，能够尽可能多地产生学习迁移。

同时，很多学生喜欢独立地获取知识，"任务"设计要注意留给学生一定的独立思考、探索和自我开拓的余地，培养学生用探索式学习方法去获取知识与技能的能力。

(5)"任务"设计要注意个别学习与协作学习的统一 。

在主题探究性学习中还强调个别学习和协作学习的和谐统一，教师进行"任务"设计时，要注意以适当的比例分别设计出适合个别学习和协作学习的"任务"。对于个别学习的"任务"，让学生采用不同的方法、工具来独立完成，培养学生的独立自主能力。对于协作学习的"任务"，则要求由多个学生组成的学习小组协作完成。

计算机网络环境为协作学习提供了很好的条件。教师可以依照学生的认知水平、能力倾向、个性特征、性别、年龄等特点，把学生分成不同的小组。协作学习以小组讨论、协商的形式开展学习活动，旨在通过学习群体的智慧，完善和深化学习个体对知识的理解和掌握。在小组协作学习的过程中，教师要注意启发、诱导，把活动主题引向深入，从而揭示问题的本质、规律。协作学习把个别学习中学生个体间的竞争关系转变为"组内合作"和"组际竞争"的关系，把传统教学中教师与学生之间的单向或双向交流转变为教师与学生、学生与学生之间的多向交流，使学生们在相互交流中不断增长知识技能，促进学生间良好的人际合作关系，进一步培养学生的协作精神。同时，在任务的设计过程中，任务最好能包括若干重要的侧面，便于分工合作。学习活动的结果便于体现为一份"产品"或"作品"，进行相互交流。总之，教师进行"任务"设计时，要仔细推敲每个知识点，统筹兼顾，为学生设计、构造出一系列典型的"任务"，让学生在完成"任务"中掌握知识、技能与方法。

学习任务设计时还需要考虑以下原则。

(1)所设计的问题必须具有知识针对性，即能蕴含或体现与所学领域(单一学科或跨学科)相关的概念、原理和方法。学习任务要涵盖教学目标所定义的知识，只能更加复杂，不能更简单。

(2)在描述一个任务情境时，应该以有吸引力的方式提供问题的背景信息。具体来说，可以用讲故事、录像或录音剪辑等方式来呈现问题情境，提供与问题有关的物理的或社会文化的背景信息，说明问题的结构，说明任务的具体要求。

8.3.3 学习工具设计

主题探究性学习更多的是依靠学生的自主探究和协作交流，教师为学生的探索与发现提供机会和帮助。学习工具是支持学习活动开展的重要保障，学生可以利用它来进行信息与资源的获取、处理、编辑、制作等，并可用其来表征自己的思想，与他人通信协作等，学习工具可以帮助和促进学生的认知过程，吸引和促进学生投入认知加工活动，更好地完成学习任务。一个完整的主题探究性学习资源的设计，必须考虑支持学习活动开展的学习工具的设计。根据主题探究性学习目的和内容的不同以及学生风格的不同，支持的学习工具各不相同，但概括起来，主要有以下几类工具(图 8-3-9)。

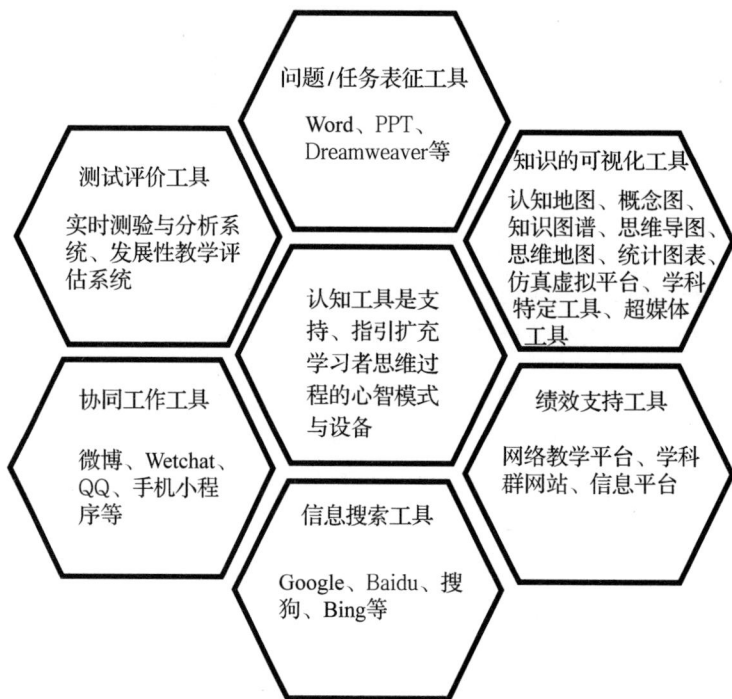

图 8-3-9　常见的学习支持工具

1. 信息搜索工具

主要完成资源收集和搜索的功能，方便学生在本主题网站内外搜索和使用资源。例如，本主题推荐资源，如 Google、Baidu、微软 Bing 搜索、搜狗搜索等。信息搜索工具可以帮助学生搜集解决问题所必需的重要信息。

2. 问题/任务表征工具

问题/任务表征工具通过适合学生认知特点的形式，将需要探究的任务或者问题呈现出来，便于学生理解。同时，问题/任务表征工具还可以帮助学生实现与学习环境的交互，帮助学生运用自己的语言、文字表达自己的思想和观点，形成个性化的知识结构。常用工具如 Word、PPT、Dreamweaver 等。

3. 知识的可视化工具[①]

知识的可视化工具有以下几大类：第一类用于表达功能。用图形图像指代事物元素及其属性，用联结键将类聚的概念、命题连接起来反映关系。典型工具有认知地图、概念图(CmapTool、Inspiration、MindMapper)、知识图谱等。第二类用于分析功能。用统计的方法分析现象，揭示规律。典型工具有思维导图(MindManager、FreeMind)、

---

① 熊剑：《面向 MOOC 的知识可视化视觉表征与建模设计》，载《西南民族大学学报(自然科学版)》，2016(5)。

思维地图(Thinking Maps、Office 系列的 SmartArt)、统计图表(Excel、SPSS、Matlab)等。第三类是模拟形态的呈现。用模拟、仿真的形态反映事物的本质或思维的认识过程。典型工具有模型化的图示工具(Metafora、InsightMaker、Stella)、仿真性的虚拟平台(各学科的虚拟仿真平台)等。第四类用于建构知识功能。为学生提供了一个开放性的系统,帮助他们建构及呈现思维模型。[①] 通过支持学生的建模过程,来展示、操作、反思学习者的所知。典型工具有超媒体工具(如网页、Flash)。第五类是面向特定学科的工具,如几何画板、Z+Z 平台等。

在学生进行知识的可视化过程中,要求学生参与积极的自我建构、适时的自我反思调节,并能够恰当运用各种思维能力来解决问题。当学生使用不同的知识可视化工具时,可以有效地显化与协调自我的思维过程。

4. 协同工作工具

利用交流协同工作工具,可以组织协商活动,培养学生合作学习精神。它包括界面友好的沟通工具、协作工具等。沟通交流工具主要是通过提供 BBS、留言板、聊天室、Wiki、QQ、微信、手机小程序(腾讯文档等)等方法为学生构筑一个跨时空的交流媒介,方便师生之间、学生之间、学生和主题专家之间的交流和协作,教师主要通过这些工具来进行答疑的辅导,学生通过这些工具来进行交流和探讨,相互协作学习,实现共享共学的目的。在大多数情况下,交流与协同工具被内置于支持主题探究与协作的网络学习平台中,主要包括在线答疑、同步/异步讨论园地、协同工作等模块。

5. 测试评价工具

测试评价工具包括实时检测与分析系统、发展性教学评估系统等。利用管理与评价工具,可以为学生提供自我评价反馈的机会,调整学习的起点和路径。

在线测试:教师应能够通过备课工具自动生成在线测试卷,每个测试题也可以保存到数据库中,供以后调用。

评价工具:实现过程性评价、多元化评价,并提供评价标准,教师针对学生在各环节的运作情况给予评价,给出评语和量化分数,计算出学习者的成绩。

6. 绩效支持工具

绩效支持工具包括网络教学平台、学科群网站、信息平台等。

学生在学习过程中由于背景知识、学习习惯和能力、认知风格都有很大的差异,因而需要的工具的种类和数量也不同。

对于教师而言,学习工具的设计主要是指根据学生已有的认知和信息技术水平,结合学科的特点以及教学目标的要求选择恰当的认知工具,并在教学中逐步渗透使用

[①]　顾小清:《用思维建模工具支持有意义的学习——建构主义理论的实践应用》,载《中小学信息技术教育》,2007(Z1)。

352

这些工具的知识，有意识地提高学生的信息技术水平。

8.3.4 评价设计

评价对探究性主题学习的实施起着重要的导向和质量监控的作用。在专题学习网站的设计过程中，需要根据活动的目标、任务和过程来设计适当的学习活动评价方式。学习评价包括学习过程评价和学习结果评价，采取自评、互评和教师评的方式。一般应在活动开始时就把评价方式明确告知学生，使他们明确活动的预期结果和努力方向。活动评价设计具体应注意：一是外部评价与自我反思评价相结合，强调自我反思评价；二是个人评价与小组评价相结合，突出小组评价；三是结果评价与过程评价相结合，突出过程评价。

下面以几个案例来说明不同学科中教学评价的不同设计形式。

1. 学习成果的评价设计

在一些主题探究性学习中，学生最后的学习成果是展示型的幻灯片或者专题网站。表 8-3-1 就是一个典型的小学信息技术学科主题探究性活动中，对于学生设计的探究性网站的评价表。

表 8-3-1 小学信息技术主题探究网站设计评价表（总分 50）[①]

		0 分 网页上图片元素很少或者几乎没有 在布局与排版上没有变化 颜色花哨或者排版变化过多导致浏览者难以辨认	2 分 有一些图片元素，但并不一定有助于学习者对概念、思想和相互关系的理解。在字体、字号、色彩和布局方面有一些变化	4 分 适当的、符合主题要求的图片元素被用来建立视觉的联系，帮助学习者加深对概念、思想以及相互关系的理解。在字体选择以及字号、色彩的差别方面运用得当，有一致性
总体审美（10 分）	总体视觉要求			
	导航与翻页	0 分 完成课程学习的过程容易使人混淆，并且不符合人们的习惯 网页不容易被找到，返回的路径不清晰	2 分 只有很少的几个地方会让学习者迷失路径，找不到下一个网页在哪里	4 分 导航清晰无缝，学习者总是非常清晰地知道学习过程的各个板块，并清晰知道如何到达那里

---

① 小学信息技术主题探究网站设计评价表，http：//www.docin.com/p-10291395.html，2018-12-26。

总体审美（10 分）	物理方面	0 分 超过 5 个断裂的链接，或者错误的链接、丢失的图片、糟糕的表格尺寸、错别字和语法错误	1 分 有一些断裂的链接，或者错误的链接、丢失的图片、糟糕的表格尺寸、错别字和语法错误	2 分 没有物理方面的问题
导言或情景（4 分）	动机激发效用	0 分 导言仅仅是纯粹的事实，在学生的切身性和社会重大价值方面没有诉求	1 分 导言在某种程度上和学生的兴趣、利益关联起来了，或者描述了一个引人注目的问题	2 分 导言通过和学生的兴趣、目标相关联，或者通过生动地描述了一个引人注目的问题，从而能够把学生吸引到课程学习中来
	认知发展效用	0 分 导言没有为学生即将面临的学习任务做好准备，或者没有建立在学生已有的学习经验基础上	1 分 导言涉及了一些学生已经掌握的知识，并预先展示了将要展开的课程学习范围	2 分 导言建立在学生已有知识的基础之上，并预先展示了将要展开的课程学习范围。通过预示课程内容有效帮助学生做好学习准备
任务（10 分）	任务和课程标准的关联	0 分 任务和课程标准无关	2 分 任务的提出参考了课程标准，但是没有清晰地将学生可能知道的与可能做到的联系起来，以期实现标准所要求的达成度	4 分 任务的提出参考了课程标准，清晰地将学生可能知道的与可能做到的联系起来，以其实现标准所要求的达成度
	任务涉及的认知活动水平	0 分 任务仅仅要求学生简单的理解，或者复述有关网页中的信息，回答一些事实性的问题	3 分 任务是可执行的，但在对学生生活的重要性方面有局限。任务要求学生分析信息，或者来自不同来源的信息组织在一起	6 分 任务是可执行的、令人着迷的，由此产生的思维活动超越了死记硬背。任务要求学生综合多种来源的信息或者承担一个社会角色，或者呈现数据并做出归纳，或者创造性地设计制作一个产品

过程 (12分)	清晰度	0分 步骤陈述不清晰，学生从中无法知道应该做什么	2分 给出了一些指导，但是缺少了一些信息。学生可能会有些疑惑不解	4分 清晰陈述了每一个步骤。绝大部分学生将准确了解他们处在过程中的哪一步，并准确了解他们下一步将做些什么
	支架搭建	0分 过程中缺乏学生获取完成任务所需知识的策略和组织工具 活动很少具有相互之间的关联性和意义，或者对完成任务没有意义	3分 嵌入过程中的策略和组织工具不足以保证所有的学生完成任务所需的知识 某些活动和任务的完成之间没有明确的关联	6分 过程为不同进入水平的学生提供了相应的、获取完成任务所需知识的策略和组织工具 设计的活动与促使学生从基础知识走向高水平的思维发展清晰地关联在一起 建立了用以评估学生理解掌握程度的核查项目
	丰富性	0分 很少的几步，没有独立的角色可供分派	1分 有一些可分离的任务和角色，更多的复杂性活动	2分 不同的角色帮助学生理解不同视角的观点，或者共同分担完成任务的责任
资源 (8分)	资源数量	0分 提供的资源不满足学生完成任务所需 在一个合理的时间段内，为学生提供了太多要看的资源	2分 在资源和学习者完成任务所需信息之间有一些联系。有一些资源长期没有更新	4分 在资源和学生完成任务所需信息之间的联系清晰而有意义。每一个资源都有它的重要性
	资源品质	0分 资源十分平常，它们所包含的信息在教室和百科全书中都能找到	2分 一些资源带来了人们通常在教室里面无法找到的信息	4分 资源很好地体现了网络的及时性、多样性 多样化的资源提供了意味深长的信息，供学生深入思考所用

续表

评价 （6分）	标准 的清 晰度	0分 没有描述成功的标准	3分 成功的标准部分地被 描述了	6分 清晰地用量规形式陈述了成 功的标准。这些标准包含了 品质与数量方面的描述 评价工具清晰地测量了为了 完成任务学生必须知道什么 以及能够做些什么

2. 学习过程的多元评价设计

主题探究性学习的学习评价，并不仅仅是对学习结果的评价。在一个主题探究学习中常常会涉及多个评价的设计，包括探究过程的评价设计、探究结果的评价设计、成果汇报的评价设计、教师的评价设计、自我的评价设计、学生相互的评价设计等。

以下是主题探究活动"小小鸡蛋知多少"的评价设计，包括网络探究评价项目、学科联动评价项目、活动的自我评价 3 部分，具体见表 8-3-2 至表 8-3-4。

表 8-3-2　网络探究评价项目

编号	评价项目	评价内容	评价标准
1	什么是鸡蛋	能说出鸡蛋的有关概念	□优良 □良 □不错 □尚可 □再加油
2	鸡蛋食谱	至少知道有 4 种	□优良 □良 □不错 □尚可 □再加油
3	鸡蛋的营养价值	能说出鸡蛋的基本营养成分	□优良 □良 □不错 □尚可 □再加油
4	鸡蛋的美容价值	能说出鸡蛋的几种美容方法	□优良 □良 □不错 □尚可 □再加油
5	鸡蛋与健康	知道并能说出鸡蛋与健康的关系	□优良 □良 □不错 □尚可 □再加油
6	写故事	想象丰富，文笔流畅	□优良 □良 □不错 □尚可 □再加油
7	绘制统计图表	数据真实可靠	□优良 □良 □不错 □尚可 □再加油
8	鸡蛋影院	设计奇妙，制作精致、美观	□优良 □良 □不错 □尚可 □再加油
9	行为习惯	我保持教室卫生，没有乱扔垃圾。我遵守纪律，没有说与学习无关的话	□优良 □良 □不错 □尚可 □再加油
10	与人合作	我喜欢并能够很好地和小组其他成员合作，开展小组交流或信息共享	□优良 □良 □不错 □尚可 □再加油

表 8-3-3　学科联动评价项目

编号	评价项目	评价内容	评价标准
1	习作	能写几句小诗、日记、心得、体会等	□优良 □良 □不错 □尚可 □再加油
2	实验、实验报告	能够参与，并试验成功，写出实验报告	□优良 □良 □不错 □尚可 □再加油
3	制作个人网页	有自己的风格、内容丰富	□优良 □良 □不错 □尚可 □再加油
4	制作动画	设计奇妙，制作精致、美观	□优良 □良 □不错 □尚可 □再加油
5	绘画、彩蛋	想象奇特、绘画技术高	□优良 □良 □不错 □尚可 □再加油
6	制作统计图	积极收集数据，制作熟练、准确	□优良 □良 □不错 □尚可 □再加油

表 8-3-4　活动的自我评价

名称	评价标准	评价
我的本领	参与活动：网页 习作 绘画 实验 统计图	
活动中我的心情	很开心 开心 平静 不开心	
研究时我用功了	创造性地工作 超额工作 完成任务 工作少	
我用的方法		
给我帮助的人		
我帮助过的人		
我的成功		
我的收获		
总体评价		

8.4
典型案例介绍

目前，支持探究性主题学习的资源案例非常多。不同的学科、不同的主题活动，开发出了不同的资源案例。在这些资源中，很多资源的功能结构并不是完全按照前述关于资源区、任务区、交流区的模块来搭建的；在任务设计、工具选择和评价设计方面，也因目标不同各不一样。总之，资源的结构功能设计，是由资源为之服务的教学目标来决定的。资源是否能够起到良好的教学效果，不一定取决于资源的丰富性和复杂性，更多的在于如何将资源合理地运用于教学中，为教学服务。以下选取两个资源案例进行介绍。

案例 1："好吃城"

常州市武进区星辰实验学校的专题网站"好吃城"，以我国特有的饮食文化为主题，整个网站架构如图 8-4-1 所示。

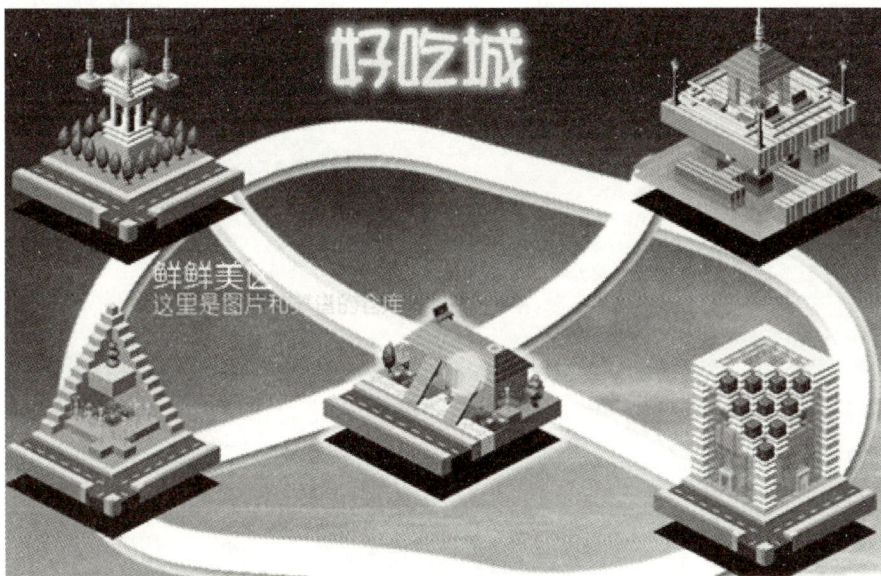

图 8-4-1　专题网站"好吃城"首页截图

(1)康康乐城堡。介绍各类营养知识，包括 5 类营养素之探究、食物的"消化之旅"、美食营养大揭秘、营养"金字塔"等。

(2)巧巧手城堡。介绍食品制作知识，这里有"水果沙拉聚会""配餐大行动""水果娃娃 show"等内容。

(3)趣多多区。介绍饮食趣闻，包括民间传说、名家笔谈等。

(4)鲜鲜美区。各种食品的图片，是图片和菜谱的仓库。

(5)新新酷区。介绍一些食品的新知识，包括食品试验厂、新食品开发等。

围绕着"吃"这个主题，将"吃"的方方面面组织在一起，整个专题网站生动活泼，构思新颖，学生一进入站点就被生动的画面和活泼的风格吸引，在不知不觉中学到了饮食文化的各种知识。可以说，该网站是学生了解"饮食文化"，掌握"饮食"相关知识，进行自主探究的良好工具。

案例 2："桥"

深圳市南山实验学校的专题学习网站"桥"，其思路源自中、小学语文教材中，有一些课文是与"桥"有关的，如小学有《赵州桥》《飞夺泸定桥》等，中学有《中国石拱桥》《桥之美》等。为了让学生更好地学习这些课文，并深入了解有关桥的知识，高鹏以、刘颖两位老师以桥为主题，联系古代的桥、现今世界的桥，并扩展为经济和政治上的"桥"，为学生营造了一个很好的学习与"桥"相关知识的探究式学习环境（图 8-4-2）。

图 8-4-2　专题学习网站"桥"

案例 3：化学反应和替代能源

该项目创设了任务情境——给相关部门写信反映全球变暖的原因和对策。围绕这一情境学生探究学习关于汽油的化学反应原理、导致 CO_2 增多的原因，分析全球变暖的原因形成自己的观点，然后小组合成完成辩论任务。学生首先从一个大的任务目标出发，把大的任务拆分成一系列小任务，通过完成小任务学习了相关的科学知识，同时锻炼了写作能力、表达能力和辩证思维。该课程资源为学生营造了一个有趣的学习科学的探究环境。

首页如图 8-4-3 所示，以图文并茂的形式介绍项目背景（图片显示的是位于南美洲巴塔哥尼亚的冰川，两张图片的时间分别是 1928 年和 2004 年。你看到了什么不同？你认为是什么导致了这些变化？科学家们一致认为，地球的温度正在上升，而人类使用汽油燃料的汽车正在彻底改变地球的气候)。接着，明确几个需要通过探究学习解决的问题(在这个项目中，你将调查：我们为什么要用汽油来驱动汽车？使用汽油如何影响全球气候？有什么替代能源汽车？你有什么方法可以帮助减缓全球变暖的趋势?)，随后学生会进入具体的任务探究情境中，需要完成的任务是给相关部门写一封信反映情况，信的内容包括了"我们为什么要用汽油来驱动汽车？我们使用汽油驱动的汽车如何影响地球的气候？我们应该用什么替代燃料?"接下来围绕着完成这封信，学生需要了解如何规划信的内容框架，决定使用什么图片，如何排版，最重要的是要调查可信服的数据去支持自己的观点和让他人信服。基于这些内容，接下来学生需要完成一系列的小任务，包括汽油化学反应(了解汽油驱动汽车的原理、过程和结果)，大气中的 CO_2(了解温室效应、能量平衡、CO_2 增多的后果以及增加汽油驱动的汽车以后所带来的后果)和寻找替换能源。在整个学习过程中，学生独立自主完成所有学习任务，接着进入同伴辩论的环节，四位同学一组，每个人持不同观点进行辩论。最后是反思自己的观点，完成信以后，再想一想别人会针对自己信中提到的观点提出哪些相反的意见并如何去修改。

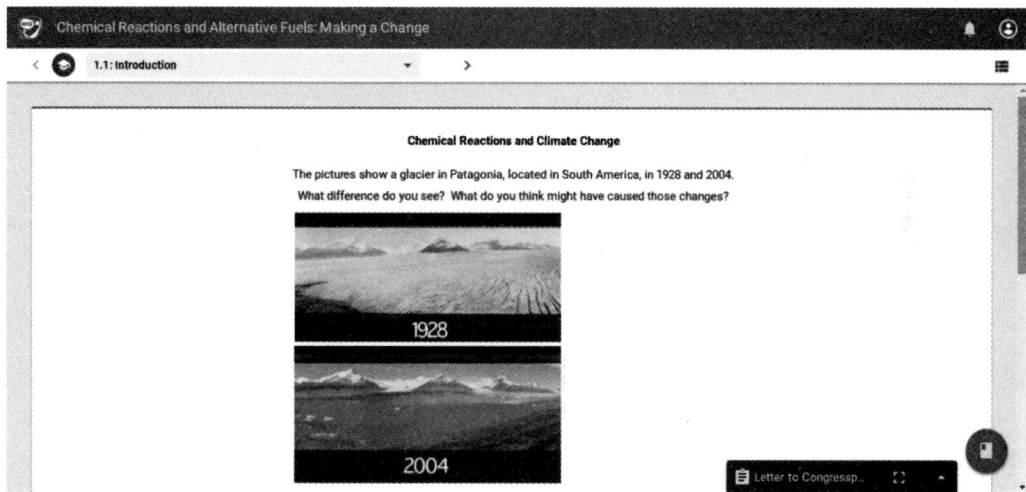

图 8-4-3　WISE 探究项目的首页截图

网站链接：https：//wise. berkeley. edu/project/20640 #/vle/node1，有删减（需要注册教师账号才能看到）。

高等学校教育技术学专业精品教材

丛书主编◎武法提

教学软件设计（下册）

INSTRUCTION SOFTWARE DESIGN

余胜泉◎著

北京师范大学出版集团
BEIJING NORMAL UNIVERSITY PUBLISHING GROUP
北京师范大学出版社

下册目录

第 9 章

网络课程设计

章结构图

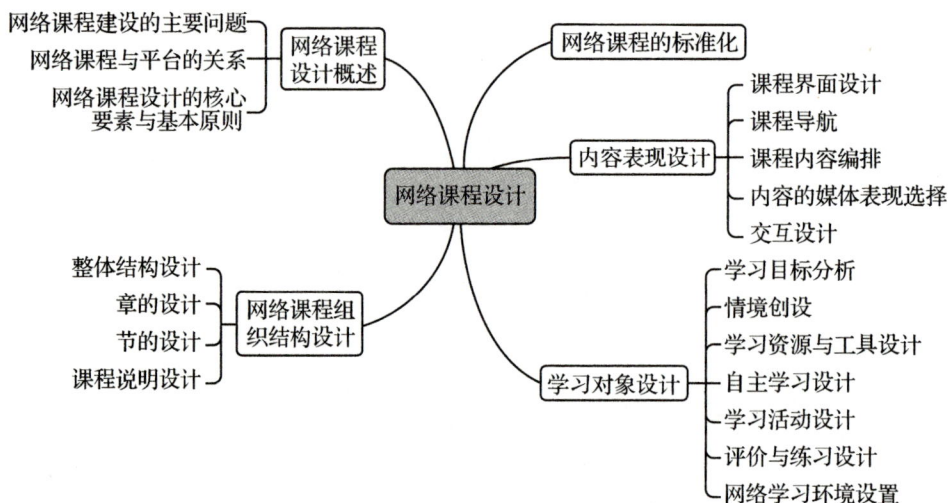

网络课程是通过网络表现某门学科的教学内容及实施的教学活动的总和（图 9-1），它包括两个组成部分，即按一定的教学目标、教学策略组织起来的教学内容和网络教学支撑环境。[1] 也可理解为网络课程是在课程论、学习论、教学论指导下通过网络实施的课程。网络课程设计是根据网络课程的课程目标选择教学内容和学习资源、确定课程结构、计划课程实施的过程。网络课程设计包括课程设计和教学设计两个阶段。课程设计是针对课程的形成来研究"教什么"的问题，教学设计是在课程设计之后，针对课程的实施来研究"如何教"的问题，即网络课程的过程和手段。[2] 教学设计是运用系统方法，将学习理论与教学理论的原理转换成对教学目标、教学条件、教学方法、教学评价等教学环节进行具体计划的系统化过程，其根本目的是通过对学习过程和学习资源做系统的安排，创设各种有效的教学系统，以促进学生的学习。[3]

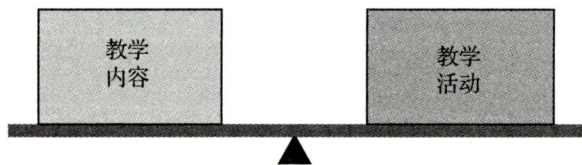

图 9-1　网络课程定义的解释

---

① 　现代远程教育资源建设技术规范（试行），http：//metc. hactcm. edu. cn/info/1033/1209. htm，2014-03-21。

② 　武法提：《目标导向网络课程设计的原理》，载《中国电化教育》，2006(1)。

③ 　何克抗、郑永柏、谢幼如：《教学系统设计》，北京，北京师范大学出版社，2002。

9.1
网络课程设计概述

从一定意义上讲，网络学习对教师和学生提出了更高的要求。一方面，教师除了要掌握本学科的专业知识和一定的教学技能之外，还要吸收先进的计算机和网络技能，不断地学会应用网络资源为教学服务，从而在开展网络教学时不至于无从下手，还可以对学生遇到的技术问题给予快速的解答；另一方面，网络学习对于学生各方面的素质都提出了更高的要求，学生不应当只停留在被动地接受知识的状态上，应积极地利用网络资源和通信手段，吸收和共享各种资源和服务。此外，在网络化教学环境中教师和学生的角色是一种相对的概念，如今知识更新和科学技术发展迅速，教师在某些特定的方面接受新事物的速度往往没有学生那么迅速，此时学生就充当了教师的角色。

网络课程在内容呈现、学习交互方式、信息资源以及教学方法上明显区别于传统课程的教学，需要进行精心设计。

9.1.1　网络课程建设的主要问题

网络课程从最初的"教材搬家"，即成为静态的"网络教材"，到现今更加注重以各种媒体形态如流媒体视频、文本、图像、声音、Flash 动画、HTML5 视频、虚拟现实技术等"呈现""演示"教学内容设计和增加更人性化的学习支持服务，网络课程有了一定程度的发展。但也存在一定的不足，主要表现在三个方面。

一是人机交互不合理，即片面注重教学内容呈现，且内容表现单一，不符合学生的认知规律。网络课程教学内容的表现形式单一，大部分网络课程的教学内容表现形式以文本信息、静态图像、视频文件等构成。[①] 据调查显示，目前网络课程页面中文字所占空间大于 2/3 屏的占一半之多。[②] 课件、视/音频等在内容上往往有所重复，没有优势互补，造成资源泛滥。没有提供给学生合理的获取资源的建议，这使得较多网络课程成为一个死气沉沉的资源库，学生只能盲目选取。

二是忽视学习活动设计，缺少情境创设，缺乏人际交互。大多网络课程始终不能

---

① 马璐：《我国网络课程设计开发与应用中存在的问题》，载《软件导刊(教育技术)》，2016(5)。
② 张刚要：《网络课程开发中文字编排的心理学因素探析》，载《中小学电教》，2007(9)。

摆脱"以教为主"的模式,忽视了在网络环境下给学生营造良好的心理环境。其具体表现为教学组织形式单一死板,缺少情境的、基于活动或基于问题的教学策略,对贯穿于教学过程中的"人机"交互、"人际"交互没有充分考虑和设计,师生、生生互动困难,导致学生学习方式僵硬,且不能长久关注。

三是缺乏反馈评价机制。很多网络平台无法检测学生的学习思考过程,不能对学生的发言内容、质量等进行有针对性的评价。由于得不到及时和个性化的反馈,学生处于被动接受的浅层次学习状态。加之目前网络课程的教学模式依然在模仿传统的"讲、练、改、测"的行为主义模式,教学评价完全依赖课程作业和考试,这样的评价方式不能促进学生的认知投入和知识建构。①

在教学支撑环境方面,静态的网络课程多于动态的课程,其中动态课程也只有较少部分选用了 4A、Blackboard、Moodle 等类似教学平台,其余则是在网络课程中自行设计出管理系统、论坛、答疑系统等,大都功能简单,高级功能难以实现。导航体系不能帮助学生进行个性化的学习内容定制;评价系统只有少部分能够由系统自动评分和给出反馈,多数的在线测试是直接给出参考答案;资源库资源匮乏,其内容有限,大多是一些课件、案例,并且只能由老师上传;答疑子系统没有成型。设有答疑系统的课程平台寥寥无几,即便有该系统,其中的疑问也只是人工答疑;很少有提供学生自主学习工具的网络课程。

9.1.2 网络课程与平台的关系

人们对网络课程与平台之间的关系难以解释清楚,对二者各自的特征和功能具体有哪些也常常倍感困惑。其实,平台就是网络课程设计和实施教学的基础,是网络教学支撑环境的一个组成部分。离开了网络教学平台,网络课程就无法实施相关的教学活动,如网上答疑、网上讨论、网上作业、网上测验、实践操作等。但这并不意味着每一门网络课程在设计时都必须专门开发一个平台。一个结构和功能都比较完善的教学平台可以支持多门网络课程,从而减少不必要的重复开发。

9.1.3 网络课程设计的核心要素与基本原则

网络课程设计是教师在网上教学前的准备工作,教师需要把课程编写成网页的形式并进行一系列的备课。在网络教学中,所有教学活动都以学生为中心,特别强调在学习过程中发挥学生的主动性、积极性,相应的课程与教学设计主要围绕学习内容、

---

① 余胜泉、万海鹏、崔京菁:《基于学习元平台的生成性课程设计与实施》,载《中国电化教育》,2015(6)。

学习活动、学习资源 3 个方面进行。一是教学的前提与条件；二是整个教学设计的核心——通过各种学习活动激发学生主动建构知识的意义(诱发学习的内因)；三是为学生主动建构创造必要的学习资源与认知工具(提供学习的外因)。由于网上教学与传统教学有很大区别，教师的地位发生了明显的改变，教师由原来的知识的传授者、灌输者转变成学生主动建构意义的帮助者、促进者，因此教师的课程设计也发生了很大的变化(图 9-1-1)。

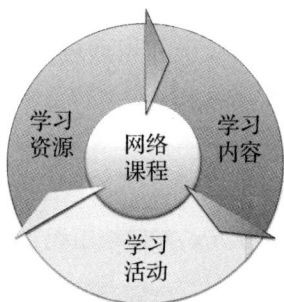

图 9-1-1　网络课程设计的核心要素

设计网络课程教学时，要遵循如下教学设计原则。

(1)注重教学目标及教学内容分析。

(2)设计教学活动时注意情境创设，强调"情境"在学习中的重要作用、注意信息资源设计，强调利用各种信息资源来支持"学"(而非支持"教")。

(3)强调以学生为中心，注重自主学习设计。

(4)强调"协作学习"，要注重协作学习环境设计，注重基于网络的教学策略设计。

(5)学习资源表现形式丰富，且具有动态生成性。

网络课程的具体开发应满足如下基本要求。

(1)网络课程建设要充分体现远程教育的特点，能提高学生的学习兴趣与自觉性。

(2)网络课程除必须满足在互联网上运行的基本条件外，还应具备安全、稳定、可靠、响应快速等特点。

(3)网络课程应有完整的文字与制作脚本(电子稿)。

(4)网络课程文字说明中的有关名词、概念、符号、人名、定理、定律和重要知识点都要与相关的背景资料类相链接。

(5)对课程中的重要部分，可适当采用图片、配音或动画来强化学习效果，但要避免与教学内容无关的、纯表现型的图片或动画。

(6)网络课程能够根据学生认知结构进行个性化的资源推荐。

(7)网络课程能够构建学生个性化的知识图谱，促进学生个性化认知网络和社会关系网络的形成。

9.2
网络课程组织结构设计

　　课程结构的设计就是对课程所包含的知识点进行策略性地组织。网上课程可以通过多种方式组织知识点，基本上可以归为层次结构与网状结构的混合体。

　　层次结构是一种树状结构，就像书本用章节来组织内容一样，这种组织结构用特定的路径来描述信息的位置。这种组织方式对信息是经过分类的，不论信息是在本地站点或外部站点上，都可以通过这种方式方便地组织（图 9-2-1）。

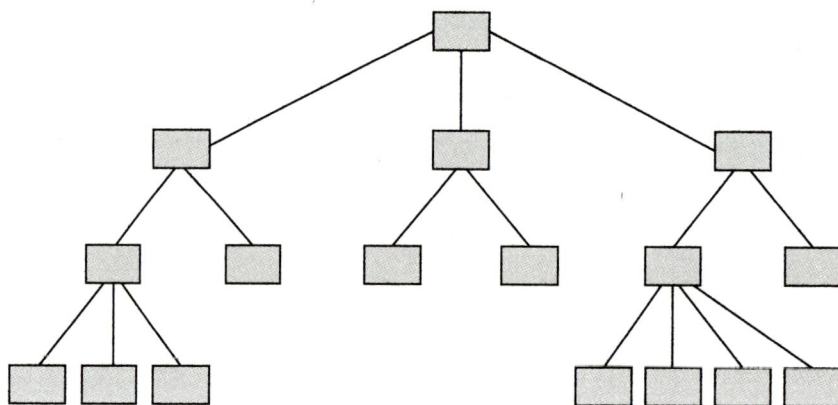

图 9-2-1　层次结构

　　尽管大部分网上课程用这种方式组织信息就能满足结构化的要求，但是这样构建有效的学习环境仍然是不够的。因为良好的学习环境不只是用来提供结构化的信息，还要通过超链接连接内容和内容之间的非层次关系，可以更便捷地在内容和内容之间跳转，形成网状结构，如图 9-2-2 所示。这种内容组织方式对开放式的信息获取是有益的，通过这种链接，学生能够获得尽可能多的资源。

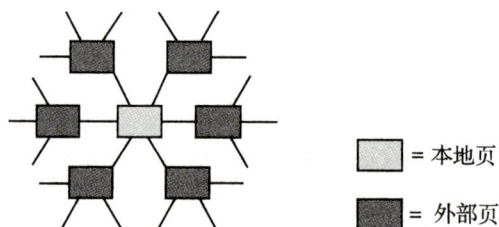

□ = 本地页

■ = 外部页

图 9-2-2　网状结构

但是，学生在这种非结构化的信息环境中通过浏览进行学习的效果是很难保证的，而且容易迷失，知识体系也难以建立起来。因而，在实际的网络课程组织中，都是混合式的结构，以层次结构为组织主体和导航主体，同时内容和内容之间提供连接，形成网状结构。

9.2.1　整体结构设计

网络课程的基本组成部分是学习对象，也可以通俗地说成学习单元。学习对象在不同层面上聚集，形成章、节等结构，如表 9-2-1。课程是包容性最大的学习对象；章/模块是课程下一级的学习对象，主要是一系列节/单元的逻辑组合；节/单元是章/模块下一级的学习对象，由一系列知识点集合而成，用来讲授基于单一学习目标的工作任务；知识点是一些围绕单个学习目标所建立的信息块，是最灵活、最独立的学习对象。知识点、练习和评价是关键性的学习对象，它们通过聚合，能够形成章、节等更高层次的学习对象。这些关键性学习对象的设计是网络课程开发的重点之一。

表 9-2-1　网络课程教学设计模板的结构设置

		课程定位(m)	
网络课程	课程说明(m)	课程概述(m)	课程目标(m)
			课程概要(m)
			授课流程图(m)
		针对学生群(m)	
		学生入门导言(m)	
		教学实施方式(m)	
		教材资源(m)	
		教师简介(o)	
		课程图标说明(m)	
		版本信息(m)	
		运行支持软件(m)	
		说明(o)	

续表

网络课程	章/模块(m)	章概述(m)	内容简介(m)
			目标(m)
			难点、重点(m)
			概念图(m)
		章前测及先决条件(o)	
		节/单元(m)	节概述(m)	内容简介(m)
				目标(m)
				重点(m)
				概念图(m)
			节前测及先决条件(m)	
			知识点(m)	上下知识点的链接,章、节链接(m)
				主要内容(m)
				呈现方式(m)
				相关知识点(m)
				平台链接之作业、答疑、日记、讨论(o)
			节总结(m)	
			练习(m)	
			扩展资源(m)	操作演示(o)
				电子教案(m)
				教学案例(m)
				虚拟实验(o)
				测验试卷(o)
		练习(m)	
		评价(m)	
		章总结(m)	
		常见问题(m)	
		扩展资源(m)	操作演示(o)
			电子教案(m)
			教学案例(m)
			虚拟实验(o)
			测验试卷(o)

续表

网络课程	课程资源 （m）	平台搜索(o)
		课程素材(m)
		知识点资源(m)
		常见问题(m)
		术语表(m)
	综合性测验(o)	
	总结性评估(o)	
	个人记录(o)	
	课程评价(o)	
	帮助(m)	

注：其中，（m）= 必需项，（o）= 可选项，通常解释为在任何情况下，（m）项都要进行设计；在没有相关支撑平台的情况下，（o）项可以不进行设计。

9.2.2　章的设计

章是网络课程的主要结构框架之一，是课程下一级的组织单元，有时也称为模块。其结构如图 9-2-3 所示。

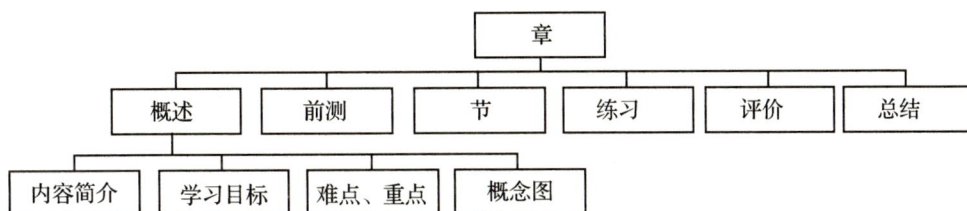

图 9-2-3　章的元素及结构

内容简介是对本章主要知识内容的简要说明。每一章中都要包含学习目标，用可观测的行为动词来描述学生在本章所需掌握的知识和能力，并以此为依据来创建练习和评价。强调本章学习的难点、重点，要用简要的语言对学生进行提示。概念图用来描述本章内容中的核心概念与它们之间的关系，帮助学生形成整体性的知识结构，也可以作为先行组织者，提示学生学习，所用的语言要简明扼要。

前测的设置在于确定学生在学习本章之前所具有的知识技能水平，并判断学生是否可以进行本章的学习、进行何种程度的学习。前测要覆盖本章的主要知识点，简明扼要、有所侧重地向学生列出进行本章学习所需具备的知识和技能，帮助学生进行自我评价。节是章的主要组成部分，有独立的组织结构，多个节的组合，构成章的知识内容主体。

练习和评价的设计应定位于章层级的目标，其深度和广度都要比节层级更加丰富，要有成套的习题供学生选用。章中的评价还可以设置综合的应用，如问卷调查、反思记录、电子档案等。下文中将有详细的阐述。

总结是对本章知识内容的要点、重点进行提炼，帮助学生厘清知识结构，明确难点、重点。总结应该位于章中练习与评价的后面，帮助学生在练习和评价之后进行查缺补漏，全面地总结学过的内容。所以，在章层级中三者的呈现顺序应该为练习、评价、总结。

9.2.3 节的设计

节主要是一系列知识点的集合，有时也可以称为单元。节的结构与章的结构类似，如图 9-2-4 所示，由概述、前测、知识点等构成，但节内容是更加具体化的知识，需要更加详细的设计。

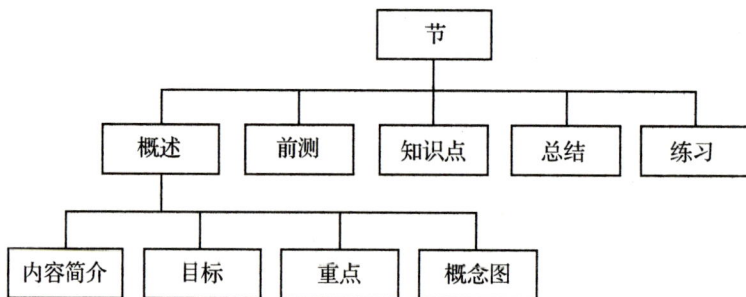

图 9-2-4 节的元素及结构

内容简介要以简明扼要的形式说明节的主要知识内容。目标应该对涉及的条件、标准和行为做相关陈述，包含可测量的行为动词，确保有一个清晰的学习导向。当学生学完节中的内容时，所取得的成果能够与目标相对应。学习重点是节中主要知识点标题的概要列表。节层级中的概念内涵要少于章层级中的概念，所以，此处的概念图要详细具体。

前测要能够确定学生在学习本节之前所具有的知识技能水平，并判断学生对相关内容学习程度如何。此外，要向学生明确列出进行本节学习所需具备的知识和技能，帮助学生进行自我判断。节中的前测要做到细致全面，把握好学生的实际水平。

节总结通常用来结束节的学习，也可以为拓展学生的知识和技能提供一些行为建议。它的目的是与概述呼应，简洁地复习节中的主要知识点和学习重点。知识点（学习对象）是呈现知识内容的主体，是构成网络课程的最基本的内容组块。

练习要做到充分体现节的学习目标，在学生进行练习之后，能够保证达到本节涉及的学习目标。练习的设计要反映出相关技能和知识的使用，而不是简单考查信息的回忆。练习可以是定位于节中各个知识点目标的集合，也可以针对节的学习目标进行统一设计。节中常用的练习方式是习题测验，节中习题的设计不追求多而广，要侧重于节的目标，并及时提供反馈，保证知识的掌握和能力的训练。

9.2.4　课程说明设计

课程说明是对整个课程的一个扼要介绍，包括课程定位、课程目标、课程概要、授课流程图、针对学生群、学生入门导言、教学实施方式、教材资源、教师简介、课程图标说明以及运行支持软件等信息。这些信息对于学生对本课程的整体把握是非常重要的。

【实例 1】图 9-2-5 和图 9-2-6 是对外经济贸易大学远程教育"商务英语写作"的课程介绍和学习指导截图。图中分别提供了课程概要、教学指导思想、教学设计、教师队伍、致学员的一封信、教学内容、教学方法等信息。

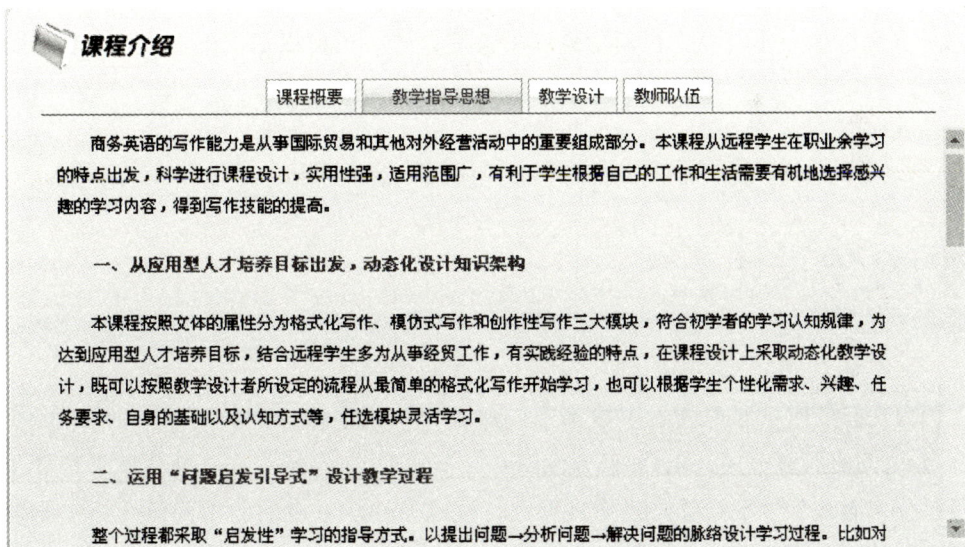

图 9-2-5　课程介绍①

---

① 对外经济贸易大学远程教育学习管理平台，http://lms.euibe.com，2019-10-09.

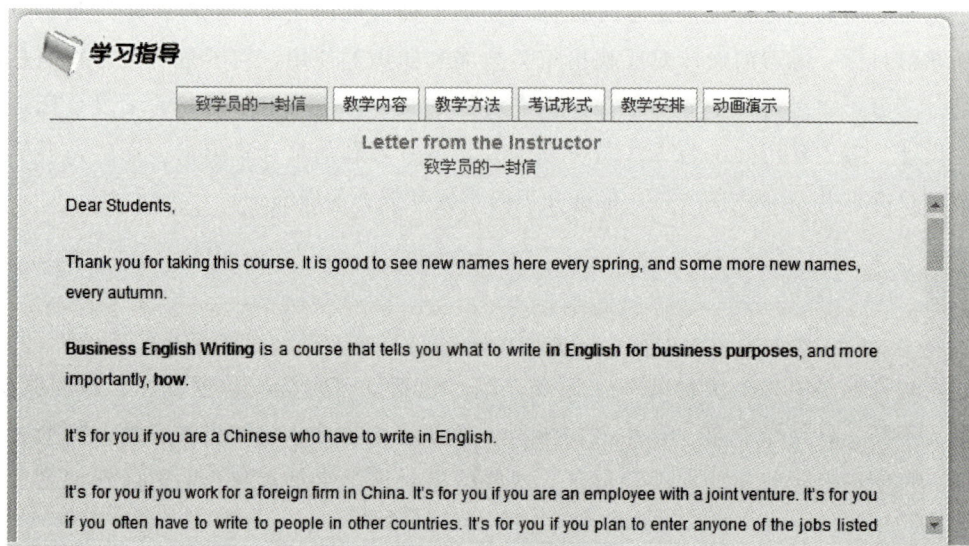

图 9-2-6　学习指导

　　在每一个网络课程的页面中，也要尽量使学生在进行浏览时可以获得以下提示信息：这个页面的设置目的，它所针对的学习对象、包含的内容、链接所能指向的信息、开发机构和作者等。提示信息除了文字以外，还可以是图形、图像、声音等。

9.3
学习对象设计

　　国内现有的网络课程绝大多数都是以课程为单位整体设计的，各个部分（篇或者章、节）之间有很多公用元素（如修饰性图片、样式表等）穿插引用，导致整个网络课程不可拆分。而基于学习对象构建网络课程，可以通过学习对象的不同组合，使课程具有可定制性和共享性，适应不同学习对象的要求，如图 9-3-1 所示。故网络课程设计与开发采用面向学习对象的方法已成为网络课程发展的必然趋势。

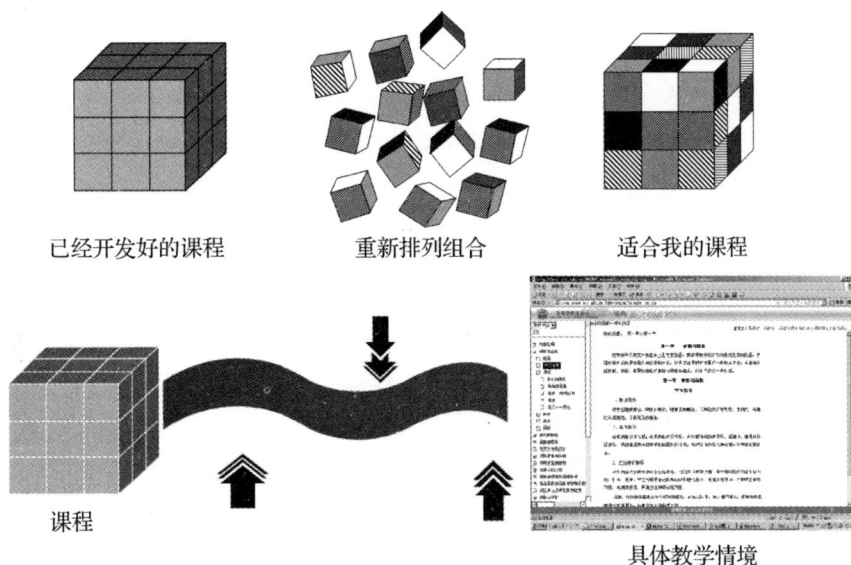

图 9-3-1　面向学习对象的方法开发网络课程具有适应性

　　学习对象是能够帮助学生完成一定的学习目标的独立完整的 E-learning 资源，是构成网络课程的基本单位，即网络课程重用的基本单位。学习对象应该面向具体的教学目标，能够自给自足、独立存在，其内部包含学习目标、元数据描述、说明、内容、练习、评估和交互等多个部分，并且含有教学策略的应用。一个完整的学习对象如图 9-3-2 所示。我们将学习对象看成一个具有可重用性的规模适当的教学模块或有序化的教学资源，大到课程，小到章、节、知识点，其重用性与其规模成反比。实际应用中所操作的学习对象一般是指规模小、灵活性高的学习对象（如知识点）。

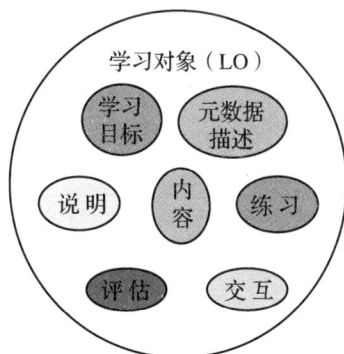

图 9-3-2　一个完整的学习对象

　　学习目标是学习对象的根基，能够激发学生的学习动机。说明是对学习对象的简要综述，能够引起学生对于学习的注意，使其进一步理解预期目标，并回忆先前知识。

内容是学习对象的主要部分，学生从这里获取学习材料，并对知识进行编码，在长时记忆中将原有的认知结构重组，以建构新的认知结构，这部分要注重各种学习策略的应用。练习用于帮助学生进一步巩固知识的建构。

评估能够确定学生对于内容的掌握情况，可以根据评价结果调整教学策略的应用。文本、声音、视频、程序语言、Flash 动画、HTML5 情境交互动画、虚拟现实技术等任何所需的资源都可以作为说明、内容、练习和评估的材料，以便保证学习对象的自给自足。交互是指按 SCORM 标准嵌入的交互代码，这样学习对象就具有了与学习管理系统(Learning Management System，LMS)进行交互的必要条件。元数据描述用于描述学习对象的各种相关属性，以方便对学习对象进行参考、搜索和重用。

学习对象的设计主要遵循以下原则。

(1)教学设计者在设计时要保证每个学习对象的知识性和完整性，在资源引用上自我包含，才能保证每个学习对象有重用的价值。每个学习对象至少应该包括说明、内容、练习(或测验)和评估 4 个部分才能给学生提供一个完整的学习过程。保证学习对象中包含所有引用的资源文件(如内容文件、媒体素材、评估文件等)是为避免引用到本学习对象外的资源文件，在应用到不同情境中时会导致资源不可用。

(2)学习对象的粒度要适当。学习对象粒度的确定主要应依据具体的学习目标、学习内容以及文件所占空间大小，并综合考虑各种可能被重用的情况。划分组成网络课程的学习对象时，可以将网络课程的一个学习单元(或节)作为一个学习对象。

(3)网络开发人员必须熟悉学习对象相关标准的实现技术。一方面，为学习对象提供元数据描述并进行内容包装，才能彻底体现学习对象的基本理念，才能体现学习对象易于传输、查询、管理和维护的优越性。另一方面，学习对象相关标准推荐使用 XML 作为其实现技术，使用 XML 程序设计语言对学习对象进行元数据描述和内容结构描述。要按照国际标准开发面向学习对象的网络课程，开发人员必须熟悉 XML 编程技术。另外，开发人员尤其要掌握一两种学习对象包装工具，用于将学习对象标准化，如 LOM-Editor Version 1.0、Microsoft LRN 3.0 Toolkit、Reload Editor 2004 等工具。

教学设计者必须非常熟悉学习对象的理念及相关标准，转变传统的教学设计思路，"不纯以绩效终极目标来定义及排序教学内容、架构，而需以组件化的观念组织教学内容，也就是不仅可以线性教材呈现方式，而更可以弹性呈现教学顺序。"①

---

① 路秋丽、余胜泉：《面向学习对象的网络课程设计与开发》，载《中国电化教育》，2005(1)。

9.3.1 学习目标分析

对学习单元进行教学目标分析，明确单元的知识类型（是否属于知识类、原理类、策略类、软件操作类、讲座类等），不同的知识类型需要采用不同的教学设计。

一切教学活动都是围绕学习目标开展的。学习目标应科学、合理，能体现多种层次的教学要求，要尽可能体现知道、领会、运用、分析、综合、评价 6 个层次中的多个层次。其表述需明确、具体，尽量用如表 9-3-1 所示的行为动词描述。对于学生来说，有利于调控学习步骤，主动建构知识的意义。设计者应在每个单元学习之前，呈现出学习目标。

表 9-3-1 编写认知学习目标可供选用的动词

学习目标层次	特征	可参考选用的动词
知道	对信息的回忆	为……下定义、列举、说出（写出）……的名称、复述、排列、背诵、辨认、回忆、选择、描述、标明、指明
领会	用自己的语言解释信息	分类、叙述、解释、鉴别、选择、转换、区别、估计、引申、归纳、举例说明、猜测、摘要、改写
运用	将知识运用到新的情境中	运用、计算、示范、改变、阐述、解释、说明、修改、订计划、制定……方案、解答
分析	将知识分解，找出各部分之间的联系	分析、分类、比较、对照、图示、区别、检查、指出、评析
综合	将知识各部分重新组合，形成一个新的整体	编写、写作、创造、设计、提出、组织、计划、综合、归纳、总结
评价	根据一定标准进行判断	鉴别、比较、评定、判断、总结、证明、说出……价值

【实例 2】图 9-3-3 是对外经济贸易大学远程教育"商务英语写作"Unit08 的单元学习目标截图，其中明确提出了对学生的要求：掌握慰问信书写的基本格式，熟练运用其常用语句，并能正确书写较为简单的慰问信。该界面美观，有亲和力，并给予学生温馨提示。

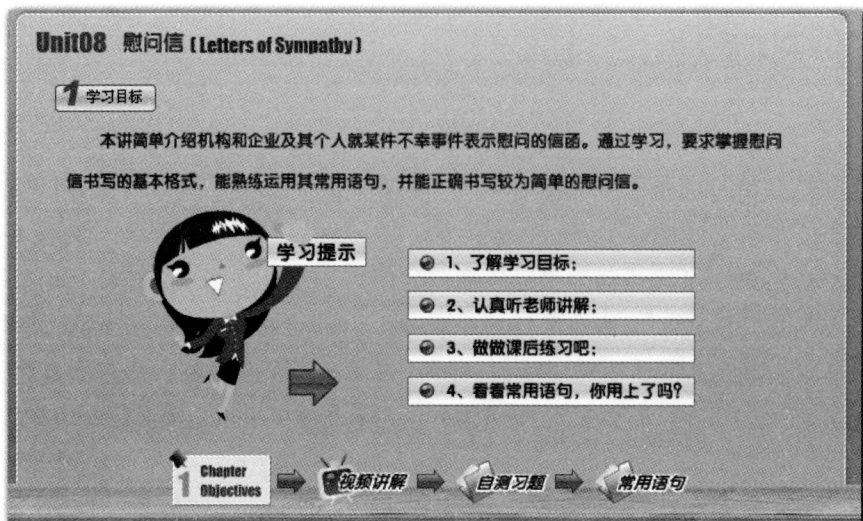

图 9-3-3　单元学习目标①

【实例 3】图 9-3-4 是北京师范大学网络教育课程"学校管理学"的学习目标界面。该页面首先简要介绍了本章的主要内容，然后提出学习重点，并依次详细地描述了每个知识点的学习要求。页面下方的知识结构图梳理出了本章内容要点，对前面学习目标的说明是一个很好的补充，同时为学生展示一个清晰的知识脉络。

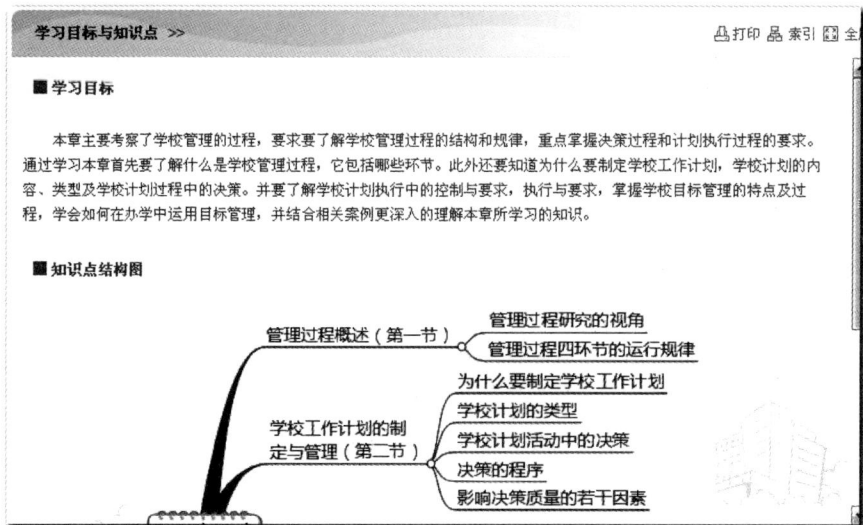

图 9-3-4　学习目标②

①　对外经济贸易大学远程教育学习管理平台，http://lms.euibe.com，2019-10-09。

②　北京师范大学学校管理学网络教育课程，http://jpkc.bnude.cn/xxgl/courseware.html，2019-10-09。

9.3.2　情境创设

情境创设是指依据学习单元的内容特点，将知识蕴含于某一个情境之中，创设有丰富资源的学习环境，其中包含许多不同情境的应用实例和有关的信息资料，激发学生参与交互式学习的积极性，在交互过程中去完成对问题的理解与对知识的应用。

学习情境指为学生提供一个完整、真实的问题背景，以此为支撑物启动教学，使学生产生学习的需要；同时支撑物的表征、视觉本质又促进了学习共同体中成员间的互动、交流，即合作学习，驱动学生进行自主学习，从而达到主动建构知识意义的目的。简言之，学习环境就是学习被刺激和支持的地点。建构主义学习情境中有 3 个要素。

(1)学习情境的上下文或背景：描述问题产生的背景(与问题有关的各种因素如自然、社会文化及背景的组织管理等)有利于控制、定义问题。

(2)学习情境的表述及模拟：具有吸引力的表征(虚拟现实、高质量视频)，它为学生提供一个真实、富有挑战的上下文背景，学生在学习过程中自然会遇到各种锻炼机会。

(3)学习情境的操作空间：学生感知真实问题时所需要提供的工具、符号、帮助、资源等，学习者可以有条件地在情境空间中探索。

在医学、管理学等学科领域，情境化案例学习历来被作为至关重要的教学方法。在教育领域，特别是在实践性比较强的学科中，更应当应用情境化案例学习方法，让学生通过大量的案例观察与分析，从中体验教学的科学性与艺术性，提升自己的教学设计水平。比如，渤海大学国家级精品课程"管理学基础"[1]，就很好地利用了情境引入的方法，将抽象、复杂的管理学知识讲解给学生，在许多章节的课程设计上，不是直接向学生呈现概念、原理、方法、原则等内容，而是加了一个"走进管理"模块，以实例的形式让学生先有一个直观的认识，然后再讲解知识内容，既激发了学生的学习兴趣，又便于学生理解和掌握。

知识内容与学习问题是对现实生活的抽象和提炼，而学习情境则是要还原知识的背景，恢复其原来的生动性、丰富性，同一个问题，在不同的情境背景中(不同的工作环境、社会背景)，其表现是不相同的。现代教育心理学的研究也表明，人在学习活动中最有效的时刻就是各种学习因素处在最和谐状态的时刻。因此，在"任务"设计中，要充分发挥多媒体计算机综合处理图形、图像、动画、视频以及声音、文字和语言、

---

[1]　渤海大学国家级精品课程"管理学基础"，http://www.jznu.edu.cn/news/jingpin/kecheng/guanli/，2019-10-09。

符号等多种信息的功能，从声音、色彩、形象、情节、过程等方面，设计出具有某种"情境"的学习"任务"，使学生在这种"情境"中探索实践，激发学生联想、判断，从而加深对问题的理解。

9.3.3 学习资源与工具设计

教师设计的主体教学内容信息容量是有限的，若没有丰富的相关教学资源支持，就不利于学生进行探索和发现，不利于促进多面性思考，不能满足众多学生的个性化需求，因此围绕学习单元，选择可以支撑本单元学习的相关学习资源与学习工具，为学生提供丰富的学习资源与帮助信息。需要注意的是，扩展性的资源并不是越多越好，如果超越了学生的认知加工能力，再多的资源也是浪费，所以资源越有针对性越好。

网络课程设计应该是一种基于资源型的课程设计，它有两个并列的主体：一是课程的主体教学内容；二是丰富的课程教学(学习)资源。网络教学资源的开放性与全球化为课程资源的设计提供了最适宜的土壤，丰富的信息化学习资源设计如图 9-3-5 所示。

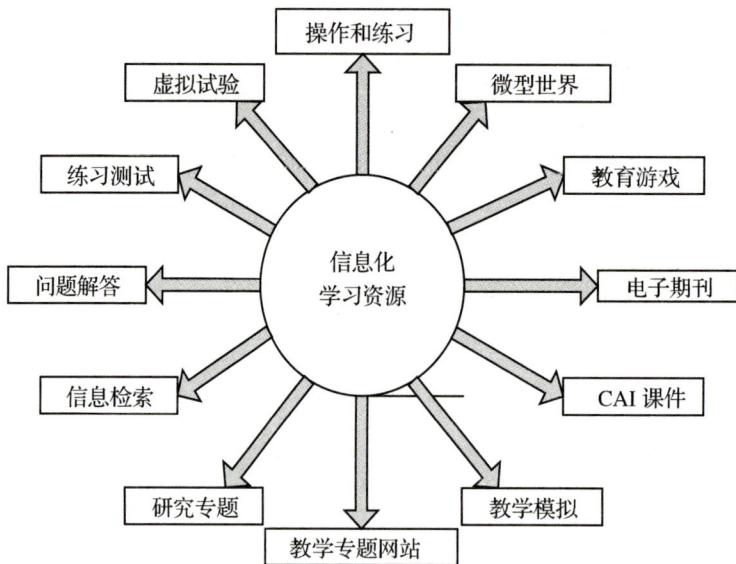

图 9-3-5　丰富的信息化学习资源

一门网络课程是全面综合了教学内容(包括教学活动)、教学课件、作业、试题等要素有机结合的整体。资源是网络课程中最重要的部分。课程设计者应事先根据一定的教学目的、学生特征等要素，将完整的课程知识和一些辅助学习资源进行结构化的组织，并设计出符合学生认知规律的教学活动。网络课程资源设计应遵循一些基本的原则。

(1)教学资源要与课程内容密切相关，避免与课程教学目标无关的资源分散学生学习的注意力与参与度。

(2)要以良好结构的方式来组织课程资源，以便学生能快速定位自己所需的课程资源。

(3)课程资源应有丰富的信息量，提供给学生足够的探索发现的空间。

(4)课程资源应有丰富的表现形态，应具备良好的多样性。它应涵盖媒体素材(音频、视频、动画、文本、图形)，案例素材，文献资料，课件素材等多种形式，满足学习多样性的需求。

(5)课程资源内容应具有良好的多样性。不同资源应有不同的阐述角度以及不同的阐述观点，在内容的深度上也应有不同的层次，满足不同认知层次的学生需求。

(6)教学资源应有比较合理的"颗粒度"，资源之间有相对的独立性，可重用性较强。

(7)课程资源应有一定的涵盖面，对课程的每一个教学知识点都应有一定数量的教学资源支持。

【实例 4】网络课程"网络设计与制作"提供了丰富的 Fireworks MX 2004 范例(图 9-3-6)。每个案例都详细地介绍了相关的操作步骤以及效果，便于学生效仿。

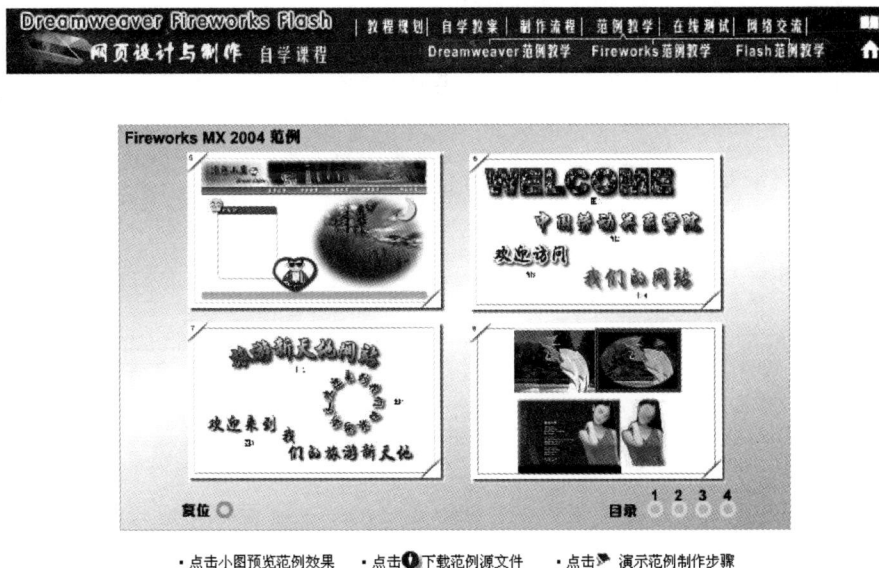

图 9-3-6　Fireworks MX 2004 范例①

---

① 中国劳动关系学院网络课程"网页设计与制作"。

【实例5】网络课程"商务英语写作"提供了视频课程、问题集锦、考试辅导、知识扩充、参考资料。这些资源与课程内容紧密相关，涵盖面广，对学生来说都是非常好的学习材料(图9-3-7)。

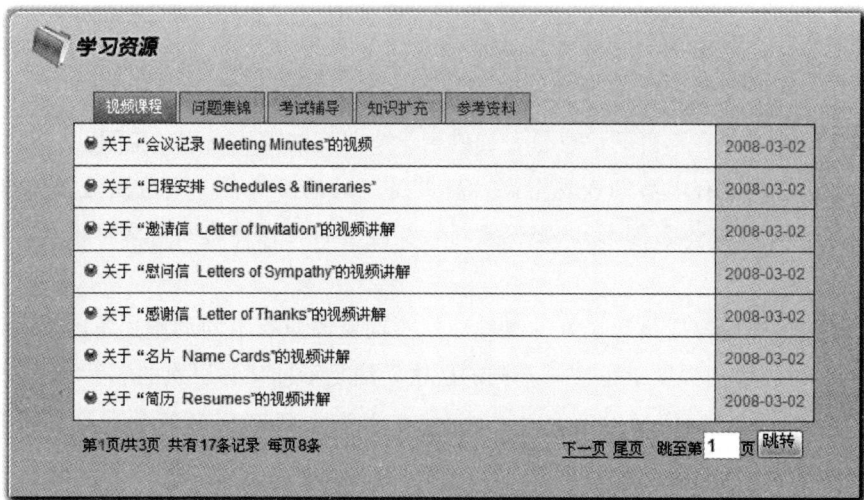

图9-3-7 学习资源界面①

学习工具是学生在网络课程中所采用的一系列辅助学习手段。学习工具可随时、方便地获取和利用。常见的学习工具有在线词典、笔记本、搜索工具、书签、计算器等。

(1)在线词典：在线词典收录与本课程内容密切相关的词汇，学生在浏览课程时可以随时查询。有的课程允许用户自己添加词条。

(2)笔记本：在学习过程中，学生可以随时记录自己感兴趣的内容，通过记录学习内容，建构自己的知识体系。

(3)搜索工具：搜索工具也是很有用的学习工具，有的搜索工具只能搜索本课程内容，或者搜索本课程的讨论内容，但也有一些系统允许学生在自己所选的所有课程内容中搜索。

(4)书签：学生将需要收藏的页面通过添加书签，记录到自己的书签库，方便下次快速浏览。

(5)计算器：对于一些理工科的课程，计算器是必不可少的工具。

(6)知识图谱：知识图谱可以将相关知识点之间的关系可视化地表示出来，帮助学生了解自己的知识结构。

(7)问题自动答疑：通过自然语言处理技术、人工智能技术等，对学生的问题进行

---

① 对外经济贸易大学远程教育学习管理平台，http://lms.euibe.com，2019-10-09。

自动答疑，使学生得到及时反馈，优化学生的在线学习体验，减少人力资源在线答疑的成本。

【实例 6】网络课程"国际经济法学"为学生提供了课程词典、内容检索等工具（图 9-3-8）。

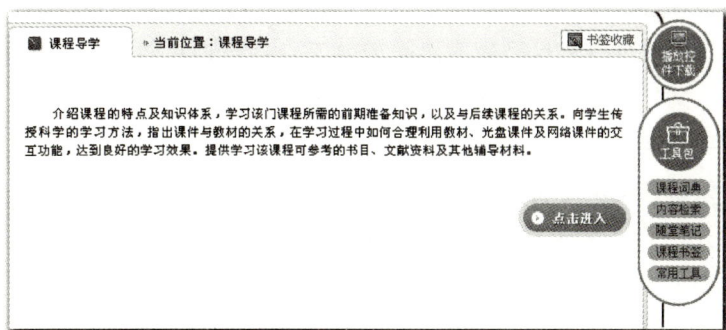

图 9-3-8　学习工具①

9.3.4　自主学习设计

网络课程应该坚持以学生为主体，营造一种有助于学生探究性学习的环境，促进一种自主学习的文化。要精心组织内容的呈现方式、组织方式，围绕"以学为中心"的思想进行设计，尽量图形化，尽量提供交互，注重自主学习策略的设计，减轻学生自主学习时的认知负担与枯燥感，尤其是避免阅读长篇文字内容或长时间看老师的大头像。

自主学习策略能够充分体现学生主体性的学习策略，通过使用各种外在环境诱发学习的内因，激发学生去主动建构知识的意义，有利于发挥学生的主动性、积极性和创造力，有利于学生的主动探索、主动发现，有利于创造型人才的培养。

在设计自主学习时，要体现学生的首创精神；让学生实现自我反馈，即根据自身行动的反馈信息来形成对客观事物的认识和解决实际问题的方案；让学生将知识进行外化，即提供多种机会让学生在不同的情境中去应用他们所学的知识。设计自主学习时应该避免学习目标不明确，只重环境设计而忽略人的设计以及忽略教师的指导等问题。

1. 概念图策略

概念图策略是学生在预习、整理、记忆和复习知识的过程中常用的一种学习策略。它是指用一种树状结构图或蜘蛛网状图排列任何一个主题的各个要点，并将新旧知识

———————————————————

①　南京大学网络教育学院网络课程"国际经济法学"。

有效整合的策略。概念图可以用纸笔生成，也可以用计算机生成，计算机的一些画图工具使概念图的生成和管理都变得更加容易。这种学习策略主要在于绘制概念图并利用它来学习。对于学习内容的每个大主题，可以绘制一张概念图。

该策略比较有助于使学习内容条理化，培养学生思维的条理性。同时，它还具有很好的个体适应性，不同的学生可以根据自己的学习需要及现有水平画出适合自己的概念图。比如说，他可以把自己极为熟悉的分支内容画得比较简略，对于自己掌握不太好的知识点，则尽可能细化地绘制记录下来，便于以后的学习。

2. 主动参与策略

主动参与策略是指学生在学习过程中充分利用各种机会积极地动口、动手、动脑。这种策略不仅开发了学生的学习潜能，培养了学习责任感，而且培养了学生的创新能力，使学习过程更加生动、热烈和充满活力。

主动参与策略可以使用在各门学科中，它包括了很多方面的主动参与。例如，主动提出问题，主动回答老师的提问，积极参与课堂讨论或网上讨论，积极参与各种实验操作，积极参与观察和探索，积极参与思维，积极参与教师的课堂小结以及积极参与各种实践活动等。

信息技术条件下的各种新型学习模式为学生提供了更多主动参与学习的机会。比如，在自主学习中，学生会更主动地建构知识的意义；在基于信息技术的探索学习中，学生会更主动参与思维和协作等。因而更有利于发挥学生的主动性、积极性和创造力，有利于学生的主动探索、主动发现，有利于创造型人才的培养。

3. 表达策略

表达策略是指学生在学习过程中对学习内容和自己的观点、情绪进行表达的方法。它可以有效地培养学生对知识进行综合的能力，锻炼学生的表达能力。表达策略的使用可以有多种不同的形式。

(1)口头或书面表达。通过口头的方式向老师和其他同学表达自己的观点；还可以把这些以书面稿的形式表达给老师或同学。

(2)基于计算机的电子文本、音视频作品等的表达。例如，学生制作 PPT 来表达要呈现的学习内容等。

(3)基于网络的表达方式。在基于网络的讨论学习中，学生可以在在线聊天系统中简短地、实时地表达自己的看法，并能有表情与动作的显示，也可以针对他人的发言发表评论，并做出相应的表情与动作的显示。学生也可以利用 BBS 系统参与讨论，这种讨论还允许学生以文章的形式发言或发表评论，可以将自己的观点表达得更为全面深入。

4. 信息加工策略

这里的信息加工策略并不单纯指对信息进行加工的策略，而是泛指学生将其信息能力充分运用于学习过程中的策略。这种策略的使用需要特定的、有较高要求的教学环境的支持。多媒体的超文本特性和网络特性的结合，正为其提供了最理想的环境。互联网是世界上最大的知识库、资源库，拥有最丰富的信息资源。学生可以利用它充分培养其信息能力，进行"自主发现、自主探索"式学习。当然，如果条件上有一定的限制，学校的图书馆也能为这种学习策略的使用提供必要的环境。

5. 复述策略

复述是指为了保持信息而对信息进行多次重复的学习方法。例如，为了记住某些学习材料，一遍遍地诵读、抄写等。在信息加工心理学中，复述被认为是一种信息编码方法，是把新信息存储到长时记忆中的方法之一。由于人们的短时记忆持续时间很短(5～20 秒)，通过复述可以使信息在短时记忆中保持活跃状态，维持的时间更长一些，有助于信息更充分地转入到长时记忆中。对于复杂的陈述性知识，复述不等于简单的重复感知，而是在感知学习材料时对重点、难点和要点用画线、圈号、加标符号等方式将其突显出来。比如，阅读一篇文章时，把文章中的重点句子、段落画出来，或者用显眼的符号标注出来，然后再重点阅读这些句子和段落，以后再对这些内容进行复习。

6. 精细加工策略

精细加工是指为学习材料增加相关的信息，以达到加深对学习材料记忆的学习策略。对学习的材料补充细节、采用类比、比较、想象、举出例子、做出推论，或者使之与其他观念之间建立联想等，都属于精细加工策略的范畴。精细加工策略通过为知识的建构提供更多的信息、为知识的提取提供更多的途径，来增强人们的学习和记忆效果。一般说来，关于某一事物的信息越多，我们越容易记住这一事物。

7. 组织策略

当个体把所学的新知识联系起来并组织成具有内在结构的体系时，对这些知识的记忆时间会延长，因此认知心理学家主张采用组织策略来改善学习。组织策略是把分散的、孤立的知识集合成一个整体并表示出它们之间的关系的方法。对于复杂的陈述性知识的学习，采用组织策略往往表现为对前后学习的内容进行纵向梳理、横向比较分析的方法。在具体的学习情境中，人们常用纲要法、图表法、概念图法等组织策略来学习复杂的陈述性知识。纲要法是把所学的主题和要点列成一个有结构的提纲的方法。图表法是指利用表格、流程图等方式来整理知识的方法。概念图法是指把所学概念以一种直观的关系图的方式列出来。概念图既可以反映概念之间的关系，又用到了言语和表象双重编码，因此能够在一定程度上促进对复杂的陈述性知识的理解和记忆。

8. 做小结策略

把自己读到或听到的内容进行归纳、提炼、总结，有助于把握所获得信息的主要意义，这种方法通常称为做小结策略。做小结策略与组织策略不同，做小结通常需要个体对获得的信息进行进一步加工提炼，而非局限于摘记出要点。做小结不仅要求学生识别出重要和不重要的信息，而且要解释、理解学习材料，从中提炼出主要的观点，最后再把关键的成分组织成一个整体；做小结实际上需要综合运用精细加工和组织两种策略。做小结的目的一方面在于抓住所学内容的主旨，另一方面在于减轻记忆负担。有效的小结需要学习者从大量的信息中筛选出关键信息，把重要的观点与不重要的观点区分开来，然后把要点以一种新的方式组织起来。

9. 观点采择策略

观点采择是认知发展心理学的基本概念，是指主体能够认识到对于同一个事物或事件，别人可能会有不同的观点和看法，并能试图站在他人的立场上去看待问题的能力。观点采择策略对于学习者之间的交互，尤其是基于文本的电子交互是非常重要的。在基于文本的电子交互中，人们不像在面对面的交流中那样可以获得丰富的信息，只能依靠文字信息和想象来了解对方，所以要想达到相互理解，实现高水平的交互，人们必须能够从他人的角度来洞察世界，这时观点采择策略就更加派上了用场。观点采择的水平越高，运用得越好，学生之间的交互就越成功。尤其是在讨论学习或协作学习的过程中，恰当地使用观点采择策略，对取得好的学习效果有推波助澜的作用。

10. 提问策略

提问策略是指学生在学习过程中主动向教师或其他同学提出疑问或异议，努力寻求答案的学习方法。这种策略可以在课堂教学中应用，更可以在基于网络的讨论学习、探索学习或协作学习等模式中应用。而且后者为这种策略的执行提供了更为有利的条件，突破了一些时间和空间上的限制。学生的提问通常是针对学习过程中自己不理解、不懂或有不同看法的问题，逐渐形成好问、乐于讨论的群体学习氛围，有效发挥群体学习不同于每个学生单独学习的独特功能。学生提问能力提高所产生的长远效应是学生独立思考问题的内在需要增强，发展了学生的独立性、主动性。

11. 操练策略

在学习中，学生要想达到熟练的认知水平或动作技能水平，就要通过周期性的复习与操练。这种复习与操练的方法就是操练策略，它适用于各种知识和技能的复习。不同媒体可能提供一些不尽相同的操练情境，学生在不同情境中以各种不同的方式操练同一知识点或技能，有助于促进知识的泛化。在信息技术条件下，通常的操练都能从提供操练的媒体处得到相应的帮助和反馈，学生可以根据操练的反馈决定以后操练的内容和水平等级，再进行进一步的操练。

12. 支架策略

支架式学习是指围绕事先确定的学习主题，建立一个概念框架。框架的建立应遵循维果茨基的最近发展区理论，且要因人而异（每个学生的最近发展区并不相同），通过概念框架把学生的智力发展从一个水平引到一个更高水平，就像沿着脚手架那样一步步向上攀升。

13．抛锚式策略

抛锚式学习是指根据学习主题在相关的实际情境中选定某个典型的真实事件或真实问题，对给定问题进行假设，通过查询各种信息资料和逻辑推理对假设进行论证，根据论证的结果制订解决问题的计划，实施该计划并根据实施过程中的反馈，补充和完善原有认识。

14．随机进入策略

随机进入式学习是指首先确定学习主题，创设从不同侧面、不同角度表现学习主题的多种情境，学生在自主探索过程中随意进入其中任意一种情境去学习。

学生自主学习，不仅要求教师能及时地转变自己在教学过程中的地位，更应该帮助学生认识到他们在学习过程中的地位，使他们不再习惯于被动地接受，而是能够主动地、积极地去学习，去探索，使他们理所当然地认为学习是属于自己的事情，是一件快乐的事情，在学习过程中充分发挥自己的创造力和能动性。学生只有主动参与到教学中，为自己找到新的学习模式，能够迎接学习中产生的新问题的挑战，才能适应现在及未来社会的学习活动，适应学生自身发展和终生发展的需要。

9.3.5　学习活动设计

针对特定的学习内容，设计采用哪些师生的交互活动，采用哪些学习步骤，它是对即将实施的网络教学具体活动的规划和设计，通过教学活动的设计，教师便可清晰地知道如何利用已设计好的网络课件与网络教学环境。设计学习活动的目的是在个人自主学习的基础上，通过小组讨论、协商，进一步完善和深化课程内容的理解。

学习活动设计的基本出发点在于促进学生与教师之间、学生与学生之间的交流，促进学生积极地投入到网络学习中，充分发挥自己的积极主动性，提高网络学习的参与度。学习活动对学生个性的发展，社会参与能力、协作意识与协作能力、知识学习与实践均有重要的训练作用。从学生的全面发展和知识两个角度出发，网上学习活动具有以下 4 种功能目标的统一：社会化功能与个性化功能的统一，知识化功能与实践化功能的统一。

(1)社会化功能：社会化是"个人学习知识、技能和规范，取得社会生活的资格，发展自己社会性的过程"，如团结、服从。通过网上参与各种集体活动可促进个体的社会化，如用户协同、网络规则和礼仪是培养社会性的有效手段。

(2)个性化功能：个性作为心理学上的概念，即个人稳定的心理特征(如性格、兴趣、爱好、品性等)的总和。网上学习活动为学生的个性发展提供了广阔的天地。它为学生个人提供获取知识和实践技能的新途径，使学生的学习富于独立性和创造性。

（3）知识化功能：创建一个有充分交互的多媒体资源和愉快的活动环境，提供各种支持网络工具使学生能容易地将信息转换为有用的知识，促进知识情境化，培养学生主动获取信息、处理信息的能力。

（4）实践化功能：实践性是学习活动的重要特性。学生能力发展的重要途径是独立观察、分析，在实践活动中锻炼自己。网络能充分提供发挥学生自我管理、自我教育的实践功能。通过网络可建设虚拟的实验平台，使合作或者个人进行充分安全的实践。

在规划各种形式的网络活动时，应综合按照这些目标进行设计并协调处理好这 4 种目标关系，否则很可能会使网上学习活动出现偏差。例如，过分个性化则可能发生沉溺于网络，以自我为中心的负面效应。

在一门完整的网络课程中，要针对特定内容单元或知识点而设计，网络课程的学习活动实施需要根据教学需求充分利用网络教学平台的功能。学习活动根据学生的组织形式可分为协作活动和个人活动两种，一般都需要设计如下教学活动：实时讲座、实时答疑、分组讨论、布置作业、作业讲评、协作学习、探索式解决问题等。教学活动的安排，根据课程内容确定。

一个完整的学习活动一般由以下部分组成：学习目标、具体任务、角色分配、操作步骤、交互方式、评价方式、活动监管等。学习目标是该活动完成后学生能力需达到的水平；具体任务是学生应完成的一个整体活动说明；角色分配是在协作学习中，各成员的角色扮演及其职责的划分；操作步骤明确学习者在活动中的每一个操作环节；交互方式是指学生与同伴、教师之间在活动中所采用的交流方式；评价方式指在一定的评价标准下，对学生在活动中的表现给出评定反馈；活动监管指整个活动的开展须在一定的管理机制下开展，以保证良好的活动秩序和进度。这些都是学习活动设计的要素。

在设计学习活动的具体任务时应根据所学知识类型的不同而有所区别。如果我们将知识分为事实性知识、概念性知识、程序性知识和元认知知识 4 种类型，那么必须考虑每一种类型最适合采用哪种学习活动设计。

学习事实性知识或概念性知识的关键是把握符号或词语的意义。设计活动时，应充分利用计算机多媒体的优势，采用文本、图片、动画、视音频等多种手段共同提供多样化的呈现方式，形象地表现出概念间的关系，促进理解和记忆。同时提供多种提问和及时反馈的方式，激发学生的学习动机，保持长久的注意力。

对于程序性知识，它一般需要以事实性知识或概念性知识为基础，通过多次练习才能熟练掌握。可以采用"参与式""协作式"的学习模式，通过创设一定的问题情境，提供可操作的模拟问题解决空间，安排个人或小组完成学习任务。在解决问题的过程中，学生就把陈述性知识转化成了灵活、熟练应用的程序性知识。

元认知知识是指认知主体所存储的与作为认知对象的他人以及认知者自己的各种不同认知任务、目标、过程和体验有关的背景知识。具体说来，元认知知识包括 3 方面的内容。

(1)认知主体关于自己或他人作为认知加工者的主体知识。

(2)在不同条件下对任务的要求以及如何达到这些任务要求的任务知识。

(3)为了实现目标而使用的策略知识。

在教学中强调元认知知识可以帮助学生培养一种更具有反思性和自主性的学习方法。针对学生对这类知识的掌握，在学习活动设计中可以从两个方面来把握：一方面要多创设学生能进行交流、反思的机会；另一方面需要及时给予学生正确的指导和建议，丰富其元认知知识(表 9-3-2)。

表 9-3-2　与知识类型相对应的活动设计

知识维度 (知识类型)	认知过程的维度(教学目标的层次)					
	1 知道	2 理解	3 应用	4 分析	5 评价	6 创造
事实性知识	讲授 阅读	讲授 阅读 制作结构图				
概念性知识	讲授 阅读	讲授 阅读 讨论 辩论 制作结构图	讲授 基于问题的 学习 讨论 辩论 协作学习	讲授 讨论 协作学习 基于问题的 学习 反思	反思	
程序性知识	讲授 阅读	讲授 制作结构图 讨论 协作学习	操练 基于问题的 学习 讨论 辩论 协作学习	操练 讨论交流 协作学习 基于问题的 学习 案例分析 探究—发现 反思	案例分析 反思	基于问题的 学习 探究—发现
元认知知识	阅读	讨论 协作学习	反思	反思	反思	基于问题的 学习 探究—发现

表 9-3-2 是针对不同知识类型及 6 种教学目标层次所给出的学习活动设计建议。其中协作学习是指除个别化学习之外的由多人协作完成的活动方式，一般有竞争、

协同创作、角色扮演、专题探索等。当然在网络课程中可使用的学习活动不仅限于列举的这几种。本书在第 2 章学习活动设计模型中提到的各种活动都可以作为设计参考。

【实例 7】华东师范大学网络课程"心理学导论",提供了主题辩论、案例分析、头脑风暴等各种活动。如图 9-3-9 是以主题"在当前提倡人性化教育的社会大背景下,行为主义学习理论是否还有市场?"开展的辩论活动。正方、反方、中立方可以分别发表各自的观点,也可以作为局外人来发表评论。

图 9-3-9　华东师范大学精品网络课程"心理学导论"[①]

【实例 8】4A 网络教学平台既提供了一个学习活动生成的环境,也提供了学习活动运行管理和实施的环境。教师可以在平台上非常方便地为某个教学目标创建一个学习活动序列,并可以随时监控学生的学习活动,判断学生在学习过程中学习是否达到标准,并决定是否进入下一个活动学习;学生可以在平台上快速地进入某个学习活动序列,从而进行高效的个人或小组的学习。学习活动管理系统为基于学习活动的教与学、结构性协作学习环境下学习活动序列的创建、教师如何很容易地重用这些序列提供了支持(图 9-3-10)。

---

① 华东师范大学精品网络课程"心理学导论"。

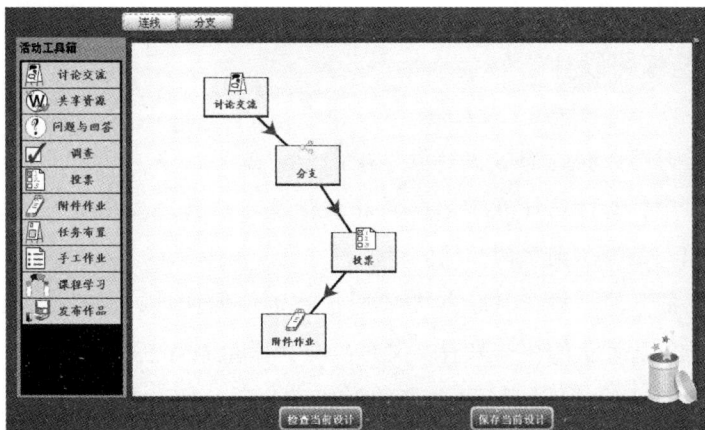

图 9-3-10 4A 网络教学平台中学习活动的编辑界面

学生在获取知识、认识客观世界的过程中，不是直接作用于所认识的客体，而是在作用于客体的过程中，通过学习活动这个中介体来完成的。不论是面对面的学习还是师生分离的远程学习，都必须以学习活动为中心，以学习活动作为教与学的基本单元。只有这样才能真正地提高学生学习的效率，才能真正促进学生学习的发生。

【实例 9】SkillSoft 开发了 1250 个角色扮演整合到课件资源库中。角色扮演练习给学生提供每天真实的工作情境，是一种用户驱动的学习探索。角色扮演根据学生对模拟交互的反应提供多种可能的结果。整合到课程主题中的角色扮演练习允许学生自由探索，并以不同的方式处理真实工作情况的结果。在练习的过程中，学生可以随时尝试另一种方式，并了解因此产生的结果（图 9-3-11）。

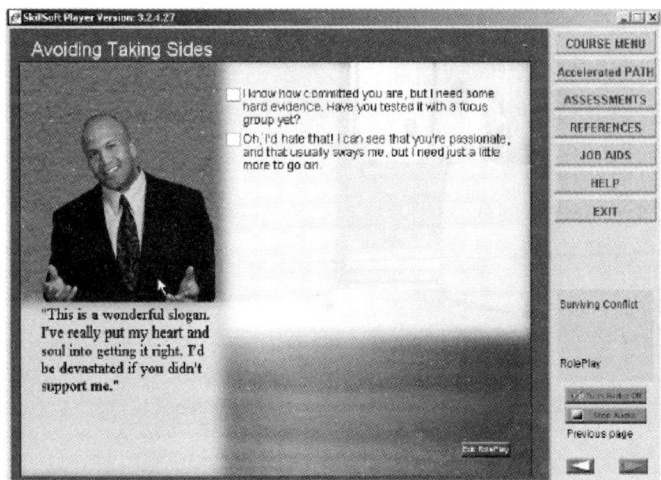

图 9-3-11 SkillSoft 课程中角色扮演活动界面①

---

① 北京师范大学现代教育技术研究所研究报告。

9.3.6 评价与练习设计

每个单元学习结束时，都应该检测学生的学习效果，要为学生设计学习效果的评测，并设计有一定针对性的补充学习材料和强化练习，通过强化练习纠正原有的错误理解或片面认识，最终达到掌握知识的目的。

从评价的目的来看，教学评价的方式通常有定位性评价、诊断性评价、形成性评价和总结性评价。从评价的主体来看，又可以分为学生自评、同学互评、教师评价等。网络环境下的教学评价能够以各种丰富的形式来实现，使其贯穿于整个教学活动中，教师和学生都能及时获得教学效果和学习进展的反馈，并及时调控。

典型的评价手段有在线测试、课前测验、练习与作业、问卷调查及协作学习中的同学互评、学生自评、电子档案袋等。网络平台应能给这些评价手段提供支持，提供各种题型的模板，帮助教师自动组卷、设计作业、批阅作业和完成各种数据、成绩的统计。

在线测试是预先设计好的关于某一部分知识或技能的检测。应提供简明扼要的考前辅导、学生完成测试的尝试次数、通过的标准、针对考试结果给出语气友好的指导策略。

练习与作业一方面能够帮助学习者巩固新知识，另一方面也是对学习效果的检测。提供的练习不仅能使学习者巩固所学内容，更能实现高层次的认知目标，如运用、分析、综合与评价，所以应依据教学目标的不同来设计各种题型。一般有选择题、是非题、填充题、匹配题、简答题、论述题、问题解决题等。练习应提供及时与恰当的反馈，能提供详细的解释和正确答案，并且要有助于学生的理解和改正错误；应提供反思与重试的机会，给学生复习、回顾和再次尝试的机会，当学生没有成功时，应提供适当的结果或帮助他找到答案。

问卷调查是比较灵活的评价方式。教师可以根据实际情况开展，有目的地收集所需要的相关学习者的信息。网络平台应能提供方便易行的问卷调查活动支持。

【实例 10】4A 网络教学平台的自测功能（图 9-3-12）。

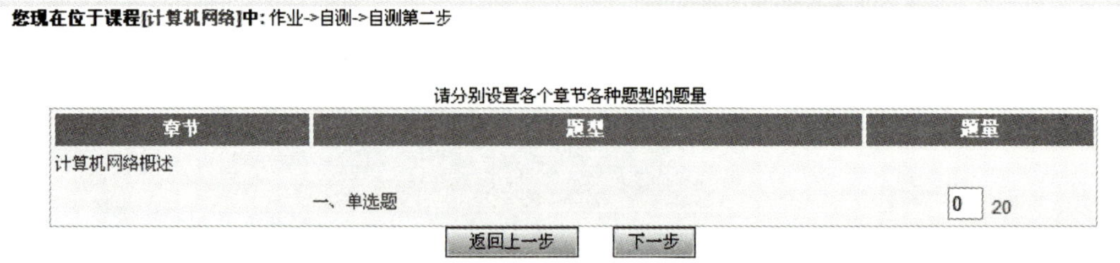

您现在位于课程[计算机网络]中：作业->自测->自测第二步

请分别设置各个章节各种题型的题量

章节	题型	题量
计算机网络概述		
	一、单选题	0 20

返回上一步　　下一步

图 9-3-12　4A 网络教学平台自测选题界面

4A 网络教学平台提供了一套测试、练习与补习的工具，通过多种适应不同需求的自测组卷功能，可形成针对不同学习状况的检测试卷。系统通过分析学生在试题中的答题表现和试题与知识点、认知分类的关联关系，可以获知学生在知识点上达到教学目标的范围和程度，分析结果可以用于生成针对学生个人的指导语，提示学生在哪些方面已经达到教学要求，哪些方面还需要加强训练，并为学生准备相关的教学材料，包括错答题目的例题讲解和题目所考查的知识点的教学目标的说明性材料等。在自测结果分析的基础上，可为学生形成有针对性的学习内容与计划，实现学生的适应性学习，根据不同的学生提供不同的学习内容。

【实例 11】网络课程"网络设计与制作"提供了在线测试，方便学生在网页上直接操作，并及时获得反馈(图 9-3-13)。

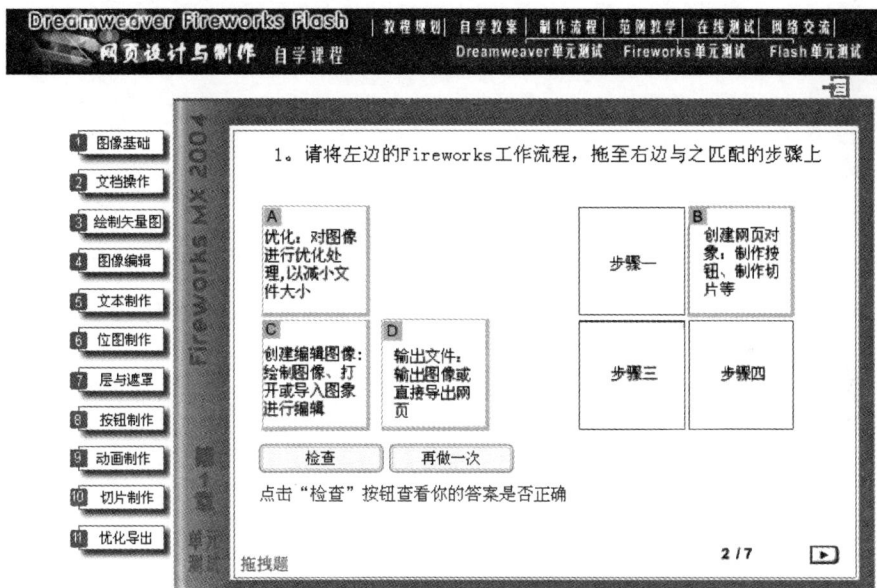

图 9-3-13　在线测试界面①

对于网络教育来说，比较经常使用的评价方法是依据学生的电子作品进行评价。课程设计者必须根据教学目标设计出一些结构化的定量评价标准。通常从作品的选题、内容、组织、技术、资源利用等方面确定评价的结构分量，并具体规定各分量的评分等级。有了这种评价量表，就能大大降低评价的主观随意性，不但可以让教师评，而且可以让学生自评和同伴互评。如果事先公布量规，可以对学生作业起到导向作用。

网络课程可以充分利用网络教学平台的信息管理功能，通过建立和维护学生的电子学档来管理学习过程。电子学档可以包括学生身份信息、学习任务信息、学习活动

----

① 中国劳动关系学院网络课程"网页设计与制作"。

记录、学习评价信息、电子作品选集等。

【实例 12】4A 网络教学平台的课程档案能够对学生的登录信息、学习日志、论坛统计、答疑统计进行跟踪记录，教师通过量化的数据统计可以详细地了解每个学生的学习状况（图 9-3-14）。

图 9-3-14　4A 网络教学平台课程档案登录信息统计图

4A 网络教学平台提供了支持以促进学生全面发展、差异发展和主体发展为根本目的的学生评价工具，改变了将测验/考试作为唯一或主要的评价手段的现象。运用多种评价方法对学生进行评价，除了测验以外，还有访谈评价、问卷评价、运用核查表进行观察、论文评价、成长记录袋评价和表现性评价等（图 9-3-15）。

登陆统计		论坛统计		问题统计	
登陆总时间	563分钟	讨论区总数	1	提出问题总数	0
		板块总数	1		
		发帖总数	1	被解答的问题	0
		精华贴	0		
登陆总次数	32	置顶贴	0	未被解答的问题	0
		回复数	0		

图 9-3-15　4A 网络教学平台课程统计报告表

9.3.7　网络学习环境设置

网络课程在网络教学平台中运行，由网络教学评估提供很多交互功能支持。进行网络课程设计时，还需要对相关交互模块进行信息和内容设置，设置相关主题交互内容，如在学习导航系统设计路径、在答疑系统设置常见问题、在课程学习讨论系统设置讨论主题、在线测试系统设置试题与作业等。

在一个典型的网络教学系统中，促进学生自主学习的交互性课程功能模块有讨论论题、疑问及解答、课程辅助资源、测验试题、自主学习活动等。这些资源，都应该在统一的网络教学环境下管理与使用。网络学习环境设置主要指在统一的教学支持平台下的自主学习资源设计，而不是网络教学软件的设计。教师只需关注如何在网络平台设计具体的学习支持资源，而无须关注具体的程序设计，如与网络课程学习直接有关的课程大纲、练习题、常见问题、讨论题等。所有内容直接在统一的网络教学平台界面中录入，或通过标准的 TXT 或 RTF 文件提供。

1. 讨论论题及内容设计

网络教学有良好的异步交互的特性。通过网络可以有效地对某一个论题进行深入讨论，课堂讨论由于时间有限、参与人数多，讨论发言都很简要，一般都是几段话，这种时间有限的讨论往往浮于表面层次，感性成分居多而很难进行非常理性的思考。而基于 Web 的 BBS 系统，是以发表文章为基本的讨论交流形式，这种交流是不受时间限制的。参与讨论的学生可以对讨论问题进行充分思考，通过不同观点和立场的碰撞与交流，可以对一个复杂事物达到一个相对全面且深刻的理解。通过文章来表达自己的思想，学生可以大大提高逻辑思维能力以及驾驭文字表达自己思想的能力。异步讨论可以大大促进学生对某些复杂事物的认识深度以及自主思维的深度，但前提是被讨论的问题要有一定深度和广度的讨论空间，也就是问题要有相当的复杂性和歧义性，要能够诱发不同的观点，要能够诱发不同层次的思维。这样讨论才能有效地展开，才会引起学生的兴趣，激发学生的参与度。这就要求教师在进行课程设计时要充分考虑教学内容的性质，深入理解课程的教学内容，提出一些有争议空间的问题。教师还应对这些问题进行多侧面、多角度的考虑，准备一些讨论发言文章，以便在讨论过程中诱导讨论展开的方向，促进讨论展开的深度与广度。

2. 设计课程疑问及解答

对于网上学习，学生必须进行自主学习，没有教师面对面的解释和演绎，它要求学生从听众变成索求者，进行深入的思考。但到了百思不得其解时，及时的答疑和帮助则成了必不可少的内容。教师对课程内容理解得较为深刻，他应该知道初学者容易遇到哪些问题，学习过程中有哪些常见的疑问，教师在进行课程设计时，可将这些问题及其答案罗列出来，放在答疑系统中。这样，当学生遇到类似的问题时可以从答疑系统中获得迅速的解答，消除学习过程的许多障碍，也可以减轻教师在教学过程中答疑的工作量，缩短学生获得解答的时间。

在设计课程疑问及解答中应注重利用恰当的问题，引导学生有意识的选择性注意。问题在吸引和保持学生的注意，在使学生对重要信息保持高度警觉和提高学生心理上的参与方面是非常有效的一种注意策略。在学习新材料前有针对性地提出问题，让学生带着问题去学习，不仅有助于将学生的注意力吸引到重要的信息上，忽略无关的或不重要的信息，而且还能提供一种"推敲"的功能，通过推敲使信息的含义更为明了，从而促进学生对所学内容的记忆和理解，提高学习效率。此外，问题的类型也影响到学生对学习材料的注意。若问题涉及材料的基本结构，学生将注意材料的主要内容；若问题涉及材料的细节，则学生将注意材料中的细节。鉴于问题在吸引和保持学生的注意方面的重要作用，在具体的设计中，应根据学习目标和学习内容的特点，精心设计问题的位置和问题的类型。一般对学习材料中的重点、难点内容，可通过前置问题的设计，激发学生的选择性注意，前置问题的设计可通过创设问题情境或提出与学习内容有关的一些问题来达到；为了促使学生回忆已学过的学习材料，强化记忆，可通过后置问题的设计来达到目的。

3. 计划实时交谈话题

同步讨论类似于面对面的讨论方式，学生之间可以跨越地理位置进行实时交流，实时讨论比较适合于激发碰撞新观念、新想法；教师进行实时答疑和辅导、实时答疑的活动等，也可以进行一些情感交流。教师在课程设计时应注意设计一些实时讨论的问题，引导学生参与讨论。问题设计应具有情感交流的情形。讨论话题应能启发新思路、新观点，应有一定的密集性，不能过于分散。

4. 设计测验试题

无论是什么样的教学形式，测量与评价都是教学过程中的一个重要环节，是保证教学质量的重要手段之一。网络教学平台中的测评系统具有自动组卷、联机考试、自动(联机)阅卷、试题管理等一系列功能。它可以对网上教学中的考试与作业提供全面的支持。测评系统的核心是一个网络题库，它将试题按照经典测量理论进行严密的组织存储。它要求教师在课程设计时要设计一定量的测验试题，并按照经典测量理论的方式对试题进行属性标记，最后纳入试题库中。设计试题时应遵循以下原则。

(1)试题组织：试题的组织与编写必须以学科的知识点结构为依据，建设题库之前，必须首先确定学科的知识点结构，在按学科知识点结构组织试题时，还需注意学科知识点结构的区别，如语文、英语等学科，整个学科知识点之间逻辑性不强，每一个教学单元都包括很多知识点，而物理、数学等学科则不同，知识点之间具有严密的逻辑性，而且一个知识点往往代表某章或某节的内容，不会被包含在其他章节之中。在组织试题时，尤其是在设计题库管理系统时，要充分考虑并适应这种学科知识点结构的区别。

(2)试题的分布结构：试题数量要足够多，在各指标属性区间内均衡分布。核心属性有知识点、难度与认知分类，以这3个属性为核心，形成三维立体交叉网络。网络上的每个交叉节点上都有合理的试题量，在保证这个核心结构的基础上，还应注意试题在题型和区分度上的合理分布，要处于基本的均衡状态。

（3）试题质量要求：试题内容要科学，不能有任何错误；无歧义性，表述简单明确；无关联性，试题之间不能有相互提示，不能相互矛盾；试题参数标注要尽可能符合客观实际。要注意试题与课程相关，主要是针对课程的难点和疑点。

9.4 内容表现设计

内容表现是指学习者在浏览网络课程时网页显示窗口中呈现信息的方式。内容表现设计就是要根据课件的内容和针对学习对象选择最佳的表达方式，给学习者一个明快清晰的学习资源空间。

9.4.1　课程界面设计

对屏幕上将要显示的网络课程信息的布局进行设计，包括主菜单、不同级别的操作按钮、教学信息的显示背景、翻页和清屏方式等。界面设计的水平影响着网络课程的"形象"，良好的界面设计对激发学生使用网络课程的积极性和与计算机有效地交换信息都有着十分重要的作用。

界面设计一般包括屏幕版面设计、显示次序设计、颜色搭配设计、字体形象设计和修饰美化设计等内容。

（1）屏幕版面设计。主要是安排各种媒体信息的呈现区域和交互作用区域的位置和大小。在安排各种媒体信息的呈现区域时，重点是对各种可视信息，如文字、图形、图像、活动影像、动画等进行定位和大小设计。交互作用区域根据学生的操作习惯，一般是在右边、下面或右下角。多媒体网络课程的版面设计一般要求教学主体突出、交互操作方便、屏幕使用率高。

（2）显示次序设计。根据教学顺序和学生的认知规律，设计屏幕版面上各部分显示的先后次序。

（3）颜色搭配设计。包括背景颜色、文字颜色以及全屏幕色调的设计。一般要求色彩协调、醒目自然。

（4）字体形象设计。包括字形和大小设计，一般要求字形标准、规范，对于小学生最好用楷体；字的大小要求适中、清楚。

（5）修饰美化设计。为使屏幕形象更加美观，还需要进行必要的修饰、点缀，但教学软件一般要求整洁、美观、大方。

(6)标题设计醒目、内容层次分明、叙述流畅清晰。为了使学生在浏览课程页面时能够对所提供的信息留下深刻的印象，页面在排版上要做到标题设计醒目和内容层次分明，在文字叙述上要做到流畅清晰和语气一致。

自主学习的网络课程其屏幕的设计比一般的多媒体产品的要求更高，即除了追求屏幕的美观、形象、生动之外，还要求屏幕所呈现的内容具有较强的教学性，需要遵循以下基本规则。

(1)屏幕显示要使观察者达到较大的注意范围。在同一时间内能清楚地看到或听到的东西，其数量是有限的。屏幕输出内容越集中，排列得越有规律，越能成为相互联系的整体，注意的范围就越大；反之，注意的范围就越小。

(2)界面设计要注重感知效果。在性质或强度上对比的刺激物同时或相继作用于感觉器官时，往往能使人对它们的差异变得特别敏感。因此屏幕绘图多采用色彩对比突出的内容。例如，可以把白色加到蓝或红色之中。对象和背景颜色、形态以及强度等某一方面的差别越大，知觉的对象就越清晰地显现出来。运用对象和背景的这种相关规律，使背景把知觉对象衬托出来，切不可使主要部分成了次要部分的背景。

(3)屏幕上显示的内容要符合记忆策略。屏幕输出的一些文字信息需要学生阅读并暂时记住它，根据短时记忆的规律，屏幕文字输出不要用过长的句子。语言要精练，意义要明确，重点要突出。屏幕提示或操作项目，最好不要超过5项。

(4)按统一的风格设计所有的页面。为了使网络课程有一个统一的版面风格，应该首先设计好页面模板。然后系统的各个页面再以这个页面模板为基础进行编制。

(5)使用统一的系统功能图标。在网络课程中设计一套统一的图标分别表示不同的系统操作功能，并将这些图标放在页面模板中，是保持系统风格统一的重要方面。

9.4.2 课程导航

导航体系简单来说就是课程网站的架构，主要由技术人员决定。但涉及课程信息的组织结构时，必须经过学科专家精心的设计。这不仅为呈现清晰、线性的知识脉络，更重要的是将网络课程信息组织成网状的结构，把各个知识节点有逻辑地链接起来，形成不同的学习路径。这些路径可以是交叉的，也可以是重复的。最终使整个课程形成一个内容丰富、类型多样，但结构清晰、有规律的、容易查找获取的知识网络。

首先，第一层面上的导航设计，它指的是大纲目录、章、节。这个是最基本的知识框架。其次，进入到每一节内容之后，应当提供与本节知识点相关的节点链接。这种链可以是条件链和无条件链。条件链是仅当学生的学习过程满足预先设好的条件时，才能被激活跳到另外一个节点上去。在相关节点较多的情况下，能避免学生迷航的情况发生。节点与节点之间可以跨越章节的限制，当然这个网状的节点链是双向的，用户可以随时选择前进或返回，使学习者更加适应个性化的学习。

网络课程的导航实际上是教学策略的体现。这是一种避免学生偏离教学目标，引导学生进行有效学习，提高学习效率的策略，它是决定网络课程质量的关键因素，因此需要精心设计。网络课程可以提供的导航方法有以下几种。

(1)列出课程结构说明。建立目录索引表，以表格的方式列出如下内容：教学单元、教学活动、学习时数、学习进度和学习方法；并指明学生所处的知识层次和位置；让学生了解网络课程的信息结构，方便其直接到达所需要的学习页面。

(2)网络课程网站的文件结构。网站的文件结构要根据章节、通用网页、组件和媒体类型等适当地建立相应的子目录，单个子目录中文件数目不宜太多，以方便维护。

(3)页面组织。网站的页面组织要反映课程的目录层次结构和网状结构。网页间的联系要便于学生对知识结构的掌握。在网页中应有到课程起始页、前一页、后一页、上一层、相关内容的超链接，应提供由关键词(基本概念)和目录树查找相关网页的快速跳转功能。对于描绘教学内容的重要媒体也要提供查询和直接显示功能。

(4)直接导航。对一些重要的导航点，如当前学习单元、当前学习目标及学习单元的结束、前进、后退等，在主界面的导航中心提供直接的导航，只需用鼠标单击导航上的超链接，便可直接进入对应的界面之中。

(5)浏览历史记录。记录学生在超媒体知识空间所经历的历史路径，学生可随时快速跳转到以前浏览过的页面。

(6)检索表单。提供对整个课程全文检索功能，让用户检索 Web 的信息，帮助学习者迅速寻找所需要的学习内容。

(7)帮助。对一些学习过程中容易遇到的问题，用帮助页面的方式给出指导，提供解决问题的方法和途径，引导学生不至于迷航。

(8)导航条。提供到顶级页面、上一级、下一级、同一级页面的导航。

(9)演示控制。用于对动画、影像、声音的控制，让学生根据自己的学习需求控制影像/声音的播放进度。

(10)书签。记录学生标记的学习重点，便于对重点学习内容的快速定位。它是Web 浏览器必备的功能。

(11)框架结构。对结构比较复杂的课程设计可采用这种方法。主框架可以是学习区，副框架则可用作动态导游图，以显示当前的学习进度，并可以单击导游图直接到达某个进度。

导航设计要直观、鲜明，简单易用，整个导航风格一致；有明确的定位标记，标明学生在整个课程中的位置；超链接的外观明确且风格与普通内容搭配和谐。网络课程导航系统需达到以下标准。

(1)节点的链接设计能实现多角度呈现同一概念的不同方面，以体现认知的灵活性。

(2)人性化的学习路径指导，比如在某个知识模块学习前指示学生进行前测，根据结果反馈给学生下一步的学习建议。

(3)用教学内容提纲和学习目标构建系统指示，并且由此可以链接到相应的教学内容信息上，为学生定位提供最直接的指导。

(4)根据学习目标应设计几条主干导航线，主干导航线一般不超过 3 条。对非主干线上的次要节点的链要进行较多的限制，以降低迷航的可能性和导航系统的复杂程度。

(5)针对每个节点均应设计返回上一节点或主窗口（主页）的按钮，并应在主干线的关键交叉路口及容易迷航的地方设计帮助说明窗口，以方便学生的访问，加强学习者的定位意识，帮助系统知识较少的学生更好地使用教学/学习系统。

(6)为了强调知识建构，网络课程不应只限制于信息传递，还应以案例为基础，提供按主题思想进行链接的方式，网页的长度应适宜，避免学习过程中过多翻页，以帮助先前主题知识少的学生进行定位。

【实例 13】SkillSoft 公司的课程结构图呈现了每一个课程主题、主题的类型、完成情况、测试分数。课程结构图加强了学生对学习经验的关注，使学生快速了解自己的学习情况（图 9-4-1）。

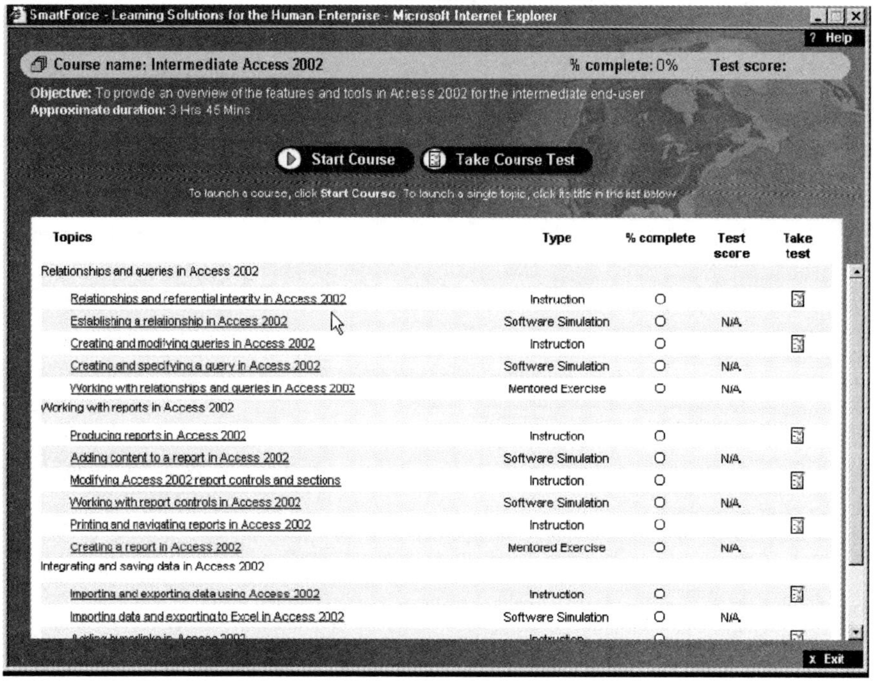

图 9-4-1　SkillSoft 某网络课程结构图[①]

① 北京师范大学现代教育技术研究所研究报告。

【实例 14】图 9-4-2 是北京交通大学远程与继续教育学院的"计算机应用基础"课程截图，左边是课程大纲层级结构，右边是学习步骤的说明。图中 4 个步骤依次呈现：观看视频课程的要点讲解、阅读文字教材、观看微处理器基本工作原理的动画 Flash 演示、完成学习活动和练习。这个流程清晰地明确了本单元的学习内容、课程提供的学习资料以及建议的学习方法。

图 9-4-2　"计算机应用基础"网络课程导航①

【实例 15】三分屏的课程内容呈现方式如图 9-4-3 所示。页面分为视频区、课件区和导航区。视频区为主讲教师的视频录像，右边对应的是教师所讲的课件内容，导航区则是这一系列学习内容的索引。每一个小节的视频录像时间不能太长，10 分钟以内比较合适，否则容易造成学生压力过大或者引发疲惫感。

---

①　北京交通大学网络教育学院网络课程"计算机应用基础"。

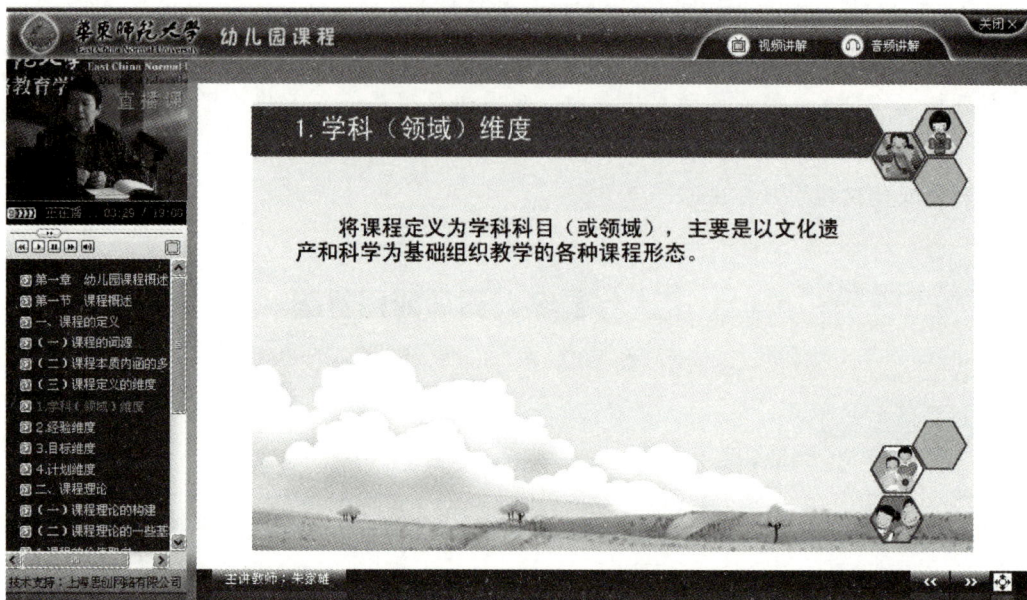

图 9-4-3　华东师范大学"幼儿园课程"学习界面①

9.4.3　课程内容编排

课程知识的编排是根据心理学有关感觉与知觉的理论来科学地呈现的。总体来说需要考虑以下几个因素。

(1)内容密度：密度是关于信息内容"多少"的客观衡量，在屏幕设计上是指信息显示的位置在屏幕上的比例。密度越大，则阅读者越容易出错。总体密度是指在含有数据的整个屏幕中用于显示主要信息的位置所占的百分比，这一密度不应超过 25％，"良好"值是 15％左右，密度越大，出错概率也越大；局部密度用于衡量屏幕"堆积紧密程度"，通常局部密度应保持在 40％～60％。②

(2)版面显示：不应当采用满屏的文字来显示课程内容，因为它的视觉冲击力和吸引力较弱，这极易导致学生疲劳和产生压迫感。不应横向滚屏，网页的长度尽量是一般屏幕大小。根据知觉的整体性和简化性，为避免较长文字的密集显示，可以将屏幕分割成小板块，通过合理布局文本、图像、动画等元素，采用添加线条、色彩对比、混合字体、添加图示、下划线、对比、颜色差距等方式，使各个板块条理清晰，容易阅读，并能长久吸引学生的注意力。关键是要突出内容，而没有无关的视觉、听觉元

---

① 华东师范大学学前教育"幼儿园课程"。
② 张刚要：《网络课程开发中文字编排的心理学因素探析》，载《中小学电教》，2007(9)。

素的干扰。

(3)整体界面风格:选用多种媒体交叉使用,分别能最佳地表现不同的课程内容,优势互补,容易激发学生的兴趣,并能保持较长时间的注意力。

(4)课程文字说明中的有关名词、概念、符号、人名、定理、定律和重要知识点都要与相关的背景资料或已经学习过的内容相链接。

(5)内容表现:每门课程的网页应保持统一的风格和操作界面。控制功能、操作方法符合常规习惯。课程内容的设计应尽量加入交互方式,激发学生在学习过程中主动参与和积极思考。在疑难的知识点上充分发挥多媒体的功能,展现其内涵,使学生能够深刻体会,从而有利于培养学生获取知识的能力和创新能力。学生对课程中的有关图片、资料、动画可选择浏览或不浏览,也可选择背景音乐开或关,以及配音阐述的开或关。网络课程的每个知识点都应提供相关的参考文献资料链接,以拓广学生的知识面。采用适当的策略激活学生原有的相关知识经验,在此基础上引出新知识。

【实例 16】图 9-4-4 是"商务英语写作"Unit05 的视频讲解界面。整体布局密度适中,右边文字重点突出,文本长度适度,也没有无关的视听元素干扰。

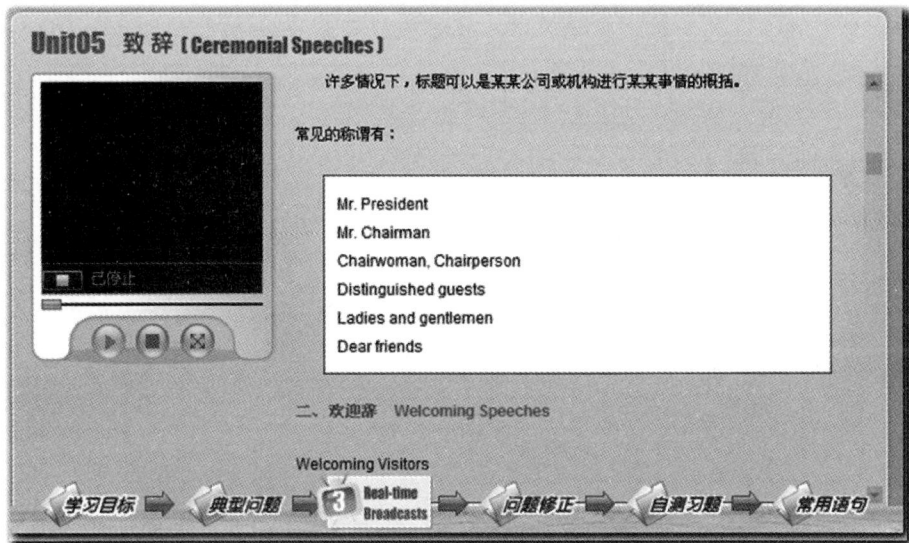

图 9-4-4 "商务英语写作"学习界面①

【实例 17】网络课程"工程地质"的学习界面如图 9-4-5 所示。页面分为两个部分,右边为学习内容,左边为图片和视频显示区,分别采用不同颜色的字体来标注各种标题、正文和图片。文中有相应的图片、视频链接。整体布局简明、色彩搭配合理、字体柔和。

---

① 对外经济贸易大学远程教育学习管理平台,http://lms.euibe.com,2019-10-09。

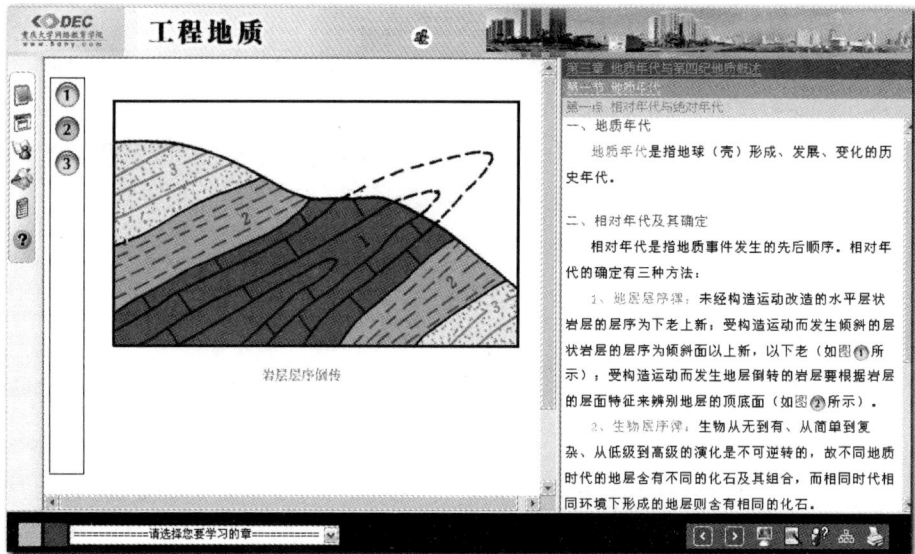

图 9-4-5 "工程地质"学习界面①

【实例 18】北京理工大学"多媒体技术"课程的学习界面提供了图文并茂的内容，右下方是一个可隐藏的同步教师讲解视频。前后翻动文本页面，视频也会随之变动。页面内容清晰明了，简约大方，重点突出，视频质量较好（图 9-4-6）。

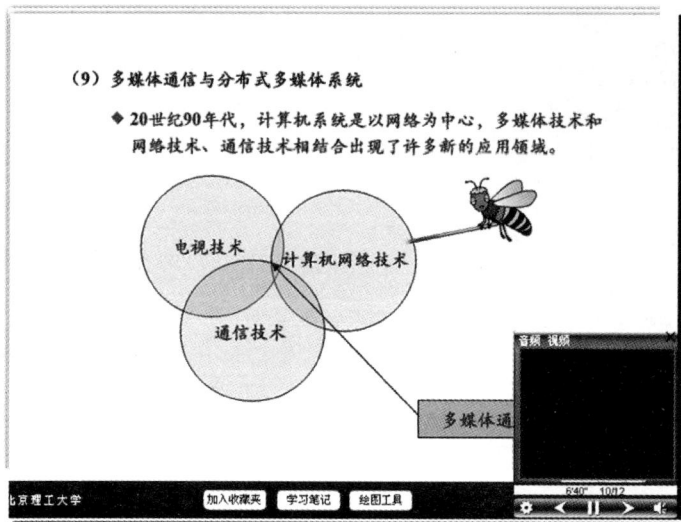

图 9-4-6 课程内容学习界面②

---

① 重庆大学网络教育学院"工程地质"，https：//www.5any.com/Portalsite/WebUI/Course/CourseInfo/20043a，2019-10-09。

② 北京理工大学现代远程教育学院"多媒体技术"。

9.4.4　内容的媒体表现选择

内容的媒体选择是应该为所要表达的信息内容服务的。选择使用文字以外的多媒体信息，如选择图像、声音、活动视频等媒体元素时，应注意两个方面的问题：一是不要不顾信息服务内容的表达需要，追求时髦，不必要地使用文字以外的多媒体信息，以至于影响了课程的运行效率；二是要充分考虑到目前网络通信和用户的硬件在支持多媒体方面的实际能力。

在具体的开发过程中，注意描述性文字要精练、准确。中文字体尽量用宋体和黑体，字号不宜太小和变化太多，背景颜色应与字体前景颜色协调，以便减少在屏幕上阅读的疲劳。

在画质上，应要求构图合理、美观，画面清晰、稳定，色彩分明、色调悦目，动画、影像播放流畅、具有真实感。图形图像应有足够的清晰度。

色彩的选择应清晰、明快、简洁，颜色搭配合理，主题与背景在色彩上要有鲜明的对比。网页色调要与内容相适应，背景颜色应与前景颜色协调，各页之间不宜变化太大。

构图是指画面的结构布局。构图的基本要求是设计好屏幕的空间关系，使画面新颖简洁、主体突出，具有艺术感染力，使教学内容形象地展示在学习者面前。

动画是课件的主要表现形式。动画的造型要合乎教学内容的要求，比喻和夸张要合理，动作应尽量逼真，动画要尽可能接近事实。

影像的目的是突出教学重点和难点，增加可信度。由于动态影像的信息量大，受网络带宽的限制，播放可能会出现停顿现象，这时应适当减小影像的播放窗口，要尽可能采用流媒体技术。

在声音质量上，应要求解说准确无误，通俗生动，流畅清晰；音响时机恰当，效果逼真，配乐紧扣主题，有利于激发感情，增强记忆。在声音的处理上要慎重考虑，要考虑网络带宽的制约，应与影像结合起来保持平衡。

9.4.5　交互设计

网络环境下的学习其实就是以计算机网络为媒介的一系列交互活动。它包括人与教学内容的交互、人与人的交互。它可以支持同步、异步的交互。交互性强体现在交互及时、方便、灵活等方面。学生与教学内容交互性越强的网络课程，越有利于学生个性化的发展。而人际交互越强的网络课程，越有利于教学活动的开展和学生社会性的发展。及时交互能够增强师生、生生情感，是吸引学生网络化学习的一个重要方面，也是满足学生自尊感、归属感、认同感的重要途径，有利于增强学生对共同体的参与程度，维持其持续、努力的学习活动。[1] 功能强大的教学支撑平台则是实现良好交互的基础(图 9-4-7)。

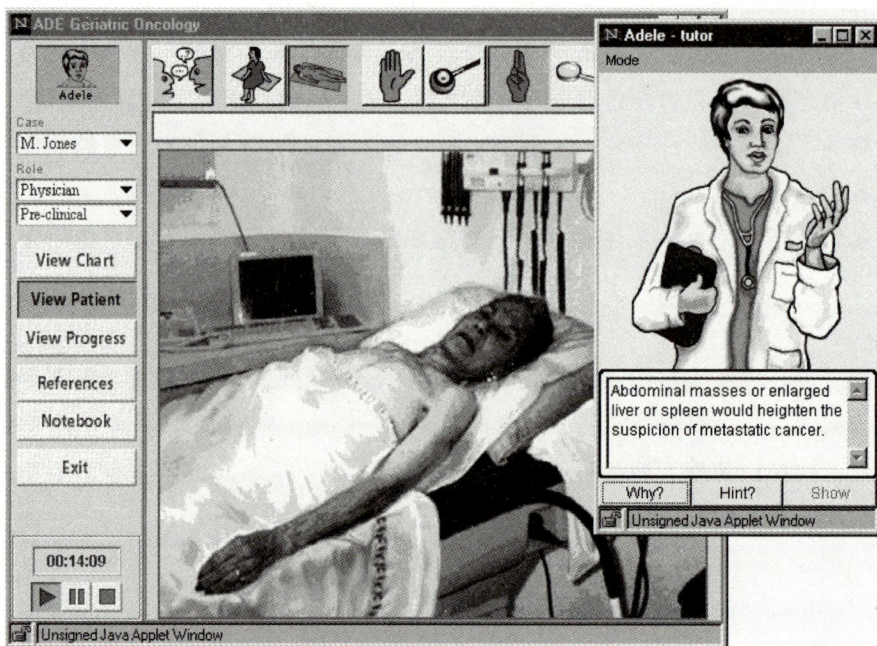

图 9-4-7　实践操作交互

网络课程应该追求多向互动。从学生视角来看，一方面可以通过利用课件、信息资源及智力工具进行学习而产生互动，另一方面可以通过与在线教师、同伴、专家等对话而产生互动。目前常用的网络课程交流工具有 BBS、短消息、课程邮箱、电子白板、新闻组 MSN、QQ 等。另外，根据有些课程的特殊性，可以使用电子白板来可视化地展现公式及问题解决的过程，常与同步聊天系统、可视会议系统一起使用。

9.5
网络课程的标准化

网络课程开发的标准化将是一个必然的趋势。制定质量标准的目的就是统一开发

---

① 李盛聪、杨艳：《网络学习环境的构成要素及特征分析》，载《电化教育研究》，2006(7)。

者的行为，达到资源基本属性结构的一致性，为学生或教师等对教育资源的查找、评估、获取和使用能获得最大效率而提供支持，为实现资源在不同资源库系统的共享和交互操作提供支持。

元数据的作用是提供一个通用的术语和规范来描述学习资源，方便系统检索和重用。可参考 ADL 组织制定的 SCORM 1.3，也可参考 CELTSC 制定的教育资源建设规范。元数据基本结构包括 3 大部分，分别为严格遵守的必需数据元素、作为参考的并对每类资源都适用的可选通用数据元素和针对资源特色属性的扩展数据元素。SCORM 1.3 把描述一个学习对象的元数据分为 9 大类：通用、生存期、元数据、技术、教育、权利、关系、评注、分类。每一类下面又分为多个子类。

对课程进行内容包装，即打包，其目的是实现学习内容在不同教学系统中的交换、共享和重用。一个内容包代表着一组可以单独使用和可重用的学习内容，课程、章、节、主题等都可以作为内容包来进行包装，还可以根据需要对它们进行组合或分解成其他包。[①] 这种学习对象的拆分、组合及重用，充分体现了学习对象的可重用性、易访问性、持久性、互操作性、适应性和低成本性等基本理念。内容包的抽象模型如图 9-5-1 所示。

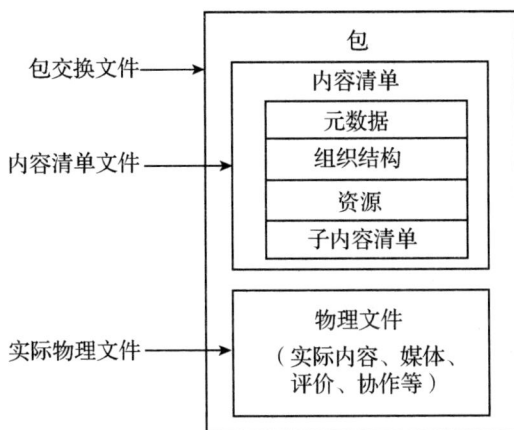

图 9-5-1　内容包模型

一个内容包包含内容清单文件和实际物理文件。内容清单文件包含了课程内容包的格式信息，主要由元数据、组织结构、资源、子内容清单等部分组成。

微单元(Asset)是以数字形式存储的媒体，在逻辑上是最小的不可切割的单位(如文字、图形、影像、动画、视频、音频等)。可共享内容对象(SCO)由一个或多个 Asset 组成，用于介绍一个完整的教学单元；子内容清单是单个或多个嵌套的内容清单。

---

① 孙迪、余胜泉：《建构基于学习对象的网络课程教学设计模板》，载《开放教育研究》，2005(2)。

元数据记录了课程内容的描述性信息，无论微单元、可共享内容对象、学习活动还是内容包都可以根据实际需要对其进行元数据的描述，元数据描述得越全面，学习对象的可重用性就越有保障；组织结构对实际的物理文件进行逻辑有序、层次分明的结构描述；资源包含了对所有实际资源和内容清单中所需媒体元素的引用，被链接的资源实体必须是微单元或可共享内容对象。

内容包可以通过手工编辑内容清单（immanifest..xml）文件来实现，也可以使用相关内容包装工具来制作，如 Relaod Editor。打包压缩后的文件格式为 Winzip（.zip）或 Winrar（.rar），通过测试软件（SCORM 2004 Conformance Test Suite Version 1.3）的测试之后，就可以导入 LMS。

下面是按照包装规范利用 Relaod Editor 对一门课程进行打包示例。首先新建一个 ADL SCORM 1.3 Package，将课程的物理文件（可以是章、节或主题）导入到编辑器。图 9-5-2 中左边是导入的课程网页资源，然后在右边栏里对组织结构进行逻辑组织和对资源的描述，即建立课程的逻辑章节结构，并将网页与组织结构中的节点一一对应。最后按图 9-5-3 所示，为课程包添加元数据描述。

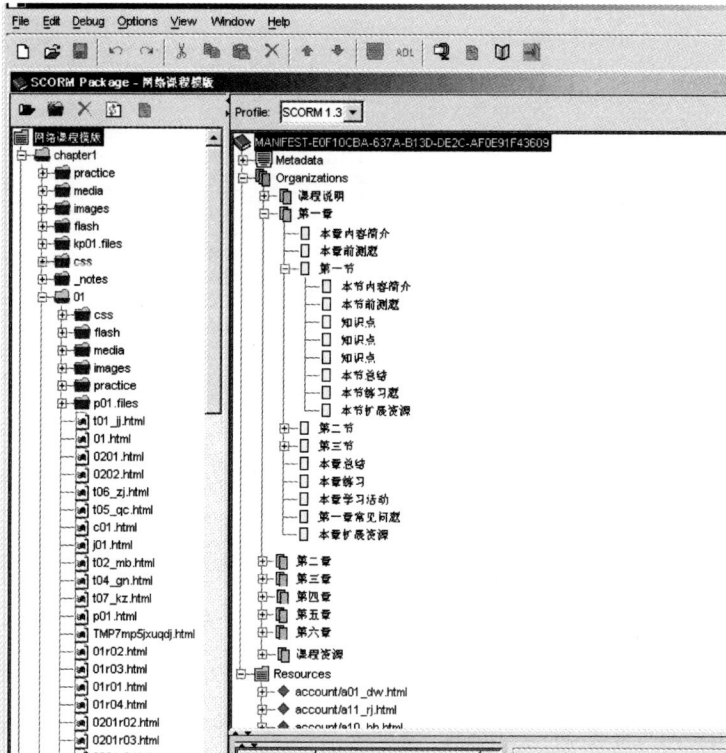

图 9-5-2　组织结构图

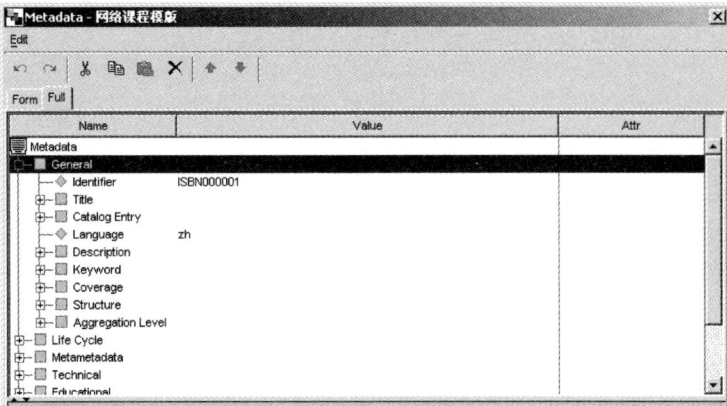

图 9-5-3　添加元数据描述

之后就可以将课程压缩打包成格式为 Winzip（.zip）或 Winrar（.rar）的课程包。内容包要在发布的媒体（存档文件、CD-ROM 等）根目录下包含内容清单文件，XML 控制文件（如 XML 文件的 DTD、XDR、XSD），所有引用资源的物理文件以及从内容清单文件中分离出来的元数据文件。

第 10 章

教育资源库与学科网站设计

章结构图

```
                              ┌─ 教育资源库
                    ┌─ 教育资源库与学科网站 ─┤─ 学科网站
                    │                        ├─ 以用户为中心的资源服务体系
                    │                        └─ 教育资源服务供给机制
  教育资源库与学科网站设计 ─┤
                    │                        ┌─ 系统架构设计
                    │                        ├─ 系统管理功能设计
                    └─ 教育资源库与学科网站集成设计 ─┤─ 教育资源库管理功能设计
                                             └─ 学科网站群系统功能设计
```

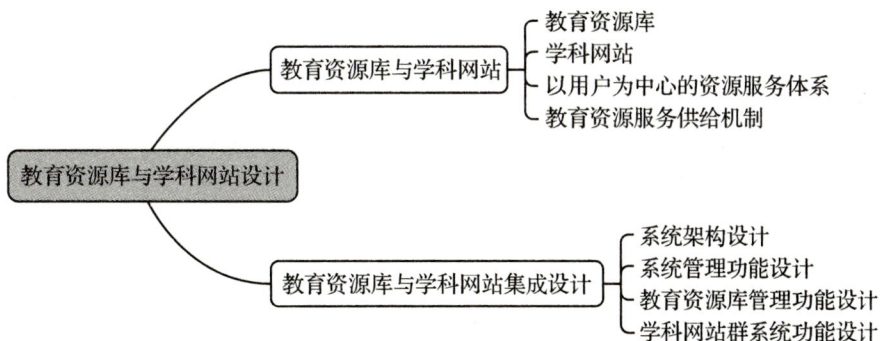

　　教育资源是信息化教学的基础。随着教育信息化的深层次推进，互联网中的信息资源以指数方式增长，这些资源不仅在内容上多种多样，在表现形式上更是丰富多彩。目前，这些海量的资源多以学科资源库的形式存储和使用，并以学科为中心，在资源库的基础上，生成学科网站。这种以教育资源库与学科网站组织资源的方式，能够为教师与学生提供更加专业化、个性化的教育资源与支持服务。

10.1
教育资源库与学科网站

　　当教学资源的数量比较少时，一般采用文件目录的方式管理：根据教育资源类别，将其存储在服务器上不同的目录中，通过计算机的操作系统目录共享功能并对资源进行管理和操作。这种存储方式的特点是资源管理直观、简单，远程访问时速度快，可通过网上邻居、http 或 ftp 方式直接将该资源文件下载到本地。但随之而来的是资源安全性差，易受病毒侵蚀，易被他人盗用和破坏。文件目录管理是最简单、最原始的资源管理方式，当资源积累到一定规模时，由于缺少便捷的检索工具，使用和管理都很不方便，就需要采用教育资源库和学科网站的方式进行有效管理。

10.1.1　教育资源库

　　教育资源库，是海量教育资源的集合，一般利用大型数据库系统和专用资源管理系统进行管理，面向各类学科提供资源管理、存储、检索、分发等应用。在教学中，教育资源库可以支持教师备课、课堂教学、活动课组织、教育教学管理、学生自主学习、电子备课、电子阅览、教学研究、辅助学习、知识共享等，是信息化教学的基础。一般包括与专业相关(包含多门课程)的媒体素材、试卷、课件、教学案例、文献资料、网络课程、常见问题解答、资源目录索引等信息。但是，教育资源库并不是媒体素材、课件、网站链接或者文本的简单集合，而是体现了一定的专业特点，围绕具体学科内容的资源集合。

教育资源管理数据库一般将资源文件以二进制数据形式存储在关系型数据库中，对教育资源的管理都是基于对数据库的操作。所有的资源都以结构化的方式存储，数据间的关联性强，并通过数据表产生关系映射。教育资源管理系统是对存储于资源库介质中的教育资源进行管理、维护和更新的软件系统，主要包括 3 个子系统：资源管理子系统(媒体素材库的管理、题库管理、试卷库管理、案例库管理、课件库管理、文献库管理、常见问题解答库管理、资源目录索引库管理和网络课程的管理等)、系统管理子系统(安全管理、网络性能管理、计费管理、故障管理等)以及资源建设与使用交流子系统(资源更新、邮件列表订阅、资源定制、异步交流、同步交流)。这 3 个子系统为 3 类用户(管理员、审核员、一般用户)提供资源检索、资源发布、资源审核、权限管理、计费、用户信息交流等服务。

这种存储方式的特点是资源管理效率高，定位准确，容易备份，能保证资源信息的完整性。由于资源数据都存储在数据库中，安全性好，抗病毒能力强，并且对用户来讲，资源文件的存储方式是透明的，很难被盗用或直接访问。

然而，由于要把所有关于资源文件的信息都存储在数据库中，必然对数据库性能要求较高，必须保证大量资源的读取和存储不会产生错误，同时也会延长访问时间，服务器端的应用程序必须先将资源从数据库中读取出来，再传送到客户端，这也加大了对网络带宽的要求。教育资源库对管理大数据量是非常有效的，但它采用关系数据库的方式存储和组织，无法达到存储和应用的统一，对一线教师来说仍然不够直观，查找和操作相对复杂；各学科的资源混杂在一起，良莠不齐，干扰信息太多，对一线教师教学应用支持不直接，功能不强，界面不友好。而且资源库相对封闭，添加和更新数据工作量大，不能进行数据的自动更新处理，管理和维护复杂且成本高。

10.1.2 学科网站

所谓学科网站，就是在互联网上以某一学科资源为中心建立的学习服务网站。它以学科教学的特点为核心，采用恰当的教学策略，通过师生、生生之间基于网络互动完成学科教学和各学科专题自主探究、协作学习的教育网站，可以充分发挥互联网的优势，提供某个学科的学习资源服务和学习工具，为学生的学习和发展提供丰富多彩的教育环境。

一般学科网站的主要功能如下。[①]

(1)能够提供丰富的教学资料，方便学生学习。

(2)能够为学科教师提供网站管理服务，如学生的注册，对网站的相关信息进行有效管理(增加、删除、修改)。

(3)能够提供在线测验、在线作业提交和批改等，实现师生互动。

(4)能够为学生、教师提供相应的信息存储能力，方便学科教师将教学信息、教学参考资料、教案和课件发布到网站中，方便学生将自己的作业或自己收集到的学科资料发布到网站中。

(5)能够提供相关信息的下载，如相关教学资料、软件、课件等。

(6)开辟学生论坛、教师答疑，供师生交流。

(7)能够提供一定的安全机制，提供数据信息的授权访问，防止随意删改。

10.1.3　以用户为中心的资源服务体系

教育资源管理的总体发展趋势是：要从产品层次上升到服务层次。在资源体系自身得到不断完善的同时，更应注重个性化的服务功能，使用户获得深层次的、专业的支持。除了通过资源库提供海量资源外，还通过学科网站提供完善的服务和技术支持，形成以用户为中心的资源服务体系。

以用户为中心的资源服务体系大多以门户网站作为基本呈现方式，友好的界面和便捷的资源获取方式，能提供及时的服务，如查找信息和常见问题解答等。多个门户可对应一个资源数据库，以提供不同的功能界面。例如，美国教育部支持的 ERIC 资源库，既可面向团体用户(如某些学校和科研机构)提供完整的数据库内容服务，也可面向个人，根据用户需要，定制个性化资源服务。与 ERIC 相关的门户网站是 AskERIC，它包含了丰富的 ERIC 资源，可供教师、图书馆员、顾问、管理者、家长以及其他任何对教育感兴趣的人查询与教育相关的问题。AskERIC 不仅运用整个 ERIC 的丰富资源，而且包括各种资源服务功能，如答疑支持、资源收集、问题档案、课程计划、邮件列表及 16 个 ERICC learning house 学科专门知识的支持。用户可以在线查找问题的答案，如果用户对此结果不满意，可以发电子邮件给 ERIC 进一步质疑。ERIC 拥有大批的专家，专门负责回答电子邮件提出的各种问题，一般在两天之内，用户都会收到

---

① 赵航涛：《建立学科教学网站的探讨》，载《中国远程教育》，2004(5)。

答复。

以用户为中心的资源服务体系由前台相关的各个子学科网站群和后台强大的教育资源库构成。各个子学科网站是根据系统已有的网站模板，结合不同学科特点自动生成的，而各子学科网站与后台教育资源库之间是无缝连接的。平时用户只需要登录到相关学科网站，浏览并使用与所教学科课程相配套的资料，直观明了，操作简单；如需要检索全部资源，只需要通过在学科网站上的链接切换到数据库检索视图即可。每个学科网站的资料更新，都会自动存储在后台数据库中。学科网站管理人员也可随时将后台资源显示在学科网站上（图 10-1-1）。

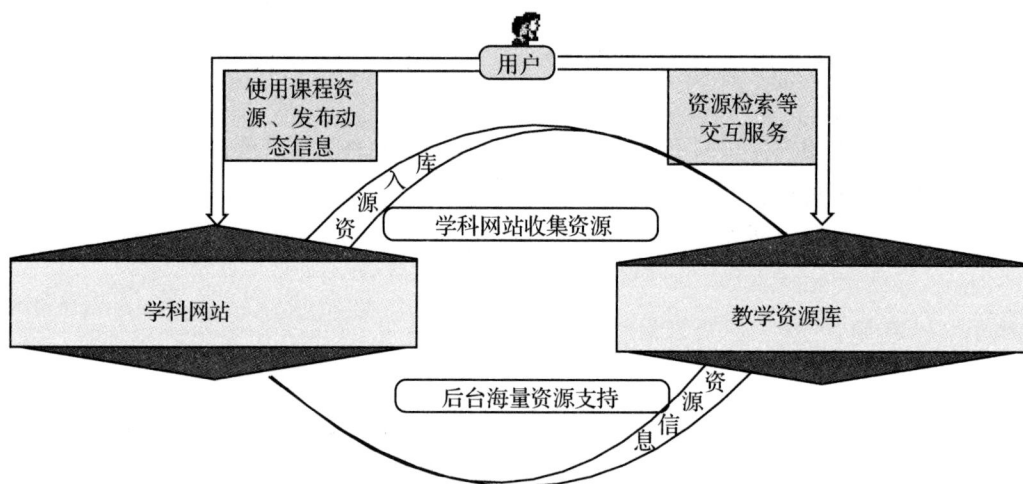

图 10-1-1　教学资源库与学科网站的互动关系

目前，国内的资源建设模式已经在某种程度上体现了这种资源服务意识的萌芽。例如，佛山学科群资源网站的建设模式，该地区的教育资源建设以标准化为基本前提，开发了完全符合《教育资源建设技术规范》的资源库产品。该资源库包括对基础教育资源的各种分类，是一个整合了佛山地区所有资源的大库，并提供资源上传、下载功能及多种标准化检索方式，保证了资源属性描述的全面性和准确性，实现了资源广泛的共享。但是，根据基础教育的特点，使用资源的大多为学科教师，他们更希望以学科和主题作为基本的呈现方式。因此，在原始资源库的基础上设立了每个学科的门户网站，以主题方式给用户呈现某一学科的资源，而与其他学科资源分离，网站教育资源按照学科结构以及教师使用习惯设定不同的栏目及资源内容，使资源系统更加专业化，并提供相关的检索方式。一旦原始资源库中增加了新的资源，它会通过与学科网站的接口将该资源进行主题分类，并在学科网站的主页中显示。这种模式最大的优势是便于组织和管理，可将每个学科进一步细化到知识单元和知识点，并在遵循一致规范的前提下，根据学科自身的特色采用多种表现形式和管理方式。学科教师既可以在门户网站上搜索，也可以在原始资源库中进行更为精细的检索，根据教学需要进行重新组合(图 10-1-2)。

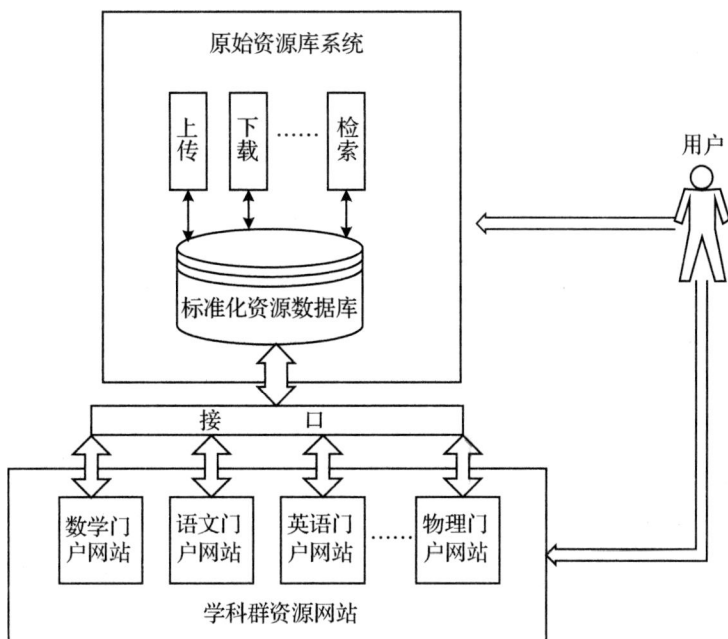

图 10-1-2 学科网站与资源网站集成的建设模式

以用户为中心的资源服务体系对资源管理的思路，旨在使资源的使用更符合教师和学生的思维和使用习惯，建设一个集资源共建共享、在线课件开发、联机备课、学科信息发布、交互交流等功能于一体的多学科、多层次的教学资源的应用环境，其宗旨是培养学生利用信息技术的意识和能力，促进信息技术与学科课程的整合，逐步实现教学内容的呈现方式、学生的学习方式、教师的教学方式和师生互动方式的变革。

学科网站与后台资源管理系统之间是无缝连接的。平时用户只需要登录到网站，浏览并使用与所教学科课程相配套的资料，直观明了，操作简单；如需要检索全部资源，只需要通过在学科网站上的链接切换到数据库检索视图即可。每个学科资料的更新，都会自动存储在后台数据库中。学科网站管理人员也可随时将后台资源显示在学科网站上(图 10-1-3)。

基于互联网的全新的教育技术服务模式正在出现，改变了传统的教育资源观。这种教育技术服务是将教学模式革新、学习资源的利用与建设、教师与学生关系等融合到服务之中。它包括提供教育资源的咨询、定制、代理、配送等服务；提供资源型学习环境(全球教育信息挖掘、流通、交流、存储)；提供研究型学习环境与协作学习的环境；提供校园文化的环境(班级、学校、地区、全球)；信息化教学设计培训等。其

图 10-1-3　国家教育资源公共服务平台中的学科主题资源网群

核心是充分利用网上开放式服务系统为学生提供学习活动的环境和个性化服务。

10.1.4　教育资源服务供给机制

1. 教育资源个性化定制服务

教育资源库的建设需要支持用户根据自身教学或学习需求个性化定制教育资源。教育资源的个性化定制服务包括：支持教师和学生通过浏览器上传、浏览、检索、下载资源；支持资源的远程评审；支持管理员对资源库的批量录入、删除、修改和调整；支持电子商务功能；支持对资源利用率的统计分析；支持用户管理；同时，还必须通过各种有效的方式不断充实教学资源库。另外，资源能否有实用价值，就在于能否与课堂教学紧密结合，为课堂所用。为此，我们按照不同学科、不同版本教材的特点进行资源建设，形成了与教材各章节目录相配套的资源体系，保证每节课都有相应的教学资源。同时针对资源库的管理，建立了先进的分布式资源库管理系统，支撑资源库的大容量存储和大规模应用，实现教育资源个性化定制(图 10-1-4)。

图 10-1-4　荔湾区教育局建立的创新融合平台——提供教育资源的个性化定制服务

2. 教育资源共建共享服务

与现有的固化、静态的资源模型不同，未来教育资源将采用开放的、动态的资源结构模型，它是一种开放性的资源。例如，学习元平台中学习资源的开放性体现在资源结构的开放和内容的开放。一方面，开放的资源结构使得学习资源可与运行环境进行信息交换，以便获取学习的过程性信息，从而分享与分析学生在学习过程中产生的生成性信息，利用生成性信息促进资源进化和学生的学习；通过吸纳网络上有价值的内容形成有机组成，如平台中集成了外部环境中的 Gadget 小工具。另一方面，学习资源的内容是开放的，允许任何人对内容进行创建或编辑，依靠群体的力量来动态地生成资源，利用群体的智慧促进学习资源的不断完善，进化发展。

3. 教育资源有序动态进化服务

学习资源不是一经创建就固定不变的，它需要具有生成性、进化性等特点。以学习元平台中的资源进化为例，学习元平台允许用户对学习内容进行协同编辑，利用群体的智慧促进学习资源的成长。由于平台允许任何用户对学习内容进行编辑，为了保证资源既能充分吸取群体智慧，又能保证吸收的内容对资源的成长是有意义的，平台采用完备的版本控制技术，控制学习内容的进化发展。学生编辑的学习内容需要管理员审核，管理员若认为学生编辑的内容是正确的，是对原有内容的改进，则通过审核，使学习资源产生一个新的版本。新版本的产生意味着学习资源完成了一次进化。学生

416

可通过查看资源的历史版本从整体上了解资源进化的历程，可通过比较两个不同的版本发现内容的变化。完备的版本控制技术是平台中学习资源有序进化、健康进化的重要保证。

10.2
教育资源库与学科网站集成设计

随着教育资源库的不断发展，除了资源质量（教育性质量和规范化质量）这一重要因素外，完善的服务和技术支持更有效地决定了资源库的规模和效益。以用户为中心的资源服务体系具有友好的界面和便捷的资源获取方式，能提供及时的服务，是当前教育资源库发展的趋势之一。为了充分体现资源库的服务功能以及满足学科教师对于资源的主题性和学科性的要求，出现了以教育资源库为支撑的动态学科网站群。学科网站群系统融合了资源库的资源建设、管理和存储优势以及学科网站的资源呈现结构化、服务人性化优势。在以用户为中心的资源服务体系中，海量的资源以不同方式存储在资源库中，学科网站提供资源显示与用户交互视图，如图 10-2-1 所示。

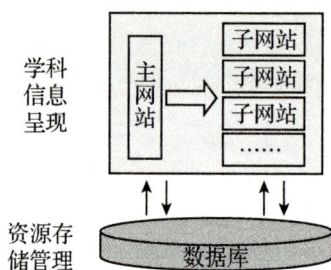

图 10-2-1　学科网站与资源库的关系

10.2.1　系统架构设计

整个系统由教育资源库管理系统、学科网站系统两个相互独立的核心系统组成：教育资源库管理系统主要负责系统资源的建设、管理与服务；学科网站系统主要负责资源对外的发布，它能够自动地生成多个站点进行资源的对外发布，并且可以让管理员对各个站点进行全方位的定制。在这两个系统上面是权限认证与管理，它负责用户的注册、管理以及对用户权限的认证和管理（图 10-2-2）。

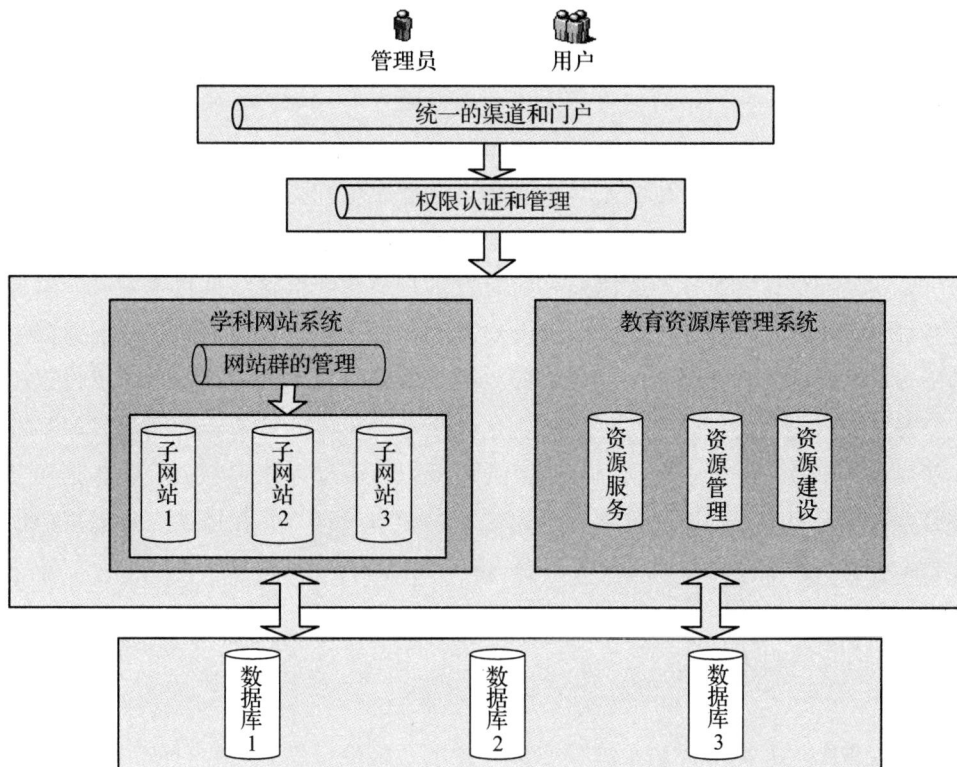

图 10-2-2　学科网站与教育资源库集成设计架构图

学科网站与教育资源库集成设计可以集信息平台、资源管理平台、教研平台优势功能于一体,可以实现将传统的以"库"为核心的资源建设模式革新为以"站"为核心的新一代资源建设和应用模式,通过建设集资源共建共享、在线课件开发、学科教研信息发布、交互交流等功能于一体的多学科、多层次的学科网站群,构建一个"学教并重""建用并举""教研合一"的交互式学科资源建设和应用环境,使资源的建设和使用更符合教师和学生的思维和使用习惯。同时,平台还预定义了一整套灵活的网站运行和激励机制,使平台的组织和管理更为轻松便捷,灵活有效。在设计和建设过程中,应力求遵循以下原则。

(1)三位一体:集成"信息平台""资源平台""教研平台"3 大平台优势功能;功能集成统一,操作简单便捷。

(2)"建""用"合一:以应用为导向,建设积累资源,边建设边应用,所有资源来自一线教师,为实际教学量身定做。有效利用资源库中的资源,进行在线电子备课和在线测试,动态文稿的制作和编辑等。

(3)"教""研"合一:提供学生频道和教师频道,可以在网上开展学科教学研讨活动,学生也成为学科教研网站的建设和应用的重要参与者。

(4)"站""库"合一：学科网站群中的资源和信息可以实现和标准的教学资源库无缝互动，可以从资源库中调用和推送资源。

集成设计采用学科网站的方式作为资源库的用户前端界面，后台采用数据库对资源存储进行管理的思路，旨在使资源的使用更符合教师和学生的思维和使用习惯，以学科资源为核心，建设一个集资源共建共享、在线课件开发、联机备课、学科信息发布、交互交流等功能于一体的多学科、多层次的学科教学资源的应用服务环境。它是一个方便实用的学科资源互动式园地，同时也是教师和学生将信息技术融入学科教与学的桥梁。这类教育资源管理模式的最大特点就是每个学科资源网站只给用户某一学科的资源，与其他学科资源分离。教育资源按照学科结构以及教师使用习惯设定不同的栏目及资源内容，使资源系统更加专业化，使不同学科网站适合不同学科教师的需要。学科分类是教育资源内容划分最基本的依据，因而这种模式的最大优势是便于组织和管理，可将每个学科进一步细化到知识单元和知识点，并在遵循一致规范的前提下，根据学科自身的特色采用多种表现形式和管理方式。

10.2.2 系统管理功能设计

系统管理模块的使用者是系统管理员，要求系统运行安全可靠，保证资源的最高使用效率。这一模块在该系统中是至关重要的，它包括用户管理、计费管理等方面的管理工作。

1. 用户管理

系统对用户的管理采用类似 Windows 操作系统的分组用户管理的管理策略。系统提供用户组别管理、基于分组的用户管理、用户注册和用户账号管理、用户授权和认证管理。

由于每一类用户在系统中都具有一定的权限，因此系统内置的用户是已经设定好权限的类型，有普通用户级、系统管理级、资源管理级、资源审核级。资源系统中的人员都是用户，由于具有不同的权限而形成不同的级别，可以进入和操作不同的模块。一般来说，普通用户级的权限是最底层的权限，系统管理员、资源管理员和资源审核员都是在具有普通用户级的权限基础上同时具有特定的操作权限，能够完成对系统和资源管理的功能(图 10-2-3)。

在系统中，存在 4 种类型用户，分别是系统管理员、资源维护管理员、资源审核专家及终端用户，如教师、学生和家长等。

(1)系统管理员负责整个系统的安全管理、用户及用户权限分配管理、资源计费管理、系统日志管理、系统性能管理以及系统的参数设置等管理工作。系统管理员具备超级用户的功能，可以建立新用户类型，并分配相应的用户权限。

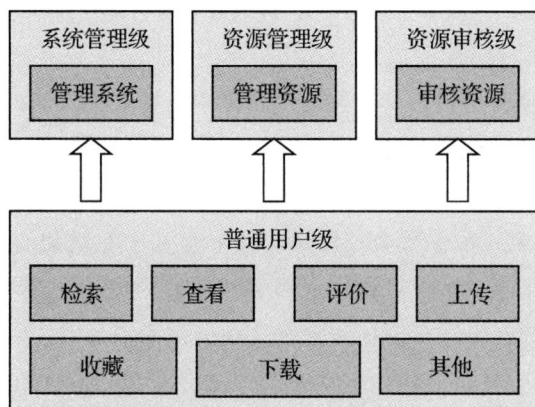

图 10-2-3　用户权限层次图

(2)资源维护管理员负责整个系统教育教学资源管理工作,包括资源的添加、修改、删除以及资源的统计分析和资源数据备份的管理。

(3)资源审核专家主要负责从科学性、教学性、技术性以及规范性等多角度对新增资源进行评定审核,从而有效保证站点内的资源数据的品质,提高资源的可用性和实用性。

(4)教师、学生及家长等终端用户是整个系统最终的服务对象,终端用户通过系统的搜索模块去检索需要的资源信息。终端用户可以进行一些个性化的检索设置,从而可以获取系统提供的个性化的服务。

2. 计费管理

系统提供采集计费源数据的功能,提供计费策略管理功能,提供计费项目的管理功能,包括学习内容、学习时间、多媒体信息流量、传输的区间、使用的服务方式等项目,按时或实时自动更新用户费用,提供账单的查询和统计功能(以报表形式或其他形式),提供计费的数据分析和数据挖掘功能。

计费系统充分考虑开放性和可扩展性,满足网络应用的迅速发展。计费系统应具有各种数据源采集处理模块,数据库系统以及前端的应用管理模块。数据源采集处理模块负责定时从各个数据源采集源数据,并按照一定的规则过滤处理,并存入用户日志数据库中。各种源数据可以分布在不同的服务器和路由器上。

根据日志数据库中的日志数据、用户数据库中的用户数据以及各种既定计费政策,计算出每一个用户的计费数据,并插入收费数据库中。

3. 安全管理

对系统的安全管理主要通过用户身份认证、访问授权管理、信息的传输加密、审计和记录来达到安全管理的目的。

(1)用户身份认证:系统提供基于 SSL 的安全网络传输,用户登录后,安全认证服务器颁发身份证明给用户，然后用户使用身份证明进行服务请求，并根据其身份进行访问控制。

(2)访问授权管理：访问授权管理是应用系统中最重要的环节，不同的用户必须拥有不同的访问权限。用户的身份通过使用口令访问安全认证服务器来确定。一旦确认了用户的合法身份，安全认证服务器就可以允许这个用户访问网络资源了(包括数据和应用)。

(3)信息的传输加密：由于整个应用系统是一个基于互联网的应用，其信息的传输完全依靠互联网，因此，信息的传输加密也相当重要，必须进行加密传输。这种加密技术必须是可选择的，即可针对信息的密级选择加密或不加密。

(4)审计和记录：信息的审计和记录频率可以帮助我们分析用户的访问操作，当信息泄密事件发生时，可作为依据进行分析。同时，也可根据审计记录来分析用户对信息的访问频率，还可作为收费的基本依据。

针对这些安全要求，资源库系统的安全平台，应基于先进而成熟的分布式计算环境(Distributed Computing Environment，DCE)，集成统一用户管理、身份认证、访问控制、数据加密、过程审计等多种网络安全管理机制，作为网络的授权和访问控制中心，实施由用户到资源的安全管理，并可以嵌入第三方的软硬件加密算法，满足资源库系统信息安全的需要。

4. 系统配置模块

系统运行的各种基本参数设置，如上传文件大小限制、教学设计模板设置、客户版权设置、学科管理员信息等(图 10-2-4)。

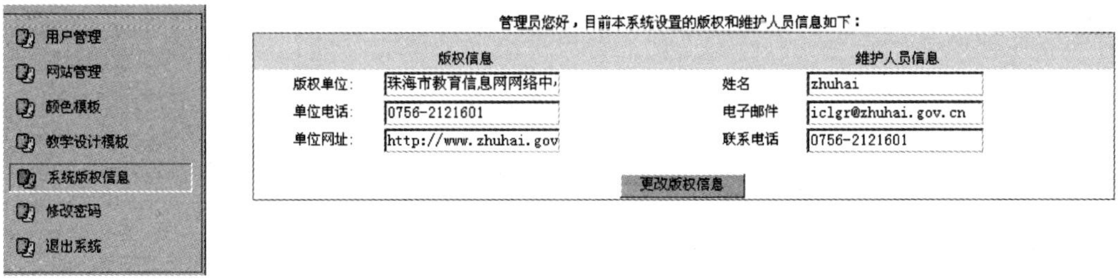

图 10-2-4 系统参数设置

(1)系统日志管理：对用户操作行为进行日志记录，支持日志的查询、追踪和备分。

(2)系统备份与恢复：支持系统备份与恢复功能，可配置系统备份机制，支持对数据库、内容及系统的独立或整体恢复。

(3)交互开关：系统设置了论坛和资源评论的交互开关，在敏感时期，管理员只需把资源评论和 BBS 发帖功能暂时关闭即可。

(4)审核开关：可设置资源、账户等各种信息是否审核，审核的负责人等。

10.2.3　教育资源库管理功能设计

教育资源库管理系统的功能是要具备一个独立资源站点所必须具备的功能，从而为用户使用和管理资源提供最基本的服务。通过基本功能能够对本地资源站点的资源进行浏览、检索、查看、添加、删除、修改、评价、审核等。

1. 资源浏览

对资源的浏览主要是指基于分类导航浏览。根据《教育资源建设技术规范》对教育资源的一级分类，可以为用户提供 3 种资源浏览的切入组合方式，满足用户对资源浏览易用性的需求。另外，系统提供个性服务设置，满足不同身份用户对一定范围内资源的快速定位查询浏览功能（图 10-2-5）。

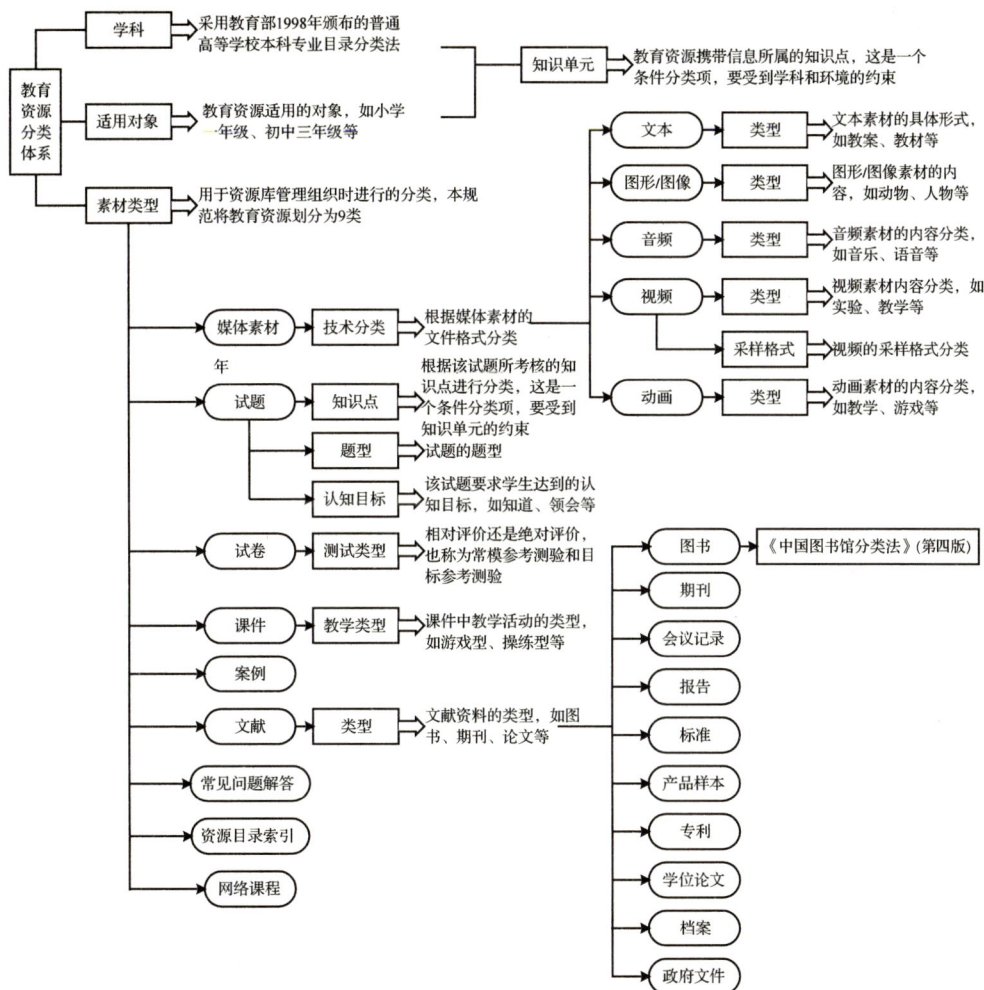

图 10-2-5　树状目录层次划分依据逻辑结构图

基于分类导航浏览检索主要采用树状目录形式，按照对资源的不同分类层次逐层展开，以达到对资源进行精确定位检索的目的。系统提供类似 Windows 操作系统资源管理器的树状目录层次结构形式，按照资源的类别划分从大类到小类，逐层分类定位，指导用户对具体资源进行浏览（图 10-2-6）。

课例研究活动（2017年11月） 普通

创建者：王阿习　创建时间：2017-11-25　评分：0分　　　　　　　　　标签　树状　缩略图　列表

紫蓬镇中心学校-高玉琴-《...　肥光小学-高坤云-《我不是...　肥光小学-余磊-《和田的维...　官亭中心校-高燕艳-《三个...
普通　　　75.6分　　　　普通　　　66.2分　　　　普通　　　95.5分　　　　普通　　　48.4分
王阿习　　2017-11-28　　王阿习　　2017-11-28　　王阿习　　2017-11-28　　王阿习　　2017-11-28

图 10-2-6　基于分类导航浏览

2. 资源检索

教育资源库管理海量教学资源，如何在其中迅速定位所需教学内容是一个突出问题。资源检索模块是教育资源库不可或缺的重要功能，系统应该支持基于关键词的简单检索、基于多字段的组合条件检索和全文检索等多种检索方式。

基于关键词的简单检索是用户常用的一种检索方式，是在用户输入一个或多个相关信息的关键字后便可获得所有以该关键字为索引的教学资源目录项，在一定程度上可实现相对模糊的查询，其特点是查询非常简单、方便和迅速。

基于多字段的组合条件检索也是资源检索中常用的一种检索方式。基于多字段的组合条件检索功能可以对资源进行详细检索，详细检索可以针对教育教学资源库中的大多数字段，如关键词、标题、作者、来源、内容简介、所属学科、年级、文件类型、语言等；在逻辑条件方面可以选择"AND""OR"或者"NOT"；在字符串匹配精度方面可以选择"全文匹配"或者"完全相同"；在时间匹配方面可以选择在什么时间以前或者以后的资源。这些检索条件可以组合起来查询，其查询结果基本能够准确满足用户的查询需要（图 10-2-7）。

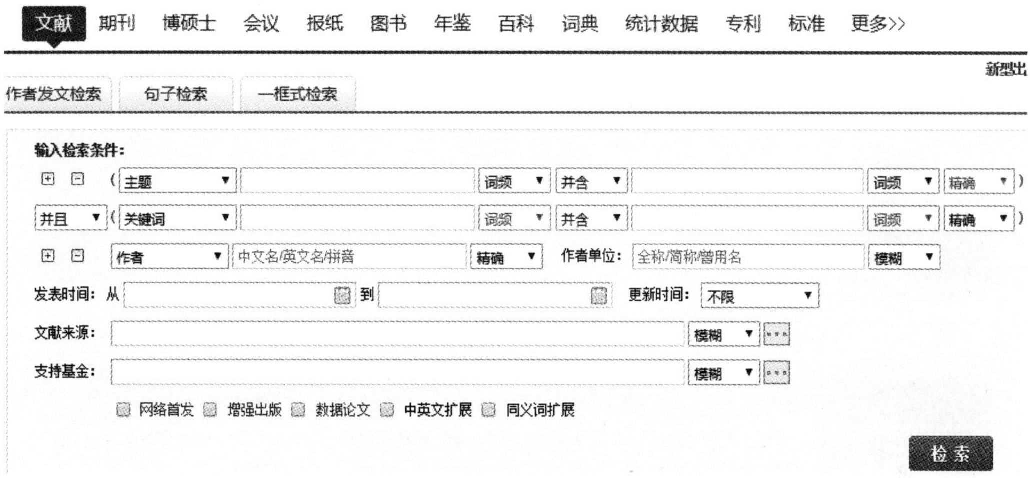

| 文献 | 期刊 | 博硕士 | 会议 | 报纸 | 图书 | 年鉴 | 百科 | 词典 | 统计数据 | 专利 | 标准 | 更多>> |

新型出

| 作者发文检索 | 句子检索 | 一框式检索 |

输入检索条件：

⊞ ⊟ （ 主题 ▼ _____ 词频 ▼ 并含 ▼ _____ 词频 ▼ 精确 ▼ ）

并且 ▼ （ 关键词 ▼ _____ 词频 ▼ 并含 ▼ _____ 词频 ▼ 精确 ▼ ）

⊞ ⊟ 作者 ▼ 中文名/英文名/拼音 精确 作者单位：全称/简称/曾用名 模糊 ▼

发表时间：从 _____ 📅 到 _____ 📅 更新时间：不限 ▼

文献来源：_____ 模糊 ▼ ···

支持基金：_____ 模糊 ▼ ···

☐ 网络首发 ☐ 增强出版 ☐ 数据论文 ☑ 中英文扩展 ☐ 同义词扩展

检 索

图 10-2-7　基于多字段的组合条件检索

全文检索不仅仅检索教育资源的属性字段数据，并对信息资源的全部文本信息作为检索对象，能够使用户在海量资源信息中快速、准确获得所需资源信息。经过几年的发展，目前全文检索从最初的字符串匹配程序已经演进到能对超大文本、语音、图像、活动影像等非结构化数据进行综合检索。

资源检索模块不但为用户检索使用资源提供多种检索方式和检索策略，同时还为用户的检索功能从易用性的角度提供基于身份的个性服务查询设置。用户可以按学科、年级、资源类型、作者、知识点、关键词、内容等各种资源属性进行多种类型的查询，按检索条件的复杂程度可进行简单查询和综合查询，按匹配方式可进行精确查询和模糊查询。检索系统还提供检索策略模块负责对检索方式的管理，如精确方式和模糊方式选择、重新查询和渐进查询方式选择等。用户可以根据自己的需求和使用习惯组合使用这些检索方式和检索策略，以提高检索效率。

3. 资源查看

对资源的查看，系统提供类似 Windows 操作系统的资源管理器文件查看功能。资源库管理系统提供列表查看方式、详细资料查看方式、缩略图查看方式。另外，对某一条具体资源还可以对其资源内容进行预览查看。如果资源是收费资源，在进行预览时只能对其内容的片段进行查看，如视频资源只能对其关键帧的内容进行查看。

资源列表查看方式为用户提供有关资源记录的标题、简介、所属的学科、年级以及资源类型等最基本也是最核心的一些信息。同时，使用户对该资源描述有一个大概了解，在用户界面设计时根据资源记录的多少采用"上一页""下一页"链接方式使用户能够在计算机屏幕上采用翻页导航(图 10-2-8)。

【肥西区域教研-B2组】以读促写一... 普通

创建者：王阿习 创建时间：2015-10-15 评分：0分   🏷标签 📊树状 🖼缩略图 ☰列表

安徽肥西肥光小学-论说写结合-余磊 普通

安徽肥西肥光小学-论说写结合-余磊.doc 2012第九届跨越年会论文—等奖

教学 教师 阅读 肥西 论说 语文 拓属 学生 doc 结合 太空 小学
安徽

lixiaoqing   2012-12-20

昌平区二毛学校-语文-提高小学高年级学生习作兴趣的策略研究-欧凤云 普通

昌平区二毛学校-语文-提高小学高年级学生习作兴趣的策略研究-欧凤云.doc——2012年第九届跨越年会论文—...

策略 作文 提高 兴趣 二毛 语文 观察 研究 学校 学生 习作
昌平区 doc 高年级 小学

lixiaoqing   2012-12-20

图 10-2-8　资源列表查看方式

资源详细资料查看方式是在选择一条资源记录的基础上，对该条资源的所有属性进行查看。在用户界面设计时，让基本属性直接呈现，而高级属性作为可选项，让用户进行点击之后再进入高级属性查看（图 10-2-9）。

首页 > 学习元 > 普通类 > 第6章 认知学徒制 Cognitive Apprenticeship（普通学... > 基本信息

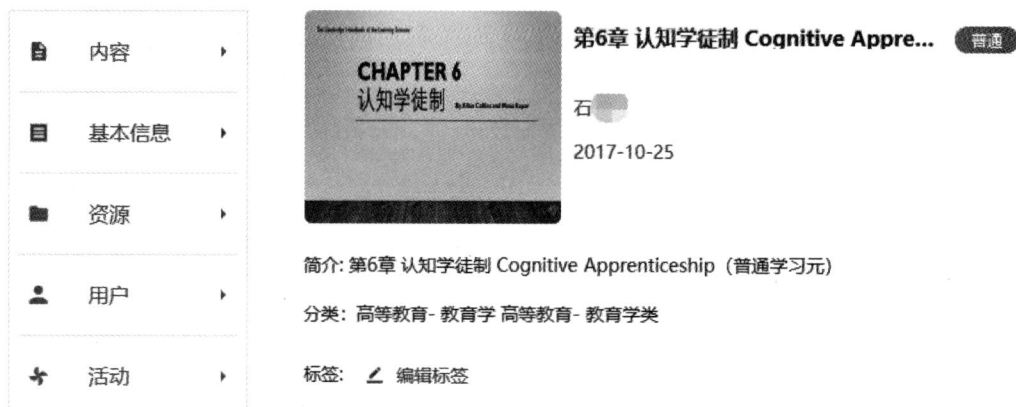

📄 内容 ▶

📋 基本信息 ▶

📁 资源 ▶

👤 用户 ▶

✦ 活动 ▶

第6章 认知学徒制 Cognitive Appre... 普通

石▇

2017-10-25

简介: 第6章 认知学徒制 Cognitive Apprenticeship（普通学习元）

分类: 高等教育- 教育学 高等教育- 教育学类

标签：✎ 编辑标签

图 10-2-9　资源详细资料查看方式

资源缩略图查看方式主要是针对文本和图形图像类的资源。缩略图查看以一种直观、快速的方式达到资源查看的目的。当对具体一条资源感兴趣时，用户可以进行单击放大查看或进行详细资料查看（图 10-2-10）。

光合作用素材库 `普通`

创建者：王琦　创建时间：2018-11-05　评分：0分　　　　　　　　　　`标签`　`树状`　`缩略图`　`列表`

光合作用的实质	外界条件对光合作用的影响	光合作用制造的有机物如何…	光合作用产物的用途
`普通`　暂无评分	`普通`　暂无评分	`普通`　暂无评分	`普通`　暂无评分
王琦　2018-11-05	王琦　2018-11-05	王琦　2018-11-05	王琦　2018-11-05
光合作用相关实验设计	叶片结构及功能	光合作用的概念	光合作用的原料与产物
`普通`　暂无评分	`普通`　暂无评分	`普通`　暂无评分	`普通`　暂无评分
王琦　2018-11-05	王琦　2018-11-05	王琦　2018-11-05	王琦　2018-11-05

图 10-2-10　资源缩略图查看方式

资源文件预览查看方式是在用户单击一条具体的资源文件时，可以通过预览窗口查看具体的资源内容。如果是图形图像文件，则显示该图形图像文件，并且文件显示能够根据预览窗口的调整按比例进行长宽缩放。如果要预览的文件是动画（如 Flash 文件）或视频，预览窗口也是能够调整大小的，其显示画面能够根据窗口大小进行缩放。当要预览的资源是收费资源时，预览窗口能够看到是关于该资源内容的片段或关键帧(图 10-2-11)。

图 10-2-11　资源文件预览查看方式

4. 资源上传

资源添加就是资源的录入。系统为管理员提供两种资源添加方式：一是单条资源的逐条录入；二是基于一定格式的 XML 文件的批量录入。对普通用户而言，可以通过上传的方式添加资源，系统同样提供基于单条资源上传和基于多条资源批量上传的两种远程上传方式。用户上传的资源会暂时存放在系统的临时上传资源库中，用户上传的资源只有通过资源审核专家的审核，才能进入系统资源库中，然后才能被其他用户访问。在资源审核专家对用户上传资源进行审核之前，用户可以对该条资源进行编辑修改。一旦通过审核，用户就不能再对该资源进行修改(图 10-2-12)。

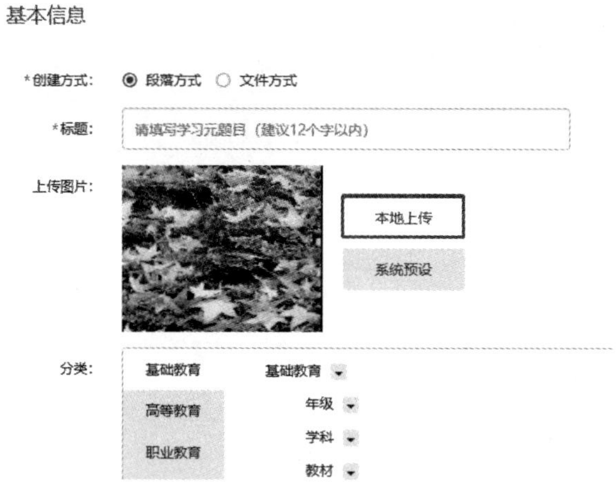

图 10-2-12 用户远程上传资源

当系统获得包含批量资源数据的文件时，系统就会根据预定的文件格式，对其中的资源数据记录自动进行逐条解析，将其插入数据库中。系统在实现该功能时，主要通过参照《教育资源建设技术规范》来定义 XML 文档的数据结构，并将准备批量入库的数据保存于 XML 文档中。然后通过解析 XML 文档将批量资源导入到系统数据库中。

5. 资源审核

资源审核由系统的审核专家来执行，不同资源的审核专家只能对权限范围内的资源进行审核。对资源审核主要是通过查看资源的详细属性或对资源进行预览，对资源做出评判。在审核的同时，资源审核专家可以对资源属性进行修改。对审核通过的资源将转存到系统资源库中，对未通过审核的资源将加上未通过审核的标志，存于临时资源库中，并由管理员做进一步处理。

6. 资源下载

当在浏览查看资源的过程中，用户需要下载一条资源，操作非常简单。只要选择相应的资源，并单击鼠标右键或单击用户界面的下载按钮，就会出现系统下载的对话框，询问用户是否需要下载，或直接打开该资源。系统支持用户对资源的批量下载，并提供断点续传功能。

　　用户通过在内容列表中选中资源或在资源具体查看窗口中，进行资源的下载操作，并将资源添加到自己的下载列表中，同时进行文件的传输。用户可以查看自己的下载列表，获取正在下载的文件信息、已经下载的文件信息等。

　　7. 资源删除

　　资源删除功能主要由管理人员使用。系统提供两种资源删除的功能：一种是管理人员手动删除功能，还有一种是系统通过设置删除触发事件，在系统运行过程中，当该事件发生时，就执行删除功能。对资源的删除，系统通过提供回收站，对删除的资源做缓存处理。只有删除回收站中的相应资源，才能真正从系统中删除该资源。

　　8. 资源修改

　　对资源进行修改是管理资源中常用的一种操作，主要就是对某条资源在详细浏览其属性时对其属性进行编辑操作。对内容的修改主要集中于对文本文件内容的编辑。

　　9. 资源评价

　　资源评价信息对用户使用资源进行资源的优化建设是非常有参考价值的。所有用户在详细浏览一条资源时，都可以对该资源进行评价。系统提供多种评价方式，可以基于等级打分方式进行评价；也可以基于文字描述的方式对资源进行描述评价；还可以通过填写评价指标问卷方式对资源进行评价。

　　10. 资源统计

　　资源统计提供基于资源类型的分类统计、基于学科资源的统计、基于年级的资源统计，从而可以准确提供用户使用资源的行为状况和资源的分布状况。

　　11. 基于 XML 批量资源导出与导入

　　XML 是 W3C 组织于 1998 年 2 月发布的一种定义互联网上交换数据的标准。在互联网世界，XML 扮演了"国际语言"的重要角色。在不同资源库之间进行资源数据库的互换功能的实现过程中，也以 XML 为其核心实现技术。

　　其他资源库厂商根据定义的资源互换格式标准，将本关系数据库中数据导出，并对相应的字段名、数据类型、资源码表按照标准资源互换 DTD 文档的取值要求进行处理，生成 XML 数据文档。完成这项工作，需要异构资源库在原有资源库的基础上，编写相应的代码，完成相应的导出功能。

　　对于基于标准格式而导出的 XML 资源数据，要导入相应的基本子系统则相对容易，主要由于系统数据结构定义和 XML 文档结构定义都基于《教育资源建设技术规范》，因此入库时对 XML 资源记录进行解析的过程就会相对容易。系统根据 XML 的格式文档 DTD 的结构要求将 XML 中资源数据逐条存放到对应的系统数据库中，完成异构资源的互换功能。

12. 个性服务

系统还应提供很多便捷用户使用资源，提供系统易用性的辅助功能，充分体现系统以用户为中心、以人为本的设计开发思想。

(1)用户个性服务参数设置：进行用户个性服务参数设置是实现个性服务的基础。在系统注册的用户可以进一步填写个性服务信息，系统数据库中为每一位注册用户保存一份个性服务参数设置表。系统允许用户向系统提交自己比较关注的一些资源信息。例如，小学的老师或学生或家长，可能对小学或小学某一年级或某一学科的资源比较关心，则当用户登录系统后，系统能够快速定位到相应范围的资源浏览区，为用户提供人性化服务。另外，用户还可以根据需要修改个性服务设置参数，设定和获取用户的设置信息，包括资源类型、学科和年级等。用户设置主要在提供资源浏览时使用，系统根据用户的设置信息来选择需要呈现给用户的具体资源。

(2)资源使用收藏夹：用户在浏览、查看使用资源的过程中，对比较感兴趣的资源，可通过单击右键或拖拉的方式，将该资源放进自己的收藏夹中。收藏夹保存了用户比较关注的一些有用的资源记录。用户可以直接通过浏览收藏夹而快速获得一些非常有价值的信息。对存放于收藏夹中的资源，用户还可以对其进行管理，可以将其删除，可以对其加评注，还可以直接批量进行下载。

(3)用户查看资源的历史记录：系统对每一位提供个性服务信息的注册用户，都对其使用资源的行为做了历史记录。在用户详细浏览或预览一条具体资源时，系统将会对该用户使用资源的行为做历史记录。用户可以浏览查看自己的历史资源浏览记录，通过浏览资源历史记录，可以实现快速返回。用户可以删除历史记录中的数据，也可以批量删除历史记录中的数据。至于历史记录中资源记录的保留方法可以通过配置系统参数来实现，即可以选择按总条数来保存或选择按天数来保存。当超过额定数字后，系统将会按时间顺序，将最初的记录删除，而将最近的记录加进去。

(4)用户上传资源的历史记录：用户可以浏览自己上传资源的统计信息，包括上传资源的时间、数量、所属的分类、是否通过审核等信息。对通过专家审核的资源记录，用户本人就不再具有对该资源修改的权限。

(5)用户下载资源的历史记录：用户可以浏览自己下载资源的统计信息，以及时了解自己使用资源的情况。下载资源的历史记录信息包括下载的时间、资源数量的大小、所属的学科年级、资源的类型、是否收费等信息。用户不能对下载资源的历史记录进行删除操作。

(6)系统新增资源公告：系统为所有用户提供系统资源建设的最新情况，以流动字幕的形式显示在主页上。

(7)资源速递：系统还提供通过电子邮件的方式向用户发送有关资源建设信息。资源速递功能对用户自己来说是可选的。

10.2.4　学科网站群系统功能设计

在整个主网站下面挂着多个子站点(这些子站点都是自动生成的)。系统管理员将权限分配给各个网站管理员，网站管理员可以逐级下放自己的权力。整个系统架构如图 10-2-13 所示。

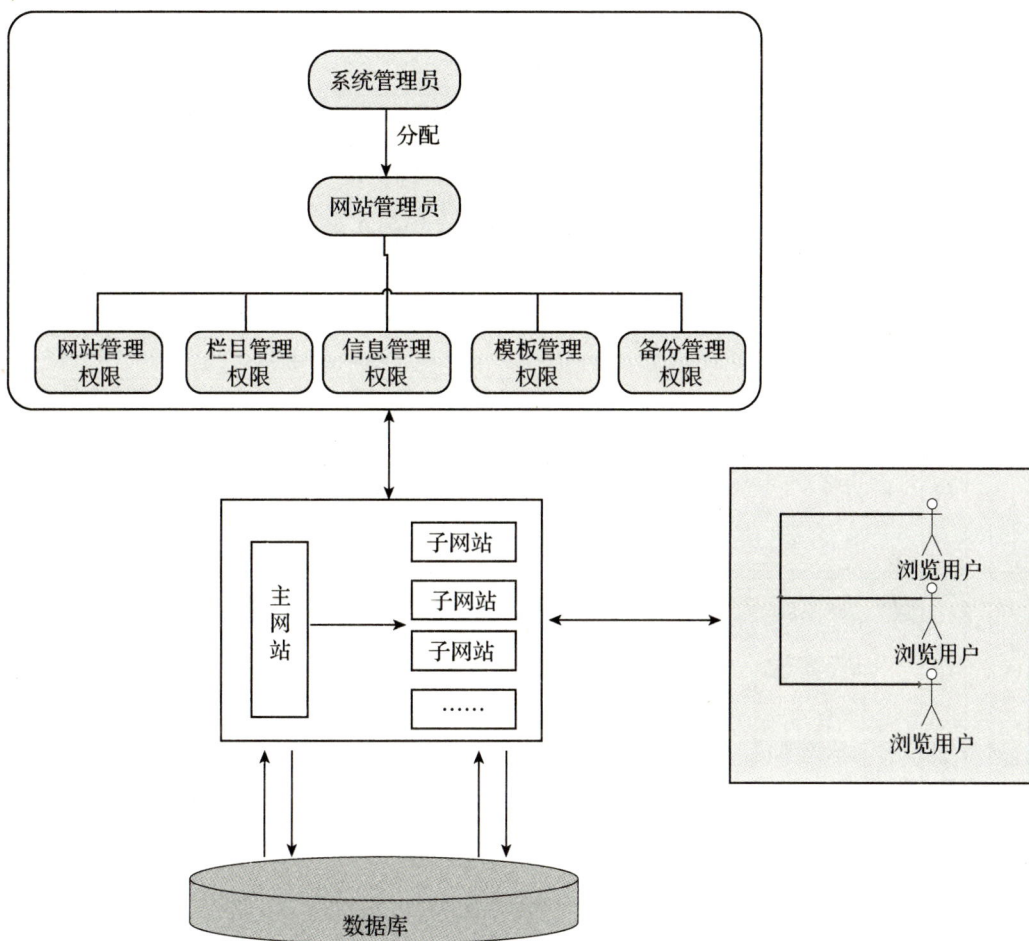

图 10-2-13　课程网站群自动生成体系结构

学科网站群系统功能模块采用三层架构：第一层是学科网站群管理系统，是整个系统的管理中心，主要完成各子学科网站的生成、配置和维护；第二层是各学科子网站系统，主要是本学科的信息发布和资源共享中心，以超文本的方式，按照学科的结构以及教师使用习惯链接和呈现资源，提供动态信息发布、通信交流、电子备课等辅助功能；第三层是资源管理系统，负责为各学科子网站提供海量资源支持，是学科资源后台管理的中心，存储和管理所有资源，各子学科网站的资源都在此建立索引，从而达到最大限度的共享（图 10-2-14）。

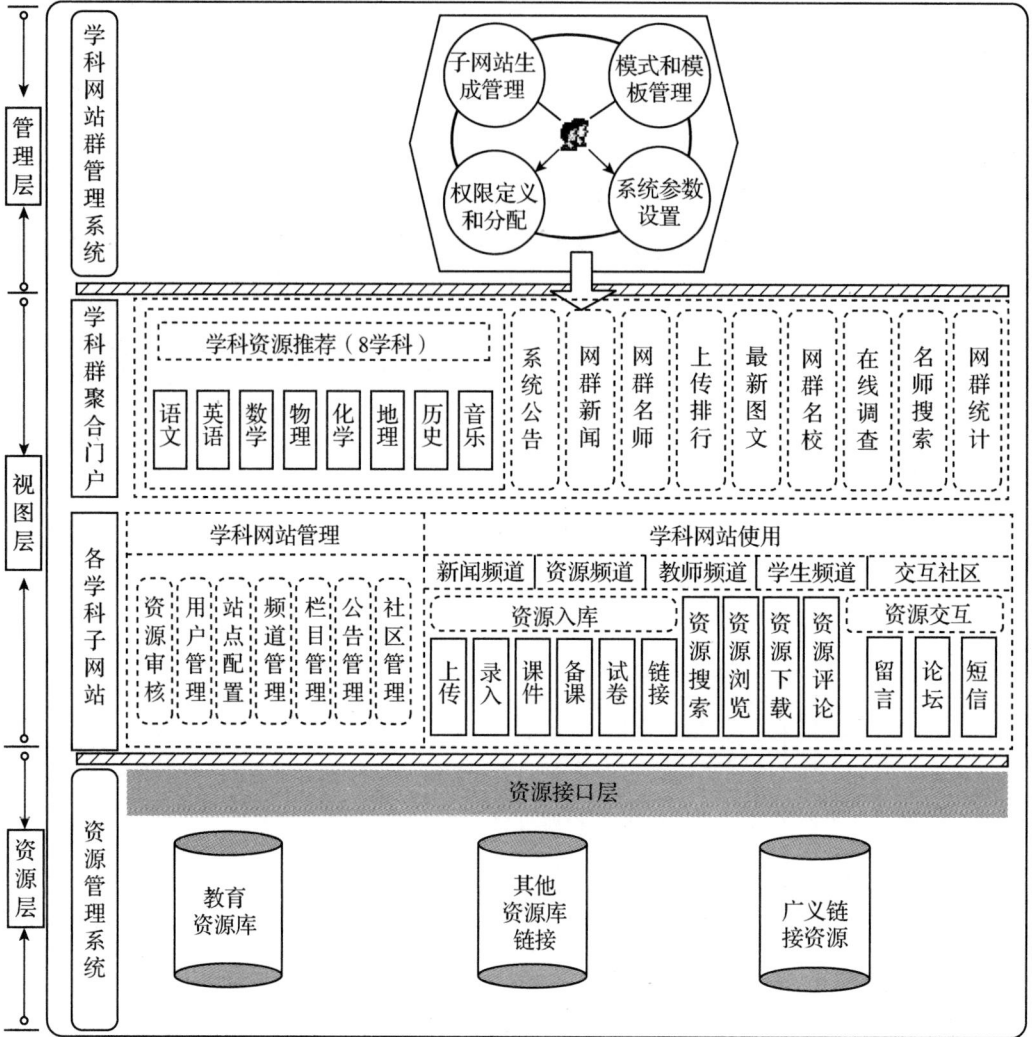

图 10-2-14　学科网站群系统功能结构图

1. 学科网站群管理系统

学科网站群管理系统包括子网站生成管理、模式和模板管理、权限定义和分配、系统参数设置等。

（1）动态网站生成模块。

主要完成自动生成各级别和种类网站的功能。这些网站的生成是完全动态化的，只需简单的几个步骤（如输入网站标题、选择网站种类、选择网站模板、调整网站样式等），点击即可完成新建网站的操作。

(2)可视化网站模板。

系统预定义一系列网站模板，大大简化了网站的建立过程。同时，网站的模板是可以动态修改和自定义的，在共性的基础上体现了个性。同时，网站模板的建立也是动态的，可以动态增加、更改或删除。

①网站颜色模板：颜色模板是将网站的色彩从网页中抽离，并进行格式化，通过 CSS 对页面元素进行统一控制，以实现对网站的色调搭配的管理。系统预定义一系列网站颜色模板，颜色模板的建立是动态的，可以增加、更改或删除。同时，应用于网站的颜色模板是可以更换和自定义修改的，在共性的基础上体现了个性(图 10-2-15)。

图 10-2-15　网站颜色模板管理

②网站布局模板：网站布局模板是对页面中的各元素的位置进行规划，进行一定的格式化，使资源信息按照一定的模式呈现，参见图 10-2-16。

图 10-2-16　网站布局模板

　　系统会预定义几个网站布局模板供用户选择。由于网站布局是必不可少的，因此如果用户不做选择的话，系统就会以默认的模板建立站点。当然，网站的模板在网站建成之后还是可以通过重新设置站点属性实现更换的。

　　网站布局模板与颜色模板配合使用，大大丰富了网站的可选外观。每种布局模板都可以应用所有的颜色模板，而且可以自定义应用于本站的色调，从而形成丰富多彩的外观。

　　③子栏目相应图片动态生成：一个/套网站模板除了对颜色的定义之外，还需着重在各个子栏目添加相应图片动态生成。

　　(3)动态目录管理模块。

　　主要完成各网站频道与目录(包括目录结构、先后顺序、显示位置等)的管理。在每个频道中，超级管理员或学科管理员可根据学科的特点，建立相应的目录，然后把资源放到相应的目录下，对资源进行归类，方便用户使用、搜索、上传、下载资源。每门学科可以建立多个目录，系统最多可以支持4级目录，在每一级目录下又可以动态建立子目录(图10-2-17)。

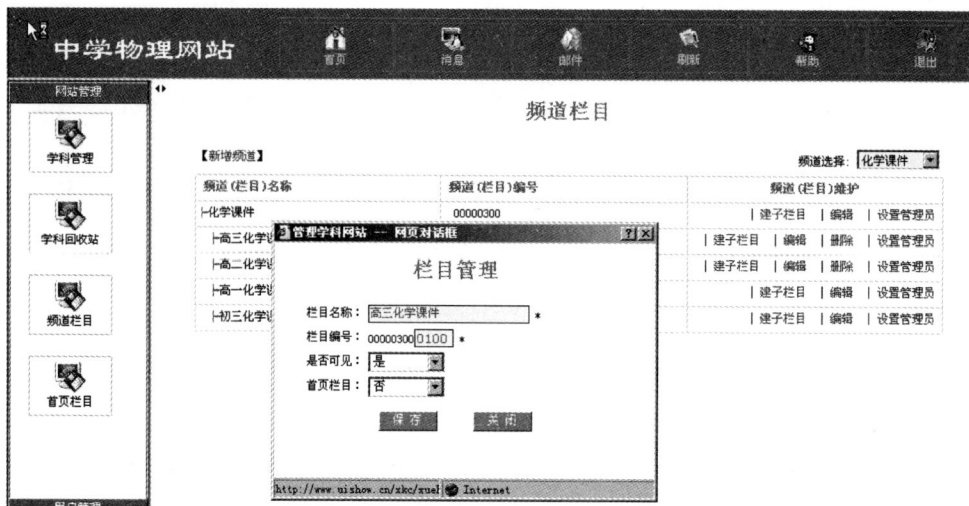

图10-2-17　动态目录管理

　　2. 各学科子网站系统

　　各学科子网站负责本学科网站的配置和维护。主要是本学科的信息发布和资源共享中心，以超文本的方式，按照学科的结构以及教师使用习惯链接和呈现资源，提供动态信息发布、通信交流、电子备课等辅助功能(图10-2-18)。

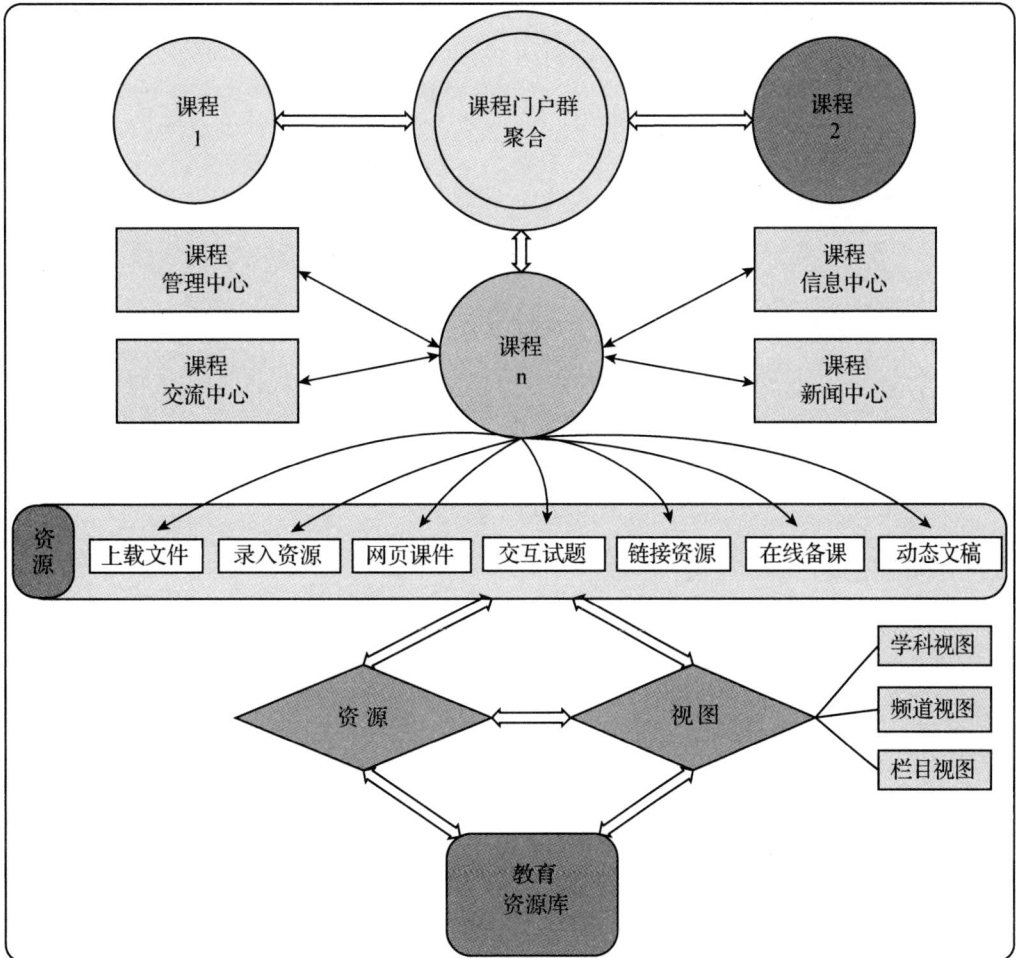

图 10-2-18　学科子网站基本功能结构

（1）信息公告模块。

滚动通知：在学科站点中循环滚动播放通知，管理员可以添加、删除滚动通知。

系统公告：系统管理人员可给本系统下所有学科发送公告并可在所有学科首页显示。

学科公告：学科管理人员可以维护本学科公告，可以添加公告、管理公告。

在线调查：学科管理人员可以维护本学科的在线调查。

（2）新闻中心模块。

通过新闻信息的某些共性进行分类，最后系统化、标准化地发布到网站上的新闻栏目。提供新闻分类、检索和管理的功能，不但使用户可以很方便地浏览和查询新闻，而且使新闻管理人员也能够很轻松地管理新闻，包括上传、修改和删除等操作。

提供固定模板可让用户输入新闻标题、作者、来源和内容，其中内容部分可输入文字，插入图片、表格，添加超链接和附件，可设置字体格式，可选择新闻属性（热点新闻、一般新闻等）。

管理人员可以建立学科新闻中心，可以添加新闻、设置管理员、管理栏目、管理专题（图 10-2-19）。

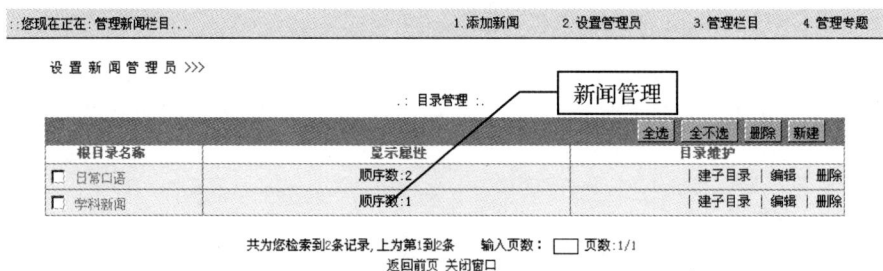

图 10-2-19　发布新闻

（3）可视化资源编辑模块。

提供可视化资源编辑器，可以方便地对文本和网页等格式资源进行可视化生成和再编辑。它具有与 Word 和 Frontpage 相类似的界面，集合了 Word 和 Frontpage 的某些功能。它具有制作网页，实现图文混排，插入表格，插入超级链接，实现对文本的编辑等功能。会 HTML 语言的用户，可以直接用语言进行编辑（图 10-2-20）。

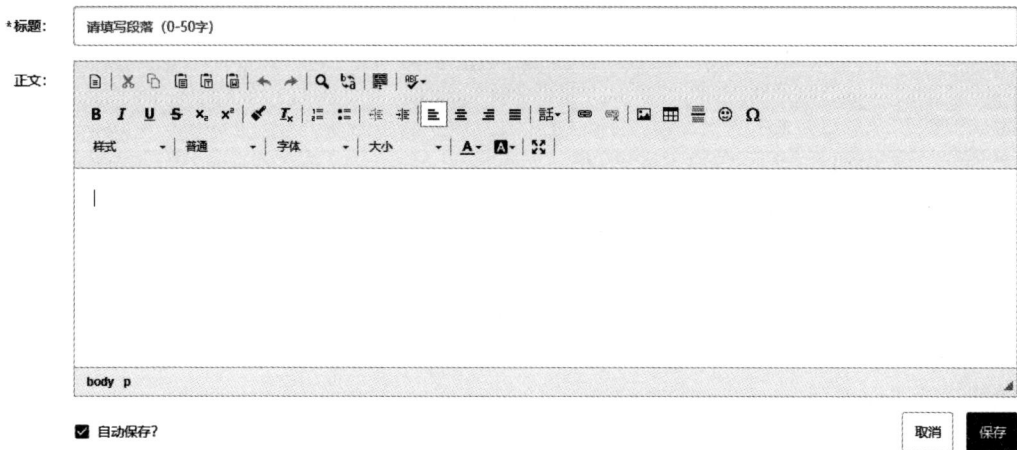

图 10-2-20　可视化资源编辑器

系统允许用户直接将 Word 文件粘贴到系统中，并自动保持 Word 本身的格式，如表格、字体等。用户也可选择只粘贴内容，不带格式，还可插入任意数量的图片、Flash、视频动画，可视化调整位置和尺寸。

(4)工作流支持以及自动消息提醒。

支持信息发布的工作流。一条信息从录入到最后的发布，中间需要经过很多流程。系统会自动将任务发送到下一个处理者，在有新的任务到来时自动提醒用户登录系统完成任务。系统还提供了一个自行开发的消息客户端，只要安装到用户的机器上，当有新的任务到来时，它就会弹出通知，告知用户进行下一步的工作。

①规范的信息编发管理：支持信息采集、编辑、审核、发布的分布式、流程化管理，支持信息的回退、删除及恢复，支持多点信息采、编、审、发的异地协同工作，支持角色临时转移授权编发管理，支持内容的自动预编译管理。

②丰富的信息发布方式：支持信息的增量发布，支持 XML/HTML/JSP 等多种发布格式，支持按栏目、按类别的批量计划内容发布，支持对子门户群集的集群发布。

③灵活的内容导入导出管理：支持内容导入与订阅功能，支持第三方系统内容的计划导入。支持内容导出，支持以 XML 格式或双方预定的格式进行信息推送。

④可定制页面模板管理：页面与内容关联分离，可对模板进行在线编辑维护，支持模板编审流程的管理，达到相对个性化的安排。

⑤高效的审批管理和控制：支持业务流程的审批、支持信息发布的内容、方向的审批、支持信息清理的审批、支持转授权的审批等。

⑥丰富的文章、图片和属性管理：支持多样化文章属性设置，支持文章的生命周期管理，支持文章的分页显示，支持独立图片管理，支持文章连载管理，支持专题管理。

⑦统一的内容版本管理：支持对文章内容、页面模板的版本登记、维护管理。

⑧多样化的信息监控和统计：支持信息发布统计及访问统计，可进行信息发布状态监控，可按栏目、文章进行分类访问统计，并实现分栏目、分文章访问排行，按照时间序列、截面序列的用户行为统计。

(5)个性化功能模块。

我的工具：我的信息，我的短消息，我的通讯簿，我上传的资源。

①我的信息：可以对自己的信息进行修改。

②我的短消息：给系统中的用户发信息。

③我的通讯簿：方便系统用户建立自己的业务联系，可以对用户进行分组，并支持用户批量的选择添加。

④我上传的资源：对于用户上传的资源，在未被超级管理员或者学科管理员审核的时候，用户自己是可以删除的。用户所上传的资源一旦被审核通过，用户自己是没有权限删除该资源的，但是在"我上传的资源"列表中，会有记录。

(6)交互交流模块。

交互社区里提供了论坛、短信等交流模块，用户可以采用合适的方式进行交流。

教师和学生也可以使用合适的方式来讨论探讨问题。交互社区的功能对所有的用户都是适用的。

①交流论坛：提供交流讨论区功能，支持讨论区板块的新建和管理（如关闭/开启，设置版主等操作）。

②短信模块：通过本模块给在线或不在线的注册用户（用户可按类型分组）发送短消息。

(7)数据统计模块。

①在线用户统计模块：实时生成当前学科在线用户的数量，登录用户数目，访客用户数目等。

②站点访问统计模块：实时生成站点的访问流量，站点计数器最多可以支持12位（千亿次）。

③资源统计模块：资源上传排行榜、资源下载排行榜、最新资源排行榜、用户积分排行榜、本学科资源总量统计，今日资源上传、下载统计等。

(8)其他交互模块。

相对独立功能的网站组件，可以丰富网站的交互与互动功能，使所有组件可由用户选择是否在页面中显示。

①文章评论模块：在每篇文章的末尾加上一个"文章评论"的功能，用户点击后进入评论页，可以匿名或署名发表自己的评论。系统提供集中的管理界面里，列出所有评论，管理员可对已发表的评论进行审批、删除等工作。

②文章访问计数模块：该计数器能为每篇文章统计访问的次数，并直接显示在文章页面上。允许用户给每篇文章进行打分。

③某些网上调查系统：开放式的调查系统，具有调查内容分类栏目、最新调查导览、单选及多选投票机制、调查界面嵌入和弹开两种基本模式、防止重复投选功能、多个结果选项、支持调查项目创建、重编辑、删除、用户验证操作、调查项目个性化界面定制操作。可以自动生成调查问卷和分析用户选择的信息，同时将结果显示给用户的系统。

④稿费计费功能：支持计算按照投稿人、编辑、编审等进行文章字数统计、文章分值设定、稿费计算和统计。

⑤广告显示组件：对广告条的信息进行统计分析功能，同时还提供按需求把广告系统分组，可以在不同的位置上放置不同组的广告条。根据对广告条的显示需要，设置广告条的显示时间、显示次数等多项设置。

3. 资源管理系统

调用后台教育资源库管理系统功能，实现对于本学科资源的结构化组织和管理。主要包括可视化资源编辑模块，多类型资源上传模块，资源搜索，资源浏览（详细查看、缩略图查看、预览查看），资源评记，资源审核，资源修改，资源统计，资源链接，资源下载等。

学科网站的网络教研功能为每一位教师、专家提供个人工作室网络空间，实现教育博客、资源管理、网摘、网络百科、资源订阅器（RSS）、站内邮件、即时通信、视频会议、在线培训、论坛、留言板等网络功能。工作室之间可结成协作组，实现网络协同教学、教学研讨、培训交流。协作组可跨越时间、空间界限，以特定的教学、培训、教研目标作为主题，在组内进行资源共享、信息沟通和共同开展网上活动（图 10-2-21）。

图 10-2-21　学科网络教研组

第 11 章

网络教学平台设计

章结构图

网络教学平台设计
- 网络教学支持子系统
  - 课程内容管理模块
  - 学科知识本体协同编辑模块
  - 实时多媒体授课模块
  - 在线作业模块
  - 自动答疑模块
  - 师生交流工具模块
  - 学习活动设计与管理模块
  - 移动学习模块
  - 基于Web的虚拟实验室模块
  - 发展性评估模块
  - 学习预警模块
- 网络教学资源管理子系统
  - 课程资源管理系统
  - 课程信息网站生成系统
  - 教学资产与档案管理系统
- 网络教务管理子系统
  - 专业管理
  - 课程管理
  - 学生管理
  - 教师管理
  - 考务管理
  - 系统配置与管理
- 网络课程协同开发子系统
  - 常规网络课程录制与开发
  - 协同开发系统总体结构
  - 个性化标注与协同编辑
  - 协同批注与编辑中的版本控制

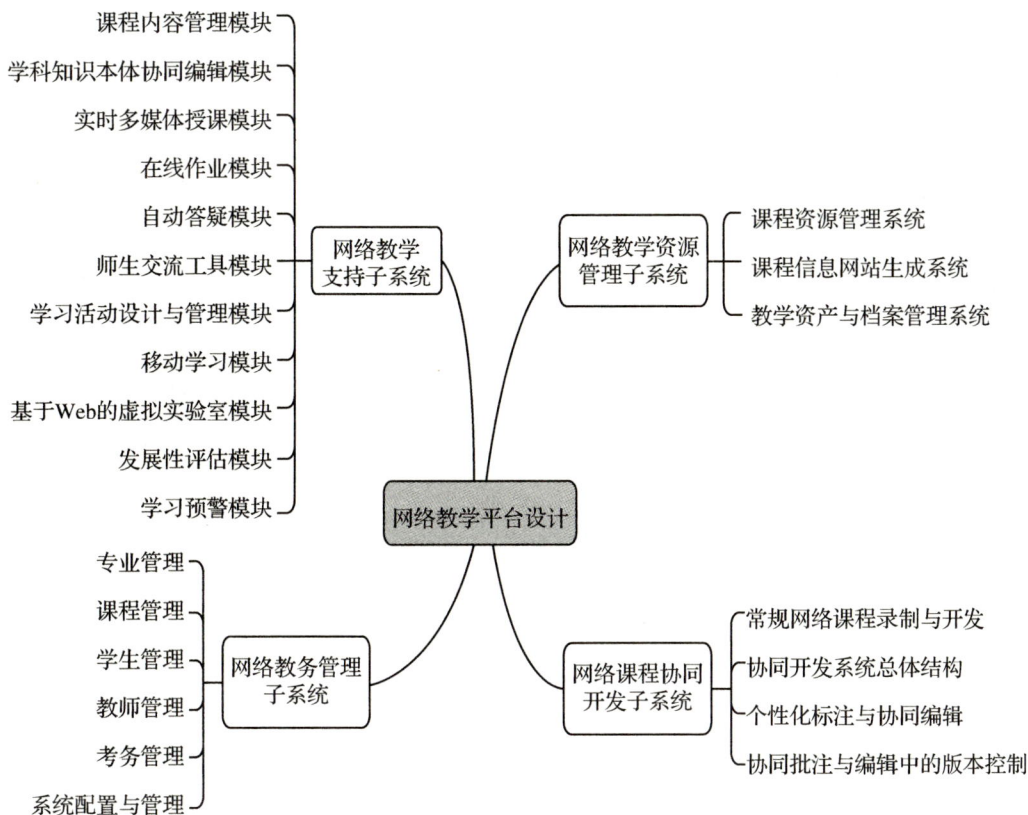

　　网络教学平台作为开展在线学习的重要支撑，可以为教师在网上实施教学提供全面的工具支持，屏蔽程序设计的复杂性，使得教师能够集中精力教学，也使得网上教学从简单的教学信息发布变成一个充满互动与交流的虚拟学习社区。

　　网络教学平台是建立在通用的互联网基础之上的，专门为基于双向多媒体通信网络的远程教学提供全面服务的软件系统。网络教学平台的基本组成可分成 4 个部分：网络教学支持子系统、网络教务管理子系统、网络课程协同开发子系统、网络教学资源管理子系统，其基本组成如图 11-1 所示。

网络教务管理子系统　　　　　　　　　　网络教学支持子系统

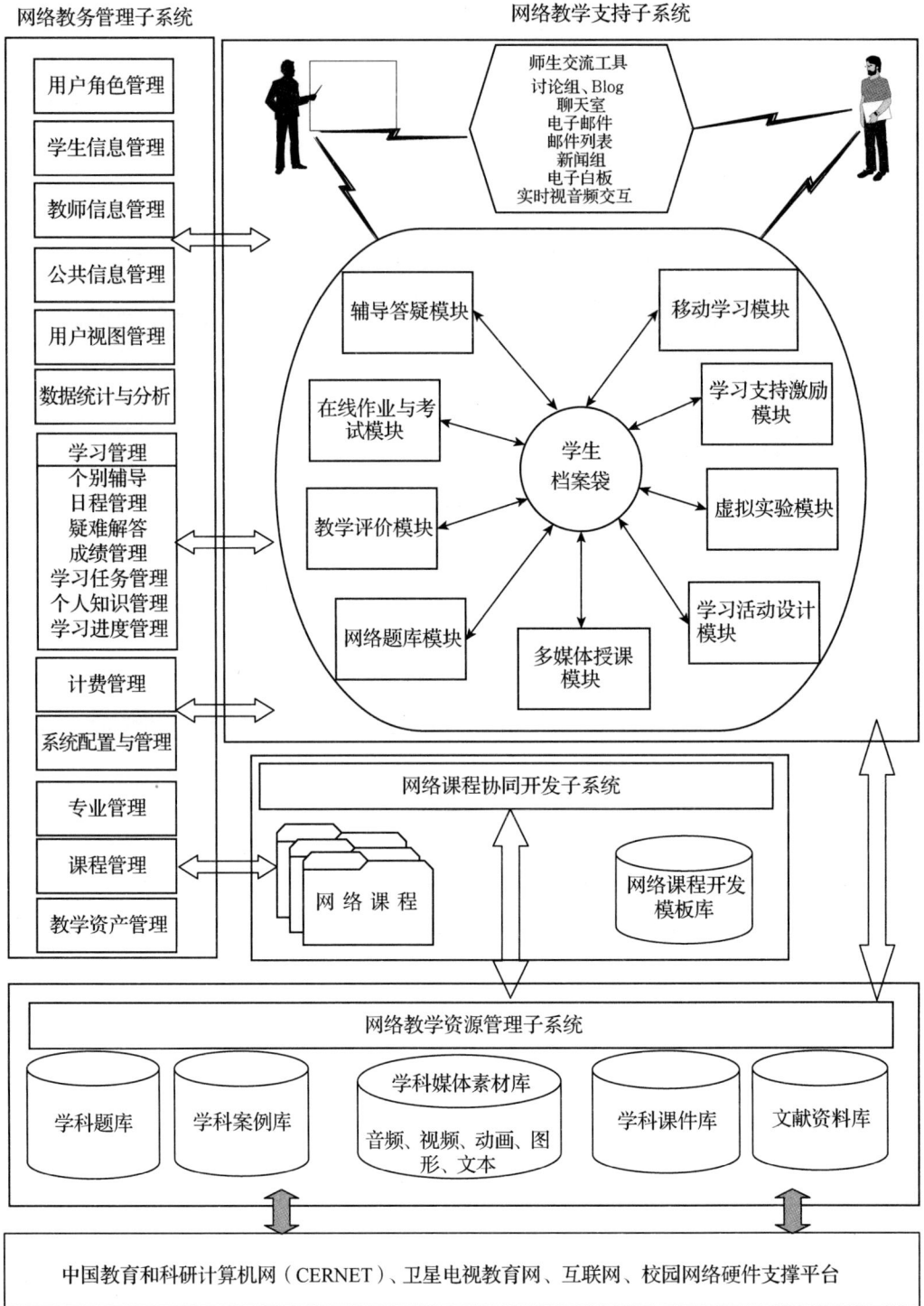

图 11-1　网络教学平台的体系结构图

11.1
网络教学支持子系统

网络教学支持子系统是一整套提供网络教学交互服务的工具软件。它以网络课程为核心，在教学管理系统的支持下，合理有效地利用学科教学资源，为实施全方位的网络教学提供服务，将网络课程与学校的远程教学服务进行了有机集成。它为教师和学生之间提供了信息化的交互空间与交互手段，一般由以下模块组成。

11.1.1　课程内容管理模块

网络教学的内容组织，一般是以课程为核心的。课程内容管理模块主要用来创建、修改、删除课程等，还包括学习对象管理、学习对象搜索等，并且提供与教务子系统中课程管理的接口，实现学生网上选课、退课的管理、学科教师的配课、助教的指定等。课程内容管理模块的功能结构如图 11-1-1 所示。

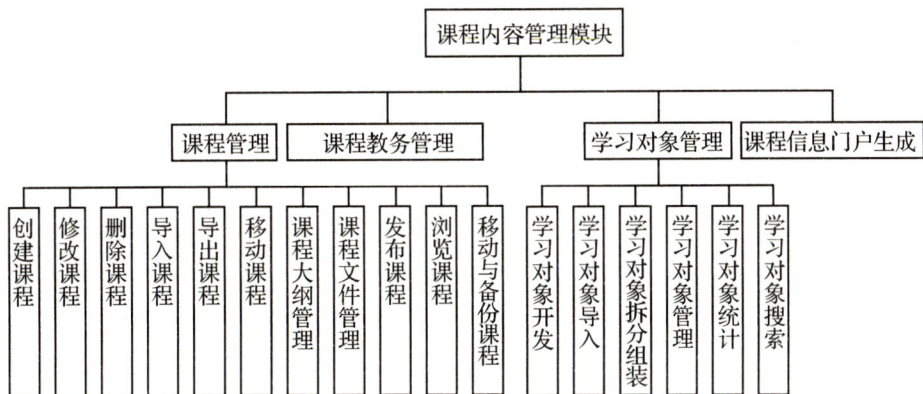

图 11-1-1　课程内容管理模块

1. 课程管理

①创建课程：课程开发人员既可以利用在线可视化的网络课程协同编辑工具创建课程，也可以使用系统内置的几种课程模板填上适当的教学内容生成课程。

②修改课程：课程开发人员、管理员可以对已有的课程进行重新编辑，包括元数据标识、内容编辑、样式修改、结构调整等。

③删除课程：管理员可以选择单个网络课程资源进行删除也可以多选批量删除，删除操作时系统提示是否确定删除。

④导入课程：管理员能够从外部导入多种类型的课程资源，除了普通网页压缩包外，还要支持符合 SCORM、IMS、AICC、CELTS 等国际国内通用学习资源标准的网络课程。

⑤导出课程：管理员可以从平台单个或批量导出网络课程资源到本地硬盘。

⑥课程大纲管理：设计网络课程的内容组织结构，通过大纲统贯课程各个组成部分，使其成为有机整体(图 11-1-2)。

图 11-1-2　4A 网络教学平台的课程大纲编辑

⑦课程文件管理：管理员提供给学生使用的课程相关文件与资源，采用类似 Windows 资源管理器的方式，可方便添加、删除、编辑、查找目录和文件。

⑧发布课程：编辑完成的课程或导入的成品课程，管理员可以发布课程供学科教师使用。

⑨浏览课程：管理员、学科教师、课程开发人员可以浏览网络课程资源。

⑩移动与备份课程：管理员可以将课程资源单个或批量在不同的目录间移动；可以将课程单个或批量备份到指定目录。

2. 课程教务管理

提供课程教务管理的入口，管理员直接进入教务系统为教师配课、指定助教、生成课程表、指定开课计划等。

3. 学习对象管理

学习对象是任何具有重用特性并用来支持学习的数字化资源，具有可重用、可共享、易访问、可聚合、跨平台等特征。大量可重用的学习对象可以通过不同方式的组合形成内容丰富、形式灵活的 SCORM 网络课程。学习对象又是与 LMS 交互的最小单元，对学习对象的科学管理一方面将方便多种网络课程的开发，另一方面将更好地追踪学习对象的学习过程。总之，对学习对象设计开发将极大地促进远程教育资源的大范围共享。

(1)学习对象开发。

系统内置流行的学习对象开发插件(如 Lom Editor、Reload Editor)，相关人员可以方便地开发学习对象，具体实现的功能包括以下几点。

①微单元管理：包括上传、查找、删除、修改学习素材资源(如文本、图片、声音、动画、视频等)。

②元数据标识：对学习素材进行元数据标识，描述其基本属性。

③内容包装：组织内容结构，生成内容清单文件 imanifest. xml。

(2)学习对象导入。

系统可以单个或批量导入学习对象成品，对于格式不规范的学习对象系统能够自动提示，并能够显示导入进度。

(3)学习对象拆分组装。

管理员或课程开发人员可以对学习对象进行集成变换，生成不同的 SCORM 网络课程，也可以对生成的 SCORM 课程重新拆分。

(4)学习对象管理。

①添加学习对象：课程开发人员、管理员可以添加学习对象，利用内置的学习对象插件进行在线开发。

②修改学习对象：课程开发人员、管理员可以对已有的学习对象元数据、结构等进行修改。

③删除学习对象：课程开发人员、管理员可以单个或批量删除学习对象。

④学习对象分类：管理员可以对学习对象进行分类。

⑤学习对象排序：课程开发人员、管理员可以对学习对象按类别、创建日期、名称等进行排序。

⑥学习对象查找：课程开发人员、管理员可以对学习对象按类别、创建日期、名称等进行查找。

(5)学习对象统计。

①学习对象总数统计：统计系统现有的学习对象总数、每类学习对象的数目。

②学习对象使用统计：统计学习对象的使用次数、平均使用频率并能按次数排序。

③统计报表导出：管理员可以将学习对象统计报表导出作为评估材料。

(6)学习对象搜索。

提供灵活、高效、准确的搜索引擎，支持精确查找、模糊查找，可以在最短时间内提供满足用户需要的学习对象。

4. 课程信息门户生成

管理员可以对学期所开课程有选择性地生成课程信息门户(课程网站),作为用户进入课程的门户界面。管理员根据课程信息发布的具体需要确定网站的结构,进行详细的网站栏目设计。建立一个有效的网站栏目结构,每个课程网站可包括任意的栏目及子栏目,栏目包括一般栏目和引用栏目(如头条新闻、图片新闻等),可任意调整显示顺序,可以进行布局和风格的定制,可以及时发布课程内部的动态信息。

11.1.2 学科知识本体协同编辑模块

学科知识本体是指各学科中相关概念模型的明确的规范说明,通过网络本体语言(Web Ontology Language,OWL)对这些知识及其知识关系进行形式化描述,形成能被计算机理解的数据结构。

学科知识本体的构建和进化是一个巨大的工程,特别是一些语文中大量的实例知识和人文性知识需要做关联和编辑,实现有效的本体进化需要有一个基于 Web 环境的协同本体编辑系统,确保多用户、多任务的本体编辑和进化,同时本体编辑还需要有审核机制以确保进化的准确性。学科知识本体协同编辑模块主要包括六大功能:本体管理、跨领域知识关联、本体可视化、语义标注、版本进化审核和本体存取。

1. 本体管理

这部分类似斯坦福大学开发的 Protégé 的相关功能,如本体领域、概念、对象属性、数据属性、实例的管理,包含增、删、查、SPARQL 检索,用户对本体的操作都会进入版本控制机制的监督中,以明确本体的正确性。用户对骨架本体的每次操作都会生成一个新的本体版本,当本体出现异常时可以退回到上一个版本。

2. 跨领域知识关联

进行跨领域的概念关联,实现不同领域本体概念的相交、不相交概念的关联;对象属性也可以连接不同领域的信息,如汉字领域"组词"对象属性,连接的是汉语词汇领域中的词汇类。跨领域的知识关联连接不同学科的知识,促进不同学科知识的整合,有助于学生把不同领域、不同学科的知识建立联系,达到知识的结构化。

3. 本体可视化

利用可视化技术动态生成本体类和属性以及实例的树形、网状等多种形式的可视化视图,形象化地展示类与类之间、实例与实例之间的不同类型的关系。不同类型视图能够满足用户不同的功能需求,视图利用不同颜色的节点、不同的线条等方式来展示不同的类、属性以及相互之间的关系,当节点过多、关系较复杂时,视图能够自动调整显示样式和布局,为用户提供较好的体验,如图 11-1-3 所示。

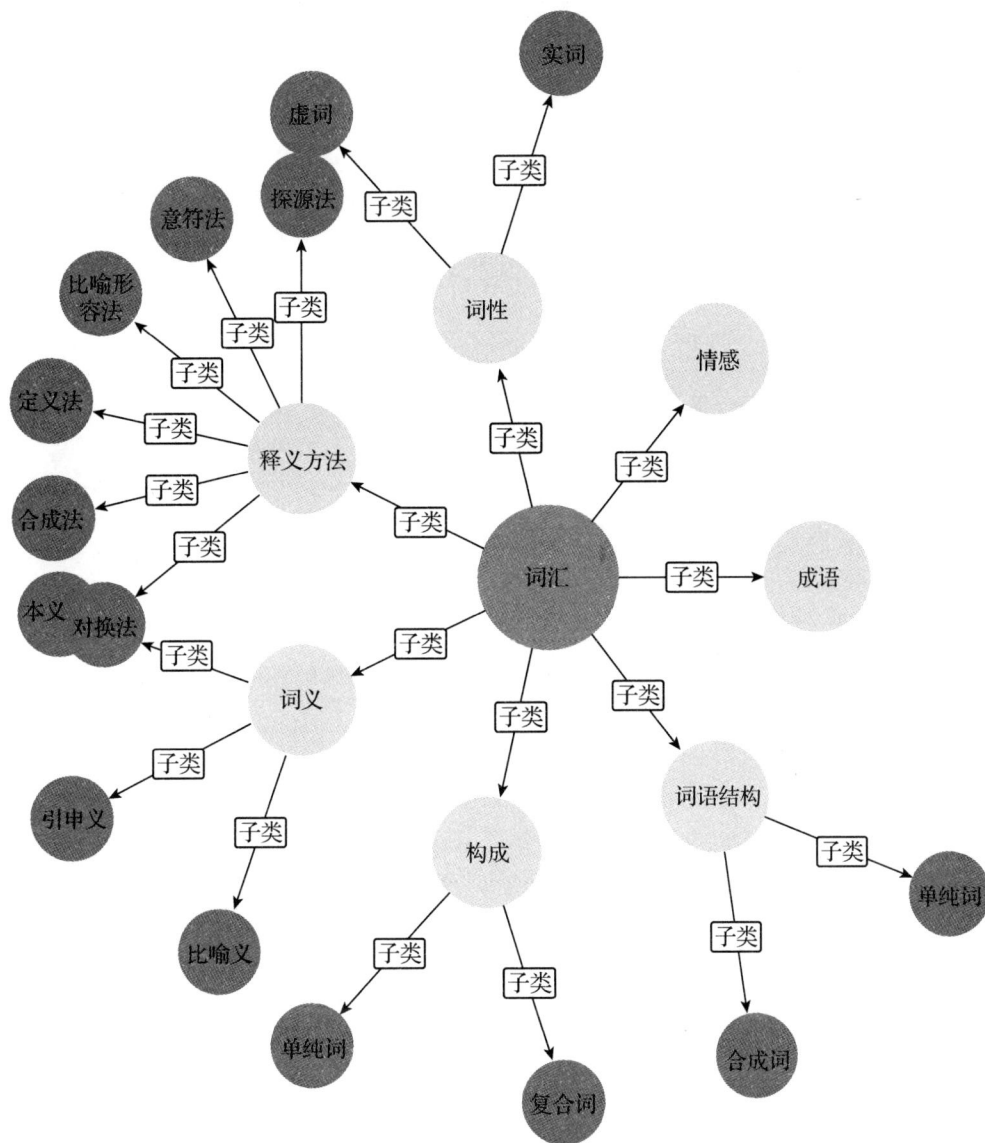

图 11-1-3　本体可视化样例

4. 语义标注

利用人工标注的方法实现从文档、课文内容中标注知识概念，既拓展了知识概念的实例，也完善了知识概念与相关课文、相关学习资源的关联。用户标注内容被审核通过后，知识点—知识实例—对应课程—相关学习资源可以建立关联，用户可以从任一个点出发，获取其他相关内容。

5. 版本进化审核

为了保证学科知识本体进化的准确性，同时降低管理员审核工作量，系统设置了本体版本和进化审核模块实现本体版本管理和进化控制，确保本体进化的完备性和正确性，如图 11-1-4 所示。

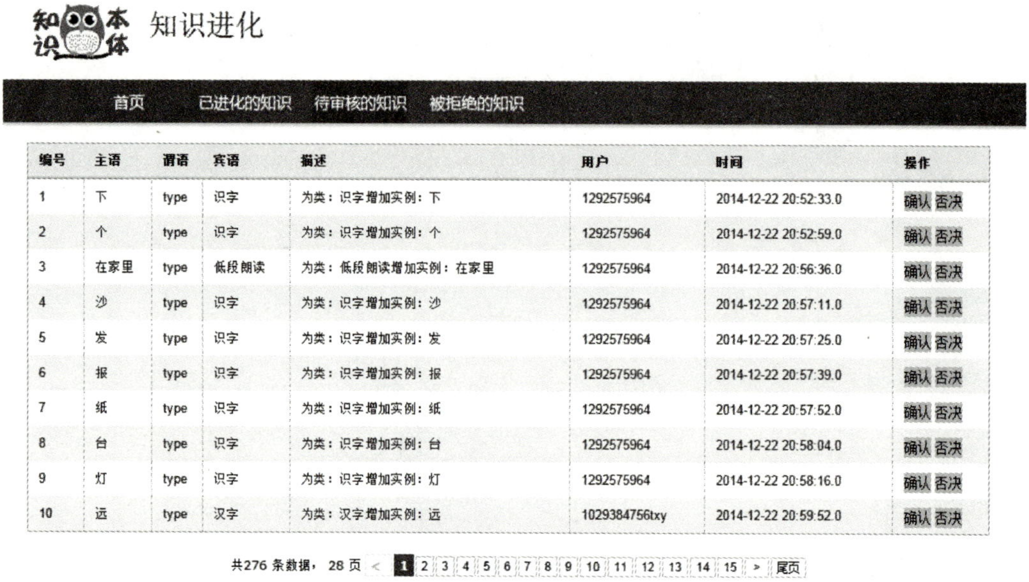

编号	主语	谓语	宾语	描述	用户	时间	操作
1	下	type	识字	为类：识字增加实例：下	1292575964	2014-12-22 20:52:33.0	确认 否决
2	个	type	识字	为类：识字增加实例：个	1292575964	2014-12-22 20:52:59.0	确认 否决
3	在家里	type	低段朗读	为类：低段朗读增加实例：在家里	1292575964	2014-12-22 20:56:36.0	确认 否决
4	沙	type	识字	为类：识字增加实例：沙	1292575964	2014-12-22 20:57:11.0	确认 否决
5	发	type	识字	为类：识字增加实例：发	1292575964	2014-12-22 20:57:25.0	确认 否决
6	报	type	识字	为类：识字增加实例：报	1292575964	2014-12-22 20:57:39.0	确认 否决
7	纸	type	识字	为类：识字增加实例：纸	1292575964	2014-12-22 20:57:52.0	确认 否决
8	台	type	识字	为类：识字增加实例：台	1292575964	2014-12-22 20:58:04.0	确认 否决
9	灯	type	识字	为类：识字增加实例：灯	1292575964	2014-12-22 20:58:16.0	确认 否决
10	远	type	汉字	为类：汉字增加实例：远	1029384756txy	2014-12-22 20:59:52.0	确认 否决

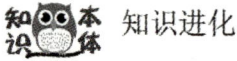

图 11-1-4　本体进化管理

6. 本体存取

本体存取模块利用 OWL API 和 Jena API 实现对底层数据(文件、图数据库)的添加、删除和修改操作。当知识实例的数量相当庞大时，无法直接储存在 OWL 文件中，这时可采用把实例、类、属性、推理规则等都储存在 JENA TDB 语义数据库中的方式，而骨架本体则用 OWL 文件储存，以方便用户提取和迁移其他平台(如 Protégé)操作。

11.1.3　实时多媒体授课模块

实时多媒体授课通过远程教学现场的多媒体录制和网络传输，实现远程教学全部现场的直播和师生间的交互，提供文字、音视频、课件、电子白板、互动广播教学，自由互动等全方位的音视频实时交互功能。

实时多媒体授课模块的交互方式主要有实时视频交流(利用视频会议工具，用户之间可以进行实时视频交流，或者进行实时视频教学)，屏幕图像交流(利用屏幕广播、监视、遥控等手段，用户之间可以在网络中进行屏幕图像交流)，语音交流(用户之间可以通过麦克风和耳机进行实时的语音交流)，文字交流(用户之间可以通过输入文字进行实时交流)，文件交流(用户之间可以互传文件)等，其功能结构如图 11-1-5 所示。

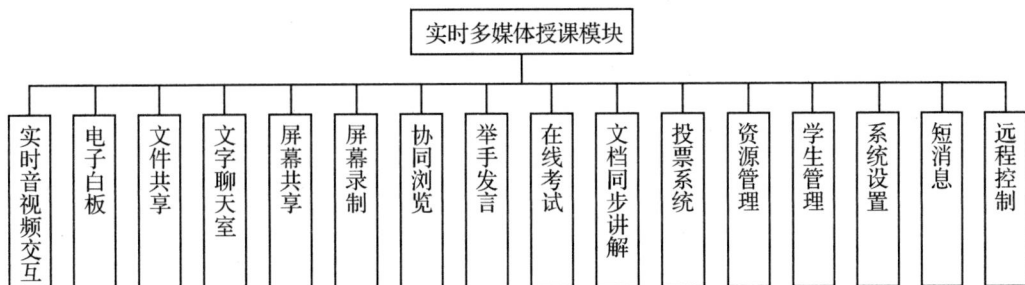

图 11-1-5 实时多媒体授课模块

1. 实时音视频交互

①视频交流：系统提供双向视频连接（教师和学生），只需使用标准的 USB 摄像机，无须使用视频卡，参加者即可友好地进行面对面的交流。

②语音交互：系统支持实时全双工自然对话，独特的语音混合功能让所有其他参加者可以自然地听到对方的声音，好像两个人在同时讲话一样，而不像两个独立的间歇性数据流。

2. 电子白板

①手写操作：教师可以画笔、画框、画圆、标注图形、文字输入等，可任意修改大小位置和内容，进行注解、介绍或者板书。默认情况下，教师控制白板，学生需要教师授权才能操作白板。

②白板录制：系统会对白板上所书写的每一笔画顺序进行记录保存。

③录制回放：系统支持录制回放，用户可以播放操作记录，并能控制开始、暂停、停止、快进、快退等。

④记录修改：教师可以对系统录制下来的白板操作过程进行修改，如修改字体、改变图形、删减内容等。

3. 文件共享

①共享文件选择：教师可编辑树状结构来组织课堂内容，添加课堂需要的 Word、PPT、PDF、Visio、AutoCAD、Pagemaker、Photoshop、Flash 等各种形式的文档。通过文档共享窗口将文档的讲解过程共享给所有在线人员，其他学生可以看到教师在文档上的翻页、画笔标注等操作。

②共享学生选择：教师具有文件控制权，可以选取文件共享的学生，被选中的学生可以查看文件，教师可以单个或批量选择。

4. 文字聊天室

①发送消息：用户可以发送消息，既可以公开，也可以选择聊天对象私自发送消息。

②消息设置：用户可以设置文字的字体、字号、颜色、背景等属性。

③清空消息：教师控制聊天区的记录显示，可以全部清空聊天记录。

④管理用户：教师是聊天室的管理员，可以允许某个学生加入聊天室，也可以将某个学生踢出聊天室。

⑤自动过滤：系统具有自动过滤功能，可以将不文明的字词进行过滤。

5. 屏幕共享

远程授课涉及操作演示时，教师可以控制屏幕共享，既可以共享整个桌面，也可以共享某个指定的程序，让学生可以看到教师的实时操作，传输延迟不要超过 5 秒。

6. 屏幕录制

提供专用的录制和播放软件。教师进入同步课堂，开启屏幕录制功能，同步教学的所有过程(电子白板、文档共享、协同浏览、文字聊天等)都被录制下来并自动生成可以重复播放的流媒体课件，供学生点播观看并作为档案保存。教师控制屏幕录制的启动、停止、重播等。

通过屏幕录制，授课系统可以让用户点播教师授课的视频课件，也可以在网上实时收看教师的课堂教学实况转播。当用户在客户端点播相应的课程时，教师的授课视频将和 PPT 或 HTML 的讲稿同步播放(图 11-1-6)。

图 11-1-6 典型教学平台录制的课件

7. 协同浏览

在实时课堂上，经常需要访问外部互联网资源，教师作为导航者通过协同浏览带领学生访问指定的网站，获取信息资源，并可以在浏览的页面上根据需要做标注。

8. 举手发言

学生可在需要提出问题时单击"举手发言"通知老师需要发言，经老师允许后，该学生可与教师对话，其他人也可以同时听到老师和发言者的对话以及发言者的视频。

9. 在线考试

教师随堂发布一些交换性的试题，要求学生作答，系统会对作答数据进行分析，教师可以通过这个功能检查学生学习效果，也可以作为互动手段，促进在线学习的投入。

10. 文档同步讲解

远程实时授课时，教师可以控制授课文档的同步讲解操作，教师端和学生端看到的讲解画面要同步，延迟不要超过 5 秒，尽量保证远程授课的实时性。

11. 投票系统

①编辑投票：教师可以就某一话题提起投票，并可以添加、编辑、删除投票内容。

②发布投票：教师可以发布投票，发布后学生可以参与投票。

③参与投票：投票发布后，学生可以选择投票项并提交投票查看结果。

④统计分析：系统自动生成投票的统计图表。

12. 资源管理

教师可对在线授课需要的各种资源进行上传、修改、删除、共享等管理操作，包括批量上传等处理。实际授课时，只需要简单点击选择，即可实现资源分享发布。

13. 学生管理

对参与实时交互教学的学生进行管理，可以对学生文件共享、屏幕共享、投票权、文字聊天、协作浏览等权限进行控制，也可以将教师的部分权限分配给某个学生，可以将学生踢出实时交互课堂。

14. 系统设置

①自动诊断上网类型：用户进入课堂后，系统会自动检测用户当时的网络情况，而选择不同的上网方式，不同的上网方式决定着课堂中视频和音频的质量。

②手动更改上网方式：如果用户对系统检测出来的上网方式不满意，可以通过手动的方式来设置上网方式，来改善用户在课堂中的视音频质量。

③压缩格式设置：教师端可以选择相应的视频压缩格式，从而调整教学系统所需的带宽。

④屏幕布局设置：可以对屏幕的布局(全屏、二分屏、四分屏、画中画等)进行控制。

15. 短消息

①发送短消息：短消息传输速度快、占用带宽少、快捷方便，远程实时授课中，教师与学生之间可以互发消息进行快速交流。

②接收短消息：用户可以接收其他用户的短消息。

③拒绝短消息：用户可以拒绝其他用户的短消息。

④短消息控制：考虑到教师控制教学的需要，授课教师可以控制是否允许学生间互发短消息。

16. 远程控制

该功能主要用于计算机等操作性较强的课程教学。实时远程教学中，教师能够遥控辅导全部学生或单个学生，可以将学生机锁定，手把手地教会学生如何操作。

11.1.4　在线作业模块

在线作业模块是任何教学平台不可或缺的功能模块之一，是巩固课堂教学、保证远程自主学习效果的重要手段之一，具体功能结构如图 11-1-7 所示。

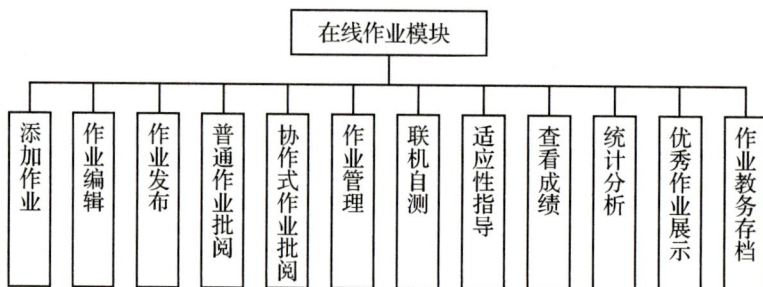

图 11-1-7　在线作业模块

1. 添加作业

教师可以添加作业，设定作业的时间限制、作业的分数、是否允许离线作业、是否允许多次作业等基本属性，支持多种组卷方式。

①智能组卷：学生只需选择题型，设置相应的题数和时间数即可。系统将根据学生的设置首先提取学生以前没有测试过，或者测试的成绩不太理想的知识点的相关题目来组卷（图 11-1-8）。

作业->管理作业->自动布置作业

步骤二：请选择章节

章节	选择	题量
I—计算机网络概述	☐	20
I—计算机网络概述	☐	10
I—网络通信原理	☐	8
I—通信系统基本组成	☐	2
I—本章练习题	☐	2
I—网络体系结构和协议	☐	6
I—OSI基本参考模式	☐	1

图 11-1-8　4A 网络教学平台作业生成工具

②选题组卷：系统首先呈现一个题型列表供学生选择，根据课程的不同，系统呈现的题有所不同。学生在选定的题型中能以知识点或试题内容等方式查询出具体题目来组卷。

③定制组卷：系统首先呈现一个题型列表，在学生选择完题型后，就会生成一张题型——知识点的二维表，然后由学生在二维表中设置相应的题数和时间数，最后系统

从题库中随机抽取相应题数组卷。

　　④模板组卷：教师可以事先定义好一些包含组卷参数的模板，学生在模板组卷方式中只需选择教师定义的模板即可。

　　⑤快速智能组卷：学生自测完毕后可继续"快速智能组卷"，即系统会根据学生前一次自测的参数，再结合学生知识点的自测情况和掌握情况快速地组卷供学生自测。

　　2. 作业编辑

　　教师可以在线编辑作业，也可以从 Word、Excel 等格式文件导入平台，可以设定作业名称、作业描述、作业分数、作业时间限制、关联知识点、是否允许学生下载等基本属性。

　　3. 作业发布

　　对于已经编辑好的作业，教师将其发布后，系统可以自动短消息通知学生。对于已经发布的作业，教师无法继续编辑作业内容，但可以修改作业的基本属性，如适当延长作业有效期的时间等。

　　4. 普通作业批阅

　　教师可以在线批改作业，评定作业的等级分数并给予适当的评价语，其中客观题系统自动批阅、主观题教师评阅。

　　5. 协作式作业批阅

　　在学生提交作业成绩后，教师可以采用协作式批阅的方式。当教师对学生的作业进行批阅，并附上教师个人意见后，允许学生重新测试，学生测试后再提交，教师再批改。经过几轮交互后，教师最后给定学生成绩。

　　6. 作业管理

　　教师可以对课程的所有作业进行统一管理，教师具有增、删、查、改等权限，可以对作业进行分类管理。对于已经完成的作业，教师可以将作业归档。学生提交的作业，教师可以批改作业(学生间也可以互批)，并评定等级、给出作业评价、推荐优秀作业。教师还可以查看作业的提交情况，对哪些未提交作业的学生，系统会自动短信提醒。

　　①修改作业：教师可以对已经保存但尚未发布的作业进行修改，包括作业基本属性的设置和试题内容的重新编辑。

　　②删除作业：教师可以单个或批量删除作业。

　　③查找作业：教师可以按多种方式(作业名称、学号、班级等)查找作业。

　　④作业归档：对于已经完成的作业，教师可以将作业归档保存。

　　⑤优秀作业推荐：教师可以选择优秀的作业向全班展示。

　　⑥短信提醒：对于未及时提交作业的学生，系统会自动短消息提醒。

　　⑦作业成绩单生成：系统可以自动生成学生学期历次作业的成绩单。

　　⑧作业发布：可在课程内容中嵌入平台发布的作业，实现平台与课程一体化。

⑨作业抄袭预警：对于答题内容非常类似和一致的作业，尤其是主观题答题内容一致的作业，进行抄袭预警。

⑩作业互批：教师可以通过设置"允许互批"属性，允许学生间相互批改作业，默认情况下，只有教师可以批阅学生作业。

7. 联机自测

教师发布一个作业生成的规则，每个学生点击这个作业时，系统会根据规则生成一份作业，供学生作答，作答提交后，系统会自动批阅反馈，同时将学生没有作答正确的知识，再次生成作业，供学生练习，直到全部作答正确。

8. 适应性指导

系统还会对学生的测试结果进行智能性分析，根据学生在试题的表现和试题与知识点、认知分类的关联关系，获知学生达到教学目标的范围和程度，生成针对学生个人的指导语，提示学生在哪些方面已经达到教学要求，哪些还需要加强训练，并为学生准备相关的教学材料，包括错答题目的例题讲解和题目所考查的知识点的教学目标的说明性材料等。

9. 查看成绩

学生可以查看自己历次的作业成绩、班级排名等，另外，系统还提供作业搜索功能，方便教师、学生快速准确定位作业。

10. 统计分析

①作业提交情况统计：系统可以对历次作业的学生提交情况进行统计，包括已提交人数、未提交人数、提交时间（图11-1-9）。

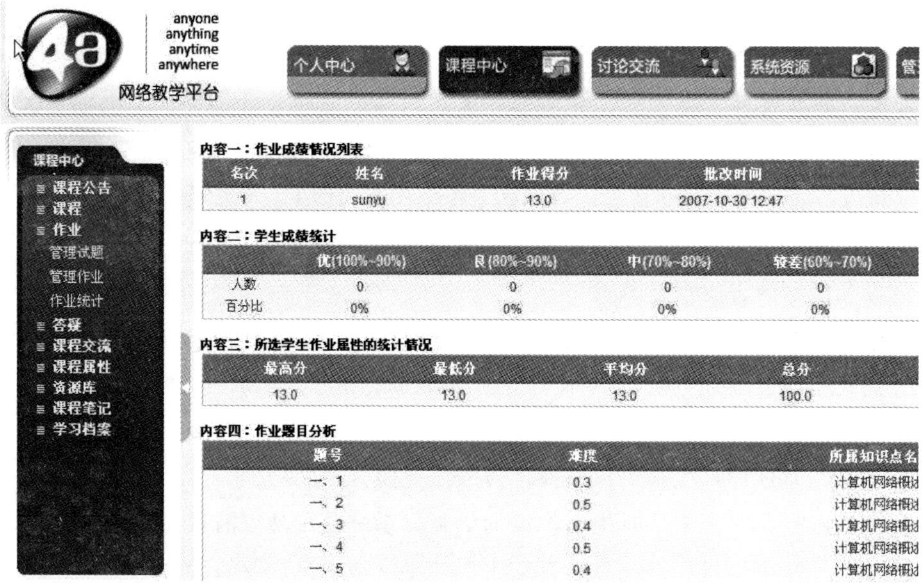

图 11-1-9　4A 网络教学平台作业统计

②学生历史成绩统计：教师也可以对单个学生的历次作业成绩进行整体统计，给出针对性的学习建议。

③班级学生成绩统计：教师可以对每次作业的整体情况进行统计分析，包括每个学生的成绩、优秀率、及格率等，系统自动生成详细的统计图表，为教师掌握教学效果，诊断学生知识缺陷提供有效支持。

④作业题目统计分析：系统可以对作业的每道题目的正确率进行统计，系统还可以根据作业的统计数据，运用教育评估理论分析题目的质量，如区分度、难度等。

⑤统计报表导出：教师可以将作业统计报表导出备案。

11．优秀作业展示

每次作业完成，教师可以选取指定数目的优秀作业，发布到优秀作业展示区，供其他学生参考。

12．作业教务存档

对于教师要求学生必做的作业，系统会自动将学生历次的作业成绩存入教务系统备案。

11.1.5　自动答疑模块

自动答疑是一个适应性的知识库系统。传统网络教学平台的答疑模块提供了专门功能以供教师解答学生提出的各种问题。随着问题和解答数量的增加，系统自动建立问题/解答资源的分词索引。学生提交新的问题时，系统会检索原有的解答内容并尝试给出匹配的答案，如果没有合适的答案，系统会将问题提到未解答问题列表中让教师等来解答。各种文献对自动答疑产品的研究思路、功能模块可能不尽相同，但总体说来，自动答疑系统主要可以分为以下 4 个子系统，如图 11-1-10 所示。

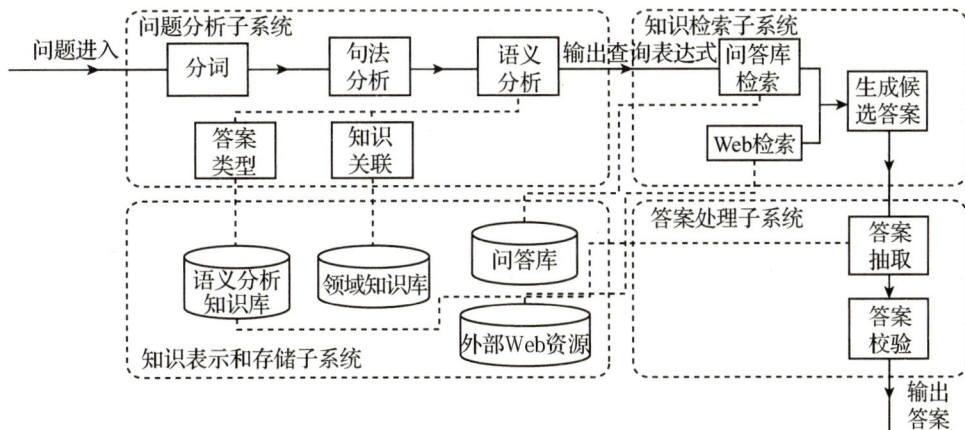

图 11-1-10　自动答疑模块[①]

[①]　陈天：《基于义素的网络本体模型及其应用研究》，博士学位论文，北京师范大学，2005。

1. 知识表示和存储子系统

自动答疑系统的知识表示和存储子系统主要包括问答库、语义分析知识库、领域知识库和其他非结构化或半结构化的知识(如外部 Web 资源等)。

问答库中存储着预先准备的常见问题和解答,系统使用过程中累积的问题和解答也可以被逐步加入。

领域知识库中存储着答疑系统支持的某个或某些知识领域的重要概念及其相互关系。这些关系可以是树状结构的(主要是父子概念关系),也可以是网状结构的(语义网络表示的概念关系,更为复杂和精确)。

其他非结构化和半结构化的知识主要是指零散的文件、Web 资源等。

2. 问题分析子系统

问题分析子系统的作用是将用自然语言提出的问题经过分析处理为计算机系统可理解的形式化表示方式。其工作流程一般包括分词、句法分析、语义分析几个部分。通过分词,可以将问题句切分成多个关键词;句法分析则可以确定问题句的基本句式结构,为语义分析奠定基础。

3. 知识检索子系统

知识检索子系统的作用是根据查询表达式,从各种类型的知识库中检索出相关的知识内容。一般而言,知识检索子系统先检索出问答库和 Web 资源中的可能相关知识,再根据问题分析子系统提供的答案类型、语义扩展信息对检索结果进行过滤,然后将检索结果交由答案抽取子系统进行处理。

4. 答案处理子系统

答案处理的作用是对候选答案进行分析和验证,从中得到问题的最终答案,主要包括答案抽取和答案校验两个部分。其中,答案抽取是将检索结果(一般是文本块)中符合问题要求的部分抽取出来,而不是把整个文本块呈现给用户。具体来讲,系统可为用户提供以下功能(图 11-1-11)。

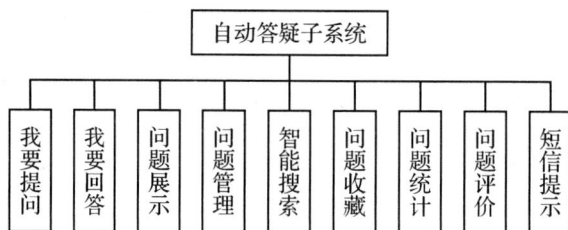

图 11-1-11　自动答疑子系统

(1)我要提问:用户提交问题后,系统自动搜索答疑库,找到相关问题示例自动呈现给用户;答疑库没有相关的问题示例,系统自动将问题提交至问题展示区供专家回答,专家回答完毕入库并短信通知提问者。

(2)我要回答：对于学生所提的问题，无论是老师，还是学生，都可以对其进行解答。用户提交回答后，问题提问者以及管理员会对答案进行评价，对于管理员或学科专家认为满意的答案可以将其入库。

(3)问题展示：进行新问题的展示，如最近提问的问题、最近答复的问题、待解决的问题、新解决的问题等。

(4)问题管理：教师有权限对学生所提问题及解答进行审核。管理员可以对问题进行分类，设定问题的呈现方式，学科专家、管理员可以手工添加、修改、删除问题的问/答，增加答疑库的库存容量。

(5)智能搜索：学生提问时，系统对所提的问题在答疑数据库中进行匹配，以查找最匹配的问题及其(标准)答案，对这些问题/答案按照匹配的程度进行排列并筛选后返回给提问的用户，查找失败则提交至问题展示区，用户还可以按关键字、问题类别等进行组合搜索。

(6)问题收藏：发现有价值的问题，可以收藏起来，方便以后使用。

(7)问题统计：可以根据问题的类型、问题的提问者、问题的解决者、问题的状态等不同维度对问题进行统计。

(8)问题评价：用户可以对专家、管理员以及其他用户的回答进行评价，多个用户可以对同一个问题进行评价，同一个用户也可以对多个问题进行评价，评价的信息会按时间顺序显示在问题下方。

(9)短信提示：专家或管理员可以对用户进行短信提示，告知问题已经回答。管理员可以对短消息进行增、查、删、改等操作。

11.1.6　师生交流工具模块

师生之间的交流是教学活动中一个十分重要的环节。为了有效地支持分布在异地的师生间交流，师生交流工具应该包括同步/异步讨论园地、课程电子邮箱、协同工作工具等基于文本的交流工具，以及具有图形、语音、视频、电子白板等多媒体支持的桌面视音频会议系统(图 11-1-12)。

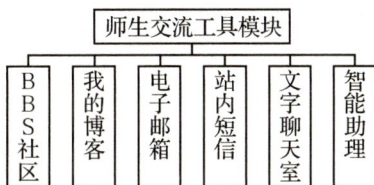

图 11-1-12　师生交流工具模块

1. BBS 社区

类似网上常见的 BBS，管理员可以创建不同的社区、设置不同的主题、可以管理帖子、推荐精华帖、对帖子进行查找及按时间、类别、发帖人等排序、删除等。用户可以自由发表帖子、回复帖子、搜索帖子、转发帖子、删除自己的帖子。

2. 我的博客

系统为每个用户自动创建一个 Blog 站点，让学生、教师拥有自己的网上乐园，可以自由地发表感想、学习反思、学习资料、自己的优秀作品等，支持标签、引用通告、RSS 订阅等，提供多种样式，和内置多种模板供用户自主定制。其基本功能包括发布日志、编辑日志、删除日志、日志分类、回复日志、转发日志、添加好友链接、日志统计、系统管理等。

3. 电子邮箱

站内 E-mail 是一个便捷的交流工具，用户可以使用它给系统的任何成员发送邮件，也可以收看其他人发给自己的邮件，同班或同组的教师和同学的用户名自动收藏在"电子邮箱"中的"地址簿"中，用户还可以自己添加地址簿，管理好友名单。

4. 站内短信

站内短信方便快捷，允许用户间随时发送站内短信，教师还可以向班级群发短消息，系统管理员可以向所有系统用户发送短消息。

5. 文字聊天室

文字聊天室是用户实时交流的天地，可以一对多聊天也可以一对一聊天。管理员可以开设多个聊天室，用户可以选择自己感兴趣的聊天室进入。系统具有自动过滤功能，可以将不文明的字词进行过滤，聊天室管理员也可以将某个用户踢出聊天室。

6. 智能助理

应用语义分析技术对论坛的帖子内容、短消息内容、文字聊天室等内容进行分析，以过滤不良言论，筛选热帖和热信息，从而获知用户一段时间内关注的主要话题。

(1)BBS 语义分析：用户发表的帖子进行自动分类并能够过滤帖子内容，对攻击性、侮辱性等词语自动过滤，禁止发布与课程无关的不良言论，根据用户的发帖、回帖情况进行热帖标识。

(2)短信息语义分析：对用户站内发送的短信首先进行内容过滤，保证其健康性；同时，可以对短消息内容进行归类分析，并筛选热门信息。

(3)聊天室语义分析：过滤不良言论，筛选近期最热的讨论主题。

11.1.7　学习活动设计与管理模块

目前绝大多数网络教学平台都是以学习对象为核心来架构的，侧重于对学习对象的建立、管理和重用，不能真正反映出创造性的教学过程。为了应对上述局限，当前 E-learning 业界出现了新的共识，就是从以学习对象为中心的观点发展到以学习活动为中心的观点上来。这种 E-learning 理念的转变也使得 E-learning 支撑系统的功能发生了重大的转变，从传统的以学习对象管理为核心的架构转变到以学习活动为核心来架构、从内容设计转变到学习设计上来，代表了一种全新的学习支持系统的设计理念。这种理念认为尽管学习对象在学习管理系统中仍然非常重要，但是只有学习对象，并不能构成有效的教学，必须将这些学习对象构成一定的结构，并和具体的学习行为和服务集成，而集成的最佳载体就是学习活动。

在学习活动管理系统中，一系列经过详细规划的学习活动序列(Learning Activity Sequence)取代了原来的学习对象，成为教师的设计对象和学生的学习对象。教师设计教学的过程，主要体现在对特定的教育问题进行分析，并将其转换为特定的情节过程，以描述学习目标、学习任务和学习活动，进而建立这些学习活动进行的基本顺序，并用可叙述的形式记录下来，形成学习活动序列的描述文档，并将其导入学习活动管理系统中。学生参与学习的过程则主要体现在选择学习活动序列后，按照学习活动序列中定义的流程进行学习。学习活动整体的逻辑业务流程如图 11-1-13 所示。

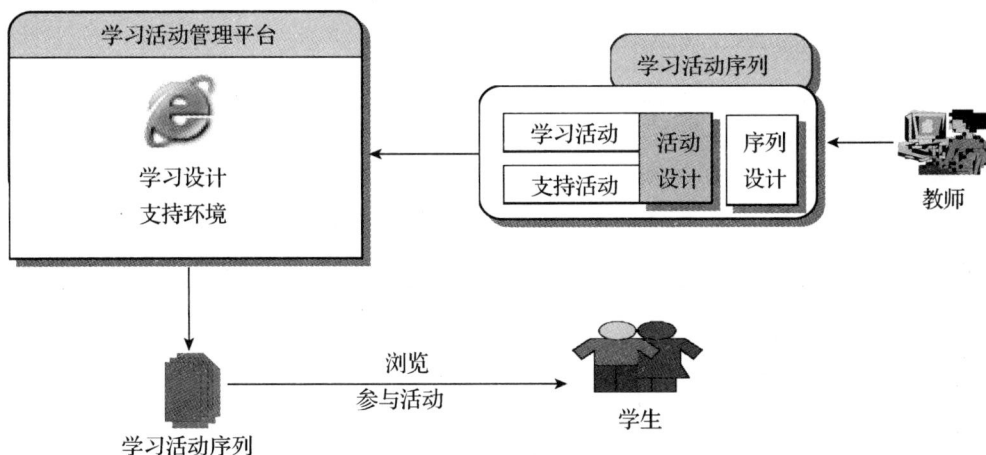

图 11-1-13 学习活动整体的逻辑业务流程

例如，4A 网络教学平台的学习活动管理系统可以分为 4 层，包括 5 大主要模块：学习活动元件及其管理；学习活动序列的设计、修改与管理；学习活动序列的学习；学习活动的监控与管理；学习活动的评价分析报告的生成(图 11-1-14)。

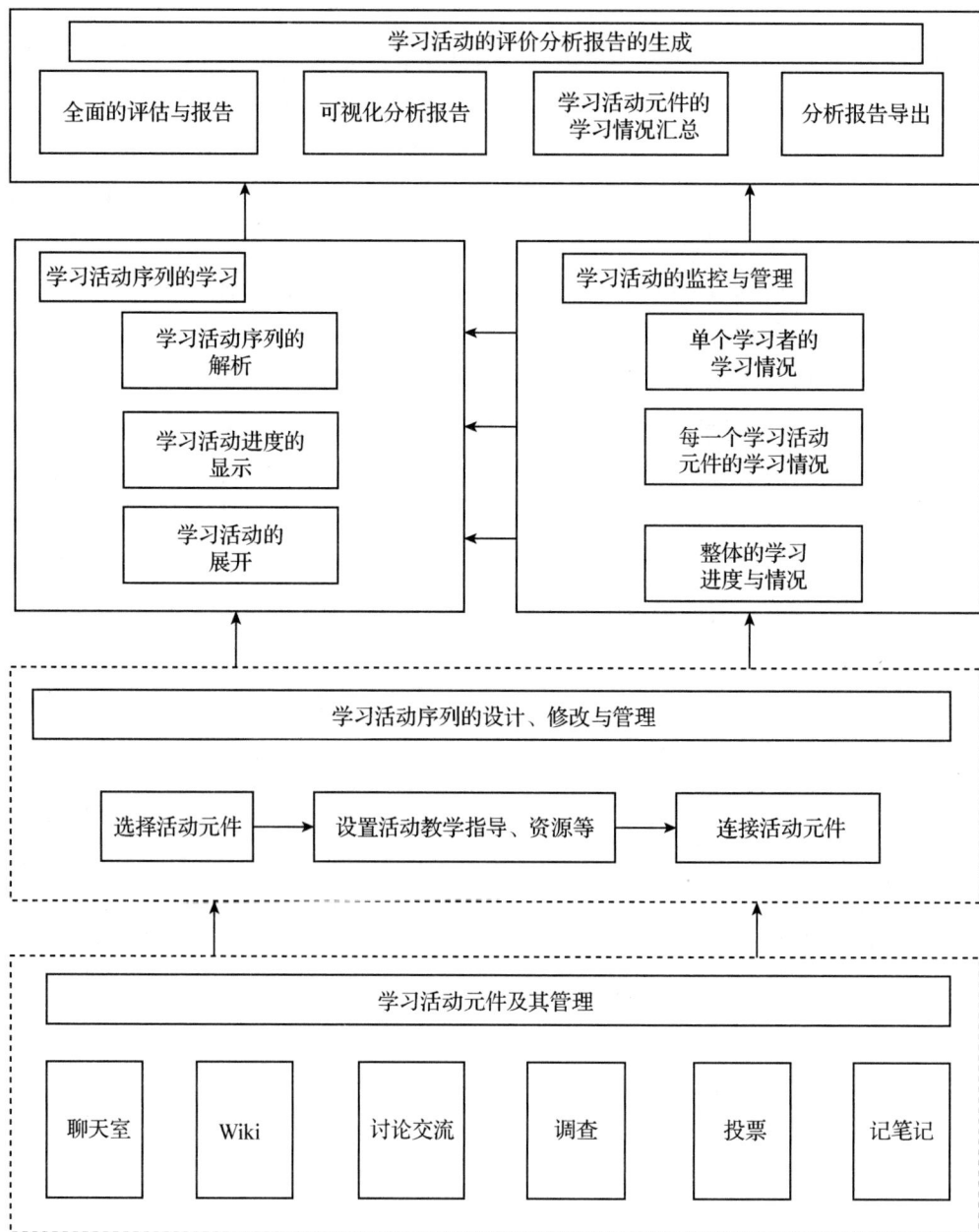

图 11-1-14　学习活动管理系统的体系结构图

　　学习活动管理子系统是一种设计、管理、发布、监控在线学习活动的创新工具，体现了教学的活动观。学生通过参与到活动中主动建构知识意义，掌握相关知识和技能，获得自身能力的发展。活动形式多样，包括个人作业、小组讨论、投票表决等。学习活动的过程中，系统还可以实现学生进度传送运作、教师同步监督学生进度等。学习活动管理系统的基本功能结构如图 11-1-15 所示。

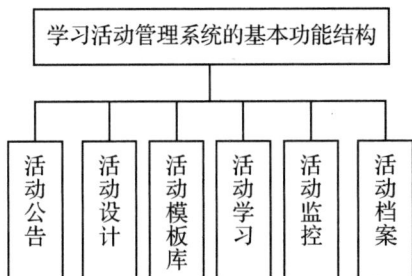

图 11-1-15　学习活动管理系统的基本功能结构

1. 活动公告

学科教师可以向学生发布学习活动公告，包括活动任务通知、活动进度提醒等，其基本功能包括添加公告、编辑公告、发布公告、保存公告、删除公告、公告排序等。

2. 活动设计

系统为教师提供可视化的学习设计与建模工具，教师只需要通过简单的拖曳就可以完成对整个学习活动的设计。教师可以设计学习活动流程，活动的形式包括作业、测试、小组讨论、投票、调查、资源上传、网址共享、问答、提交报告等。教师也可以直接调用活动模板库中的活动样例，填充活动内容，形成一个完整的学习活动序列。活动设计既可以指定学习序列让学生一步步完成，也可以设置随机活动，即学生可以随意选择学习活动。其基本功能包括添加活动、修改活动、保存活动、删除活动、导入活动、导出活动、移动活动等（图 11-1-16）。

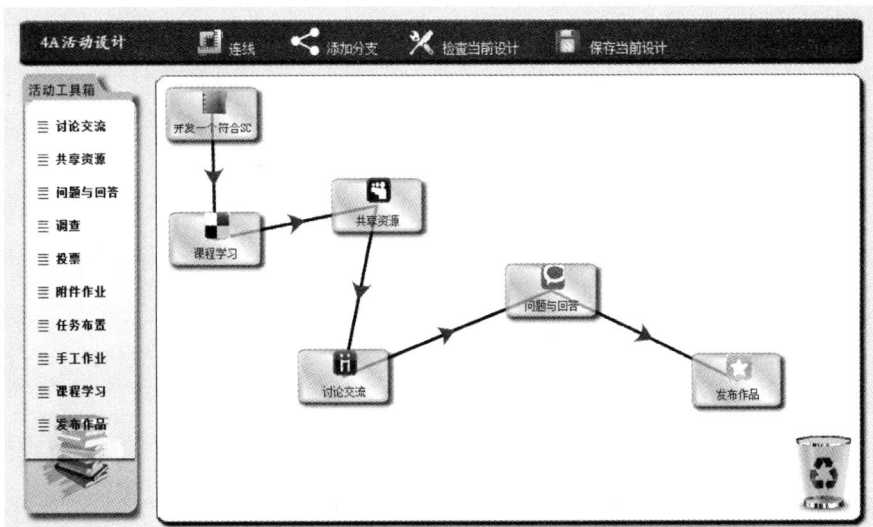

图 11-1-16　4A 网络教学平台中的学习活动设计

3. 活动模板库

建立从教学模式到活动的映射关系，形成各种学习活动序列的模板。表 11-1-1 所示的是教学模式到活动的映射关系样例。

表 11-1-1　教学模式到活动的映射关系样例

教学模式	活动步骤
基于问题的学习	(1)提出问题 (2)学生细化问题(对问题进行分析和讨论) (3)学生寻找相关信息 (4)学生分析和评价相关信息 (5)学生使用信息解决问题 (6)学生提交解决方案
基于案例的学习	(1)提出关键词、概念和问题 (2)学生表述对概念的理解 (3)提供案例 (4)学生使用上面的关键概念分析案例 (5)学生展示对关键概念的理解
基于 WebQuest 的学习	(1)情境创设 (2)任务布置 (3)学生探究(利用资源进行讨论交流) (4)作品展示 (5)评价

通过对学习活动的设计，可以全面支持 WebQuest 网络探究教学模式、基于问题的学习模式、PBL 基于项目的学习模式、基于网络的协作学习模式、认知学徒教学模式、基于案例学习的教学模式、情境化教学模式、抛锚式教学模式、随机进入式教学模式等网络教学模式。具体需要支持的功能如下。

(1)添加活动模板：管理员可以添加系统活动模板(按规定的流程编排在一起的活动序列)，学科教师既可以引用系统的活动模板，也可以自己添加学科活动模板，添加时可以设定活动模板的共享属性，即是否允许其他教师共享。

(2)修改活动模板：管理员可以修改系统活动模板，学科教师可以修改自己添加的活动模板内容及共享属性。

(3)删除活动模板：管理员可以删除系统活动模板，学科教师可以删除自己添加的活动模板。

4. 活动学习

学习设计方案被应用之后，学生就可以选择该学习设计方案开始学习。当学生选择学习设计方案开始学习的时候，系统需要能够解析学习设计方案中的活动结构，能够为学生生成学习树。学生可以依据该流程依次完成教师设计好的活动，并且可以使用每一个活动实例所集成的资源。此外，系统还应该能够显示学生的学习进度，并且能够让学生继续上次的学习(图 11-1-17)。

图 11-1-17　活动学习

5. 活动监控

学习活动在执行期间，教师需要实时地知道学生的学习进展情况，以备教学辅导或进一步调整教学策略。系统实时收集学生在学习过程中的学习结果和位置信息，并以图形化的方式呈现给教师，方便教师对学生的学习过程进行监控。系统对教师进行学习过程监控的支持主要体现在 4 个方面：查看学习设计方案的总体执行情况；查看每位学生的学习进度和学习结果；查看学习设计方案中每个活动的总体执行情况；教师对学生的学习结果进行评价。教师可以登录学习活动管理平台，进入指定的学习活动区，查看学生活动的完成情况、学习进度、资料提交情况等，并可以针对个别学生发送短消息提醒(图 11-1-18)。

监控学习进度　参与活动学习　处理监控任务

学习进度　　　　　　　　　　　　　　　　　　　　　　　　未参加活动学生　查看活动设计

李娟萍	引言（已完成）	案例分析（已完成）	讨论交流（已完成）	任务布置（已完成）	发布作品（学习中）	讨论交流（未进行）
魏晓武	引言（已完成）	案例分析（已完成）	讨论交流（学习中）	任务布置（未进行）	发布作品（未进行）	讨论交流（未进行）
武蕾	引言（已完成）	案例分析（学习中）	讨论交流（未进行）	任务布置（未进行）	发布作品（未进行）	讨论交流（未进行）
钱四良	引言（已完成）	案例分析（已完成）	讨论交流（学习中）	任务布置（未进行）	发布作品（未进行）	讨论交流（未进行）
田承芸	引言（已完成）	案例分析（已完成）	讨论交流（学习中）	任务布置（未进行）	发布作品（未进行）	讨论交流（未进行）
张玲	引言（已完成）	案例分析（学习中）	讨论交流（未进行）	任务布置（未进行）	发布作品（未进行）	讨论交流（未进行）
邢俊利	引言（已完成）	案例分析（学习中）	讨论交流（未进行）	任务布置（未进行）	发布作品（未进行）	讨论交流（未进行）
周慧	引言（已完成）	案例分析（学习中）	讨论交流（未进行）	任务布置（未进行）	发布作品（未进行）	讨论交流（未进行）
谭纯青	引言（学习中）	案例分析（未进行）	讨论交流（未进行）	任务布置（未进行）	发布作品（未进行）	讨论交流（未进行）
赵晶	引言（已完成）	案例分析（学习中）	讨论交流（未进行）	任务布置（未进行）	发布作品（未进行）	讨论交流（未进行）
李月	引言（已完成）	案例分析（学习中）	讨论交流（未进行）	任务布置（未进行）	发布作品（未进行）	讨论交流（未进行）
韦肇科	引言（已完成）	案例分析（学习中）	讨论交流（未进行）	任务布置（未进行）	发布作品（未进行）	讨论交流（未进行）
蕾菁菁	引言（学习中）	案例分析（未进行）	讨论交流（未进行）	任务布置（未进行）	发布作品（未进行）	讨论交流（未进行）
赵丽萍	引言（已完成）	案例分析（已完成）	讨论交流（已完成）	任务布置（已完成）	发布作品（学习中）	讨论交流（未进行）
刘畅	引言（已完成）	案例分析（已完成）	讨论交流（学习中）	任务布置（未进行）	发布作品（未进行）	讨论交流（未进行）
刘海培	引言（已完成）	案例分析（已完成）	讨论交流（学习中）	任务布置（未进行）	发布作品（未进行）	讨论交流（未进行）
岳善文	引言（已完成）	案例分析（已完成）	讨论交流（已完成）	任务布置（已完成）	发布作品（学习中）	讨论交流（未进行）
郭斌	引言（已完成）	案例分析（已完成）	讨论交流（已完成）	任务布置（已完成）	发布作品（学习中）	讨论交流（未进行）
徐恩伟	引言（已完成）	案例分析（已完成）	讨论交流（学习中）	任务布置（未进行）	发布作品（未进行）	讨论交流（未进行）
陈乔	引言（已完成）	案例分析（已完成）	讨论交流（学习中）	任务布置（未进行）	发布作品（未进行）	讨论交流（未进行）
黄丽莉	引言（已完成）	案例分析（学习中）	讨论交流（未进行）	任务布置（未进行）	发布作品（未进行）	讨论交流（未进行）

图 11-1-18　学习活动进展监控

6. 活动档案

学生的学习活动的详细信息（活动次数、活动内容、活动成绩、教师评语等）都会自动保存到自己的活动档案中。教师可以查看班级所有学生的活动档案，并进行评价（图 11-1-19）。

11.1.8　移动学习模块

近年来，普及计算技术、移动互联网技术、移动终端等技术的快速发展带来了学习方式的变革，移动学习、泛在学习等新型学习方式逐渐被提出并发展。人们利用手机、平板电脑等手持式移动设备可以在任何时间、任何地点，以任何方式获取和处理信息，实现终身学习。

1. M-learning 平台的通用框架

我们认为 M-learning 学习管理系统（MLMS）框架应该具备如下特性。①

① Anna Trifonova，Marco Ronchetti. A general architecture for m_learning，http：//www.science.unitn.it/~fox-y/docs/A%20General%20Architecture%20for%20M-Learning%20(m-ICTE2003).pdf，2007-06-17.

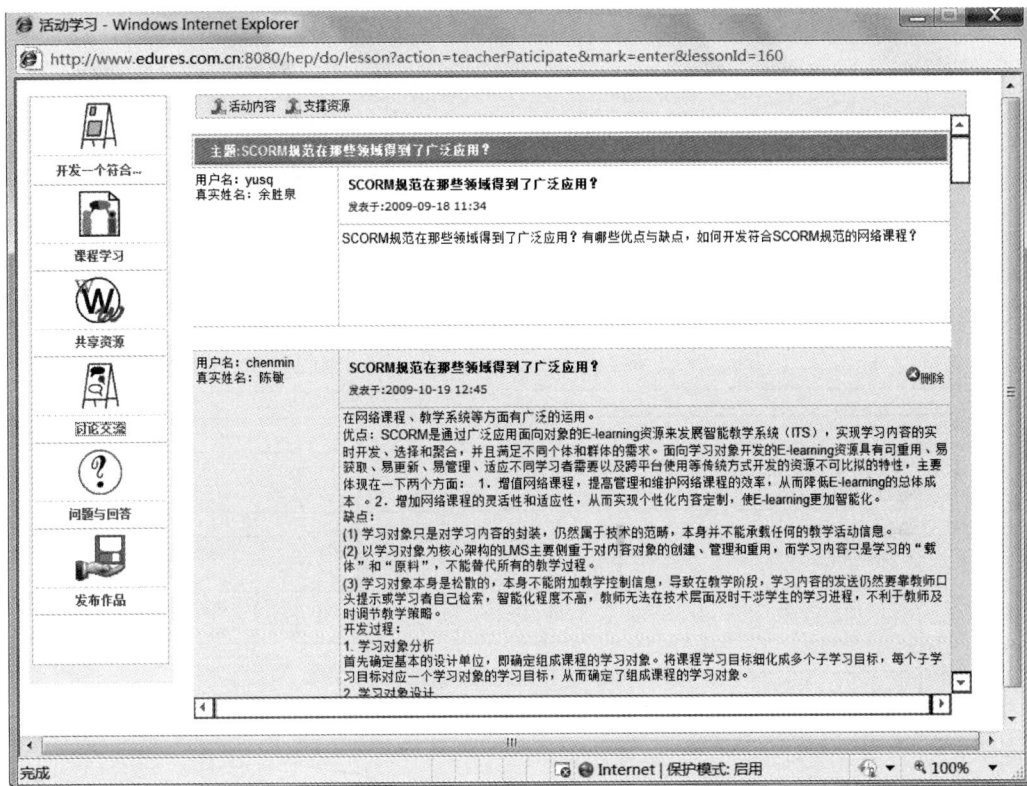

图 11-1-19　学习活动归档

（1）置于网络教学平台的顶层：它是传统 LMS 的扩展，并为移动用户提供适应和额外的服务。这样扩展不会影响到原有 E-learning 平台的正常使用和服务的提供。

（2）通用性：系统尽可能为各种移动设备提供原有 E-learning 平台的所有服务。

（3）可扩展性：MLMS 的设计必须考虑移动设备的发展和更新，既能够兼容现有的大多数移动设备，也可以轻松扩展到新一代的移动设备。

因此，扩展网络教学平台系统之后的通用和扩展 LMS 系统的整体架构如图 11-1-20 所示。普通的网络教学平台的整体架构一般可以分为数据层、业务逻辑层和显示层。数据层主要用于数据的存储与访问，如各种各样的学习对象及其元数据、用户信息、学习记录等。业务逻辑层是对各种服务的封装。显示层用于将信息发送给用户。在进行扩展的时候，业务逻辑层和数据层可以为移动设备提供服务，但是原有的显示层不再适用。因此，必须在业务逻辑层上架构 MLMS 来将网络教学平台的各种服务进行转化以提供给各种移动设备。

MLMS 平台的设计主要包括环境检测、服务转换与内容改编、包装与同步。环境检测先检查设备的特性，然后从网络教学平台中找到必要的内容和服务，进行转换和

464

重新设计之后以最好地适应移动设备。①

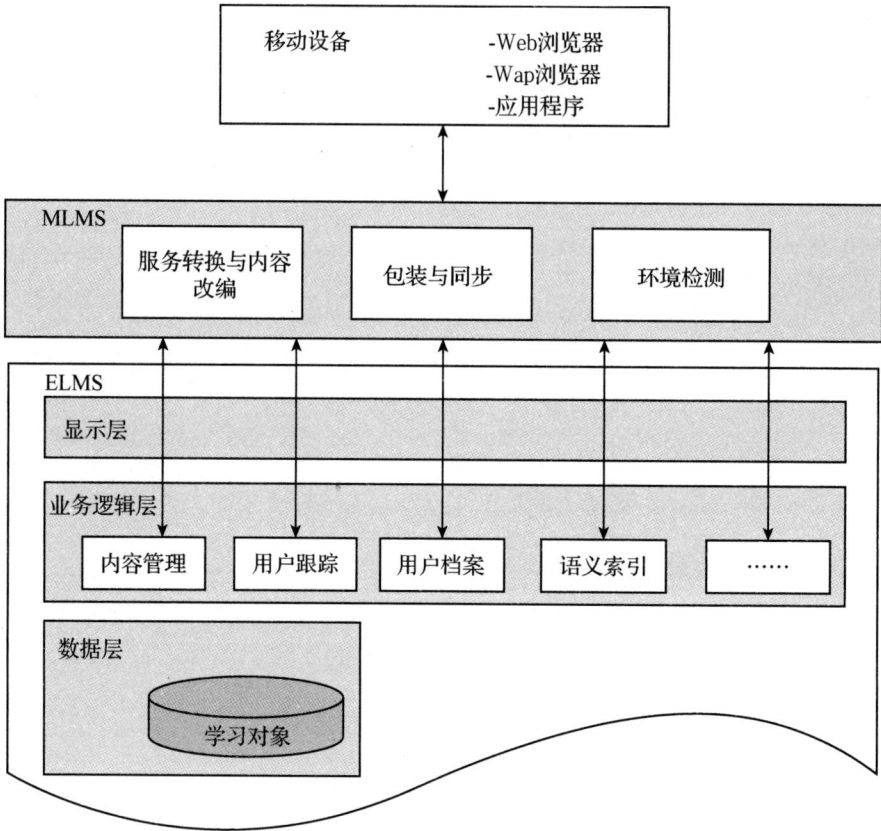

图 11-1-20　通用和扩展的 M-learning 框架

第一步，环境检测。当通过移动设备的浏览器或者特定的应用程序来获取网络教学平台服务的时候，MLMS 应该能够自动监测到移动设备的软硬件的性能和所处的环境特性。这是进行服务转化和内容改编的基础。这些环境信息可用于确定可以为学生提供哪些服务，并且帮助转化网络教学平台服务以适应移动设备。环境监测包括身份，空间信息（如地理位置），时间信息，环境信息（如噪音大小），资源的可获得性（如电池、呈示屏、网络和带宽）等。

第二步，服务转换与内容改编。根据移动设备的特性，选择特定的服务加以转换，并使之适应移动设备。内容改编是其中最重要的一个方面。调整 E-learning 学习材料，使其适应移动学习设备不仅仅是对学习材料的重新组织或者从一种呈现语言转换为另一种语言。内容呈现的改编包括改编内容的结构、文件的格式、质量。

---

① Anna Trifonova，Marco Ronchetti. A general architecture for m ＿ learning，http：//www. science. unitn. it/～fox-y/docs/A％20General％20Architecture％20for％20M-Learning％20(m-ICTE2003). pdf，2007-06-17.

第三步，包装与同步。为了支持脱机操作，我们需要一个能够选择用户需要的内容进行包装，并且保证内容的连贯性和与系统同步的机制，从而能够连续地跟踪用户的活动并将其数据反馈给 LMS。

当前，移动计算的趋势是集成化、普及化、便携化以及网络化，强大计算和通信功能正逐步融合到一个可随身携带的手持式网络化多媒体设备中。手持式设备通过记录你周围的地点、天气、人物、知识甚至思维等集成的情境感知功能来改变日常生活。移动技术正在对学习产生重要的影响，学习将更大限度地迁移到教室之外，进入学生的真实和虚拟环境。移动技术将使学习环境、学习资源和其他学生建立起丰富的联系。

2. 基于移动终端的 MOOC 学习平台

学堂在线是由清华大学研发出的中文 MOOC（大规模开放在线课程，简称慕课）平台，面向全球提供在线课程。任何拥有上网条件的学生均可通过移动终端或 PC 端访问该平台，在网上学习课程视频（图 11-1-21）。

学堂在线将网络课堂与实体课堂的用户、数据、场景全方位打通，构建了智慧教学整体解决方案，包括课堂智慧教学平台"雨课堂"、校内网络教学平台"学堂云"、在线课程运行平台"学堂在线"以及课程国际化推广平台，为高校提供从辅助课堂教学，到 SPOC 教学，到国家精品在线开放课程运行，再到课程和学位国际化的全方位、全流程服务。其中，"雨课堂"是一款完美融合 PPT 和微信的智慧教学工具。备课时，教师在 PPT 中插入测验、调查等控件；课堂上，教师可以通过手机控制电脑上的 PPT 进行授课并给学生发放课堂互动控件，即时获取学生的学习反馈。学生不用安装其他 APP，通过微信就可高效参与课堂互动。教师可以在课前通过手机把 PPT、PPT ＋配音，或视频课程发给学生预习，课中进行课堂教学及研讨，课后强化练习。"学堂云"定位于校内网络教学平台，一方面，"学堂云"和"雨课堂"无缝对接，可以相互配合完成各种教学模式的设计与实施，并同步"雨课堂"产生的教学资源与教学数据；另一方面，校内教师可以通过"学堂云"平台进行各种类型在线课程的设计、建设、管理与运行。学堂在线是一个服务全社会的公共平台，是国家精品在线开放课程运行的主要平台之一，为全国高校提供国家精品在线开放课程运行与推广的全流程服务，还可为各级教育管理部门构建区域和行业课程联盟。

图 11-1-21　学堂在线移动学习终端

3. 感知学习过程情境的推荐系统

学生能力水平参差不齐，传统的教师角色弱化。学生更在乎的是"情境问题的解决"，而不是考试成绩。因此，在推荐对象方面，移动学习环境中的推荐系统不再仅仅是为了解决学习迷航，简单地向学生推荐可能需要的学习资源，它的另一重要角色是为学生在学习过程中提供学习支持，包括对学习内容的支持、学习策略的支持、学习活动的支持、知识专家的支持、学习服务的支持和学习路径的支持。图 11-1-22 为移动学习环境下感知学习过程情境的推荐系统框架。[①]

(1)学习内容的推荐，搭建学习支架：学习是一个不断增长知识的过程。随着学习的进展，学生会有对新知识、新内容的渴望。从促进个体发展的角度看，推荐系统不仅要满足学生当前的学习需求，还应帮助学生挖掘更多的学习兴趣点，接触更多的未知领域。尤其是以学生为主体的泛在学习，学习需求和学习兴趣是维持学习的重要动力，可以结合电子商务领域的推荐思路，即不仅要为学生提供满足当前情境需求的学习内容，还要考虑到学生知识拓展的需求，向其推荐一些有价值的学习内容。

(2)学习策略的推荐，适应认知风格：从学生内部来看，学习相同的知识，认知结构、学习风格不同的学生对学习策略的选择有所不同。而从学生外部来看，知识传递

---

① 陈敏、余胜泉：《泛在学习环境下感知学习过程情境的推荐系统设计》，载《电化教育研究》，2015(4)。

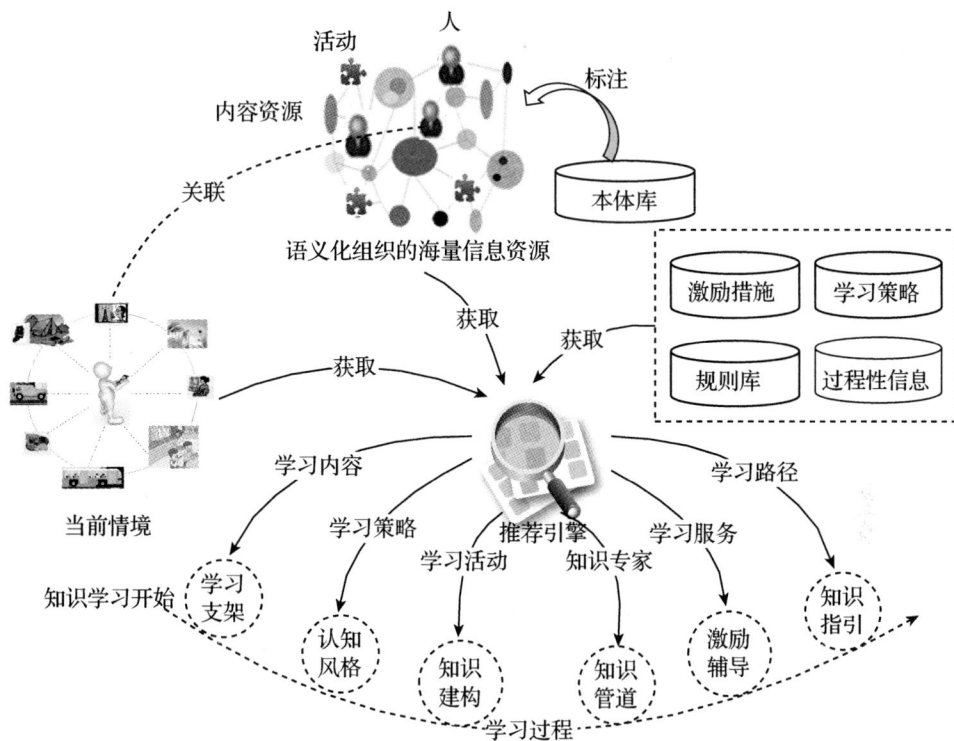

图 11-1-22　感知学习过程情境的推荐系统框架

的策略则影响了学生对知识的理解。可见，当知识传递的策略与学生的认知结构、学习风格匹配时，能加快学生信息加工的速度，促进有效学习的发生。

（3）学习活动的推荐，促进知识建构：有意义的学习需要建立在知识建构的基础上，仅仅向学生提供学习内容并不能保证学生对知识产生真正的理解与建构。从支持学习的角度来看，推荐系统不仅要向学生提供内容资源，还要向学生提供能够支持其开展知识建构的资源。为了进一步促进移动学习的有效发生，促进学生与内容的深度交互，推荐系统应向学生推荐符合当前情境的、能够在当前情境下开展的学习活动。

（4）知识专家的推荐，建立知识连接管道：学习资源不仅指传统的物化资源，还包括拥有知识的"人"。为了更好地支持学习，推荐系统不仅要向泛在学生推荐学习内容，还应向学生推荐能为其提供帮助的人，尤其是知识领域的专家。一方面，知识专家能在学生遇到学习问题时为其提供帮助与支持；另一方面，通过与知识专家的交往，学生与知识专家之间建立了"管道"。以知识专家为中介还可间接与其他专家建立联系，从而不断增加获取知识管道，学生在未来学习中可通过知识管道持续地获得知识及知识的更新。

（5）学习服务的推荐，提供及时激励与辅导支持：学习不是一蹴而就的，任何人在开始学习新知识时总会存在知识疏漏。学习过程监控与评价的目的在于不断发现学习的不足从而及时采取补救措施。在移动学习环境中,学生主要进行自主学习,缺乏传统教师的个别辅导。当学习出现缺漏时,一方面学生难以发现自身的知识缺漏,另一方面学生对如何弥补这些缺漏感到迷茫,难以找到适合自己的辅导资源。因此,推荐系统可针对学生的知识缺漏,并结合学生当前所处的情境向其推荐合适的辅导资源,支持学生的自我辅导。

(6)学习路径的推荐,提供知识地图导引:任何一个领域的知识都是自成体系的,学生通过对一系列知识点的学习,最终从整体上掌握这个领域的知识。移动学习往往利用零散的时间就微小的、片段化的内容开展学习。为了满足移动学习的这种特性,泛在学习资源常常是仅承载单个知识点的微型资源。这些资源看起来是零散的、无体系的。因此,学生在学习完某个知识点后,由于不了解整个知识体系,常常无法确定下一步该学习哪个知识点。学习路径对学生掌握整个知识体系有重要作用,因此,推荐系统应该能够为学生推荐适合的学习路径,即根据学生的学习目标,向其推荐未来可能需要学习的知识及其之间的关系(知识地图)。

11.1.9 基于 Web 的虚拟实验室模块

网络虚拟实验就是在 Web 中创建出一个可视化的三维环境,其中每一个可视化的三维物体代表一种实验对象。通过鼠标的点击以及拖曳操作,用户可以进行虚拟的实验。虚拟实验技术与认知模拟方法的结合赋予虚拟实验室的智能化特征,无论是学生还是教师,都可以自由地、无顾虑地随时进入虚拟实验室操作仪器,进行各种实验(图 11-1-23)。

图 11-1-23　基于 Web 的虚拟实验室

虚拟现实是一种先进的计算机用户接口,它通过给用户同时提供诸如视、听、触等各种直观而又自然的实时感知交互手段,最大限度地方便用户的操作,从而减轻用户的负担,提高整个系统的工作效率。虚拟实验室就是利用虚拟现实技术来为学生创设一种模拟的实验环境，使学生能身临其境地进行物理、化学、生物等实验，系统的功能结构如图 11-1-24 所示。

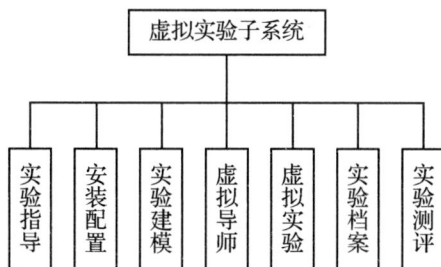

图 11-1-24　虚拟实验子系统

1. 实验指导

上传实验材料：实验指导教师可以上传实验的指导材料、用户手册、多媒体演示课件，供学生进行实验前的自主学习。

下载实验材料：学生可以在线查看实验材料，也可以下载到本地。

删除实验材料：实验指导教师可以删除上传的材料。

2. 安装配置

虚拟实验室对客户机的安装配置有一定的要求，包括操作系统、浏览器、CPU、网络带宽、必需软件等，系统可以自动检测用户的客户机配置，并提示安装相应的插件。

3. 实验建模

实验建模就是对虚拟实验室的实验仪器、实验过程进行建模，管理人员可以对虚拟实验仪器、实验过程重新建模或修改现有的模型。

4. 虚拟导师

虚拟导师可以在学生实验的过程中指导学生整个实验过程，包括错误提示、操作信息等。

5. 虚拟实验

学生进入模拟实验室进行实验操作，整个实验所需的实验器具、实验用品等依学科、实验内容的不同而不同。学生就像进入真实的实验室一样，在三维空间中通过拖动鼠标来操作实验仪器，操作过程中虚拟导师进行及时指导，包括错误提示、下一步的操作等。

6. 实验档案

系统会对学生进行模拟实验过程的信息进行采集，如阅读实验材料情况、观看课件演示情况以及进行虚拟实验过程中的错误次数、实验的最终成绩等信息。

7. 实验测评

系统会根据学生实验的过程、实验的最终结果、实验所用时间等参数按照一定的评价指标自动生成学生的实验分数。

11.1.10　发展性评估模块

教学评价是教学中至关重要的一个环节，它在教学中所起的作用可以概括为 5 个方面：目标导向功能、反馈调节功能、教学提高功能、诊断指导功能、强化激励功能。在网络教学中，师生处于一种时空分离的状态，教师无法在第一时间了解学生的学习掌握情况而做出相应的教学调整。因此一个功能完整的教学平台都需要提供相应的模块来完成教学评价，以便为教师改进教学、学生改进学习提供直接的指导和建议，具体说来主要包括以下两部分内容。

1. 学习过程信息的采集

学生学习信息的采集是指通过对学生学习过程的跟踪管理，获取学习过程的各种信息，包括学生的基本信息、学生的学习进度、学生与学习内容的交互时输入的文本信息、学习管理系统反馈给学生的注释信息、学生的偏好、学生的学习表现等。

2. 评价与分析

在全面采集学习过程信息的基础上，可建立各种评估模型，在此基础上实施发展性评价，并生成各种个性化评估报告，如图 11-1-25 所示。

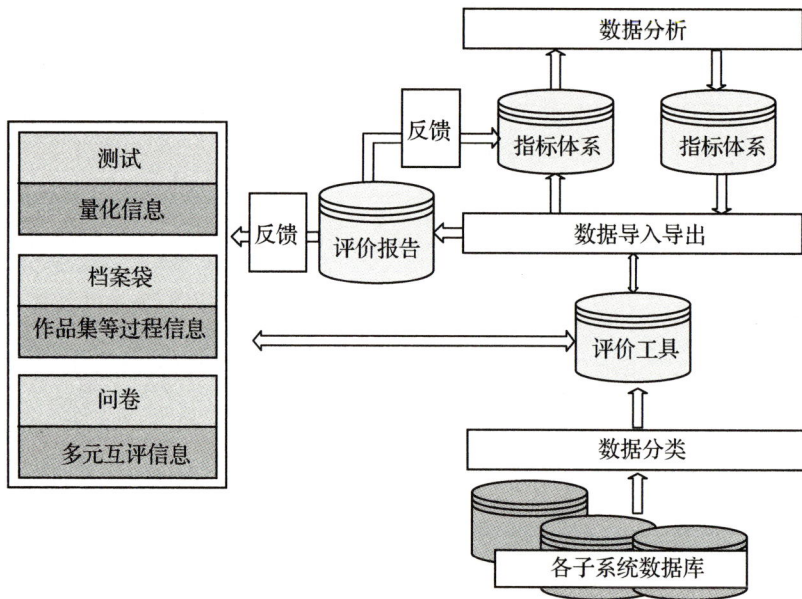

图 11-1-25　发展性评价系统的体系结构图

整个系统主要由以下几个子系统组成。

(1)评价指标子系统:对评价准备阶段指标体系的建立提供支持,经过师生协商建立起的指标将用于指导试题、问卷等评价工具的编制,而且将作为系统自动生成评价报告的依据。评价指标子系统由两部分构成:指标体系和指标体系的解释。参照目前大多数已有的指标体系的结构形式,采取了树结构保存指标项。对指标项的解释则作为自动生成评价报告的依据。

(2)评价工具子系统:构成了发展性评价系统的主体,它在评价标准的指导和约束下,为发展性评价的具体实施提供支持。经过对众多评价工具的调研,系统选用了测试、问卷和档案袋作为评价工具,并提供充分的灵活性,提供工具的灵活应用机制,并为工具的扩展提供接口。

(3)评价报告生成子系统:由管理员定期触发,集中生成。系统结合指标体系和评价对象的具体得分,自动生成评价报告,教师结合学生的实际表现,对自动生成的报告进行修改,提供改进建议,并最终呈现给学生和家长,其中包含了评价结论和改进建议两个方面。

(4)评价管理子系统:为评价实施的各个环节提供辅助性支持,主要包括人员管理、科目管理、课程管理。此外评价管理子系统也将充分利用系统提供的评价工具,直接采集用户使用平台的反馈建议和意见,为系统的改进提供方便。

11.1.11　学习预警模块

根据预警对象的不同,可将学习预警分为三种类型:第一种是针对学生进行的预警,系统为学生提供在某一具体情境下的学习预警反馈;第二种是针对教师提供的预警,系统为教师提供学生在某一门课程中的宏观学习预警反馈及相关教学方案完善建议;第三种是针对教师和学生同时提供的双向预警,系统帮助教师制定针对个别学生的培养方案,以有效提高学生的学习成绩。[①] 其中学习预警系统框架如图 11-1-26 所示。

1. 数据采集

数据采集模块所收集的数据主要覆盖学生基本信息(如性别、姓名、学籍、年级、地域、学习风格等),学习过程信息(如课程信息、学习表现信息、课程成绩信息、学习投入信息、学习行为信息、学习情绪信息等),作为后续学习预警分析的基础。

---

① 牟智佳、李雨婷、严大虎:《混合学习环境下基于学习行为数据的学习预警系统设计与实现》,载《远程教育杂志》,2018(3)。

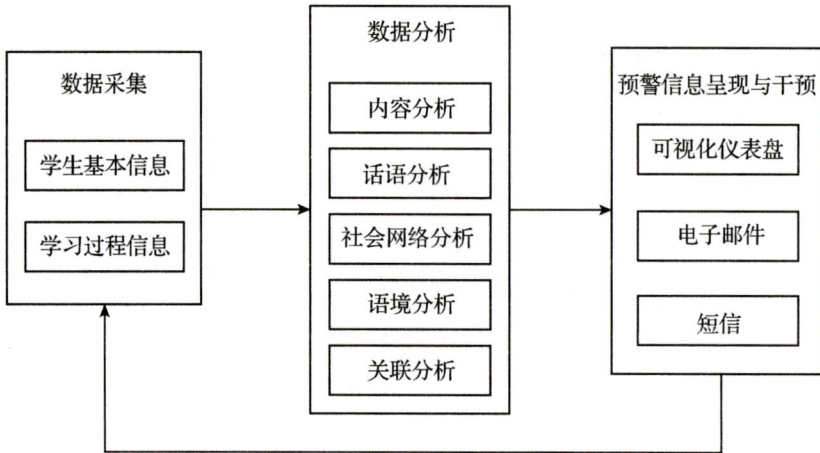

图 11-1-26　学习预警系统框架

2. 数据分析

数据分析模块主要对所收集的数据信息进行去噪、清洗处理，并支持运用内容分析、话语分析、社会网络分析、语境分析、关联分析等各类数据挖掘方法开展深层次的分析，从而形成面向学生、教师、家长、教育管理者的各种分析成果。

3. 预警信息呈现与干预

预警信息呈现与干预模块主要将上述数据分析的结果，以恰当的可视化形式进行展示，包括以可视化仪表盘、电子邮件、短信等方式进行预警信息的呈现，从而支持学生、教师、家长、教育管理者做出相应的干预处理。

11.2
网络教务管理子系统

网络教务管理子系统是为了保障网络教学有效运行，对教学过程中的各种事务进行调度、查询和管理的子系统。它由以下模块组成。

11.2.1　专业管理

网络教学的常规招生、课程设置、管理基本上都是按照专业进行，所以教务管理系统要提供专业管理的功能，专业管理包括专业的设置、管理，专业课程的设置、管理，培养计划的制订和调整等(图 11-2-1)。

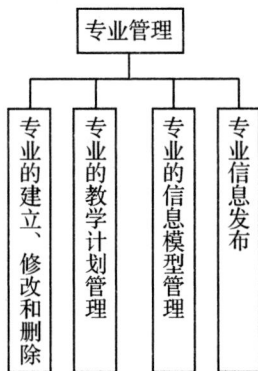

图 11-2-1　专业管理

1. 专业的建立、修改和删除

专业是各种网络教学内容和活动设置的载体，包括专业的新建、修改和删除功能。具体功能如下。

(1)新建专业。教务管理员登录系统后能够新建专业，根据专业的信息模型设置输入所建专业的各种信息，包括专业编号(同教育部的专业代码)、专业名称、描述、专业限制条件等，系统确认无误后即可以完成新建专业的操作。

(2)修改专业。教务管理员可以对原有专业列表进行修改，包括专业模型中所有的信息模型。

(3)删除专业。教务管理员可以删除原有专业，系统得到教务管理员确认后执行删除的操作。

2. 专业的教学计划管理

专业的教学主要围绕教学计划展开。教务管理员登录后，可以对各个专业的教学计划进行管理。新建、修改、删除、导入和导出各个专业的教学计划。

(1)新建教学计划。新建某个专业对应的教学计划，输入教学计划中的课程名称、课程编码、课程类型(必修和选修)、课程学时分布、开课学期、课程学分。

(2)修改教学计划。修改某个专业对应的教学计划，修改教学计划中的课程名称、开课学期、课程学分等信息。

(3)删除教学计划。删除某个专业的教学计划。

(4)导入和导出教学计划。将专业教学计划导出到 Word 或 Excel 文档中，将 Word 或 Excel 文档中的教学计划导入平台中。

(5)教学计划模板。可以通过 Web 可视化编辑教学计划的页面形式，自定义 CSS 格式。

(6)教学计划复制。如果有两个教学计划差别不大，可以通过教学计划复制功能生成一个新的教学计划，对教学计划再进行适当修改。

3. 专业的信息模型管理

教务管理员可以对专业所需信息进行调整。设置专业学习形式、专业办学层次等信息字段，从而在新建、修改或删除专业时能够动态显示专业的信息字段。

4. 专业信息发布

管理员在后台输入专业信息之后，可以选择将该专业的信息推送到招生信息门户、网站资讯门户、学习中心门户、学习者门户、教师门户等门户系统以及用户的电子邮件当中。

11.2.2　课程管理

网络教学支持子系统中的课程管理主要是对课程内容进行管理，主要由授课教师实施，而教务人员则是对课程设置信息进行管理。教务管理系统中的课程管理模块要实现与教学平台中的课程管理模块无缝互动，数据共享(图 11-2-2)。

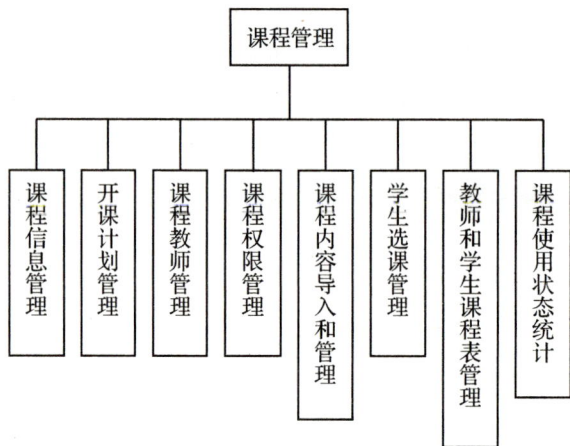

图 11-2-2　课程管理

1. 课程信息管理

课程信息模型管理：对课程的信息模型进行管理，添加、修改和删除相应的字段。

课程搜索：根据课程的代码、名称、学分、选课条件等内容搜索相应的课程，对搜索到的结果可以按照各个属性进行排序。

新建课程：新建课程，填写课程信息模型所需要的各个字段，如课程所在专业，课程的代码、名称、学分、选课条件，课程类型(必修和选修)等。

修改课程：对已经建立的课程信息进行修改。

删除课程：删除已经建立的课程信息。

2. 开课计划管理

根据专业教学计划自动生成开课计划：根据设置好的专业教学计划自动为各个批次、专业、层次、学习形式的学生生成开课计划。

开课计划的修改：根据教学的实际需要审核开课计划，对不符合实际开课情况的地方进行修改。

开课计划发布：将最终生成的开课计划选择发布到学生门户、教师门户、网站资讯门户等相关系统。

开课计划搜索：根据关键字对开课计划进行搜索，对搜索结果进行修改和删除的操作。

3. 课程教师管理

主持教师分配：根据姓名、教师类型(主持教师)、教师介绍等字段从教师资料库中提取相应教师，为课程分配相应的主持教师。

主讲教师分配：根据姓名、教师类型(主讲教师)、教师介绍等字段从教师资料库中提取相应教师，为课程分配相应的主讲教师。

辅导教师分配：根据姓名、教师类型(辅导教师)、教师介绍等字段从教师资料库中提取相应教师，为课程分配相应的辅导教师。

批量分配教师：可以为一门课同时分配主持教师、主讲教师和辅导教师。

批量分配课程：可以为一名教师同时分配多门课程，担任不同的教师角色。

4. 课程权限管理

课程访问和操作权限设定：由教务管理员设定参与每门课程的学生、教师、学习中心的管理员、辅导教师等角色的权限。对每类用户的权限，根据课程的不同可以进行个性化的定制，如选课、修改、删除、发布公告等功能权限。

用户权限检查：系统提供工具统计学生选课和课程授权情况，包括教师简介等各种信息，对于必须要交费的课程，学生用户必须在交费后才能进入课程学习空间。

学习中心权限设定：各学习中心只能查看自己学生的选课情况。教务管理员和各学习中心管理员都可以单独或批量修改、删除学生的选课情况，学习中心的管理员只能修改本学习中心的学生选课情况。

5. 课程内容导入和管理

课程内容导入：系统要提供对教学所用课程的导入功能，支持标准(SCORM)课程。基于 Web 的非标准课程，流媒体课程有 3 种主流课程的导入。

课程内容打包输出：可以将现有的课程打包输出成为标准课程。

6. 学生选课管理

选课约束设置：在选课的过程中需要设定选择此课程的相关先决条件。例如，是否有基础课程必须修完，成绩有什么要求；对于全院的选修课程，相同类型的课程是否以前已经选修过，在一类课程中要求选择的门数和学分数等。

选课信息查询和汇总：教务管理员可以根据批次、专业、层次、学习中心所在地、课程等查询学生的选课信息，汇总并整理选课情况。

根据选课结果进行学生选课结果的调整：在选课过程中可以指定课程的最低人数限制，同时学生在选课的过程中可以查询此课堂已经有多少人选择。在选课的过程中，有一部分课程的学生选择人数没有达到最低人数，将被删除。系统要提供将选择此门课程的学生分配到其他相同课程中的功能，并且在学生个人页面中自动通知被分配的学生。对于够开课资格的课程可以执行开课操作；对于人数较少等不够开课资格的课程，提示已选该课程的学生进行重新选课。

7. 教师和学生课程表管理

教师课程表生成：根据教师分配情况和学生选课情况自动为教师生成课程安排表，让教师能够查看自己的课程安排。

学生课程表生成：根据学生选课情况自动为学生生成课程安排表，让学生能够查看自己的课程安排。

教务管理员管理课程表：教务管理员可以按照批次、专业查看课程的安排，对其进行相应的调整。

课程表查询：根据教师姓名、学生姓名、学号等信息查询相应的课程表。

课程表模板设置：可以创建、修改和删除课程表模板，对模板的 CSS 进行个性化设置。

8. 课程使用状态统计

按课程进行整体统计：对课程的学习人数进行数据统计和比较，并以图表的形式呈现。对课程使用状态按照专业、批次进行数据统计和比较，并以图表的形式呈现。

11.2.3　学生管理

学生的学籍信息管理覆盖学生从入学申请到毕业的各个环节，如入学申请、选课、学习、考试、毕业等(图 11-2-3)。

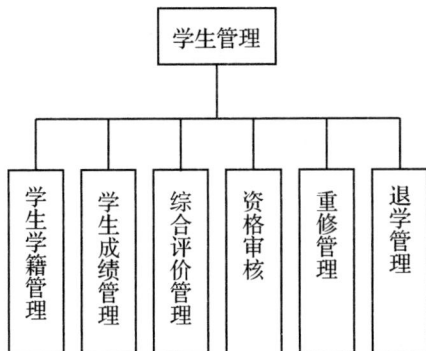

图 11-2-3　学生管理

1. 学生学籍管理

建立学籍档案：根据招生的名单信息，为录取后的学生建立学籍档案，学生注册时填写相关信息，管理员审核，也可以由管理员手动输入学生的学籍档案。

学生信息查询和修改：对注册学生进行管理，可按照姓名、专业、生源地、批次、层次等字段来查询学生信息，修改其信息。

学生照片管理：提供学生照片的统一管理，方便快速的照片摄像和照片导入、导出功能。

学籍异动处理：提供单个和批量学生异动处理。在教学运行过程中可能会由于分专业方对于现有的班级重新分配。

学籍登记卡管理：为学生自动生成学籍登记卡，并能够自定义登记卡的样式，方便管理员和学生进行打印。

2. 学生成绩管理

自动生成课程成绩：根据教师对学生选课成绩的评分，自动生成学生的课程成绩。

成绩审核、更改：管理员对学生的学习成绩可以进行审核和更改，从而确保成绩的正确性。

成绩查询：对学生的平时成绩，各门课程的期中成绩、期末成绩、总评成绩进行查询和修改。

生成成绩报表、分析表：可以自动生成并导出某学期某门课程的学生成绩表，导出某学习中心某个学期某门课程的学生成绩表，导出某个学生的成绩清单等。

学生学分管理：对学生的学分进行管理。可以手动修改，并自动生成学分清单。

3. 综合评价管理

评价标准的设定：由管理员设置综合评价的标准，根据系统提供的学生在某个学期内的期中、期末考试成绩，平时成绩，参与虚拟社区活动的成绩，制定综合评价的计算公式。

对学生进行综合评价：由管理员或教师选择特定学期，特定学习中心的学生，进行综合性评价，得出学生的综合评价成绩列表。

发布综合评价结果：将学生综合评价的结果分类汇总后，根据相关性将结果推送到相应的学习中心门户、学习者门户、学院外部资讯门户等相应的门户系统。

4. 资格审核

资格审核包括按某批次、层次、专业查询符合论文、毕业、学位资格条件的学生，予以同意论文编写、毕业和学位授予的操作。

5. 重修管理

学生重修设置：设置学生的重修条件，根据重修条件自动筛选出需要重修的学生和对应的课程。允许管理员对筛选结果进行手工改动。

重修信息发布。管理员将重修信息推送到相关的信息门户：学习中心门户、学习者门户、教师门户和管理员门户。

课表重新生成：为重修学生重新生成课程表，并将课程表推送到管理员门户。

重修记录管理：将学生的重修记录到学生档案中。

6. 退学管理

设置退学申请格式：对退学的学生要求按照退学申请的格式进行填写，申报办学机构批准，办理相关手续。

退学申请审核：对申请退学的学生，审核通过后，将其电子档案从在学人员列表中移除。

11.2.4　教师管理

教师管理包括对教师档案管理、教师工作量统计和评价管理以及对于教师任课管理。

1. 教师档案管理

教师基本信息管理：对各类教师的基本信息进行管理，包括教师的资格审查，可以新增、修改或删除教师的基本信息。

教师工作过程信息档案袋：对教师工作过程中的各种信息，如登录次数、答疑记录、讲课课时数等进行记录，并支持查询和管理。

教师档案检索：可以按照教师姓名、所授课程等信息对教师档案进行检索。

2. 教师工作量统计和评价管理

对教师的教学情况做综合评价，它包括 3 个方面的评价：第一，教师的自我评价。教师对自己的教学工作做出主观评价，以量化指标的形式体现。第二，学生对教师的评价。通过在网上发布教师教学情况的评价表来收集学生对教师教学情况的评价信息，综合所有学生的意见后，以量化指标的形式体现。第三，系统评价。教学系统自动记录教师通过教学平台来进行教学的过程信息，如布置作业、批改作业的数量、作针对性辅导的次数、上网的时间等，这些数据最终也以量化指标的形式体现；最后的评价结果将以这些量化指标作加权评分。

(1)工作量统计设置：对各类教师，设置工作量统计的方法和公式。

(2)工作量报名的生成：按照专业、学期对教师工作量进行汇总统计，生成教师工作量的报表。

(3)教师评价机制：设置教师评价的机制和积分方法。

(4)评价结果报表的生成：依据学院对教师评价的机制，利用网络实现教师评价的管理，利用平台自动计算出教师评价的最终结果。

3. 教师任课管理

对教师教授的课程、教学的班级、学生选课等信息进行设置与管理，给教师生成专属的课程表等。

11.2.5　考务管理

考务管理涉及考试信息设置、考试信息查询、考试违纪登记等功能模块。

1. 考试信息设置

考试信息设置主要包括设置考试类型、考试科目、考试起止日期、考试时间、考试地点、监考教师等信息，支持新建、修改、删除、查询等功能。

2. 考试信息查询

考试信息查询涉及为各种角色提供各类信息，主要包括考试相关报表查询、考场分布表查询、教师监考工作量统计、教师监考信息查询、学生考试信息查询等。

3. 考试违纪登记

考试违纪登记主要包括违纪登记、考试违纪统计等功能，支持对考试过程中各种违纪行为的记录和统计分析。

11.2.6　系统配置与管理

系统配置与管理负责对整个平台运行进行后台的管理，主要包括统一用户认证子系统、模块化管理子系统、日志管理子系统、服务器配置子系统、公共组件管理子系统、数据接口管理子系统、数据安全防护管理子系统等，其功能结构如图 11-2-4 所示。

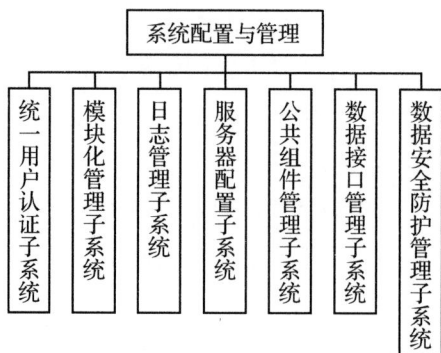

图 11-2-4 系统配置与管理

1. 统一用户认证子系统

统一用户认证子系统是一个集中的用户认证管理和集成环境，可管理和分发用户的权限和身份，为不同的应用系统提供用户和权限管理服务。统一用户认证子系统的主要功能包括用户认证、用户信息的修改、权限支持、账号锁定、用户注册管理、用户查询、用户增加和删除、用户访问权限管理、用户锁定解锁功能、用户分组管理、用户访问记录查看。系统能够提供基于 IP 的权限管理，能够实现对一段 IP 地址进行限制，或者对几段 IP 地址进行限制。建立统一的身份认证平台可以避免远程教育中各个业务系统重复建立身份认证和权限管理，各个业务系统的身份认证和权限管理由用户身份认证子系统统一管理，从而最大限度地节约资源，实现资源共享。

（1）单点登录。

远程用户只要在第一次登录平台时输入用户名和密码，经统一用户认证子系统认证通过后，就可以访问权限范围内的所有业务，而不用再重复登录（图 11-2-5）。

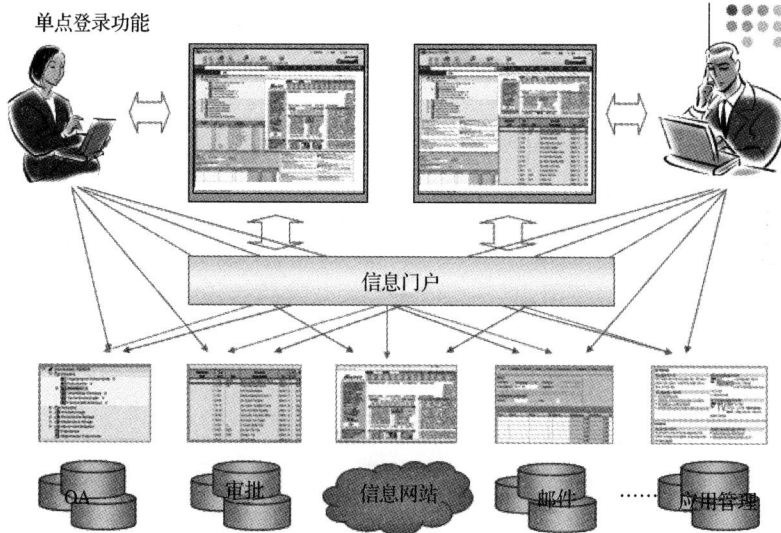

图 11-2-5 单点登录

统一认证接口：认证接口用于用户访问应用系统，网络教育服务系统或子系统发现用户没有登录时，将用户导向至统一认证登录页面，统一认证平台完成认证后，将用户再次导向至相应页面，如图 11-2-6 所示。

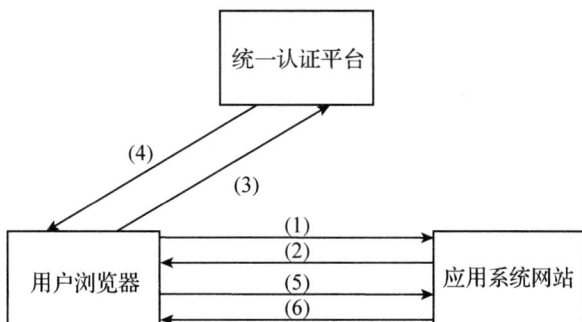

图 11-2-6　统一用户认证流程

（2）用户管理。

添加新用户：管理员既可以添加单个用户，也可以从外部文件批量导入用户信息，添加后管理员要给用户指定角色（教师、学生、助教等）（图 11-2-7）。

图 11-2-7　4A 网络教学平台用户功能定制

修改用户信息：管理员可以修改任何用户信息。

用户密码取回：用户忘记登录密码时，可通过保密邮箱或密码提示问题，取回自己的账户密码。

删除用户：管理员可以单个或批量删除用户，用户删除后所有的关联信息都自动

482

删除。

创建用户组：管理员可以创建用户 Group，对具有同一属性的用户集中管理。

修改用户组：管理员可以修改用户组组名，添加、修改、删除新组用户。

删除用户组：管理员可以删除用户组，组内用户自动删除。

用户角色关联：管理员可以将用户单个或批量关联到指定的角色，系统允许同一个用户拥有多种不同的角色。

（3）角色管理。

添加新角色：管理员可以为系统添加新的角色。

指定角色权限：管理员可以为系统角色指定相应的权限（增、删、改、模块管理等）。

修改角色权限：管理员可以重新编辑角色的权限。

删除角色：管理员可以删除指定的角色。

2. 模块化管理子系统

整个系统构建时采用模块化设计技术，每个子系统如作业系统、考试系统、答疑系统等都是一个逻辑上独立的模块，功能上紧密耦合。管理员可以对模块进行组合生成满足不同需要的系统业务流程，还可以隐藏、删除、移动某个模块，改变平台的布局。用户也可根据自己的需要，从系统所提供的功能模块中选择自己所需要的模块，简化界面操作，还可以按照自己的爱好设置界面上的修饰性元素，使得界面更加个性化，满足个性化定制的需求。

（1）模块管理。

管理员可以对系统模块进行统一的管理，包括添加新模块、隐藏模块、删除模块、移动模块等，通过模块的不同组合构建具有不同功能的系统平台。用户也可以对业务模块进行个性化定制，改变页面的布局和样式，满足个性化要求。

添加模块：管理员可以添加系统内置的模块或开发新的模块。

隐藏模块：管理员可以控制模块的显示与隐藏。

删除模块：管理员可以删除指定的模块。

移动模块：管理员可以移动模块，改变页面的布局。

模块定制：管理员可以进入指定的模块更改单个模块的 CSS 样式、元素布局等。

模块引用：提供一种引用机制，供授权的用户在课程、资源、门户等处，自助引用相应的模块功能。

（2）角色关联。

角色关联：管理员可以为用户指定单个角色或同时指定多个角色。每个用户可以被定义成多个安全角色，但至少要实行一个角色关联。管理员可以对平台角色与功能模块间建立关联，改变角色的操作权限。

取消关联：管理员可以取消用户和角色间的关联。

(3)可视化工作流程设计。

管理员可以通过改变模块的组合顺序改变业务的流程，因为远程教育的业务模式并不是一成不变的。当教学的业务流程发生变化后，平台可以进行适应性调整以满足用户的需求。实现的基本功能如下。

可视化工作流程引擎：用户在无客户端、完全基础浏览器环境下，通过拖拉的方式，可视化地在图形模式下，完成制度化工作流程的设计。

流程表单自定义：不同流程的数据表单不一样，用户可自由定义各种环境下的工作表单。

多形式的提醒方式：可与手机短消息、邮件系统、弹出对话框等功能结合，确保流程工作信息能最快提醒到相关人员。

有效的分级权限控制：每个人在流程中的角色不同，完成的工作也就不同，能否查阅全部由系统控制，对于一人多角色，系统支持角色定义，如督学、教师、助教、学生等，动态管理与静态管理相结合。

(4)流程控制。

远程教育中的业务是很复杂的，每种业务的流程都不一样。有些业务流程没有前后顺序，用户可以随意操作。但是，有的却有严格的顺序，用户必须按照指定的步骤进行操作，不能越位。例如，学生必须先选课才能进入课程学习模块，先报名参加考试才允许进入考试模块等。管理员可以通过系统相关参数的设置控制业务的流程。

3. 日志管理子系统

为了保证系统安全运行，系统会自动对所有用户的关键操作信息进行日志记录。当系统运行出现问题时，管理员可以通过查看日志了解系统问题产生的原因，及时解决以保证系统平稳安全运行。

(1)日志设置。

记录项目设置：管理员可以设定日志记录的项目，规定哪些操作将被自动记录并保存到系统的日志文件。

记录方式设置：管理员可以设定、修改系统的日志记录方式(文本日志、数据表日志等)，还可以为日志设置加密类型。

(2)日志备份。

保留时间设置：管理员可以设置日志的保留时间，过期的日志将自动备份存档，从工作区删除。

备份策略设置：日志对系统的维护起着重要的作用。管理员可以设置备份的策略，如全部备份、差异备份、增量备份等。

备份频率设置：管理员可以设置备份的频率和时间，如每周备份几次、什么时间备份等。

备份地址设置：管理员可以设置和更改日志的备份路径。

（3）日志恢复。

管理员可以将备份的日志手动恢复。

（4）日志删除。

随着系统的运行，产生的日志数量越来越多，日志文件越来越大。为了减轻硬盘的存储负担，管理员可以适当地删除日志，既可以全部删除，也可以删除指定时间段的日志。

（5）日志导出。

管理员可以将日志导出。日志导出的格式可以是 TXT 格式，也可以是 XML 格式。

4. 服务器配置子系统

服务器配置系统是管理员统一管理服务器的语言设置、平台 IP 以及端口、电子邮件、服务器锁定等功能的子系统。其基本功能结构如下。

（1）语言设置。

管理员可以设置平台的语言类型，基本功能包括导入语言包、导出语言包、选择语言类型等。

（2）IP 和端口配置。

管理员可以重新设置平台的 IP 地址和平台端口。

（3）IP 封锁。

管理员可以对恶意用户进行 IP 封锁（单个 IP 封锁、IP 段封锁），以保证系统的安全。

（4）服务器锁定。

管理员可以锁定服务器，使外部无法访问系统。

（5）电子邮件设置。

管理员可以设置是否允许用户发送邮件到外部邮件服务器，未开启对外发送功能，用户只能发送站内邮件。

5. 公共组件管理子系统

目前，网上免费的组件有很多，功能经过大量测试，运行较稳定，可以直接拿来使用。典型系统都内置了多种组件，包括新闻组件、学生组件、教师组件、家长组件、培训机构组建、网络寻呼组件、图库组件、商务组件、自动公告组件、自动文章管理组件、下载组件、自动链接组件、网络游戏组件、留言板组件、邮件列表组件、搜索引擎组件、全功能统计组件、网上调查组件、计数器组件、广告显示组件、空间提供组件、贺卡组件、交友组件、同学录管理组件、网站日志组件、网站管理组件、在线编辑组件等。公共组件模块支持组件的注册、组件的注销、组件的添加、组件的删除、组件的查找等功能。

6. 数据接口管理子系统

系统的数据接口是与其他应用系统进行数据传输的端口，与学校各种信息系统、其他网络平台等系统的数据接口之间进行数据的共享。

添加接口：管理员可以添加新的接口组件，实现系统与其他平台的数据互通。

接口编辑：针对系统局部数据结构的调整，管理员不用编写代码，直接在平台上修改接口相关参数，以适应系统的变化。

接口删除：管理员可以对无效的接口进行删除操作。

接口控制：管理员可以控制系统与其他软件系统间数据接口的开启与关闭，保证数据的安全性。

异构数据交换接口：提供网络平台与其他异构数据交换的通道，通过标准一致性转换技术为用户提供透明的资源服务。

7. 数据安全防护管理子系统

数据安全防护子系统主要负责系统数据的安全保密，是系统配置与管理中最重要的一环。系统对数据的备份策略、恢复机制、加密策略等都有很高的要求。要定期对系统关键数据进行备份，并对备份档案做详细记录，一旦出现意外，系统能够根据备份数据和备份记录数据进行恢复。

数据备份：数据备份是所有应用系统安全防护的第一步。管理员可以手工配置数据库备份的方式、频率、备份的位置以及配置备份的技术如数据镜像复制技术、虚拟存储技术、快照技术、SAN 技术等。管理员还可以设置备份的时间、策略等。

数据恢复：管理员可以在平台中手动恢复数据库。

数据加密：管理员可以选择数据加密的方式，如 MD5、RSA、IDEA、DES 等，对敏感数据通过密文的方式在网上传输。

密码设置策略：密码的长度和复杂度会影响密码的安全性。管理员可以设置注册用户的密码长度、密码字符的类型等，以加强用户密码安全管理。

验证码策略：为防止恶意批量注册，系统能自动生成验证码、JPG 格式，图片里加上一些干扰像素（防止 OCR），由用户肉眼识别其中的验证码信息（随机英文字母＋随机颜色＋随机位置＋随机长度）。

11.3
网络课程协同开发子系统

网络课程协同开发是学科专家、教师、页面制作和开发人员在计算机的支持下互相合作，共同进行整个网络课程的开发。这种协同工作的环境能够改善开发组成员之间的信息交流方式，消除或减少人们在时间和空间上相互分隔的障碍，节省时间和精力，提高工作效率，从而缩短课程开发的周期，提高课程开发的质量。

网络课程协同开发系统可以针对不同性质学科的特点，将该学科的教学模式抽象为多个可以直接套用的模板，并给予相应资源库的支持。有了丰富的资源和简单的教学设计模板，就可方便地完成多媒体课件对交互性的要求。在课件编写过程中，从总体的教学设计到具体的教学方法，从版面设置到对象属性设置，由于每一步都有模板和提示支持，经过较短时间的学习，普通教师就可以轻松地完成课件的编写工作。

通过协同创作，实现课程内容的开放和进化发展，是网络课程建设的发展趋势。目前最常用的还是通过同步视频录制、模板化网页开发等常规方式。在了解协同开发之前，先对常规方式做简要介绍。

11.3.1 常规网络课程录制与开发

常规网络课程的录制是利用视频采集设备录制教师上课的实况，在授课时采集视频和教学课件，并同步进行信息处理和加工，制作生成视频课件，上传到网络上或者刻录成光盘存储(图11-3-1)。

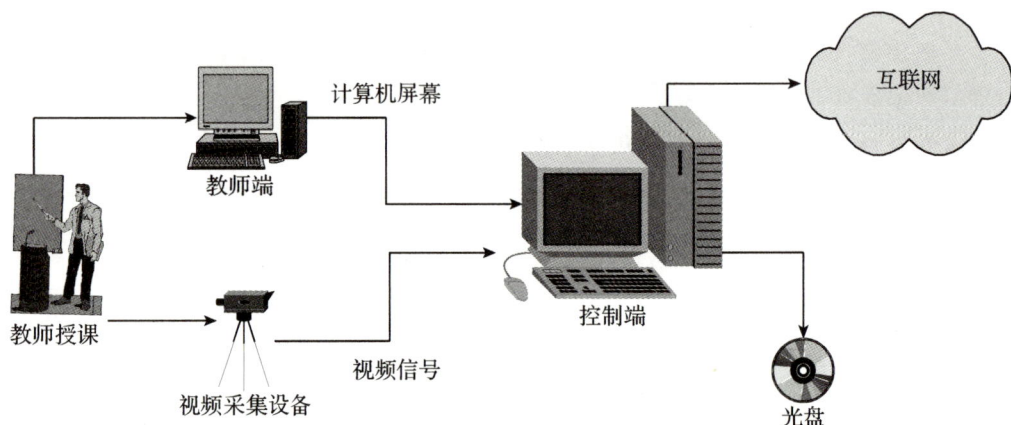

图11-3-1 课件的录制过程

常规的在线网络课程开发工具主要完成网上课件内容的制作，支持基本教学逻辑的设计，其基本特色如下。

(1)支持网络多媒体开发功能，能够进行多媒体素材的导入、抓取和制作，通过直观方便地拖动连接、简单易行的课件管理和动态调整等制作手段，能够快速高效地生成网络课程。

（2）提供素材库与素材库管理软件，简化教师开发网络课程时的素材制作负担。

（3）提供针对具体学科的网络课程模板和向导库，并提供一些模板化的网络课程，可方便和加速网上课件的开发。

（4）支持多种网络化学习模式，网络课程开发不应只是能够开发传授式的课件内容，还应能够设计可充分体现网络特色的、充分发挥学生认知主体作用的学习策略与学习方式，如协作式学习、发现式学习、角色扮演学习、问题解决学习、基于资源的学习等，并支持生成这些学习策略所需要的内容。

（5）支持制作视频课件，为教师提供一个有效的制作工具。

常规的在线网络课程开发经常使用各种模板来生成。网络课程模板是根据各种网络课程抽象出来的教学设计模板，适用于不同的教学内容、教学模式和教学策略，可根据不同的教学条件进行选择。

网络课程模板化生成：该模板是一套可自动生成网络课程的原型文件，为教师提供课程结构、教学设计、知识呈现等课程设计指引，可以在网络课程模板库中内置多套不同的生成模板，如图 11-3-2 所示。

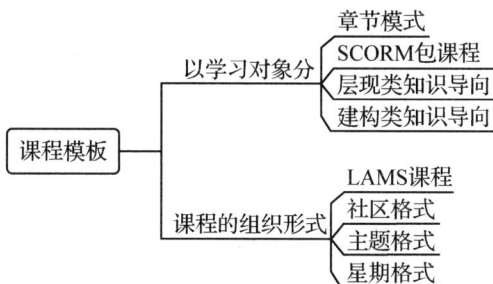

图 11-3-2 课程模板分类

为保证制作的课件具有良好的表现力，从而吸引更多学生，课件生成工具需要提供一个高水平的、表现形式丰富、具有时代特征的多种可选择课件设计模板。该模板是一套可自动生成课件的原型文件，为教师提供课程结构、教学设计、知识呈现等课程设计指引，可以在网络课程模板库中内置多套不同的生成模板。

例如，Skyclass 系统就提供了多套不同风格的模板，且教师可以方便地更换自己设计的个性化模板（图 11-3-3 和图 11-3-4）。[①]

---

① 天空教室，http：//www.skyclass.cn/，2018-11-01。

图 11-3-3　天空教室——和绿色模板合成效果

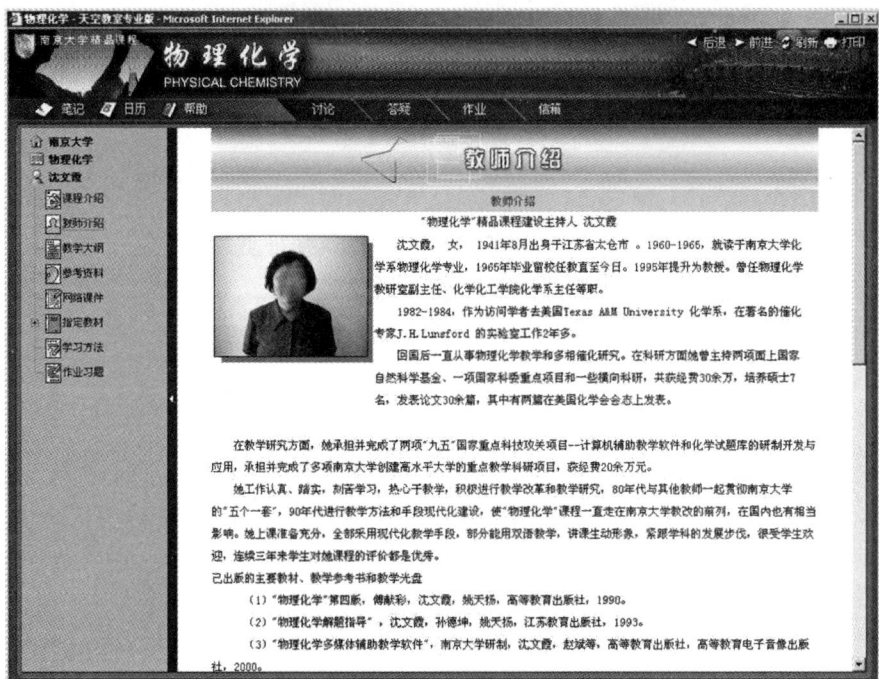

图 11-3-4　天空教室——和蓝色模板合成效果

同时，教师还可对网络课程模板的样式进行个性化的选择。系统一般可以提供多种 CSS 样式文件，结合原有模板生成多种风格特色的网络课程页面。改变统一单调的界面风格，提升学生的学习兴趣。

11.3.2 协同开发系统总体结构

网络课程协同开发系统通过与立体化教学资源库系统集成，利用资源库和题库中已有的媒体素材和各种类型的题目。教师可根据需要在网络课程模板库中选择合适的教学模板，加入符合 SCORM 标准的交互控制代码，在协同控制逻辑的指导下，通过在线协同编辑模块编制出学习对象，存放在学习对象库。在编制的过程中，基本的教学内容通过教师与写作工具的交互输入。在使用这些教学单元时，教师或学生通过浏览器从学习对象库中点播。网络课程开发工具包括一个网上协同编辑模块和三个控制模块（网络课程模板、协同控制逻辑、SCORM 交互控制）（图 11-3-5）。

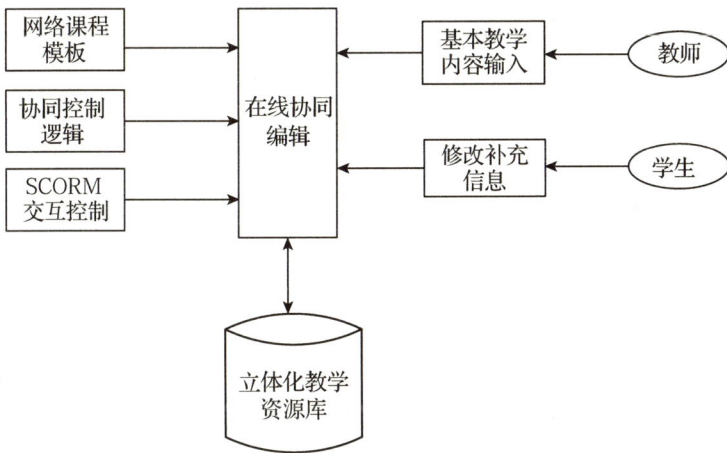

图 11-3-5 基于网络的协同开发系统框图

网络课程模板是根据各种网络课程抽象出来的教学设计模板，适用于不同的教学内容、教学模式和教学策略，可根据不同的教学条件进行选择。

协同控制逻辑主要用于控制多个创作者参与同一门课程开发时，如何使他们有效协作，避免冲突。

SCORM 交互控制是嵌入到网络课程中的标准代码，用于与符合 SCORM 标准的网络教学支撑系统集成，并与支撑系统交换信息。

网络课程协同编辑模块应带有扩展批注功能个性化批注工具、支持版本控制和合并、规范审核流程，为网络课程的协同开发编辑提供支持与服务，生成可重复编辑的、关注学生体验的、适应学生个性需要的网络课程。通过提供个性化批注、基于 Web 的多角色多版本协同编辑等功能，实现从个性化学习到协同编辑课程的跨越，尤其是协助学生帮助教师和网络课程开发人员共同完成对同一目标网络课程完整的编辑开发过程。网络课程进化系统的架构图如图 11-3-6 所示。

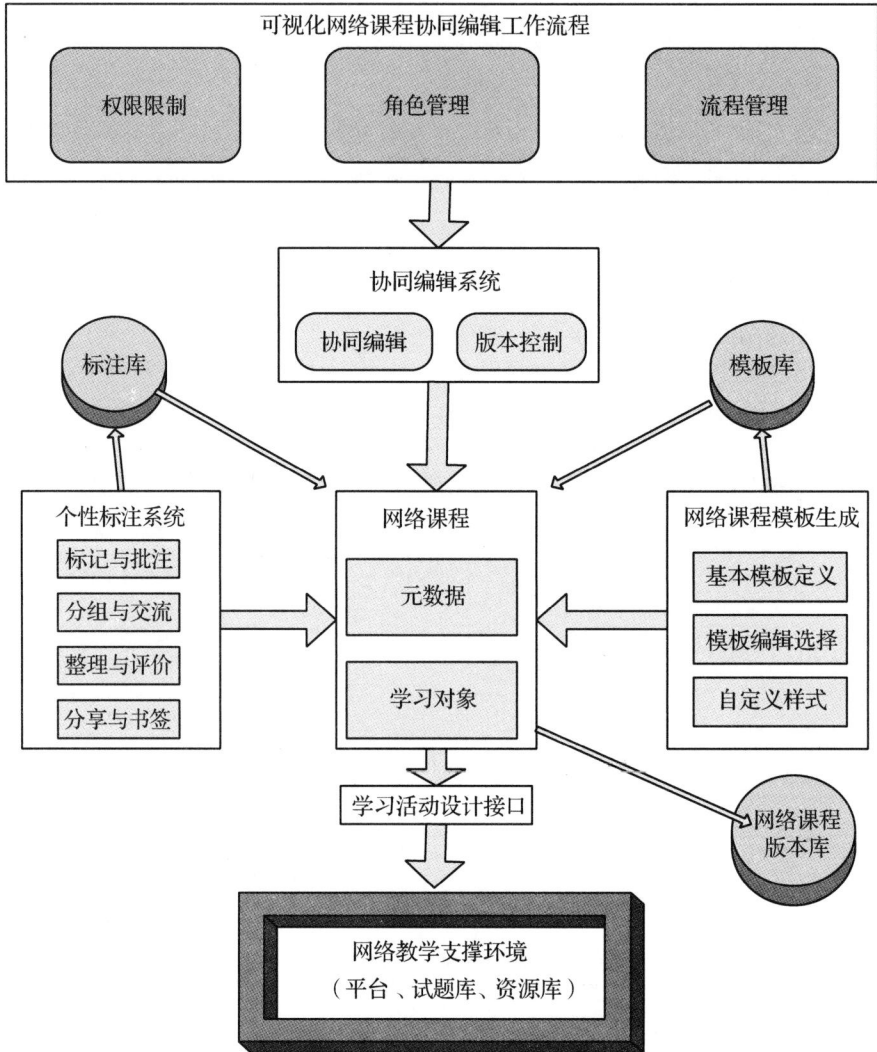

图 11-3-6　网络课程进化系统的架构图

　　系统支持多人在线协同编辑一个课件，多人共同创建，共同分享智慧。资源制作及整合工具将课件的编辑修改权限开放给所有的学生，使得每一个学生都可以在学习课程的过程中，对所学的课件内容进行修改编辑。学生能够以独立的主体参与到课件的建设开发过程中，这样既有利于丰富课程内容的来源，又能在一定程度上加深学生的主体体验。此种融合了集体智慧的操作模式将促进形成关于某个主题领域的知识积累，对课程主题内容的深化和发展非常有效。

由于网络课程的最终版本需要正确性与权威性，所以需设置管理员的高级权限功能。其主要任务有判断更新的内容是否是最合适的、防止用户恶意地改变课程内容、封存用户号、锁定课程页面等。同时，还可考虑加入积分激励机制以及评选专家机制等。

11.3.3　个性化标注与协同编辑

首先将个性化批注引入网络课程的学习中，允许用户在网页上进行个性化批注，可以添加自己的标注、书签，可以对朋友进行分组，搜索好友的书签，还可以将标注的内容发送至自己的博客中。个性化批注使用户之间得以进行异地的交流和共享。对网页的整理批注默认为共享，任何人都可以在平台上找到他人整理好的现成的互联网资料，方便自己使用学习。另外，这种以关注主题为导向的合作方式，能够较有效地在用户中形成交互群体，给用户提供灵活的交互途径和方式。其具体功能如下。

标注：高亮并可添加批注内容，方便自己重点关注，标注设为 public 时其他人可阅读、回复和讨论，下次打开页面时该标注仍然存在。

书签：用于收藏喜欢的某一课程页，方便以后查找与复习。

添加至博客：可以方便地把对自己有价值的内容直接发表为 blog 正文。

个性化批注体现了开放性课程的优势，在批注社会化的趋势下，将其引入教学平台的网络课程模块中，既丰富了平台功能，也有利于个人知识管理及个人知识建构。

网络课程的同步协同编辑：实现引入"教师生成课程→多学生编辑课程→教师审核控制→学生学习使用课程"的编辑流程，给学生提供对所学网络课程进行编辑的功能入口，并通过教师的审核控制将可用于完善原有网络课程的内容接收合并，生成全新的课程版本供学生进一步学习使用。在整个过程中，课程建设权限的放开，一方面为学生主体体验提供了可能，另一方面实现了课程的多角色协同建设。

11.3.4　协同批注与编辑中的版本控制

在标注与编辑以后，需要对所有修订历史进行严格的版本控制。在网络课程写作权限开放给所有用户之后，严谨清晰的版本控制同样至为关键。一方面，便于网络课程的管理者，通常情况下是教师，能够在保证原有课程内容不受影响的前提下，浏览、接受并合并用户提交的有效信息，可直接加入课程中，也可设为参考或是借鉴，这样就完善了原有的网络课程内容。另一方面，用户也可以通过浏览他人提交的编辑版本，彼此之间形成对课程内容的互动和交流。通过对同一网络课程主题内容的协同编辑写作，用户之间会自然地构成一个协作社群，将进一步帮助参与者在一个社群内共享某领域的知识，形成系统完善的知识体系，以利于专业知识库的最终形成。

492

协同编辑过程中产生的历史信息都被记录下来。用户可以通过可视化的知识建构流程图详细了解这一部分新知识内容的协同建构路径，并且在这一路径上所有版本的提交者都被视为这一新知识内容的贡献者，如图 11-3-7 所示。

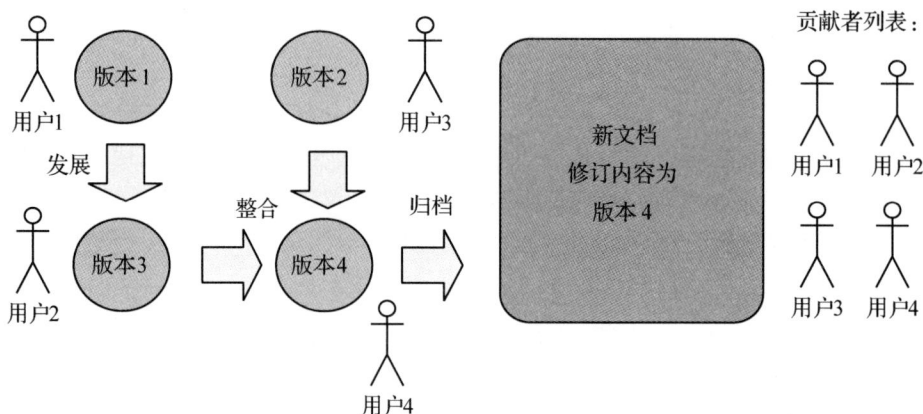

图 11-3-7　协同编辑中的版本控制

在设计上主要为用户按时间的顺序保存所有更改保存过的版本，并设置相关的状态。可通过不同的方式查询自己的版本，协同编辑中的历史版本查看界面如图 11-3-8 所示，历史版本可视化界面如图 11-3-9 所示。

历史版本

何克抗 共有 43 个正式版本　历史版本可视化>>　查看修订历史>>

版本对比	更新时间	版本浏览	贡献者	审核者	更改原因
	Dec 4, 2013 4:11	查看	dingjianying	系统自动审核	v
	Feb 22, 2012 9:13	查看	程薇	程薇	编辑超链接
	Feb 21, 2012 11:11	查看	刘禹	刘禹	调整字体
	Feb 21, 2012 11:09	查看	刘禹	刘禹	添加内容;添加宁夏电视台的报道
	Feb 13, 2012 7:49	查看	程薇	程薇	修改内容
	Feb 13, 2012 7:47	查看	程薇	程薇	编辑超链接
	Feb 13, 2012 10:35	查看	刘禹	刘禹	添加新闻报道内容
	Feb 12, 2012 8:46	查看	杨现民	杨现民	修改标题"相关新闻媒体报道"
	Feb 12, 2012 8:43	查看	noteexxx	杨现民	添加南方人物周刊报道链接
	Feb 12, 2012 1:49	查看	陈敏	陈敏	编辑超链接
	Feb 12, 2012 11:28	查看	胡智杰	胡智杰	调整段落格式
	Feb 12, 2012 11:18	查看	胡智杰	胡智杰	插入超链接
	Feb 12, 2012 10:56	查看	杨现民	杨现民	添加社会评价
	Feb 12, 2012 10:52	查看	杨现民;邢惠娜	系统自动审核	添加部分论文的网页链接
	Nov 30, 2011 2:43	查看	程薇	程薇	修改岳麓实践论的视频来源
	Nov 28, 2011 8:22	查看	Mayunpeng	杨现民	添加内容,插入参考资料
	Nov 26, 2011 1:46	查看	程薇	程薇	调整结构
	Nov 26, 2011 1:42	查看	程薇	程薇	修改新加坡华文教学宣传视频,利用视频网站提供的

图 11-3-8　协同编辑历史版本查看界面

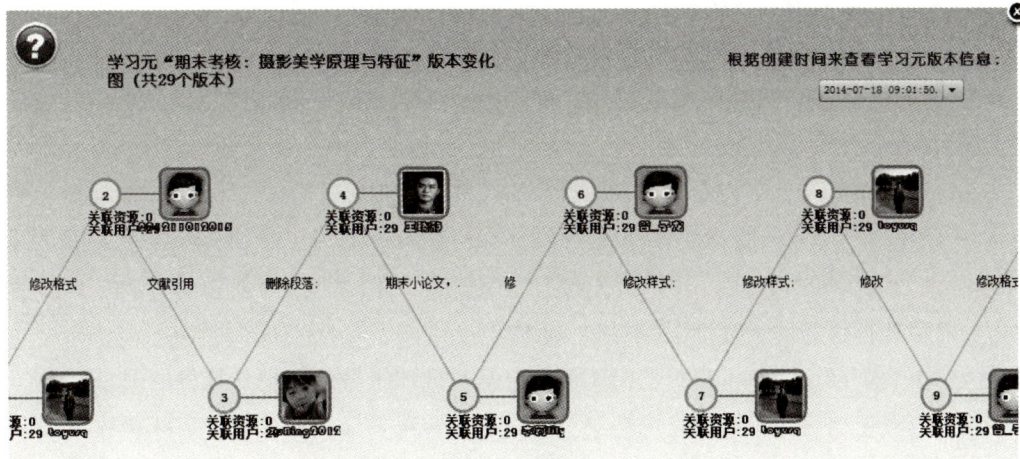

图 11-3-9　协同编辑历史版本可视化界面

11.4
网络教学资源管理子系统

　　网络教学的基础是教学资源，为了更好地发挥网络教育的优势，将优秀教学资源划分成各种素材，进行系统化、科学化的分类，并以多媒体化的电子信息形式存储于各种数据库中，构建成统一的教学资源库，形成数字化的电子图书馆，为学生提供内容丰富的优秀教学资源，使远程教育建立在丰富的教育资源基础之上，减轻任课教师建立大量教育资源的负担，减少学校之间的重复开发。

　　教学资源包括媒体素材库、试题素材库、案例库、网络课件库、文献资料库等。所有上述资源都分别建有其索引信息，以便快速地查询、浏览和存取。另外，资源的收集、编辑、修订等都是资料库能否得到充分利用的关键因素，需要一个强大的资源管理系统对它进行管理和支持。

　　整个子系统由课程资源管理系统、课程信息网站生成系统和教学资产与档案管理系统三部分组成。

11.4.1　课程资源管理系统

　　课程资源管理系统的主要功能是对各种教学资源进行采集、管理、检索和利用。

教学资源库首先是按照学科来组织，其次按照素材类型来组织，每种类型的素材都需要标记不同的属性，便于归类存储和检索。各种资源按照其物理形态分类存储，并进行不同的属性标注。按资源类型划分，可分为媒体素材、试题、网络课件、案例、文献资料等多个管理模块。

(1)资源浏览：由于资源库涉及的资源种类很多，且每一种类又包括不同的学科类型，所以用户不可能同时浏览本系统中的所有信息资源。为了解决这个问题，我们采用了信息分级呈现的方式，即用户先选择所要浏览的信息类型(如网络课件、媒体素材)，然后选择信息的子类型(如视频、动画等)。

(2)资源下载：用户可将自己需要的信息从资源库下载到本地计算机的硬盘上。

(3)资源使用跟踪：系统自动记录资源的使用情况，如浏览次数、下载次数等。

(4)单键查询：对于文本素材，也就是关键词的全文检索功能；对于其他类型的素材，则以布尔逻辑查询所有类型匹配的属性字段。

(5)检索引擎：素材检索引擎功能还包括布尔查询、关联查询的段落定位查询、精确查询、支持通配符的模糊查询。

(6)多媒体检索：多媒体素材应集成多媒体音频影像查询技术。例如，可采用"关键帧捕获"技术，根据多媒体资料中场景的变化自动选择出关键帧，用于预览或建立索引。

(7)导航与预览：系统要具备良好的导航结构。检索出的资源，可以进行在线预览。

(8)资源批量入库：一次将多个具有相同属性的资源加入资源库中。

(9)资源单个入库：一次将一个经过审核的临时库中的资源加入正式资源库中。

(10)远程提交：用户可远程提交素材(用户可通过互联网络远程上传素材)。

(11)资源自动收集：系统可根据管理员的信息检索要求，自动在互联网上收集信息。

(12)资源自动整理：系统可对收集到的信息进行自动文摘、自动提取关键词、自动建立索引。

(13)资源审核：查看用户上传的资源，并标记不合格的资源，确认合格的资源。

(14)资源删除和修改资源：允许管理员删除和修改资源库中不合格的记录。

(15)资源定制：用户在平台里找不到的资源，可以在平台中提出定制，系统公布这些定制，由其他用户提供回复。

(16)定制回复：允许用户回复资源定制的请求(图11-4-1)。

图 11-4-1　资源库管理

11.4.2　课程信息网站生成系统

每增加一门课程，系统将为课程自动生成一个课程信息网站，作为用户进入课程的门户界面。管理员根据课程信息发布的具体需要确定的网站结构，进行详细的网站栏目设计。建立一个有效的网站栏目结构，每个课程网站可包括任意的栏目及子栏目，栏目包括一般栏目和引用栏目（如头条新闻、图片新闻等），可任意调整显示顺序（图 11-4-2）。

（1）风格的定制：可以为站点选择不同的风格模板，改变站点的风格。

（2）布局模板的定制：可以为站点的各个频道和资源设置不同的内容呈现方式，包括选择栏目和资源、指定栏目或资源呈现所用的模板等。

（3）内容的管理：可以对站点的标题图标等进行更换。

（4）站点属性的设置：网站管理员可以设置站点的各种参数。

（5）站点的访问统计：可以综合性地统计出网站的整体访问情况，包括访问人数，访问次数，按日、时、周的统计，访问来源终端统计，搜索关键字统计，访问者地区分析，访问内容分析，用户分析，用户访问路线分析等。

（6）信息公告模块：滚动通知包括在学科站点中循环滚动播放通知。管理员可以添加滚动通知、管理滚动通知工作。系统公告包括系统管理人员可以给本系统下的所有学科发送公告信息。学科公告包括权限管理人员可以维护本学科公告，可以添加公告、管理公告。

（7）新闻中心模块：通过新闻信息的某些共性进行分类，最后系统化、标准化发布到网站上的新闻栏目。提供新闻分类、检索和管理的功能，不但使用户可以很方便地浏览和查询新闻，而且管理人员也能够很轻松地管理新闻，包括上传、修改和删除等操作。

（8）个性化功能模块：个人收藏夹，我的通讯簿，个性化的内容订阅管理。支持信息订阅与推送，支持个性化工作日程及待办事宜提醒。

（9）调查与投票：开放式的调查系统，具有调查内容分类栏目，最新调查导览，单选及多选投票机制，调查界面嵌入和弹开两种基本模式，防止重复投选功能，多个结果选项，支持调查项目创建、重编辑、删除，用户验证操作，调查项目个性化界面定制操作。可以自动生成调查问卷和分析用户选择的信息，同时将结果显示给用户的系统。

图 11-4-2　平台网站生成

11.4.3　教学资产与档案管理系统

一线教师对于平台中自己的课程、资源、习题、答疑等个人教学资产的管理有非常强的需求。一方面，教师希望能对自己所有的教学资产有一个总体的把握、管理和分析；另一方面，教师希望能将平台中的动态内容保存为符合标准，可以本地化管理和运行的静态网站，可以脱离平台单独运行，便于将其作为客观可再现的材料用于教学工作考核、网络课程竞赛等，也有利于教师将这些个人教学资产备份保存或者用于其他平台。

高校用户普遍存在对平台的教学资产进行统一管理、统计、展示和监控的需求。一方面，教学评估的需要，这些教学资产的统计数据是教学考核和评估的重要数据来源；另一方面，通过对教学过程信息的跟踪分析，能够实现对教师的督促和检查，对课程质量的实施预警。此外，教学资产的备份还原、敏感内容检查等也是保障学校教学资产的必要措施。

网络教学平台的"教学资产与档案管理"让使用教学平台的教师能够方便自如地管理自己在平台上开设的课程内容、作业、试题、扩展资源、讨论等相关数字化学习内容和学习过程档案，并将其导出为结构化的静态 HTML 页面。这些页面能够被发布为独立于平台运行的网络课程，让平台管理者可以实时地获得平台教学资产的全局信息，并对平台的教学资产进行全局管理和参数设置。

"教学资产与档案管理"可以满足教师应对学校对教学工作评估的实际需求，将教师在平台上开设的课程内容、布置的作业、录入的试题、教学过程中的档案信息等；学生上传的资料、做的作业、参与的讨论、个人学习档案信息等，能够将平台中动态的内容通过处理导出成静态的 HTML 页面，形成课程网站，上交教务处，或自己备份，并同时能够将其导回平台。

"教学资产与档案管理"包括个人教学资产的查看和回顾、统计、结构分析以及导入导出等功能，其体系结构如图 11-4-3 所示。

在教学资产与档案管理系统中，能够分析复杂的课程大纲结构及其和资源、习题等逻辑关联状况，生成资源清单文件和结构化的 HTML 页面，构成可独立于平台的课程网站。此外，教师能够部分指定生成课程网站的 CSS、LOGO 的页面元素，达到美化课程包的效果。通过解析 XML 文件和 HTML 文件，将静态网站包的内容导入其他平台，并在数据库建立相应关联。

由于导入导出涉及的操作比较复杂和耗时，因此用户提交导入和导出请求时，平台并不立即执行任务，而是将该任务放入任务队列中，等到平台负担较轻时由后台运行的值守程序根据队列中任务的先后次序依次执行导入和导出操作。

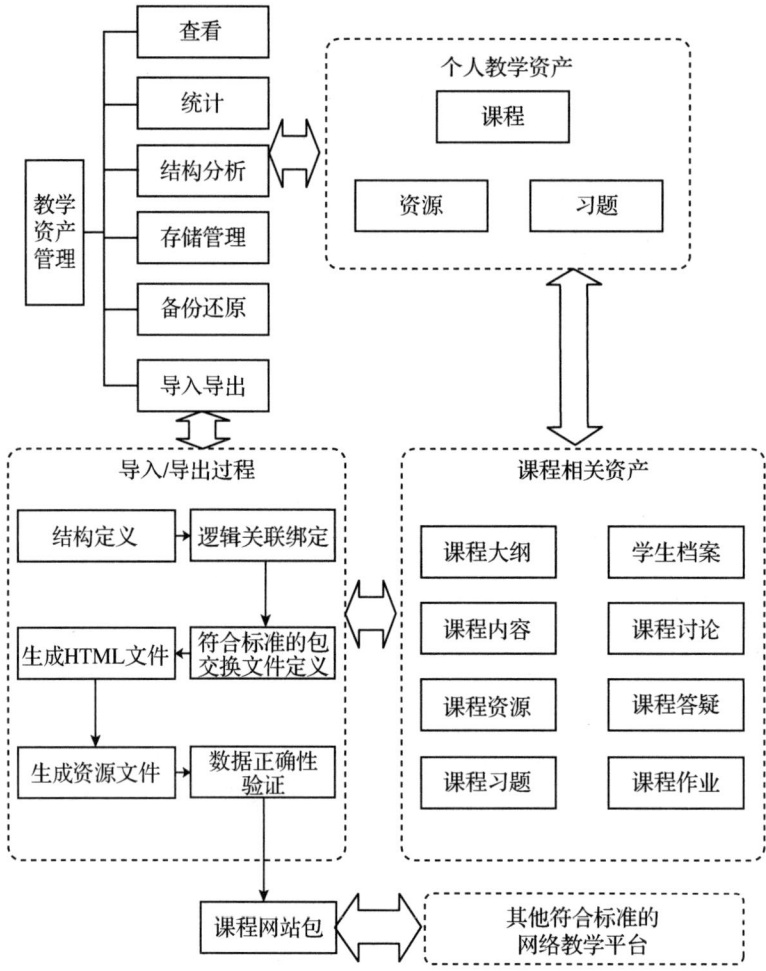

图 11-4-3　教学资产与档案管理系统的体系结构图

章结构图

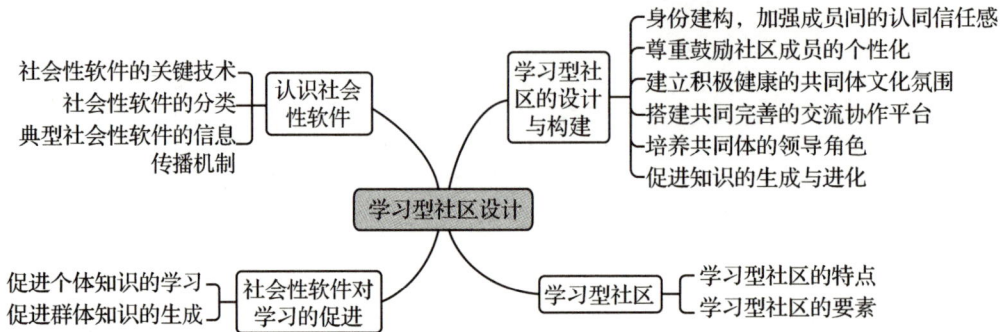

Web2.0 时代，互联网的应用模式逐渐由传统的"人机对话"转变为"人与人对话"，时空界限逐渐被打破，人和人之间的距离越来越近，网络社会化的革命正在悄然发生，其中，社会性软件(Social Software)的发展便是重要的标识之一。借助于社会性软件对学习的促进作用，在网络环境中设计与构建学习型社区(构建学习共同体)成为现实。20 世纪末，国内开始关注学习共同体的研究。从 2000 年开始，对学习共同体的关注度越来越高，逐渐成熟的学习共同体理论为网络学习型社区的设计与构建提供了理论基础。

12.1
认识社会性软件

社会性软件的概念出现于 2002 年左右，最初它被简单地描述为支持组群相互作用的软件。所谓支持组群的相互作用是指社会性软件中存在着个体与群体之间的关系模型，如图 12-1-1 所示，可以看出，社会性软件支持下学习能够实现整体大于部分之和，使用者在应用社会性软件过程中，可以通过交流共享活动从整个社群中获益，并借助群体的隐形力量不断提升自我。

社会性软件从字面上理解是"个人带着软件成为社会网络的一部分"。另外，一些研究者也表示："社会性软件是帮助人们建立社会网络和自动组织群体的软件""社会性软件对软件使用过程中建立的群体联系的关注超过了对软件技术本身的关注"。由此可以看出，社会性软件应该落脚在"社会性"这个定语上面。它表明，作为社会性的个人，

图 12-1-1　社会性软件的关系模型

通过基于网络的社会性软件，可以构建社会关系，而这样的社会关系中常常蕴藏着一定的社会价值。

社会性软件具有两个基本特征：一是用户贡献；二是社会网络。用户贡献是社会网络形成的基础，社会网络是用户贡献的体现。用户只有不断贡献，形成网络身份特征，才能根据网络身份特征的不同构建社会网络；也只有在社会网络中呈现，用户的贡献才被赋予更多的教育意义。当然，由于具体社会性软件不同，用户贡献的内容也有所差异，但社会性软件在构建社会关系中的作用是相同的。

举例来说，以当前的社会性软件与传统网站对比为例，通过知乎社区与未来教育高精尖创新中心网站的不同对比，可以进一步见证社会性软件不同于传统网站的一些典型特征（表 12-1-1）。

表 12-1-1　社会性软件与传统网站的对照分析

特征	知乎社区	未来教育高精尖创新中心网站
使用者参与方式	用户同时也是建设者、协同者，共同参与互动	用户与建设者分离
内容来源	社区网站运营人员或用户	专门组织人员
表现形式	时间倒排，可多轮删选	领域内熟悉的内容分类规则
时空效应	人脉效应 知识创新效应	知识与信息单向传播效应

续表

特征	知乎社区	未来教育高精尖创新中心网站
内容组织	时间属性 语言表达随意 篇幅长短不一 具体主题分散 内容排列顺序自主调整	语言严谨 结构工整 具有明显的专业领域特征 排列顺序固定

从技术发展来说，社会性软件工具的出现标志着整个互联网应用逐步进入了被称为 Web2.0 的新应用阶段，描述这个新应用阶段的特征有"个体参与""去中心""社会圈或小世界""整体大于部分之和或集体智慧"等。简言之，这种以社会性软件为支撑的 Web2.0 网络应用，能够在时空维度上产生多种应用效应，典型的应用效应如社会人脉效应和知识创新效应。

(1)社会人脉效应是立足于社会性软件使用者的人际网络关系的形成与发展，主要是由于社会性软件一方面具有较强的用户个性化身份标识作用，另一方面在技术上能够透过用户的过程性行为如浏览订阅、留言评论等建立不同用户之间的社会性联系，从而使得不同的使用者在 Web2.0 平台上都能拥有自己的社会人脉小世界。

(2)知识创新效应是立足于知识的网络传播与转化的螺旋发展过程，主要是由于 Web2.0 平台营造了一种全新的共享共建的学习环境，源于 N 个不同用户的信息内容，可以分别传向其他 $N-1$ 个用户，并集合 $N-1$ 个用户的智慧进行再生成和再创造。知识建构学习理论表明，每一次每一轮的互相传播过程，也是构建新知识的创新过程，传播和分享交流过程也是智慧的重新碰撞与生成过程。

当然，正是基于时间的累积，才有多种效应的生成。因此，时间属性是社会性软件的重要属性，这是传统网络所不具备的。此外，时间也将作为纵向衡量指标来发掘用户在社会性交往中的规律。

Web2.0 的理念

Web2.0 给人们带来了全新的互联网视角，它的核心精神就是"开源"和"互动"。具体来说，Web2.0 的理念主要体现在以下几个方面。

1. 资源共享性

相对于传统 Web1.0 而言，Web2.0 的资源不仅是由少数专业人员提供的，更大的部分是由广大用户共同创建的。人人都可以提交自己的内容，也可以自由地利用别人的资料。

另外，Web2.0 中每个用户生成的内容，是一种可重用的微内容。这些微内容就像元件一样，利用这些微内容进行聚合、管理、分享、迁移，从而组合产生新的信息，使人们在任何地方都能自由地使用这些微内容，并且进一步组合成各种个性化的应用资源。此时的资源共享不仅指现成的资源共享，还包括制作的共享。

2. 去中心化

Web 的大规模互联，不管是领域的精英还是某个普通的用户，都可以就某个领域提出自己的想法。Web2.0 以广大用户为中心，注重个性化的设计，在界面的交互性、操作的方便性以及功能的完善性方面，都为用户提供更高、更好的使用体验。人人都是网络专注的中心，从另一个意义上说也就产生了最大限度地去中心化。

3. 重视个体

由于成本和效率的因素，过去人们只能关注重要的人或重要的事。Web2.0 关注每一个参与网络的个体，它重视的不仅仅是中心，也包括每一个微不足道的个体，聚合成具有无穷丰富性的整体。

4. 开放

Web2.0 提供的服务简单便捷，同时对所有用户免费开放，包括开放的数据、API 接口和开源软件的设计和应用。开放数据使用户可以自由引用资源和信息，然后去整合、创造、发布新的内容。在开放的条件下，用户之间的交流更加方便快速，同时减少了用户流失的现象和迁移的障碍，带来更多的用户互动并产生丰富内容，大大增强了 Web2.0 的社会交互性，促进了 Web2.0 体系的良性循环和发展。

5. 用户参与开发架构

用户的参与性是 Web2.0 的特性。Web2.0 采用的是一种鼓励用户的参与和贡献的架构，对用户的使用技术要求不高，提供开放的服务，改变了以往那种"只读"的属性，为用户提供简单的使用工具，将网站变成可读写的服务；同时，广大用户能够在责任和共同的标准下，提高信息的有效性。用户是信息的生产者、创建者，生产微内容，积少成多，资源从稀缺变为富余，产生宏服务，用户参与信息与资源的开发与架构，网络互联将能达到前所未有的大规模状态。

12.1.1　社会性软件的关键技术

社会性软件不仅有如博客长期写作积累所形成的个性化身份特征以及留言评论、友情链接等引发的社会联系，还有诸多促进社会网络构建的关键技术。这些关键技术主要有以下几种。

(1)展示所关注人的动态，加强大 V[①] 与粉丝的强互动关系。社会性软件强调人的社会性交互，强调加强人与人之间的交流互动。通过展示所关注人的动态，一方面满足粉丝的好奇心与持续关注，也便于通过其所关注的账号挖掘粉丝的兴趣爱好，实现

---

① 网络用语，指在微博平台上获得个人认证，并拥有众多粉丝的微博用户。

精准推荐，加强社会网络关系的连接；另一方面有助于加强粉丝与大 V 的长期依赖关系，使得粉丝和大 V 对社会性软件具有较高的用户黏性，增强社会网络的坚固性。

（2）用户自定义内容呈现。社会性软件中呈现给用户的内容具有多种表现形态，包含视频、音频、文本、图片等。在社会性软件中，用户可以根据自己的需求选择自己感兴趣的内容。例如，只呈现视频内容，或只呈现文本内容，用户拥有更多的灵活选择权，更能找到自己真正感兴趣的内容，帮助平台更好地挖掘用户的喜好，了解用户。

（3）引用与通告。引用与通告是相对应的一组功能。通告是指当作者引用其他用户贡献内容时，系统能够发出一个信号给对方。引用是指通过这项功能可以得知某篇内容究竟被多少其他用户所引用。引用与通告一方面能够帮助读者追溯到信息源头，另一方面也有助于作者之间建立联系。

（4）输出 RSS Feed。通过 RSS 标准格式，使得用户发布更新信息能够通过 RSS Reader 被订阅，从而有利于用户发布内容的传播。通过 RSS 阅读器订阅各种社会性软件的 RSS 源列表，读者可以很快地掌握谁是作者、发表时间、标题、描述等属性数据，也可以用这些属性数据来检索、比对、排序、重组等。

（5）自定义标签（Tag）。Tag 技术主要是让作者给自己贡献内容进行标签定义，以实现对发布内容的分类。由于这种分类 Tag 内容由用户设定，因此称为"由下至上"的 Folksonomy（Folksonomy＝Floks＋Taxonomy）分类法。Folks 在英文中是比较口语化的词，表示一群人、一伙人的意思。Folksonomy 是指"群众"自发性定义的平面非等级标签分类。

（6）内容的个性化分发，形成推荐内容。资讯分发主要是通过追溯用户的行为数据和互动关系等来推测用户的可能喜好，从而为用户推荐相关内容供用户自主选择，以满足用户的潜在需求，同时促进潜在性社会关系网络的扩展与延伸。其中被推荐的资源可以是物化资源，如视频、文本、材料图片等，也可以是人际资源，如兴趣小组、权威专家、热门红人等。

（7）搜索热门词汇自动推荐与更新。利用社会性软件进行搜索时，系统会自动汇聚形成当前平台上的大部分用户或者是好友都在搜索的热门词汇列表，以便用户及时了解自身所处的社交网络上的热点问题，加紧社会网络的紧密度。

用户可以通过日志贡献自己的观察和心得体会；通过留言评论可以跟踪到关于留言者更为具体的信息；通过引用通告方式可以与其他博客作者建立关联；通过 RSS 阅读器高效地订阅其他用户的博客；通过共同的 Tag 标签与社群中其他用户建立起联系；通过资源推荐丰富用户的自主选择，满足用户的潜在需求；通过搜索热门词汇推荐帮助用户及时了解自身所处的社交网络的共同关注点，在日积月累的内容贡献与社会性支持的基础上，用户可以融入一个学习型网络群体中。

12.1.2　社会性软件的分类

社会性软件的概念被提出的时间不长，但利用软件的社会功能进行交流，几乎是伴随互联网产生就已经出现。早期的社会性软件以内容与内容的连接为特点，随着Web2.0 技术的发展，逐渐转变为人与人的连接、互动参与的特点。一般从软件功能特点的角度，将社会性软件分为通信类软件和发布应用社区两大类。

（1）通信类软件包括异步型通信软件，如电子邮件、新闻组、电子布告板等，同步型通信软件，如早期出现的聊天室、即时消息以及近些年飞速发展的 QQ、微信等。

（2）发布应用社区包括 BBS、微博、Wiki 等。Web2.0 技术使发布应用社区趋于完善，从偏向个人到更多地偏向群体，从简单的通信拓展到了群体的网络协同作业。

随着技术的不断进步，发布应用社区与通信类软件的功能相结合，促进了人们的网上交流，逐渐改变了人们的交流方式。如今，线上交流已经潜移默化地与生活融为一体，基于社会性软件的网络交互将为师生的交流沟通提供便利，并逐步改变教师的教学方式和学生的学习方式。

当然，也可以根据用户所发布内容的不同对社会性软件进行分类，如以用户发布图片为主有 Pixabay、以用户发布音频为主 Prodast、以用户发布视频为主有优酷网、以用户发布网址为主有分享网等。当然，社会性软件还有其他表现形式。例如，重点在于网络社会圈构建的有 LinkedIn，重点关注内容共创的有 Wiki 等（表 12-1-2）。

表 12-1-2　社会性软件的分类

分类准则	服务内容简介	软件工具举例	
功能特点	通信类软件	电子邮件、QQ、微信等	
	发布应用社区	微博、Wiki 等	
分享内容媒介不同	以文本分享为主	知乎	https：//www.zhihu.com/
	以图片分享为主	Pixabay	https：//pixabay.com/
	以音频分享为主	Prodast	http：//www.prodast.net/
	以视频分享为主	优酷网	https：//www.youku.com/
	以网址分享为主	分享网	http：//www.fenxw.com/
应用目的不同	以交友为主	LinkedIn	https：//www.linkedin.com
	以内容创作共用为主	Wiki	http：//en.wikipedia.org/
	以实时交流为主	微信	https：//weixin.qq.com/

506

续表

分类准则	服务内容简介	软件工具举例
关键技术		展示所关注人的动态技术
		用户自定义内容呈现技术
		TrackBack & Ping 引用通告技术
		RSS 订阅技术
		Tag 分类技术
		内容的个性化分发技术
		热门词汇推荐技术

以上这些技术都属于 Web2.0 技术，它们服务的特征就在于个体参与和促进社会联系。Web2.0 技术的一些典型应用也为构建学习型社区带来新的契机，促进了网络虚拟学习共同体的深入发展。

12.1.3 典型社会性软件的信息传播机制

社会性软件最显著的特征在于将社会关系引入到软件的正常功能中，使得信息传播过程不再只是单纯地传播信息，而更多的是体现用户背后的社会关系及关系背后的文化思想认同。基于此，传播过程中的传播途径和影响因素都发生了较大的变化。

1. 传播途径多线程

社会性软件以"社会网络"为底层结构。社会网络在社会学中指的是社会行动者及其间关系的集合。社会网络上的传播方式是分散自发式的，而非传统网络的由上至下、点对面的传播形式。社会网络上的任何一个节点，即使用软件的任何一个用户，都有可能成为发布信息的源头，甚至成为某一社群的中心。社会性软件的信息传播途径是多线性并发操作的，不需要遵循任何路径，也不需要由上到下的点传播。任何用户都拥有自己的舞台。只要内容有价值，能够引起同伴共鸣，就可以形成较为广泛的传播范围。

2. 影响因素多样化

社会网络是人的关系网络，信息传播是通过人传播信息来实现的。因此，人所拥有的传播能量影响因素和信息本身所受到的影响因素都是衡量社会性软件信息传播效果的重要指标。人所拥有的传播能量受人所处的社会网络及信息流动机制影响。人所处的社会网络关系越强（网络间各个用户之间的互动频率较高，认同关系较多等），则其影响力越大，传播能量越大；信息流动机制主要是靠转发和推荐，转发决定信息扩散的可能范围，推荐决定信息打破本身具有的人际网络边界进行传播的能力。信息本身所受的影响因素包括信息内容本身具有的传播价值和受众范围，受众群体是否广泛，信息内容本身是否对于受众有价值，这些都是值得考虑的因素。

12.2
社会性软件对学习的促进

通过社会性软件构建的学习社区，其实质是一个虚拟学习共同体。这个系统具有学习共同体的功能。同时，由于社会性软件作为网络平台的特殊性，这个学习社区能够跨越时空局限、超越普通学习共同体。总的来说，社会性软件构建的学习社区对学习的促进作用包括以下两个方面。

12.2.1　促进个体知识的学习

学习的过程是知识转化的过程，它包括隐性知识间、显性知识间以及隐性知识与显性知识间的转化(图 12-2-1)，具体如下。

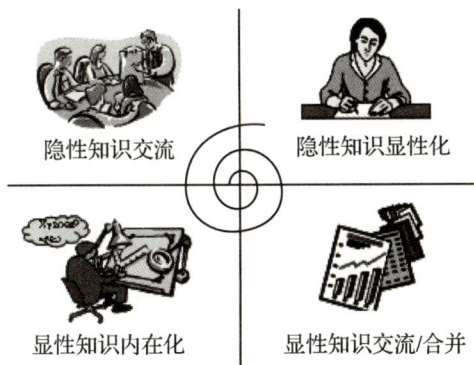

图 12-2-1　知识转化

(1)隐性知识到隐性知识的转化。这是个体间分享隐性知识、知识社会化的过程。这里，隐性知识的传递主要通过观察、模仿和亲身实践等形式。借助社会性软件建立虚拟学习社区，为实现隐性知识到隐性知识的转化创造了条件。通过社会性软件构建在线的同步或异步交流，就包含知识社会化的过程。

(2)隐性知识到显性知识的转化。这是将隐性知识转化为别人容易理解的形式，即隐性知识显性化的过程。这个转化所利用的方式有类比、隐喻和概念等，这是非常困难的，也是极具创造性的。当前的一些智能技术，如知识挖掘系统、商业智能、专家系统等，为实现隐性知识显性化提供了手段，但极不完善。利用社会性软件创作和发表的过程，就是隐性知识显性化的过程。

(3)显性知识到显性知识的转化。这是一种知识扩散的过程，通常是将零碎的、显性知识进一步复杂化和系统化。将这些零碎的知识进行整合并用专业语言表述出来，个人知识就上升为了系统化的显性知识，能更容易地与更多人共享。分布式文档管理、内容管理、数据仓库等是实现显性知识组合的有效工具。社会性软件，如知乎等，就是相互阅读评论和链接的过程，就是知识深化的过程。

(4)显性知识到隐性知识的转化。这意味着群体的显性知识转化为个体的隐性知识。也就是说，参与者接收了在社群成员中传播的知识后，必须纳入自己的隐性知识体系中才能灵活运用，并创造出新的隐性知识。团体工作、做中学和工作中培训等是实现显性知识隐性化的有效方法。社会性软件学习，就是一个知识传播的过程。

综上所述，社会性软件构建的学习社区能够促进学生知识的学习与水平的提高。换个角度来说，它还有利于提高自主学生的自我效能感；社会性软件对学生个体主体意识的唤醒，有利于促进学生的反思性学习；社会性软件的开放性有利于集思广益，有助于学生发散思维的培养。

12.2.2　促进群体知识的生成

社会性软件拓展了学习空间，跨越了时空界限，为结交无处不在的志同道合者提供可能，促进群体间知识的进化和生成。社会性软件使得学生突破身边的交流圈子，将更多的、原本陌生的志同道合者组合到自己的社会关系中来。尽管这个关系还是一个个弱连接，但是这个弱连接有利于知识的传播。因为熟悉的圈子的知识面往往具有某种趋同性，而陌生人之间更可能拥有不同的知识结构，这样的交流更有可能产生新的思维碰撞，从而促进新知识(对个体而言，一切未知的知识就是新的知识)的产生与传播。

在弱连接的基础上，如果彼此加以更深的交流、相互理解和对话，便构成了强连接。这种强连接形成信任，形成默契，成为一个相互合作和创造新知识的基础。这种介于"陌生"和"熟悉"的状态，使相互之间最能彼此激发，创造新的观点、新的知识，超越于原来两个独立的个体所拥有的知识，它汇集了两个人的经验、知识、技能乃至人生观。这个过程往往是显性知识的交流过程，也是隐性知识彼此激发的过程，可以通过社会性软件来完成。随着社群的扩大，新的成员加入，这个过程会周而复始、螺旋上升地进行。

人与人之间的关系，从沟通互动的频率来看，可以简单划分为强连接和弱连接。强连接最有可能的是你目前工作的搭档、事业的伙伴、合作的客户，生活和工作上互动的机会很多。弱连接范围更广，同学、亲友等都有可能，就是沟通和互动的机会较少，更多的是由于个人的时间、经历和沟通机会造成的。社会软件能够形成社区，并且这种社区具有主动传播机制，会沿着自己的亲友、同事圈子和兴趣相同的人进行扩展，形成更大的圈子。

12.3
学习型社区

基于社会性软件构建的学习型社区中，一方面，信息源的渠道发生变化。信息源内容不断被丰富、内涵发生变化并进一步演化为新的信息内容源。另一方面，学习者的角色发生变化。学习者将从单纯的信息内容吸纳者逐步演化为信息知识的吸纳者和创造者。

12.3.1　学习型社区的特点

基于社会性软件的学习型社区，具有高度开放性、动态可持续发展性、超越时空限制性、民主平等性、主体文化性、社会性与适应性等特点。

1. 高度开放性

高度开放性是互联网的特点。学习型社区的开放性主要包括面向用户的开放性、社区领域的开放性以及信息资源的开放性。

（1）面向用户的开放性。

社会性软件零难度，易操作。从小学生到老人都能参与，再加上一般的社区对注册用户没有特殊限制，这就促成了社区用户的高度开放性。除了注册用户享有各种权限外，社区往往面向所有非注册用户开放。因此一般社区都包括账号和匿名两种登录方式。如图 12-3-1 是北京师范大学蛋蛋网社区的登录入口。

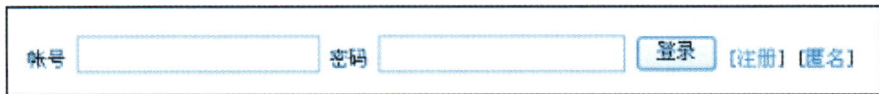

图 12-3-1　蛋蛋网社区登录入口

（2）社区领域的开放性。

网络社区没有明显的区域界限，它不限制用户只在这一个社区中活动。一般的社区在鼓励用户建立社区内的好友关系网、群组的同时，支持用户与站外的无缝连接，支持资源跨领域跨社区的流动共享。图 12-3-2 是豆瓣小组的链接。

图 12-3-2　豆瓣小组网站[①]

（3）信息资源的开放性。

学习型社区的学习资源是一个高度综合集成的资源库。一方面，这些资源可以为成千上万的学生同时使用，没有任何限制；另一方面，社区成员做的不仅仅是占有这些知识资源，还贡献着自己的知识与资源。通过个体资源共享化，共享资源个体化的流动，信息资源不断进化，在用户贡献基础上逐步聚焦领域，提升质量。

2. 动态可持续发展性

学习型社区不是一个静态的环境，而是一个动态的系统。学习社区可以无限扩展，不断有新的用户加入，有旧的用户退出；不断有新的资源产生，也有旧的资源消失。

例如，百度贴吧提供的社区服务，每天有新人加入，但几个月后这些人可能因为不再有相关的学习需求而不再使用这个社区，与此同时又会出现新的需求，如此周而

[①]　豆瓣小组网站，https://www.douban.com/group/explore/culture，2020-10-01.

复始，不断更新(图 12-3-3)。

图 12-3-3　百度贴吧社区人员流动

这个系统可以在(网络)空间中无限扩展。同时，如果设计管理得当，它还可能在时间上无限延展。成员间的相互学习，会使成员自身水平不断提高，促进学习社区支持的学习共同体的成长；由于学习社区的开放性，边缘学习者很容易加入这个学习共同体中。当边缘学习者逐渐参与其中的时候，他们就会逐渐由新手变为专家，从而使学习社区得到发展；如此循环往复，学习社区始终处在一个成长的变化过程中。

3. 超越时空限制性

传统的社会交往主要是指面对面的交流活动。在社会性软件的支持下，社会互动趋于多样化。学生可以借助即时通信工具实时完成人际互动，也可以通过发布社区留言等方式进行异步交流，这种交流超越时间、地点的限制。因此，社会性软件支持下的学习型社区，为学生随时随地学习带来了极大的便利。

4. 民主平等性

民主与平等是网络时代精神的体现，也代表了学习型社区对传统权威课堂的挑战。从形式上看，在传统课堂中，教师掌控一切，这其实已经在不自觉中构成了形式上的不平等。在学习型社区中，所有学生和教师都是坐在桌前、面对计算机的，他们之间没有监控、被监控的关系，形式上是平等的。

从交互过程看，在传统课堂中，教师是绝对的权威，而学生只是一味地听从。在学习型社区中，多元化思想齐放，教师的绝对权威消失。在遵守社区规范的前提下，学生可以畅所欲言，自由表达意愿，每一个人可以充分发挥自己的潜力。

5. 主体文化性

社区可以由一个个独立个体的空间组合而成，而学生可以在个体空间中形成自己独特的文化，但这并不妨碍学习社区的主体文化。每个社区都有自己的宗旨——社区用户共同的目标或交流主题。

512

学习社区的主体文化是如何保持的？学习社区共同体中的"老手"可能会富有经验，或者有一定的威望，他们传承着社区的宗旨。新手通过团体文化适应过程，逐渐由边缘参与者成为核心成员。社区文化也就在这个过程中得以再生和发展。例如，北京师范大学蛋蛋网社区的主体文化便是为北京师范大学校园中的同学提供交流平台，让众多的大学生在这里交流学习、共享生活（图 12-3-4）。

图 12-3-4   蛋蛋网社区页面截图

例如，CSDN（Chinese Sefeware Developer Network）社区的主体文化便是为 IT 专业技术人员提供全面的技术信息，如图 12-3-5 所示。再如，教育博客也形成了虚拟学习社区所特有的主体文化。

图 12-3-5   CSDN 社区页面截图

6. 社会性

社区是由人构成的，而人是具有社会性的。用户的需求（如学习、交友）会自然触发用户行为，促使人与人之间关系的联结，可以说用户促进社会网络关系的形成。用户所处的社会网络关系会反过来增强或抑制用户的行为。

7. 适应性

随着人工智能技术的不断发展，学习社区越来越具有适应性，即能够根据用户的个性特征进行适应性调整，从而满足用户的个性化需求，想用户之所想。适应性特征体现在多个方面。首先，它体现在内容的布局上。学习社区能够根据用户输入的喜好进行相应的布局调整，如学生喜欢疏密型布局，则页面呈现需要简洁明了，不用过于繁杂。其次，它体现在内容的类别上。学习社区能够根据用户感兴趣的话题自动调整推送内容，实现千人千面，当然这对学习社区中的资源丰富度要求较高。最后，它体现在内容的推荐上。学习社区能够根据用户的历史数据进行用户需求推测，推荐相关资源丰富的选择，并挖掘可能的需求点。

12.3.2　学习型社区的要素

不同的学习型社区有不同的构建方法与策略，但是它们具有共同的构建要素。

1. 用户

社会性软件承载着 Web2.0 的理念，以人为中心。用户是社区的使用者，也是社区的建设者。人决定着这个系统的生命力，因此用户是构建学习型社区的核心要素。用户与用户的交互协作，组成一个学习、实践共同体。

社区完全开放，所以用户可能是无限的。为了便于管理，就必须实行用户注册制。一般情况下，社区中都包含注册和非注册用户，非注册用户只可以阅读、匿名发表留言，不能构建个人社会网络。当然，对于精品内容，可以通过设置只有注册用户才能阅读的权限来提高社区的用户量。

如果这个学习型社区要用于正规学习，那用户的自由言论可能会妨碍正常的学习交流，某些学生的讨论可能会偏离主题，这就需要一个特定角色的干预，因此，在较正规的学习型社区中，存在着一个特定的角色——虚拟教师，在讨论过程中进行适当干预。

2. 学习资源

学习资源的共享是网络时代的特征。在社会性软件构建的学习型社区中，学习资源有以下两种形式。

（1）以知识形态存在的显性的学习资源。虚拟教师作为学习活动的倡导者与组织者，向社区中上传学习资源，供学生学习。除此之外，社会性软件可以支持学生拥有自己的个人空间，积累他所拥有的知识资源，同时，学生还可以访问他人的个人空间获得所需的知识资源。

（2）以相互交互生成的隐性的学习资源。它是学生彼此之间的交互活动对认知活动产生影响的产物。学生利用社会性软件，围绕学习主题，分享着自己的判断理解的同时，也在批判地接受着他人的看法。这种交流丰富了学生的理解，可以激发他们的批判性思考以及对自己的反思。在交流中蕴含的便是隐性的学习资源，它们大多只可意会不可言传。另外，学习型社区中形成的良性学习氛围，可以感染、影响学生，它也属于一种隐性的学习资源。"三人行，必有我师"，其他学生积极向上的态度、对问题深入思考探究的精神都可能成为隐性的学习资源。

3. 管理者及管理规范

规则是任何系统运行的必要因素。在言论自由的、开放的网络社区中，往往有一些素质不高的网民辱骂、说脏话。为了监督、约束不文明行为，社区就需要管理人员和社区规范。

一般情况下，在用户注册加入社区时，就有相关规范的说明，只有用户同意遵守后才能成为社区中的真正一员。图 12-3-6 为知乎的用户协议。

图 12-3-6　知乎的用户协议

管理者需要处理投诉问题，删除、设置屏蔽一些不文明、不规范的留言。在某些情况下，用户便是自己的个人空间的管理者，具有删除留言、屏蔽其他用户的权限。

4. 技术支撑环境

随着 Web2.0 技术的发展，社会性软件为学习型社区的构建提供了良好的技术支持，它们使学习型社区越来越人性化，越来越满足用户多种多样的需求。例如，各种社会性软件相互支持解决用户的交互问题（提供同步或异步的交流等），标签有助于分类与检索问题（图 12-3-7）。

图 12-3-7　知乎提供的同步交流技术环境

12.4
学习型社区的设计与构建

　　如何利用现有的社会性软件，设计、构建一个良好的学习型社区？社会性软件仅仅是平台、是工具，如何充分发挥其教学效用都决定于设计者。总的来说，社会性软件构建学习型社区的基本流程如图 12-4-1 所示。

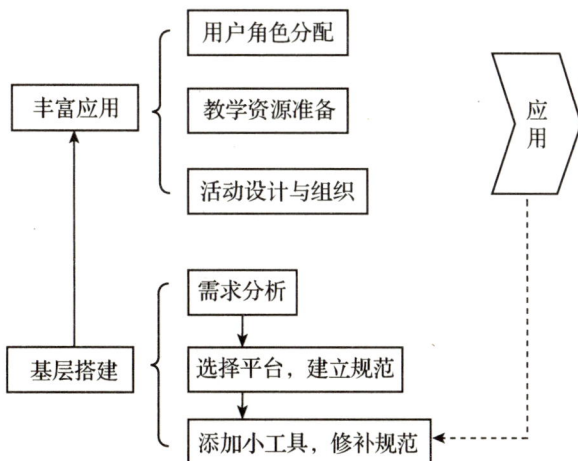

图 12-4-1　社会性软件构建学习型社区的基本流程

毋庸置疑，第一个流程是需求分析。首先，需求分析要明确社区的面向对象是谁。是中小学生，是教师，或是企业职工？其次，要调研服务对象期望社区提供的功能是什么。最后，要明晰学习型社区的定位是什么。第二个流程是在需求分析的基础上进行平台的选择，是使用知乎，还是使用 BBS 或 Wiki 这种协同编辑的工具？当然，设计者也可以根据需要，借鉴已有的平台自己开发。技术平台提供了最基本的物理环境，接下来重要的一步是建立社区规范，如管理规范、激励机制等。另外，一些小工具（如 RSS、Tag 标签等）的使用将会画龙点睛，使整个社区的功能趋于完善。

不可忽视的是，以上步骤仅仅是学习社区的基层搭建工作，接下来是对学习社区应用的设计，它决定着这个社区的生命力。其主要包括分配用户角色、准备教学资源、设计与组织社区活动等。

学习型社区的构建不是固定静止的，而是一个动态的过程。只要还期待社区能继续生存发展，那么这个社区的构建工作就永远不会停止，设计者需要随时根据社区中的相关情况对社区进行修补完善。当然，对于设计者来说，如果前面的流程走好了，那么后面的工作会相对轻松。

一个基于网络的学习型社区就是一个虚拟的学习者组织，一个产生于网络环境下的学习共同体。他们分享知识和经验，交换信息，协作解决问题或者完成任务。学生通过网络分享共同的学习目标、兴趣和评价，共同致力于学习社区的发展。设计基于网络的学习社区一般要考虑以下基本原则和要素。

（1）个体和群体共同发展原则。网络学习社区关注的不仅是个体的学习，也关注群体的学习，其目标是个体与群体相互促进、共同发展。

（2）知识共享原则。知识共享是学习社区的一个基本特征。网络学习社区要注意知识共享机制的建立。

（3）多途径参与原则。在成员参与共同活动的时候，社区要有多条途径满足他们协作交流的需要，以使成员的协作更加顺畅，交流更加充分。

（4）成员平等原则。在网络学习社区中，成员之间无论是在权利方面，还是在责任方面都是平等的。

（5）个体全面发展原则。网络学习社区中，学生知识、能力和情感方面是全面发展的。

在学习社区的运行过程中，如何保持学习型社区的生命力，实现社区的可持续发展？利用社会性软件设计与构建学习型社区时需要综合使用以下策略。

12.4.1　身份建构，加强成员间的认同信任感

相互认同信任是搭建学生之间良好关系的桥梁，是在学习型社区中顺利学习交流的前提条件。

真实身份可以让用户自我约束，从而减少言论自由产生的一些不文明现象。学习型社区中鼓励用户使用实名，有利于平等、信任的交流的展开，有利于社交网络的扩展。但是，在网络环境中，身份往往具有虚拟性和匿名性，身份认同问题很复杂。因此在设计、构建学习型社区时，一定要考虑身份建构问题。

推行实名制是一种重要的构建身份策略。事实也证明，真实身份有利于社区网络的发展。赛我网率先推行实名制，使得这个网站迅速发展庞大。除了实名制，还可以鼓励用户上传生活照片，让虚拟的交互网络变得更真实，更加生活化，更富亲和力。例如，CSDN 鼓励用户使用真实姓名，并提供上传头像功能（图 12-4-2）。

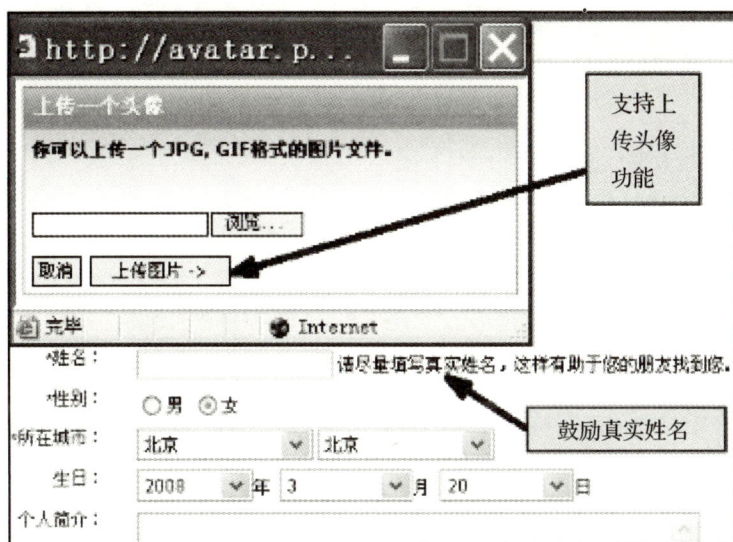

图 12-4-2　CSDN 身份建构 1

由于 CSDN 中设有项目交易、招聘信息等，这些都有助于促进注册用户使用真实信息（图 12-4-3）。

518

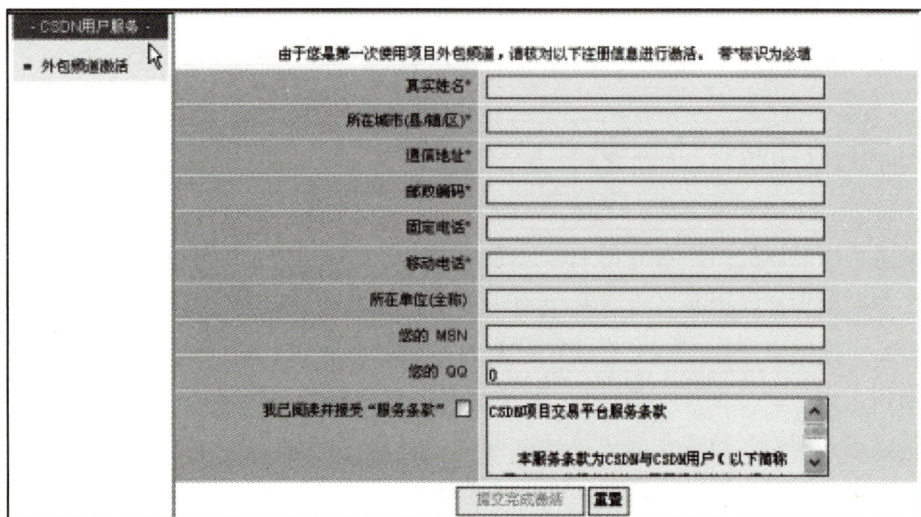

图 12-4-3　CSDN 身份建构 2

除此之外，社会性软件会为成员提供个人成长的档案袋记录。从这个记录中，其他成员也可以为其构建一个身份形象。社区成员付出的利他行为越多，越受到肯定和尊重。

12.4.2　尊重鼓励社区成员的个性化

社会性软件为成员提供了自我知识管理的平台。成员拥有属于自己的个人空间，同时，他们往往需要一些设置来满足自己的个性特征。因此，社区的设计与构建者应努力营造一种个性化环境，设计人性化的交互界面与社区工具，让成员能够根据个人爱好打造属于自己的空间。这有利于增强社区成员对社区的归属感、认同感。社区成员觉得这里有属于自己的一片天空时，便会喜欢这里，从而提高参与程度。例如，QQ空间社区为成员提供多种主题模板，成员可以自由选择模板风格（图 12-4-4）。

图 12-4-4　QQ 空间社区模板中心

12.4.3　建立积极健康的共同体文化氛围

积极健康的文化氛围，是建立具有凝聚力的学习社区的基础。任何一个群体都具有自身的个性文化价值体系。群体的共同文化价值是群体成员相互理解、相互信任、互为归属的基础；是保证一个群体的形成和发展，并取得成功的保证。

良好的社区文化氛围对各种隐性知识转化与共享非常重要，许多学习组织都有自己的独特文化氛围或在努力建造自己的文化氛围，希望借此来进一步激发社区成员的激情。

1. 建立共同的主题

共同的兴趣和目的是学习型社区的一个重要特点。学习型社区在共享性的、协作性的学习活动中成长，共同主题对于成员的吸引是学习社区赖以发展的动力。

例如，CSDN 是广大 IT 爱好者的集聚地，IT 技术是用户的共同主题。CSDN 将 IT 技术主题细分为小主题，如 Java 技术主题、.NET 技术主题、Web 开发主题等（图 12-4-5）。

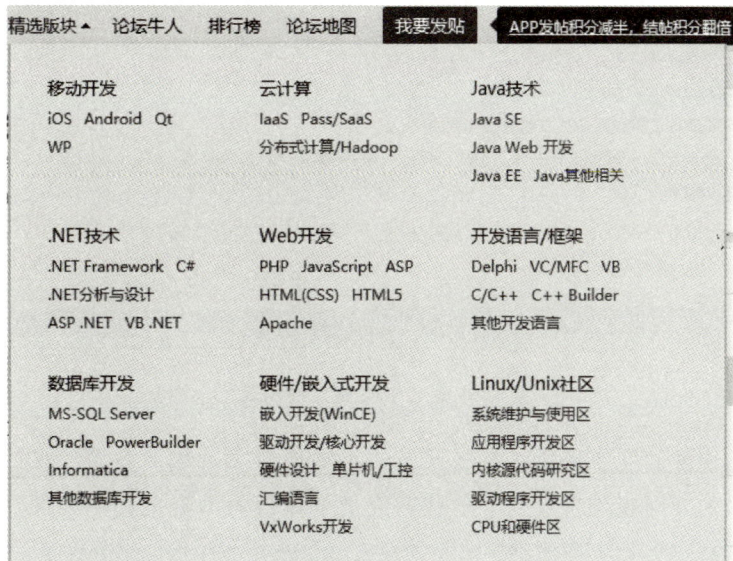

图 12-4-5　CSDN 建立共同主题

当然，围绕所确定的学习主题和任务，还需要设计、开发相应的学习资源。学习资源应尽量避免采用简单信息传递的模式，而应以超媒体的形式提供各种开放的相关资源，从而鼓励学生对信息的搜索、选择、评价和综合，鼓励沉浸式的合作交流。

2. 建立共同的规范

良好的讨论氛围，是促进学生参与交互的动力之一。要创建一个良好的讨论环境，管理员首先必须要制定社区规范来约束社区群体的行为，减少发恶意帖子和恶意灌水这种破坏社区环境的现象。只有先将社区规范化，才能为社区凝聚力、学习共同体的形成奠定基础。例如，在 CSDN 社区，用户在成为社区成员的那一刻，就需要在社区建立的共同"论坛行为规则"下行事（图 12-4-6）。

论坛行为规则

第1条 CSDN论坛用户享有言论自由的权利，但不得违反法律法规及政策规定，不得违反诚实信用原则及公序良俗，不得损害国家、CSDN经营者及第三方权利及利益，不得违反CSDN用户协议及相关规则。严禁发表含有下列内容的信息：

    1.违反宪法确定的基本原则的；

    2.危害国家安全，泄露国家秘密，颠覆国家政权，破坏国家统一的；

    3.损害国家荣誉和利益的；

    4.煽动民族仇恨、民族歧视，破坏民族团结的；

    5.破坏国家宗教政策，宣扬邪教和封建迷信的；

    6.散布谣言，扰乱社会秩序，破坏社会稳定的；

    7.散布淫秽、色情、赌博、暴力、恐怖或者教唆犯罪的；

    8.侮辱或者诽谤他人，侵害他人合法权益的；

    9.煽动非法集会、结社、游行、示威、聚众扰乱社会秩序的；

    10.以非法民间组织名义活动的；

    11.可能教唆他人犯罪的；

    12.可能损害CSDN经营者名誉或商誉等权益的；

    13.其他违反中华人民共和国法律、法规、政策，违反诚实信用及公序良俗，或CSDN经营者认为不当及不宜传播的信息。

第2条 CSDN论坛用户不得发表"恶性灌水"性质的帖子，"恶性灌水"的主要情形包括但不限于：

    1.连续发布大量相同内容的帖子；

    2.发布大量没有意义文字图形；

    3.……大量复制别人的内容的灌水（解决技术问题的复制不在此列）；

图 12-4-6　CSDN 建立共同规范

通过树立积极的群体规范，社区成员逐步形成自觉自律的习惯。在社区成员活动过程中，社区的共同规范就起到了对社区成员个体行为的规范作用和调节作用，从而保证了共同体凝聚力的不断增强。

3. 社区中的积极情感策略

学生必须得到尊重，才能调动其学习情感。有关调查显示：希望和教师能够进行情感交流的学生占 45.3%，学生认为能够和教师、同学沟通感情同样有助于学习，且能增强持续学习的信心。对着计算机学习使成员之间拉开距离，容易使成员产生孤寂的心理。社区的教学者应当开展与社区成员的情感交流，在适当时候及时给予社区成员反馈。

例如，Stephen's Web 社区给予每个新加入的成员以反馈（邮件方式），并提醒记住用户名、密码，有助于社区新成员找到归属感（图 12-4-7）。

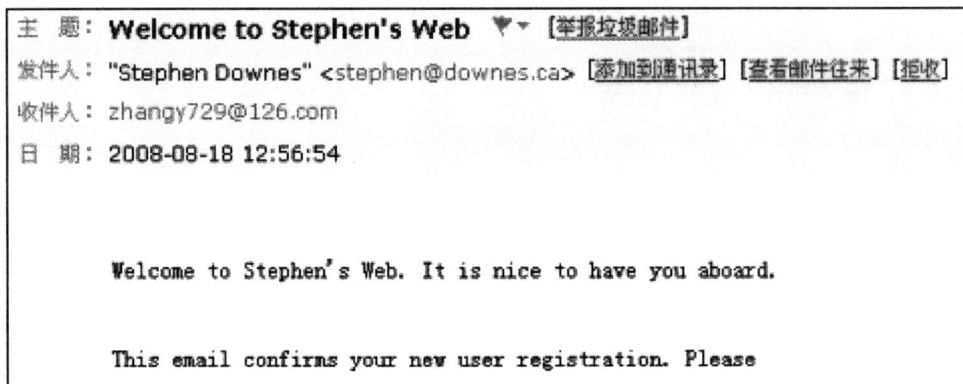

图 12-4-7　Welcome to Stephen's Web

另外，环境中的一些友好界面、图形也能够让用户觉得亲近。图 12-4-8 是微博社区中提供评论时可使用的表情。

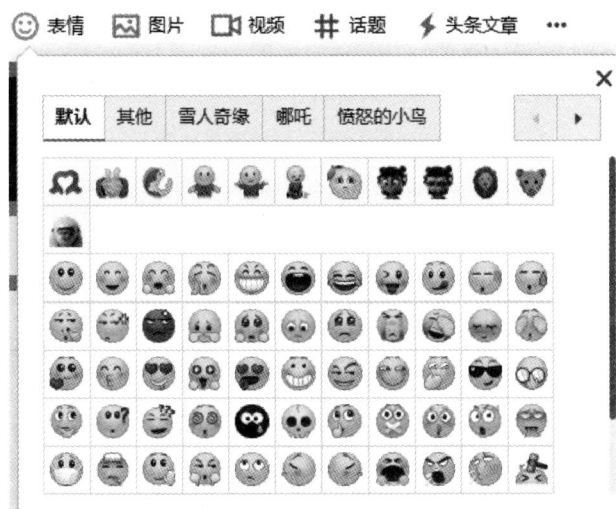

图 12-4-8　微博社区表情

通过积分等方式鼓励活跃的社区成员也属于社区中的积极情感策略。CSDN 社区设置人气、专家分、可用分以及各类排行榜。社区成员可以使用这些积分来参加一些活动。CSDN 社区推出排行榜和勋章激励制度，以激励社区成员积极参与（图 12-4-9）。

（a）

（b）

图 12-4-9　CSDN 积极情感策略

4. 培育良好的"共同体意识"，给共同体成员以归属感

在学习社区中，只有共同体成员意识到自己是这个团队中的一员，并感受到团队对自己的价值和意义，才会使共同体成员自然地形成共同体意识。

因此，在设计构建学习社区的过程中要充分发掘促进学生的积极因素，来鼓励和促进学生的参与。要使学生能够在社区中得到归属感和安全感，培养学生之间的相互信任感和尊重感，拥有心理上的安全感。要让学生相信社区中的其他学生，能够开放自由地借助于社会性软件进行交流。图 12-4-10 为北京师范大学蛋蛋网社区群组，社区成员通过寻找符合自己需要的群组，从而找到归属感。

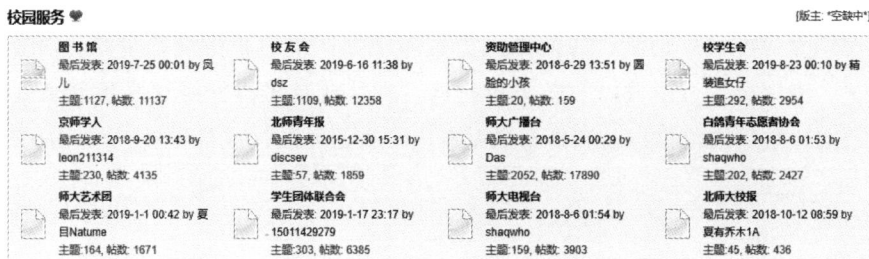

图 12-4-10　北京师范大学蛋蛋网社区群组

CSDN 通过鼓励成员建构真实身份，填写真实信息，为成员寻找朋友、寻找同事提供便利。CSDN 也为社区成员提供 CSDN 论坛，增强用户的归属感(图 12-4-11)。

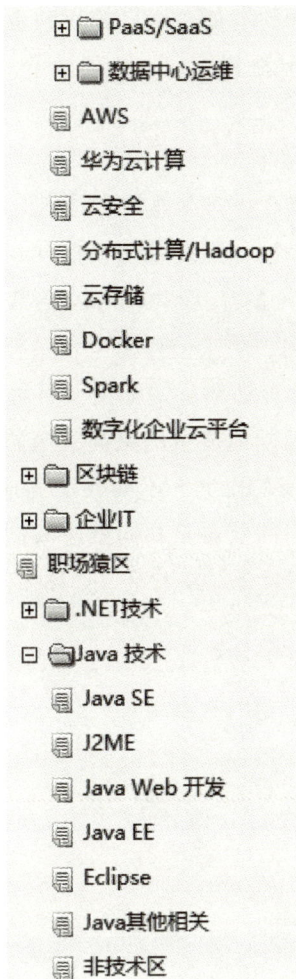

图 12-4-11　CSDN 培养"共同体意识"

12.4.4　搭建共同完善的交流协作平台

积极健康的共同体文化氛围使学生产生归属感，可是，人的社会属性决定了人需要交流。学习型社区设计时需要注意搭建由学生共同完善的交流协作平台。

1. 激励学习者主动参与

在学习型社区中，学生应该沿着从旁观者到成熟的实践者的轨迹前进，即从边缘参与者一直发展到核心成员。

设计构建学习型社区时应该注意激励机制，奖励核心参与者，以保证其持续参与。

524

同时，应该注意对于边缘参与者的激励：鼓励"潜水者"浮上水面，向核心参与者发展；吸引"游客"成为社区环境中的一员。例如，CSDN社区环境设计中，提供勋章、积分等，对用户进行排名。随着积分的增加，用户的权利也会变大。每个人的等级情况可以被所有人看到，其他成员可以根据登记、总技术分等构建一个身份，判断其水平，确定其是否可信等。

2. 建立可共享的知识资源库

知识不同于传统意义上的资产，它在被共享时不但不会减少，反而会不断地增长。知识资源库在建设中必然涉及各个共同体成员将自己的问题、假设、事实证据等在共同体中共享的问题，因此要围绕关心的"问题"构建一个公共知识空间——微型"知识库"。

这就需要建立等级观念弱化、层次结构简单，融开放性、学习性与成长性于一体的知识共享机制，使成员平等地传播和反馈知识。利用平台自带的RSS聚合功能，选择合适的Tag，尽量吸引每个共同体成员的兴趣。例如，对于同一个问题，学生可以通过知识资源库，开展不同角度的研究，不断在他人成果的基础上重新审视旧问题，提出新问题，以此促进高级知识的获得，共同推进共同体知识的增长，从而实现个人的发展。开放网络学习社区的宗旨是共建共享，如图12-4-12所示。

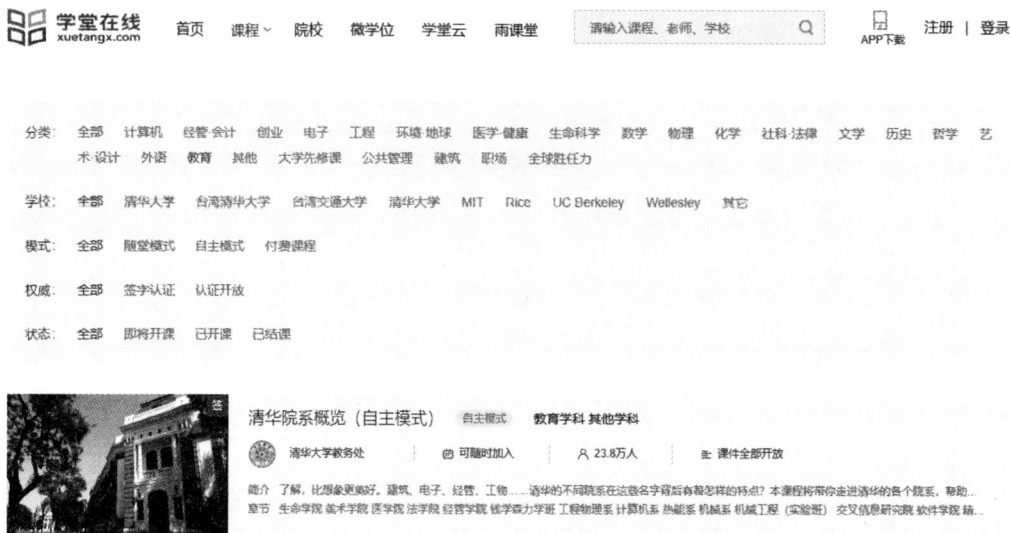

图 12-4-12　学堂在线——开放网络学习社区①

CSDN通过多种方式建立可共享的知识资源库，如设置下载资源、排行榜、专题视频精选等。这些知识资源库都不是某个人建立的，而是社区成员的集体结晶（图12-4-13至图12-4-16）。

---

① 学堂在线，http://www.xuetangx.com/，2019-09-06。

下载首页　精品专辑　我的资源　上传资源赚积分　已下载　我的收藏　参与活动送会员

技术领域：　全部　移动开发　开发技术　课程资源　网络技术　操作系统　安全技术　数据库　行业　服务器应用　存储
　　　　　　信息化　考试认证　云计算　大数据　跨平台　音视频　游戏开发　人工智能　区块链

资源类型：　全部　文档类　工具类　代码类　其他

关键词：　[　　　　　　　　　　　　　　　　　　　　　　　　　]　　搜索

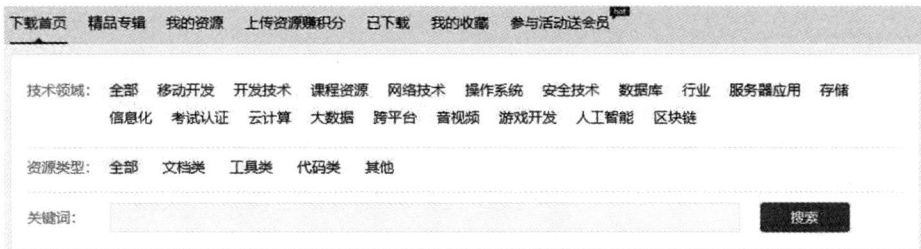

图 12-4-13　下载页面

代码资源　　最新上传　　　　　　　　　　　　　　　　　　　　　　　　　　　　更多

PDF　**SIMATIC S7-1500/ET 200MP 数字量输出模块 DQ 8x230VAC/2A ST Triac[手册].pdf**
　　　上传者：weixin_38744153　上传时间：2019-09-15

PDF　**BA 5250 (EX) 锥齿轮减速机 K1N K1A 1 ~ 9[手册].pdf**
　　　上传者：weixin_38743968　上传时间：2019-09-15

腾讯AI击败王者荣耀职业队，1天训练达440年，网友：想哭！
腾讯AI!绝悟的能力，已经精进到王者荣耀电竞职业水平，AI应用空间究竟有多大！

PDF　**SIMATIC S7-1500/ET 200MP 数字量输出模块 DQ 16x24VDC/0.5A BA[手册].pdf**
　　　上传者：weixin_38743737　上传时间：2019-09-15

PDF　**SIMATIC NET 工业以太网交换机 SCALANCE XB-200/XC-200/XP-200 Command Line Interface - 配...**
　　　上传者：weixin_38743602　上传时间：2019-09-15

PDF　**轨道交通信号系统计算机联锁采集接口电路安全性分析.pdf**
　　　上传者：weixin_38743602　上传时间：2019-09-15

图 12-4-14　代码资源

技术领域：　全部　移动开发　开发技术　课程资源　网络技术　操作系统　安全技术　数据库　行业
　　　　　　服务器应用　存储　信息化　考试认证　云计算　大数据　跨平台　音视频　游戏开发
　　　　　　人工智能　区块链

专辑类型：　全部　代码类　文档类　综合类

排序方式：　最新　最热

[资源优选]第二十期：20个热门...　　[资源优选]第二十一期：15个下...　　[资源优选]第十九期：20个热门...

图 12-4-15　热门资源

图 12-4-16　精品资源

3. 提供多种交互方式

学习社区的建立是以成员之间交互活动为基础的。社会性软件可提供的交互包括实时的同步交流和方便的异步交流。这些交流可以是一对一的(如电子邮件)、一对多的(如群组消息等)及多对多的(如计算机会议系统、BBS 等)。

知乎社区支持同步和异步的交互。知乎好友可以通过留言、私信等方式异步交流，同时，知乎好友之间还支持直接发起聊天，如图 12-4-17 所示。

图 12-4-17　知乎提供的多种交互方式

邮件是现代人的常用工具。因此，可以将社区中的最新信息发送到用户的邮箱中，让用户了解最新动态。在 Web2.0 技术——RSS 技术的支持下，用户无须登录网站，直接在 RSS 订阅里就可以看到所关注成员的最近更新，实现初级交互。如果有可能，学习社区还可以组织一些面对面的交流活动。

4. 设立"水区"

一般的社区都设立有聊天灌水的板块。因为共同体成员之间的交流不能只停留在学术的层面上，只有提高到伙伴层面上，才能促使协作学习更有效地发生。

研究也表明，对共同体成员都关心的事情的讨论，可以取得情感的共鸣，增强共同体的向心力。有研究者通过研究发现了来自远距离的裁员本身的心理和情感上的压力问题，以及随之产生的快速建立友谊(分担压力的需要促使学生很快地形成较强的关系纽带)和穷于应付学习任务(感觉被别人甩在后面、时间不够用的无助感)的现象。[①]网络学习共同体不仅具有学术层次水平，也具有社会层次水平。但是在学习平台上设立"水区"的时候需要注意，"水区"的主题要经过认真选择，尽量使其与学习的主题相关又能激发大家讨论的兴趣。同时还要制定相关规范来防止水帖的泛滥。

CSDN 作为以 IT 技术为主题的社区环境，也设置了很多扩充话题，但它的话题除了与 IT 相关外，一般是与生活紧密相关的体育健身类等健康主题，如图 12-4-18 所示。

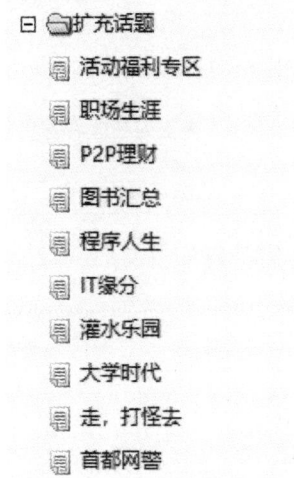

图12-4-18　CSDN 设立"水区"

5. 组织社区活动

活动有助于激发学习兴趣，更重要的是，可以促进社区成员的情感交流，促进彼此间的认同感，增进成员对社区的归属感。北京师范大学蛋蛋网中专门设置布告栏通知活动板块，包括讲座、招聘会等多种活动，让社区成员增进情感与学习。如图 12-4-19 为蛋蛋网上的布告栏截图。

---

① Harmon，S. W. & Jones. M. G，"An Analysis of Web-based Instruction,"Educational Media International，2001，38(4)，pp. 271-280.

布告栏 ♥

图 12-4-19　蛋蛋网社区布告栏通知

　　可以在现实生活中举办一些有意义的主题活动，同时也可以在虚拟网络中组织一些大家感兴趣的活动。CSDN 组织社区活动，鼓励社区成员参与活动并奖励参与成员（图 12-4-20）。

图 12-4-20　CSDN 组织社区活动

12.4.5　培养共同体的领导角色

萨乔万尼指出，共同体和专业理想是领导的两个替身。[①] 各种共同体都应该有一个承载价值观、情操和信念的中心，它赋予共同体以生活意义，提供指引行为的规范。共同体是人们的集合体，这些人之所以集合起来，是因为他们承担着共同的义务，共享共同的思想和价值观。博耶尔进一步指出，学校教育最重要的因素是要建立真正意义上的学习共同体，认为学校教育要具备以下因素，即"有共享的愿景、能够彼此交流、人人平等、有规则纪律约束、关心照顾学生、气氛是快乐的"[②]。学习型社区中的学习群体是非中心化的学习共同体，共同体需要领导。共同体领导是将一种个体化的实践转变为集体的实践。学习共同体的领导并非传统意义上的决策者与控制者，其角色应该是学生学习的支持者、强化者、促进者以及学习社区的管理者。明确共同体的领导者的职责和义务对于社区中问题的解决、学习活动的组织都起着非常重要的作用，是学习型社区设计中不可忽视的重要方面。

1. 管理员角色的定位

管理员主要负责整个共同体的各项维护工作，如用户登录注册、权限设置、资格审核以及资源的开放等，同时要与学生、教师、专家等保持正常交流联系，确保整个学习共同体的平稳运行。

管理员作为技术支持人员，可能开始就被直接赋予，也可能在长期的学习和交互的过程中，从参与学习的共同体成员中自发产生。例如，CSDN 社区设有专门的板块"版主管理"，如图 12-4-21 所示。

图 12-4-21　CSDN 社区"版主管理"

2. 助学者角色的定位

由于学习社区的开放性，参与者可以讨论任何话题。如果没有干预，学习讨论主

---

① ［美］托马斯·J·萨乔万尼：《道德领导：抵及学校改善的核心》，上海，上海教育出版社，2003。

② Boyer, Ernest L, *The Basic School：A Community of Learning*, New York, John Wiley & Sons Inc, 1995，p. 388.

题很容易偏离。为了学习交流的顺利进行，就需要助学者的引导督促。助学者是学习型社区中的一类重要的角色，他们可能是教师、专家或者经过训练的辅导者等，在学习者的互动中发挥着学习支持作用。

学习型社区的技术设计者需要为教师开通特殊通道，便于他们掌控全局，如了解用户的参与度，并尽可能地了解用户远离群体的原因。在社会性软件支持的学习型社区中，教师的任务在于引导学生的学习活动，促进他们交流反思，并提供适当的反馈。教师提供与所学内容有关的各种案例、反馈信息，展示各种不同的观点和解决问题的思路。在社会性软件的支持下，教师作为学生的伙伴参与到交流活动中，学生是学习的主体，是知识的建构者。另外，在社会性软件的支持下，专家可以为学生提供与当前内容有关的最新信息资源，引导学生展开进一步探索。这将会使学生超越所接触的现有信息，进一步与真实世界的问题情境联系起来。例如，CSDN 网站可以通过一些可行的规则选出一些领头人物，如社区标兵、荣誉榜等，可以帮助其他成员解决问题（图 12-4-22）。

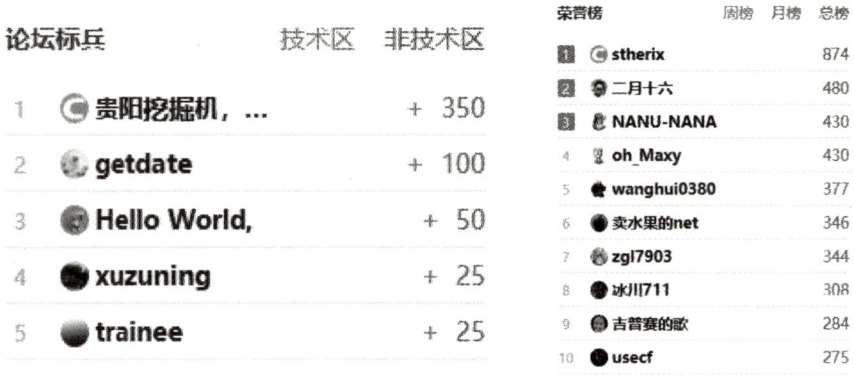

图 12-4-22　CSDN 培养领导角色

12.4.6　促进知识的生成与进化

Web2.0 时代，学生不再是知识的被动接受者和浏览者，而是主动的参与者和建设者。社会性软件组成的学习社区是一个无时无刻不在变动的群体。同一用户会在不同时间、不同地点产生不同的需求，从而加入不同的社区；同一社区的成员每天也在更新。社区中的社会网络不断变化，单一固定的知识无法满足社区成员不断变化的需求，而仅靠平台建设者提供能够满足多样需求的资源无疑是耗时耗力的。

新的学习需求要求我们必须转变新的知识生产方式，强调"共建共享"的 Web2.0 理念，揭示了学生作为巨大的资源生产库。学生本身就可以成为学习资源的建设者和分享者，群体的智慧始终大于个体智慧的简单叠加，个体提出的不成形想法通过群体智慧的加工能够形成一个极具创意的产品，知识在群体智慧的推动下得到了进一步的发展和完善。因此，学习社区可以充分利用成员的群体智慧，促进社区中知识的不断进化和生成，以成员的自身需求为驱动力、成员的自身智慧为建设力，促使知识不断往贴合成员实际需求的方向发展。例如，由北京师范大学现代教育技术研究所余胜泉教授团队自主研发的学习元平台便是以这一理念为指导进行的设计和实现，其强调通过成员的共建共享促进资源的进化生成，在该学习社区中成员可以进行资源的引入或上传，共同建设社区资源，如图 12-4-23 所示。[①]

图 12-4-23 学习元平台知识的进化与生成

---

① 余胜泉、杨现民、程罡：《泛在学习环境中的学习资源设计与共享——"学习元"的理念与结构》，载《开放教育研究》，2009(1)。

第 13 章

移动学习资源设计

章结构图

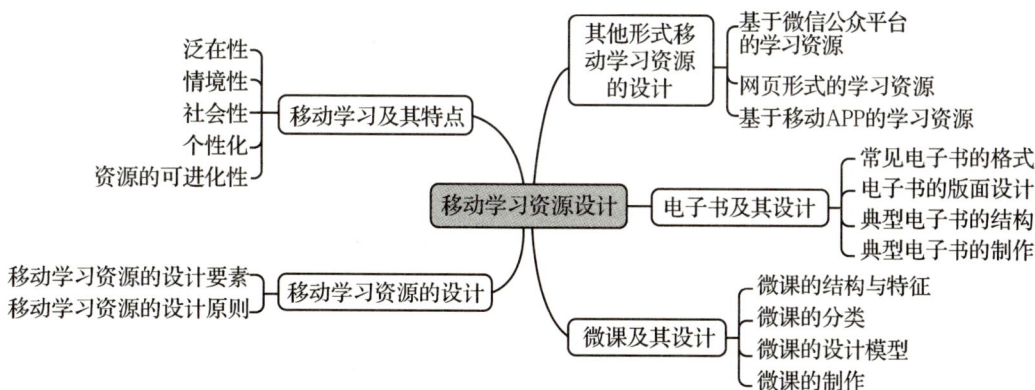

移动设备的普及与通信速率的迅速提升，使得移动学习逐渐成为当前一种主流的学习方式。移动学习不仅仅是内容传递方式的变革，更是学习行为方式的变革，它具有泛在性、情境性、社会性、个性化和学习资源的可进化性等特点。普及计算的出现为移动学习提供了新的支持，移动学习的核心不仅仅只是移动设备和移动网络，更重要的是，普及计算对学习方式造成的变革。学习方式的变革也对学习资源建设提出了新要求。E-learning 中由专家预设生成、单点集中存储、按照层次目录结构组织呈现的学习资源已经无法适应未来学习的发展需要，它需要无处不在、无时不在、适应情境、具有进化发展能力、连接社会认知网络的学习资源。本章将对移动学习的特点与当前常见的移动学习资源形式及其设计进行详细介绍。

13.1
移动学习及其特点

随着移动网络的普及、移动通信速率的提升、移动资费的下调以及移动设备性能的增强，越来越多的人拥有并使用着移动设备。基于移动设备与无线网络的移动学习拥有着无限的开发空间，积聚着巨大的潜力。如何利用移动设备开展教育教学活动成为 21 世纪国内外教育界研究的热点与前沿。

关于移动学习，目前没有统一的规定性定义。一般认为，移动学习是学生根据自己的学习需要，借助于移动设备随时随地学习。由定义很容易看出，移动学习必须包括移动的或便携的设备，不受时间和地点的限制。但需要注意的是，移动学习的内涵远不止于此。移动学习强调情境性，让学生在适当的、可行的情境中通过移动设备实现交流与学习；移动学习不是一种孤立的学习方式，它应作为其他学习类型的补充与拓展。M-learning 与传统 E-leaning 的关系如图 13-1-1 所示。

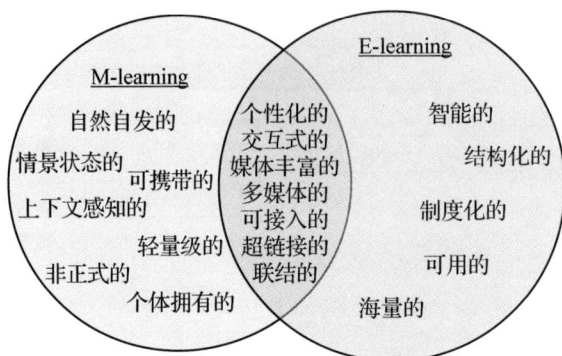

图 13-1-1　M-learning 和 E-learning 的特性比较[①]

移动学习可借助于小巧的移动设备中的 APP 来开展（图 13-1-2），而学习者可随身携带、随时使用，可随时随地进行学习。

图 13-1-2　学习元 APP

---

① Laouris Y, Eteokleous N, "We need an educationally relevant definition of mobile learning," Proceedings of mLearn, 2005.

运算速度、硬件设备的发展使得普及计算成为可能。普及计算旨在创建一个处处包含计算能力的无缝计算空间，将计算嵌入人们日常生活的方方面面，来创造一个以人为本的信息服务新世界。[①] 普及计算的出现为移动学习提供了新的支持，移动学习的核心不仅仅只是移动设备和移动网络，更重要的是，普及计算对学习方式的变革，丰富了移动学习的内涵。整体上，移动学习主要具有以下特点。[②]

13.1.1　泛在性

泛在性是指任何人在任何时间、任何地点，基于任何计算设备获取任何所需学习资源，享受无处不在学习服务的学习过程，满足学生的无缝学习的需求。学生的学习不再仅仅局限于固定的场所，无论是在乘车时、排队时，还是在咖啡厅、图书馆等，学生都能够通过移动设备获取到自己需要的资源。资源的泛在存在，也为学生学习的无缝衔接提供了保证。

13.1.2　情境性

建构主义认为知识是学生在一定的情境下，借助于他人的帮助通过有意义的建构获得的，情境是学习环境中的重大要素之一。美国教育家杜威也强调教育即生活，学校即社会。学习与生活融为一体，学习就是生活，生活就是学习，学习的内容与生活中情境问题的解决是一致的。移动学习要求能够根据不同的生活情境提供不同的问题解决与学习服务，需要以情境问题为核心组织学习知识，支持非正式学习中的情境认知，满足学习与生活融合的需要。因此，移动学习具有情境性。

13.1.3　社会性

移动学习需要人的资源，需要共享社会认知网络，具有社会性。移动学习中的交互，绝不仅仅是人与物化的学习资源的交互，更重要的是在参与学习的过程中，将物化的资源作为人与人之间交流的中介，以及能够帮助人们汲取他人智慧，构建社会认知网络，收获持续获取知识的"管道"，通过学习资源在学生、教师之间建立动态的联系，共享学习过程中的人际网络和社会认知网络，满足社会化学习的需要。

[①]　Weiser M，"The computer for the 21st century,"IEEE Pervasive Computing，1999，3(3)，pp. 3-11.

[②]　余胜泉、杨现民、程罡：《泛在学习环境中的学习资源设计与共享——"学习元"的理念与结构》，载《开放教育研究》，2009(1)。

13.1.4　个性化

不同学生具有不同的特征，所需求的学习资源也会有所不同。泛在学习环境需要为学生的个性化学习需求提供支持，根据不同的要求，提供"随需应变"的学习资源服务。因此，移动学习要求更为适应性、个性化的学习资源，能够适应学生的不同需求，适应不同的学习终端，灵活地重组成不同的结构，满足个性化的学习要求。

13.1.5　资源的可进化性

移动学习强调学习情境。学习资源往往会结合真实的情境而构建，需要学生带着真实的情境去参与学习过程。因此，移动学习的资源需要具有实时性，随着时间的推移或者情境的改变，资源能够进化，呈现最适合当前情境的形态。因此，移动学习需要体现资源的成长性和进化性，即学习资源能在使用的过程中吸收集体智慧不断"进化"，这需要变传统的静态化、结构封闭的学习资源为动态生成、持续进化发展、结构开放的学习资源，保留使用过程中产生的生成性信息作为资源进化的养料，体现资源进化和知识建构的历史路径，满足资源自身生命进化的需求。

13.2
移动学习资源的设计

移动学习资源设计需要考虑移动终端的移动性、便携性、交互性、个性化等特点。第一，移动性。由于移动终端的小巧便携，学生可以随身携带进行学习，这样学习不再受时间、地点的限制，可以随时随地地进行学习活动。第二，便携性。移动终端小巧便携，无论是对于成人学习者，还是对于儿童，携带都非常方便，且价格便宜、功能齐全，可以随身携带，随时随地使用，充分体现了学习的随意性。第三，交互性。学生利用移动终端进行学习，无论何时何地都具有广泛的交互性。他们可以利用移动终端的通信功能，进行学习资源的共享，和教师讨论问题，得到学习指导以及激励，甚至学生之间可以进行协作学习，共同完成某一学习任务。第四，个性化。学生利用移动终端进行学习，完全是根据自己的需要选择学习时间、地点，自主选择学习内容，自定学习步调，自主设定学习进度，从而实现个性化的学习。

移动终端在以上四个方面的突出优势为移动学习资源提供了更多交互的可能，让移动学习资源具有更加独特的优势。但是，我们也不难发现，它们为移动学习资源的设计也提出了更多的要求和挑战。第一，移动学习具有移动性，这样就导致学习环境不仅局限于安静的教室和图书馆，喧嚣的餐馆、拥挤的公交车等都有可能成为学习场所，这样的场所喧嚣复杂，容易导致注意力分散，而且学习时间也变得异常零散，这在设计移动学习资源时是不得不考虑的问题。第二，"有得必有失"，移动终端的便携性功能亦是如此。它变得小巧便携、价格低廉，在功能方面就必然有所损失。例如，屏幕变得窄小、CPU 运行较缓慢、内存量小等，这些方面在设计其学习资源时同样需要考虑。第三，交互可以激发和维持学生的学习动机，这是研究者普遍的观点。但是，怎样的交互形式才能更好地激发和维持学生的动机，是否符合移动学生的学习特点，这在设计资源时不得不考虑清楚。第四，移动学习个性化的特点满足了大多数学生的个性需求，但是学习资源的设计怎样符合学生的特征，怎样进行学习过程追踪，怎样激发和维持学生的学习动机，这些都成为必须解决的问题。

13.2.1 移动学习资源的设计要素

根据移动终端的特点及多媒体资源设计的相关理念，主要在以下几个方面对多媒体资源进行相关设计：移动性设计、社会性设计、交互设计、内容设计和表现设计（图 13-2-1）。

1. 移动性设计

移动学习除了具有 E-learning 的个性化、网络化等特点外，还具有本身的移动性、便携性等特点。移动性设计中最核心关注的问题是保持学生的注意力、学习资源的重用与聚合、学习轨迹的记录、资源传输的实时性等。

学习资源小件化。没有相对完整的学习时间是移动学生的一个特点，时间的零散造成多数人的学习资源总是停留在第一页，"第一页"现象的根源，是由于学习资源的知识点过于系统和完整，这一对于其他学习方式而言的优点，在移动学习中往往成为"拦路虎"，一旦中断必然会引起学生的学习挫折感。因此，移动学习资源开发时应遵循小件化的原则，给学生步步为营、各个击破的学习成就感，激发他们的学习成就动机，从而达到有效学习的目的。

学习资源可共享复用，易于生成。移动学习资源包括互联网中的 Web 资源，还包括移动网中的特有资源，资源形式存在多样性，如用于手机设备的 WML 网页形式、用于网络学习机中的 .swf 格式。另外，图像、音视频等媒体类型不同的设备所使用的格式也不同。由于上述原因的存在，造成学习资源访问瓶颈，相同的学习资源无法在不同的设备间共享复用，费时费力，造成资源的重复建设。所以，在进行移动资源设

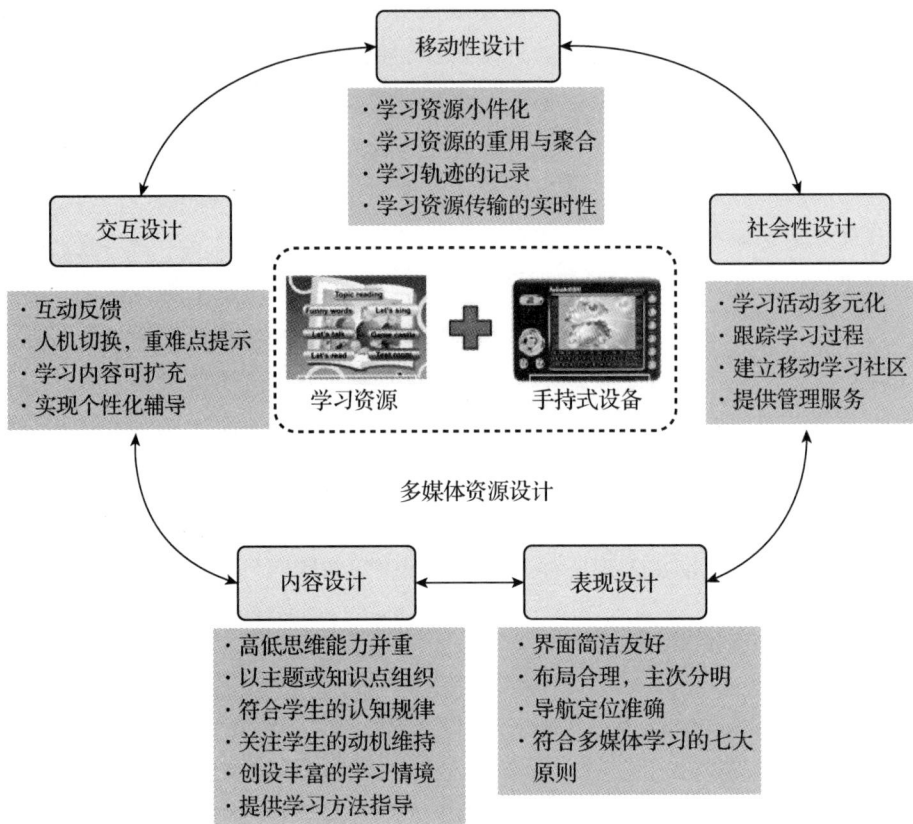

图 13-2-1　移动资源设计要素

计时，应尽量采用统一的资源设计标准与原则，采用尽可能相同的技术实现，避免资源的浪费与重复建设。

学习资源的传输具有实时性。移动终端可以实时访问互联网，因此，移动学习资源的传输应具有实时性，媒体格式适合网络传输，在规定的移动终端运行环境中能顺利传输，方便学生随时访问，随时传输，随时下载，随时更新学习内容，进行个性化、自主化的学习。

提供完整周到的服务跟踪。追踪学生的学习过程，提供完整周到的跟踪服务支持，是移动学习资源提供商从众多竞争者中脱颖而出的关键一点。学习资源提供商只有为学生提供更多的服务跟踪，才能避免学生的中途"迷失"。

2. 社会性设计

随着技术的进步和互联网络的快速发展，越来越多的移动终端具备或者即将具备连接网络的功能。因此，对于具备联网功能的移动终端，对其资源的设计要求在社会性方面则具有了独特的优势。社会性设计最核心关注的则是学习活动多元化、跟踪学习过程、建立移动学习社区和提供管理服务等。

学习活动多元化。在移动学习过程中，学生的自主学习显得孤立无援。在联网状态下，如果能够让学生与其他移动学习者共同完成某一个或几个学习内容，同时又必须独立完成一些带有挑战性的竞争学习活动，这些将有利于发展学生的思维能力，增强学生之间的沟通能力以及对学生之间差异的包容能力，有利于促进学生的高阶认知能力的发展，有利于学生健康情感的形成。此外，对提高学生的学习成绩、形成批判性思维与创新性思维、培养学生对待学习内容和对待学校的乐观态度等都有明显的积极作用。

建立学生模型，跟踪学习过程。学习系统根据学生的个性特点、学习风格等，建立学生模型，通过学习资源可以动态掌握学生的学习特点，全程跟踪学习过程，包括各个主题单元或知识点的学习情况、掌握程度、测试记录，形成学生可以随时查看的个性化学习档案。教学服务者则可以根据学习系统通过互联网络传回的学生档案，制订有针对性的学生指导计划，提供有针对性的学习服务。

建立移动学习社区，建立学习圈子，促进交流、合作和互动。在移动学习过程中，学生随时随地进行移动学习，所以所进行的学习活动更多的是自主学习。如果能够建立移动学习社区，建立学习圈子，让学生能够与学生进行交流与协作，共同完成某一个或几个学习内容，将有利于发展学生的思维能力，增强学生的沟通能力以及对学生之间差异的包容能力，有利于促进学生的高级认知能力的发展，有利于学生健康情感的形成。例如，我们可以通过建立移动 Blog 的方式促进学生对他们共同关注的问题的交流，对疑难问题的讨论等。

通过移动网络，提供管理服务。"没有规矩，不成方圆"，移动学习的过程同样需要提供管理服务。例如，通过短信通知提醒学生要按时提交作业，完成学习内容；通过答疑反馈为学生提供学习指导与帮助、答疑解惑，树立学生的学习自信心；通过发送励志信息，激励学生的移动学习，维持学生的学习动机等。通过一系列的管理服务，为学生提供更好的学习帮助与支持，提高移动学习的效率与效益。

3. 交互设计

在移动学习中，交互分为三种主要形式：人与人交互、人与移动终端交互、人与资源交互。教师和学生、学生与学生之间在物理空间上是分离的，但是可以通过网络实现人与人交互。教师和学生、学生之间的交互有助于教师及时掌握学习者的情况，调整教学策略，学生与学生之间的交互可以起到相互促进和竞争的作用。人与移动终端交互，更多的是用于人与资源交互过程中的文字输入活动。事实上，在移动学习中，人与资源交互才是最主要的交互方式，它能够引发学生积极投入、操纵和思考，交互方式可以灵活多样，如提问、反馈、模拟、仿真等。这是因为，在更多的情况下，学生是自主从学习资源中获得知识，完成学习任务的过程。

互动反馈。在移动学习的过程中，学生的时间零散，空间多变，极易受外界环境的高度干扰。因此，提供的学习资源能够根据学生的学习情况给予一定的互动与反馈活动，并且能够给出灵活多样的学习建议、学习评价、学习反馈和提示，对学习者可以起到很好的激励和指导的效果。

人机切换，重难点提示。在进行移动学习的过程中，不能让学生总是处于知识接受者的位置，应该根据学习内容，设计环境，给学生创设一定的自主学习情境进行模拟仿真，模拟仿真形式灵活，可以是演示实验，也可以是模拟环境等，并采用适当的策略（如角色扮演等）吸引学生的注意力，充分发挥学生的主动性、积极性，让学生通过模拟仿真更好地掌握知识，达到对知识的熟练应用。在学生遇到困难的时候，学习资源能够给予重点与难点知识的提示，达到引导与帮助的目的。学习资源中的视频、音频功能具有很强的操作性，学生通过键盘可以轻松地进行多样化的操作控制，如打开、倒退、暂停、快进、停止、录音等。

学习内容可扩充，具有开放性。学生在学习的过程中伴随着思考。学习资源应该具有开放性，能够允许学生在学习的过程中对内容进行必要的、灵活多样的批注，如进行文字输入、进行录音等，便于日后访问和提示。

构建学习知识拓扑图，实现个性化辅导。学生可以对学习内容进行设置，对内容的难度、呈现方式等进行全方位个性化设置，同时构建学习知识的拓扑图，以实现个性化的辅导。

4. 内容设计

内容结构设计，主要指移动学习资源的学习内容与教学目标、教学对象、教学设计方案的选择等方面有关，设计者必须根据本身的特性和教学目标进行学习资源的内容结构设计。

低层次思维能力与高层次思维能力并重。美国心理学家布卢姆将认知目标分为识记、理解、运用、分析、综合、评价六个层次。识记、理解、运用属于较低层次的能力目标，在资源设计的过程中，可以通过解决一系列"良构问题"的训练来达成，其主要作用是使学生对所学知识进行存储、巩固和简单应用。因此，学生在此过程中只进行了浅层次的认知加工，主要发展的是低级思维能力。分析、综合、评价属于较高层次思维发展的能力目标，在资源设计的过程中，就需要设置一系列较为综合的情境问题激发学生进行深层次的认知加工，对学生进行较高难度或者较为综合的思维训练。因此，资源的设计不能只是向学生提供一些简化的问题或者基本的技能练习，而应该使他们学会在复杂学习环境下处理一些复杂的、非良构的问题，以此来提高学生深层次认知加工的能力。

以主题或知识点为组织单位。学生的学习时间是零散的，学习地点是不固定的，随时随地的学习导致移动学习资源的设计，不能像课本一样线性地呈现知识。因此，对于知识内容的呈现，可以采用主题单元式的组织方式，以主题为单位进行知识呈现，同一主题的知识点组织在同一个主题单元内，主题单元内可以包含几个更小的模块，每个模块包含不同的知识点以及知识内容。

符合学生的认知规律。移动学习过程是一种学习认知过程，学习活动应符合人的心理认知发展规律，才能取得良好的效果。移动学习资源的设计，也应符合学生的心理发展规律。因此，在进行移动学习资源设计时，必须懂得用心理学的理论，特别是认知过程的心理学规律去指导移动学习资源的设计工作。

关注学生的动机维持。学习活动总是由一定的学习动机引起和支配的，学习动机是直接推动学生进行学习活动的一种动力，它对学习活动起着定向、引导、保持、调节和强化的作用。在移动学习资源设计过程中，激发和保持学生的学习动机应始终处于核心的地位。在移动学习过程中，由于学生随时随地进行移动学习，所处的环境变化多样，学习活动更容易受到外界环境的影响，随时可能被打断，这时如何维持学生的学习动机则显得至关重要。

创设丰富的学习情境。学习的情境理论强调了情境的重要性，将个体、社会以及环境等置于统一的整体中来考虑，对学习进行重新界定，它已成为能够提供有意义学习并促进知识向真实生活情境转化的重要学习理论。在移动学习的过程中，同样需要关注学习情境，将学生置于社会及环境的统一体中来考虑，为学生创设丰富的学习情境。

提供学习方法指导。学习方法，即怎样学习的问题，它包括学习的态度、法则（原则）、程序、途径、手段、技能等。"授之以鱼，不如授之以渔。"学习资源除了提供学习内容指导之外，为学生提供学习方法的指导则显得更为重要，它可以帮助学生养成良好的学习习惯，掌握科学的学习方法，提高学习效率。

5. 表现设计

表现设计，又称为界面设计。移动学习资源的界面，是人与学习资源进行交流的通道。界面不仅要展现学习资源，还要引导学生进行学习活动，对学生的心理和情绪产生影响，美观的、友好的、简洁的、人性化的界面是决定移动学习质量的一个重要因素。

界面简洁友好，风格统一。学生使用学习资源时，首先映入眼帘的是资源的界面，界面的出现是否符合学生的视觉审美习惯、界面友好程度好将会直接影响学生对资源的认同程度和使用欲望。因此，移动学习资源的界面要符合界面设计的"变化与统一""对比与调和""对称与平衡"等形式法则，界面要简洁明快，不能喧宾夺主，干扰资源内容的呈现。操作界面要友好，具有亲和力，操作步骤明确，使用要简便。

此外，界面在格式、语言等方面的风格要具有内在一致性，避免给学生造成不必要的分心或者认知负担，包括按钮、图标、背景、文字大小、格式、整体语言风格等方面。

布局合理，主次分明，重点突出。界面布局应清晰合理，一个页面要放置适量的信息对象，不能给人拥挤不堪的感觉。重点要集中，主次要分明，视点要明确，在同一画面，不要同时出现两个以上的兴趣中心，以免分散学生的注意力。此外，适当的点缀和修饰可以为学生创造学习意境，提高资源使用效果，但是，修饰和点缀不能太多，要点到为止，起到画龙点睛的作用。

导航定位准确，帮助说明明确。在整个学习过程中，学生能够轻松地操作导航路径，可以方便地访问各个小的学习构建，导航定位直观明确，简便易用。同时，对于资源的使用操作方法，学生能够获得简便易操作的帮助说明，帮助说明完整、明确、有效，便于学生操作使用。

符合多媒体学习的七大原则[①]。迈耶在《多媒体学习》一书中总结了媒体呈现的七大原则，分别是：①多媒体认知原则，学生学习词语和画面组成的呈现比学习只有词语的呈现学习效果好；②空间接近原则，书页或屏幕上对应的词语与画面临近呈现比隔开呈现时能使学生学得更好；③时间接近原则，对应的词语与画面同时呈现比继时呈现能使学生学得更好；④一致性原则，当无关的材料（词语、画面和声音）被排除而不是被包括时，学生学得更好；⑤通道原则，学生学习由动画和解说组成的多媒体呈现比学习由动画和屏幕文本组成的多媒体呈现的学习效果好；⑥冗余原则，学生学习由动画加解说的呈现材料比学习由动画加解说再加屏幕文本组成的呈现材料能取得更好的效果；⑦个体差异原则，设计效果对知识水平低的学生要强于对知识水平高的学生，对空间能力高的学生要好于对空间能力低的学生。

13.2.2 移动学习资源的设计原则

移动学习资源作为数字化学习资源的一种，需要遵循一般的 E-learning 学习资源的设计原则，包括科学性、教学性、艺术性、针对性、开放性和标准化等。下面针对移动学习资源的特点提出几点移动学习资源设计时应遵循的原则。

1. 简单原则

要遵循界面简单的原则。移动学习设备的 CPU 处理能力、内存与 PC 相比较，是相当有限的。移动设备小巧、便于携带的同时，也具备了屏幕较小的缺点，因此在开发移动学习资源时应遵循文本、菜单以级联形式为主。移动学习资源需要界面简洁、

---

① ［美］理查德·E. 迈耶：《多媒体学习》，北京，商务印书馆，2006。

操作简单，文字说明应简洁明快、色彩搭配合理，可以用颜色提示知识点的重点、难点。

要遵循操作简单的原则。在开发移动学习资源时需要注意操作简单的原则，交互设计方面要尽量减少文字输入，按钮设计也应简洁统一。

2. 小模块封装原则

移动学习是随时随地的学习，这就意味着学习环境的复杂性。学生可能置身于嘈杂的环境中，很容易被外界高度干扰。学生尤其是成人学生的一个重要特点就是没有相对完整的学习时间。因此，移动学习资源不能像一般的网络学习资源那样非常系统，移动学习资源需要相对的零散，需要遵循小模块封装原则，学生采用各个击破的方法就能完成学习，每一个小模块学习任务的完成都能让移动学习者体验到学习的成就感，从而激发学生的学习动机，要让他们乐意并且有时间就可以完成一个小模块。

例如，开发移动学习资源时应尽量采用短文本，菜单以级联形式为主，从而保证在一定程度上保持小模块封装原则。诺基亚公司的研究表明，移动学习的教学内容需要短文本、屏幕滚动技术和比 Web 页面更多的标题，移动学习网页内容需要更多的级联菜单，如图 13-2-2 所示。

图 13-2-2　小模块封装

3. 适用原则

虽然移动设备在往标准化方向发展，但到目前为止，这些移动设备间的标准仍不统一，因此在进行移动学习资源设计前应该确定适用的移动设备。

例如，移动设备的种类不同，其功能会有很大差别，其学习资源的设计也就有所不同。目前，常见的移动设备主要有安卓系统和 iOS 系统。安卓系统和 iOS 系统在设计上会有所差异，因此在资源设计的同时需要考虑到不同系统之间的差异，以满足多种系统的需求。

适用特定的人群。由于移动学习是一种特殊的学习方式，斯坦福学习实验室的研究表明移动学习资源的关键在于设计相对简单的原型，注重开发适合于听觉、零碎时间、易受外界干扰的学生的那部分内容。[①]

随着移动学习的发展，学习对象也在扩大。现在有专门针对中小学生活动课教学甚至正规课堂教学的移动学习资源。例如，由未来教育高精尖创新中心所研发的三余阅读 APP，作为一种阅读类的移动学习资源，已在多所学校使用，并取得了良好的效果。

4. 移动性原则

移动学习除了具有 E-learning 的个性化、网络化等特点外，还具有本身的移动性、便携性等。虽然目前移动网络还不能为移动学习提供周到的服务，但是根据专家们的意见以及对未来移动学习的发展预期，移动性原则仍然是非常重要的。

学习资源可共享复用，易于生成。在进行移动学习资源设计时，应尽量采用统一的资源设计标准与原则，采用尽可能相同的技术实现，避免资源的浪费与重复建设。

学习资源的传输具有实时性。学生可以随时访问、传输、下载、更新学习内容，进行个性化的自主学习。

提供完整周到的服务跟踪。追踪学生的学习过程，提供完整周到的跟踪服务支持，是移动学习资源提供商从众多竞争者中脱颖而出的关键一点。学习资源提供商只有为学生提供更多的服务跟踪，才能避免学生的中途"迷失"。

5. 社会性原则

随着技术的进步和互联网的快速发展，越来越多的移动终端具备或者即将具备连接网络的功能。因此，对于具备联网功能的移动终端，对其移动学习资源的设计要求在社会性方面则具有了独特的优势。

建立学生模型，提供个性化辅导。学习系统根据学生的个性特点、学习风格等，建立学生模型，学习资源可以动态掌握学生的学习特点，全程跟踪学习过程，包括各个主题单元或知识点的学习情况、掌握程度、测试记录，形成学生可以随时查看的个性化学习档案。

建立移动学习社区，建立学习圈子，促进交流、合作和互动。比如，移动环境下的语言学习，如果能够建立移动学习社区，建立学习圈子，让学生能够与其他学生进行交流，进行英文对话，或者共同完成某一个或几个学习内容，将有利于发展学习者的思维能力，增强学生的沟通能力以及口语交际能力。

[①] 胡航、任友群：《合法的边缘性参与下的 M-learning 共同体》，载《中国电化教育》，2006(9)。

通过移动网络，提供管理服务。移动学习的过程同样需要提供管理服务，为学生提供更好的学习帮助与支持，提高移动学习的效率与效益。

6. 学习资源可进化性原则

Web2.0 强调"以人为本，群建共享"。相比传统的静态化、结构封闭、内容更新迟缓的学习资源，移动学习需要动态生成、持续进化发展、结构开放的学习资源。

移动学习资源需要动态生成，类似于神经元的生产与分裂。通过对资源的语义标注，资源之间可以在资源库中动态收集主题类似或有相关联系的其他资源，建立动态联结。

移动学习资源需要满足可持续进化。移动学习资源具有情境性。情境并不是一成不变的，随着时间的推移，情境也会发生改变。为满足移动学习资源的实时性，随着时间的推移或者情境的改变，资源能够进化，呈现最适合当前情境的形态。因此，移动学习资源需要体现资源的成长性和进化性——学习资源能在使用的过程中吸收使用者的集体智慧不断"进化"。

13. 3
微课及其设计

关于微课，目前部分学者认为微课是针对某一教学内容，以视频为主要表现形式，为教师教学和学生学习提供支持的教学资源。这种认识具有一定的局限性，仅仅看到了微课作为一种教学资源的表象，而忽略了微课的核心本质——"课"。首先，微课属于课，一节课的组成要素包含了教师、学生、教学内容、教学目标、教学环境、教学活动、教学方法和教学评价与反馈等[1]，同样地，微课也包括这些要素。其次，微课具有多种表现形式，微课的表现形式不仅局限于视频，一张精心准备的学习单、一项精心设计的活动都可以称得上"微课"。因此，我们应该基于"课"来看待"微"。一门课程本身包括教师、学生、教学内容、教学目标、教学环境、教学活动、教学方法和教学评价与反馈等多种要素，其内容表现也不仅局限于视频，还可以依据多种不同的媒体形式。

综上，我们可以认为"微课"是微型课程的简称，是某个知识点的教学内容及实施的教学活动的总和，它包括按一定的教学目标组织起来的教学内容，按一定的教学策

---

[1]　黎加厚：《微课的含义与发展》，载《中小学信息技术教育》，2013(4)。

略设计的教学活动及其进程安排。

13.3.1 微课的结构与特征[1]

1. 微课的结构

微课不完全等同于教学资源，它是某个知识点的教学内容及实施的教学活动的总和，它包括按一定的教学目标组织起来的教学内容，按一定的教学策略设计的教学活动及其进程安排。微课是在微型资源的基础之上附加教学服务、教学活动和教学评价的微型课程，其结构可分为四个部分：微型资源、学习活动、学习评价和认证服务。

(1)微型资源。

微型资源不等同于微课，它是微课的重要构成要素之一。微型资源为学生呈现短小精悍的学习内容，是知识传递的重要部分。传递的知识可以是概念、定理，也可以是学习方法和生活技巧等。

(2)学习活动。

学习活动是学生学习过程中的重要组成部分，仅向学生提供单一的学习内容并不能有效促进学习的发生，微课不仅包括承载学习内容的学习资源，也需要学习活动的支持，要实现学生从单一接受到双向互动，学习活动必不可少。因此，微课的内涵也应从单一的内容延伸到与学习相关的各个方面，微课的设计不仅需要对内容进行设计，也需要对学习过程进行设计，即要考虑如何更好地促进学生学习和促进学生对知识内容的深度加工。

(3)学习评价。

高质量的学习资源、良好的学习支持服务体系以及实时的评价反馈是促进有效学习发生的三大外部因素。微课作为支持学习的微型课程，除提供学习资源、学习活动外，还应包括对学生学习过程和学习结果评价的学习评价，学习评价包括过程性评价、发展性评价、评价及时反馈机制以及融入课程的整体评价。

(4)认证服务。

微课不同于传统课程，传统课程是在规定的时间内学习完一门课程的教学内容，而微课是学生利用碎片化的时间逐个学习短小的知识点，因此针对传统课程的定期试卷考核的形式并不适用，微课应提供专门的认证服务。

2. 微课的特征

微课的整体表现为短小精悍，既有"微"的特征，也有"课"的特征。

---

[1] 余胜泉、陈敏：《基于学习元平台的微课设计》，载《开放教育研究》，2014(1)。

(1)内容少而精。

微课常常是碎片化的学习，所传达的内容信息少，一节微课通常是只针对一个知识点、重难点或易错点的精细讲解。

(2)时间短、容量小。

每节微课的持续时间短，时长一般为 2～15 分钟，最长不宜超过 20 分钟，这个时间符合学生注意力集中时长，时间太长，学生注意力容易分散。数据资源所占容量一般不超过几十兆，便于网络传输和发布，利用手机等移动终端进行学习。因此在内容设计时，应尽可能进行知识点分割，将知识体系划分为小粒度的知识点。

(3)教学目标明确，主题突出，内容具体。

微课是一种微型课程，既然是一节课，就具有明确的教学目标。微课的问题聚焦，主题突出，不同重要程度的内容讲解有所不同。教学内容来源于教学实践中的具体问题：教学反思、重难点讲解、教学方法、教学观点等具体真实的问题。

(4)制作简便实用。

微课制作工具多样，智能手机、PPT、Camtasia Studio 等录屏软件都能实现微课的录制，制作途径和设备多样，操作简单，技术门槛低，人人都能成为微课的制作者。

(5)可重复利用。

微课一般是以视频等形式的数字化数据保存，易于保存和分析，能够多次分享和重复利用，节约人力资源成本。

13.3.2　微课的分类

微课分类的方式有很多，根据微课教学内容的特点可分为：课程讲解型微课、复习总结型微课、答疑型微课、实验探究型微课、操作示范型微课等；根据微课的制作方式可分为：摄制型微课、内录型微课、软件合成型微课、混合型微课等。

1. 按微课教学内容的特点分类

(1)课程讲解型微课。

课程讲解型微课主要是针对新课内容进行讲授的一种微课形式，以学科的知识点、重难点、考点的讲授为主，授课形式多样，可以是通过教师出镜的实录型讲授，可以通过录屏工具制作，配以画外音，还可以通过软件合成相应的情境、动画或视频对课程知识点进行讲解。

(2)复习总结型微课。

复习总结型微课是在学习完某一知识点后，对某一知识点的内容进行归纳总结，引导学生复习该部分知识，帮助学生对知识的深层次认知。

（3）答疑型微课。

答疑型微课是教师在了解学生的学习情况后，针对学生在练习测试中常见的、典型的错误进行收集整理，以微课的形式针对这部分易错的问题进行讲解，帮助学生发现并解决问题。

（4）实验探究型微课。

实验探究型微课是以微课的形式展示实验的操作，讲解实验的操作注意事项和详细流程，可以是教师示范操作，也可以通过动画讲解。此类微课一般会配有帮助学生对实验内容整理和记录的观察记录表格和实验报告。

（5）操作示范型微课。

操作示范型微课与探究型微课有相似之处，都偏向于技能知识的讲解，可以录制教师的操作示范和操作过程，也可以通过动画形式进行展示。此类微课常用于技能知识讲解，如书法、计算机软件操作、手工实践等。

2. 按微课的制作方式分类

（1）摄制型微课。

摄制型微课是通过 DV、录像机等摄像设备拍摄教师讲解知识点的视频，将其制作成微课资源，图 13-3-1 为摄制型微课。

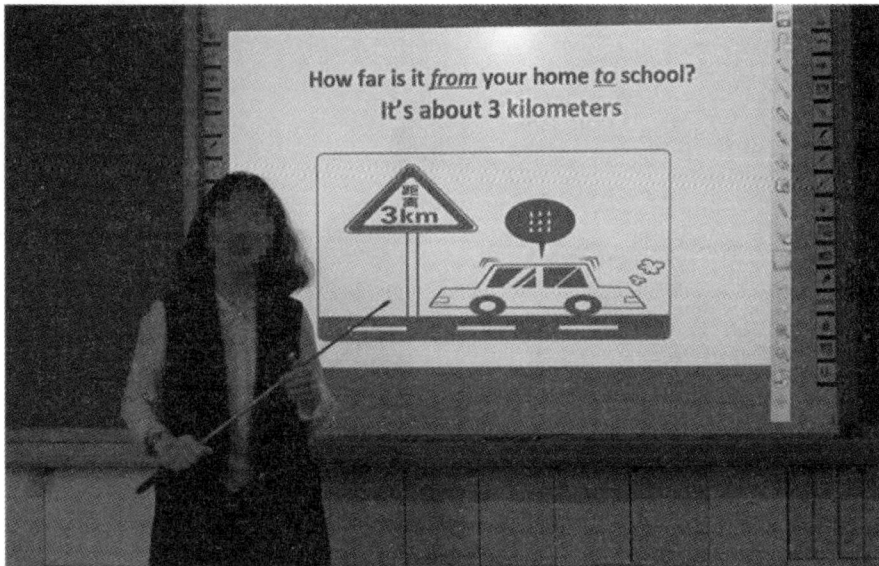

图 13-3-1　摄制型微课

（2）内录型微课。

内录型微课是通过专门的录屏软件（如 Camtasia Studio、PPT 等）录制教师在计算机屏幕上所呈现的内容，同时配以讲解语言和旁白等，图 13-3-2 为内录型微课。

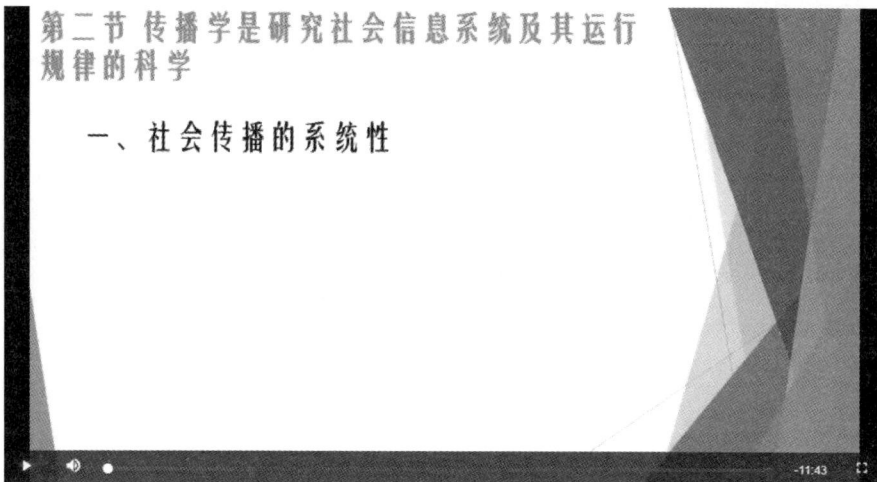

图 13-3-2 内录型微课

（3）软件合成型微课。

软件合成型微课是运用相关软件（如 Flash、AE、Premiere 等）按照设计的微课制作脚本将文本、图片、音视频等素材合成微课资源。图 13-3-3 是通过软件制作的对智慧学伴双师服务功能的介绍微视频。

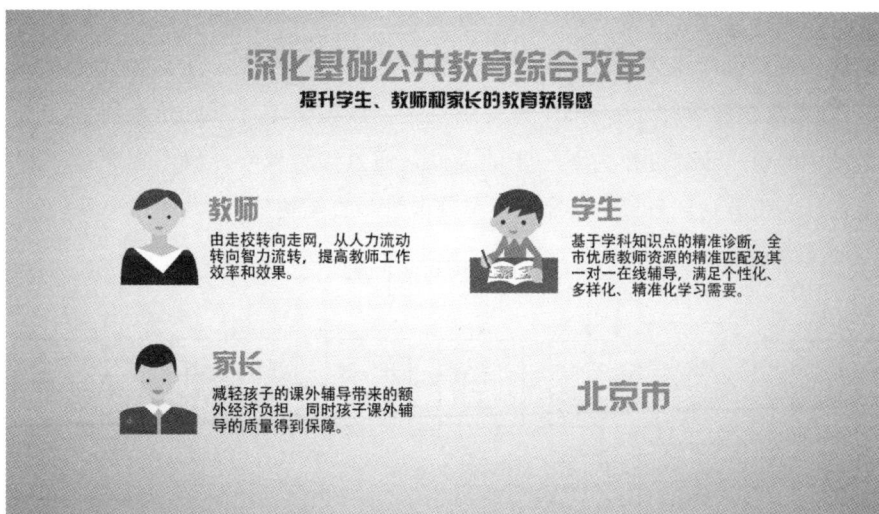

图 13-3-3 软件合成型微课

（4）混合型微课。

混合型微课是指利用以上多种微课制作方式而进行编辑、合成的一种微课方式。在现实生活中，单一的微课形式往往不能满足一些教学内容的需要，因此此类教学内容多采用多种微课制作方式。图 13-3-4 为利用混合型微课方式制作微课，其中包含教师真人出镜的摄制型微课和利用相关软件制作完成的软件合成型微课。

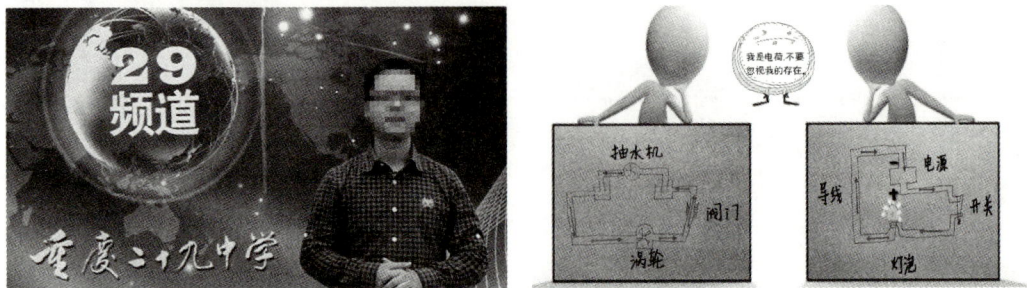

图 13-3-4　混合型微课

13.3.3　微课的设计模型

课程是对教育目标、教学内容、教学活动方式的规划和设计。20 世纪 60 年代，迪克与卢·凯瑞提出了经典的系统化教学设计模型，也就是我们所熟知的迪克－凯瑞系统化教学设计模型[1]（图 13-3-5）。该模型是一种综合了教学的分析、设计、开发、实施、管理和评价的系统化模型，包括评价需求确定教学目标、进行教学分析、分析学生与情境、书写行为表现目标、开发评估工具、开发教学策略、开发和选择教学材料、设计和实施形成性评价、设计和实施总结性评价、修改教学 10 个模块。对于 10 个模块的具体操作在其著作《系统化教学设计》一书中有详细阐述。该教学设计系统强调环节之间的相关关系，活动中的每一步都可作为下一步的条件，通过实施教学评价来判断是否达到预期的教学目标，若没有达到目标，则需要反复修改教学直至达到教学目标。[2]

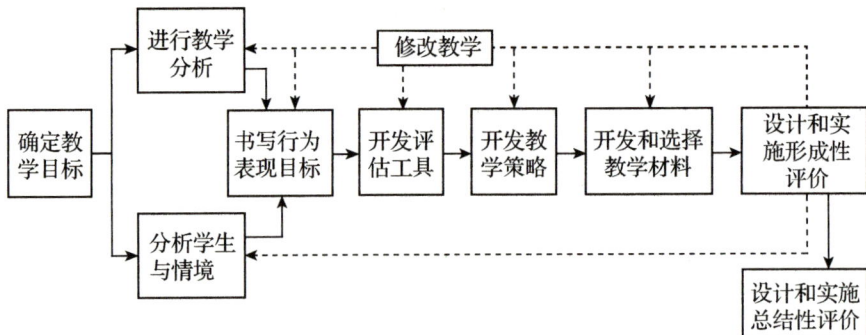

图 13-3-5　迪克－凯瑞系统化教学设计模型

---

[1]　[美]W. 迪克，L. 凯瑞，J. 凯瑞：《系统化教学设计》，上海，华东师范大学出版社，2007。

[2]　李阳、杜文超：《系统化教学设计观之典范——沃特·迪克教育技术学思想研究》，载《现代教育技术》，2009(8)。

微课属于微型课程，同样需要按一定的教学目标组织教学内容，按一定的教学策略设计教学活动及其进程。微课是随着信息技术的发展而诞生的产物，属于数字化学习的一种形式，在教学设计的同时，也应考虑到微课资源的数字化特征。一门标准的微课应该包括学习目标、知识点、知识本体、学习活动、学习评价、元数据、聚合模型以及学习过程中的生成性信息，在迪克－凯瑞系统化教学设计模型的基础之上，设计了微课设计模型，如图 13-3-6 所示。

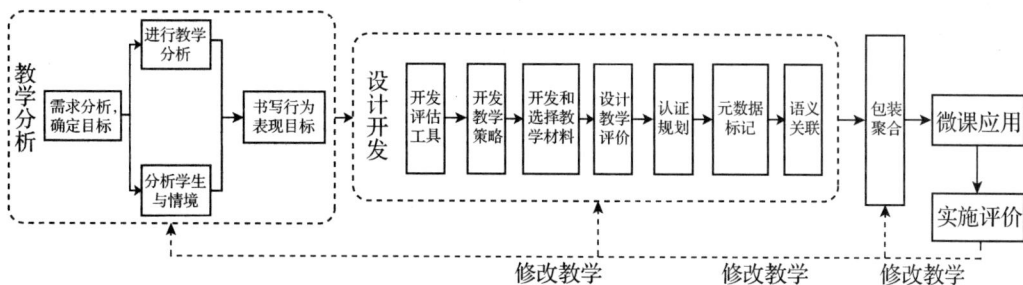

图 13-3-6　微课设计模型

(1)需求分析，确定目标：教师需要清楚知道在完成相应的微课内容学习后，学生能够获得什么，也就是理想状态下完成微课学习后学生应该达到的水平，以此来确定目标，目标为学生现有技能水平和理想状态之间的差距，可表示为目标＝理想状态－学生现有水平。

(2)进行教学分析：在确定教学目标后，教师还需要明确为了人们实现目标需要进行的步骤，教学分析还需要确定教学之前学生应该具备的知识与技能，达到的能力水平，这些称为学生学习该内容时所应具备的先前知识。

(3)分析学生与情境：除了教学目标的分析外，还应对学生与学习情境进行分析，包括学生的学习风格、学习偏好、认知风格、学习态度以及知识学习与知识应用的情境信息等，以此决定后续教学策略的选择。

(4)书写行为表现目标：书写行为表现目标需要写出学生在完成学习后在一定条件下所能达到的具体的学业行为表现。行为表现目标的书写常用 ABCD 表述法，A 代表"行为主体"(Audience)，意为学生；B 代表"行为"(Behavior)，即学生能够做什么；C 代表"条件"(Conditions)，即学生应在什么条件下完成上述行为；D 代表"程度"(Degree)，即上述行为所应达到的标准。例如，九年级学生(行为主体)能够在 10 分钟内(条件)，完成 10 道三角函数的填空题(行为)，正确率达到 90％(标准)。

(5)开发评估工具：根据上述描写的目标，开发相应的评估方案与工具，以此来衡量学生的学习过程以及完成学习后所能达到的能力水平。

(6)开发教学策略：在完成教学分析后，教师需要确定为了实现最终目标所需要使用的教学策略。教学策略包括教学过程中教学活动的组织、资源的呈现、练习测试的设计等。教学活动的组织、内容的呈现等应该注意学生的个体特征和学习情境信息。例如，对于视觉型学习风格的学生，相较于文本，更希望学习内容以视频动画等形式呈现。

(7)开发和选择教学材料：根据教学策略开发或选择所需要的教学材料与教学资源，包括文本、图片、音频、视频类资源。

(8)设计教学评价：设计教学评价包括评价内容、评价形式、评价主体和评价结果反馈形式的设计。对于评价内容，不仅关注学生的知识能力，也需要关注学生的情感态度、学习方法等更高层次的技能；对于评价形式，不仅包括总结性评价，而且应针对学生的学习过程信息设计形成性评价；对于评价主体，可以是教师评价，同伴评价以及自我评价；对于评价结果以及反馈方式应从多方面考虑，不应只是简单的等级、分数的呈现，更应设计多方面的能力、核心素养的测量，以图表、数据等反映学生的学习过程的信息。

(9)认证规划：对于学校教育，学习的认证是当学生在规定时间内达到学校的要求，便可通过颁发学位证书、毕业证书等方式认证学生的学习结果。微课不同于传统课程，传统课程是在规定的时间内学习完一门课程的教学内容，而微课是学生利用碎片化的时间逐个学习短小的知识点。因此，针对传统课程的定期试卷考核的形式并不适用，微课应提供专门的认证服务。由专家或专门的认证机构提出认证标准与规范，当学生知识能力水平达到要求后，机构可向学生颁发电子证书，并可建立专门的学分银行或权威机构，将学习结果统一存档。

(10)元数据标记：Web2.0强调"以人为本，群建共享"。相比传统的静态化、结构封闭、内容更新迟缓的学习资源，移动学习需要动态生成、持续进化发展、结构开放的学习资源。而万物之间是通过其语义进行关联的，因此，在设计完成一门微课的时候，需要对微课资源的元数据进行标记。例如，《静夜思》这门微课，可标记一些基本的数据信息，如作者李白、五言律诗、描写思想情感等。

(11)语义关联：在针对元数据进行标记后，便可根据元数据的标记计算机自动或者人为手动建立资源之间的关联。例如，前面所标记的《静夜思》，作者李白，这首诗属于五言律诗，创作于唐代，可与《赠汪伦》等资源建立关联，属于相关资源，同样由李白创作。

(12)包装聚合：包装聚合是将微课的内容、材料、元数据、语义之间的管理信息、评价方案等按一定的标准规范进行包装，根据不同的学习需求以及不同情境实现微课内部要素的聚合，以及微课之间的聚合，形成更大粒度的课程。

(13)微课应用：微课应用是将所创建的微课投入实际教学中使用，要在实践应用中检验设计效果，并获得优化反馈。

(14)实施评价：实施评价是根据所设计的评价方案与方法，针对学生的过程信息和学习结果进行相关测量与评价。

(15)修改教学：根据所得到的评价结果，分析学生的学习情况，对微课相应部分进行完善。

13.3.4 微课的制作

根据微课的制作方式可分为：摄制型微课、内录型微课、软件合成型微课、混合型微课。不同方式的微课具有不同的特点，制作时所需要的工具会有所不同，图 13-3-7是几种微课常用的制作工具。随着科技的进步，无论是软件还是硬件，可供人们选择的工具都多种多样，微课制作开始变得大众化、简单化。接下来，本部分内容将介绍几种常见的微课制作方式以及制作工具。

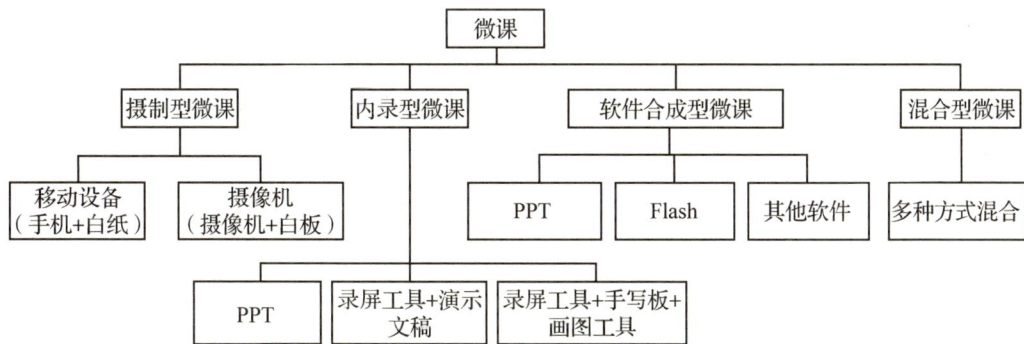

图 13-3-7 常见微课制作工具

1. 摄制型微课制作

摄制型微课是当前比较常见的一种形式，移动设备的普及降低了此类微课的制作门槛。常见的制作方法包括手机＋白纸，摄像机＋白板。

(1)利用"手机＋白纸"制作微课。

工具与软件：可进行视频摄像的手机、白纸、几支不同颜色的笔、手机支架等。图 13-3-8 为"手机＋白纸"制作微课的工具。

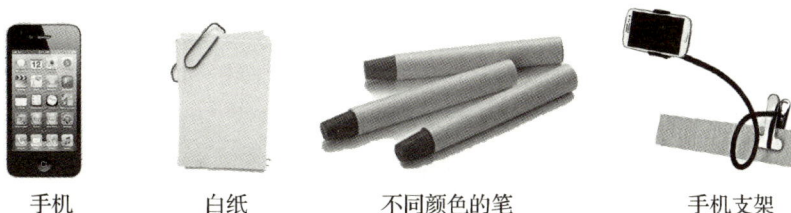

手机　　　　白纸　　　　不同颜色的笔　　　　手机支架

图 13-3-8 利用"手机＋白纸"制作微课的工具

制作方法：使用手机支架固定手机，对纸笔结合演算、书写的教学过程进行录制，并配以旁白。

制作步骤简述：①针对微课主题，进行详细的教学设计，形成教案。②用笔在白纸上展现出教学过程，可以画图、书写、标记等，在他人的帮助下，用手机将教学过程拍摄下来。尽量保证语音清晰、画面稳定、演算过程逻辑性强，解答或教授过程清楚易懂。③对拍摄视频进行必要的编辑和美化。图 13-3-9 为"手机＋白纸"制作微课的案例。

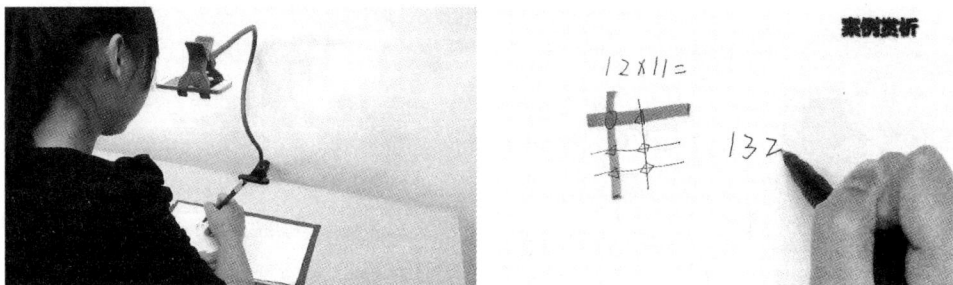

图 13-3-9　利用"手机＋白纸"制作微课的案例

（2）利用"摄像机＋白板"制作微课。

工具与软件：摄像机、白板、视频编辑软件。图 13-3-10 为"摄像机＋白板"制作微课的工具与软件。

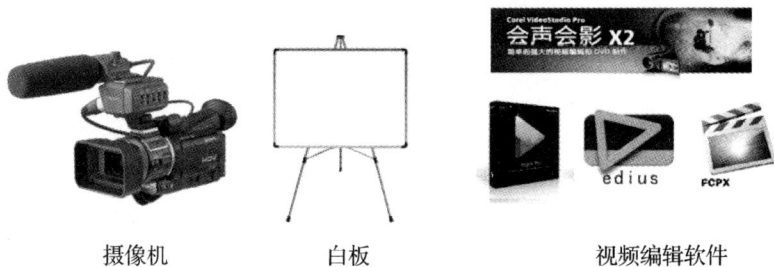

摄像机　　　　　　　白板　　　　　　　视频编辑软件

图 13-3-10　利用"摄像机＋白板"制作微课的工具与软件

制作方法：固定摄像机的位置，对教学的整个过程进行录制，对后期视频进行必要的编辑和美化。

制作步骤简述：①针对微课主题，进行详细的教学设计，形成教案。②利用白板或黑板展开教学过程，利用录像机将整个过程拍摄下来。③对拍摄视频进行必要的编辑和美化。图 13-3-11 为"摄像机＋白板"制作微课的案例。

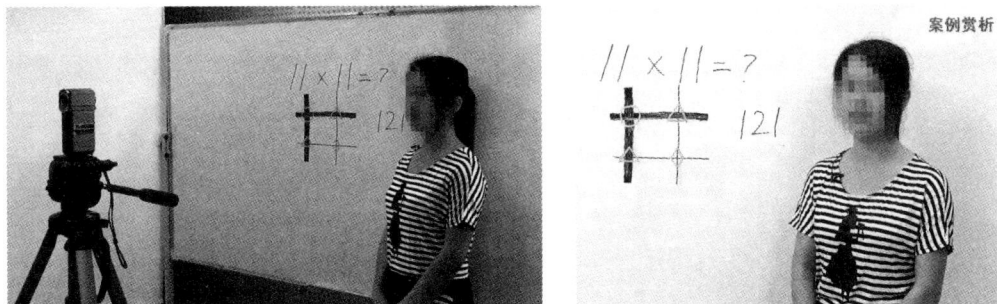

图 13-3-11　利用"摄像机＋白板"制作微课的案例

2. 内录型微课制作

内录型微课是教师们制作微课比较常见的一种形式，其操作简单，受到广大用户的青睐。常见的内录型微课制作工具包括 PPT、专业录屏软件（如 Camtasia Studio）等。

（1）利用 PPT 制作微课。

工具与软件：计算机、PPT、演示文稿、USB 话筒或带话筒的耳麦。图 13-3-12 为利用 PPT 制作微课的工具与软件。

计算机　　　　　　PPT软件　　　　　　演示文稿　　　　　　USB话筒

图 13-3-12　利用 PPT 制作微课的工具与软件

制作方法：准备一台计算机，打开准备好的 PPT 讲稿，录制幻灯片演示内容和旁白，将录制的演示内容另存为视频。

制作步骤简述：①准备一台计算机，打开准备好的 PPT 讲稿。②点击"录制幻灯片演示"（图 13-3-13），并在演示过程中配以讲解的旁白，左上角会展现当前录制的时间（图 13-3-14），录制完成后，导出录制的幻灯片演示（图 13-3-15），保存为视频格式在相应文件夹中。③对拍摄视频进行必要的编辑和美化，图 13-3-16 为利用 PPT 制作的微课。

图 13-3-13　录制幻灯片演示

图 13-3-14　幻灯片录制过程

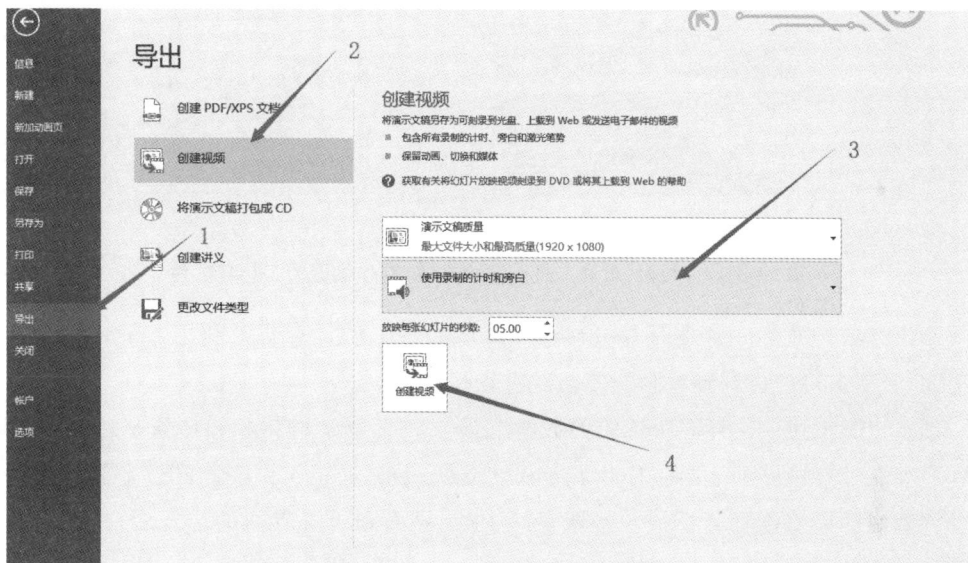

图 13-3-15 导出录制的幻灯片演示

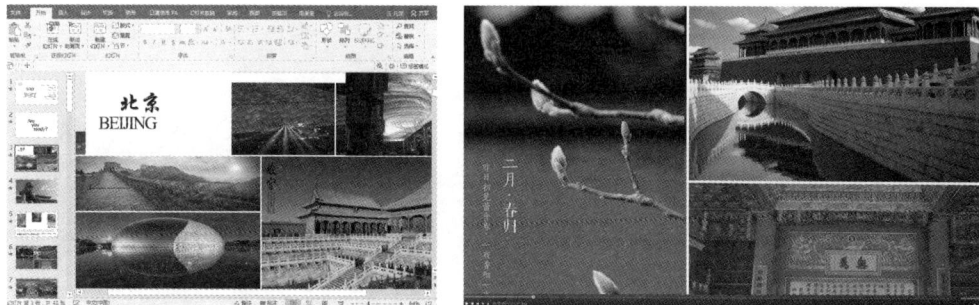

图 13-3-16 利用 PPT 制作微课的案例

注意事项：若在 PPT 中需要利用外部的音视频内容，需要先将音视频内容插入到 PPT 中，而不能在录制过程中使用超链接打开外部音视频。使用"墨迹"功能标注相应内容时，标注过程无法在录制后的微课中显现。

(2)利用"录屏工具＋演示文稿"制作微课。

目前在市面上有多种录屏软件，其功能大同小异。在此处，我们以 Camtasia Studio 这款工具为例来介绍如何利用"录屏工具＋演示文稿"制作微课。

工具与软件：计算机、耳麦（附带话筒）、录屏软件 Camtasia Studio、PPT。图 13-3-17为利用"录屏工具＋演示文稿"制作微课的部分工具与软件。

Camtasia Studio　　　　　　　　　　　　　PPT

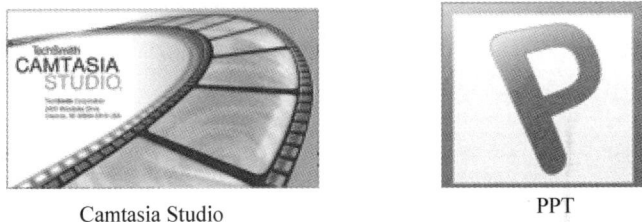

图 13-3-17　利用"录屏工具＋演示文稿"制作微课的工具与软件

制作方法：准备一台带有 Camtasia Studio、PPT 的计算机，利用 Camtasia Studio 对 PPT 演示文档进行屏幕录制，并辅以录音和字幕。

制作步骤简述：①针对所选定的教学主题，收集教学材料和媒体素材，制作 PPT 课件。②在计算机屏幕上同时打开录屏软件 Camtasia Studio 和教学 PPT，教师带好耳麦，调整好话筒的位置和音量，并调整好 PPT 界面和录屏界面的位置后，单击"录制桌面(rec)"按钮(图 13-3-18)，在 3 秒倒计时后便会开始录制(图 13-3-19)，教师一边演示一边讲解，可以配合标记工具或其他多媒体软件或素材，尽量使教学过程生动有趣。③录制完成后，点击停止按钮，将录制的视频保存在本地计算机，如图 13-3-20 所示。④对视频进行必要的编辑和美化。

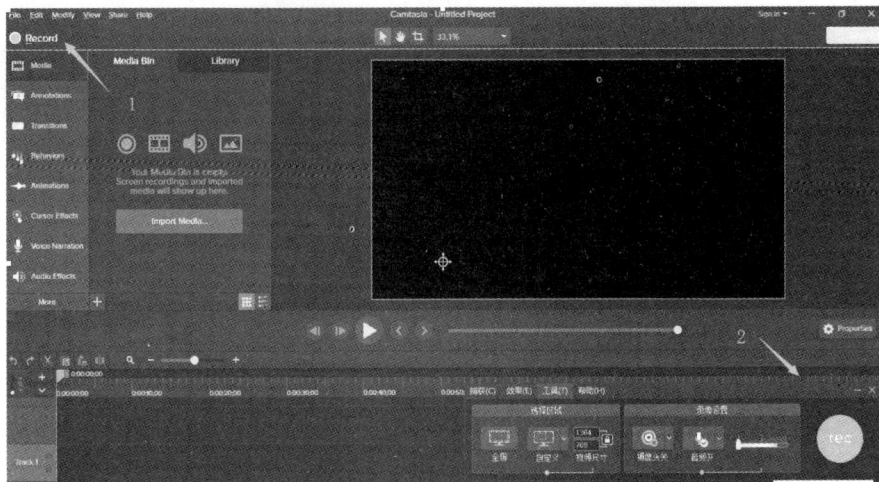

图 13-3-18　Camtasia Studio 录屏软件界面

图 13-3-19　Camtasia Studio 录制过程

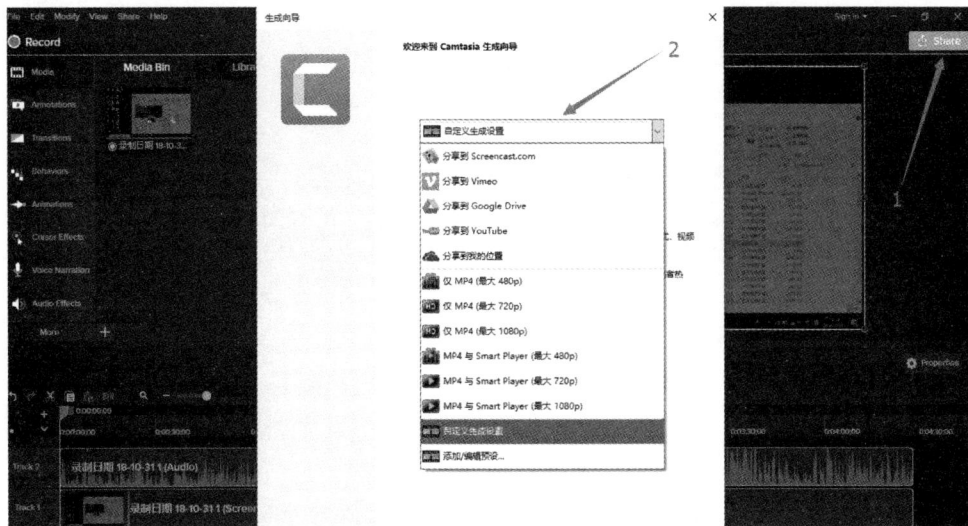

图 13-3-20　保存录制的视频

（3）利用"录屏工具＋手写板＋画图工具"制作微课。

工具与软件：录屏软件 Camtasia Studio、画图工具 SmoothDraw（或其他画图工具）、手写板、Livescribe Echo Smartpen（智能笔）。图 13-3-21 为利用"录屏工具＋手写板＋画图工具"制作微课的工具与软件。

| Camtasia Studio | SmoothDraw | 手写板 | Livescribe Echo Smartpen |

图 13-3-21　利用"录屏工具＋手写板＋画图工具"制作微课的工具与软件

制作方法：准备一台计算机，利用 Camtasia Studio 录制，利用手写板和画图工具讲解演示过程。

制作步骤简述：①针对微课主题，进行详细的教学设计，形成教案。②接入手写板、麦克风等工具，打开绘图工具 SmoothDraw，使用手写板和绘图工具对教学过程进行演示（图 13-3-22）。③通过录屏软件 Camtasia Studio 录制教学过程并配音，录制方法见前面所展示的图 13-3-18 至图 13-3-20。④对视频进行必要的编辑和美化，图 13-3-23 为利用"录屏工具＋手写板＋画图工具"制作微课的案例。

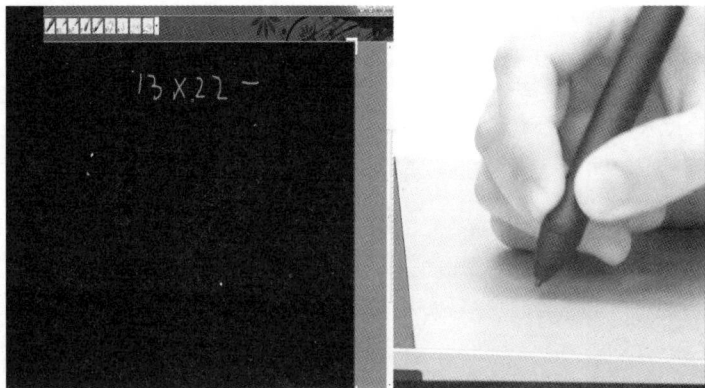

图 13-3-22　利用"手写板＋画图工具"进行教学演示

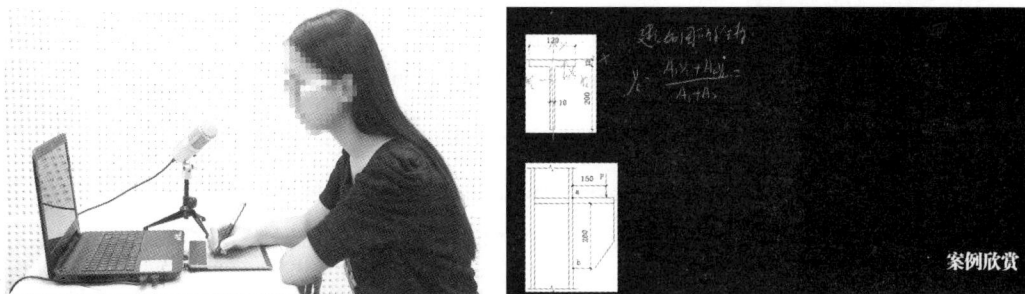

图 13-3-23　利用"录屏工具＋手写板＋画图工具"制作微课的案例

3．软件合成型微课制作

除了摄制型微课和内录型微课外，还有众多内容宣传、历史人物介绍等微课都是通过软件制作合成的，如 PPT、Flash、MAYA、AE 等。但此类微课所需要的技术难度较高，一般都是由专业的公司团队制作完成的，教师使用较少。

（1）利用 PPT 制作微课。

PPT 在大部分人的认知中只是一个演示工具，其实它还包括众多的功能，如录屏功能、动画制作功能。在 PPT 菜单栏中为用户提供了一个"动画"选项，可以为页面中的文字、图片等素材添加一系列的出现、强调、退出和自定义路径的效果，若能做到素材动画之间的完美衔接，也能制作出优良的动画效果（图 13-3-24）。当然，不一定需要很复杂的动画效果，只要能够清楚讲述教学内容，便是一堂好的微课。

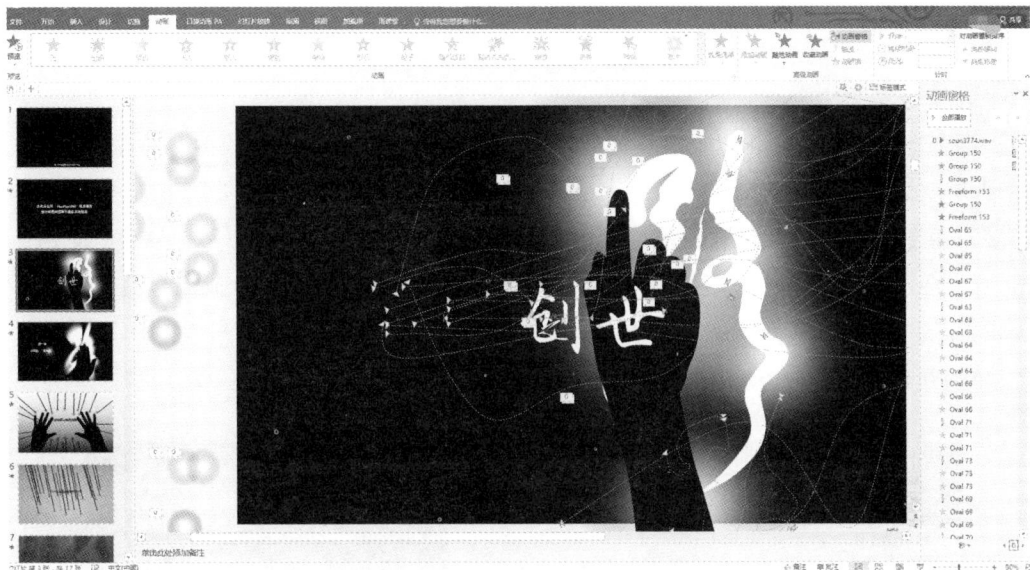

图 13-3-24　《创世之路》PPT 动画

（2）利用 Flash 制作微课。

Flash 是一种集动画创作与应用程序开发于一身的创作软件，能够导入视频、声音、图形和动画，快速设计简单的动画以及交互式程序。图 13-3-25 为利用 Flash 开发的微课。由于其兼容性问题，目前在市场上使用较少。

图 13-3-25　利用 Flash 软件制作微课的案例

（3）利用其他软件制作微课。

另外，还有 MAYA、AE、3D Max 等一系列专业的视频动画制作软件，不过其技术难度相对较大，在此不再一一描述，感兴趣的读者可通过网络平台或软件教程进行系统化学习。

4. 混合型微课制作

混合型微课是指利用以上多种微课制作方式而制作、编辑、合成的一种微课方式。在现实生活中，单一的微课形式往往不能满足一些教学内容的需要，因此此类教学内容多采用多种微课的制作方式混合制作而成，主要是利用视频后期制作软件（如 Premiere、会声会影、格式工厂等）将多个微课进行编辑、剪辑、拼接合成混合型微课。下面以 Premiere 为例，介绍如何利用 Premiere 对视频进行编辑、剪辑与拼接。

(1)新建一个 Premiere 项目，编辑项目所在的位置和名称（图 13-3-26）。

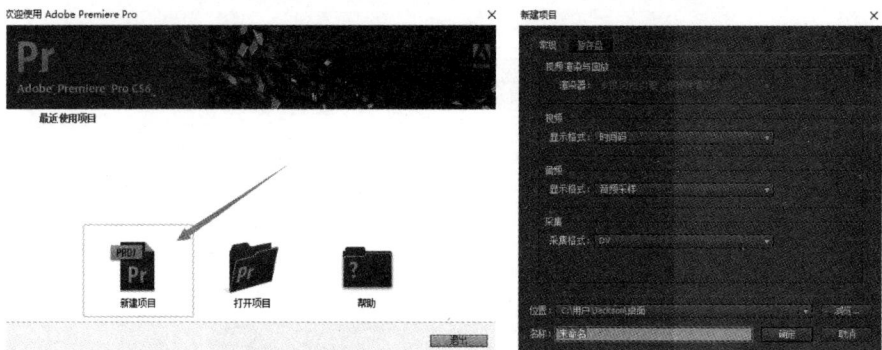

图 13-3-26　新建 Premiere 项目

(2)选择"文件"→"导入"，导入需要编辑的视频素材（图 13-3-27）。

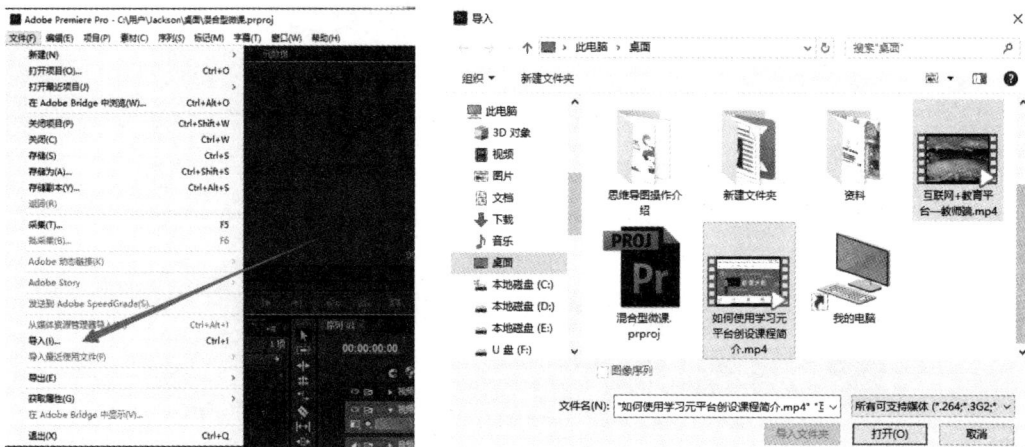

图 13-3-27　导入素材

(3)将导入后的视频拖入右边的轨道，如图 13-3-28 所示，注意轨道的层级，若为视频，上层轨道中的视频会覆盖下层轨道的视频。

图 13-3-28　将素材拖入轨道

（4）利用剃刀工具便可对轨道内的音视频进行剪切（图 13-3-29），若需对某个视频文件的图像和音频单独处理，可右键选择解除音视频链接。

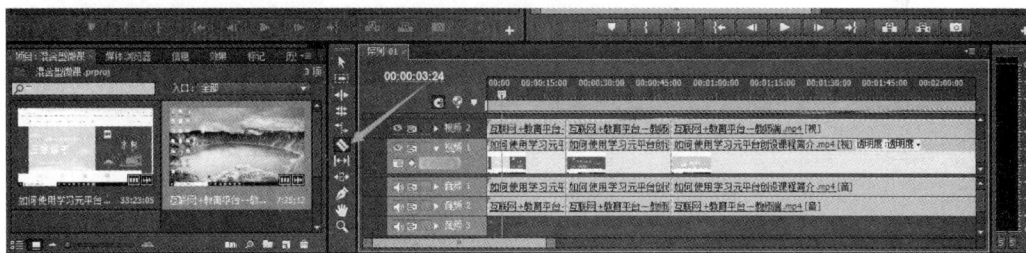

图 13-3-29　利用剃刀工具剪切音视频

（5）用指针选择工具选择多余的剪切部分，按 Delete 键或鼠标右键选择"清除"便可删除该部分，按照需求可用鼠标拖动轨道中的音视频进行拼接（图 13-3-30）。

图 13-3-30　删除多余音视频部分

(6)编辑完成后,选择"文件"→"导出"→"媒体"(图 13-3-31),选择导出的视频格式以及保存的位置与名称(图 13-3-32),完成混合型微课制作。

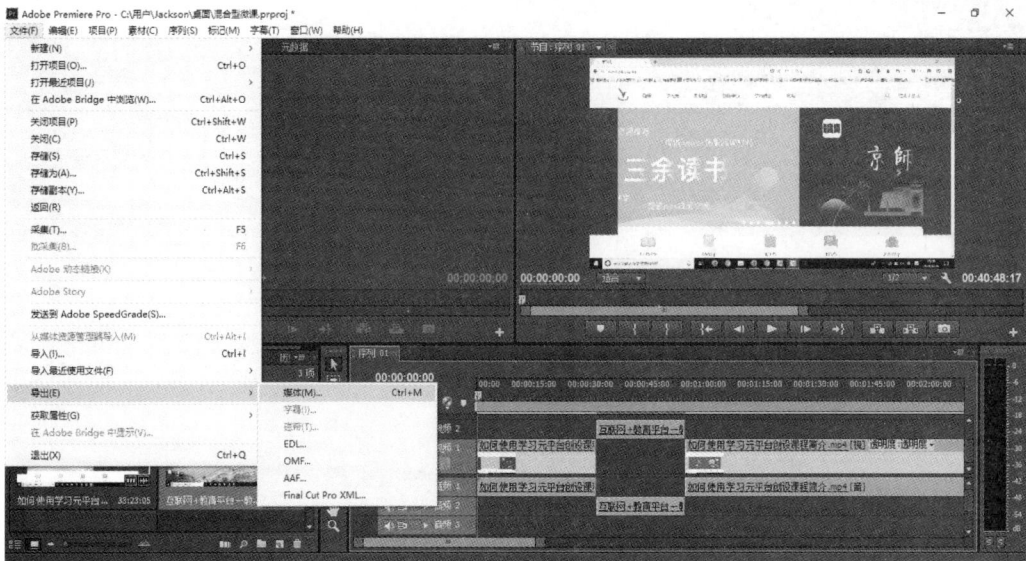

图 13-3-31　导出编辑完成的文件

图 13-3-32　选择导出视频的格式、位置与名称

13.4
电子书及其设计

在维基百科中，"电子书"是指将文字、图片、声音、影像等内容数字化的出版物，即可以在数字设备上阅读的数字化图书。相比于纸质书，电子书具有以下几点优势。

(1)携带方便，就其本身来说没有质量、不占空间，一个数字设备能轻松容纳几百本电子书。

(2)富媒体，相比纸质书，电子书不仅可以添加照片，还能在同一个位置放置多个照片，此外还能添加音频、视频、动画等资源。

(3)易于分享，如今的网络环境下文件分享已经成了一件轻而易举的事情。

(4)便于保存，长期的阅读会对纸质书籍造成一定的损坏，且保存上需要利用专门的物理空间，而电子书由于其数字化的特征，能够便于备份与存储，保存上更为容易。

(5)便于内容更新，纸质书籍的内容更新需要重新再次印刷，而电子书内容更新只需要通过专门的电子书编辑工具，对所需要更新的内容进行编辑即可。

13.4.1　常见电子书的格式

常见的电子书格式有很多，如 TXT、PDF、CHM、EPUB 等。

(1)TXT。

TXT 文件格式是最常见的一种文件格式，主要存文本信息，即文字信息，这种格式的电子书容量大，所占空间小，制作简单，阅读方便，适应于常见的阅读器。

适用阅读器：系统内嵌阅读器，无须额外的阅读软件。

(2)PDF。

PDF(Portable Document Format 的简称，意为"便携式文档格式")文件格式是 Adobe 公司开发的电子文件格式。PDF 文件在多种系统中都是通用的，这种文件格式文档能够包括文字、图片、超链接等多种媒体信息，是数字化信息传播的理想文档格式。

适用阅读器：福昕 PDF 阅读器、Word、WPS 等。

(3)CHM。

CHM 文件格式是微软 1998 年推出的基于 HTML 文件特性的帮助文件系统，它是一种超文本标识语言。被 IE 浏览器支持的 JavaScript，ActiveX，常见图形文件(GIF、JPEG、

566

PNG)，音频视频文件(MID、WAV 、AVI)等，CHM 同样支持，并可以通过 URL 与互联网联系在一起。CHM 文件因为使用方便、形式多样也被采用作为电子书的格式。

适用阅读器：CHM Sharp、ChmPlus Lite 等。

(4)EPUB。

EPUB (Electronic Publication 的缩写，电子出版)是一个自由的开放标准，可以"自动重新排版"内容，也就是文字内容可以根据阅读设备的特性，以最适于阅读的方式显示。EPUB 档案内部使用了 XHTML 或 DTBook (一种由 DAISY Consortium 提出的 XML 标准)来展现文字，并以 zip 压缩格式来包裹档案内容。

适用阅读器：iBook、掌阅、多看阅读等。

13.4.2　电子书的版面设计

电子书主要包括两大部分：内容和排版。内容是电子书最重要的部分，是电子书的主体。排版是为了让读者更好地阅读电子书的内容。因此，电子书的设计分为电子书的内容设计和电子书的版面设计。用于教学的电子书的内容设计应该遵循基本的教学规律，开展必要的教学目标分析、学生分析、学习环境和教学内容分析。本节主要关注的是电子书的版面设计。

图 13-4-1 为某一电子书界面版式，电子书页面包含的元素有文本、图片、音频、视频、动画等。版面是指页面中各个元素的编排形式。对电子书进行版面设计的作用主要有两点：①功能性作用，版面设计可以让页面内容排列有序、主次分明，引导读者高效处理信息；②审美性功能，版面精美的电子书会给读者带来视觉的愉悦、美的享受，吸引读者眼球，保持读者的阅读兴趣。

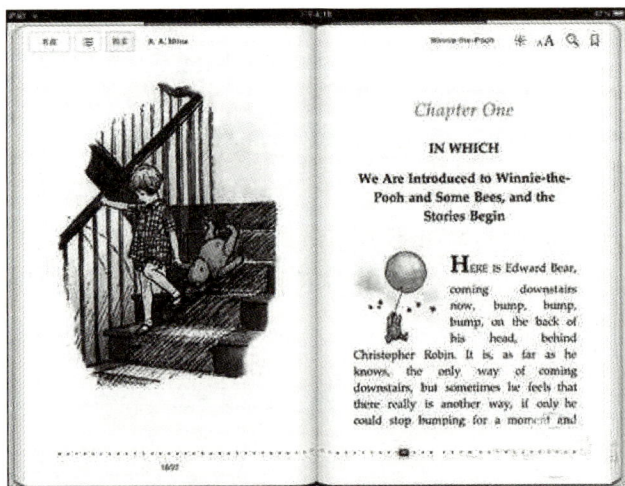

图 13-4-1　电子书界面版式

1. 文本设计

文本设计要考虑文本的属性，如字体、颜色、大小、字距、行距、段间距、编排等。文本各个属性的不同组合，不仅能给读者不同的视觉感受，而且还能体现一种规范性，帮助读者进行阅读。

(1)字体的选择。

①字体的个性。

不同字体具有不同的个性，如端庄秀丽、坚固挺拔、深沉厚重、欢快轻盈、苍劲古朴、新颖独特。① 根据读者的性别和年龄段，应该选择不同的字体。例如，读者是儿童，则应该选择欢快轻盈的字体；读者是女性，则应该选择端庄秀丽的字体。

②字体的功能。

一本书包含不同类型的文本，如标题、正文、注释说明、批注等。不同类型的文本可以设置成不同的字体。例如，标题使用黑体，正文使用宋体，注释说明使用仿宋，批注使用楷体。这样既能体现规范性，又能帮助读者更快理解文本内容。

(2)字号与文本间距的选择。

不同的人群喜好不同的字号。例如，老人和儿童需要稍大一点的字号，而年轻人喜欢大小适中的字号。文本间距包括字间距、行间距、段间距。合理的文本间距能让页面看起来清晰、舒适。段间距具有信息分组的作用，合理设置段间距能够帮助读者处理信息。

(3)文字编排。

电子书的文字编排可以继承纸质图书的一般编排方式，如首行缩进两字符、两端对齐等。但是根据需要可以选择首字悬挂、居中对齐或向右对齐等。文本编排方式应该根据自己的需求自主选择，但是整本电子书的文字编排风格应该统一。

2. 色彩设计

色彩是感染力很强的元素。好的版面，其色彩应该有一个基调，如灰色调、暖色调、冷色调。② 不同的色彩基调适用于传递不同的内容和情感，例如，红色代表着喜庆，蓝色代表着理性。另外，对于儿童来说，由于儿童注意力容易分散，最好使用饱和度高的颜色。

除了渲染整体氛围，色彩还具有功能性的作用。在设计电子书时可以对不同级别的标题使用不同的颜色。这样，读者可以根据颜色来判断当前的阅读进度，并对已读内容进行整体性的理解。

---

① 刘西省：《字体设计在平面设计中的重要性》，载《包装工程》，2007(10)。
② 喻红：《影响报纸版面设计的若干要素》，载《新闻世界》，2010(8)。

3. 多媒体的选择

富媒体是电子书相比纸质书的主要优势之一。但是这不代表在电子书上的多媒体越多越好。多媒体与文本的特点作用不同，彼此应该取长补短、相得益彰。在选择多媒体时，可以从以下三个方面进行考量。①②③④

（1）多媒体是否规范。

选择多媒体时，首先应该看多媒体是否规范。其一，看多媒体的来源是否正当，不能有侵权行为，在使用时应该注明出处。其二，看多媒体中的讲解、配音、对白是否使用标准普通话，应该选择使用标准普通话播音的多媒体资源。

（2）多媒体质量是否合格。

在选择图片时，应该选择质量高的图片，保证画面清晰、大小合理，即使放大也不会模糊看不清。在选择音频时，应该选择时长合适、清晰流畅的音频。在选择视频时，应该选择时长合适、画面声音清晰流畅的视频。

（3）多媒体与内容是否契合。

在选择多媒体时，最重要的一点是看多媒体与教学内容是否契合。不契合的多媒体不应该添加到电子书中。多媒体与教学内容是否契合可以从以下三点判断：首先，看多媒体与教学内容是否相关；其次，看多媒体是否能有助于读者对教学重难点的理解；最后，看多媒体本身的设计是否和谐，与整个电子书是否协调统一。

13.4.3　典型电子书的结构

EPUB 格式的电子书由于其在图文混排、图片嵌入字体、良好的兼容性以及"自动重新排版"的内容等方面的优势，使其成为当前电子书的主流格式之一。下面将以 EPUB 格式的电子书为例，对电子书的结构进行介绍。⑤

EPUB 是以 ZIP 压缩格式来包裹文件内容，因此，若将 EPUB 格式的电子书的后缀 .epub 改为 .zip，便可以通过解压缩软件进行预览或者解压处理。一般情况下，一个常规的 EPUB 格式的电子书由三个部分组成，其文件结构如图 13-4-2 所示。

①　陈鑫：《基于多媒体画面理论的 iPad 电子教材设计与开发》，硕士学位论文，天津师范大学，2014。

②　吴敏：《电子教材和课件评估及其指标体系的建立》，载《中国大学教学》，2002(12)。

③　宋慧杰：《论高校电子教材质量评估系统的构建》，载《通化师范学院学报》，2008(12)。

④　王炜波、肖荣璐：《职业教育电子教材（课件）评价指标体系的设计》，载《中国职业技术教育》，2005(22)。

⑤　epub 电子书——目录结构介绍，https://www.cnblogs.com/diligenceday/p/4999315.html，2019-09-18。

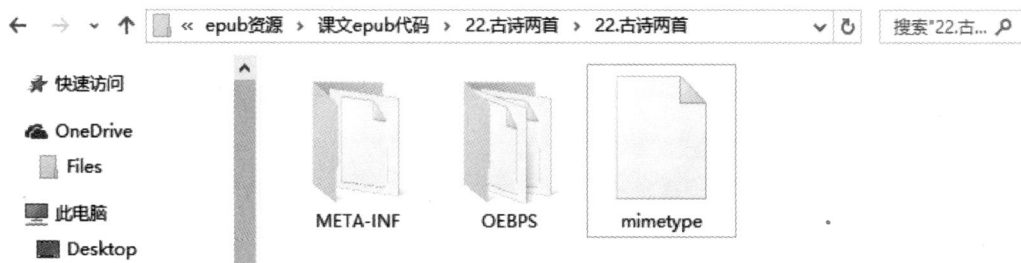

图 13-4-2　EPUB 格式电子书文件结构

1. 文件：mimetype

每一本 EPUB 格式电子书均包含一个 mimetype 的文件，用以说明 EPUB 的文件格式。文件内容如图 13-4-3 所示，表示可以用 EPUB 工具和 ZIP 工具打开。

图 13-4-3　mimetype 文件内容

2. 目录：META-INF

META-INF 的主要功能是用于存放容器信息，默认情况下（加密处理），该目录包含 container. xml 文件，文件内容如图 13-4-4 所示。

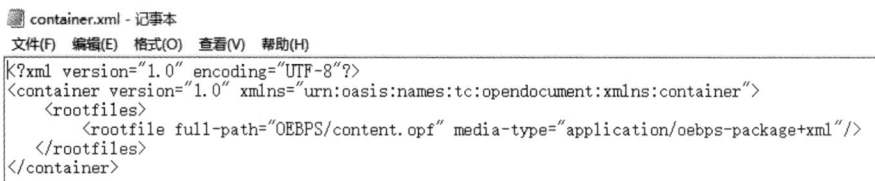

图 13-4-4　container. xml 文件内容

container. xml 的主要功能是用于告诉阅读器，电子书的根文件（rootfile）的路径和打开放式。一般来讲，除非改变根文件的路径和文件名称，否则 container. xml 文件内容不需要修改。

3. 目录：OEBPS

OEBPS 目录用于存放 OPS 文档、OPF 文档、CSS 文档、NCX 文档。OEBPS 这个名字是可变的，可以根据 containter. xml 进行配置。

OPF 文件是 EPUB 格式的电子书的核心文件，且是一个标准的 XML 文件，依据 OPF 规范，主要由五个部分组成。

（1）＜metadata＞。元数据信息的组成有两种：dc-metadata 和 x-metadata。

570

—＜dc-metadata＞，其元素构成采用 dubline core(DC)的 15 项核心元素，包括：

—＜title＞：题名

—＜creator＞：责任者

—＜subject＞：主题词或关键词

—＜description＞：内容描述

—＜contributor＞：贡献者或其他次要责任者

—＜date＞：日期

—＜type＞：类型

—＜format＞：格式

—＜identifier＞：标识符

—＜source＞：来源

—＜language＞：语种

—＜relation＞：相关信息

—＜coverage＞：覆盖范围

—＜rights＞：权限描述

—＜x—metadata＞，即扩展元素。如果有些信息在上述元素中无法描述，则在此元素中进行扩展。

(2)＜menifest＞，文件列表。该部分由三个属性构成。

—id：表示文件的 ID 号

—href：文件的相对路径

—media-type：文件的媒体类型

(3)＜spine toc="ncx"＞，脊骨，其主要功能是提供书籍的线性阅读次序。由一个子元素构成：＜itemref idref=""＞，包含一个属性。

—idref：即参照 menifest 列出的 ID

(4)＜guide＞，指南。依次列出电子书的特定页面，如封面、目录、序言等，属性值指向文件保存地址。一般情况下，EPUB 格式的电子书可以不使用该元素。

(5)＜tour＞，导读。可以根据不同的读者水平或者阅读目的，选择电子书中的部分页面组成导读。一般情况下，EPUB 格式的电子书可以不使用该元素。

NCX 文件是 EPUB 格式的电子书的另一个核心文件，也是一个标准的 XML 文件，用于制作电子书的目录，其文件的命名通常为 toc.ncx。

13.4.4　典型电子书的制作

EPUB 格式的电子书制作工具种类繁多，如 Sigil、ePUBee Maker 和 GitBook，

Sigil 是最原始的 EPUB 工具，支持 Windows 和 Mac 操作系统，能够较好地运用 EPUB 格式的电子书的制作。下面将以 Sigil 为例，介绍如何制作一本 EPUB 格式的电子书。

1. Sigil 软件介绍

Sigil 正式版是一款由 Google 官方发布的软件，主要是用于创建和编辑电子书籍，尤其是能对 EPUB 文件进行创建和修改。Sigil 图标如图 13-4-5 所示。

Sigil 是基于 EPUB 2 格式的制作电子书的软件，使用户可以通过预设轻松地排版打包制作自己的电子书。Sigil 本身是开源免费的，并支持 Windows、Mac、Linux 等平台。Sigil 的工具栏提供了排版的基本工具，用户通过书籍视图直观地编辑内容，专业用户想要对样式进行更多调整，可以切换到代码视图直接编辑 HTML 代码或者添加 CSS 样式。Sigil 的界面如图 13-4-6 所示。

图 13-4-5　Sigil 图标

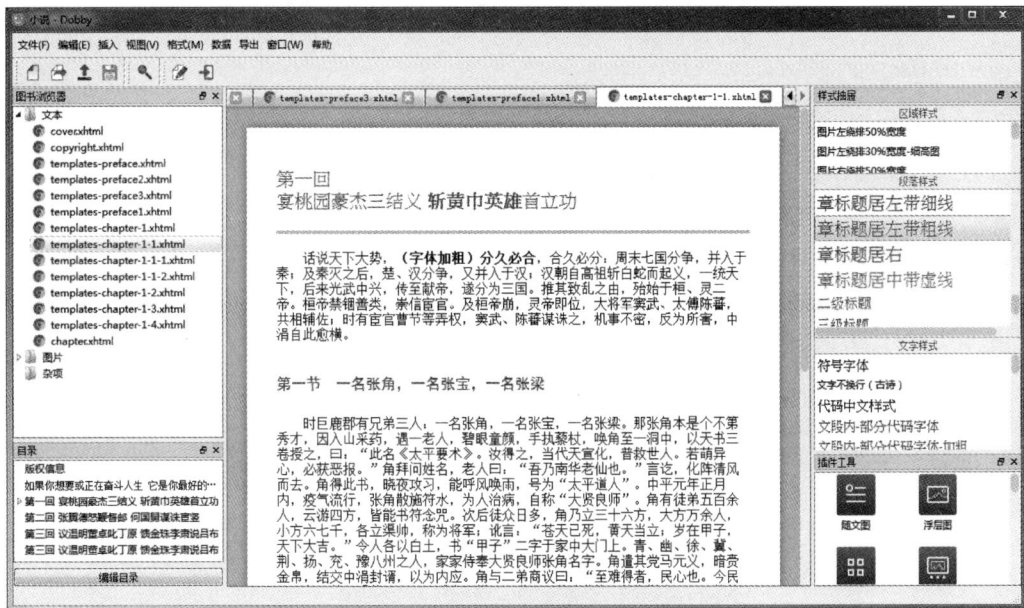

图 13-4-6　Sigil 界面介绍

2. 电子书资源制作步骤

(1)选择制作资源的相关材料。

(2)将文本复制粘贴进 Sigil 软件的书籍视图中，效果如图 13-4-7 所示。

(3)对课文的标题进行设置，例如，将标题设置为 h1：选中需要设置的文字，这里就是"1 窃读记"，选中后点击 h1，并且居中显示，效果如图 13-4-8 所示。

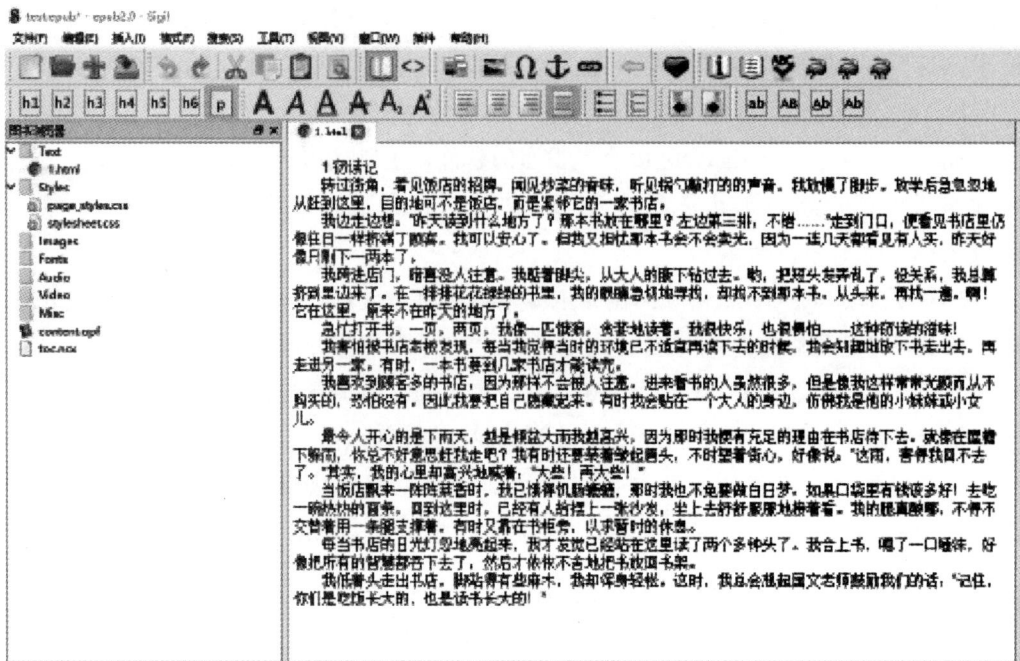

图 13-4-7　Sigil 书籍视图

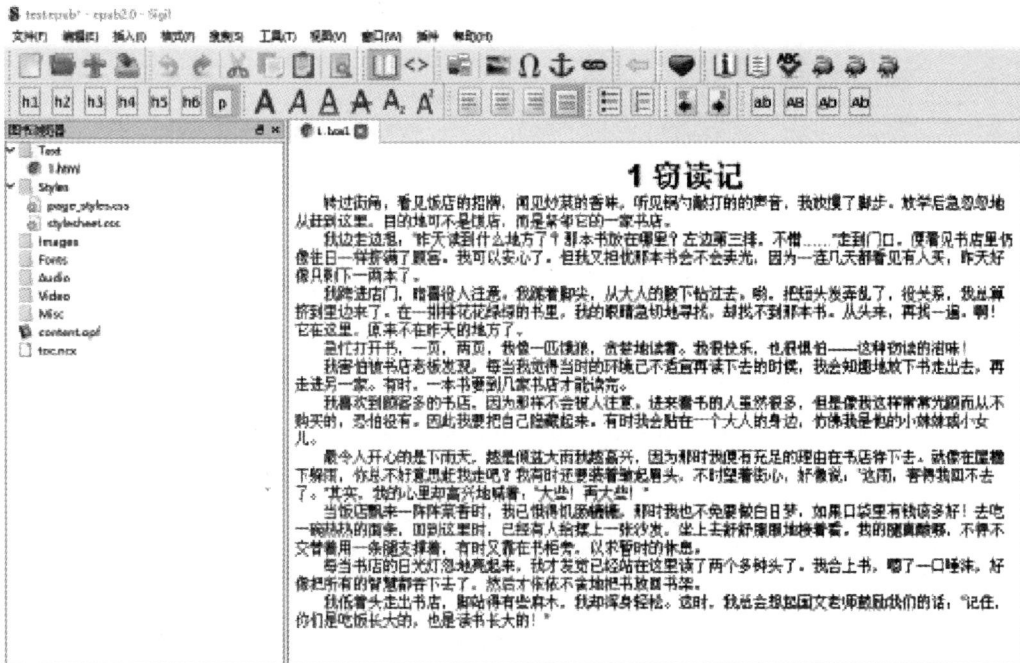

图 13-4-8　设置标题

（4）剩下的文字默认为正文，所以不需要设置，如果不小心设置成了其他格式，选中文字，点击"p"恢复即可。

　　(5)如果需要插入图片，可将光标移至需要插图的部分，点击插入图片的功能，点击"其他文件"，选择需要插入的图片（图 13-4-9、图 13-4-10 和图 13-4-11）。若图片太大，可通过 Photoshop 等软件提前对需要插入的图片进行处理。

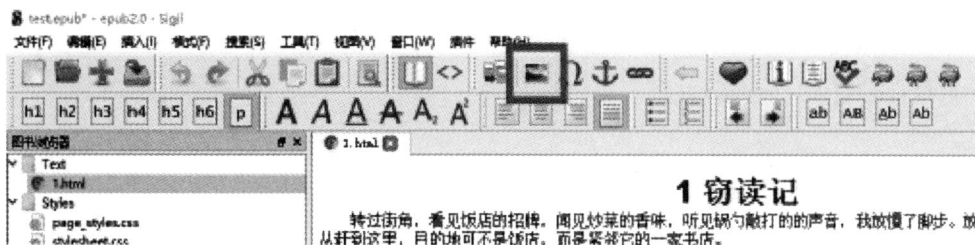

图 13-4-9　插入图片(一)

图 13-4-10　插入图片(二)

图 13-4-11　插入图片(三)

（6）添加多篇材料。一个 EPUB 格式的电子书一般包括多篇材料，若需要添加多篇材料，可将光标移动至界面左边的 Text 文件夹，右键新建 HTML 文件（如图 13-4-12 添加多篇材料所示）。名字可以自己命名，也可以使用默认的命名方式。

图 13-4-12　添加多篇材料

（7）制作目录。如图 13-4-13 所示，点击生成目录，如果之前已经对所有课文的标题进行了 h1 的设置，那么系统会自动生成目录（图 13-4-14）。设置完毕后，目录会自动生成在界面右边显示。至此，一本 EPUB 格式的电子书的制作就大功告成了。

图 13-4-13　目录生成按钮

图 13-4-14　生成的目录

13.5
其他形式移动学习资源的设计

其他形式的移动学习资源类型包括基于微信公众平台的移动学习资源、网页形式的学习资源、基于移动 APP 的学习资源等。

13.5.1　基于微信公众平台的学习资源

微信公众平台也称公众号，其信息传达高效、服务方式多元、承载信息多样、成本低廉等优势受到了广大自媒体用户、商家和企业等的青睐。微信公众平台形式的学习资源在学习中的运用多种多样，包括语言学习、历史学习以及与传统课堂相融合教学（如雨课堂）等。

1. 微信公众平台的分类

按照微信公众平台的功能不同，可以将其分为服务号、订阅号和企业号三种类型。

（1）服务号功能。

公众平台服务号，是公众平台的一种账号类型，旨在为用户提供服务。

①1个月内可以发送4条群发消息，群发消息会显示在订阅用户的聊天列表中；

②服务号会保存在订阅用户的通讯录中的"公众号"文件夹中，点击此文件夹，用户可查看所有订阅的服务号；

③服务号可申请自定义菜单列表，为用户提供某些特需功能。

（2）订阅号功能。

公众平台订阅号，是公众平台的一种账号类型，旨在为用户提供信息。

①订阅号管理者每天（24小时内）可以群发1条消息，群发消息会显示在订阅用户的聊天列表；

②订阅号会保存在订阅用户的通讯录中的"订阅号"文件夹中，点击此文件夹，用户可查看所有已订阅的订阅号。

（3）企业号功能。

公众平台企业号，是公众平台的一种账号类型，旨在帮助政府机关、学校、医院等建立与员工、上下游合作伙伴及内部IT系统间的连接，并能有效地简化管理流程、提高信息的沟通和协同效率，提升对一线员工的服务及管理能力。

2. 微信公众平台的特点

（1）用户数量大。

随着互联网的发展，当前移动设备已经普及。微信，作为当前中国最受欢迎的社交软件之一，其全球月活跃用户数已突破十亿，当前，绝大部分中国中青年人都拥有微信账号。

（2）成本低廉。

相对于传统的短信等传播信息的方式，微信的信息传播过程几乎微乎其微，只会在使用过程中耗费少量的流量，因此，通过微信公众平台定向群发信息的成本自然是非常低廉的。

（3）信息传播高效。

微信公众平台的信息传播高效体现在两个方面：一方面，微信平台能够群发信息，一次编辑，多处传达，一对多的传播方式大大提高了信息传播速度；另一方面，每一个微信公众平台都面向特定的用户。只有当用户根据自身需求，订阅了该公众号时，才会接收到该公众号所推送的消息。因此，它是面向指定用户的小众传播，传播的精准性与有效性高。

（4）传播信息多元。

微信公众平台不仅仅支持传统短信的文字、图片信息的传播，而且支持声音、视频等富媒体传播，使得传播内容更加丰富、信息更加多元、方式更加多样。

（5）便于分享。

微信公众平台为用户提供了一键分享的功能，用户可通过转载、分享等方式一键发布或转发相应的信息。

总的来说，微信公众平台具有高效性、便利性等优点，学生可以选择在任意时间或任意地点进行学习；在覆盖面已经很广的通信网络支持下，基于微信公众平台的学习资源的交流也很快捷，信息的传播者和受众之间的交互显得非常方便。

微信公众平台形式的学习资源目前已被广泛使用，如由微软亚洲研究院开发的免费的英语学习公众号——微软小英，为用户提供英语学习服务，包括英语口语和词汇的专项训练以及中英翻译等多种功能。图 13-5-1 是微软小英微信公众平台的界面。其主要分为"每日一练""窗口聊天"和"探索发现"三个板块。

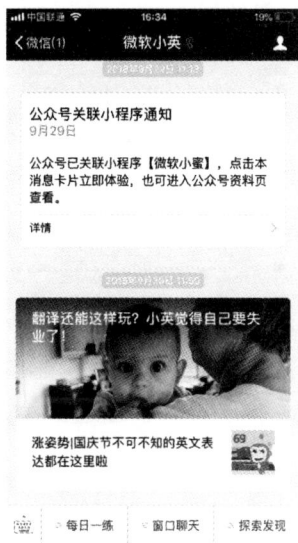

图 13-5-1　微软小英微信公众平台

"每日一练"包括情景模拟、口语特训、单词修炼、我的主页和英语电台 5 个功能（图 13-5-2），为用户提供情境化的口语训练、单词背诵和英语电台（图 13-5-3），帮助用户进行英语口语和词汇的专项训练。

图 13-5-2　"每日一练"功能分类

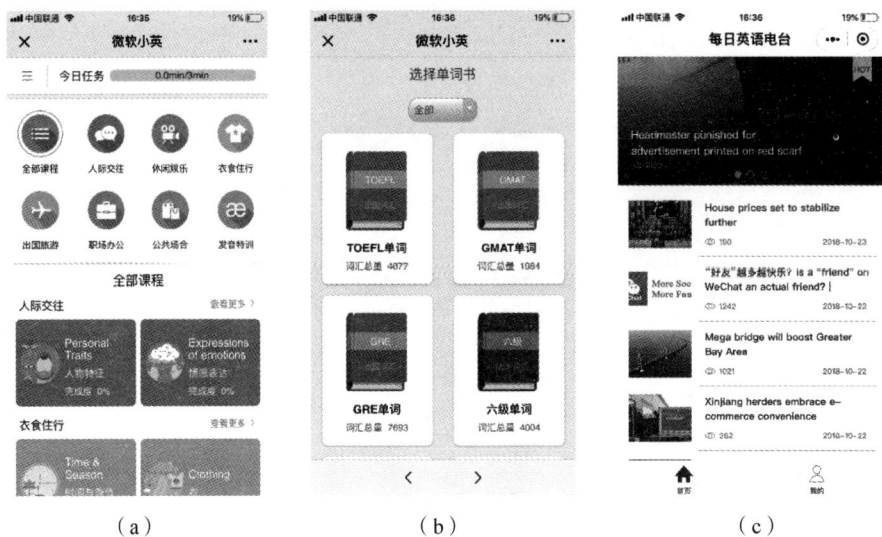

| （a） | （b） | （c） |

图 13-5-3　"每日一练"部分功能界面

　　"窗口聊天"包括情景对话、跟读训练、中英互译、反馈意见和拍照翻译 5 个功能，如图 13-5-4"窗口聊天"功能分类所示，为用户提供窗口化的口语训练、中英互译，如图 13-5-5"窗口聊天"部分功能界面所示。

图 13-5-4 "窗口聊天"功能分类

（a） （b） （c）

图 13-5-5 "窗口聊天"部分功能界面

"探索发现"包括作文打分、绕口令、看脸起名、单词消消乐和英语力测试 5 个功能，如图 13-5-6 "探索发现"功能分类所示，主要为用户提供一些自动化作文评分以及英语消遣放松的功能，如图 13-5-7"探索发现"部分功能界面所示。

图 13-5-6 "探索发现"功能分类

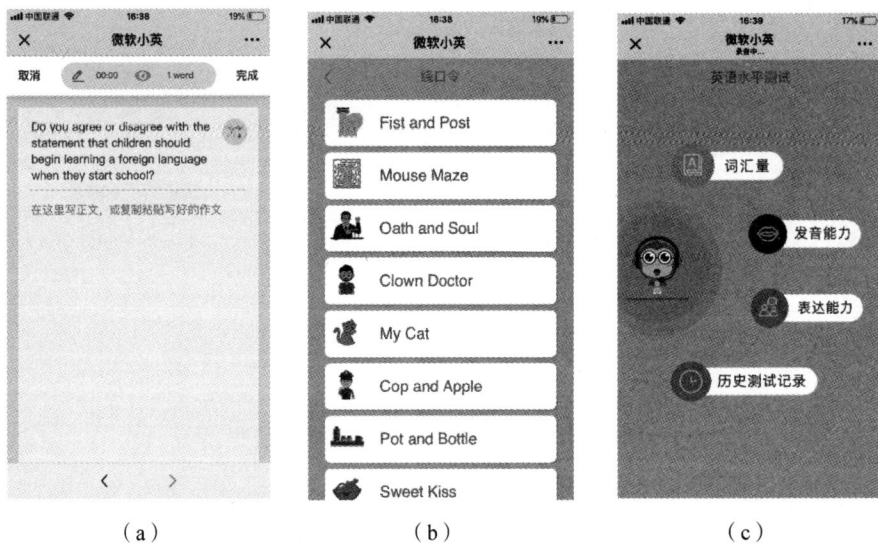

（a） （b） （c）

图 13-5-7 "探索发现"部分功能界面

3. 基于微信的学习资源设计

微信是当前用户使用最多的社交软件之一，其也逐渐成为一种学习资源的传播渠道。在微信中，相关学习资源一般是通过微信公众平台进行发布。制作微信公众号平台首先需要用户填写相关信息，申请微信公众号；在申请成功后，用户可登录到微信公众平台按照平台所提供的功能（自动回复、自定义菜单、留言管理等，如图 13-5-8 微信公众平台界面所示）。自定义设置该微信公众平台，可根据实际需求将学习资源放到微信公众平台上。若想实现更为复杂的操作，可查询微信在其官网中为用户提供的详细的开发技术文档①，如图 13-5-9 微信公众平台技术文档所示。

图 13-5-8　微信公众平台界面

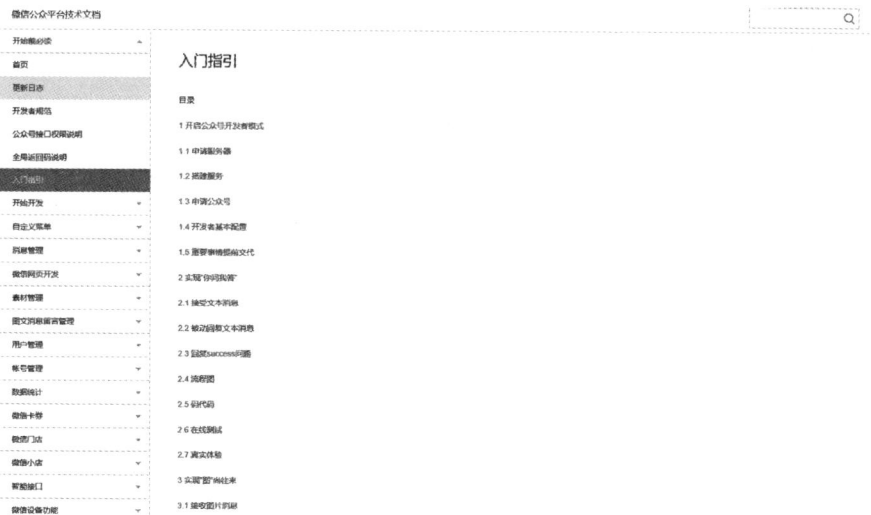

图 13-5-9　微信公众平台技术文档

---

①　微信公众平台技术文档，https：//mp. weixin. qq. com/wiki？t＝resource/res ＿ main&-id＝mp1472017492 ＿ 58YV5，2018-10-23。

13.5.2 网页形式的学习资源

网页形式的学习资源是传统 E-learning 学习资源的典型形式。学生可以以浏览内容页面的方式访问它。同样，网页也是一种重要的移动学习资源形式，但移动设备决定了移动学习网页设计的特殊性。与传统 E-learning 学习网页相比，移动学习网页呈现形式比较简洁、概括性较强、导航菜单简单，多媒体元素显得不是很丰富。另外，移动学习一般属于非正式学习，是高度碎片化的学习，因此移动学习资源的网页信息内容承载量需要小而精。

此类移动网页资源与 PC 端网页资源的开发整体上无太大区别，目前都是利用 HTML、CSS 和 JavaScript 等来构建一个供用户浏览的网页。由于市场 PC 端网页浏览器种类繁多，较为常见的 IE、火狐和 Chrome 浏览器的内核不一，PC 端的网页开发时需要考虑浏览器的兼容性，在使用到新的特性时需要加上最为基础的兼容前缀。而移动端的浏览器大多为 Webkit 内核，在移动端网页开发的时候能够兼容新的特性，但在移动端网页资源开发的时候需要考虑页面尺寸问题，因为移动设备种类繁多，各设备的屏幕大小、分辨率也有所差异，在开发设计的时候需要能够自动适应不同分辨率的移动设备。

随着移动互联网发展、微信用户数量的增多和影响范围的扩大，一种特殊的移动网页资源"H5"页面(炫酷的多媒体页面)日趋流行，其操作简单、界面炫酷、浏览便利等特点受到了不少移动用户的青睐。图 13-5-10 是人民日报出版的 H5 页面——AI 简史。

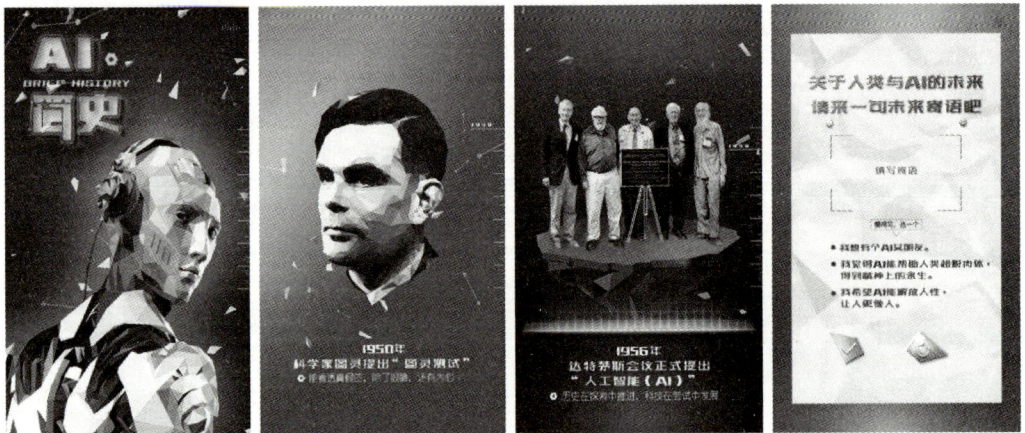

图 13-5-10 H5 页面——AI 简史

H5 页面的开发相对更为简单，目前市场上多家 H5 制作平台(如易企秀、兔展、MAKA、人人秀、百度 H5 等)为用户提供了各种模板选择。图 13-5-11 是百度 H5 平台为用户提供的 H5 页面制作模板。

图 13-5-11　H5 页面制作模板

　　H5 页面制作平台为用户开发 H5 页面提供了可视化的操作，类似于 Office 中的 PPT 设计，用户可根据自身需要，设计元件次序、编组、时间线、组合动画、添加文本、媒体、形状、表单、图表等。图 13-5-12 是百度 H5 平台提供的 H5 页面设计界面。

图 13-5-12　H5 页面设计界面

　　各平台所提供的设计界面大体相同，每种平台在其官网上都为用户提供指导手册。在制作过程中，用户可参照手册来制作自己的作品。

13.5.3　基于移动 APP 的学习资源

移动 APP 学习资源是随着移动设备的普及而逐渐兴起的一些教育应用。界面简洁，使用便利，且具交互性，功能越来越强大，深受资源设计者的喜爱。目前，市场上此类 APP 种类众多，从生活到学习无不包含。

如图 13-5-13 是由北京师范大学未来教育高精尖创新中心自主研发的一款综合性阅读软件——三余阅读 APP，通过学生在阅读课文或经典图书的基础上对阅读材料进行社会化批注，按题写作、讨论、创建结构图、概念图等个性化服务功能的实现，达到深度理解、扩充文本的目的，最终实现阅读方法迁移和创造性阅读，表达阅读感悟，达到深度阅读。

图 13-5-13　三余阅读 APP

除了阅读类移动 APP 之外，还包括英语教学类、数学教学类的移动 APP 教学资源，如英语流利说、洋葱数学等。当然，移动学习资源的形式远不止这些。技术的进步加速了移动设备功能的完善，如结合虚拟现实的移动 APP 学习资源，场景模拟越来越真实，为用户带来了沉浸式体验，从而使可设计的移动学习资源的形式越来越丰富。

图 13-5-14 是柳叶刀客 APP 提供教学用的手术全景视频的移动学习资源，拥有 3D 模拟手术训练功能，能够让使用者自由模拟练习外科手术，将手术进行 3D 重建和动画

模拟，为用户构建一种真实的场景。

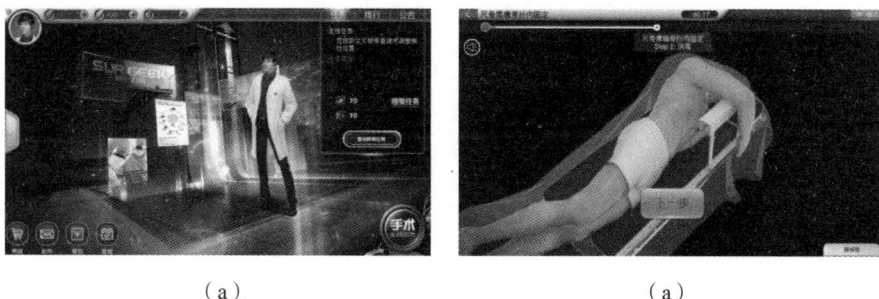

（a）　　　　　　　　　　　　（a）

图 13-5-14　柳叶刀客 APP 提供教学用的手术全景视频的移动学习资源

　　移动教育游戏是在普通的移动游戏上增加了教育和文化成分，已成为一种值得关注的移动学习资源形式。这些游戏的目的在于让用户以娱乐的方式进行学习和掌握知识，分为在线或者不在线、单人或者多人模式、需要下载或者内置等各种方式。[①] BBC 在线为孩子们准备了基于 Discovery 的历史教育游戏，品牌名称为 Dynamo，可以利用设备下载或在线访问。

　　移动宠物游戏让手机用户在无线虚拟世界中领养宠物，每天都有不同的事情发生，如宠物生病或与其他宠物打架等，在应对这些事情的过程中实现对生物知识的学习。另外，宠物游戏非常有趣的一点是宠物和宠物之间可以谈话，还可以做其他有趣的事情。也就是说，学生可以借助宠物与他人交谈，从而找到学习伙伴。这样，移动宠物就不再是一个单用户的游戏，而是具有了多用户交流的特点。移动宠物游戏具有实时交流功能，在交流的过程中实现社会性的认知共建。

　　移动教育游戏不同于教育软件，它强调的是学习情境和社会交流，强调要发挥移动技术的通信交流功能，要有社会性的交互。当然也不仅仅是游戏，移动教育游戏内容设计也受到当前各种教育目标的制约，教育性和娱乐性都必须兼顾。如果不注重教育性，那么移动教育游戏就失去了意义，跟一般的游戏没什么区别。同样，缺乏娱乐性的移动教育游戏，肯定不会赢得游戏者的青睐。[②] 图 13-5-15 是移动设备终端的趣味背单词，通过游戏方式来掌握单词。

---

　　① 水木清华研究中心：如何让教育娱乐为移动业务增值，http：//www.pday.com.cn/news/2003/2003-03/3282003104625.htm，2018-10-23。

　　② 余胜泉：《从知识传递到认知建构、再到情境认知——三代移动学习的发展与展望》，载《中国电化教育》，2007(6)。

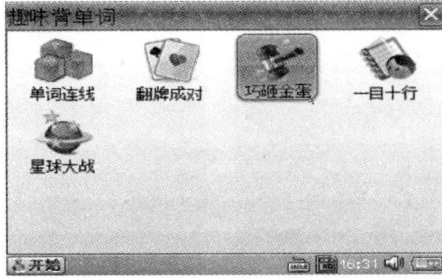

图 13-5-15　趣味背单词

第 14 章

教学软件测试与评价

章结构图

教学软件设计误区分析
- 设计理念误区分析
- 内容选择与编排误区分析
- 多媒体表现误区分析
- 技术运用与处理效果误区分析
- 教学使用误区分析

典型的教学软件评价标准
- 全国多媒体课件大赛评价标准
- 网络课程评价标准
- 虚拟社区评价指标体系
- 教育主题网站的评价量表
- 录播课程评价标准
- 直播课程评价标准
- 微课评价标准

教学软件测试与评价

教学软件测试
- 可靠性测试
- 可用性测试
- 导航检测
- 交互性检测
- 功能检测
- 内容检测
- 稳定性检测
- 安装与卸载检测
- 安全性检测
- 界面统一性检测

教学软件评价维度
- 教学设计维度
- 内容设计纬度
- 多媒体呈现设计维度
- 说明与包装维度
- 使用效果维度
- 运行质量维度

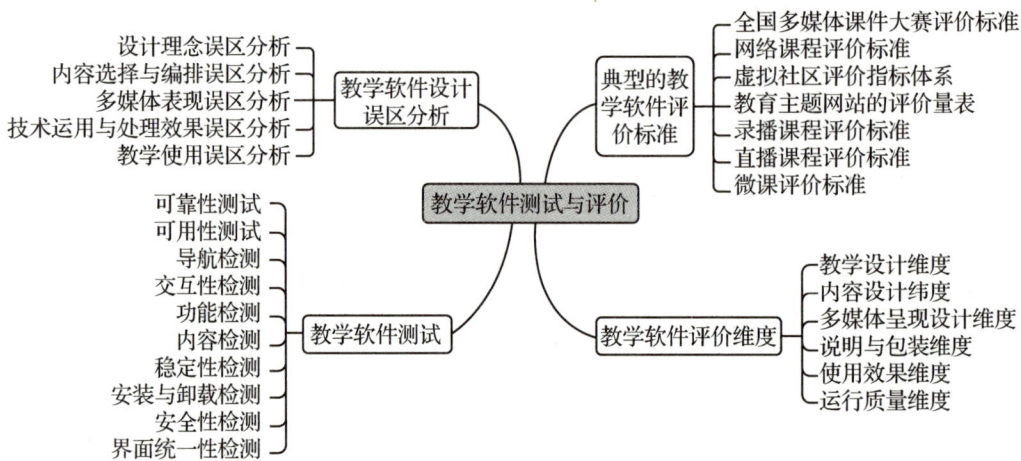

很多教师技术水平很好，但开发出的教学软件却质量不高，经常是为使用技术而使用技术，违背教学软件设计的最基本规则，缺乏超越技术之上的设计思路和设计创意。了解教学软件设计中的典型误区、评价标准与测试方法，对提升软件质量是非常重要的。

14.1
教学软件设计误区分析

教学软件是多媒体课堂教学不可或缺的一部分，具有直观性、交互性、多媒性、集成性、非循环性等技术特征，是传递教学信息的重要载体、辅助教学的重要工具。设计精妙、运用恰当的教学软件能够激发学生的学习兴趣，变抽象为直观，化繁杂为简单，很好地帮助学生突破重点、难点，提高课堂学习效率，实现教学过程最优化。但是，在实际教学软件的设计和使用过程中，许多教师不能正确认识教学软件的"工具"作用，无论是在进行教学软件的设计开发方面，还是在教学软件的运用方面，都存在一些错误的认识和做法，直接影响了教学软件的使用效果。例如，在设计上一味追求教学软件的界面美观和声光效果，而忽视了教学内容与教学目标的有机结合；在对教学内容的处理上，简单地将教材内容电子化等。近几届举办的全国多媒体课件大赛，在催生大量创意新颖和制作精良的优秀作品的同时，也看到了教学软件设计的众多误区。在此，结合全国多媒体课件大赛的一些参赛作品，具体分析教学软件在设计和使用方面存在的误区，并将其归纳为 5 个方面，如图 14-1-1 所示。

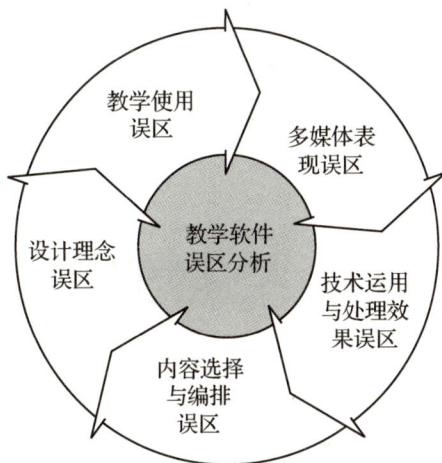

图 14-1-1　教学软件在设计和使用方面的常见误区

14.1.1　设计理念误区分析

设计理念是一个教学的灵魂，它从根本上影响着教学软件的制作质量。教学软件一定要为一定的教学目标和教学内容服务，在教学中使用教学媒体，最主要的原因在于增进学生具体的学习经验，而减少抽象学习。我们发现，一些教学软件不能很好地处理基本设计理念问题，制作的教学软件不能同实际教学需求有机结合，具体表现在如下几个方面。

1. 设计不为明确的教学目标服务

有些教学软件看似丰富多彩，但并没有很好地切合教学目标，不能为教学目标服务，也就达不到相应的教学效果。例如，全国多媒体课件大赛的参赛作品《高级时装设计》，该作品利用文字、图像、幻灯片切换等多媒体形式，展现了中国以及其他国家的时装、风俗(图 14-1-2)，看似图文并茂，但实际上更像是一个关于时装的素材库。该教学软件原本的教学目标是向学生介绍各国民族文化的精华及其对高级时装设计的影响，可是它并没有很好地切合教学目标去实施设计。

教学目标是一个教学软件的基本内容，教学软件的根本宗旨就是通过多媒体的表现形式，提高学生的学习效率和教师的教学效果，让学生掌握知识和发展能力。教学软件的制作者一定要清楚，在声情并茂、轰轰烈烈的背后，要让学生获得明确的目标。或许，有的教学软件制作者本身就是课程主讲教师，他们认为可以在课堂上向学生口

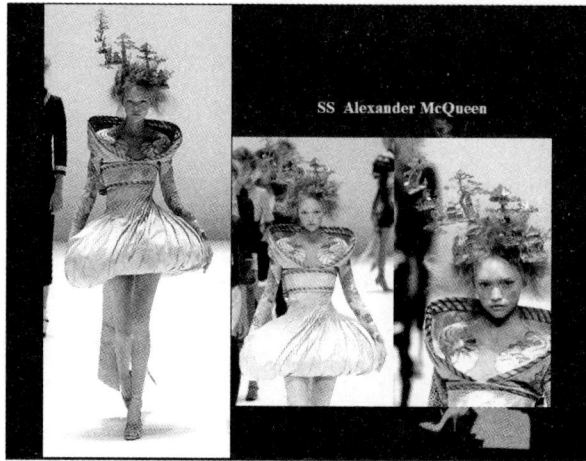

图 14-1-2　没有明确的教学目标

头表达和陈述教学目标，但是，如果换作其他教师使用该教学软件，他们就不一定清楚制作者的原意了，就会影响到教学效果，不利于教学软件的流通和扩散。

2. 设计的选题不适合多媒体展示

有些教学软件在设计时的选题不当，并没有选择真正适合多媒体展示的教材内容，这样制作的教学软件，自然也就不能很好地发挥教学软件的特点和优势。例如，全国多媒体课件大赛的参赛作品《计算机应用基础教程》，该教学软件的其中一节是讲解进制转换的，教师将二进制、八进制、十进制、十六进制的转换步骤呈现出来(图 14-1-3)，这种过程性的推理展示并不是传递教学信息的最佳方式。其实，从实际的教学情况来看，教师使用"黑板＋粉笔"进行演练和讲解，边讲边写步骤，效果会更好。

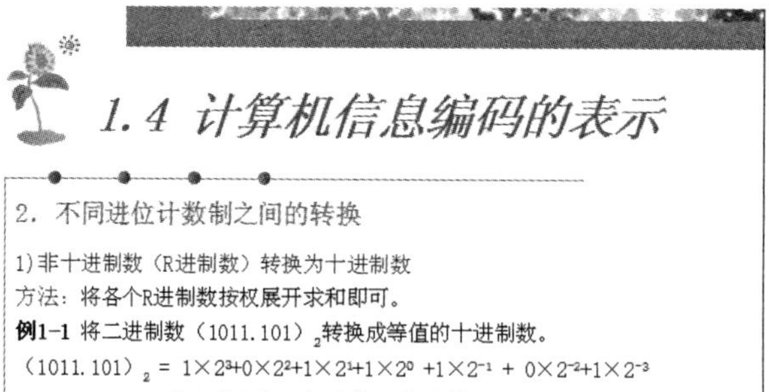

图 14-1-3　进制转换问题在黑板上讲解效果会更好

　　教学软件不是万能的，为了使计算机辅助教学落到实处，就必须对教学内容进行分析，针对不同的教学内容选择不同的媒体表现形式。也就是说，教学软件的设计与制作，选题是一个关键，教学软件的选题一定要根据教学目标和学生特点，考虑学生的认知模糊点，分析教学的重点、难点，要着重针对那些传统方式难以实现的内容题材。在实际教学中并不是所有的教材内容都适合制成教学软件，不适合用计算机呈现的教学内容就不要制成教学软件，否则不仅起不到辅助教学的作用，反而会影响学生的思维和知识建构。

　　3. 忽视学生的能动交互和主体地位

　　教学软件的设计必须为学生提供多种可操作的人机交互，让学生的能动性和主体地位得到充分发挥。有些教学软件忽视了学生的主体地位，只是考虑如何让教学软件自己更好地展示和呈现。例如，全国多媒体课件大赛的参赛作品《微波技术》，该教学软件的实验过程设计不合理，在"Smith 圆图的使用"实验设计中（图 14-1-4），只有实验自动演示完毕，才能进入下一页或者回到上一页，而且实验过程又比较缓慢。如果有些同学非常熟悉该实验过程，想直接跳过，而该教学软件却没有提供相应的操作按钮，这样就不能满足个性化学习的需要了。

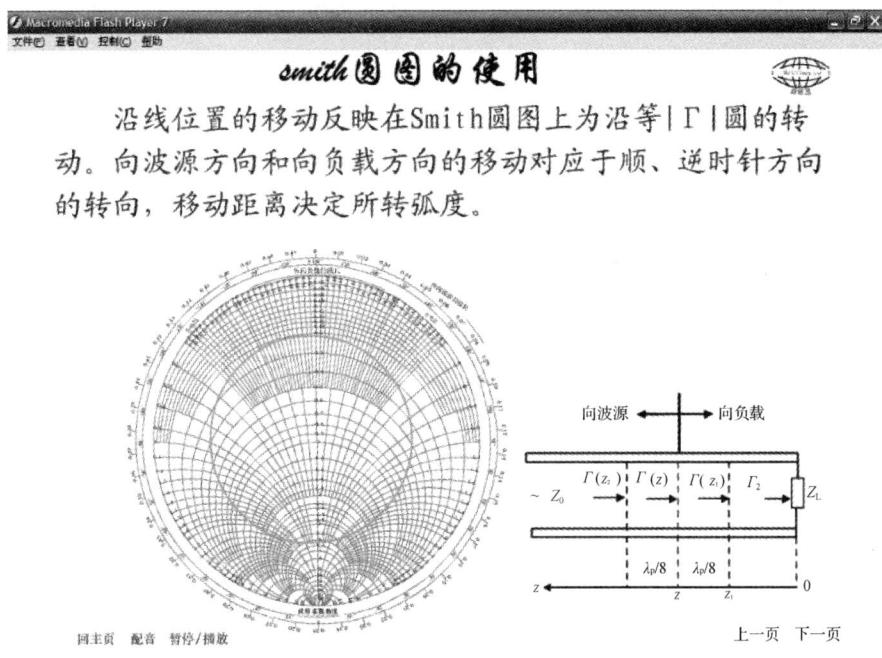

图 14-1-4　"Smith 圆图的使用"实验设计图

　　利用教学软件来模拟实验过程是教师常用的设计方式，通过课件的多媒体表现解决了抽象、复杂的实验教学问题。实验过程的设计要注意过程的可控性，不能设计成流水性地放电影。教学软件的制作者在设计此类教学软件时，要全面考虑学生的知识基础和学习意愿，为他们提供多种操作的可能性。

4. 盲目追求教学软件的"大而全"

在多媒体课件大赛中，许多参赛作品动辄就是针对某一领域、某一本书、某门课程的"大而全"的课件，盲目追求课件的综合性。教学软件不是内容越多越好，也不是模块越全越好，而是越有针对性越好，"大而全"的教学软件往往忽视了教学的基本规律。例如，全国多媒体课件大赛的参赛作品《单片计算机及其应用》，它包含了整本教材的内容，目录部分就有 4 页(图 14-1-5)，对于单片计算机的学习，这种"百科全书"式的课件意义不大。对于单片计算机的多媒体教学，可以选取其中的几个重点、难点。例如，对于某种单片机的结构和原理，可以进行图文并茂的展示，甚至可以制作成模拟动画，有重点地突出传统方式难以呈现的内容。

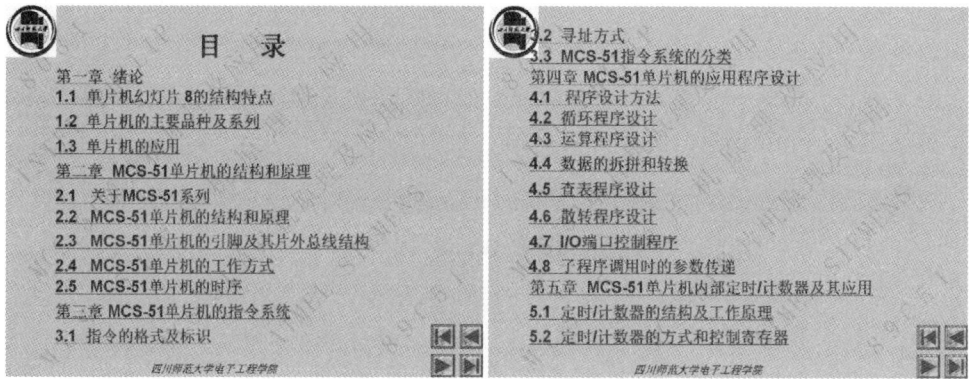

图 14-1-5 "大而全"的章节目录

盲目地一味追求教学软件的综合性，往往会使教学软件鱼龙混杂、缺乏条理，脱离教学实际。教学软件注意完整性是必要的，但应该目标明确、重点突出，不能为了求全而放一些与教学目标无关的内容。在制作教学软件的过程中，完全可以针对实际教学需求，制作出一些符合教师和学生需要的"小而精"的课件来。

5. 教学软件设计的整体风格没有注意使用对象

有些教学软件只是按照设计者自己的审美情趣和欣赏眼光去设计页面布局和调配色彩，而没有考虑使用对象的年龄特征和兴趣爱好。也就是说，并不是教学软件的色彩越艳丽、动画越多、声音越有个性，艺术性和教学效果就越好。小学生和大学生的特点不同，界面风格的设计也要有所差异(图 14-1-6)。对于小学生，应尽量将教学软件设计得生动、活泼、有趣，吸引学生的学习兴趣，而对于大学生，则以简洁大方为主，注意图片与注释的配合，增强学生的理解力，降低学习难度。

图 14-1-6 面向不同学习对象的界面风格

教学软件设计应该注意授课对象的不同，小学生、中学生、大学生具有不同的审美特点和心智水平，对艺术的需求也不尽相同。小学生喜欢的风格和类型，中学生、大学生不一定会喜欢，面向大学生的教学软件，不必每个知识点都用花哨的方式去呈现，过多的渲染反而会影响他们的学习效率。

14.1.2 内容选择与编排误区分析

内容设计是一个教学软件的主体，教学软件的内容选择和编排，不是随机和盲目的，而是遵循一定的原则，如准确性原则、先进性原则、规范性原则和针对性原则。教学软件不能简单地将教材内容电子化，而要经过一定的筛选和编排。有些教学软件不能很好地针对教学目标选择和编排教学内容，在内容组织上过于粗糙，文本、图片、声音搭配与组合过于牵强，有明显的拼凑痕迹，具体表现在如下几个方面。

1. 内容编列方式简单且逻辑混乱

有些教学软件按照传统的纸质教材格式进行编排，没有突出教学软件的超文本特性，也有些教学软件的内容编列的逻辑体系混乱不清，不利于学生的良好阅读。例如，全国多媒体课件大赛的参赛作品《梦游天姥吟留别》，其内容组织按照一般的预读、朗读、解读、品读、背读等几个环节进行，每部分自成一体，彼此之间联系不多，忽视了学生诗文赏析的整体性，生硬地将完整的诗词机械地割裂为几部分。在朗读环节中，PPT 呈现了多音多义字、思考问题，但是在朗读时并没有呈现诗文内容，不利于学生视听双通道感知信息。在解读环节中，"思考"和"重点字词"的安排主次颠倒（图 14-1-7），字体、字号、颜色设置不能突出重点，图片与文本的组合搭配也没有对学生的字词理解起到帮助作用。

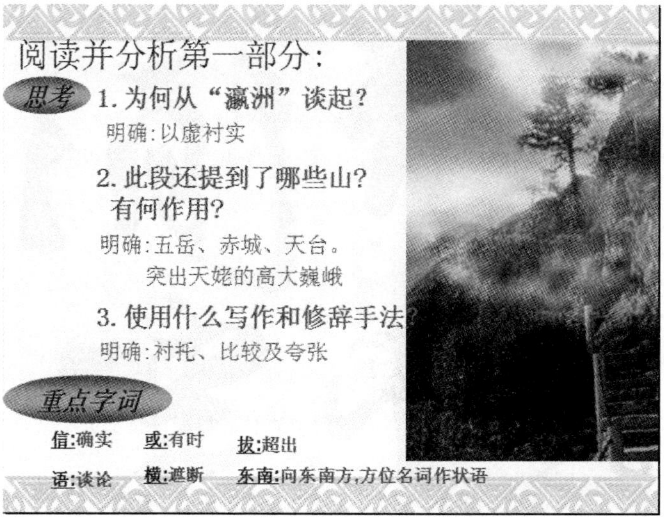

图 14-1-7　内容编列重点、非重点混乱不清

教学软件的根本目的是促进教学和学习，它所呈现的知识内容要按照学生的学习规律和认知特点进行组织与加工，同时还要符合多媒体教学的呈现特点。线性的编写流程往往会束缚学生的手脚，不利于学生的主动学习。教学软件的文本、图片、声音搭配要相得益彰，相互衬托，不能生硬地捏合在一起。

2. 资料引用不标注和不注意版权声明

数字化技术在教育中应用，为知识传播和共享提供了快捷的途径，许多教学软件提供的学习资源都是从网上下载的。我们发现，有些教学软件在引用他人资料时，不注意标注来源和出处，造成了不好的影响和后果。其中，Flash、Photoshop、Frontpage 等应用软件的使用介绍，某些科学实验的动画演示，应该特别注意版权问题。例如，全国多媒体课件大赛的参赛作品《Photoshop 简明教程》，引用了许多网络资源，有各种作品的欣赏、教学实例、电子书等(图 14-1-8)，这些资源可以很好地促进学生的学习，不过一定要注意标明出处和来源。

图 14-1-8　引用的资料要注明出处和来源

版权是为了保护知识资源的合法、合理而制定的，它体现了对知识工作者劳动的肯定。我国《计算机软件保护条例》规定，为了学习和研究软件内含的设计思想和原理，通过安装、显示、传输或者存储软件方式使用软件，可以不经软件著作权人许可，不向其支付报酬。但是，教学软件的制作者一定要尊重原著作者的劳动，虽然不向其支付费用，但要注明出处和来源。

3. 学习内容描述不够清晰规范

有些教学软件的内容描述不够清晰规范，严重影响了教学软件的质量。例如，全国多媒体课件大赛的参赛作品《电子电工》，该教学软件包含了大量的原理、参数、性能指标、运算电路，在"晶闸管的基础知识"这一节，制作者利用图片呈现了晶闸管的型号和相关参数，但是这张图片极不清楚，学生在学习时不能正确辨认上面的内容，造成了阅读上的障碍。还有全国多媒体课件大赛的参赛作品《大学物理》，它在讲述安培环路定理的时候，采用举例说明的方法，并列出了推导过程，但是在这个推导过程中，有些符号的描述不够规范（图 14-1-9）。

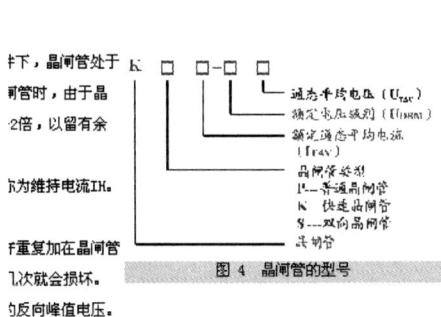

图 14-1-9　不能清晰显示的学习内容和不规范的物理符号

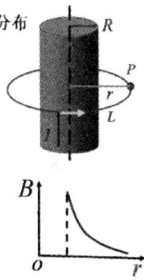

教学软件由于其教育特性，要求它呈现的内容必须清晰、科学、准确、规范，诸如公式、方程、符号、实验仪器、术语名称等内容，要仔细审核，以防出错。由于公式、符号不像普通文本那样容易输入，一个很长的推导过程，几个符号不明确或不规范，就会导致学生难以理解。对于教学软件的制作，教师一定要注意，虽然一些上标、下标、原理图、结构图、专业术语等制作起来比较烦琐，但是千万不能为了省时间而草率了事。

4. 教材内容简单电子化

有些教学软件的制作者对于制作教学软件的目的认识不清，制作的教学软件比较简单。许多教师制作的教学软件，特别是 PPT 类教学软件，只是简单的素材拼凑或文字搬家，体现不出多媒体教学的优势，教师将纸质教材搬到了屏幕上，变"人灌"为"电灌"。例如，全国多媒体课件大赛的参赛作品《微积分》，该教学软件共分 5 个章节，每个章节虽然也加了一些字体、颜色的变化，但是从根本结构上来讲，它还是教材内容的简单电子化(图 14-1-10)，其设计和安排没有突出微积分教学的特点。

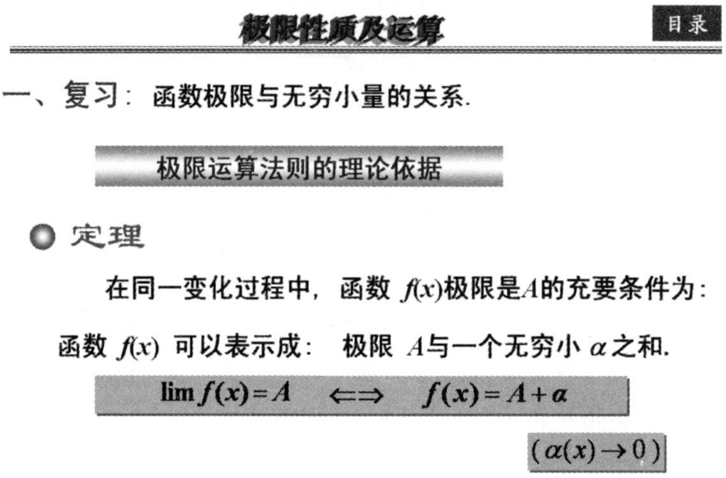

图 14-1-10　机械照搬教材形式

计算机辅助教学是当前信息化教育的重要议题，它给教育带来了新的变化，这种新不在于它提供了一种新的教学形式，更重要的是它开启了一种新的教学思想。在教学软件的设计过程中，要充分发挥多媒体的优势，如交互性、多媒体性，充分利用信息技术促进教学的深层次变革。计算机辅助教学，不是简单地在课堂教学中使用计算机，它应该提高教学效率，减轻教师负担，降低教学难度。如果简单地将教材内容电子化，那么学生阅读电子稿不一定比阅读书本效果好。

5. 内容选择应符合学习者的认知容量，不能过度增加认知负荷

认知负荷理论认为，经过精心设计的有效的教学材料能够将认知资源引向与学习相关的活动，而不是学习的预备阶段，并以此来促进学生的学习。外部认知负荷与相关认知负荷则可以通过优化教学设计而发生改变。恰当的教学设计应该尽可能减少外部认知负荷，将学生的注意力引向与图式建构直接相关的认知加工过程，从而增加相应的相关认知负荷。[①] 人的大脑在短时间内能够同时处理和加工的信息量是有限的，如果学生提供的信息量超过了学生的处理能力，则加重了学生的认知负荷，导致学习效果降低。为减少无关材料的外在认知加工，迈耶提出聚焦要义、提示结构与控制冗余三条多媒体教学设计原则；为减少因课程布局安排不合理而进行的外在认知加工，迈

---

① 严莉、苗浩、王玉琴：《梅耶多媒体教学设计原理的生成与架构》，载《现代远程教育研究》，2013(4)。

耶提出空间临近、时间临近两条多媒体教学设计原则。[①]

　　因此，在内容选择时，应该考虑学生的认知容量，对学生特征进行详细分析，以保证教学内容不会为学生带来更大的认知负荷。对学生特征进行分析，判断和定位学生的最近发展区，使教学内容处于学生的最近发展区范围，不至于使认知负荷非常低，也不会使认知负荷远超过学生的认知容量。可以根据表 14-1-1 做学生特征分析。

表 14-1-1　学生特征分析表

项目	较差学生	中等学生	较优学生
年龄			
受教育水平			
阅读能力水平			
动机水平			
先决知识			
先决技能			
学习风格			
学习态度			

14.1.3　多媒体表现误区分析

　　教学软件的多媒体表现通过对学生的多通道刺激，帮助学生提高学习效率，完善认知结构。教学软件是声、光、色彩、图形、图像的综合应用，但这种应用不要过度和泛滥，刻意追求花哨形式往往会过犹不及，甚至会直接影响或干扰学生认知建构的过程。有些教学软件在多媒体表现上本末倒置，给学生带来了额外的认知负担，具体表现在如下几个方面。

　　1. 刻意追求多媒体的声光表现

　　有些教学软件喜欢添加大量的多媒体形式来表现效果，从标题、字词句、段落篇章到朗读、练习乃至作业的布置，凡是能用多媒体的地方全都用上多媒体，甚至有些不适合用的地方也用，学生在多媒体的世界里应接不暇，进入学习角色无从谈起。例如，全国多媒体课件大赛的参赛作品《电动力学》，该课件刻意追求多媒体的声音表现，在声音处理上杂乱无章。当学生进入第三章单击"play"按钮时，教学软件开始读页面上的内容(图 14-1-11)，这样的伴读对于学生的学习起不到什么促进作用，并且读的内

---

　　① 毛伟、盛群力：《梅耶多媒体教学设计 10 条原则：依托媒体技术实现意义学习》，载《现代远程教育研究》，2017(1)。

容与教学软件呈现的内容不是完全相符。当学生单击每一小节的按钮时，pause 按钮就呈灰色，起不到暂停作用了。还有全国多媒体课件大赛的参赛作品《大学英语写作》，制作者在每段文本前加了 GIF 动画，时而红，时而蓝，时而黄，不停地变换颜色（图 14-1-12）。这种不停闪烁的 GIF 动画，严重影响了学生的阅读质量，对他们的注意力也是一种干扰。

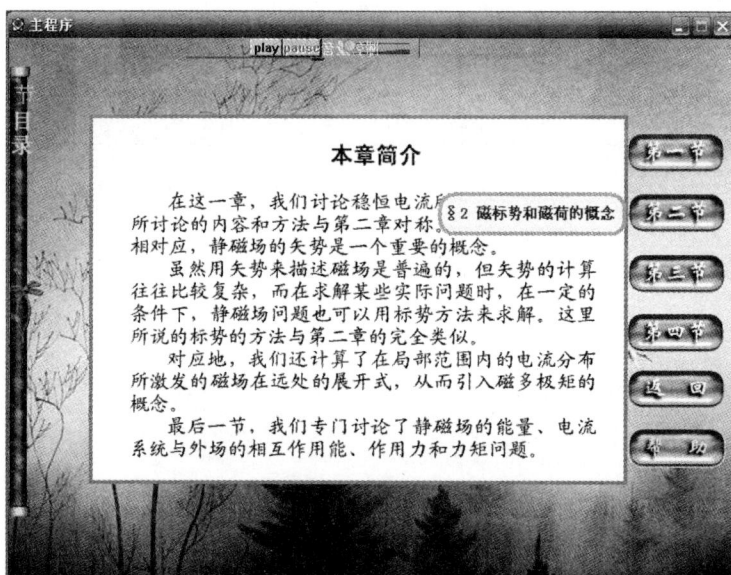

图 14-1-11　过于追求教学软件的声音表现

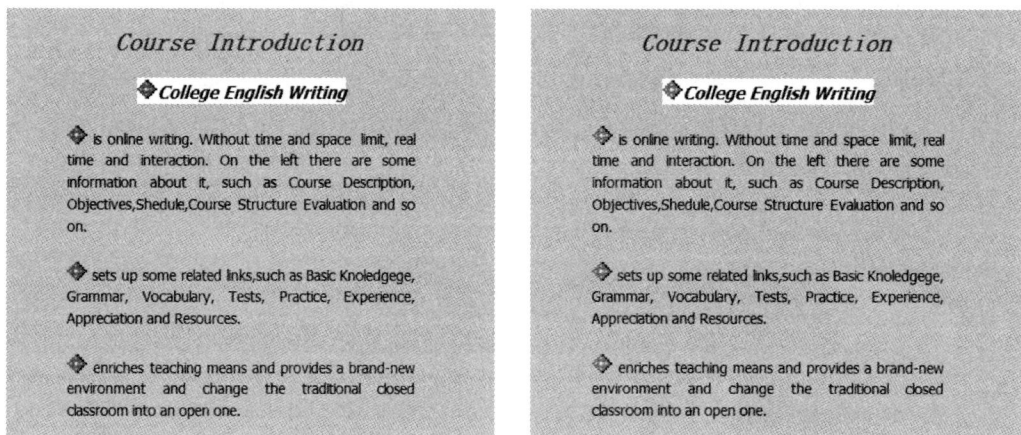

图 14-1-12　不停闪烁的 GIF 动画

多媒体表现只是丰富教学软件的一种手段，它必须同教学内容结合起来。许多教学软件制作者为了提高教学软件的美观程度，不惜牺牲它们的教学内容，不去考虑学生的实际需要，把多媒体当成教学的"命根"，造成了多媒体使用过滥过泛的现象。教学软件的制作者应该清醒地认识到，漂亮的外观固然可以获得热烈的掌声，但是真正能够让一个教学软件大放异彩的还是它的内容。教师花费大量时间和精力设计的多媒体效果，可能会与多媒体教学的初衷背道而驰。

2．版面布局结构不合理

有些教学软件在制作过程中往往忽视版面的布局结构，随意摆放文字、声音、图片，直接导致整个教学软件使用不便、缺乏美观、不够精细。例如，全国多媒体课件大赛的参赛作品《大学物理习题练习园地》，将习题浏览、知识要点的复习、答题界面和提示页同时呈现，一个页面中有 4 部分内容（图 14-1-13），不利于主要内容的阅读和浏览。

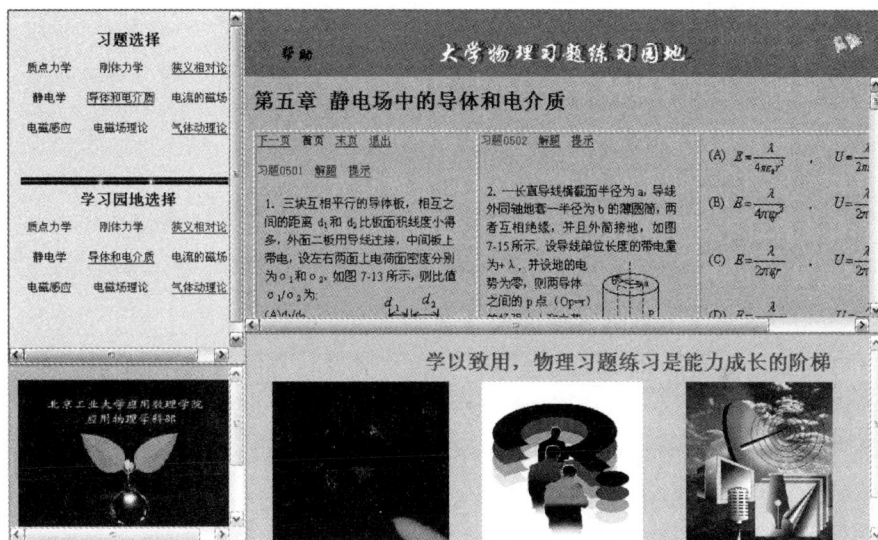

图 14-1-13　版面布局结构不够合理

教学软件的版面设计要协调一致，通过对一些优秀教学软件进行分析，可以发现它们的许多创意都体现在版面设计上。如果教学软件包含的内容类型较多，可以考虑用添加导航栏、按钮、隐藏菜单等方式进行导航，而不是将所有内容集中在一个页面中。

3．教学软件的整体风格不统一

教学软件的整体风格要讲究平衡，错落有致，否则可能会造成使用者的视觉审美疲劳，产生烦躁心理，进而影响教学效果。例如，全国多媒体课件大赛的参赛作品《数字电子技术》，该教学软件把教学内容按照不同的章节制成了 PPT，但是它在整体上没有一个统一的风格，有些是暖色调，有些是冷色调（图 14-1-14），给人感觉不够流畅。

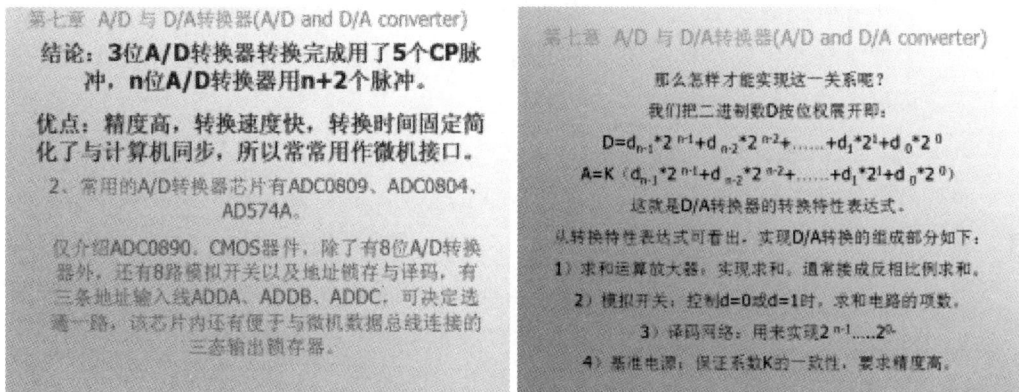

图 14-1-14　整体风格不够统一

教学软件的背景、色调、亮度、布局构成了它的整体风格，教学软件的整体风格要符合人们的视觉习惯。在制作教学软件时，制作者最好设计一种主体风格，各个页面的风格要同主体风格保持一致，图片、声音按钮、边框、点缀物要有机地融入其中，既能节省空间，又不落俗套。值得注意的是，教学软件的整体风格保持统一，并不是说要保持同一颜色，设计可以混合不同的颜色，使整个页面显得丰富多彩。

4. 界面设计复杂容易引起误操作

有些教学软件的操作界面设计比较复杂，容易引起学生的误操作。例如，多媒体课件大赛的参赛作品《客户关系管理（CRM）实训操作》，该教学软件的主页中有一个"客户关系管理（CRM）演示及操作"的超链接。当学生单击该链接后，上面的导航按钮被覆盖了，取而代之的是一些快进、快退、回到起点、退出、回首页等按钮（图 14-1-15）。如果学生不想观看该视频，往往会习惯性地单击"×"号。在该教学软件中，若单击"×"号，就退出整个课件了，而非退出播放视频，容易引起错误的操作。

界面是人机交互的窗口，一个优美简洁的界面可以方便学生操作，给人以美的享受。如果界面设计得太复杂，学生在操作过程中就可能会出现误操作，中断正在进行的学习。教学软件的设计者应将界面设计得简洁、美观，不要非常复杂，动辄让学生产生混乱。

5. 缺乏良好的人机交互和人—内容交互

教学软件设计应注意充分利用多媒体的交互性。设计灵活的对话形式、友好的交互环境，可以调动学生积极参与。例如，学生对问题做回答，软件能对回答做出判断和评价，并提供反馈信息，人机之间可以实时地相互交换信息，能够激发学习兴趣，促使学生有效地学习。当学生提交答案时，软件没有给出反馈信息，学生不知道是对是错。再如，在人机交互中需要学生通过键盘输入太多的文字，这势必增加学生手动操作的复杂性，降低了交互体验。

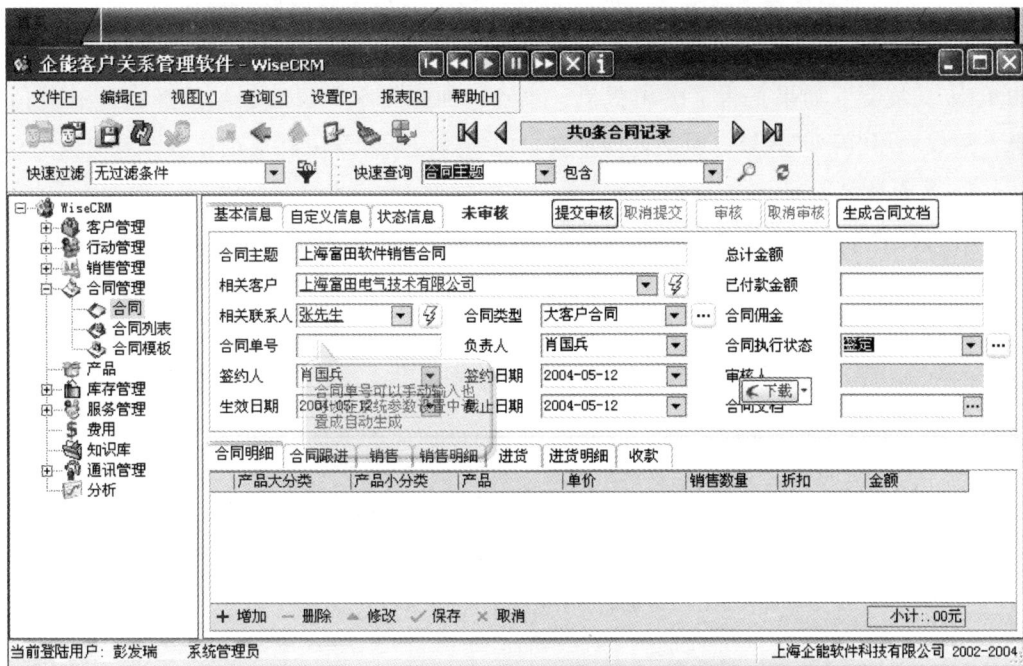

图 14-1-15　右上角的叉号是关闭视频还是退出网页？

6. 动静搭配不当

有些教学软件喜欢设置一些移动、翻滚的效果来丰富教学软件的表现形式，但是如果动静搭配不当的话，会影响学生的浏览和学习。例如，全国多媒体课件大赛的参赛作品《兽医微生物学与免疫学》，在显示该教学软件的说明与介绍时，会时不时地出现"欢迎使用""兽医微生物学多媒体教学课件"等字样(图 14-1-16)，时而翻滚，时而旋转，表面上看起来非常花哨，但实际上没有任何意义，这样只会影响学生的浏览和阅读。

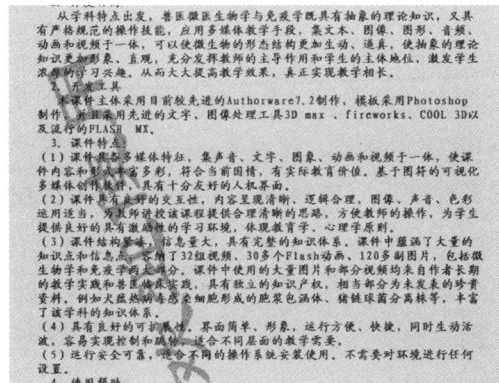

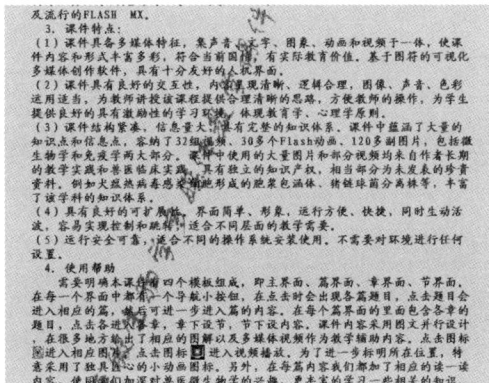

图 14-1-16　不停旋转翻滚的欢迎文字

教学软件的制作要动静结合，但并不是说"动"的越多就越好，要注意动静的合理搭配。有时要以静衬动，用"床前明月光"来衬托相思；有时则要以动衬静，达到"鸟鸣山更幽"的境界。如果是为了突出重点、难点，加强提示，帮助学生选择提炼有效信息，可以利用"闪烁"效果。但是，如果满画面到处闪烁，学生就很难分清轻重主次了。

7. 色彩搭配不当

有些教学软件不太重视颜色的搭配，轻则显得页面不美观和谐，重则影响学生的辨别和认知。例如，全国多媒体课件大赛的参赛作品《制冷压缩机》，它的色彩搭配不够合理，背景色是淡绿色或浅绿色，而背景所烘托的文字依然是浅蓝色（图 14-1-17），这样的色彩搭配，不利于烘托主题内容，不能做到重点突出，如果屏幕质量差一些，还会影响正常的观看。

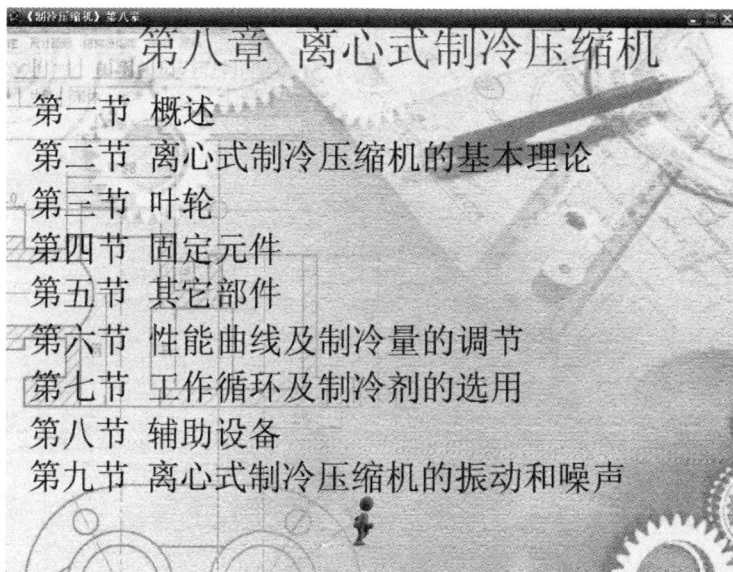

图 14-1-17　色彩搭配不当

教学软件的颜色搭配非常重要，它关系到一个课件是否美观与和谐，若具体到某一个页面，背景与文字、背景与图片、文字与图片、视频与背景，都是颜色搭配要考虑的内容。一般来讲，背景与其所衬托的媒体（文字、图片、视频等）要在色调上保持一致，整幅页面有一个主色调，并且在颜色的深浅度上有所差异，以突出背景所衬托的媒体要素。

8. 隐蔽模糊的导航按钮影响学生正常使用

有些教学软件不太注意导航按钮的设置，如果导航按钮不够清晰，可能会影响学生的正常使用。例如，全国多媒体课件大赛的参赛作品《兽医微生物学与免疫学》，该教学软件的内容和形式丰富多彩，但是导航设置比较隐蔽和模糊（图 14-1-18）。在导入界面中，导航按钮由绪言、总论、免疫学、细菌学、真菌学、返回、退出等几部分组成，但是这些按钮并不是一直都呈现在页面上，它的出现要先单击旁边的导航按钮，并且在缓缓淡出后字体极为不清晰。还有全国多媒体课件大赛的参赛作品《中国民俗旅游》，在该教学软件的主页上，导航条中的按钮不够清晰，不仅字体小，而且颜色对比也不明显(图 14-1-19)，这些都影响了正常的浏览和使用。

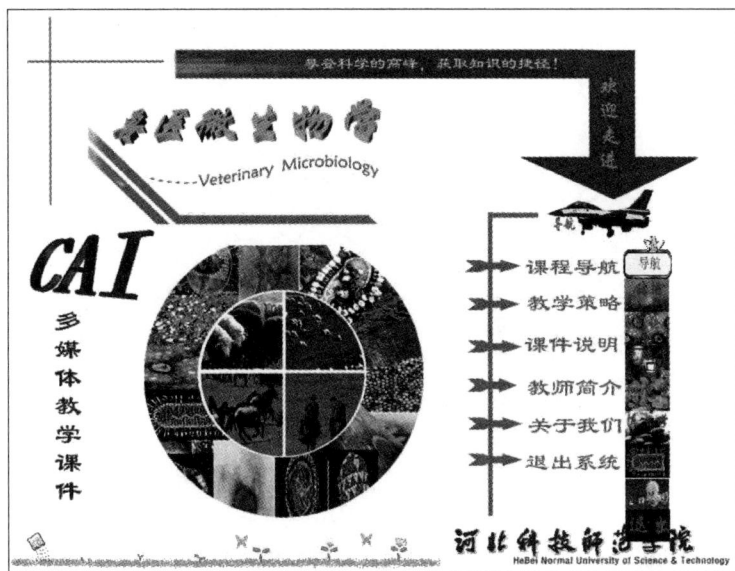

图 14-1-18　教学软件的导航按钮隐蔽模糊

图 14-1-19　教学软件的导航按钮模糊不清

　　一个课件通常由多个部分组成，导航按钮非常重要，它有机地将各个部分串联起来，是学生进行人机交互的重要途径。导航按钮一定要清晰、明显，要放在页面中直观、醒目的地方，这样才能方便学生使用。导航按钮的字体不能偏小，色彩设置要对比明显，背景色不能影响导航内容的阅读，如果导航按钮中非要添加背景图片的话，可以考虑把背景模糊处理，适当增加透明度。

9. 视频、动画不能控制播放

视频、动画是教学软件中常见的媒体表现形式，它能直观地展现或再现抽象的教学内容，受到了教师和学生的广泛喜爱。有些教学软件的视频、动画虽然丰富美观，但是对控制性的设置不够到位，影响了学生的自主学习。例如，全国多媒体课件大赛的参赛作品《护理礼仪》，该教学软件集成了大量的视频、图片、文字，加深了学生对"礼仪"这个抽象概念的理解，但是它在集成视频的时候，没有考虑视频播放的控制功能。当一个视频文件打开后，就必须从头看到尾，中间不能进行暂停、拖动等控制操作（图 14-1-20）。

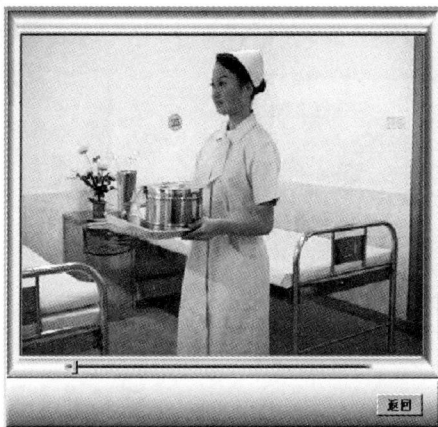

图 14-1-20　视频播放不能控制中间进程

教师在制作视频、动画素材时，一定要注意交互性和控制性，即学生要能够操作和控制播放进程，可以暂停、播放和结束。如果学生只是大体浏览而不想深入详细地学习该部分内容，就无法退出或快速浏览，这样就忽视了学生在学习中的主体地位，影响学习效率。

10. 过度的声音、动画影响学生注意力

教学软件的声音、动画等多媒体形式不是随意添加的，它应根据教学需要而合理设计。有些教学软件喜欢把界面搞得花花绿绿，到处充满着动感和时尚。这样的教学软件虽然看起来十分漂亮，但是在实际教学中却不能取得很好的教学效果。例如，全国多媒体课件大赛的参赛作品《希望英语 Unit 7 Happiness》，该课件向学生提供了大量关于幸福的词汇、句型和图片，展示了人们快乐时的表情和状态，力求通过看图说话来改变抽象、枯燥的学习方式。但是，该教学软件的一些图片、声音、动画设计并没有达到预期的效果，在 Speaking 环节（图 14-1-21），页面上的两个嘴巴一直在不停地张开闭合，还不时地喷出一些口水，右下角的两个人的眼睛也一直眨个不停，并且频率很快。如果是这样设计，学生的关注点首先就被这些嘴巴、眼睛等活动的物体吸引了，其次才去关注教师呈现的问题，就算去看，也会受到动画的影响。

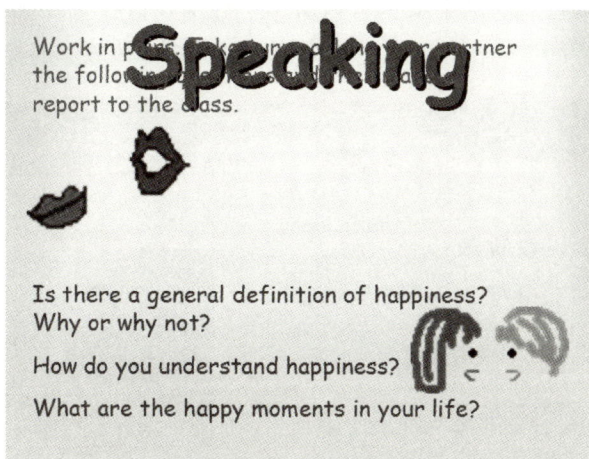

图 14-1-21　动画、声音影响学生的注意力

许多教学软件的制作者（特别是初学者），对于每一个文本的导入、每一个页面的过渡和链接都喜欢配上声音效果。或许教师感觉这样会富有一种成就感，然而学生却被一些额外的声音、过渡效果分散了注意力，学生关心的问题不是知识本身，而是"下一个画面会怎么样？文字是从左边进还是从右边进？""下一首音乐会比这首好听吗？"等内容。教师应该精心设计文本、动画、声音等媒体要素，处理好形式和内容之间的关系。

14.1.4　技术运用与处理效果误区分析

许多教学软件的设计者和制作者认为，只有技术含量高、制作难度大的教学软件才能获奖，才能取得良好的教学效果。事实上，技术含量只是评价教学软件的一个方面，教学软件要有技术含量，但是不能一味地追求高难度。同教学过程本身相比，教学软件只是一种辅助教学的手段和工具。教师关注的重点应该是教学内容和学生的反应，而不是教学软件的形式。许多教学软件的制作者不能处理好技术与教学之间的关系，很好地利用技术工具促进教学，具体表现在以下几个方面。

1. 没有充分体现多媒体教学软件的优势

教学软件在教学中的应用已有较长时间了，但是不能体现多媒体优势的教学软件依然普遍存在。例如，全国多媒体课件大赛的参赛作品《Photoshop 中的图层色彩混合方式》，它让学生了解图层色彩混合基本特点和 18 种模式，该教学软件通过文本加图片的方式进行讲解（图 14-1-22），体现不出多媒体教学的特点和优势。还有全国多媒体课件大赛的参赛作品《制冷压缩机》，该教学软件的整个体系结构与书本教材相差不大，对于重点、难点的原理说明，采用图片的形式进行讲解（图 14-1-23），显然没有发挥多媒体教学的优势。通过以上两个实例可以看出，教师在讲授一些操作性、原理性的知识内容时，采用图片的方式比较勉强，不能充分发挥多媒体教学的优势。

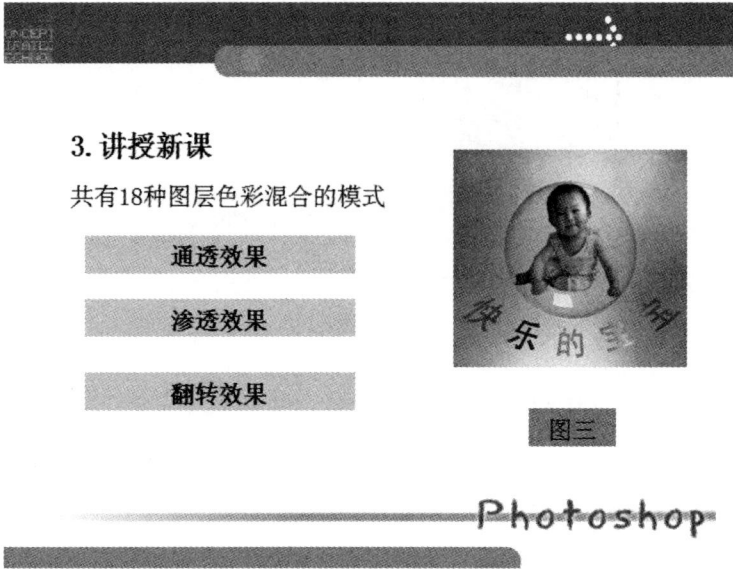

图 14-1-22　Photoshop 图层效果用文本讲解效果不理想

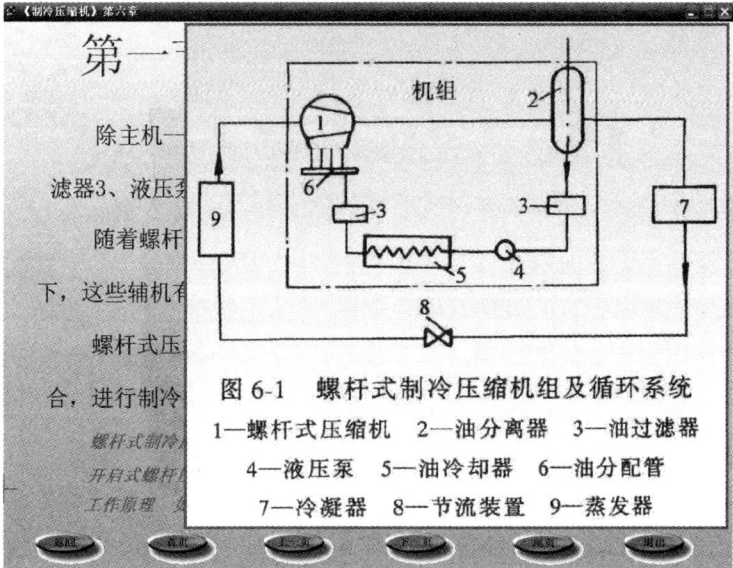

图 14-1-23　工作原理用图片解释效果不理想

有些教师利用教学软件进行授课，为什么教学效果没有明显提高，甚至还不如传统的教学方式呢？一个重要的原因就是，教师没有针对不同的知识类型选择合理恰当的媒体表现形式。以上面的两个实例为例：让学生学习 Photoshop 的操作属于技能层面的学习，最好采用直观演示的方式进行教学，教师也可以通过视频加以讲解，让学生通过点播的方式进行自主学习，教师在旁边进行个别化指导和辅助答疑。在讲解液压机原理的时候，教师可以配上相应的仿真模型、实物模型，或者是创建一些虚拟实验，让学生能够清晰地观察机器的内部构造和工作机制，这样的教学效果比单纯的图片说明要好。只有针对不同的知识类型，选择恰当的媒体表现形式，才能达到教学效果的最优化。

2. 技术开发工具单一或组合不当

没有一种教学软件制作工具是完美的。一个优秀的教学软件往往通过多种教学软件制作工具配合使用，发挥不同技术工具的特点。如果不根据教学需要，恰当地选择技术开发工具，往往难以取得理想的教学效果。例如，全国多媒体课件大赛的参赛作品《建筑绘画表现技法》，该教学软件内容丰富，包括建筑绘画历史发展、概念界定、特点意义以及建筑绘画分类、使用工具技法等，但是它选择 PPT 的制作工具不是很合理(图 14-1-24)，毕竟 PPT 主要是一种展示型课件，而且不具有很强的交互性，不能为学生提供很多动手操练的机会。建筑绘画是一门实践性很强的课程，不仅有理论知识的学习，关键还要有练习机会。

图 14-1-24　图面着色，学生动手实践效果会更好

高水平的教学软件制作者，应该能够同时掌握多种教学软件设计工具，譬如以 Authorware 为设计平台，教师还可以组合运用 VideoStudio 视频处理软件、Photoshop 图像处理软件、Flash 动画设计软件等多种工具，设计出符合教学需要的图像、图片或按钮，既符合了创意需要，又提升了技术水平。在《建筑绘画表现技法》的实例中，教师在讲解环境艺术制图的着色时，可以考虑给学生提供动手操练的机会，如建筑物一般用暗红色、灌木一般用褐色或黄褐色、草地一般用淡黄绿色、水一般用淡蓝色或黑色，让学生在一个无色的画面上自主着色，探究不同颜色的搭配效果，如此，学生的学习效率和积极性会好很多。

3. 不恰当的页面过渡特效影响学生的注意力

有些教学软件制作者错误地认为，页面之间的跳转越花哨、越艳丽，就越能显示出教学软件制作者的水平，于是他们在页面中设置了大量的特效，甚至为每段文字、每张图片都设置了效果。在页面跳转时，一会儿文字从这个方向进来，一会儿图片从那个方向飞出，学生的注意力随着页面内容的变化而变化，难以保证学生全神贯注的学习。例如，全国多媒体课件大赛的参赛作品 *Western Holidays*，在介绍该教学软件的 INDEX 时（图 14-1-25），不仅上面和下面的导航旋转出现，而且每个内容模块都缓缓展开，学生要想进行下一步操作，不得不等待 12 个模块依次展开后才能进行。在呈现该教学软件的 CONTENT 时，也存在类似问题，文本从左至右缓缓出现，颜色还不时地改变。这种页面特效，不仅浪费时间，而且影响学生的情绪。

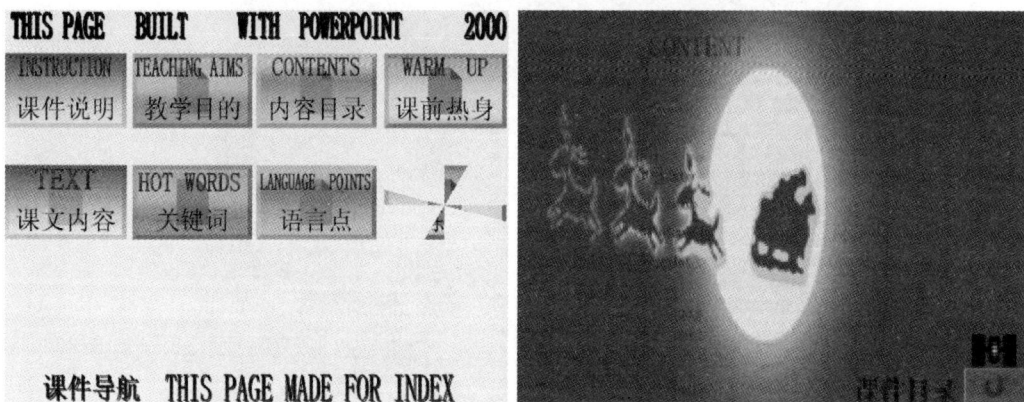

图 14-1-25 不恰当的页面跳转和过渡特效

教学软件在不同页面之间设计的跳转特效，可以使教学软件看起来丰富生动。页面过渡效果不应该喧宾夺主，过于花哨，以免影响学生的注意力。在教学软件设计过程中，最佳的页面跳转效果是自然过渡，也就是说，学生几乎感觉不到因页面变化而带来的视觉障碍和思维停顿。教师在设计教学软件时，尽量将主要内容集中在一个页面中，在页面过渡时，新内容的出现与旧内容的消失要流畅自然，颜色、位置的变化不能过于剧烈。另外，页面之间的跳转特效还要注意时间和速度的变化，既不能太快，也不能太慢。

4. 对运行环境有特殊要求

教学软件作为一种软件，它的运行必须有一定的环境支持。有些教学软件对运行环境有特殊要求，如全国多媒体课件大赛的参赛作品《服装零售学》，它的运行环境要求为 Windows 98 或以上版本，分辨率为 640×480 像素。对于现在的操作系统而言，640×480 像素的分辨率极为少见，最低也是 800×600 像素，很难达到教学软件运行要求的环境。如果在非 640×480 像素分辨率环境下运行该教学软件，课件将自动改变整个操作系统的分辨率(图 14-1-26)，造成使用不方便。

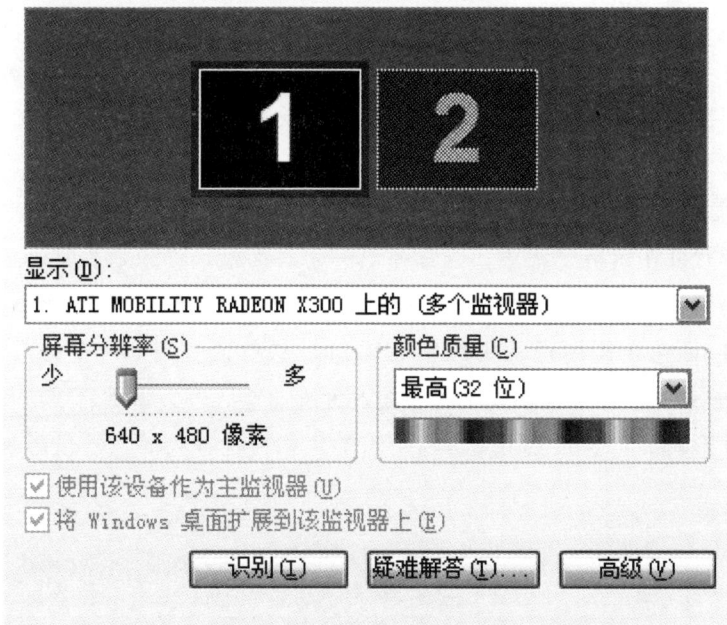

图 14-1-26　运行教学软件后自动更改分辨率

任何一种教学软件都有它的运行环境，使用者根据教学软件的要求进行配置，以保障能够顺利运行。教学软件的运行环境最好能够符合计算机系统的主流配置，若没有特殊目的，不能对系统有非常苛刻和特殊的要求。

5. 制作过长而生硬的片头动画且不能跳过

有些教学软件制作的片头动画没有自动跳过的提示，片头导入缓慢，片头动画与教学软件的内容结合有些生硬。例如，全国多媒体课件大赛的参赛作品《C 程序设计》，它利用一个 Flash 动画导入课程学习(图 14-1-27)，动画不结束不出现学习内容的按钮。如果学生不想观看，无法直接跳过，教学软件的可控性就较差。

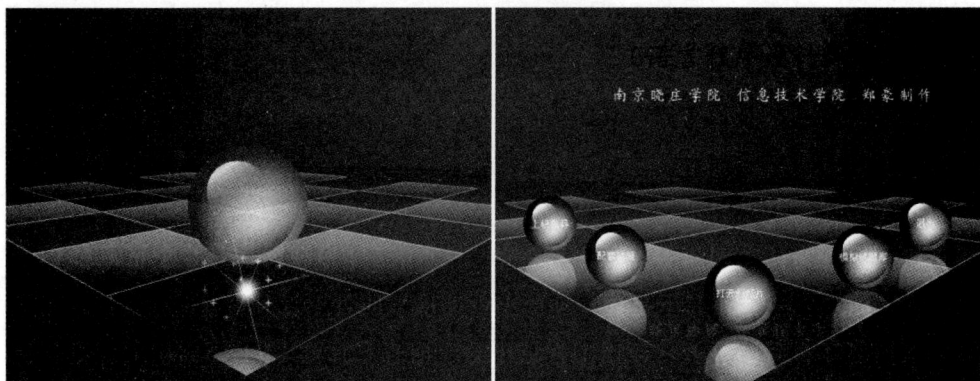

图 14-1-27　正在导入的教学软件片头动画

为了使教学软件产生震撼效果，显得美观大方，许多教学软件在导入时都制作了片头动画。片头动画能够吸引学生的注意力，激发学生的学习兴趣，使教学软件的水平提升一个层次。教学软件的片头动画最好能反映教学软件的特色，并且一定要设置跳过提示，当学生不想观看时，能够直接跳过。

6. 存在技术缺陷或隐患

有些教学软件在运行过程中，经常弹出一些对话框，提示缺少某种插件、存在安全隐患或者是网络链接打不开等问题。例如，全国多媒体课件大赛的参赛作品《数学基础多媒体课件》，它在使用过程中经常会弹出一些对话框（图 14-1-28），提示 Adobe Flash Player 已终止一项可能不安全的操作，更改设置后，必须重启该应用程序。这些弹出的对话框影响了学生的使用，特别是当学生积极性很高时，严重影响了学生的使用兴趣。

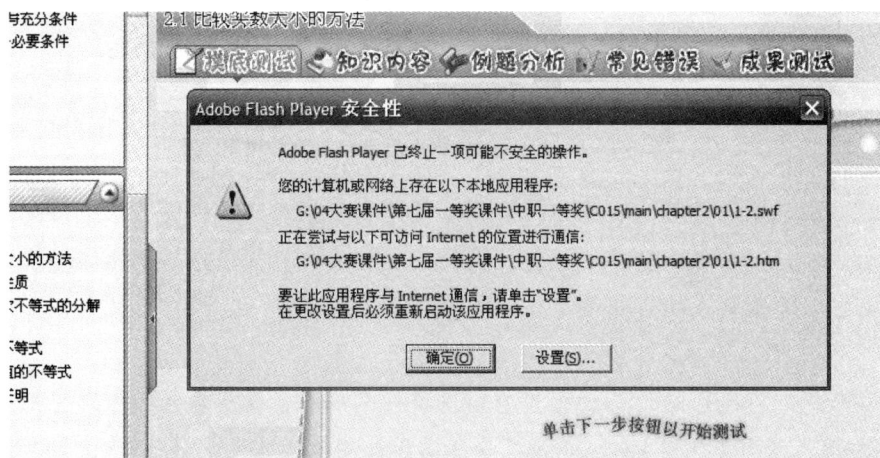

图 14-1-28　教学软件运行过程中弹出的对话框

　　教学软件运行过程中弹出的对话框是一些提示性信息，有些对话框的提示是正常的和必要的，如安全性提示，这是系统为了安全而采取的一项保护措施。但是，还有一些弹出的对话框是不正常的，是教学软件本身存在的系统错误或缺陷。为了防止或减少类似的弹出的对话框带来的影响，教学软件的制作者要提供完备的插件，并且仔细检查每一项链接，看是否存在空链接。

　　7. 没有设计或实现交互中的及时反馈

　　有些教学软件在人机交互、人与内容交互中没有设计反馈功能，或者反馈功能没有实现，达不到理想的效果，导致用户在实施了操作行为之后看不到必要的提示，降低了交互体验的好感。教学软件的交互设计应该更加注重教学软件和学习者行为上的交互以及交互的过程。在设计交互中应注意是否有清楚的交互提示，让学生尽可能少地操作控制界面，为同一种交互提供多种操作的可能性，允许中断，使用学生易懂的文字或图片，提高交互反馈速度，避免学生等待。

14.1.5　教学使用误区分析

　　教学软件制作的最终目的是促进教学和学习，同样的教学软件可能会有不同的使用方法，它在课堂中的应用策略体现了不同的教学理念。教学软件可以减轻教师的授课负担，帮助学生进行自主学习。我们发现，有些教师在使用教学软件的过程中，以"教学软件"为中心，不注意教师主导作用的发挥，也不关注学生的基础和能力，不能很好地利用教学软件促进学生的学习，具体表现在以下几个方面。

　　1. 过于重视直观性，忽视抽象能力的培养

　　教学软件可以增强抽象内容的直观性，降低学习难度。但是，一些文科类的语言欣赏、体会等教学内容，却不适合通过直观的方式进行讲授，教师在运用教学软件时不能一概而论。有些教学软件不太注意学科的差异性，盲目追求直观的教学效果，如在《荷塘月色》教学软件中，有些教师用相机拍摄某片荷塘的景色(图 14-1-29)，然后把这些照片制作成多媒体，以期帮助学生理解作者的文意。其实，这种方法违背了教师的初衷，教学效果也事与愿违。朱自清在作品中用语言描述的朦胧美，是任何照片都无法表现的，作者正是运用了语言的模糊性，并且借助比喻、拟人、排比、通感等多种修辞手法，既描写了荷塘上那淡淡的"不能朗照"的月色，又借景抒发了自己淡淡的喜悦中夹杂着淡淡的哀愁的那种"心里颇不宁静"的心情。

图 14-1-29　如此荷塘，学生怎能体味诗意？

　　教学人员在制作和使用教学软件时要注意不同学科的特点，对于理科中的一些难懂的定理、原理，可以通过教学软件进行直观展示，降低学习难度，对于一些宏观难以把握的现象或微观不易察觉的运动状态，也可以通过教学软件增进它们的直观性。但是，让学生体会意境、氛围、语言美的内容，就适合进行直观教学。学生在欣赏完直观的影像或图片后，就限制了它们自由想象的翅膀，不能细细咀嚼优美的文字，造成"一千个读者，只有一个哈姆雷特"的结果。《荷塘月色》中那些幽静淡雅的自然景观、朦胧宁静的意境、亦喜亦愁的情感、贴切新颖的修辞手法、错落有致的优美句式所创造的艺术美感，只有让学生自己领悟，结合自己的联想和想象，才能感受得深刻。

　　2. 盲目通过教学软件增加课堂容量

　　教学软件可以节省板书时间，丰富课堂教学容量。但是，在应用教学软件进行教学时，一定要注意学生的认知水平和感受，不可因为降低了教师的工作而盲目地增加学生的学习内容。学生在一堂课的学习时间是有限的，学生的认知能力和接受能力也是有限的，如果教师盲目增加课堂容量，从重点、难点提示，到具体实例分析，再到练习小结，原来需要三个课时完成的任务，放在一个课时中，这样的教学不仅不能促进学生的学习，而且还会引起学生的反感和抵触心理。在传统教学中，教师通过黑板板书往往会耗费一些时间，放缓课堂节奏。而利用计算机辅助教学，教师可以提前将教学内容做成教学软件，节省了不少板书时间。教师在利用教学软件进行教学时，一定要注意学生的学习状态，不能求快求全，盲目增加课堂容量，否则欲速则不达。

　　3. 没有交互的课堂放电影

　　教学软件应该体现出交互性优势，不能将其制成简单的线性流程，更不能在教学过程中像放电影、电视连续剧似的一路放下去，不给学生留出思考和想象的空间。有些教学软件往往不太注意给学生留出思考时间，页面内容密密麻麻，没有暂停、快进和快退按钮，甚至遇到问题还要重新载入，使用过程不够灵活。例如，全国多媒体课件大赛的参赛作品《向量代数》，该教学软件分为 5 类：向量的基本概念、两个向量的夹角、单个向量的平移、向量的图形加法、向量的图形减法，包含 26 个子程序，84 段标准普通话，内容比较丰富。但是，该教学软件的每一类专题基本上是流线形呈现学习内容，每个页面上只有一个返回图标，没有按钮（图 14-1-30）。这就意味着，学生要么按照设定好的学习路径来学习，要么直接返回。并且该教学软件的页面切换添加了滚动特效，从屏幕底端缓缓滚动至屏幕顶端，缓慢且不可跳过。

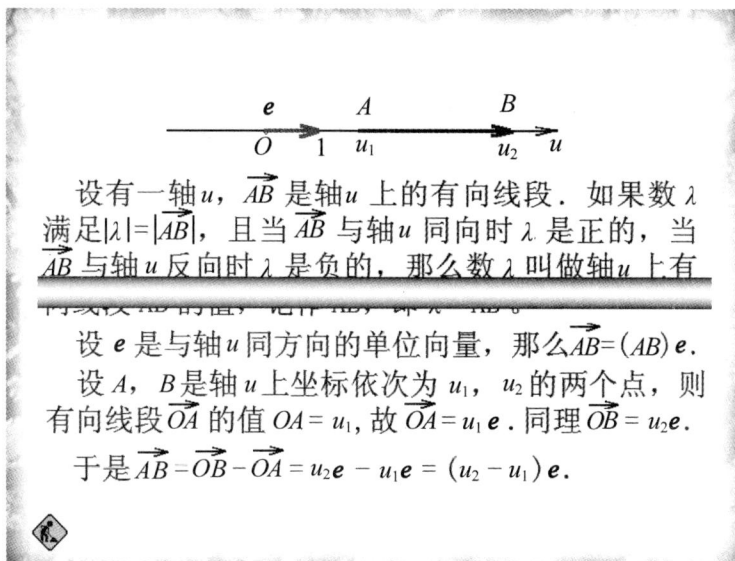

图 14-1-30 只有左下角一个按钮，教学软件演示中间不能暂停和跳转

在传统教学中，有经验的教师总是在由直观到抽象、由感性到理性的转变过程中，给学生足够的思考时间，让学生自己去思考、去想象。利用教学软件进行信息化教学也是如此，也要为学生预留出思考的空间，让教师有时间去处理课堂中的生成性问题。由于教师的教学方法不同，学生的学习特点不同，教学软件不可能预先设计好各种教学可能性，课堂教学中的交互性和控制性就显得尤为重要。

4．教学软件通用性不强

当前许多教师制作教学软件不是为了交流、推广和扩大使用范围，而仅仅是为了应付公开课，甚至有些教学软件只用一次就不再使用了。如果教师抱有这种心态去制作教学软件，不仅耗时费力，而且教学软件的重复利用价值也不高。在使用教学软件进行授课时，要以"内容"为依据，而非以"形式"为标准，如果用传统手段可以实现的教学目标，就没有必要非得使用教学软件了。我们不妨比较两个物理教学软件：一个

614

教学软件非常详细，分为前言、设想电路、电磁感应现象、能量转换、思考讨论、巩固练习等几个知识点，而且每部分的内容非常详细，几乎把课本里所有的内容都编辑进去了；而另一个教学软件却比较简洁，分为电磁感应现象、感生电流的方向(楞次定律)、法拉第电磁感应定律三大知识点，而每个知识点的内容也比较简洁，仅仅把一些比较难懂的知识点制作成多媒体形式，动画较多，令人易于接受。如果这两个教学软件同时用在课堂教学中，后者的效果会更好。在教学软件的制作和使用过程中，可以考虑积件思想，力求增强它们的通用性，毕竟制作一款优秀的教学软件需要付出艰辛的劳动。

5. 不能满足个性化教学需求

在学生对个性化资源需求日益剧增的情况下，实现个别化教学和个性化学习需求成为教学软件设计的一个重要功能。根据每个学生的差异进行个别化教学，以满足每个学生的独特需求，在计算机辅助教学的条件下，这种理想基本具备了实现的条件。学生通过计算机进行学习，进度慢的和进度快的学生可以互不影响，速度和时间的差异完全是个人的事情。在学习的每一个环节中，通过设计合理的程序和借助网络，教学过程将最大限度地适应学生的个别差异，使学生能够得到所需要的各种参考和帮助信息。但是在教学软件设计中没有根据学生模型提供智能化推荐系统，不能根据学生的学习进度、学习结果、学习风格推荐合适的资源、学伴和教师等人力资源，使得教学软件不能满足个性化教学需求。

教学软件存在误区是正常的，教学软件本身就是制作者的信息素养、教育理念的体现。在教学软件设计中，教师必须明确教学软件的真正价值在于它的教学性而非艺术性。只有真正能为教学带来变革的教学软件，才是真正优秀的教学软件。教学软件的设计和使用遵循"用在当用之时，用在当用之事，用在当用之人"的基本原则，因时、因事、因人而异。教师只有通过亲身的实践与反思，针对不同的教学目标、教学内容、教学材料、教学对象、教学环境，充分发挥自身的主观能动性，才能逐步提高教学软件的制作水平。

14. 2
教学软件测试

教学软件的设计、开发和测试遵循软件工程的一般方法。教学软件在测试过程中应首先拟定测试计划，然后选择相应的测试方法和测试工具进行测试，并对一些容易出错的关键模块进行反复测试。软件工程测试中常用的测试方式有白盒测试和黑盒测试两种。白盒测试也称结构测试，它是通过程序的源代码进行的测试，检测内部代码在算法、溢出、路径、条件等方面的缺点或错误。黑盒测试也称功能测试，它将软件系统看作一个黑盒，忽视内部代码的逻辑结构，只对外部的系统功能进行测试。教学软件的测试比较适用于黑盒测试，即从操作与功能的角度进行测试。教学软件测试的内容主要有以下几个方面，如图 14-2-1 所示。

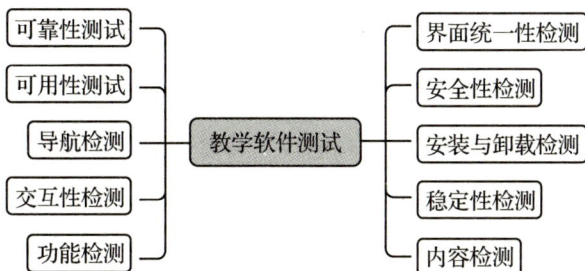

图 14-2-1　教学软件测试的主要内容

14.2.1　可靠性测试

软件可靠性测试一般是在系统测试完成之后或是在鉴定验证阶段开展的相关测试工作。它是最终检验而不是调试。软件可靠性测试的目的是判断软件组件或者系统在风险范围之内能否被接受或是被拒绝。软件可靠性一般是指在特定的环境下，软件在规定的时间内完成特定任务的能力。[1] 这包含两方面的含义：一是在特定的环境（规定的条件）下，在规定的时间内，软件不引起系统失效的概率；二是在规定的时间区间内，在所述条件下的程序执行所要求功能的能力。[2] 其中规定的条件是指软件运行时的计算机系统的状态和软件的输入条件，规定的时间区间是指软件的实际运行时间区间。软件失效可能引起规定的功能无法正常完成，甚至进一步导致整个计算机系统瘫痪，因此评测和分析影响软件失效的因素是了解软件可靠性的关键。影响软件可靠性的最主要因素共有 11 个，按其重要程度排序为：软件失效程度、软件复杂性、软件需求分析、程序员的技能、软件测试努力度、软件测试覆盖率、软件测试方法、软件测试环境、软件测试工具、程序规格说明的改动频率、软件能力成熟度。这些因素覆盖了软件生命周期可能影响软件可靠性的各个方面，全面反映了软件质量。可靠性测试是一个循环的过程，只有当两种参数符合目标值要求时，才能上线使用；有一个不符合目

---

① 程维虎、杨振海：《软件可靠性模型和估计》，载《数理统计与管理》，2010(1)。
② 杨玥：《软件可靠性评测的多因素决策模型》，载《计算机应用研究》，2015(4)。

标值要求的，都必须转到开发商修复缺陷，待缺陷修复后必须再进行可靠性评估测试，直到通过评估。

14.2.2　可用性测试

可用性指的是产品对用户来说有效、易学、高效、好记、少错和令人满意的程度，即用户能否用产品完成他的任务，效率如何，主观感受怎样，实际上是从用户角度所看到的产品质量，是产品竞争力的核心。[①]　软件可用性测试遵循以下原则。[②]

（1）最具有权威性的可用性测试和评估不应该是专业技术人员，而应该是产品的用户，因为起决定作用的还是用户对产品的满意程度。

（2）软件的可用性测试和评估是一个过程，这个过程早在产品的初样阶段就开始了。因此软件在设计时反复征求用户意见的过程应与可用性测试和评估过程结合起来进行。

（3）软件的可用性测试必须是在用户的实际工作任务和操作环境下进行的。可用性测试和评估不能靠调查表，必须是用户在实际操作以后，根据其完成任务的结果，进行客观的分析和评估。

（4）选择有广泛代表性的用户。因为对软件可用性的一条重要要求就是系统应该适合绝大多数人使用，并让绝大多数人都感到满意。因此参加测试的人必须具有代表性，应能代表最广大的用户。

教学软件的可用性影响了用户是否会采用该软件，同时影响用户使用该软件的满意度。教学软件的可用性在特定的环境（包括用户、任务、物质环境和社会环境等）中是由软件的属性所决定的，它通过用户的使用和满意程度来度量。

14.2.3　导航检测

导航检测主要是对教学软件界面中的导航按钮、菜单、页面超链接的检测，检查是否存在空链接和无效链接。

（1）按钮检查：检查按钮功能是否有效，"上一页""下一页""返回""退出"等按钮功能是否准确。

（2）菜单检查：检查各级菜单的链接是否有效，页面链接是否准确。

（3）页面超链接检查：检查每个页面上的超链接是否有效，页面链接是否准确。

[①]　唐超兰、袁清珂：《基于可用性工程的 Web 软件界面设计研究》，载《包装工程》，2010(14)。

[②]　方海光、张景中：《教育软件可用性评测研究》，载《电化教育研究》，2008(2)。

（4）迷航检查：随机进入某个页面，检查能否便捷地返回上一级页面或主控页面。

14.2.4　交互性检测

交互性检测主要是检查教学软件的人机交互功能，检查学生在字符输入、表单提交、修改等操作后，教学软件能否给出有效的响应。同时，还应对交互行为实施之后，教学软件提供的反馈内容、反馈形式，提供反馈的响应时间等进行检测。主要的检测内容如下。

（1）字符串长度检查：当输入超出系统要求的字符串长度时，看系统是否会提示出错。

（2）字符类型检查：当输入非指定类型的字符时，看系统是否会提示出错。

（3）标点符号检查：当输入各种标点符号时，特别是空格、引号、回车键，看系统是否会提示出错。

（4）中英文字符检查：在提示输入中文的地方输入英文，或者在提示输入英文的地方输入中文，看系统是否会提示出错。

（5）表单提交检查：当成功提交一条记录后，刷新页面检查系统是否做出正确处理。

（6）重命名检查：把一个文件重命名后，两个文件名字相同时，系统是否会提示出错。

（7）检索功能检查：输入搜索条件后，检查搜索结果是否正确。当输入多个搜索条件或者输入不合理搜索条件时，看检索结果是否正确。

（8）必填项检查：如果教学软件有必填项和选填项之分，当必填项没有填写完整时，检查提交后系统是否会出错。

（9）快捷键检查：检查教学软件中设置的快捷键是否正常，当输入组合键时，系统是否能做出正常的反应。

14.2.5　功能检测

教学软件通常由多个功能模块组成，如信息浏览功能、上传下载功能、测评反馈功能，等等。功能检测就是从系统功能的角度进行检查，它往往忽略各功能模块的细节问题。

（1）信息浏览功能检查：信息浏览功能主要检查教学软件所呈现的信息能否被正常浏览，各种多媒体信息（视频、音频、动画等）能否正常播放。

（2）上传下载功能检查：检查教学软件中上传下载文件的功能是否实现，上传的文件能否正确打开，上传下载文件的格式是否有明确规定。

（3）测评反馈功能检查：当学生提交练习或测试后，系统能否做出正确判断。

（4）功能模块独立性检查：当对一个模块进行添加删除等操作后，检查其他功能模块是否受到不正确的影响。

（5）逻辑正确性检查：启动由多个功能模块协同完成或需要多个步骤解决的问题测试，检查其逻辑是否正确。

14.2.6 内容检测

内容是教学的载体，教学软件的知识内容非常重要，内容的设置必须准确、科学和先进。

（1）准确性检查：检查教学软件的内容是否准确，有无违背教学规律和科学知识。内容方面是否具备知识性，逻辑性是否存在错误。检查内容是否涉及政治、军事、外交、统战、宗教、民族等敏感问题，是否涉及国家安全、社会安定等方面的重大选题，对于涉及重大革命题材和重大历史题材的选题，应当按照新闻出版总署有关选题备案管理的规定办理备案手续。

（2）规范性检查：检查教学软件中的文字、数字、单位、公式、符号、字母、标点、语法、图表等是否规范，是否符合国家通用标准。

（3）先进性检查：检查教学软件的内容设置是否过时、陈旧，是否能够体现出最新的发展动态。

14.2.7 稳定性检测

将教学软件放置在不同的环境下运行，进行非常规性使用，检查它们对环境的适应性，在各种操作下是否能够稳定运行。

（1）容错能力检查：当输入错误数据，故意进行错误的操作时，检查系统的容错能力。

（2）负载检查：检查教学软件的最大负载，当超出负载后教学软件可能会崩溃和失常。

（3）恢复能力检查：当教学软件出现系统故障时，检查它重新恢复正常的能力。

（4）集成性检查：当教学软件同其他平台合在一起时，检查它的运行是否出现错误。

14.2.8 安装与卸载检测

将教学软件放置在不同的环境下进行安装和卸载，检查其对操作系统的支持能力以及要求支持的组件清单，检查其安装过程的友好性。

(1)安装与卸载检查：教学软件在"全部""典型"等不同安装模式下进行安装与卸载测试，检查是否会出现错误。

(2)语言测试检查：如果教学软件发布有英文和中文两种版本，检查教学软件是否被正确翻译成相应的文字，检查内容包括界面、对话框、菜单、按钮和帮助信息等。

(3)跨平台测试检查：将教学软件安装在不同硬件配置和操作系统的平台上，验证其所有的功能是否还能正常运行。网络版教学软件还需要在不同浏览器下使用，检查其兼容性。

14.2.9　安全性检测

对教学软件进行一些常规性安全攻击，检查其安全性能，保证常规性的环境下，能够保护用户的数据安全。

(1)防非法侵入测试检查：测试教学软件的防止非法侵入能力，检查有没有被植入木马等有害程序。

(2)内存泄漏检查：检查教学软件在运行过程是否会造成内存泄漏，是否需要大量的内存资源。

(3)用户信息保密性检查：检查学生和教师等用户的个人信息是否有泄露的危险。

14.2.10　界面统一性检测

界面应该大小适合美学观点，感觉协调舒适，能在有效的范围内吸引用户的注意力。界面布局要合理，不宜过于密集，也不能过于空旷，放置完控件后界面不应有很大的空缺位置。合理地利用空间，协调一致，如退出按钮的位置设计，按钮的大小要与界面的大小和空间协调，避免空旷的界面上放置很大的按钮。按钮大小基本相近，忌用太长的名称，免得占用过多的界面位置。在色彩与内容方面，软件整体上不超过 5 种色系，近似的颜色表示近似的意思。字体的大小要与界面的大小比例协调，通常使用的字体是宋体，字号是 9~12 号较为美观，很少使用超过 12 号的字体。前景与背景色搭配合理协调，反差不宜太大，最好少用深色等。常用颜色建议使用Windows 界面色调。如果使用其他颜色，主色调要柔和，具有亲和力与磁力，坚决杜绝刺目的颜色。

620

软件测试[①]

随着软件危机的出现以及人们对于软件本质的认识，人们逐渐意识到提高软件质量的一个重要手段和方法就是测试。测试在软件开发过程中备受关注，在传统的软件工程中，有一个明确、独立的测试阶段。软件测试的对象不仅仅是程序，还应包括各个软件开发阶段所产生的文档，如需求规格说明、概要设计文档、详细设计文档。常用的软件系统测试的技术工具有 Mercury、Rational、Borland、Compuware、Parasoft，等等。

软件测试是以查找错误为中心的，但发现错误不是软件测试的唯一目的，查找不出错误的测试也是有价值的测试。软件测试方法按不同的标准有不同的分类方式：从测试人员的角度看，可分为手动测试和自动测试；从源代码的角度看，可分为单元测试和功能测试；从理论的定义来看，可分为黑盒测试、白盒测试和灰盒测试。目前，最常用的分类分式是黑盒测试、白盒测试和灰盒测试。

1. 黑盒测试

黑盒测试也称功能测试或数据驱动测试，顾名思义就是将被测系统看成一个黑盒，从外界取得输入，然后再输出。黑盒测试基于需求文档，看是否能满足需求文档中的所有要求，它是在已知产品所应具有的功能基础上，通过测试来检测每个功能是否都能正常使用。黑盒测试把程序看作一个不能打开的黑盒子，在完全不考虑程序内部结构和内部特性的情况下，测试者在程序接口进行测试，它只检查程序功能是否按照需求规格说明书的规定正常使用，程序是否能适当地接收输入数据而产生正确的输出信息，并且保持外部信息(如数据库或文件)的完整性。

黑盒测试着眼于程序外部结构、不考虑内部逻辑结构、针对软件界面和软件功能进行测试。黑盒测试是穷举输入测试，只有把所有可能的输入都作为测试情况使用，才能以这种方法查出程序中的所有错误。实际上，测试情况有无穷多个，人们不仅要测试所有合法的输入，而且还要对那些不合法但是可能的输入进行测试。

(1)黑盒测试的优点。

①比较简单，不需要了解程序内部的代码及实现；

②与软件的内部实现无关；

③从用户的角度出发，能很容易知道用户会用到哪些功能，遇到哪些问题；

④基于软件开发文档，所以也能知道软件实现了文档中的哪些功能；

⑤在做软件自动化测试时较为方便。

---

① 百度百科：软件测试，http：//baike.baidu.com/view/16563.html？wtp＝tt，2020-10-01。

(2)黑盒测试的缺点。

①不可能覆盖所有的代码，覆盖率较低，大概只能达到总代码量的 30％；

②自动化测试的复用性较低。

(3)黑盒测试是以用户的角度，从输入数据与输出数据的对应关系出发进行的测试。黑盒测试注重于测试软件的功能需求，主要试图发现下列几类错误。

①功能不正确或遗漏；

②界面错误；

③数据库访问错误；

④性能错误；

⑤初始化和终止错误等。

2. 白盒测试

白盒测试也称结构测试或逻辑驱动测试，它是指在测试时能够了解被测对象的结构，可以查阅被测代码的内容。白盒测试不是使用用户界面而是通过程序的源代码进行测试，这种类型的测试需要从代码句法发现内部代码在算法、溢出、路径、条件等中的缺点或者错误，进而加以修正。白盒测试是穷举路径测试，测试者必须检查程序的内部结构，从检查程序的逻辑着手，得出测试数据。白盒测试全面了解程序内部逻辑结构、对所有逻辑路径进行测试。白盒测试的主要方法有逻辑驱动、基路测试等，它了解产品的内部工作过程，通过测试来检测产品内部动作是否符合规格说明书的规定。

(1)白盒测试的优点。

①发现问题较早，效果也比较好；

②帮助软件测试人员增大代码的覆盖率，提高代码的质量，发现代码中隐藏的问题。

(2)白盒测试的缺点。

①程序运行会有很多不同的路径，不可能测试所有的运行路径；

②测试基于代码，只能测试开发人员做得对不对，而不能知道设计的正确与否，可能会漏掉一些功能需求；

③系统庞大时，测试开销会非常大。

(3)白盒测试一般是开发人员根据自己对代码的理解和接触所进行的测试，这一阶段的测试以软件开发人员为主。比如，在 Java 平台使用 Xunit 系列工具进行测试，Xunit 测试工具是类一级的测试工具，它对每一个类和该类的方法进行测试。软件人员使用白盒测试方法，主要想对程序模块进行如下检查。

①对程序模块的所有独立的执行路径至少测试一次；

②对所有的逻辑判定，取"真"与取"假"的两种情况都至少测试一次；

③在循环的边界和运行界限内执行循环体；

④测试内部数据结构的有效性。

3. 灰盒测试

灰盒测试是介于白盒测试与黑盒测试之间的测试，灰盒测试既像黑盒测试那样关注输出对于输入的正确性，同时也像白盒测试那样关注内部表现，只不过不如白盒测试那样详细、完整。灰盒测试只是通过一些表征性的现象、事件、标志来判断内部的运行状态。有些时候输出虽然是正确的，但内部程序其实已经错误，如果每次都通过白盒测试来操作，效率会很低，因此需要采取这样一种灰盒测试的方法。灰盒测试结合了白盒测试和黑盒测试的要素，它考虑了用户端、特定的系统知识和操作环境，它在系统组件的协同性环境中评价应用软件的设计。如果测试人员已经有所了解该软件的全部或部分程序的具体设计过程，甚至还读过部分源代码，那么测试人员就可以有的放矢地进行某种确定的条件或功能的测试。

教学软件的灰色评价与模糊评价[1][2]

教学软件（特别是基于网络的教学软件）不仅包括教学内容，同时还包括开展的各种教学活动，具有动态特征。因此，评价教学软件不能只面向静态的课程结构本身，还必须要考虑它的动态交互性，评价任务较为复杂。传统的统计方法如回归分析、方差分析、主成分分析等要求对象服从某种典型分布且有大量数据，而层次分析法又受制于人为主观因素的模糊性，如权重赋值方式是否准确，1~9标度判断是否合理等问题。

灰色系统理论将内部结构和特性部分已知、部分未知的系统称作灰色系统，区别于内部结构和特性完全确知的白色系统及完全未知的黑色系统。灰色系统理论以"部分信息已知，部分信息未知"的"小样本""贫信息"不确定性系统为研究对象。其主要内容包括以灰色朦胧集为基础的理论体系，以灰色关联空间为依托的分析体系，以灰色序列生成为基础的方法体系，以灰色模型为核心的模型体系，以系统分析、评估、建模、预测、决策、控制、优化为主体的技术体系。灰色关联分析对样本的多少和样本有无规律都同样适用，而且计算量小，十分简便，不会出现量化结果与定性分析结果不符的情况。

模糊综合评价法是采用模糊数学的理论和技术，对受多种因素影响的评价对象进行模糊综合评价，从而得出评价结果的方法。它具有结果清晰、系统性强的特点，能较好地解决模糊的、难以量化的问题，适合各种非确定性问题的解决。由于教学软件的某些评价指标之间的"边界"不够清晰，存在模糊性，因此，可以用模糊评价法进行评价，以此来得出更加科学准确的评价结果。

① 钟志强：《网络课程灰色评价与算法实现研究》，载《电脑与电信》，2009(1)。

② 陈东升、谭瑞梅、杨杰：《网络课程的模糊综合评价》，载《电化教育研究》，2005(12)。

14.3
教学软件评价维度

　　多媒体教学软件的评价非常重要，对于多媒体教学软件的设计者与制作者而言，有效的评价可以帮助他们发现问题、诊断错误，从而调整开发方向、提高教学软件质量；对于多媒体教学软件的使用者而言，有效的评价可以帮助他们去粗取精，选择合适的教学软件资源，提高多媒体教学的水平。教学软件的种类和用途各不相同，不同的教学软件有不同的评价标准和体系。教学软件的根本目的是促进教学和学习，对于教学软件的评价大致可以从教学功能设计和教学使用两个方面入手，教学功能设计又可具体分为教学过程、教学活动设计是否合理，承载的知识内容是否满足教学要求，知识的多媒体方式是否合理等几个方面；教学使用又可分为运行环境是否稳定，使用效果是否明显等几个方面。另外，作为一个完整的教学软件，还应包括说明性材料和包装的设计等介绍性文字材料，这也是评价教学软件的一个重要维度。归纳起来，教学软件的评价主要包括教学设计维度、内容设计维度、多媒体呈现设计维度、说明与包装维度、使用效果维度以及运行质量维度，如图 14-3-1 所示。

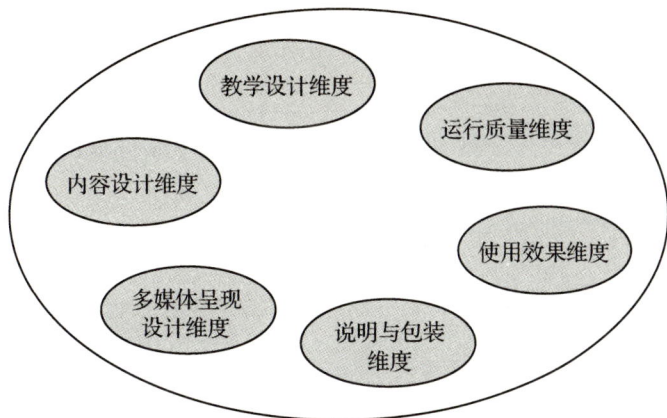

图 14-3-1　教学软件评价的基本维度

14.3.1　教学设计维度

　　教学设计维度的评价主要由教育技术学专家或教学设计专家来评判，他们主要侧重于教学软件的整体功能和结构的评价。教学软件设计作为一个系统化过程，有其遵循的基本规律，如教学软件是否符合教学需要，教学软件是否具有明确的教学目标，教学软件的使用对象是否明确，教学软件的内容组织和活动设计是否符合学生的认知规律，教学软件是否具有交互和反馈，等等。通常，教学软件的教学设计维度可以从以下几个方面去实施评价。

1. 选题

选题是一个教学软件创作的前提和基础，选题要源于教材，又优于教材，而不应只是教材的翻版。教学软件的内容组织形式既要符合学生的认知特点，又要具有开放性和可扩展性。一个教学软件如果选题错了，那么即使制作得再漂亮，也不能称为优秀的课件。教学软件在选题时应注意，哪些内容需要用多媒体呈现，哪些内容不需要用多媒体呈现。通常认为，能够用传统方式取得良好的教学效果的内容，就不必费时费力地制作教学软件。教学软件的选题应遵循如下原则。

(1)有效性原则。有效性原则是指教学软件的使用能够为实际教学起到积极的促进作用，教师要"为需而用"，而非"为用而用"。也就是说，教学软件的制作者要根据教学需求来创作相应的教学软件，而不能不顾教学实际，为了使用多媒体而使用多媒体。

(2)针对性原则。针对性原则是指选题要针对传统教学中不容易表达的重点、难点内容，而非将教材的每个章节、每个内容都制成教学软件。如果教学软件的制作者不熟悉教学内容，那么在选题时一定要与有经验的教师一起讨论，确定主体。

(3)创新性原则。创新性原则是指教学软件要突出信息化教学的优势，体现先进的教育思想和方法。如果教师想利用教学软件让学生自主探究，那么选题就应该倾向于拓展材料丰富的内容；如果教师想利用教学软件提高教学的直观性，那么选题就应倾向于工作原理、电路运行等抽象性内容。

(4)效益性原则。效益性原则是指教学软件选题要考虑时间、精力、投入/产出比等经济效益。教学软件的选题一定要注意该软件的重复利用，使它的使用价值最大化，否则将会浪费大量的人力、财力、物力。教师在制作一个教学软件时，要先考虑现有的教学软件是否能够满足要求，然后再去创作新的教学软件。

(5)适用性原则。适用性原则是指教学软件的选题要符合学生的心理特征、学习水平和认知规律。教学软件面向的对象是学生，教师在选题时应注意学生的兴趣和基础，针对不同的学习对象开发不同的教学软件。

2. 教学理念

教学软件是信息化环境下教学信息传递的有效载体，教学软件应该能够体现出先进的教学理念或学习理念。新课程标准提出了一系列先进的教学理念，其中以建构性、生成性、多元性三个理念为核心。[①] 建构性体现在利用教学软件创设情境，为师生、生生之间的协作与对话提供一个平台，从而达到意义建构的目的；生成性则指从生命的角度，用动态生成的观点来看待课堂教学；以多元智能理论为基础的多元性体现了教学软件应充分考虑学生的差异性、多样性和独特性。多媒体网络技术提供的多重感觉刺激，如文字、图形、图像、视频、音频、动画等，能为学生的多元智能发展提供适应性的学习资源。

多元智能理论

加德纳认为，我们的智能是多元的，每个人都或多或少拥有 8 种多元智能（语言、逻辑、空间、肢体动作、音乐、人际、内省、自然探索），这八种智能代表了每个人不同的潜能，这些潜能只有在适当的情境中才能充分地发挥出来，这一全新的智能理论对于学校教育具有重要的意义。

3. 面向对象

一个教学软件不可能满足所有人的需求，教学软件的设计和开发应明确它的使用对象、面向的群体以及该群体的认知特征和知识基础，只有明确了使用者的学习特点，才能做出针对性的支持和帮助。教学软件的使用对象包括三大类：一是特定群体，如某年级的学生或老师，某学科的学生或老师，某知识领域的爱好者，等等；二是普通大众，这类软件的主要目的不是达到一定的教学目标，而是更好地向大众传递科普知识，如疾病常识、武术欣赏，等等；三是复合群体，这类教学软件的设计和开发既面向特定的专业群体，又可以适用于普通大众，如地震知识，等等。

4. 教学目标

教学目标或学习目标是教学活动的导向，是课件教学设计的出发点，也是课件评价的依据。教学软件创作的根本目的是促进学习，提高效率。一个完整的教学软件，应该具有明确的学习目标或教学目标，应该明确表明学习之后所达到的新要求和新技能。教学目标或学习目标的制定要注意不同学科的特点。学科性质的不同决定了对多媒体技术的需求也不尽相同——如数学类学科的目标设计强调培养学生的运算能力、逻辑思维能力及空间想象能力等；英语类学科的目标设计则瞄准学习者的语言技能、语言的实际应用，尤其是语言交际能力的培养。为了更好地设计和陈述学习目标或教学目标，教师可以采用 ABCD[②] 方法编写教学目标。这种方法认为学习目标或教学目标是对学习者通过教学以后将能达到何种状态的一种明确、具体的表述，是可观察、可测量的。

---

① 吴华、魏佳、胡宁：《学科多媒体课件的评价标准》，载《教育信息化》，2005(11)。

② 见本书第 1 章中教学软件的设计与开发方法部分解释。

5．内容组织结构

多媒体教学软件设计应对学科知识体系进行梳理和归类，改变教材的线性编排方式，使内容组织结构呈现出超文本的特性。教学软件的内容组织应符合一定的逻辑知识体系，遵循学生的认知规律，有利于学生的前后关联和深入学习。奥苏伯尔认为，教学内容的组织按照以下原则进行：一是逐渐分化原则，即首先应该传授最一般的、包容性最广的观念，然后根据具体细节对它们逐渐加以分化，这样可以为每个知识单元的教学都提供理想的固定点，对新知识的学习可以围绕这个固定点展开；二是整合协调原则，即当有些知识无法按照从概括到具体的序列来进行学习时，教学就必须考虑有关概念之间的横向联系，要明确有关概念之间的差异，防止混淆那些看似相同，其实含义不同的概念，同时也要找出不同知识块之间隐含的意义联系，防止因表面说法的不同而割裂知识，造成人为的障碍；三是先行组织者原则，"先行组织者"是先于学习任务本身呈现的一种引导性材料，通过呈现"组织者"，在学生已有知识与需要学习的内容之间架设一道桥梁，使学生能更有效地学习新材料。

6．学习活动

教学软件要突出多媒体教学的优势：注重学生的自主探究和协作交流。教学软件的学习活动设计应体现学习者的主体地位，以问题为纽带，注重过程探究和情感体验，强调通过探究掌握问题背后的知识。学习活动应注重活动情境、资源、活动主题、任务、活动过程、活动效果的设计，让学生在问题解决和探究过程中获得知识。活动的类型有很多，如探究式活动、合作学习活动、问题解决式活动，等等。

7．资源

教学软件不仅能够提供教材中的知识，它还能够超越教材，提供与学习内容相关的拓展资源。通过辅助性的资源，促进学生对主题知识的进一步深化认识。教学软件的资源包括很多种类，如文本材料、动画、视频、电子图书，等等。教学资源要思想健康，引用的材料、数据要符合事实，语言文字、公式符号规范，没有错别字和语法错误。教学资源的设置应突出重难点，呈现出递进性和层次性。另外，需要注意的是，拓展性资源不是越多越好，而是越有针对性越好。

8．激励与监控

教学软件的设计应能够激发学生的学习兴趣，保持学生的持续注意。教学软件根据不同的知识内容可以选择不同的激励策略：对于文本性材料，可以加以图片描述；对于原理性的知识，可以利用一些动画进行模拟，降低难度；对于微观或危险的实验，可以利用虚拟现实技术来再现；对于网络课程，可以设计学习监控，并对学生的学习轨迹做出有针对地反馈和调整。

9．交互

交互是教学软件的基本特征之一，交互功能的设计是教学软件成功与否的重要因素。教学软件的交互包括人机交互、师生交互和生生交互。人机交互不仅仅是导航、翻页等操作，它还包括问题回答、选择判断等操作；师生交互和生生交互包括网上的协作学习、专题讨论、作业练习、评测修改等操作。根据反馈的时效不同，交互有实时交互和非实时交互之分。交互使学生的学习行为获得反馈，使学习过程变为一个双向互动过程。在交互中反馈非常重要，因此在交互评价方面，反馈的评价不可或缺。在评价反馈时，应注重教学软件是否能够提供及时、具体、有启发意义的反馈，反馈内容的提示是否符合学习者的特征，反馈内容的提示时间是否过慢，反馈停留的时间是否过短等。学生使用过程中常见的交互类型如下。

(1)鼠标交互，利用鼠标移动选择位置，通过左键或右键点击实现交互操作。

(2)键盘交互，利用键盘进行交互，如 F1 键为帮助键，ESC 键为"退出"键。

(3)菜单交互，利用下拉菜单或全屏菜单进行交互。

(4)按钮交互，利用界面中的按钮进行跳转链接，等等。

10. 练习

教学软件练习模块的设计很重要，特别是对于自主学习型教学软件，学习者可以通过相关练习来检验、巩固和提高自己的所学内容，促进知识的迁移和运用。针对少儿的教学软件，练习最好以多媒体方式呈现；针对成人的教学软件，练习最好提供详细的分析与解答。

11. 评价

教学软件的评价既包括对教学软件本身的评价，也包括对学生学习效果的评价，通常包括使用满意度评价、作业评价、在线练习评价、学习过程评价等内容。评价可以促进教学软件的优化和升级，检验学生的学习效果，教学软件的评价应该及时和有效。

14.3.2　内容设计维度

内容设计维度的评价主要由熟悉教学内容的学科教师来评判，他们主要侧重于教学软件所呈现的知识内容的正确性、规范性、合理性、先进性、全面性、针对性以及引用他人知识内容的版权问题等内容的评价。内容设计维度可以从以下几个方面去实施评价。

1. 教学性

教学性是指教学软件内容要以教学或学习为中心，而不是以娱乐、游戏为中心。教学软件是一种新型教学媒体，它的制作必须符合教学大纲要求，做到立足于教材，而又不限于教材。

2. 科学性

内容设计科学严谨，能够适当反映、渗透学科领域的最新进展。具体指资料来源可靠，教学软件中所呈现的概念、原理、问题、词语、定义、说明、注释等科学准确，没有违背科学规律，没有思想性、学术性、表述性错误。不仅教学软件呈现的术语概念要正确，一些实验现象的描述和数据处理也要科学准确，不能弄虚作假。

3. 规范性

描述规范是指教学软件中的文字、符号、单位、公式等符合国家标准，符合学科内部的规范体系。教学软件中一些虚拟实验的操作过程也要科学规范，不能因为技术操作上的简便，而省略了某些步骤和环节。另外，在制作教学软件时，有时需要引用外部的资源、视频、图片，对于一些有明确来源、专业性较强的素材，应该规范地进行标注，尊重他人的知识产权。

4. 合理性

合理性是指教学软件的内容选择要符合该教学软件的整体风格，能够突出教学主题，并能体现出教学软件的层次性和逻辑性。教学软件不是百科全书，它的内容必须精炼，围绕教学目标进行安排，难易适度。如果教学软件的内容选择忽视了学生的知识基础和年龄特征，选择的教学内容太难或太易，都不会取得理想的教学效果。教学软件的内容选择最好处于学生的最近发展区中。

5. 先进性

先进性是指教学软件的内容选择要能够体现出本学科的前沿和发展趋势，而不是选择一些过时的内容。教学软件的先进性不是否定基础知识，而是在基础知识上加以拓展，能够体现出学科发展的新方向。另外，通过教学软件体现出来的教学方法也应符合先进的教育思想。

6. 多媒性

教学软件注重利用多媒体的表现手段来呈现教学内容，在制作过程中要处理好多种媒体表现手段之间的关系，避免"书本搬家"或"课堂银幕电影"的现象。教学软件的内容组织结构不是线性的，它采用超文本的方式来组织教学内容，内容与内容之间是相对独立的模块，并有明确的主题。

7. 实用性

教学软件应避免花哨，要充分融合视频、图片、音频、动画等多种媒体表现手段，文字不能太小和太多，学习内容与背景要对比明显，简洁明了。

8. 全面性

全面性是指教学软件的内容设置应能够基本覆盖教学目标，满足教学要求。如果教学软件中的知识点设置不全，那么必定会影响学生的学习效果。教学软件的内容选择，最好是技术人员和学科教师合作进行，先分析教学目标，然后根据教学目标选择教学内容，并同时考虑内容的呈现方式，如文本呈现、视频观摩、图片表现、虚拟现实等。

9. 针对性

针对性是指教学软件的内容选择要针对重点、难点，不能千篇一律，盲目堆砌。教学软件的内容选择，在考虑全面性的基础上，各有侧重，不能平均用力。对于一些重点、难点内容，要多设置一些内容和材料进行讲解；而对于一些不太重要的部分，则应适当简略。只有这样才能保证教学软件的目标突出，主题精练。

10. 个性化

个性化是指教学软件的内容能够符合不同学生特征的需求，内容不能是固定的，不能所有学生看到的都是固定不变的内容。教学软件在内容上要能够判断学生的学习特征、学习进度、学习结果，相应地为学生推荐合适的资源，实现教学软件在内容上的个性化，体现个性化学习和个性化教学特征。

11. 趣味性

教学软件的内容应具有一定的趣味性，能够吸引学生的注意力，能够激发学生的学习兴趣，能够帮助学生实现自主学习，使学生在一个愉悦的学习氛围中学习。内容的趣味性能够诱导学生深入阅读内容，思考内容。

12. 创新性

教学内容的创新性要求教学软件的设计者为学生提供新颖的教学材料、学习材料、学习案例等，使用最新的资源帮助学生获得新的发现、新的观点、新的知识。教学内容的创新性可以表现在以内容反映时代特点，从新的角度描述事物，提供新的材料等。

13. 版权

版权是指内容提供者依法对该内容享有的所有权和支配权。教学软件往往提供大量的知识内容，如文本、图片、视频、声音、动画等。如果教学软件中的知识内容引用了他人的东西，一定要注意所引用知识没有侵权行为，必要时要注明资料来源，并做出声明和解释。

14.3.3　多媒体呈现设计维度

多媒体呈现设计维度的评价主要由具有美术功底、懂计算机色彩构图的专家来评判，他们主要侧重于教学软件的界面布局、整体风格、色彩、导航及多媒体素材（文本、声音、图片、视频、动画等）的状态和质量等内容的评价。多媒体呈现设计维度可以从以下几个方面去实施评价。

630

1. 界面布局

教学软件的布局是指一个页面中各种元素和媒体之间的相互搭配和位置关系，教学软件的布局要注意突出主体、画面均衡、整体一致。教学软件的界面布局要能够充分调动学习者的直觉思维，激发学生的使用兴趣。教学软件设计过程中，界面的布局要注意文本、图片、声音、动画的合理分布，比如，某些重要内容在经过图片或动画演示之后，最好要通过文字来呈现结论，便于学生理解和记忆。一般来讲，页面的长度不要超过三屏。

2. 整体风格

教学软件的整体风格要和谐统一，给人以美的熏陶和精神享受，让学生乐于接受，便于理解。教学软件中的声音、文本、图片、视频、动画等各种媒体以及色彩、背景、链接、导航等各种组成要素要能够最大限度地融为一体，能够给学生带来愉悦的体验。

3. 色彩

教学软件应保持一个主色调，各个子模块的色彩风格要与主色调一致，整个教学软件的风格要统一，应避免两个页面之间的色彩反差过于强烈。在设计多媒体的页面时，对色彩的处理要根据内容的主次、风格以及学习对象来选择合适的色彩作为主体色调，如内容活泼的常以鲜艳、亮丽的色调来表现；柔性的则以粉色系列来传达；政治、文化类的以绿色来衬托；一些科技类及专业内容则以蓝色、灰色来定调；古诗词的教学多用棕黄色调，突出古典的气氛；科技类主体多用蓝色调，突出学术氛围。教学软件中的整幅页面要保持一个主色调，背景与所用媒体的色调要基本一致，相互之间在颜色的深浅度上要形成反差，以使媒体（主要是字幕）在背景衬托下显得清爽明亮。此外，网络课件的背景一般采用白色，而单机版多媒体课件（包括电子提纲）的背景常采用深色或浅色调，不仅为了衬托媒体，更重要的是为了装饰和美化的方便，如做一些过渡色及边框修饰，镶嵌一些图案、材质和花纹等。[①]

人对色彩的感知

实验表明，人对各种色彩的感受是不一样的，红色、橙色、黄色使人感到温暖，蓝色、青色、白色使人感到寒冷，感知最快的依次是红色、绿色、黄色，最慢的是白色。各种色彩对人的视觉刺激的强度也不一样，一般说来，暖色大于冷色，原色大于补色，补色又大于消色，红色最强。

4. 导航

教学软件的导航要结构清晰、外观简明、操作简便，能够体现教学软件的知识体

---

① 曹跃球：《多媒体课件中视听信息的处理艺术》，载《网络科技时代（信息技术教育）》，2002(1)。

系结构。导航的层次要清晰，风格要一致，避免使用者产生迷航现象。教学软件内部复杂的结构关系，会使学生迷失方向，不清楚自己的学习路径。导航设计是为了帮助学生明确知识体系，解决"信息迷航"现象。常用的导航策略有如下几点。

（1）目录导航，通过目录进行跳转。

（2）检索导航，通过查找关键词来实现定位。

（3）结构图导航，通过概念图、超文本结构图等实现的导航。

（4）记录导航，将学生的学习路径记录下来，可以方便地按原路返回。

（5）标签导航，为学生设置一些拓展阅读的"书签"，使学生能够快速地跳转到指定内容。

5. 多媒体素材

教学软件的多媒体素材主要有文字素材、图形/图像素材、音频素材、视频素材、动画素材等几种，多媒体素材的设计要认真仔细，各种素材之间的组合要有机统一。

文字素材是教学软件中最主要的信息载体，文字必须要精练，每屏的文字不能太多，标题和重点内容要加粗。文字的设计最好综合考虑色彩、字体、字号、粗细等特征，设计出主体突出、吸引学生的文本来。一般来讲，文本的颜色要与背景色形成对比，一页屏幕中的文本不宜过多。

图形/图像素材具有较强的直观性，给学生丰富的视觉感受。图形/图像素材包括实物图、模型图、统计图等几种，图形/图像必须清晰、美观，必要时用图像处理软件进行处理。图片材料可以对文本信息进行有益的补充，教学软件中的图片要求画质清晰，分辨率高（讲解图像处理效果、特效的图片除外），大小适宜，能自然地融入界面中。

音频素材的表现形式多种多样，主要包括解说、背景音乐、音响等几种。解说是对教学内容的解释说明，一定要准确、生动、清晰。背景音乐可以烘托画面，营造出文字、图片等无法表达的氛围。音响是教学软件中物体运动发出的声响，能够增加教学软件的真实感。音频素材的采集、格式转换要注意音质，避免杂音。声音效果可以使教学软件变得轻松活泼，教学软件中的声音应当清晰无杂音，配音标准流畅，语速适度且节奏合理，音响和配乐相得益彰，并与内容情节协调一致。

视频素材有利于情境创设，能够丰富学生的直观体验，开阔学生的视野，激发学生的情感。视频素材要设定开始、暂停、停止等按钮，可以拖放和快进、快退。如果视频素材与文本、图片素材同时呈现，要注意保持两者之间同步。

动画素材可以将抽象的原理转化为直观的模型，降低学习难度。无论是二维动画，还是三维动画，都应保证画面连贯，清晰流畅。

6. 结构组织

教学软件的结构组织一般采用超媒体的设计方式，通过节点和链来组织各个模块之间的相互关系，通常有线性结构、树状结构、网状结构和复合结构等几种结构组织形式。教学软件的主结构通常采用树状结构，将学校内容链接在各个子模块中，而帮助和检索通常采用网状结构，可以按时间、关键词、点击率等多种方式查询。

7. 艺术性

画面艺术：画面具备较高的艺术性，媒体多样，选材适度，设置恰当，创意新颖，构思巧妙，节奏合理，整体标准相对统一。

语言文字：课件所展示的文字规范、简洁、明了。

声音效果：声音清晰，配音标准，音量恰当，快慢适度，对课件有充实作用。

14.3.4　说明与包装维度

总体要求从整体和全局的角度规定了教学软件的特征和功能，在此部分要界定概念术语、说明教学软件的类型、面向对象、教学软件的主要特点和功能、使用方式和运行环境等。说明与包装维度可以从以下几个方面去实施评价。

1. 术语界定

对教学软件的名称和相关术语进行界定，以免引起歧义和误解，如课件、教学软件、多媒体课堂教学、网络课件等术语。

2. 软件类型

明确注明教学软件的类型，并对该类型的课件加以解释，如助教型、助学型、演示型、仿真型、自学型等类型。

3. 面向对象

教学软件的面向对象要明确，并分析该对象的学习特征、知识基础、能力水平以及应用该教学软件的前景，如学习某专业的学生、全校选修某课程的学生、某一领域的业余爱好者等对象。

4. 特点和功能

阐明教学软件的主要特点以及功能，让教学软件的使用者能够有一个清晰的整体认识。例如，该教学软件包含了大量的视频案例、该教学软件利用虚拟现实技术对某一工程原理进行详细的描述、该教学软件的突出特色是人机交互，等等。

5. 使用方式

说明教学软件的使用方式，让使用者明白教学软件的最佳适用场所，如辅助课堂教学、进行网络教学、学生自主学习和练习等。

6. 运行环境

教学软件必须指明其相应的运行环境，包括硬件运行环境、软件运行环境和网络运行环境。硬件运行环境通常包括教学软件运行的计算机配置信息，如机型、CPU、内存、硬盘空间、光驱、显卡、声卡、图形加速卡配置信息。软件运行环境通常包括教学软件运行的操作系统、安装和卸载要求、是否自动运行等内容。网络运行环境通常包括网络操作系统、工作方式、是否支持无盘工作、网络安全与加密等内容。

7. 脚本编写

脚本编写是教学软件制作的重要内容，需要学科教师、计算机人员和美工人员协同完成。脚本编写包括脚本设计和脚本制作两个阶段：脚本设计主要规划教学软件中的知识内容结构，将教材内容转化为结构化的组织方式；脚本制作主要是由技术人员将先前设计的脚本转化为可操作、可编程的形式。脚本编写要注意模块书写的完整性，每个知识点要有标题和序号，便于查找和检索。由于教学软件的内容主要是分屏幕呈现的，因此在脚本编写时注意每个脚本与屏幕页面的结合，每个屏幕可以制成一个或几个脚本，并注意标明内容与素材之间的关系。教学软件的后期加工主要是技术人员和美工人员的工作，他们将制作好的脚本和素材进行整理、集成。在后期加工阶段，要注意沟通交流，改进设计，弥补最初设计方案的不足和缺陷。

8. 说明文档

教学软件的说明文档能够帮助使用者快速了解和熟悉教学软件内容，说明文档要包括教学软件的设计背景、术语定义、功能概括、性能需求、安装过程、运行环境等内容。如果教学软件在以前进行了系统测试和试验，那么测试的过程和效果也应一并写入，公正客观地反映事实。对于教学和学习"双用型"的教学软件，说明文档可以分为教师手册和学生手册两部分，根据各自的特点分别编写。

9. 评审与验收材料

为了保证教学软件的质量，在正式使用之前必须经过内容审查和技术测试。教学软件的验收通常有用户试用和专家评审两种方式。教学软件的试用用户可以是教师，也可以是学生。试用过程可由学校相关部门组织进行，除了检查是否达到预期目标外，还要检查是否存在技术错误。教学软件在经过初步试用后，学校组织校内外的专家进行评审，学科专家重点检查内容的准确性和科学性，技术专家重点检查教学软件的操作和功能。在检验过程中，要注意对一些不常见的操作进行检查。评审与验收材料是教学软件进行前期诊断性评价的重要材料。

10. 出版与包装

教学软件的出版必须注意内容科学准确，无政治性错误，名词术语和计量单位符合国家标准，标点符号遵循各学科的通用用法。另外，在教学软件的包装上，要写明出版单位、出版时间、著作权、联系方式、出版序号等内容。

634

14.3.5　使用效果维度

使用效果维度的评价主要由使用教学软件的教师和学生来评判，他们主要侧重于教学软件能否促进教学或学习，能否在课堂环境下激发学生的学习兴趣，能否将教学内容化繁为简、化难为易，能否支持个别辅导和个性化学习，能否减轻教师负担，能否促进学生自我探究等方面的评价。使用效果维度可以从以下几个方面去实施评价。[①]

1. 学习兴趣

教学软件的界面设计应图文并茂、导航清晰，视频、音频和动画的应用应能够提高学生的学习积极性。一个好的教学软件应综合多种媒体表现手段，超越传统课本的纯文本教学方式，让学生能够自觉地使用它们。

2. 降低认知负荷

教学软件作为一种计算机辅助教学手段，应该能够减轻教师的负担。如果教学软件不能减轻教师的工作强度，反而让授课教师感觉是一种额外负担，那么这样的教学软件不能算是符合标准的教学软件。另外，教学软件的内容应按照多媒体认知的原理进行组织，使学生能够比较轻松地学会学习内容，降低学习过程中的认知负担。

3. 提供个别化学习

教学软件可以作为课堂教学的辅助和补充，弥补集体授课的不足。学生可以通过教学软件进行个别化学习，自我安排学习内容和学习进程。

4. 支持自主探究与练习

教学软件为学生的探究学习提供了良好的情境，能够帮助学生在探究过程中发现问题，并尝试解决方案。教学软件帮助学生自主学习，通过交互和反馈加强学生的自主探究，提高自主学习效果。学生通过教学软件进行探究和练习，没有思想负担和心理压力。

14.3.6　运行质量维度

运行质量维度的评价主要由软件设计专家、多媒体专家或者计算机专家来评判，他们主要侧重于教学软件的开发工具，安装、运行与卸载，可操作性，稳定性，浏览与下载速度，可扩充性，可移植性等方面的评价。运行质量维度可以从以下几个方面去实施评价。

---

① 宗越：《提高教学质量的新途径——"无机及普通化学原理"课件使用效果分析》，载《大学化学》，1994(5)。

1. 开发工具

教学软件的开发依托一定的技术工具和平台，在开发工具和开发环境的选择上，一定要能够满足教学需求，选择最合适的开发方案。合适的就是最好的，不要盲目追求功能强大、完善的技术工具。

2. 安装、运行与卸载

教学软件的运行有多种方式，有的教学软件直接双击即可运行，有的教学软件需要安装后才能运行。不管哪种方式的运行，一定要注意不能对运行环境有过高的特殊要求，要尽可能在通用环境下运行。一般来讲，教学软件的安装要简便，运行要稳定，卸载要完全。

3. 可操作性

教学软件的操作应简便快捷，简单灵活，操作方式前后统一，链接点击响应迅速。对于导航复杂的教学软件，最好带有检索工具，能够快速准确查找所需要的教学内容。

4. 稳定性

稳定性反映了教学软件在运行过程中的容错能力，教学软件在开发完成后，要经过反复测试，尽可能排除潜在的出错因素。另外，如果教学软件在运行过程中出现了意外中断，如人为误操作或恶意破坏、系统断电、程序出错等，在重启后应该依然能够继续良好运行。

5. 浏览与下载速度

对于网络型教学软件而言，浏览与下载速度也是评判其质量好坏的指标。如果网页的浏览速度太慢，或者资源长时间不能完全下载，都会影响学生的使用兴趣。

6. 可扩充性

教学软件的可扩充性要求它的内容、模块能够方便修改，在试用过程中可以根据反馈效果进行添加、删除和完善。

7. 可移植性

教学软件的可移植性反映了它在不同环境下的运行状况，教学软件应该能够在多种机器配置环境中运行，并可以跨平台使用。

8. 易维护性

软件的易维护性是指维护人员对该软件进行维护的难易程度，包括理解、改正、改进软件的难易度。

9. 插件

教学软件的某些功能需要相关插件来运行，如果普通运行环境下没有所需要的插件，那么教学软件应该提供插件的下载和安装，甚至可以在运行过程中自动安装。

10. 技术文档资料

技术文档资料是教学软件关于技术实现和功能描述的说明性文档，它一般包括系统架构、运行环境、系统功能模块、用户使用说明等内容。技术文档资料有助于使用者对教学软件的了解，所以应该详细和完整。

14.4
典型的教学软件评价标准

教学软件评价是指根据一定的准则，采用科学的方法和操作规程，对教学软件进行审核、评议，并对其使用效果进行价值判断。教学软件的评价，不仅是对教学软件制作者工作绩效的评判，更重要的是对教学软件的教育价值进行评估。教学软件的评价受学科、对象、类型的影响很大，如果仅从技术实现、页面效果来评价，难免有失偏颇。教学软件的评价有相应的指标体系和评价标准参照，可以客观、全面、合理地评价教学软件的好坏。本节将介绍几个社会认可度较高、有实践价值的教学软件评价标准，希望能给教学软件的制作者带来帮助。

14.4.1 全国多媒体课件大赛评价标准

为了提高学科教师的课件制作水平，促进现代教育技术在教学中的应用，教育部教育信息管理中心每年举办一次全国多媒体课件大赛。全国多媒体课件大赛向全国各级院校的学科教师和信息技术人员征求参赛作品，邀请现代教育技术专家和各学科领域的知名专家进行评审。全国多媒体课件大赛本着"公正、公开、科学、规范"的评审原则，通过专家的评审，遴选出优秀作品，并向全国推广。全国多媒体课件大赛的评价标准分为网络版和单机版两种，根据参赛作品的类型予以评价。表 14-4-1是第十六届全国多媒体课件大赛评分标准（网络版），表 14-4-2 是第十届全国多媒体课件大赛评分标准（单机版），表 14-4-3 是第十六届全国多媒体课体大赛评分标准（微课组）。[①]

---

① 编辑注：表 14-4-1 至表 14-4-3 引用时无修改。

表 14-4-1　第十六届全国多媒体课件大赛评分标准(网络版)

一级指标 (分值)	二级指标 (分值)	三级指标 (分值)	指标说明
教学内容 (20 分)	科学性规范性 (10 分)	科学性 (5 分)	教学内容正确,具有时效性、前瞻性;无科学错误、政治性错误;无错误导向(注:出现严重科学错误取消参赛资格)
		规范性 (5 分)	文字、符号、单位和公式符合国家标准,符合出版规范,无侵犯著作权行为
	知识体系 (10 分)	知识覆盖 (5 分)	在课件标定范围内知识内容范围完整,知识体系结构合理
		逻辑结构 (5 分)	逻辑结构清晰,层次性强,具有内聚性
教学设计 (40 分)	教学理念及 设计(20 分)	教育理念 (10 分)	充分发挥教师主导、学生主体的作用,注重培养学生解决问题、创新和批判能力
		目标设计 (5 分)	教学目标清晰、定位准确、表述规范,适应于相应认知水平的学生
		内容设计 (5 分)	重点、难点突出,启发引导性强,符合认知规律,有利于激发学生主动学习
	教学策略与 评价(20 分)	教学交互 (5 分)	较好的人机交互,有教师和学生、学生和学生的交互、讨论
		活动设计 (5 分)	根据学习内容设计研究性或探究性实践问题,培养学生创新精神与实践能力
		资源形式与 引用(5 分)	有和教学内容配合的各种资料、学习辅助材料或资源链接,引用的资源形式新颖
		学习评价 (5 分)	有对习题的评判或学生自主学习效果的评价
技术性 (25 分)	运行状况 (10 分)	运行环境 (5 分)	运行可靠,没有"死机"现象,没有导航、链接错误,容错性好,尽可能兼容各种运行平台
		操作情况 (5 分)	操作方便、灵活,交互性强,启动时间、链接转换时间短
	设计效果 (15 分)	软件使用 (5 分)	采用了和教学内容及设计相适应的软件,或自行设计了适合于课件制作的软件
		设计水平 (5 分)	设计工作量大,软件应用有较高的技术水准,用户环境友好,使用可靠、安全,素材资源符合相关技术规范
		媒体应用 (5 分)	合理使用多媒体技术,技术表现符合多媒体认知的基本原理

续表

一级指标（分值）	二级指标（分值）	三级指标（分值）	指标说明
艺术性（15分）	界面设计（7分）	界面效果（3分）	界面布局合理、新颖、活泼、有创意，整体风格统一，导航清晰简捷
		美工效果（4分）	色彩搭配协调，视觉效果好，符合视觉心理
	媒体效果（8分）	媒体选择（4分）	文字、图片、音频、视频、动画切合教学主题，和谐协调，配合适当
		媒体设计（4分）	各种媒体制作精细，吸引力强，激发学习兴趣
加分（2分）	应用效果（1分）		已经得到广泛应用，取得了良好的应用效果，有较大的推广价值
	现场答辩（1分）		表述清晰、语言规范、材料充实、重点突出；快速准确回答问题，熟练演示课件

表 14-4-2　第十届全国多媒体课件大赛评分标准（单机版）

一级指标（分值）	二级指标（分值）	三级指标（分值）	指标说明	评分范围		入选系数
				二级指标	一级指标	
教学内容（30分）	科学性规范性（10分）	科学性（5分）	教学内容正确，无科学错误，无错误导向（0～5分）	0～10分	0～30分	C1
		规范性（5分）	文字、符号、单位和公式符合国家标准，符合出版规范（0～5分）			
	知识体系（10分）	知识覆盖（5分）	知识内容在所界定的范围内完整，知识体系结构在制作量要求范围内完整（0～5分）	0～10分		
		逻辑结构（5分）	逻辑结构清晰，层次性强，具有内聚性（0～5分）			
	资源应用（10分）	资源形式（5分）	有和教学内容配合的各种资料、学习辅助材料（0～5分）	0～10分		
		资源引用（5分）	采用规范化的引用标注，说明资源来源，无侵权行为（0～5分）			

续表

一级指标 （分值）	二级指标 （分值）	三级指标 （分值）	指标说明	评分范围		入选 系数
				二级 指标	一级 指标	
教学设计 （25 分）	目标组织 （8 分）	目标设计 （4 分）	教学目标清晰、定位准确、表述规范，适应于相应认知水平的学生（0～4 分）	0～ 8 分	0～ 25 分	C2
		内容设计 （4 分）	重点、难点突出，启发引导性强，符合认知规律，有利于激发学生主动学习（0～4 分）			
	学习设计 （17 分）	教学交互 （4 分）	较好的人机交互（0～4 分）	0～ 17 分		
		习题实践 （4 分）	多种形式的题型、题量丰富；模拟实践环境，注重能力培养（0～4 分）			
		学习评价 （4 分）	有对习题的评判或学生自学效果的评价（0～4 分）			
		活动设计 （5 分）	根据学习内容设计研究性或探究性实践问题，培养学生创新精神与实践能力（0～5 分）			
技术性 （25 分）	运行状况 （10 分）	运行环境 （5 分）	没有"死机"现象，没有导航、链接错误，容错性好，尽可能兼容各种运行平台（0～5 分）	0～ 10 分	0～ 25 分	C3
		操作情况 （5 分）	操作方便、灵活，交互性强，启动时间、链接转换时间短（0～5 分）			
	设计效果 （15 分）	软件使用 （5 分）	采用了和教学内容及设计相适应的软件，或自设计了适合于课件制作的软件，避免非必要的插件使用（0～5 分）	0～ 15 分		
		设计水平 （5 分）	设计工作量大，软件应用有较高的技术水准，用户环境友好，使用可靠、安全，素材资源符合网络使用的技术规范（0～5 分）			
		媒体应用 （5 分）	合理使用多媒体技术，技术表现符合多媒体认知的基本原理（0～5 分）			

续表

一级指标 （分值）	二级指标 （分值）	三级指标 （分值）	指标说明	评分范围		入选 系数
				二级 指标	一级 指标	
艺术性 （20分）	界面设计 （10分）	界面效果 （5分）	界面布局合理、新颖、活泼、有创意，整体风格统一，导航清晰简捷（0～5分）	0～ 10分	0～ 20分	C4
		美工效果 （5分）	色彩搭配协调，视觉效果好，符合视觉心理（0～5分）			
	媒体效果 （10分）	媒体选择 （5分）	文字、图片、音、视频、动画切合教学主题，和谐协调，配合适当（0～5分）	0～ 10分		
		媒体设计 （5分）	各种媒体制作精细，吸引力强，激发学习兴趣（0～5分）			
加分 （20分）	应用效果 （10分）		已经得到广泛应用，取得了良好的应用效果，有较大的推广价值（0～10分）	0～ 10分	0～ 20分	
	创新创意 （10分）		设计独到、创意新颖（0～10分）	0～ 10分		

表 14-4-3　第十六届全国多媒体课件大赛评分标准（微课组）

一级指标（分值）	二级指标（分值）	指标说明
作品规范（10分）	材料完整（4分）	材料包含微课视频、教学设计方案、微课录制中使用的辅助扩展资料、课件、习题等
	技术规范（6分）	视频长度8～10分钟；视频图像清晰稳定、声音清楚，构图合理；主要教学环节配有字幕；文字、符号、单位和公式符合国家标准；方便学习者选择停止和继续播放等
教学设计（30分）	选题（4分）	所选主题紧紧围绕一个主要知识点或主要教学问题，适合以微课的形式展现；有助于学生事先学习或理解、巩固或扩展所学课程内容
	教学目标（4分）	教学目标正确、明确、具体，教学思路清晰；能够解决教学内容中的难点、重点、个性化教学等问题，提高教学效率
	教学内容（7分）	教学内容适当、准确，无科学性、政策性错误，能理论联系实际，反映社会和学科发展，能确保教学目标的实现
	学习者（5分）	微课教学目标和教学内容适合学习者的年龄和认知发展水平；根据学习者的个性差异有相应处理
	教学策略（10分）	教学顺序、教学活动安排、媒体的选择等适合确定的教学目标、教学内容和学习者特征

续表

一级指标(分值)	二级指标(分值)	指标说明
教学实施(25分)	教学呈现(15分)	教学导入简短顺畅，促进学生回忆先前知识经验；新内容的呈现能激发学生学习的动机；教学具有启发性、指导性，有助于学生建构或巩固知识，形成能力，建立态度
	教学语言、节奏或教态(10分)	如有声音，普通话讲解，语言清晰生动，表达能力强；如有教师出现，仪表得当，教态亲切自然大方，展现良好教学风貌；教学节奏适合学生的学习，具有较强感染力
技术实现(30分)	操作与传播展示(15分)	便于教学演示操作，能够通过网络便捷传播，具有较强的通用性，易于学生在各种技术环境下观看(兼容PC、手机等)
	教学视频制作(15分)	选用的制作软件适当，编辑制作准确，符合通常教学和学习环境的使用；视频播放格式兼容性好，主要采用高清、标清标准；文件量适度
教学效果(5分)	应用推广(5分)	有良好的应用效果，受到学生的普遍欢迎，具有在相关专业或学科上推广的价值
加分(5分)	学员网评(5分)	作品点击率高、投票较多、学生评价好；作者与学生互动良好

14.4.2　网络课程评价标准

在线学习的认证标准是使用 Angoff 方法开发而成的。该标准从三个方面对在线学习进行了评价，分别为可用性、技术性和教学性。其中，可用性包括 8 个子项，主要针对学生在网上学习时操作的易用性和易读性，如导航、界面、帮助、提示信息和素材内容质量；技术性包括 6 个子项，该部分提出了网络课件安装、运行和卸载时的技术指标；教学性包括 18 个子项，在这一标准中所占比重最大，它从教学设计的角度，对目标、内容、策略、媒体、评价等各个方面提出了要求。[①] 在线学习的认证标准采用等级量表的形式，满分为 100 分，合格为 60 分(为了统计方便，在翻译时将等级转换成了分数)。表 14-4-4 是在线学习的认证标准评价量表，该评价量表可以作为网络课程的评价参考。

[①]　L. Gillis，E-learning Certification Standards，http：//www.workflow.ecc-astdinstitute.org，2020-10-01.

Angoff **方法**

一种被评价专家认为是确定合格最可靠的标准参照法之一，因为它是基于命题专家们的综合判断。要求专家审阅每一项，确定每一项指标的得分概率。这些概率的平均值乘项目总数，其结果就是最低限度的得分。最终的合格线是基于这种综合判断和平均标准误差的计算。最后，对每项得分计算各种分析和可靠性指数。

表 14-4-4 在线学习的认证标准评价量表

一级指标	二级指标	评分标准	分值
可用性	导航	课程中没有导航与指向，且没有关于路径的帮助信息	0分
		导航不便或混乱，学生虽然可以操作路径与使用导航功能，但可能要遇到不少困难	1分
		导航界面虽然有时不够直观，但经过了精心的设计，学生在读了导航介绍和帮助信息后，能够操作导航路径和使用其他功能	2分
		界面非常直观，学生在没有指导和帮助的情况下就可轻而易举地操作导航路径和使用其他功能	3分
	定位	页面缺少标题或缺少习惯性提示来确定学生的位置。无法在菜单或者路径图中确定学生在课程中的位置。路径菜单不易达到或图不常见。符合上述三条之一，均不得分	0分
		全部的页面都有标题或使用不同的习惯以确定淡宜生目前的位置，以及学生目前的位置很容易识别或者要时常看到课程中的菜单条或者路径图	1分
	反馈提示	几乎没有	0分
		偶尔有提示	1分
		通常有提示	2分
		一直都有	3分
	链接效率	链接经常中断	0分
		链接偶尔中断	1分
		除较少数情况外都有链接机制	2分
		全部都有链接机制	3分
	链接外观	几乎不清晰与正确	0分
		偶尔清晰与正确	1分
		通常都是清晰的和正确的	2分
		一直清晰与准确	3分

续表

一级指标	二级指标	评分标准		分值
可用性	帮助	没有帮助模块		0 分
		帮助模块虽然提供路径导航和功能使用的信息，但导向不准确、不完整或因为一些疏漏，难以真正起到帮助作用		1 分
		帮助模块提供课程导航和主要功能与特性的信息，且指导是正确和有效的		2 分
		帮助模块提供课程导航和全部功能与特性的信息，而且导航正确、完整和有效		3 分
		没有帮助模块，但路径是如此的直观和容易以至于使用帮助是不必要的		4 分
	易读性	对于多数读者来说是完全不能辨认的		0 分
		对于多数读者来说是不容易辨认的		1 分
		对于多数读者来说通常是可以辨认的		2 分
		对于多数读者来说始终是可以辨认的		3 分
	文本作品的质量	文本材料作品质量不高，有许多语法、拼写、排版或者格式错误		0 分
		文本材料作品质量一般，有一些语法、拼写、排版或者格式错误		1 分
		文本材料作品质量高，仅仅有少数语法、拼写、排版或者格式错误		2 分
		文本材料作品质量较高，没有语法、拼写、排版或者格式错误		4 分
技术性	技术要求	不符合下述标准		0 分
		对于网络课程：全部的要求在卖方网站上有列表说明	对于单机版的课程包（CD-ROM、DVD），必须以下两项均符合才可得分：全部的要求在软件包里都有列表说明；全部的要求在卖方网站上都有列表说明	1 分
	安装	课程无法安装		0 分
		只有技术专家能安装课程，说明书中没有制作说明		1 分
		课程可以安装，但要求提供在线支持或求助帮助系统		2 分
		学生根据屏幕的导向能安装课程		3 分
		课程自动安装		4 分

644

续表

一级指标	二级指标	评分标准	分值
技术性	卸载	没有提供课程卸载说明	0分
		只有技术专家才能卸载课程	1分
		课程可以卸载，但是要求在线支持或求助帮助系统	2分
		学生可以按照屏幕的指导或使用标准操作系统中控制面板的安装/卸载程序来卸载课程	3分
	可靠性	在正常的运行时课程出现故障或主要部分无法工作	0分
		课程部分损坏或不能达到预定目标	1分
		学生仅仅在桌面上和 Web 上遇到的一些小故障，但有些数据可能丢失	2分
		假设课程运行中有一点小故障，重新开始课程能正常运行，不会产生数据和书签的丢失	3分
		课程运行没有故障	4分
	响应	除最小的项目外，学生能改变全部项目的大小或下载的时间	0/2分(三项中至少有两项符合就可得分)
		系统的反应与学生的操作协调一致	
		有意义的内容(在网页或屏幕上)的下载速度平均在 4 秒内	
	从 CD-ROM、DVD、Wbt 中退出	不符合下述要求	0分
		退出按钮/图标任何时候都在屏幕上或仅仅有一两次不在	1分
教学性	学习目标	没有呈现课程学习目标、缺少主要学习内容的单元目标或学习目标不符合要求	0分
		若学习目标符合要求，以及呈现了课程目标和主要的内容单元目标	1分
	应用要求	没有学习目标来要求学生应用新知识和技能	0分
		大多数目标要求学习回忆知识，但学习时的问题、情境或任务都脱离了现实	1分
		目标均匀地分为两部分：要学生对原有知识回忆和应用新知识和技能，但可能仅仅有部分任务与他们的工作或个人生活密切相关	2分
		大部分目标要求学生应用新知识，但可能一些任务与他们的工作或个人生活密切相关	3分
		大多数目标要求学生应用新知识，与学生的工作和个人生活中碰到的问题，情境或任务密切相关	4分

续表

一级指标	二级指标	评分标准	分值
教学性	引起注意和兴趣的维持	没有对学生的激励机制	0分
		教学中使用的策略以引起注意并维持兴趣，但与主要内容无关，会分散学习者的注意力	2分
		教学中使用的策略与所教授的内容相关，但可能无法引起或维持学生的注意和兴趣	2分
		教学中使用的策略既与所教内容有关，又能有效地引起和维持学生的注意和兴趣	4分
	维持动机	教学中很少使用任何一种策略以促使学习者参与学习和维持他们的学习动机，学生有可能产生烦恼、挫折或者被动的感觉	0分
		使用一些策略，但不太适当，这些策略对于提高学习者学习主要的课程内容是失败的以及可能达不到学习目标	1分
		在一般场合中使用适当的策略以维持学生的学习动机和提高他们学习主要内容的兴趣，但是学生可能失去兴趣或感到心烦意乱	2分
		持续使用适当的策略以便促使学生在整个学习过程中参与学习和维持他们的学习动机	3分
	引出相关知识	没有引起学生对有关知识的回忆或提供给学生相关的经验	0分
		教学中很少使用策略以引出学生的有关知识或者提供与学习相关的经验；使用的策略只是一些肤浅的，不适合于教学，不适合于学生，甚至是在浪费时间	1分
		虽然使用引起学生的有关知识或提供相关经验的策略，但在某些情况下，这些方法可能不适合于教学或学生，无法达到学习的目的	2分
		教学中使用了引出学生的有关知识或提供与学习相关经验的策略，而且这些策略也适合于学生并可能达到学习的目的	3分
	演示例子和范例	很少使用例子或案例，或者完全不使用	0分
		虽使用例子或案例，但难以满足需要	1分
		虽经常使用例子或案例，但只有在个别时才使用	2分
		虽经常使用例子或案例，但在某些场合只有需要时才使用	3分
		在整个教学过程中充分使用例子或案例	4分

续表

一级指标	二级指标	评分标准	分值
教学性	阐明学习内容	例子或案例对于以下几种情况是不够充足的：它们缺少重要的属性或不够详细，不适合学习内容，不能阐明学习内容，或者太难不容易理解	0分
		例子或案例达不到要求，有时它们能充分地阐明学习内容，有时又不能	1分
		在大多数场合，例子或案例能充分阐明学习内容，但对于学生的引导不够充分	2分
		例子或案例能充分地阐明学习内容的重要属性，且对于复杂的例子或案例也有充分的指导以便学习者能够理解	3分
	提供练习	没有实践练习	0分
		缺少有关的实践活动支持学习目标、实践与它们要支持的目标不同，或者它们的内容与目标无关	1分
		有与学习目标有关的实践活动，但在所提供的活动中部分与所支持的学习目标不一致	2分
		有与学习目标有关的实践活动，但实践目标与它们所要支持的目标或内容偶尔不同	3分
		有与学习目标有关的实践活动，这些实践目标与它们所要支持的目标或内容一致	4分
	促进相邻知识的迁移	若没有借助工具或真实生活中工具的代替物（或模拟真实生活中对知识的应用），学生在实际操作时可能有很大的困难	0分
		虽然有时借助工具或真实生活中工具的代替物，但学生在将知识应用到实际中可能有很大的困难	1分
		练习中有时使用工具或真实工具的代替物，学生能将大部分知识应用于实际中	2分
		练习中始终借助工具或真实工具的代替物，学生能够将知识应用在现实生活中	3分
	促进无关知识的迁移	只有一种类型的问题、情境和任务	0分
		在大多数练习中，问题、情境和任务有很少的变化，学生不能在新环境或真实生活的任务中使用他们最近获得的技能	1分
		一些练习采用问题、情境或任务的变式，但在其他部分中却缺少变式	2分
		大多数练习使用了超过一种的问题、情形或任务，学生在新环境中使用的技能会有较大的困难	3分
		大多数练习使用了一系列不同的问题、情境或任务，为学生在新的环境和实际任务中使用他们所获取的新技能提供了充分的准备	4分

续表

一级指标	二级指标	评分标准	分值
教学性	提供综合的练习机会	没有这种综合练习的机会	0 分
		提供综合练习的机会，但这些练习不能达到学习目的	1 分
		虽然有综合练习的机会，但他们不可能整合所学课程中所有的技能和知识	2 分
		提供了综合练习以帮助学生整合他们所学课程的主要内容	3 分
	提供反馈	完全不提供	0 分
		活动中很少提供	1 分
		一些实践活动中提供	2 分
		大多数实践活动中提供	3 分
		全部实践活动中提供	4 分
	相邻知识迁移的反馈	一贯缺少反馈	0 分
		反馈通常不能提供有用的解释及正确的答案与方法，学生在理解与改正错误时将十分困难	1 分
		反馈通常缺少有用的解释或正确答案中的一种	2 分
		反馈通常能提供有用的解释和正确答案，但有时学生可能无法理解	3 分
		反馈通常能提供详细的解释和正确答案，并且有助于学生的理解和改正错误	4 分
	无关知识迁移的反馈	错误后没有机会学习	0 分
		教学通常不能提供反思与重试的机会，学生就不能复习和回顾他们的学习以及尝试，即使在重复尝试后，学习者也不能取得适当的结果或答案或帮助他们找到答案	1 分
		教学通常不提供反思与重试机会中的一种	2 分
		教学通常能提供反思与重试的机会，但有时学生可能要求有更多的帮助以找到适当的结果或答案	3 分
		教学通常能提供反思与重试的机会，教学给学生复习和回顾关于他们学习和再次尝试的机会，当学生没有成功时，教学提供适当的结果或帮助找到答案	4 分
	提供教学帮助	没有学习指导	0 分
		提供的学习指导大多不适合学习目标	1 分
		提供适当的学习指导但与课文联系不紧密	2 分
		提供适当的学习指导，大多数与课文联系紧密并能减少学生的困难	3 分
		提供适当的学习指导，且与课文联系紧密，随着教学的进展，能逐渐了解并解决学生的困难	4 分

续表

一级指标	二级指标	评分标准	分值
教学性	对学习的评价	没有学习评价	0分
		课程包括学习评价，但它们缺少有效性和可靠性	1分
		课程包括学习评价，但评价可靠无效	2分
		课程包括学习评价，评价中可靠性与有效性并重	3分
	媒体的运用	不使用媒体	0分
		在教学中使用媒体，但媒体要素与学习主题无关，提供无关信息与干扰或对学习产生消极的影响	1分
		教学中使用了一些有用的媒体要素并与所学习内容相关，但使用的不协调	2分
		教学中持续使用的媒体与学习内容相关，可提高学习效果	3分
	消除认知负载	始终没有使用策略来管理信息的结构与呈现，学生面对众多信息而无所适从	0分
		试图使用一些策略，但几乎无效，但提供过多学生无须汲取的信息	1分
		使用有效的策略，但有时提供的信息是学习者无须汲取的	2分
		始终通过有效的策略来管理呈现给学习者的信息的数量和组织结构	3分

2018 年 9 月，国家市场监督管理总局和中国国家标准化管理委员会联合发布了《信息技术学习、教育和培训在线课程》的标准体系，给出了在线课程和评价方案的信息模型和要素、在线课程的评价原则，规定了各要素的功能和属性以及相应的 XML 绑定。该标准适用于对不同类型的在线课程开展建设及评价，适用于需要开放共享和在不同平台间迁移的在线课程的设计、资源开发。评价标准如表 14-4-5 所示。

表 14-4-5　在线课程评价方案主要维度及其分项

评价维度	分项	分项建议权重
课程信息完善度（10%）	必选元素完善度	80%
	可选元素完善度	20%
课程建设维护（10%）	课程公示信息得分(0.5)	50%
	课程讨论区教师助教贡献(0.5)	40%
	其他资源维护(0.2)	10%

续表

评价维度	分项	分项建议权重
课程设计（40%）	学习知识点的时长设置的合理性（根据教学经验判断）	25%
	学习活动设置的时长和学习者投入的一致情况	25%
	较难的学习活动是否有充足的投入（视频，题目）	25%
	学习活动的人数参与情况，例如，基础的学习活动应该涉及的学习者群要大一些	25%
课程参与度（40%）	人员参与度	20%
	视频参与度	20%
	习题参与度	20%
	讨论区参与度	20%
	考试参与度	20%

14.4.3　虚拟社区评价指标体系

　　教学软件的种类繁多，有的教学软件侧重于课堂展示，有的教学软件侧重于操练练习，还有的教学软件注重网络交互与共享。除此之外，还有些教学软件（如教育游戏、虚拟社区等）自身特色明显，能够充分利用自身优势，为教学和学习提供支持和帮助。对于此类教学软件的评价，不能照搬普通教学软件的评价标准，应该建立专门的评价量规和指标体系。虚拟社区一般由社区成员、共同目标、规范和网络组成，并通过社区成员的积极参与、密切交流建立起彼此之间的情感关系，聚集社区"人气"，从而使虚拟社区能够生存并得以发展。浙江大学在分析总结前人的评价方法的基础上，从社区成员的视角构建了虚拟社区的评价指标体系。[①] 他们将虚拟社区评价的一级指标分为：目标与定位、交互与凝聚、社区组织和基础构建，并把一级指标进一步分解成目标清晰度、定位准确性、信任、归属感、互惠、社区导航、社区规范、技术稳定性等二级指标。虚拟社区评价指标体系的研究者请虚拟社区方面的专家、忠诚用户、管理者为各个指标设定了权重，并通过一系列的层次分析和回归方差分析，验证了权重系数的合理性（表 14-4-6）。

---

① 范晓屏、孙居好：《我国虚拟社区评价指标体系的构建》，载《技术经济》，2007(1)。

表 14-4-6　虚拟社区评价指标体系

一级指标 （括号内为权重）	二级指标 （括号内为权重）	具体评价内容
目标与定位 （A—0.19）	目标清晰度 （A1—0.47）	①社区目标清晰易理解；②社区目标指向成员需求；③社区目标的共同性
	定位准确性 （A2—0.53）	①社区目标成员指向明确；②成员参与意愿性；③社区差异性
交互与凝聚 （B—0.49）	信任 （B1—0.31）	①社区可靠性；②社区可依赖性；③社区公平性；④社区可信任性；⑤成员诚信度
	归属感 （B2—0.49）	①成员归属意识；②成员偏好性；③成员活跃度；④成员忠诚度
	互惠 （B3—0.20）	①社区信息交互程度；②社区成员互助性；③成员服务社区意愿
社区组织 （C—0.25）	社区导航 （C1—0.68）	①标志清楚；②下线便捷；③查找便利；④上线快捷；⑤导航高效
	社区规范 （C2—0.32）	①社区规则清晰性；②社区规则保障性；③社区规则严肃性；④社区规则有效性
基础构建 （D—0.07）	技术稳定性 （D1—1.00）	①登录快捷稳定；②发帖简便易行；③回帖简便易行

14.4.4　教育主题网站的评价量表

教育主题网站已经成为信息技术与课程整合的重要组成部分，许多院校的教师、学生都建立了教育主题网站。教育主题网站作为一种重要的教育信息资源，为网络教学、信息发布、协作学习、自主探究提供了良好的途径。教育部全国中小学计算机教育研究中心从学习活动、动态发展的视角，构建了教育主题网站的评价量表。[①] 该评价量表采用"起步""发展中""完成"三个等级来描述发展的进程，并从知识加工、信息组织、技术集成三个方面来实施测评（表 14-4-7）。

---

① 陈美玲、柳栋、武健：《教育主题网站的评价量表》，载《中国教育学刊》，2003(9)。

表 14-4-7　教育主题网站的评价量表

指标		起步	发展中	完成	分值
知识加工(60 分)					
主题价值(25 分)	选题(15 分)	部分体现教育部基础教育课程改革精神、国家新课程标准要求和先进的教育教学观念。但是仍以试卷、练习题简单堆积的栏目为主(5 分)	部分体现教育部基础教育课程改革精神、国家新课程标准要求和先进的教育教学观念,仍有试卷、练习题简单堆积的栏目(10 分)	充分体现教育部基础教育课程改革、国家新课程标准要求和先进的教育教学观念(15 分)	
	主题特色(10 分)	能够看出主题,但是内容板块没有主次(2 分)	主题清晰,但是存在一些小的无关栏目(6 分)	主题鲜明(10 分)	
加工深度(35 分)	逻辑性(20 分)	仅仅是文本罗列,没有清晰的知识加工线索,或有以学案为主线的活动逻辑,学习活动尚未开展(5 分)	有较为清晰的知识加工逻辑,栏目设置基本合理,或清晰的、以学案为主线的活动逻辑,学案结构完整,学生已经开展活动(12 分)	清晰、科学的知识加工逻辑,栏目分类合理,或清晰的、以学案为主线的活动逻辑,学案结构完整,学生经常性开展活动(20 分)	
	原创性(15 分)	大部分文章转载其他网站内容,没有注明原文发布地址,类别划分不尽科学,或仅仅显现了学习的材料,网站没有直接支持学习活动中的互动交流,没有学生作品展示空间(5 分)	部分文章具有原创性;或者转载文章注明了原文发布地址,经过了较为科学的归类,能够体现网站(栏目)的主题,或不仅显现了学习的材料,网站还具备了学生作品的展示空间,并直接支持学习活动中的互动交流(10 分)	大部分文章具有原创性;或者转载文章注明了原文发布地址,经过了科学的归类,能够很好地体现网站(栏目)的主题,或不仅显现了学习的材料,网站还具备了学生作品的展示空间,并直接支持学习活动中的互动交流。网站还提供了一定的手段供学生自主记录学习过程信息(15 分)	

续表

指标	起步	发展中	完成	分值
信息组织(30分)				
共享性(6分)	在互联网发布,但没有采用顶级域名、二级域名或者转向域名(1分)	在互联网发布,采用了顶级域名、二级域名或者转向域名(3分)	在互联网发布,采用了顶级域名、二级域名或者转向域名(3分) 在百度、雅虎、Google、搜狐等搜索引擎中能够方便搜寻到(3分)	
容量(8分)	内容单元太少;或者内容单元太多,以至于搜寻起来非常困难和麻烦(1分) 有导航资源(1分)	信息量大小合适;或者尽管量大,但搜寻清晰方便(3分) 导航资源有初步的分类(2分)	信息量大小合适;或者尽管量大,但搜寻清晰方便(3分) 围绕网页中相关主题,针对性组织导航资源(5分)	
浏览(10分)	浏览过程容易使人混淆,并且不符合人们的习惯。网页不容易被找到,返回的路径不清晰(2分)	只有很少的几个地方会让学生迷失路径,找不到下一个网页在哪里(6分)	导航清晰无缝,浏览者总是非常清晰地知道网站的各个块面,并清晰知道如何到达那里(10分)	
总体美学(6分)	网页上图片元素很少或者几乎没有。在布局与排版上没有变化,或者颜色花哨、排版变化过多导致浏览者难以辨认(2分)	有一些图片元素,但并不一定有助于学生对概念、思想和相互关系的理解。在字体、字号、色彩和布局方面有一些变化(4分)	适当的、符合主题要求的图片元素被用来建立视觉的联系,帮助学生加深对概念、思想以及相互关系的理解。在字体选择以及字号、色彩的差别方面运用得当,有一致性(6分)	
技术集成(10分)				
内部结构(4分)	采用一般网页编辑器建站的网站:采用了相应的文件夹放置同一栏目的网页;采用文章管理系统的网站:仅仅设置了一级栏目(2分)	采用一般网页编辑器建站的网站:采用了相应的文件夹放置同一栏目的网页,采用了合适的栏目、网页命名规则;采用文章管理系统的网站:根据网站设计意图设置了合适的栏目层级(4分)	采用一般网页编辑器建站的网站:采用了相应的文件夹放置同一栏目的网页,采用了合适的栏目、网页命名规则;采用文章管理系统的网站:根据网站设计意图设置了合适的栏目层级(4分)	

指标	起步	发展中	完成	分值
物理(3分)	不超过 6 个断裂的链接,或者错误的链接、丢失的图片、糟糕的表格尺寸、错别字和语法错误(1分)	有一些断裂的链接,或者错误的链接、丢失的图片、糟糕的表格尺寸、错别字和语法错误(2分)	没有物理方面的问题(3分)	
专项支持(3分)	通过链接公共免费程序,进行专项应用支持(1分)	根据具体需求,在网站内运用了专门的应用程序(2分)	根据具体需求,在网站内运用了专门的应用程序,并进行了一定的修改(3分)	
合计:				

14.4.5　录播课程评价标准

录播课程是使用录播系统将日常教学活动进行全过程录制,上传到网络平台,供学习者通过观看视频学习。录播课程的制作成本低,可以设计课程,在录制过程中可以重复录制,不断演练,录制的课程可以剪辑和重新录制,不受现场条件的影响。精品课程就是录播课程的一种。精品课程是指具有特色和一流教学水平的优秀课程。精品课程建设要根据人才培养目标,体现现代教育思想,符合科学性、先进性和教育教学的普遍规律,具有鲜明特色,并能恰当运用现代教育技术与方法,提高教学效果,发挥示范和辐射推广作用。精品课程的建设与应用推进了教学改革,提高了教学质量,促进了学科发展,它的作用越来越凸显,并引起了各高校的高度重视。[①]

对录播课程的评价具有重要作用,对于开展录播课程教学质量评价与认定已成为当下高校引入在线开放课程的必要环节,对录播课程(包括精品课程)的建设与管理产生重要影响。唯有正确科学的导向,逻辑清晰、结构合理的评审指标体系,才能指引高校开发出令使用者满意的精品课程。表 14-4-8 列出了录播课程评价标准,主要从教学设计、课程内容、教师、课件设计或设计、清晰度和学习平台等方面进行录播课程的评价。表 14-4-9 列出了国家精品课程评价指标体系(2010 年)。精品课程的评审要体现教育教学改革的方向,引导教师进行教育教学方法创新,确保学生受益和教学质量的提高,并重视教学队伍、教学内容、教学条件、教学方法与手段和教学效果等相关内容的评估。

[①]　叶惠文、杜炫杰:《精品课程录播系统方案的设计与实施》,载《中国电化教育》,2009(9)。

表 14-4-8　录播课程评价标准

评价指标		评分标准	分值
一级指标	二级指标		
教学设计 （35分）	学习目标	清楚说明学完该门课程后应具备的知识、能力水平	2分
		没有说明课程学习目标	0分
	课程内容 介绍	简要介绍课程内容或课程大纲目录	2分
		没有介绍课程内容或课程大纲目录	0分
	学习对象	清楚说明学习对象的能力水平。例如，本课程适合有一年工作经验的 Java 程序员	2分
		没有说明学习对象；或说明不清楚、不具体	0分
	教学方法 的运用	针对不同类型的知识点采用合适的教学方法，讲解透彻，学员容易理解、记忆	15分
		能较好地运用教学方法，但有少数地方运用不恰当、不充分，讲解不够透彻。例如，对案例的分析不充分；不恰当的类比、比较；图形不专业；数据过时、不正确、不权威；动画过程错误、混乱；设问、思考利用不当（太多而没必要或太少）；重、难点内容没有强调；故事内容与教学主题相关性不大或内容太长啰唆；辅助素材，如图片的利用与教学主题相关性不大	10分
		应该运用教学方法的地方没有运用，讲解不清楚，学生听不太明白	5分
		几乎看不到任何教学方法的运用	0分
	维持学习 兴趣	运用恰当的策略吸引学生的注意力、维持学习兴趣。例如，有吸引力的开场白；语言幽默；利用话术激励学员，从心理上降低学生的畏难、倦怠情绪	2分
		虽有运用策略，但不能维持学习兴趣，或策略与课程内容无关而分散学习注意力	0分
	课程结构	课程逻辑结构清晰，知识点顺序安排合理，符合认知规律	5分
		课程逻辑结构清晰，但有少数知识点的顺序安排不够合理	2分
		课程逻辑结构混乱，不利于学习理解	0分
	提供学习 指导	对于学习周期长的课程提供学习阶段计划。在学习过程中，对于学生可能会有学习困难的地方提供必要的学习方法指导，减少学生的学习困难	5分
		对学习周期长的课程虽提供了学习阶段计划，但计划可实施性较差。在学习过程中虽提供了学习方法指导，但不能有效减少学生的学习困难	2分
		没有对学习周期长的课程提供学习阶段计划。在学生可能会有学习困难的地方没有提供学习方法指导	0分
	小结/总结	单元、章节、课程结束时对重点内容进行小结或总结	2分
		无小结或总结，或小结、总结不到位	0分

续表

评价指标		评分标准	分值
一级指标	二级指标		
课程内容 （20 分）	满足学习 目标	课程内容(包括下载资料和配套学习资源)能很好地满足学习目标	15 分
		课程内容(包括下载资料和配套学习资源)能较好地满足学习目标，有少数地方对满足学习目标帮助不大	10 分
		所选内容大多数不能满足学习目标	5 分
		所选内容基本不能满足学习目标	0 分
	相关性	所有课程内容都与学习目标相关，或 5% 以下内容与学习目标完全无关	5 分
		有 5%～9%(按时长算)的内容与学习目标完全无关	4 分
		有 10%～14% 的内容与学习目标完全无关	3 分
		有 15%～19% 的内容与学习目标完全无关	2 分
		有 20%～24% 的内容与学习目标完全无关	1 分
		有 25% 及以上的内容与学习目标完全无关	0 分
教师 （25 分）	学科水平	老师在授课过程中能体现出较高的学科水平，例如，见解独到、有新意、技术过硬、经验丰富、有自创理论或方法等	10 分
		老师在授课过程中体现出的学科水平一般	5 分
		老师在授课过程中体现出的学科水平较差	0 分
	吐字	普通话较标准，吐字清楚	2 分
		吐字不清楚，影响学习	0 分
	表达	(1)表达流畅无磕绊；(2)语言简洁，不啰唆；(3)停顿点和停顿时长合理；(4)无明显口头禅(如"嗯""呃""这个"等)	3 分
		上述 4 项有 1～2 项不合格	1 分
		上述 4 项有 3～4 项不合格	0 分
	语速	正常语速	1 分
		语速太快，导致学生跟不上节奏，影响学习效果。或者语速太慢，影响学习情绪	0 分
	语调	能根据课程内容需要恰当地变换语调，有吸引力	1 分
		无语调变化，听起来很乏味	0 分
	精神状态	讲课有激情，精神饱满，有感染力	3 分
		讲课精神集中，但缺乏感染力	1 分
		讲课精神不集中，敷衍了事	0 分
	答疑反馈	能及时解答学生在线提交的问题	5 分
		解答学生在线提交的问题不及时	2 分
		没有解答学生在线提交的问题	0 分

续表

评价指标		评分标准	分值
一级指标	二级指标		
课件设计或板书（5分）	显示内容	课件设计：画面显示的内容为与主题相关的重点 板书：书写的内容为与主题相关的重点	2分
		画面显示的（或板书的）内容有些与主题无关，或为非重点	0分
	美观性	课件设计：（1）画面上的各元素排版合理，便于观看；（2）各元素样式设计合理，不怪异；（3）各元素颜色便于观看；（4）各元素大小合适，便于观看 板书：（1）字迹工整；（2）字体大小合适；（3）书写迅速且不出错；（4）板书量合适，不至于显得拥挤	3分
		上述4项有1~2项不合格	1分
		上述4项有3~4项不合格	0分
清晰度（5分）	画面	画面上课程内容清晰可见	2分
		画面较模糊，影响学习效果	0分
	音质	声音清晰，无明显杂音、噪音	3分
		有少量杂音或噪音，影响学习效果	1分
		杂音很多或噪音很大，甚至听不清楚	0分
学习平台（10分）	学习记录	记录学习断点，学生能从上一次退出的时间节点继续学习	2分
		无此功能，每一次进入都要从头开始学习	0分
	笔记	可以记笔记，并能导出到本地磁盘	2分
		可以记笔记，但不能导出到本地磁盘	1分
		没有提供笔记功能	0分
	章节目录导航	提供章节目录导航，学习过程中可以自由选择	1分
		没有提供章节目录导航	0分
	标记已学章节	自动标记已学完的章节	1分
		没有对已学完的章节进行标记	0分
	提问	学生可以提交疑问和建议	1分
		没有提问功能	0分
	资源下载	提供学习资源下载功能	1分
		没有提供学习资源下载功能	0分
	界面	界面友好，操作方便	1分
		界面不够友好，操作不够方便	0分
	支持移动学习	可以在手机、Pad等移动终端上学习	1分
		不能在手机、Pad等移动终端上学习	0分

表 14-4-9　国家级精品课程评价指标体系(2010 年)

一级指标	二级指标	主要观测点	评审标准	分值
教学队伍 (20 分)	课程负责人 与主讲教师	教师风范、学 术水平与教学 水平	课程负责人与主讲教师师德好,学术造诣 高,教学能力强,教学经验丰富,教学特 色鲜明。课程负责人近三年主讲此门课程 不少于两轮	6 分
	教学队伍结构 及整体素质	知识结构、年 龄结构、人员 配置与青年教 师培养	教学团队中的教师责任感强、团结协作精神 好;有合理的知识结构、年龄结构和学缘结 构,并根据课程需要配备辅导教师;青年教 师的培养计划科学合理,并取得实际效果; 鼓励有行业背景的专家参与教学团队	6 分
	教学改革 与研究	教研活动与教 学成果	教学思想活跃,教学改革有创意;教研活 动推动了教学改革,取得了明显成效,有 省部级以上的教学成果、规划教材或教改 项目;发表了高质量的教研论文	8 分
教学内容 (20 分)	课程内容	课程内容设计	课程内容设计要根据人才培养目标,体现 现代教育思想,符合科学性、先进性和教 育教学的规律	10 分
			理论课程内容经典与现代的关系处理得当, 具有基础性、研究性、前沿性,能及时把学 科最新发展成果和教改教研成果引入教学	
			实验课程内容(含独立设置的实验课)的技 术性、综合性和探索性的关系处理得当, 能有效培养学生的实践能力和创新能力	
	教学内容组织	教学内容 组织与安排	理论联系实际,课内课外结合,融知识传 授、能力培养、素质教育于一体;鼓励开 展相关实习、社会调查或其他实践活动, 成效显著	10 分
教学条件 (20 分)	教材及相关 资料	教材及相关资 料建设	选用优秀教材(含国家精品教材和国家规划 教材、国外高水平原版教材或高水平的自 编教材);课件、案例、习题等相关资料丰 富,并为学生的研究性学习和自主学习提 供了有效的文献资料;实验教材配套齐全, 能满足教学需要	10 分
	实践教学条件	实践教学环境 的先进性与开 放性	实践教学条件能很好满足教学要求;能进 行开放式教学,效果明显(理工类课程能开 放高水平的选作实验)	
	网络教学环境	网络教学资源 和硬件环境	学校网络硬件环境良好,课程网站运行良 好,教学资源丰富,辅教、辅学功能齐全, 并能有效共享	10 分

续表

一级指标	二级指标	主要观测点	评审标准	分值
教学方法 与手段 （20分）	教学设计	教学理念与教学设计	重视探究性学习、研究性学习，体现以学生为主体、以教师为主导的教育理念；能根据课程内容和学生特点，进行合理的教学设计（包括教学方法、教学手段、考核方式等）	8分
	教学方法	多种教学方法的使用及其效果	重视教学方法改革，能灵活运用多种恰当的教学方法，有效调动学生学习的积极性，促进学生学习能力发展	12分
	教学手段	信息技术的应用	恰当充分地使用现代教育技术手段开展教学活动，并在激发学生的学习兴趣和提高教学效果方面取得实效	
教学效果 （20分）	同行及校内督导组评价	校外专家及校内督导组评价与声誉	证明材料真实可信，评价优秀；有良好的声誉	4分
	学生评教	学生评价意见	学生评价原始材料真实可靠，结果优良，应有学校教务部门出具的近三年的学生评教数据的佐证材料	8分
	录像资料评价	课堂实录	能有效利用各种教学媒体、富有热情和感染力地对问题进行深入浅出的阐述，重点突出、思路清晰、内容娴熟、信息量大；课堂内容能反映或联系学科发展的新思想、新概念、新成果，能启迪学生的思考、联想及创新思维	8分
特色、政策支持及辐射共享	专家依据《2010年度"国家精品课程"申报表》所报特色及创新点打分			40分
	所在学校支持鼓励精品课程建设的政策措施得力			30分
	辐射共享措施有力，未来建设计划可行			30分

14.4.6　直播课程评价标准

直播课程是"点播＋直播，在线学习，平台互动"的有效组合，即建立在互联网技术和在线平台基础上，支持 PC 端、iPad、手机等移动终端随时授课，由主讲教师负责、辅导教师参与的，一定规模人群能参与互动的实时教学模式。[①] 在直播课堂发展

---

① 甘晔：《基于在线直播课的混合式大学英语教学研究》，载《教育学术月刊》，2017(11)。

中，教师和学生已经不再满足于在线做题、观看视频等"静态"的学习方式，正在尝试更加直观、互动性更强、效果更直接的新型学习形式。直播课堂由于能够较大程度地实现一对一、一对多、录播直播相结合等多种教学方式，已经被广泛地实践与应用。直播课堂的本质是将直播教师现场发生的教学内容，以某种载体形式实时地（或适当延时）通过网络技术发布给学生。根据直播对象人员关系的不同，可以分为 1 对 1 直播、1 对多直播、多对多直播等；根据直播技术和直播呈现形式的不同，可以分为图片文字型、图片语音型、音视频型和综合应用型。[①]

直播课程的建设和实施需要依据科学的评价标准，对直播课程的质量进行有效的监控和管理，因此开发直播课程评价指标体系有利于保证直播课程内容以及网络教学质量。表 14-4-10 为直播课程评价指标体系，主要从教学设计、课程内容、教师、课件设计或板书、清晰度、学习平台等方面实施评价。

表 14-4-10　直播课程评价指标体系

评价指标		评分标准	分值
一级指标	二级指标		
教学设计（30 分）	学习目标	清楚说明学完该门课程后应具备的知识、能力水平	2 分
		没有说明课程学习目标	0 分
	课程内容介绍	简要介绍课程内容或课程大纲目录	2 分
		没有介绍课程内容或课程大纲目录	0 分
	学习对象	清楚说明学习对象的能力水平。例如，本课程适合有一年工作经验的 Java 程序员	2 分
		没有说明学习对象；或说明不清楚、不具体	0 分
	教学方法的运用	针对不同类型的知识点采用合适的教学方法，讲解透彻，学生容易理解、记忆	10 分
		能较好地运用教学方法，但有少数地方运用不恰当、不充分，讲解不够透彻。例如，对案例的分析不充分；不恰当的类比、比较；图形不专业；数据过时、不正确、不权威；动画过程错误、混乱；设问、思考利用不当（太多而没必要或太少）；重、难点内容没有强调；故事内容与教学主题相关性不大或内容太长啰唆；辅助素材如图片的利用与教学主题相关性不大	5 分
		应该运用教学方法的地方没有运用，讲解不清楚，学生听不太明白	0 分

①　倪俊杰、丁书林：《O2O 直播课堂教学模式及其实践研究》，载《中国电化教育》，2017(11)。

续表

| 评价指标 | | 评分标准 | 分值 |
一级指标	二级指标		
教学设计 （30分）	维持学习 兴趣	运用恰当的策略吸引学生注意力、维持学习兴趣。例如，有吸引力的开场白；语言幽默；利用话术激励学生，从心理上降低学员的畏难、倦怠情绪	2分
		虽有运用策略，但不能维持学习兴趣，或策略与课程内容无关而分散学习注意力	0分
	课程结构	课程逻辑结构清晰，知识点顺序安排合理，符合认知规律	5分
		课程逻辑结构清晰，但有少数知识点的顺序安排不够合理	2分
		课程逻辑结构混乱，不利于学习理解	0分
	提供学习 指导	对于学习周期长的课程提供学习阶段计划。在学习过程中，对于学生可能会有学习困难的地方提供必要的学习方法指导，减少学生的学习困难	5分
		对学习周期长的课程虽提供了学习阶段计划，但计划可实施性较差。在学习过程中虽提供了学习方法指导，但不能有效减少学生的学习困难	2分
		没有对学习周期长的课程提供学习阶段计划。在学生可能会有学习困难的地方没有提供学习方法指导	0分
	小结/总结	单元、章节、课程结束时对重点内容进行小结或总结	2分
		无小结或总结，或小结、总结不到位	0分
课程内容 （20分）	满足学习 目标	课程内容（包括下载资料和配套学习资源）能很好地满足学习目标	15分
		课程内容（包括下载资料和配套学习资源）能较好地满足学习目标，有少数地方对满足学习目标帮助不大	10分
		所选内容大多数不能满足学习目标	5分
		所选内容基本不能满足学习目标	0分
	相关性	所有课程内容都与学习目标相关，或5%以下内容与学习目标完全无关	5分
		有5%～9%（按时长算）的内容与学习目标完全无关	4分
		有10%～14%的内容与学习目标完全无关	3分
		有15%～19%的内容与学习目标完全无关	2分
		有20%～24%的内容与学习目标完全无关	1分
		有25%及以上的内容与学习目标完全无关	0分

续表

评价指标		评分标准	分值
一级指标	二级指标		
教师 （30分）	学科水平	教师在授课过程中能体现出较高的学科水平，例如，见解独到、有新意、技术过硬、经验丰富、有自创理论或方法等	10分
		教师在授课过程中体现出的学科水平一般	5分
		教师在授课过程中体现出的学科水平较差	0分
	互动	(1)教师善于提问，所提问题都在点上；(2)教师能调动学生学习的积极性，学生发言积极；(3)对于学生的提问，教师能给出满意的回答；(4)对于不遵守课堂纪律的学生，教师能恰当地制止、批评，不会让学生产生反感	10分
		上述4项有1~2项不合格	5分
		上述4项有3~4项不合格	0分
	吐字	普通话较标准，吐字清楚	2分
		吐字不清楚，影响学习	0分
	表达	(1)表达流畅无磕绊；(2)语言简洁，不啰唆；(3)停顿点和停顿时长合理；(4)无明显口头禅（如"嗯""呃""这个"等）	3分
		上述4项有1~2项不合格	1分
		上述4项有3~4项不合格	0分
	语速	正常语速	1分
		语速太快，导致学生跟不上节奏，影响学习效果。或者语速太慢，影响学习情绪	0分
	语调	能根据课程内容需要恰当地变换语调，有吸引力	1分
		无语调变化，听起来很乏味	0分
	精神状态	讲课有激情，精神饱满，有感染力	3分
		讲课精神集中，但缺乏感染力	1分
		讲课精神不集中，敷衍了事	0分
课件设计 或板书 （5分）	显示内容	课件设计：画面显示的内容为与主题相关的重点 板书：书写的内容为与主题相关的重点	2分
		画面显示的(或板书的)内容有些与主题无关，或为非重点	0分
	美观性	课件设计：(1)画面上的各元素排版合理，便于观看；(2)各元素样式设计合理，不怪异；(3)各元素颜色便于观看；(4)各元素大小合适，便于观看 板书：(1)字迹工整；(2)字体大小合适；(3)书写迅速且不出错；(4)板书量合适，不至于显得拥挤	3分
		上述4项有1~2项不合格	1分
		上述4项有3~4项不合格	0分

续表

评价指标		评分标准	分值
一级指标	二级指标		
清晰度 （5分）	画面	画面上课程内容清晰可见	2分
		画面较模糊，影响学习效果	0分
	音质	声音清晰，无明显杂音、噪音	3分
		有少量杂音或噪声，影响学习效果	1分
		杂音很多或噪声很大，甚至听不清楚	0分
学习平台 （10分）	笔记	可以记笔记，并能导出到本地	2分
		可以记笔记，但不能导出到本地	1分
		没有提供笔记功能	0分
	在线交流	学生可以在线以文本的形式进行交流、讨论。讨论区不会分散学习注意力（例如，在不想讨论时可以隐藏讨论区）	3分
		学生可以在线以文本的行式进行交流、讨论。但讨论区会分散学习注意力	1分
		没有提供在线交流功能	0分
	回放	直播视频被录制，可以回放	1分
		没有提供视频回放	0分
	资源下载	提供学习资源下载功能	1分
		没有提供学习资源下载功能	0分
	发言	学生可以说话发言	1分
		学生不能说话发言	0分
	界面	界面友好，操作方便	1分
		界面不够友好，操作不够方便	0分
	支持移动学习	可以在手机、iPad等移动终端上学习	1分
		不能在手机、iPad等移动终端上学习	0分

14.4.7 微课评价标准

微课全称为"微型视频课程"，它是以教学视频为主要呈现方式，围绕学科知识点、例题习题、疑难问题、实验操作等进行的教学过程及相关资源的有机结合体。[①] 微课是在

---

① 胡世清、文春龙：《我国微课研究现状及趋势分析》，载《中国远程教育》，2016(8)。

微型资源的基础上附加教学服务的小型化课程，其基本结构包括微型资源、学习活动、学习评价和认证服务四部分。① 微课的核心内容是课堂教学视频（课例片段），同时还包含与该教学主题相关的教学设计、素材课件、教学反思、练习测试及学生反馈、教师点评等教学支持资源。② 在构建微课评价指标体系时，设立的指标不能有重复、冲突和因果关系，同时各指标应该是能测量、可观察的，应尽量避免设计那些区分度小、操作困难的指标。在评价微课时可遵循以下原则：①以学生为中心；②目标精准，短小精悍；③科学性与可靠性；④教育性与启发性；⑤艺术性与技术性。③ 在 2018 年召开的第四届中小学优秀微课大赛中，大会专委会提出了微课评价指标体系（表 14-4-11），主要从教学选题、教学内容、视频规范、教学活动和网上评价五个一级指标进行评价。李鹏鸽等人依据发展性评价理念，针对微课的特点，遵循评价原则，确立了从微课选题、教学过程、作品规范、辅助资源、效果效益五方面的微课评价指标体系，如表 14-4-12 所示。

表 14-4-11　《中小学微课大赛》的微课评价指标体系

一级指标	二级指标	指标说明	单项得分	合计
教学选题 （10 分）	选题简明	利于教学，选题设计必须紧扣教学大纲，围绕某个知识点、教学环节、实验活动等展开，选题简洁，目标明确		
	选题典型	解疑定位精准，有个性和特色，应围绕日常教学或学习中的常见、典型、有代表性的问题或内容进行设计，能够有效解决教与学过程中的重点、难点、疑点等问题		
教学内容 （30 分）	科学正确	概念描述科学严谨，文字、符号、单位和公式等符合国家标准，符合出版规范；作品无著作权侵权行为，无敏感性内容导向		
	结构完整	所提交的作品必须是微课视频，还可以提供与选题相关的辅助扩展资料（可选）：微教案、微习题、微课件、微反思等，便于评审 微教案的设计要素齐全，内容要精确，注重实效 微习题要有针对性与层次性，主观、客观习题的设计难度等级要合理 微课件的设计要形象直观、层次分明、重点和难点突出，力求简单明了 微反思应该真实细致，落到实处，拒绝宽泛、套话		
	逻辑清晰	教学内容的组织与编排要符合当前中小学生的认知逻辑规律，设置合理，逻辑性强，明了易懂		

---

① 余胜泉、陈敏：《基于学习元平台的微课设计》，载《开放教育研究》，2014(1)。
② 胡铁生：《"微课"：区域教育信息资源发展的新趋势》，载《电化教育研究》，2011(10)。
③ 李鹏鸽、左玉、刘志荣、葛优洋：《微课评价指标体系的构建与实施》，载《教学与管理》，2016(16)。

续表

一级指标	二级指标	指标说明	单项得分	合计
视频规范 （20分）	技术规范	微课视频录制方法与设备灵活多样（可采用 DV 摄像机、数码摄像头、录屏软件等） 微课视频一般不超过 10 分钟；视频画面清晰、图像稳定、构图合理、声画同步，能全面真实反映教学情境		
	语言规范	使用规范语言，普通话或英语需标准，声音清晰，语言富有感染力		
教学活动 （30分）	目标达成	达成符合学生自主学习、方便教师教学使用的目标，通用性好，交互性强，能够有效解决实际学习及教学问题，高效完成设定的教学目标，促进学习者思维的提升、能力的提高		
	精彩有趣	符合创新教育理念，体现新教材教学方法，教学过程深入浅出，形象生动，精彩有趣，启发引导性强，有利于学生的学习积极性和主动性的提升		
	形式新颖	微课构思新颖，富有创意，类型丰富（讲授类、解题类、答疑类、实验类、其他类）		
网上评价 （10分）	网上评价	作品提交后，在网上进行展示并提供给学生学习和教师教学应用，根据线上的观看点击率及投票率等产生综合评价分值		
总计得分				

表 14-4-12　微课评价指标体系

一级指标	二级指标	评价标准	分值	权重	评价等级（分值）
微课选题	选题定位	紧扣课程标准，目标明确具体。选题小而精，难易适当	4分	10%	A(8.5～10分) B(7.0～8.4分) C(6.0～6.9分) D(0～5.9分)
	选题典型	围绕学习中的常见、典型问题进行针对性设计，有效解决教学过程中的重点、难点、疑点、热点、考点等问题	6分		

一级指标	二级指标	评价标准	分值	权重	评价等级（分值）
教学过程	课堂导入	创设情境新颖，导入快速，能激活学生已有知识与情感	5分	50%	A（42～50分） B（35～41分） C（30～34分） D（0～29分）
	教学内容	资源真实可信，贴近社会，贴近生活，富有教育性；内容科学严谨，文字、符号、单位等符合国家标准和出版规范，不生搬硬套教材	10分		
	语言规范	语音标准、有亲和力，语速适当、有节奏感；情感到位，语言精彩有趣，深入浅出，富有启发性和感染力	10分		
	教学方法	符合现代教育理念和学生认知规律，深入浅出，深奥知识通俗化；重难点讲解巧妙，表现手法有创新，教学策略有创意，保持学生的持续注意力	5分		
	教学展开	构思新颖，主线清晰，逻辑性强；详略得当，过渡自然，引领学生思维过程的形成	10分		
	师生互动与评价	有同步、异步的提问、讨论或演示实验，提供支架，协作学习；及时反馈强化，方式灵活多变	6分		
	习题巩固	思考题、习题具有启发性，能唤醒学生认知；引导学生总结和归纳，转知成智	4分		
作品规范	视频完整	具有完整性，一般不超过10分钟，有片头、片尾，学科、专业等字幕提示；形式新颖，能全面真实反映教学情境	7分	20%	A（18～20分） B（14～17分） C（11～13分） D（0～10分）
	播放流畅	视频播放流畅、自然	3分		
	音画质量	视频画面清晰、图像稳定、构图合理、声画同步，字幕文字清楚，整体美观大方，符合学生心理	7分		
	格式兼容	格式兼容，通用性好，交互性强，操作方便，易共享	3分		

一级指标	二级指标	评价标准	分值	权重	评价等级（分值）
辅助资源	微教案	微教案设计要素齐全，内容精确，注重实效	3分	10%	A(8.5～10分) B(7.0～8.4分) C(6.0～6.9分) D(0～5.9分)
	微课件	微课件设计形象直观、层次分明、重点和难点突出，简单明了，页面风格统一，内容色彩搭配科学、合理	3分		
	微题库	主观、客观习题的设计有针对性和层次性，难度等级合理	2分		
	微反思	拍摄制作完毕后进行观摩和分析，力求客观真实、有理有据，落到实处，拒绝宽泛、套话	2分		
效果效益	目标实现	适合学生自主学习，方便教师教学使用，能体现三维教学目标，解决教学实际问题，促进学生思维能力提升、学习能力提高	5分	10%	A(8.5～10分) B(7.0～8.4分) C(6.0～6.9分) D(0～5.9分)
	推广应用	作品发布后受到欢迎，点击率高、人气旺，用户评价好，作者能积极与用户互动，推广价值高	5分		

第 15 章

教学软件设计的新发展

章结构图

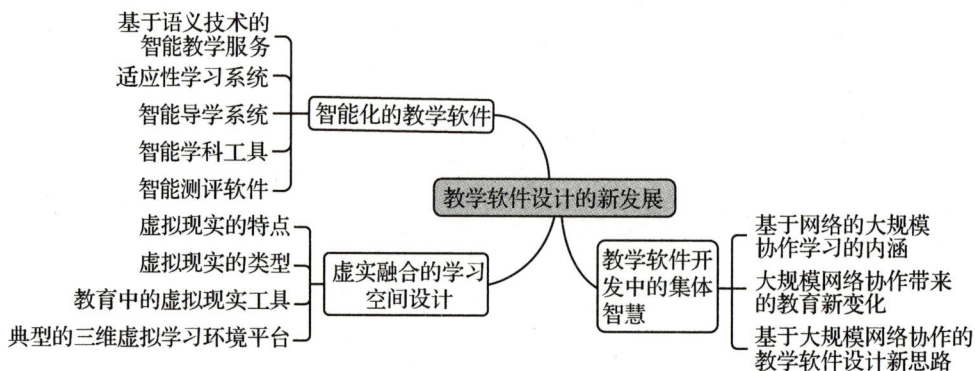

在 21 世纪，信息技术的发展成为决定生产力发展和综合国力强弱的关键因素，而教育的发展与变革已成为应对国际竞争的重要战略。教育信息化的不断发展使得教学软件系统的设计需要不断跟上新技术的步伐，随着技术的更新而更新。

15.1
智能化的教学软件

E-learning 系统是网络化学习环境中的重要组成部分，为学习资源内容管理、教师教学活动设计与评价、学生学习交流等提供了关键平台支撑。随着移动学习、泛在学习、智慧教育等新的学习理念的提出和发展，对 E-learning 系统的研究开发提出了新的需求。泛在学习需要从海量的学习资源中快速准确地获取最合适的学习内容，这就要求支撑平台具有很强的适应性和智能性。智能化的 E-learning 系统如适应性学习系统、智能导学系统、语义化知识社区等是当前 E-learning 系统的发展趋势和方向。[①]

15.1.1 基于语义技术的智能教学服务

网络中的信息都具有语义，但这些并不都是计算机能够理解和处理的，如何把信

---

① 吴鹏飞、余胜泉、丁国柱、潘升：《学习语义关联数据构建研究与实践》，载《电化教育研究》，2016(3)。

息表示为计算机能够理解和处理的形式，即带有语义，是语义网需要研究的。所谓"语义"就是文本的含义，就是理解文本的意思和结构。语义网是万维网之父蒂姆·伯纳斯－李(Tim Berners-Lee)在 1998 年提出的一个概念，其核心思想是对现有万维网上的资源(如 HTML 页面)附加能被机器所理解的语义，使互联网成为一个通用的信息交换媒介。语义网就是能够理解人类的语言，不仅能够理解词语和概念，还能识别这些信息之间关系的网络。它的目的是如何把信息表述成为计算机可以理解和处理的形式，人与机器、机器与机器之间的交流变得像人与人之间的交流一样轻松。

　　语义网的发展得益于许多技术和理论的发展，其中最关键的是 XML、资源描述框架(Resource Description Framework，RDF)和本体(Ontology)。语义网架构图如图15-1-1 所示。

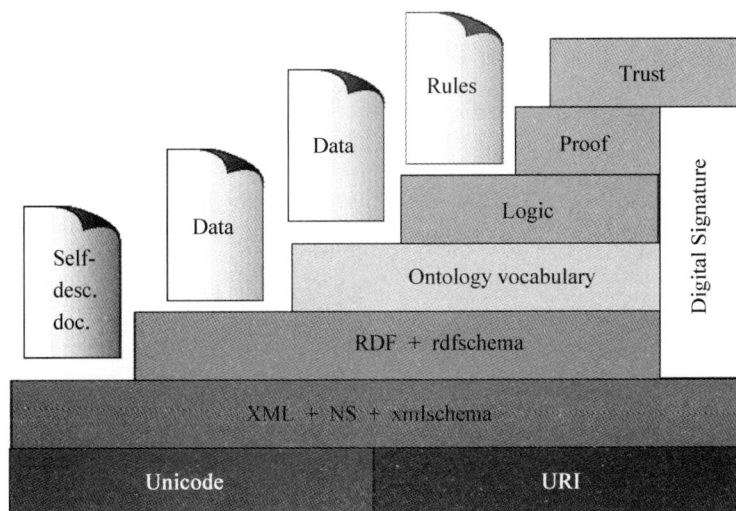

图 15-1-1　语义网络架构图

　　XML 与 HTML 一样都是标准通用标记语言(Standard Generalized Markup Language，SGML)，但相比较而言，HTML 用于描述 Web 页面显示风格，XML 不仅提供对资源内容的表示，还提供资源所具有的结构信息。XML 使用简单灵活的标准格式，使信息独立于平台，任何人都可以创建自己的标记，加入结构，为基于 Web 的应用提供了描述数据和交换数据的有利条件。然而对于语义网来说，仅有 XML 是不够的，还需要能够描述 XML 资源的元数据。

　　RDF 是一种用于描述网络上的信息和资源的标记语言。RDF 是处理元数据的一个草案。语义网使用 RDF 来描述网络资源，目的是提供一个访问网络资源元数据的标准，解决如何采用 XML 标准语法来描述无二义性的、计算机可以理解的信息。就像一个句子是由"主－谓－宾"的形式构成的，RDF 定义资源的这种描述形式，而具体的"主－谓－宾"是什么，则要根据具体情况而定。RDF 通过基于 XML 语法的明确的结构化约定来帮助建立语言协议和语法编码之间的桥梁，以此来促进元数据的互操作能力。[①]将信息置于 RDF 文件之中，这些信息就有可能被计算机程序从网络中搜索、发现、摄取、筛选、分析和处理。XML 帮助解决语法异构的问题，而 RDF 则解决语义异构的问题，提供表达知识和规则的概念模型。

然而还存在同词多义和同义多词的语义问题，本体则是解决这一问题的关键。本体是起源于哲学的一个概念，是"对世界上客观存在物的系统地描述，即存在论"，是客观存在的一个系统的解释或说明。后来计算机科学领域的研究者借用哲学中本体论的思想，尝试在人工智能领域建立本体，以实现知识的精确表征、重用和共享，更强调概念的可表示与可呈现。通过本体建立起领域知识中概念之间的结构关系，形式地表示概念、概念的性质及概念与概念的性质之间的各种约束和公理，根据这些约束和公理可以对知识的一致性、正确性和完备性等进行有效的检查。[②] 在这一概念的支持下，知识的搜索、积累和共享的效率将大大提高，而真正意义上的知识重用和共享也成为可能。基于本体的研究是目前语义网技术的研究热点。

1. 关联数据简介

关联数据是语义网轻量级实现模型，核心技术主要包括 URI(Universal Resource Identifier)、RDF、SPARQL(SPAEQL Protocol and RDF Query Language，SPARQL 协议与 RDF 查询语言)和本体等。其中 URI 是统一资源标识符，用于唯一标志 Web 上可用的资源名称，是关联数据实体命名标准和管理的基础；RDF[③] 是 W3C 组织基于可扩展标记语言 XML 开发的一种语义网信息元数据描述框架和标准的资源描述语言，用来描述元数据以及元数据之间的关系，为应用程度之间交换机器可理解的网络数据提供了互操作性，是关联数据的语义存储模型；SPARQL 是 W3C 推荐的语义检索标准协议，用于描述语义查询中的相关参数，是关联数据语义应用和服务的接口标准；本体是形式化、规范化的概念及其关系描述，用于概念、知识共享与重用，是关联数据语义组织的基础和核心条件，目前较为成熟并应用广泛的本体包括描述网络数字资源的本体 DC[④]、描述概念语义关系的简单知识组织系统本体 SKOS[⑤]、描述网络个人信息的朋友本体 FOAF[⑥]、描述在线社区的本体 SIOC[⑦] 等。

---

① 何向武：《基于语义 Web 和本体论的网络教育资源建设研究》，硕士学位论文，华东师范大学，2006。

② 欧阳杨：《教育语义网中的基于本体自适应学习的系统建模》，博士学位论文，浙江大学，2008。

③ RDF-Semantic Web Standards，http：//www.w3.org/RDF/，2014-02-26.

④ The Dublin Core (DC) ontology，http：//dublincore.org/documents/dcmi-terms/，2014-02-26.

⑤ SKOS Simple Knowledge Organization System RDF Schema，http：//www.w3.org/TR/2008/WD-skos-reference-20080829/skos.html，2014-02-26.

⑥ The Friend of A Friend (FOAF) Ontology，http：//xmlns.com/foaf/spec/，2014-02-26.

⑦ SIOC Core Ontology Specification，http：//www.w3.org/Submission/sioc-spec/，2014-02-26.

伯纳斯—李提出了语义关联数据构建的四个基本原则：使用 URI 作为任何事物实体的标识名称；使用 HPPT URI 让任何人都可以访问这些标识名称；当有人访问某个标识名称时，提供有用的信息；尽可能提供相关的 URI。[①]

关联数据教育应用是语义网教育应用的最新研究热点。关联数据是语义网的轻量级实现模型，是利用 W3C 技术标准和轻量级本体来实现海量、异构网络信息资源的知识组织、语义关联和共享重用的方法，是网络发布、共享、链接各类数据和知识的一种方式。关联数据实现了数据之间开放的无缝互联，同时提供了机器可理解的实现途径，已经在包括 E-learning 等多个领域中得到广泛关注和应用实践。[②] 学习语义关联数据是开发各种智能学习系统的基础，学习资源间丰富的语义关联，不仅可以增强学习资源间的彼此联通，促进学习资源的快速发展与进化，还可以为学习资源动态聚合成更大粒度、具有内在逻辑联系的知识群体提供数据基础，是知识深度融合、共享和发现的重要条件。[③]

2. 学习资源语义组织及可视化服务

学习资源是网络学习环境中的核心组成部分，贯穿于整个学习过程，学习资源的有效组织对于学生的学习效率和学习效果的提升起着非常重要的作用。特别是在泛在化、开放性的网络信息环境下，一方面，学习资源的组织需要满足结构化组织的需要，大量、零散、无序的学习资源会造成学生的迷航，加重学习者的认知负荷；另一方面，学习资源的组织需要满足实际教学组织需要，学习资源承载着不同的学习内容，不同的学习内容在学习过程中扮演着不同的服务角色。例如，教师在开始讲授新的学习内容的时候，需要首先为学生呈现背景知识或引言性资源，使得学生先回顾旧知，然后呈现新知，从而更加容易建立联系，促进有意义学习的发生。另外，教师研修和教研活动是教师成长的重要环节，教研性的学习资源的组织需求也非常迫切。学习资源间丰富的关联关系可以实现资源的语义化组织，为智能化、个性化资源推荐提供知识基础，对于增加资源重用性、促进学习资源进化和提升学习有效性具有重要的作用。学习资源间的语义关联关系可以分为两个大的维度：面向结构的语义型关系和面向教学的语义型关系，如图 15-1-2 所示。基于语义网技术和学习资源间的语义关联关系模型，北京师范大学现代教育技术研究所团队设计开发了可视化的学习资源语义关联关系构建平台，主要实现了可视化的关系编辑和可视化的关系结果呈现等功能，并利用 HT-ML5 和开源可视化 Vis.js 实现了多终端适应性呈现。根据不同的实际需求，教师和学生可以通过可视化的关系编辑模块进行关系选择，为学习资源之间建立语义关联，同

① 王忠义、夏立新、石义金、郑森茂：《数字图书馆中层关联数据的创建与发布》，载《现代图书情报技术》，2013(5)。

② 吴鹏飞、余胜泉、丁国柱：《学习语义关联数据构建研究与实践》，载《电化教育研究》，2016(3)。

③ 杨现民、余胜泉、张芳：《学习资源动态语义关联的设计与实现》，载《中国电化教育》，2013(1)。

时可以获取可视化的学习资源语义关联关系，如图 15-1-3 所示。[1]

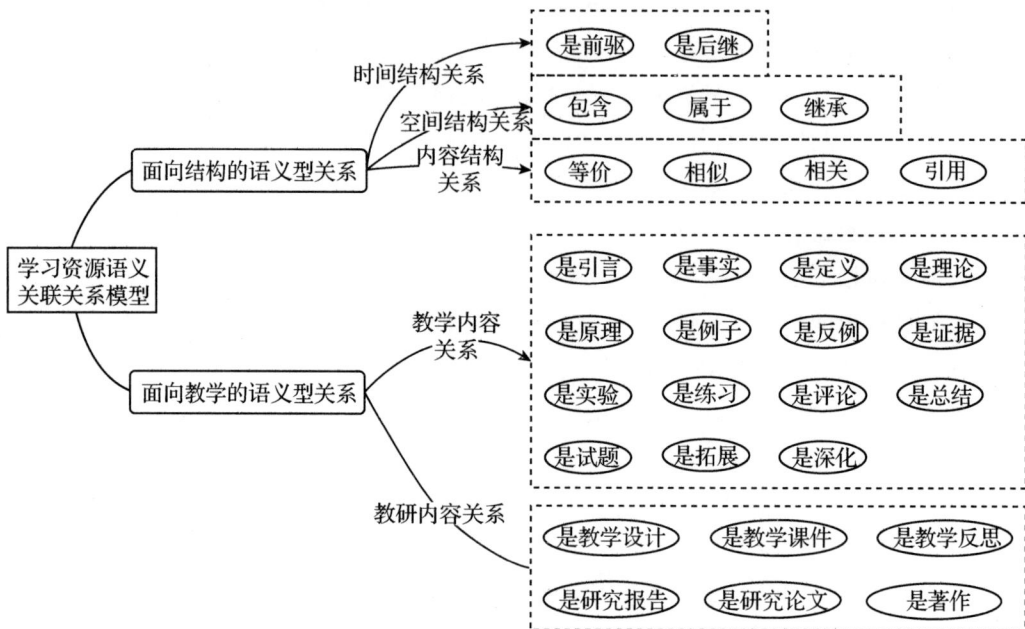

图 15-1-2　学习资源语义关联关系模型

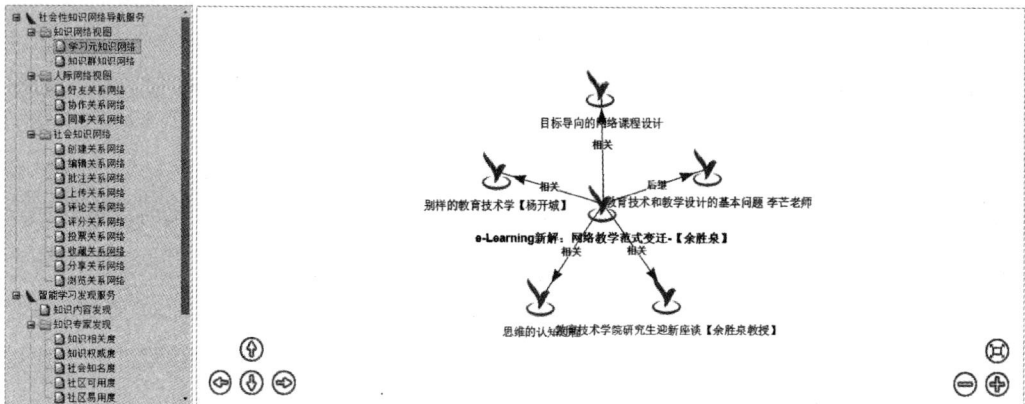

图 15-1-3　可视化的语义关联关系编辑结果

---

① 吴鹏飞、余胜泉：《学习资源语义关联关系及其可视化研究》，载《中国电化教育》，2015(12)。

3. 智能学习发现服务

语义网技术不仅可以对学习资源建立语义关联，也可以将学习过程中的人作为关联主体，构建人与人、人与知识、知识与知识之间的语义关联关系，从而利用本体推理技术为学生提供智能学习发现服务，包括知识专家发现、学习同伴发现、知识内容发现。

(1)知识专家发现。

知识专家发现能够为学生提供支持社会性学习的人际资源发现功能，能够发现知识相关、主题领域权威、易用和可用的知识专家，提供人际联结服务，能实现与知识专家进行联通。知识专家发现提供学习服务发现功能，能够支持连通知识专家，为学生提供主题领域中专业问题解答的学习服务。

(2)学习同伴发现。

学习同伴发现能够为学生提供社会性学习的人际资源发现功能，能够发现学习兴趣相同、易用和可用的学习同伴，提供人际联结服务，能实现与学习同伴进行联通。学习同伴发现能够为学生提供学习过程发现功能，能够支持连通学习同伴，为学生提供主题领域中专业学习过程、学习路径展示。

(3)知识内容发现。

知识内容发现能够为学生提供相关知识发现功能，不仅能够发现相关知识内容，而且能够发现相关知识内容之间的语义联系，展示知识内容及其背后的逻辑关系。

智能学习发现服务发现的人际网络与发现的知识内容能够为学生提供学习联结关系发现，通过这些人际链以及知识链能够更好地为学生社会性学习提供人际网络支持和知识网络支持服务。

4. 智能答疑服务

答疑是在线学习的重要环节，而智能答疑不仅能够减轻教师工作量，同时也可以提高答疑的效率，满足学生随时随地学习的需求。目前，很多在线学习系统的智能答疑主要是通过构建 FAQ 库、中文分词和简单的关键词匹配方法实现，由于没有对问题进行语义理解，答疑的质量和效率较低，利用语义关联和本体推理技术实现智能答疑服务可以提高答疑的准确性和扩展性。

基于语义技术实现智能答疑服务的主要思路如下：首先，构建在线学习知识领域的语义网，以该语义网为基础，利用中文分词技术提取问题的关键词并构建关键词向量；其次，计算关键词向量之间的相似度，根据计算结果将最佳答案反馈给用户，如果计算结果过低或无法匹配，则利用语义网对提问问题的关键词向量进行语义扩展后重新匹配，根据重新匹配结果获取答案。在该方法中，语义网主要应用于关键词提取和关键词向量的语义扩展。该方法的主要内容包括：语义网构建、FAQ 库构建、关键词向量提取、向量匹配和向量扩展，如图 15-1-4 所示。

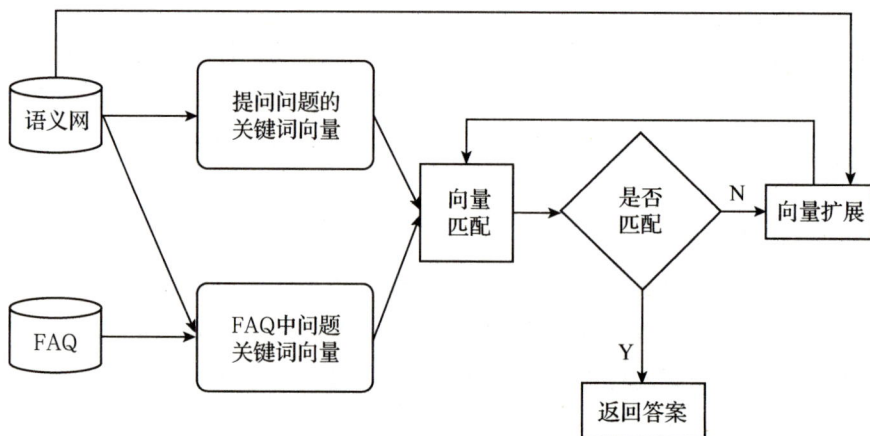

图 15-1-4　智能答疑技术框架①

Freebase：全球最大的语义数据库之一

　　Freebase 是一个收集全世界知识的开放、共享的网站，由美国软件公司 Metaweb 开发并于 2007 年 3 月公开运营，2010 年 7 月 16 日被 Google 收购，2014 年 12 月 16 日 Google 宣布将在 6 个月后关闭 Freebase，并将全部数据迁移至维基数据。目前 Freebase 已经建立了包含 5813 万实体、32 亿个实体关系三元组的结构化知识资源，是公开可获取的规模最大的语义知识库之一。它的知识库一方面来源于像维基百科这样的开源数据，另一方面则来源于全球的用户团体；由计算机和人共同组织维护，对知识和信息进行采集、整理、归纳，并提供语义技术，以便更好地从中查找数据资料。

　　Freebase 利用了语义技术，采用结构化数据的形式，为每个主题建立元数据，其结构从一般到具体，由库（base）或集合（common）、类型（type）、属性（property）和主题（topic）4 种基本成分组成。其中库或集合是最大的信息类别，也被叫作域（domain），例如，人们常将各种信息分为社会、军事、娱乐等类别；类型是次于库的一个集合，用来区分库中的信息，例如，建筑这个库包含建筑师、房屋、摩天大楼等不同的类型，类似于面向对象语言中的类；属性是类型中一个特别组成部分，例如，对于建筑师这一个类型，他的属性包括姓名、出生日期、出生地、代表作等方面；当讨论一个具体的类型时，就是一个具体的实例。相同种类的条目组成了一个类型，每一个类型都有固定的属性，同类信息可以进行相互比较，所有相关的类型又组成了域。这样数据之间很容易联系起来，为信息的查询和处理提供了方便（图 15-1-5）。

---

① 贾思宇、马玲、常玮：《基于语义网分析的在线学习智能答疑方法研究》，载《情报杂志》，2012(9)。

元数据：描述数据的数据。这里是相当于描述一类事物的数据。例如，字典中对字的描述包括读音、字形、词性、用法等一系列格式化的定义，当这每一项描述都赋予具体的内容时，就是一个具体的对象。

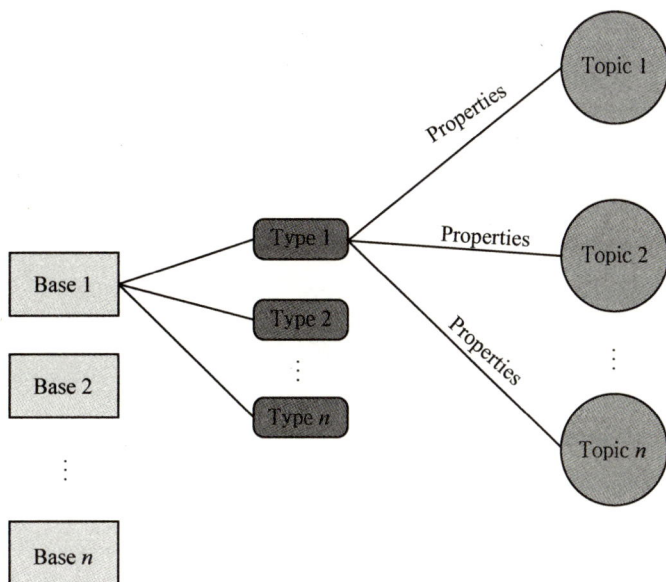

图 15-1-5　Freebase 知识组织结构

从页面主体上看，Freebase 主要为用户提供 Explore 和 Make 两大服务。Explore 主要为用户提供信息的浏览和检索功能。Freebase 按照库的形式分类呈现，如图 15-1-6 所示，左边框中是所有库列表；每一个库又都包含各自的子类型，类型中呈现的是每一个具体的主题，如图 15-1-7 所示是 Architecture 这个库的内容和其中 Building 类的主题列表。在这些信息中，由于属性的不同，不同的类或主题之间形成了联系。一般来说，每一个具体的主题都涉及一个或多个类型，每一个类型又包含一个或多个属性，每一个属性都有一个值，这个值又涉及另一个条目，这样两个条目就被连接起来了。

一方面，Make 服务嵌入在每个页面中，用户可以在浏览的过程中参与资源的共建共享；另一方面，它提供给用户自创建库的功能，用户按照一定的规则建立自己的库，另外还提供 API 数据接口服务和工具，以供用户开发使用。

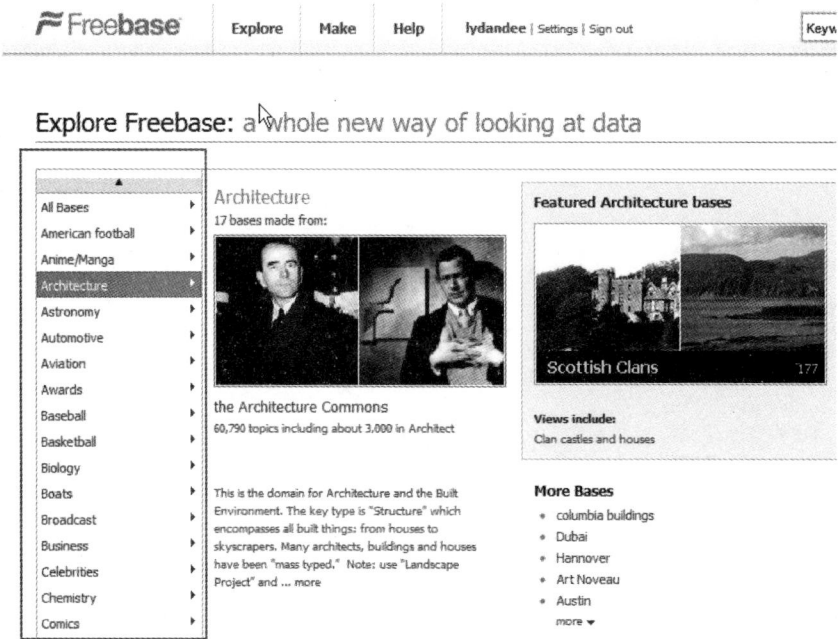

图 15-1-6　Freebase 的 Explore 页面

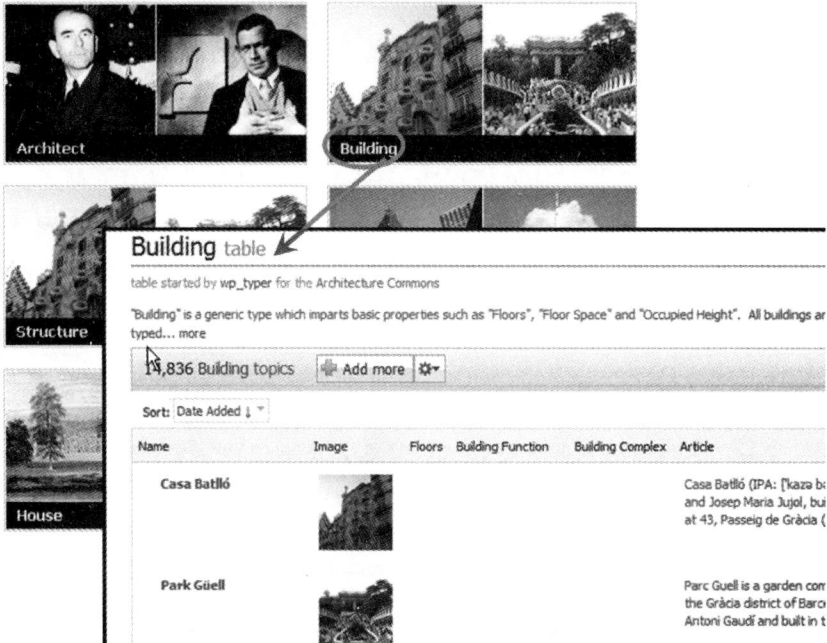

图 15-1-7　Architecture 库页面和 Building 类主题列表页面

　　我们可以在每一个主题呈现的页面中看到 Freebase 的数据结构，如图 15-1-8 所示，对于这一条目，Freebase 定义了地理位置、建筑名、建筑时间、开放时间、地址等属性，而这些属性也就是这一类型的属性，于是这一类型的数据结构也就建立起来了。当然，用户也可以单击每一个属性旁边的 edit 按钮，对其中的值进行修改或补充，用户还可以添加类型。采用这种结构化的呈现形式，使得主题的呈现规范，而各个主题之间的关联也变得清晰，如果我们要搜索所有建造于 1905 年的建筑物就变得方便多了。

　　Freebase 采用的这种结构化数据形式，定义了类型的各种格式化的属性，使得知识之间的逻辑关系清晰而稳定，为机器化处理提供了可能，这正是语义技术致力实现的结果。

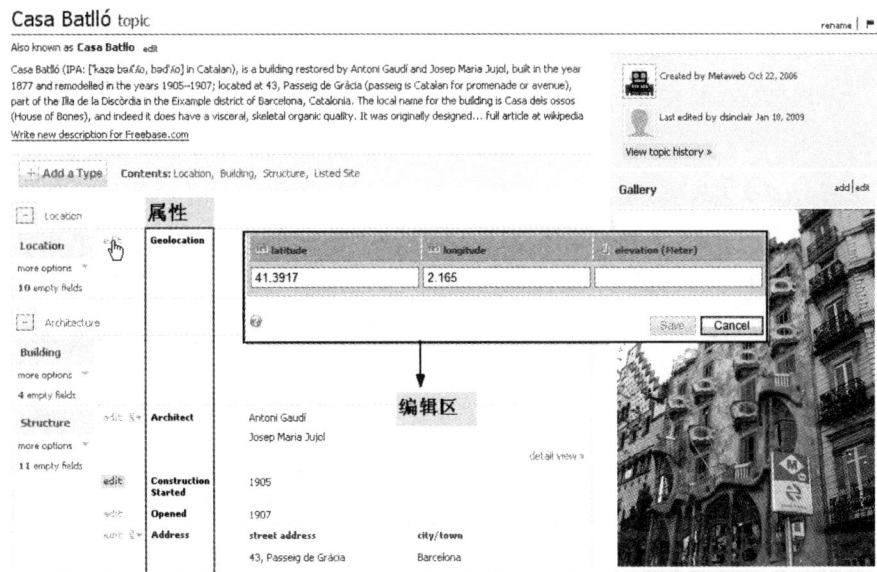

图 15-1-8　Casa Batlló 主题页面

　　各种智能教学软件的发展都体现了一个共同的目标——通过研制出某种机器或装置，使其具有同人的思维相似的某些功能，并能完成通常需要人才能胜任的智力性工作，使计算机具有人类的智能，能够为我们的教学提供最好且真实的服务。人们曾分别从哲学、心理学、脑科学、认知学、科学语言学、控制论和计算机科学等各个不同的角度对许多智能问题进行了大量的研究和探讨，但是由于思维与智能问题的复杂性，人工智能的研究仍然处于亟待发展的阶段，其进展并不突出。

　　纵观人工智能的各种研究，可以总结出其根本问题是如何利用计算机处理知识的，包括知识的获取、表示和运用三个基本环节，通过对知识的处理提供相应的支持，目的就是替代人完成某些工作。教学软件设计中也必然会涉及利用计算机处理各种信息，尤其是许多教学软件中都涉及对学习者的学习情况进行检测和分析，为学习者提供不同的学习方式，以及根据学习者的学习情况做出评价等适应性功能，达到个性化教学的目的。因此，人工智能的发展将对教学软件的智能设计提供技术和方法的强有力支持。

15.1.2　适应性学习系统

1. 适应性学习系统简介

适应性学习系统的出现是为了解决传统的网络教育中，所有学生都用相同课件（one size for all）的问题，这种系统对学生的学习背景、学习偏好和认知状态等学生特征进行建模，并在学生与系统交互过程中应用这种模型来适应学生的个性化需求。[①] 适应性学习是在线学习、移动学习、泛在学习形态下重要的发展趋势，适应性学习的模式包括三个关键环节：学习诊断、学习内容的动态组织、学习策略。其中在适应性学习中，学习诊断是至关重要的一环，因为它是适应性学习系统了解学生学习能力、认知能力的重要依据；学习内容的动态组织是指适应性学习系统根据学习诊断的能力结果以及学生的学习历史记录、认知风格，动态组织与呈现学习者当前学习能力最相关的学习内容。学习策略是针对特定的学习内容为学生进行学习时所采取的方法。一般来说，不同的学生根据自己不同的学习风格，采取的学习策略是不一样的，同一个学生在不同时期内所采用的学习策略也可以不同。在适应性学习系统中，学生一般都采用三种学习策略，如传授式、探索式和协作式。[②]

适应性学习系统主要从内容、评估和序列三个方面提供适应性支持，借助多种技术挖掘并分析学生的行为数据，实时调整学习内容、知识评估方式和知识序列，满足学习者的个性化需要。其中，自适应内容系统（如 CogBooks、Geekie）通过分析学习者回答问题的具体表现，如学生自信度、问题回答正确率、完成练习所用时间、对学习目标的熟悉程度、学习相似内容的表现等，为其提供匹配的学习资源、内容反馈或线索提示。自适应评估系统（如 Knewton、Dreambox、Claned、Volley Labs）主要用于知识测试，根据学生回答问题是否正确，自动调整测评标准。系统利用自适应评估工具进行测试时，若学生连续做对或做错多个题目，系统将根据其表现及时调整测试题的难度。学习序列自适应系统（如 CK-12、McGraw-Hill、Lilwil）利用一定的算法和预测性分析手段，实时收集学生的学习表现数据，并以学习目标为依据，适应性调整学习内容的推送顺序。

①　姜强、赵蔚：《自适应学习系统述评及其优化机制研究》，载《现代远距离教育》，2011(6)。
②　余胜泉：《适应性学习——远程教育发展的趋势》，载《开放教育研究》，2000(3)。

2. 适应性学习系统组成

适应性学习系统包括运行层和存储层。运行层包含适应引擎，适应引擎的主要作用是以存储层的数据为依据完成实际的适应性操作；存储层用于存储知识空间、领域模型、用户模型和适应性模型的信息。图 15-1-9 是一个适应性学习系统的体系架构[1]，包含了适应性学习系统模型的主要组件和组件之间的关系，图 15-1-9 中的虚线表示模型之间的逻辑联系。

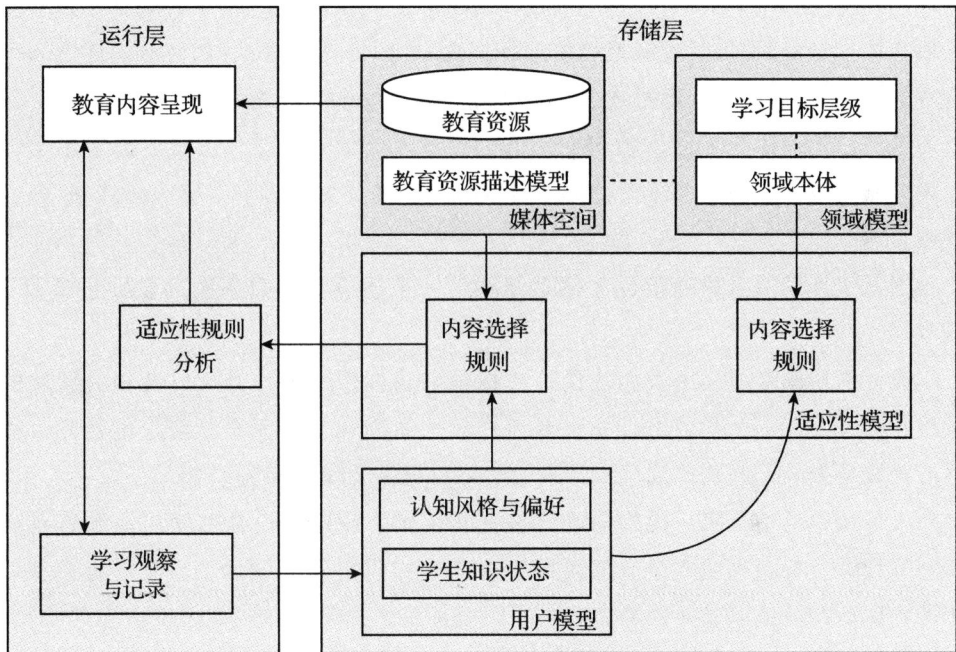

图 15-1-9　适应性学习系统的体系架构

整个适应性学习系统应主要由以下 4 个部分组成。[2]

（1）知识空间：包括媒体空间和领域模型，媒体空间指教育资源和相应描述信息（如元数据、属性、用法等），领域模型指描述当前领域知识的结构图和相应的学习目标。

（2）用户模型：对学生信息和数据的抽象描述，如知识状态、学习风格的偏好。用户模型也包括两个不同子模型：一个子模型描述当前学生的知识状态，另一个子模型描述学生认知风格和偏好（如学习方式、短时记忆能力）。将用户模型分为这两

---

① Pythagoras Karampiperis，Demetrios Sampson，"Adaptive Learning Resources Sequencing in Educational Hypermedia Systems,"Educational Technology & Society，2005，8(4)，pp. 128-147.

② Henze N，Nejdl W，"A Logical Characterization of Adaptive Educational Hypermedia,"New Review of Hypermedia and Multimedia（NRHM），2004，10(1)，p. 37.

个子模型是因为第一个子模型中的学生知识状态会随着学习者和 E-learning 系统的交互不断变化；而学生的认知风格和偏好则相对稳定，在很长一段时间内都是相对不变的。

（3）学习观察：记录学生与 E-learning 系统的交互情况，如学生是否访问过某个资源，在某个资源上面所花费的时间等。学习观察与学生行为相关，其监视结果用于更新学生的用户模型。

（4）适应性模型：定义了一系列描述 E-learning 系统运行时状态的规则。这些规则包括概念选择规则（如何从领域模型中选择概念）、内容选择规则（如何从媒体空间中选择合适的内容）。这些规则库描述了一个适应性 E-learning 系统暗含的教学方法。

为了清楚地描述一个适应性 E-learning 系统运行时的状态，还需要描述学生特征如何影响从领域模型中选择概念（概念选择规则），以及如何影响对资源的选择（内容选择规则）。

根据适应性学习系统的组成与体系结构，一个适应性学习系统的设计包括以下 4 个步骤。[①]

①设计领域模型。领域模型的设计包括学习目标层级的设计，以及相关领域的概念层级的设计。某一个学习目标总是要通过对一系列相关的概念学习才能达到。适应性学习系统要做的是判断达到某一特定的学习目标需要哪些相关概念。

②设计用户模型。用户模型的设计包括学生知识空间的设计与学生认知特点和偏好模型的设计。有两种主要的方法可用于对学生知识空间的设计：一是重叠模型，学习者的知识状态被描述成为领域类概念的一个子集；二是原有模型，将学生分成几类，但每一类学生都继承了全班学生的共同特征。

③设计媒体空间。媒体空间的设计也就是设计教育资源的描述模型。这些模型用于描述学习资源的特征，如学习资源的类型、难度，还有学习资源之间的结构关系（如一个资源可能引用了其他相关资源）。每一个资源都和领域模型中的概念相关联。适应性学习系统要做的是判断某一概念和哪些资源相关联。

④设计适应性模型。适应性模型的设计就是设计概念选择的规则（从领域模型中选择适当的概念来完成学习）和学习内容选择的规则（从知识空间内选择合适的学习内容）。概念选择的规则是通过将学生当前知识状态与领域模型中的概念比较得来的；学习内容选择的规则是在学生认知风格和偏好的基础上，把教育资源描述模型中学习资源的特征和用户模型中的学生特征关联起来得到的。

[①] Brusilovsky，"Developing adaptive educational hypermedia systems：From design models to authoring tools，"Dordrecht. Kluwer Academic Publishers，2003.

在这些设计步骤完成之后，适应性引擎（适应规则分析器）负责编译适应模型中的规则，产生个性化的学习路径。这个过程就是所谓的适应性学习系统排序。

3. 适应性学习系统典型案例

(1)Knewton 平台。

Knewton 平台为发行商、学校及全球的求学者提供预测性分析及个性化推荐，其覆盖的学生范围包括 K12、高等教育及职业发展教育等。它有三个重要功能：第一，推荐课程内容功能。系统抓取学生的学习数据，并分析下一阶段应该学什么。第二，预测性的学习数据分析。这是 Knewton 和出版商最大的差别，出版商让学生知道做题的对错。而 Knewton 是预测你未来的学习程度，你现在做得怎么样，未来能做怎么样。例如，一个学生测试得了 60 分，还有基于学生数据分析和对内容的了解，系统可能会显示学生水平要高于 60 分。第三，内容数据分析。评估课程的内容质量，对学生学习有什么影响。

以差异化的任务学习引导为例，阐述 Knewton 平台的实时自适应学习过程。[①] Amy、Bill 和 Chad 三位学生有同样的学习目标——理解乘法公式（绿色）、乘一位数（黄色）、乘两位数（蓝色）、解决乘法应用题（粉色），这四个概念的先修知识在灰色框中显示，分别是乘法符号、理解乘法、整数乘法、用乘法解决问题，如图 15-1-10 所示。例如，要理解"乘两位数"必须先要理解"乘一位数"，下方的小矩形框代表每位同学答的题目及正误信息，其颜色与所属任务主题的颜色一致。从图 15-1-10 中可以看出，这三位学生所答的前三道题目是一样的，由于第三道题 Bill 答错了，与其他两位同学出现了不同的学习状态，因而三位同学开始呈现出了不同的学习路径，Bill 在理解"乘两位数"时遇到了困难，故继续回答这个主题的题目，而 Amy 和 Chad 进入到下一个主题；从第四题的回答结果来看，Amy 回答正确继续完成接下来的题目，而 Chad 回答错误继续回答与"理解乘法公式"这个主题相关的题目。平台引导 Bill 和 Chad 继续完成他们遇到困难的主题相关的题目，直到他们理解、做对题目进而掌握概念。

图 15-1-10 展现了三位同学为达到同样的学习目标而进行的自适应学习过程，从中可以看出 Knewton 平台的差异化学习指导可以让学生更多地关注其薄弱环节，而不至于在已经掌握的环节上做无用功，对于那些掌握程度比较好的学生，如本例中的 Amy，Knewton 平台也会提供给她按照自己步调学习的机会。

---

① Green-Lerman H. Visualizing personalized learning, https：//www. knewton. com/resources/blog/adaptive-learning/visualizing-personalized-learning/，2018-03-05.

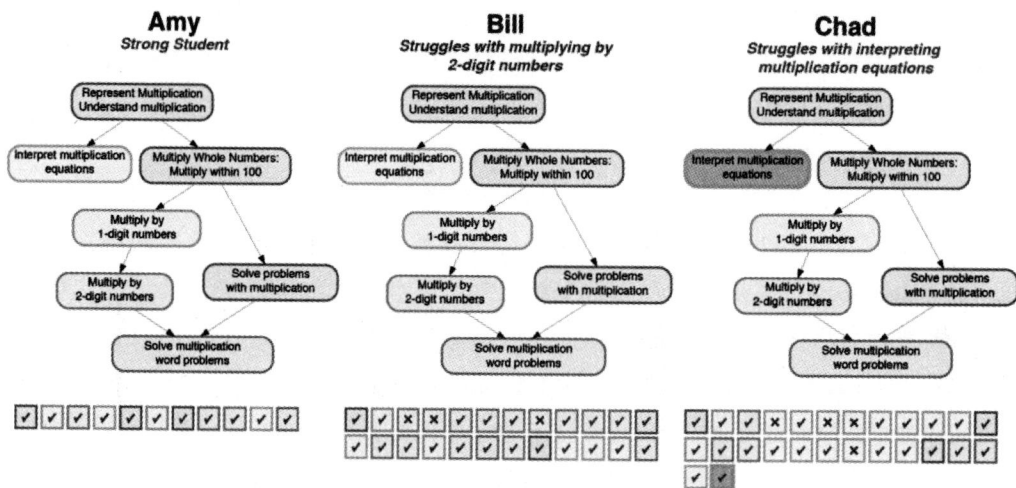

图 15-1-10　同一目标不同学生的自适应学习过程

（2）Smart Sparrow 平台。①

Smart Sparrow 平台是澳洲一个在线适应性教育平台。与其他适应性教育平台相比，Smart Sparrow 平台更突出老师的地位，"把老师作为学习过程的中心，让老师设计适应性课程"。公司的创始人兼 CEO 德罗尔·本一纳伊姆博士对外媒表示，"我们本身没有内容，互动中得到的反馈引导老师把课程设计得更好。下一阶段学习都是在学生学习行为的基础上动态生成的"。

Smart Sparrow 平台坚信教学设计的作用。即使是在数字学习环境中，教师也能够在教学中保持高度的自主权和能动性，包括学生学习什么、如何学习以及何时学习。教师和学习设计人员知道什么对学生最有效——如何对信息进行排序、搭建和分组，以提高学生的理解能力；学生经常绊倒的地方；哪些提示和补救措施最有效；苦苦挣扎的学生需要什么？高级学生需要什么？以及如何鼓励学生保持积极性。

Smart Sparrow 平台的适应性学习支持从最细微的层次开始——概念和问题——学习在哪里实际发生，误解在哪里发生。因此，适应性和个性化是由学生在课堂上、在每个屏幕上体验到的。创作工具中的适应性设计面板简化了设计过程，并允许指导者即时定制，通过设计"如果这个，那么那个"的陈述，为学生提供个性化的学习路径和反馈，如图 15-1-11 所示。例如，"如果学生选择 A，则跳转到屏幕 2""如果学生选择 B，则跳转到屏幕 3""如果学生在试图继续学习前在屏幕上停留的时间少于 5 秒，那么就提供反馈，内容如下：这些信息很重要，在继续之前，确保你理解了它！""如果学生

---

① Smart Sparrow. Let's talk about adaptive learning，https：//www.smartsparrow.com/what-is-adaptive-learning/，2018-12-28.

在继续学习前花在屏幕上的时间超过 10 秒,那么就给出这样的反馈:一切都有意义吗?让我们继续,让他们继续。""如果学生没有在屏幕上完成模拟活动,那么就停止他们,并给出反馈:等等,这里还有更多的事情要做!不要放弃!""如果学生用不正确的答案 X 完成了模拟活动,那么停止他们,给他们反馈:嗯,有些地方不太对,你试过 Y 吗?"

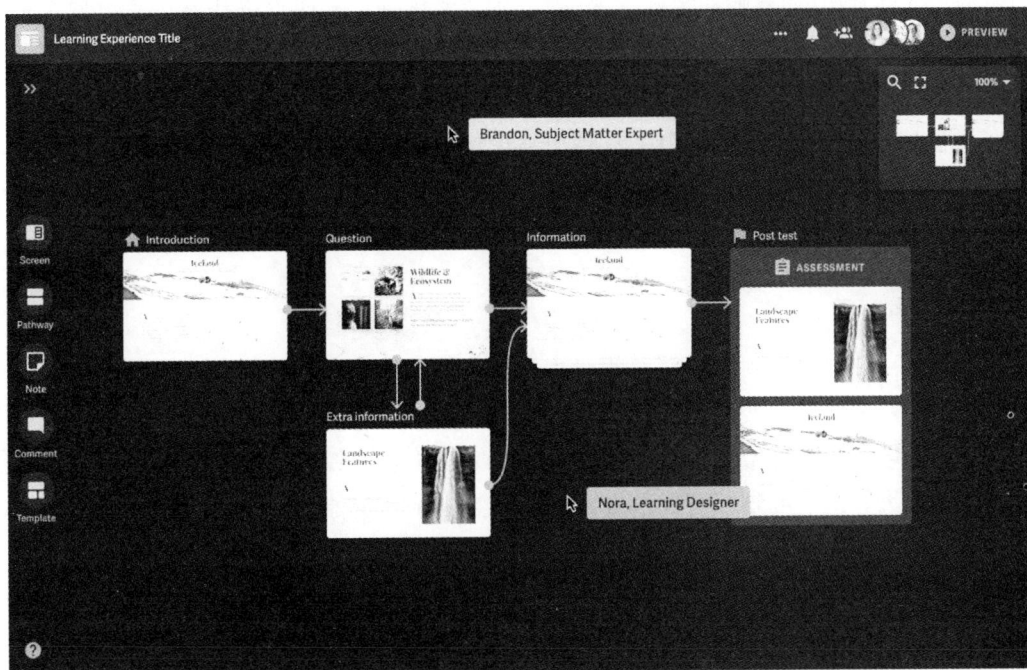

图 15-1-11 个性化学习路径

通过使用 Smart Sparrow 平台的学习分析,教师可以准确地了解学生的表现、他们在哪里遇到了困难或表现出色以及学生是否有失败的风险,如图 15-1-12 所示。一种基于数据的数字化学习方法意味着,教师可以在为时未晚之前进行干预,评估其教学方法的有效性,并更新或调整内容,以帮助学生获得可能的最佳结果。通过持续改进的思维模式,教师可以使用 Smart Sparrow 平台创造适应学习经验,为每一个新的学生群体提供改进。

4. 适应性学习系统发展趋势

大数据分析技术、智能感知技术、情境认知理论、具身认知学习理论等新技术、新理论的发展,使

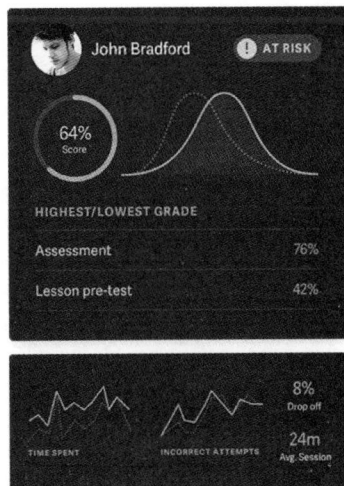

图 15-1-12 学生表现可视化报告

684

得适应性学习在内容上和方法上有非常大的研究空间，未来适应性学习的发展趋势包括智能感知、个性化、预知性、动态平衡、智能化评价等几个方面。

（1）智能感知。

利用智能感知技术实现感知学生个体在学习过程中所表现出来的知识结构、水平及情感状态，从而及时调整学习内容和数量，为学习活动的开展自动推送个性化的学习资源、人际资源（如教师、学科专家等）、活动建议等，从而可以让学生更方便、更有效率地提升学习效果。

（2）个性化。

通过跟踪和分析学生学习行为过程中形成的知识能力、认知风格偏好，利用学习分析、个性化推荐等技术方法为其自动推送最佳的个性化学习路径（含学习资源、学习伙伴）、认知工具和学习服务（解决疑问、提供指导）等，依据学习过程行为和结果数据对个性化学习绩效进行测量，实现因材施教。

（3）预知性。

通过记录并细化学生的考试过程，如每道习题的答题过程、时间、速度、停顿甚至部分思路，利用大数据技术和智能算法进行分析，预测学生的学习困扰，定向推送合适的测试题目和个性化学习进度安排；通过实时跟踪监控学习历史行为数据，采用文本挖掘、大数据学习分析等技术方法，测量学生的知识能力，预测即将产生的学习危机和心理问题，为其提供合理的个性化解决方案，调整学习状态。

（4）动态平衡。

学生在进行学习时，当知识能力与当前的学习需求不一致时，便可通过体感技术、动作捕获、数据挖掘、眼动追踪、学习监测等智能化方法捕捉、记录学习数据，分析判断学生的认知水平、兴趣偏好，推送合适的学习资源、工具，以适应学生不断变化的个性化学习需求。[①]

（5）智能化评价。

以前对学生的教育评价是通过测试，通过卷子，通过答对试题的个数、知识点的个数得来的，然而这种评价机制是有缺陷的。未来研究将关注利用大数据学习分析，借助 ACTS 学业评价技术，对学生进行检测、评价、诊断、甄别、选拔、鉴定，分析每位学生的知识应用、技能应用和能力倾向，以及时调整教育行为，实现个性化教育。[②] 此外，在知识可视化层面能够实现表征思维过程，深化学习分析。根据情境认知理论可知，知识是个体与社会互动的产物，若将交互学习过程中知识共建共享行为呈

[①] 赵秋锦、杨现民、王帆：《智慧教育环境的系统模型设计》，载《现代教育技术》，2014（10）。

[②] 姜强、赵蔚、王朋娇、王丽萍：《基于大数据的个性化自适应在线学习分析模型及实现》，载《中国电化教育》，2015（1）。

现出来，可实现同伴之间的思维可视化，促进学生之间思想深度交流。[1]

15.1.3　智能导学系统

1. 智能导学系统简介

智能导学系统(ITS)是指具有某一领域的学科知识和相关的教学知识，能对学生进行个别化教学的软件系统。该系统能够模拟教师或专家进行教学活动，根据学生对知识的理解掌握程度，选择相应的教学策略，帮助学生获得新知识并解决学习问题。[2] 通常，ITS 含有虚拟代理(包括虚拟教师代理、虚拟学生代理等)，既是学生的智能伙伴，也是学生学习的指导者，参与学生的知识建构(非复制)、谈话(非接受)、表达(非重复)、合作(非竞争)和反思(非处方)等学习活动，与学生进行情感交流，为学生学习、问题解决、策略训练和技能获得等过程提供支架和反馈，有利于促进学生自主学习能力和元认知能力的发展。元认知是影响学业成功的主要因素，是指在自我意识的基础上，在认知自身的过程中形成自我反省、自我控制与自我调节，是对学习中感知、记忆、思维、想象等认知活动的再认知和再思考。ITS 提供关于学生元认知能力的指导，监管学生的元认知行为，可以帮助学生更好的学生。伴随着计算机技术、学习分析技术的发展及有效运用，有关 ITS 的研究越发注重学生的个性化、轻松和高效率的智能学习，学生与系统的交互不仅在于获取知识和掌握知识，更重要的是能提高学生的问题解决能力和元认知能力。

伴随着计算机技术、学习分析技术的发展及有效运用，有关 ITS 的研究越发注重学生的个性化、轻松和高效率的智能学习，学生与系统的交互不仅在于获取知识和掌握知识，更重要的是能提高学生的问题解决能力和元认知能力。[3]

国际典型的 ITS 有 MetaTutor、Protus、Andes、SimStudent、Crystal Island、Wayang Outpost、Betty's Brain 等，这些系统都是以计算机为基础的开放式学习环境，主要形式有超媒体、建模与仿真、沉浸式及游戏化等。[4]

MetaTuor 是基于自适应多代理超媒体导学系统，针对生物科学的内容如循环、消化和紧张系统，通过 4 个代理适应学生的需要，个别化地指导学生的学习，同时为学生提供自适应反馈，支持学生恰当地选择子目标、精确地判断元认知以及应用具体的

① 姜强、赵蔚、李松、王朋娇：《个性化自适应学习研究——大数据时代数字化学习的新常态》，载《中国电化教育》，2016(2)。

② 蒋艳、马武林：《中国英语写作教学智能导师系统：成就与挑战——以句酷批改网为例》，载《电化教育研究》，2013(7)。

③ 韩建华、姜强、赵蔚：《基于元认知能力发展的智能导学系统研究》，载《现代教育技术》，2016(3)。

④ Segedy J R, Biswas G, Sulcer B, "A model-based behavior analysis approach for open-ended environments," Educational Technology & Society，2014(1)，pp. 272-282.

686

学习策略。①

Protus 是自适应个性化推荐的超媒体系统，用于学生学习 Java 程序设计语言的基本知识。该系统具有高度模块化的特征，应用网络语义技术和推荐技术，结合学生的性格特点，为学生推荐个性化的界面和内容，学生利用测试、复习、讨论、范例等监控和调节元认知。②

Andes 是一种建模与仿真的开放式学习环境，其基本原理是在教学法上最大化学生的主动性和自由，维持学生完成网络作业的积极性。③ 根据系统的计划识别技术，提供迅速的反馈和提示，促进学生监管和调节元认知。

SimStudent 是一种类似于游戏的学习环境，结合两个虚拟代理，利用解释、问题、范例和对话引导学生学习代数方程式知识。如果遇到不会或不能正确解决的问题时，可以向虚拟教师代理（Mr. Williams）求助；随着支架淡出，学生尝试自己解决问题。④

Crystal Island 是以故事为中心的虚拟沉浸式学习环境，学生充当生物学家的角色，困扰岛屿研究站的传染性细菌的来源和特性。学生能与计算机控制角色（包括护士、病人、厨师和科学家等多个代理）对话，每完成 5 个实验，学生需回答有关生物学科的问题。⑤

Wayang Outpost 是基于超媒体的学习环境，根据学生的最近发展区提供自适应的学习内容，训练学生基本的认知技巧。该系统不仅能促进学生的认知发展，而且可视化的学习进度能刺激学生反思学习活动，增强学生的元认知意识。⑥

Betty's Brain 不仅基于超媒体的环境，而且结合建模仿真和以故事为中心的环境特点，是一个典型的以学生为中心的多形式的开放式学习环境。学生在学生代理（Betty）和教师代理（Mr. Davis）的帮助下，采取合适的自我调节的认知和元认知学习策略。⑦

---

① Azevedo R，Johnson A，Chauncey A，et al，Self-regulated learning with MetaTutor：Advancing the science of learning with metacognitive tools. Khine M S，Saleh I M，*New Science of Learning：Cognition，computers and collaboration in education*，New York，Springer Science and Business Media，2010，pp. 225-247.

② Vesin B，Ivanovic M，Budimac Z，"Protus 2. 0：Ontology-based semantic recommendation in programming tutoring system，"Expert Systems with Applications，2012(15)，pp. 12229-12246.

③ Conati C，Gertner A，Vanlehn K，"Using Bayesian networks to manage uncertainty in student modeling，" User Modeling and User-Adapted Interaction，2002(4)，pp. 371-417.

④ Matsuda N，Cohen W W，Koedinger K R，"Teaching the teacher：Tutoring SimStudent leads to more effective cognitive tutor authoring，"International Journal of Artificial Intelligence in Education，2015(25)，pp. 1-34.

⑤ Segedy J R，"Adaptive scaffolds in open-ended computer-based learning environments，"Tennessee，Vanderbilt University，2014.

⑥ Arroyo I，Woolf B P，Burelson W，et al，"A multimedia adaptive tutoring system for mathematics that addressescognition，metacognition and affect，"International Journal of Artificial Intelligence in Education，2014(4)，pp. 387-426.

⑦ Kinnebrew J S，Segedy J R，Biswas G，"Analyzing the temporal evolution of students' behaviors in open-endedlearning environments，"Metacognition Learning，2014(2)，pp. 1-29.

　　智能教学系统研究一直没有形成公认的体系结构，绝大多数研究工作都以 Hartley & Sleeman(1973)所提出的架构作为研究的基础与核心。他认为智能教学系统必须处理三方面的知识：领域知识，即专家模型(Expert Model)，它主要解决教什么的问题(What to teach)；学生知识，即学生模型(Student Model)，它主要解决教谁的问题(Whom to teach)；教学策略知识，即导师模型(Tutor Model)，它要解决怎么教的问题(How to teach)。[①]

　　目前国内比较认同的是 ITS 的系统模型，一般包括 4 个模块：教师模块、学生模块、教学策略库、知识库。教师模块能够根据学生模块中的学生信息针对性地选择教学策略、教学内容，并监督学生的当前状态，可进行适当的干预。学生模块管理学生的个人信息，并实时监控、收集学生的状态信息，如学生在切换课程页面的速度、某页面停留的时间、测试的次数、成绩等。教学策略库即是对教学经验的形式化描述，如对特定课程的一些教学方法等，从学生模块获取学生信息，通过一些规则得到相应的教学序列。知识库存放课程相关内容，如教学资料(包括课件等)、测试资料(包括作业、测验、习题库等)以及其他各种媒体资料。其中整个系统的重点和实现的难点在于教学策略库和知识库，知识库可采用基于知识点结构的层次树状存储，包括知识点的集合，以及知识点之间的相互关系和层次结构。教学策略库的实现方法以学生的测试数据等作为输入，采用神经网络的方法以模糊评价得出对知识点的掌握情况，然后使用聚类分析，对学生进行学习情况的分类，使用启发策略、关联规则等设计出个性化的教学过程，达到因材施教的目的。

　　ITS 是由 CAI 系统发展而来的。在大多数的 ITS 和 CAI 中，学生学习都是通过解答一系列问题来进行的，学习评价也是计算机完成的，计算机仅仅扮演了导师的角色。表面上，这两种系统并没有什么区别，因为都强调高度的导师控制和回答简短问题的教学方式；然而，它们的区别并非是表现在教学方法和基础的学习理论上面，而是表现在 ITS 所具有的类似于人类导师的"基于知识"的教学方式上面，这得益于工程学和心理学方面的进步。ITS 的一般结构如图 15-1-13 所示。

　　ITS 的中心是专家系统，它以在某方面丰富的学习知识为基础，能够提供包括问题的答案以及纠正回答结果和过程中的错误，从而保证问题的正确解决。学生模型不仅仅能够对学生的学习特征和学习过程做简单记录，而且先对学习过程进行分析(如学习中的错误，从而推测学生信念中可能存在的错误)，然后记录或者更新原来的记录。教学模块是对教学行为本身编码，如何时提出问题、采用什么方式提出等。图形接口则是与学习者完成直接交互。

---

　　① 　陈仕品、张剑平：《智能教学系统的研究热点与发展趋势》，载《电化教育研究》，2007(10)。

688

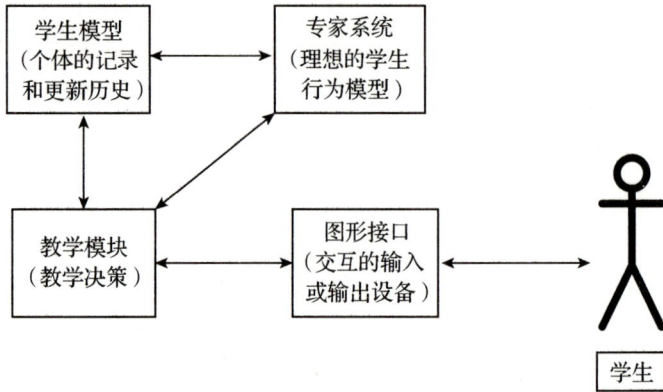

图 15-1-13　ITS 的一般结构

ITS 典型实例介绍——ACLS

　　Advanced Cardiac Life Support(ACLS)：这是一个用于医学领域的智能教学系统。ACLS 教学课程的目的是提高教学、组织和操作课程的熟练程度。ACLS 教学人员必须在 ACLS 教学材料方面有着扎实的工作经验。他们应当能示范关于突发性胃病护理深层次的实际经验。教师设计课程的时候必须考虑符合学生的需求。目前得到承认的成人学习原则、交互式教学策略、序列教学和过程评价功能，这些都是课程基础的和必须的部分。

　　ACLS 的一个在线模拟器：Pediatric Advanced Cardiac Life Support Megacode Simulator。这里选择 CASE TWO，出现如图 15-1-14 所示的页面。[①]

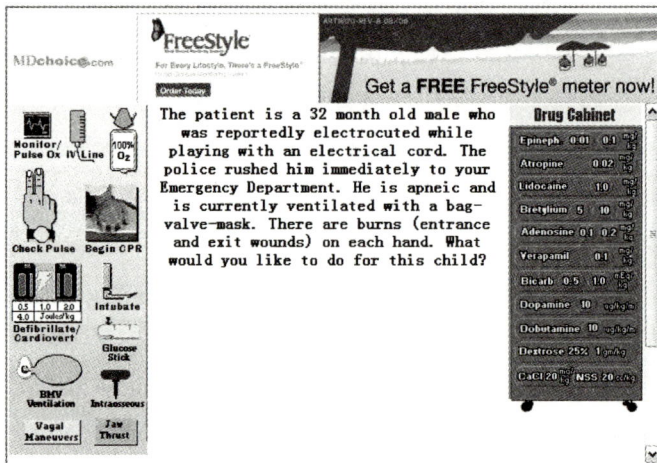

图 15-1-14　ACLS 的在线模拟器

---

① 编辑注：图中相关的内容未进行科学验证，不能作为专业参考，只是实例介绍需要。

　　网页中左边框部分是对病症所采取的一系列措施，如心电图、脉搏、吊瓶等，中间的文字部分是病人症状的描述，右边框中是一系列的药品和用量。学生通过单击相应的部分选择措施、药品和用量，之后系统将会自动对你的操作做出反馈，或者显示错误并且提示（或者通过重复症状的某些细节，或者通过提示可能的错误原因）。你重新选择操作或者药品，系统再次对你的选择做出判断，然后就可以根据系统提示进行下一步操作了。

　　ACLS 系统体现出了 ITS 的教学方法：通过问题对话来呈现学习材料、对学生提问，并在适当的场合提供反馈和矫正性学习材料。

　　2.ITS 提供的两种支持教学的机制

　　ITS 仿效实际教学中的一对一教导，灵活地呈现学习材料并对学生需求做出反应。ITS 把教导理解成一种教学对话，通过这种对话来呈现学习材料，对学生提问，并在适当的场合提供反馈和矫正性学习材料，提高了教学中的交流水平和基于对学生解题思路的理解而形成的补救措施的水平。当学生在解决问题的过程中犯错误时，系统就能准确地诊断错误，并提供一个详细的解决方法，采取一系列步骤，最终让学生回到正确的解决方法上来。为了支持这种教学过程，ITS 提供了两种机制：课程序列机制与问题解决支持机制。

　　课程序列机制（或称教学计划机制）的目标在于提供给学生最合适的个别化的单元知识学习次序和学习任务次序。换句话说，就是给学生铺设一条最佳的学习路径。对大多数 ITS 而言，都存在主动型和被动型两种层次上的序列，高层序列（或称知识序列），决定下一步学习的子目标（包括概念、概念集、下一课等）；底层序列（或称任务序列），决定本子目标中下一步学习的任务。

　　问题解决支持机制包括 3 个方面。首先，学生问题解决的智能分析机制。它负责完成对学生问题答案的分析，包括判断正误，找出到底是什么有误，是哪些方面的知识缺失导致了这些错误。其次，交互式问题解决支持机制。与前一种机制不同，这种机制并非等到学生答案出来才起作用，而是在过程中提供一系列的问题解决帮助，包括暗示错误、提供线索以及直接演示执行下一步问题解决。最后，基于案例的问题解决。这种决策从学生水平出发，通过演示相似案例的问题解决过程，让学生从中学习。

　　3. 基于智能导学系统的学习过程案例

　　Betty's Brain 系统是美国范德堡大学工程学院智能代理教学研究组结合计算机科学、心理学和教育学等开发的开放式 ITS，强调在具体环境下学习需要内隐的思考和学习过程的可视化，利用动画教学代理，整合问题解决和知识建构的过程，必要时为学生提供指导和帮助。本项目组与智能代理教学研究组进行了沟通并协同创新，对 Betty's Brain 系统进行了深入研究，并应用元认知能力模型对该系统进行了改造；同时，考虑学生和系统之间的主客体关系，在该系统建立了双向适应交互，即用户主动选择资源的适应性交互和系统主动推送资源的自适应交互。[①] 改造后的 ITS，不仅可实现学生根据自己的知识水平和认知风格自主选择学习内容、学习策略，而且也能根据学生的学习特征和学习行为推荐具有个性化的建议，使学生在完成学习任务时，也可利用与代理对话的方式帮助学生选择合适的元认知策略，进而培养元认知能力。[②]

该系统主要依据 Betty 和 Mr. Davis 两个代理促进学生元认知能力的发展，其中 Betty 代理的身份是学生的学生，而 Mr. Davis 代理的身份则是学习者的老师。

（1）Betty 与学习者会话。

当学习者读超文本资源或识别相关概念时，如果长时间停留，Betty 代理就会主动与学习者对话，提示学习者继续工作。为了进行下一步操作，学习者需要从下拉列表中选择符合自己的回复，如图 15-1-15 所示。

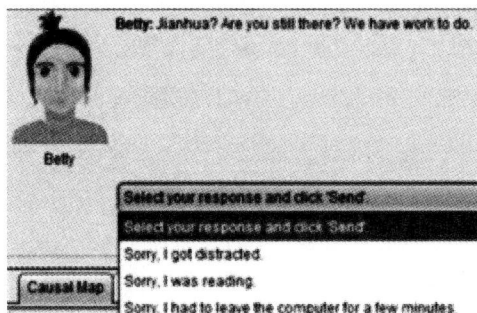

图 15-1-15　Betty 监督学习者学习

学习者既能自己决定学习进度，也能主动与 Betty 发起会话，让 Betty 解释概念、回答因果关系或参加测试等。当学习者根据下拉列表选择要提出的问题后，Betty 就会对学习者的问题给出相应的反馈。

（2）Mr. Davis 与学习者会话。

Mr. Davis 代理主动与学习者对话，监督学习者的状态，帮助学习者调整学习进度，就学习者的学习状况或进行鼓励，或给出提示，或提供建议。例如，Mr. Davis 询问学习者的感觉如何（图 15-1-16），使学习者反思自己的认知加工过程并增强自我监控意识。学习者也能主动与 Mr. Davis 对话，咨询的问题主要有三个方面：科学书阅读中遇到的难题，如何有效地向 Betty 呈现因果关系以及如何确保教给 Betty 内容正确的知识。

---

① 姜强、赵蔚、王朋娇：《自适应学习系统中双向适应交互评价实证研究》，载《现代远程教育究》，2013(5)。

② 韩建华、姜强、赵蔚：《基于元认知能力发展的智能导学系统研究》，载《现代教育技术》，2016(3)。

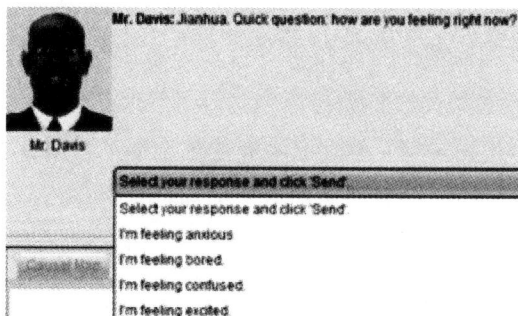

图 15-1-16 Mr. Davis 询问学习者状态

(3)Betty 的测验结果

系统界面包括测验的历史记录、测验问题、Betty 的答案、Betty 的成绩以及测验相关的因果关系。成绩的标注有四种颜色：绿色代表 Betty 回答正确；红色代表 Betty 回答错误；橙色代表 Betty 回答有待完善；灰色代表 Betty 不知道。学习者可以根据测验结果修正因果关系，这一过程有利于学习者监管和调节自己的元认知，并计划下一步的操作。

综上所述，Betty's Brain 系统首先分析了学习者的学习行为，然后利用 Betty 和 Mr. Davis 两个代理以对话的方式干预学习者的学习过程，并根据学习者的状态和学习进度提供自适应反馈，使学习者调节和监管自己的学习行为，培养元认知意识。更重要的是，该系统使学习者的元认知意识从系统控制转向了自我控制、从不自觉调节转向了自觉调节，从而培养了学习者有意识地控制和调整认知活动的能力。

4.智能教学系统的研究新热点

当前智能教学系统的研究热点包括学生模型、在线协作学习、自然语言对话、智能教学代理等。[①]

(1)学生模型。

学生模型是智能教学系统的核心组件，是实施个性化和适应性教学的基础，用来记录学生的相关信息，反映了系统对学生知识状态的了解程度，以便根据学习者的特征和知识状态生成适当的教学问题，是导师制定教学策略的依据。学生模型通常包括 3 种类型：覆盖模型(Overlay Model)、差分模型(Differential Model)和扰动模型(Perturbation Model)。

怎样实现教学系统对于学生的智能指导，需要首先考虑到学生模型这个主体。近

---

① 陈仕品、张剑平：《智能教学系统的研究热点与发展趋势》，载《电化教育研究》，2007(10)。

年来，学生模型研究有两大发展趋势[①]：一是关注学习者的情感状态。动机和情感对行为和认知过程发挥了重要的影响，且在学习过程中起着重要的作用，因此大量的智能教学系统研究开始关注学习者的动机和情感状态。二是关注开放的学生模型研究。开放的学生模型是传统学生模型的扩展，在学习环境中建立可视化和交互式的学生模型，通过一些可视化的工具，将智能教学系统对学生知识状态的内在信任显示出来。例如，进度条就是该模型中的一种最普通的可视化工具，当学习者在解决学习领域中的具体问题时，每一个行为都被记录下来，学习者可以看到所有的结果，从而激发学习者的内在动机。

（2）在线协作学习。

在线协作学习，是指多名学习者（可包括讲授者）利用各种智能终端设备通过网络环境进行多媒体交互，以完成特定的学习目标为目的，以研究探讨为基础的合作学习。目前很多网络平台都在在线协作学习的功能上给予了支持，而不少教学软件也在逐渐地渗透在线学习的理念。但是有研究表明，在线协作学习通常存在低参与率和低交流率的问题，并没有起到实际应有的作用。在在线协作学习中发挥智能教学系统的作用是一个不得不考虑的问题，也应该是有效的方法和发展趋势。

为了解决这些问题，研究者尝试了大量的方法，如增强团队的可视化、支持平等互惠的教学和小组成员智能匹配等。[②] 国内学者赵建华提出 Web 环境下的智能协作学习系统（WINCOL）的理论框架，从宏观层面描述了个体性、社会性与协作知识建构的关系，并形成一个由"个体责任、社会协作和知识建构"构成的三维模型。按照该理论框架的基本观点，认为个体责任、社会协作和知识建构三者之间成正比例关系。[③] 张剑平、陈天云等人提出了利用智能代理技术构建由学生代理、教师代理、信息代理组成的网络协作学习智能代理模型，是对网络协作学习模式和人工智能技术在其中应用的一种有益探索。[④]

（3）自然语言对话。

智能教学系统力图让计算机能够理解人类的智能，并且达到人类自然的交互方式，自然语言对话是一个研究的热点。自然语言对话在智能教学系统中主要用于增强人机自然交互，提高人与系统交互的友善性，使人更容易或乐于与计算机进行沟通。在面对面的传统教学中，人类教师可以根据需要方便地采用多种自然交流技术，包括语言、手势和肢体、表情和眼神等，可以很轻松地传递许多知识。怎样使智能教学系统也能达到这

---

① Lane，H. Chad，"Intelligent Tutoring Systems：Prospects for Guided Practice and Efficient Learning，" Whitepaper for the Army's Science of Learning Workshop，Hampton，VA.，2006.

② 陈仕品、张剑平：《智能教学系统的研究热点与发展趋势》，载《电化教育研究》，2007(10)。

③ 赵建华：《Web 环境下智能协作学习系统构建的理论与方法》，博士学位论文，华南师范大学，2002。

④ 张剑平、陈天云、王利兴：《网络协作学习中的智能代理模型研究》，载《电化教育研究》，2004(5)。

样的效果，研究者认为改进的自然语言对话有利于填补人类教师和计算机导师之间的壕沟。目前，在智能教学系统中已经采用了先进的语音识别技术和自然语言理解技术，使得智能教学系统能够更好地理解学生的说话方式，使系统能够以更有效和现实的方式做出反应。但是自然语言对话的研究并未达到应有的效果，还需要进一步深入研究。

(4)智能教学代理。

Agent 是一类能代表用户和其他对象以主动服务的方式完成某类任务的软件系统。之所以采用 Agent 技术是由于智能 Agent 具有自治性、社会性、反应性和能动性，同时还具备一些人类所特有的个性，使它能够有力地支持学习中的角色扮演和社会协作。智能教学代理是指在教学中应用具有教学功能的智能代理。智能代理比较简单的例子是 Microsoft 办公自动化中的 Office 助手，可以根据用户的使用情况及时地提供帮助信息；另外，还有一种叫 New Hound 的网络信息过滤代理，能够自动根据用户的需求搜索信息，并以电子邮件的形式告知用户。张剑平等人介绍的网络协作智能代理模型也是智能教学代理应用的一种。

智能教学代理可以从多个角度进行分类。例如，按功能可分为信息代理和任务代理，按身份可分为教师代理、学生代理和信息资源代理，按应用场所可分为桌面代理和网络代理，按应用范围可分为通用型代理和专用型代理。智能教学代理有多种应用模式：充当教师，充当教学管理人员，充当助教，充当合作学习中的学习伙伴等。彭绍东提出了一种智能教学代理的模型，如图 15-1-17 所示，这一系统模型能够对传统的教学软件及其使用方法的一些不足做补充。

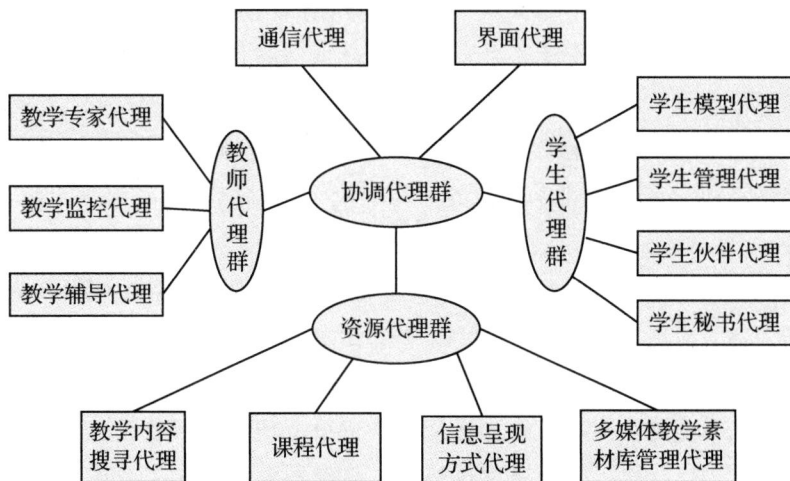

图 15-1-17　智能教学代理系统的模型①

① 彭绍东：《智能教学代理的结构、开发与应用》，载《开放教育研究》，2004(3)。

随着不断的研究和发展，人们越来越意识到单个的智能教学代理并不能满足系统的智能需要，而多代理系统能够很好地解决这一问题。多代理系统（Multi-Agent System）是指将多个代理按一定的结构关系组织起来形成的系统。逻辑上这些代理是分散的，它们为了完成同一个目标按照某种协议链接起来。多代理系统能营造社会化的代理关系，弥补单个代理的不足。例如，在网络智能教学系统中使用包括教师代理、学生代理、管理代理等多智能代理，支持学习者的学习；建立基于角色扮演和协作的学习社区等。

15.1.4　智能学科工具

由于教育中出现的新趋势（如要求更开放的学科领域、要求构建学习环境、要求协作和存储数据量增大、要求更方便的教育形式等）以及教育理念的变化（从教师中心说到学习者中心说到主导主体说），特别是建构主义的出现，对人工智能教育应用提出了新的要求，开发传统的人工智能教育应用系统（主要是ITS）在支持这些趋势上已经力不从心。因此，出现了另一种新思路：不再是设计问题解决的新模型，而是从另一个具体的角度来看待计算机在教育中的角色——认知工具，并期望认知工具能够帮助学生卸下机械计算、机械记忆等浅层次问题带来的负担，而让他们把注意力更多地集中在高级层次思考上。

1. 微软小英

"微软小英"是一款融合了语音识别、口语评测、自然语言处理、语音合成等人工智能技术而实现的智能人机交互服务，现已通过微信服务号的形式上线。用户只需搜索"微软小英"并关注，即可与小英一起学习英语。利用每天十几分钟的碎片时间"撩一撩"小英，让英语学习成为新日常。这是一款功能强大且贴心的英语口语练习应用软件，它既能帮助初学者快速建立日常英语沟通能力，也能帮助英语学习者熟练口语、纠正发音。

"微软小英"涵盖了四大学习模块：情景模拟、情景对话、发音挑战、易混音练习。在情景模拟及情景对话模块中，用户可以选择 20 多项主题的 150 多种场景，如社会交往、情感表达等。随后小英会对用户所选择的场景进行描述并向用户提问。而用户则可根据图片提示，通过麦克风录音进行回答。记录下用户的回答后，计算机会通过语音识别"听"用户说了什么，然后通过自然语言理解技术"听懂"用户想表达的含义，再判断用户的回答是否符合要求，最后给出一个分数评价。几轮对话之后，小英会对该场景中的重点词汇和用法做个性化的总结，帮助用户加深记忆、巩固知识。

不仅如此，微软小英还能纠正用户音素层面的发音错误，如阐释羊（sheep）和船（ship），猫咪（cat）和风筝（kite）的发音区别。这种基于神经网络，经过大量机器学习练成的计算机辅助教学系统能随时随地、不厌其烦地为每一个用户甄别其发音的错误与缺失，并推送音标发音的文字讲解及发音口型的视频演示。用户通过单词练习发音后，可以选择在完整的英语句子中考核对该发音的掌握情况，通过反复测试检验发音是否有所改善（图 15-1-18）。

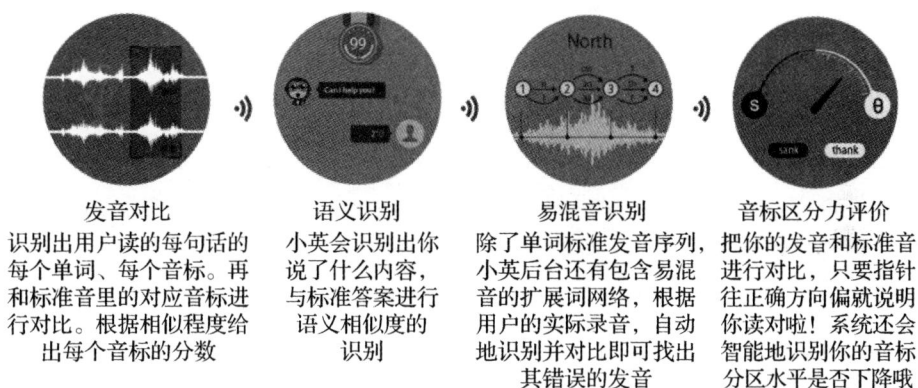

发音对比
识别出用户读的每句话的每个单词、每个音标。再和标准音里的对应音标进行对比。根据相似程度给出每个音标的分数

语义识别
小英会识别出你说了什么内容，与标准答案进行语义相似度的识别

易混音识别
除了单词标准发音序列，小英后台还有包含易混音的扩展词网络，根据用户的实际录音，自动地识别并对比即可找出其错误的发音

音标区分力评价
把你的发音和标准音进行对比，只要指针往正确方向偏就说明你读对啦！系统还会智能地识别你的音标分区水平是否下降哦

图 15-1-18　微软小英技术支持

在首次使用小英时，系统会通过三个维度对用户进行测试，而后根据用户的英语水平，个性化推荐适合的课程。用户在学习互动过程中的每一次点击、输入和对话都会进入小英的评估系统，并在此基础上建立用户的个人学习档案。除此之外，小英还会自主判断用户在情景对话中不熟悉的单词，将单词加入生词表。同时，它还能识别情景对话中不准确的发音，把需要着重练习的发音加入音标训练中，方便用户自我检验。

小英的口语评测系统，是搭建在一个由机器学习训练成的神经网络的语音识别系统上，基本处理流程是利用语音识别模型，根据跟读文本（情景对话和情景模拟中是自动识别出的文本），对用户的录音进行音素层级的切分。每一个小单元再和其相应的标准发音模式进行匹配，发音越标准则匹配越好，得分也越高。每一个单词的得分则是相关音素得分的加权平均，句子层面的得分是各单词得分的加权平均。系统中各个标准发音的模型是深层神经网络在几百个发音标准的美式英语数据库中训练而成的。

在易混音练习模块中，除了单词的标准发音序列，小英后台还会构造包含易混音的扩展词网络，然后根据用户的实际录音，自动识别出其实际的发音序列，通过对比即可找出其发音错误。下面给大家一个例子：图 15-1-19 给出的是单词"thanks"的正确发音序列（s ih ng k s）和一个可能的错误发音序列（th ih ng k s），系统根据用户发音，自动识别出与用户发音最接近的路径。若识别的序列为 th ih ng k s，则判定用户 s 错发成了 th。通过这些常见易混音的练习，小英可以帮助用户不断地纠正错误，从而练就一口标准发音。

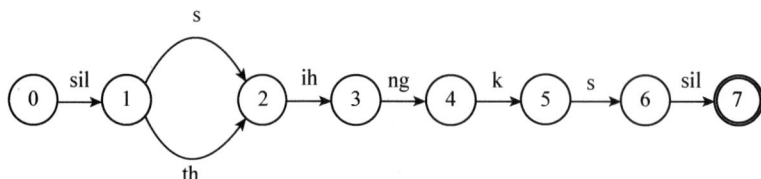

图 15-1-19　单词"thanks"发音序列

2. 生物学科工具"形色"

形色是一款植物花卉识别 APP，通过图像识别和人工智能解决人们在生活中对植物识别的好奇心，在教学上是有用的生物学科智能学习工具，可以快速有效地帮助孩子识别各种常见植物。

用户从发现植物、拍照上传到识别通常只需要 2～3 秒，目前识别准确率已经超过90%，可以识别 4000 种以上植物。形色在技术上并未采用传统的专家系统来解决植物的分类及识别问题，而是用了深度卷积神经网络的机器学习方法，让系统不断扫描植物图片的特征，并通过专家鉴定的补充，来增加识别的种类和准确度。上传的图片会经过预处理，包括光线调整、颜色反转、曝光度、切出关键部位、再聚焦等，并通过图片分类及物体识别的技术，提高图片在场景中的鉴别准确度。随着数据库的不断增长，形色不仅能够认识植物开花时的照片，还能够识别枯萎，或者落叶时的照片，并且已经能够识别一些模仿植物或者是根据植物来制作的物件，不论是雕塑或是其他产品。对于系统无法鉴别的植物，平台上有专门的讨论鉴定模块，用户可以直接向其他人求救讨教，同时也可以上传与植物相关的原创文章与他人交流。

此外，由于平台以地理位置的形式进行植物鉴别，也有助于制作植物志，进行地区气候研究，平台目前已经和浙大生物多样性研究院、辰山植物园等单位开展了合作。

3. Microsoft Math

Microsoft Math 是微软图形计算器（Microsoft Student Graphing Calculator）的拓展，是微软公司推出的功能强大、覆盖学生基础课的专业数学学习软件，其主要功能为绘图和计算。它不仅具有强大的计算能力，而且还根据函数形式、等式形式或者参数方程进行绘图，促进函数的学习，深化数形结合的思想。这个软件适合在校学生和老师在数学课堂中使用。

利用 Microsoft Math 及快速生成的直观图像，学生可以在教师设计的探索问题下，通过直观的操作、观察以及理性地分析、比较、综合、抽象、概括、归纳、演绎，从而对知识进行积极思考，获得对概念的理解和对命题的掌握。其最显著的优势就是直观地展现函数的动态特性，即动态反映参数对函数图像的影响，图 15-1-20 是利用 Microsoft Math 创建的 $y=ax^2+b$ 的图形。学生可以自主调整参数 a，b 的大小，观察函数的特点，进行函数的学习和探究。此外，探索过程中，同一屏幕上可以实现对函数 3 种表征方式的展现—解析表达式、数对和图像。这不仅可以促进学生对函数多表达方式的理解与对应，推动直观的感性认识到理性分析层面的上升，培养其数形结合的思想，而且也在一定程度上为具有不同认知风格的学生理解函数的本质内涵提供了可能，满足了学生一定的个性化学习需求。

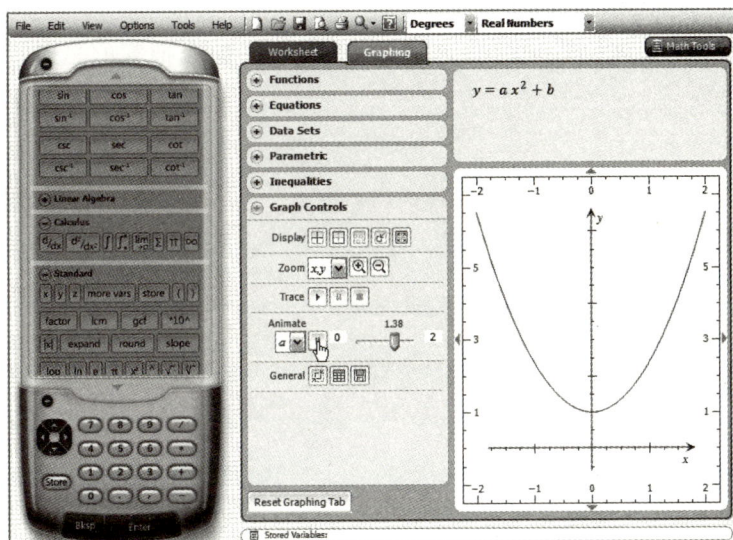

图 15-1-20　Microsoft Math 图形计算页面

　　Microsoft Math 为学生进行"数学实验"提供了理想的工具与环境，有助于学生深层次的认知。学生尤其是初中生的逻辑思维往往需要视觉形象的直接支持，而函数图像就成了他们认识函数性质的窗口。[①] 同时，使用图形计算器还能够节约课堂时间，提高效率。

15.1.5　智能测评软件

　　新技术的发展为智能化的教育测评提供了新动能，云计算、大数据、5G、物联网及智能终端技术构成了智能评价环境的新要素，教育数据的建模、分析和可视化是全过程、多维、高效的智能教育测评的新方法。智能测评可以面向每一个学生，采集学生的全学习过程的数据，不仅关注对学生的知识和基本能力的评价，也关注德智体美

---

① 张文毅、王光生：《基于 Microsoft Math 学习函数》，载《信息技术教育》，2008(1)。

劳全面的评价，并且通过多维、可视化的意见反馈，从而促进学生各个方面的发展，并进行精准的改进指导。

1. 智慧学伴

北京市未来教育高精尖创新中心建立了一个智能教育公共服务平台"智慧学伴"，汇聚了北京市 130 多万中小学生连贯的学习数据，为学生构建了在线自我诊断的"体检中心"和"化验室"，并基于大数据分析进行课程资源和学习服务的精准推送。"智慧学伴"的设计理念可概括为"全学习过程的数据采集、知识与能力结构的建模、学习问题的诊断与改进、学科优势的发现与增强"。

"智慧学伴"从整体上采用在线交互—个性建模—精准推荐的思路，服务流程如图 15-1-21 所示。

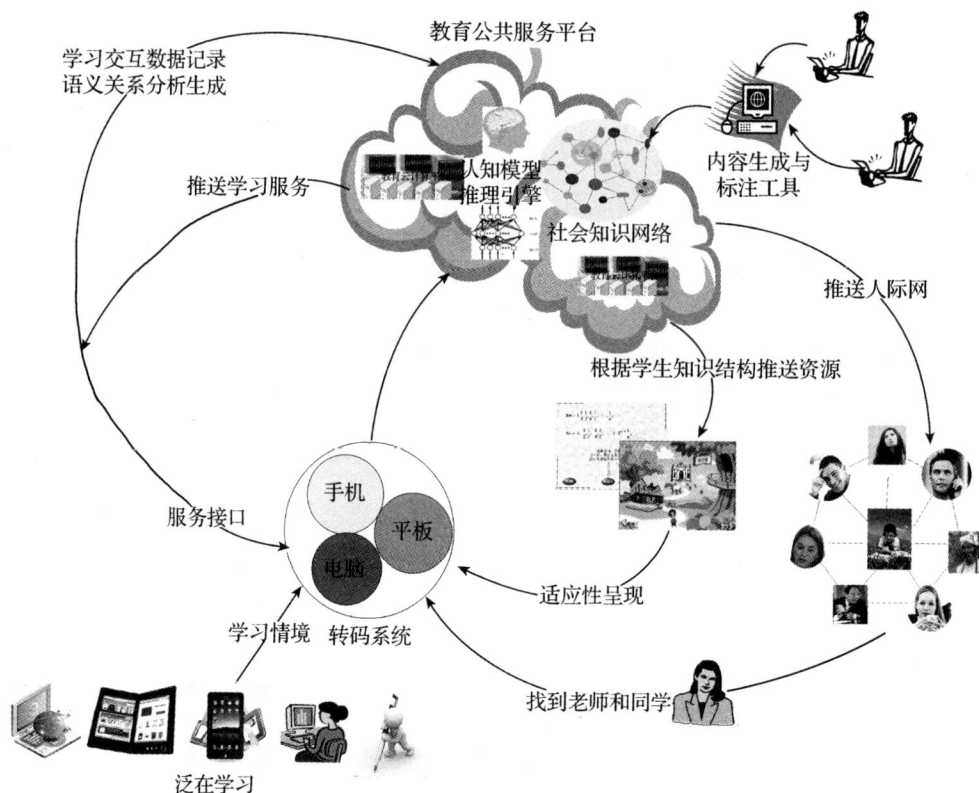

图 15-1-21 "智慧学伴"服务流程整体架构

"智慧学伴"以练习测评、学习交互、作品分析等作为数据汇聚的主要方式，采集学生学习过程中产生的各种数据。"智慧学伴"平台整合了经过编码和标注的教育资源和学习活动，并能实时记录学生的交互数据，上传到云端。通过解码和分析，平台可自动构建或更新学生的认知模型。

　　基于数据分析，"智慧学伴"可以提供三类个性化服务：一是根据学习者的当前学习状态，推送下一步的测评和在线学习活动；二是根据学生知识结构推送个性化学习资源，并适应性地呈现于手机、平板等多种用户终端；三是根据测评和诊断结果，为学生推送人际网络，帮助学生找到老师和同学，并借助学习设备开展泛在学习。

　　数据处理和个体服务推荐方面，"智慧学伴"平台的数据处理流程主要包括学习过程数据采集、学习数据分析、学习知识空间构建、学习内容与服务推荐、多元格式展示五个部分，如图 15-1-22 所示。学生的学习过程数据采集的指标主要包括知识点学习、练习测试、学习活动和交流互动等；在对上述数据进行分析的基础上，构建表征学生知识结构、能力结构、学习偏好和兴趣的学习者模型，并通过知识地图与能力地图可视化展现出来。个性化推荐引擎根据学习者模型，在语义化知识库、社会认知网络数据库中选择更符合学生需求的学习资源与服务、人际网络，为学生提供个性化学习服务，并在不同终端适应性呈现。学生可以自由选择平台推送的资源与服务，并在学习过程中不断产生行为数据。而产生的数据将驱动个性化服务不断优化，最终形成面向学生的闭环服务。

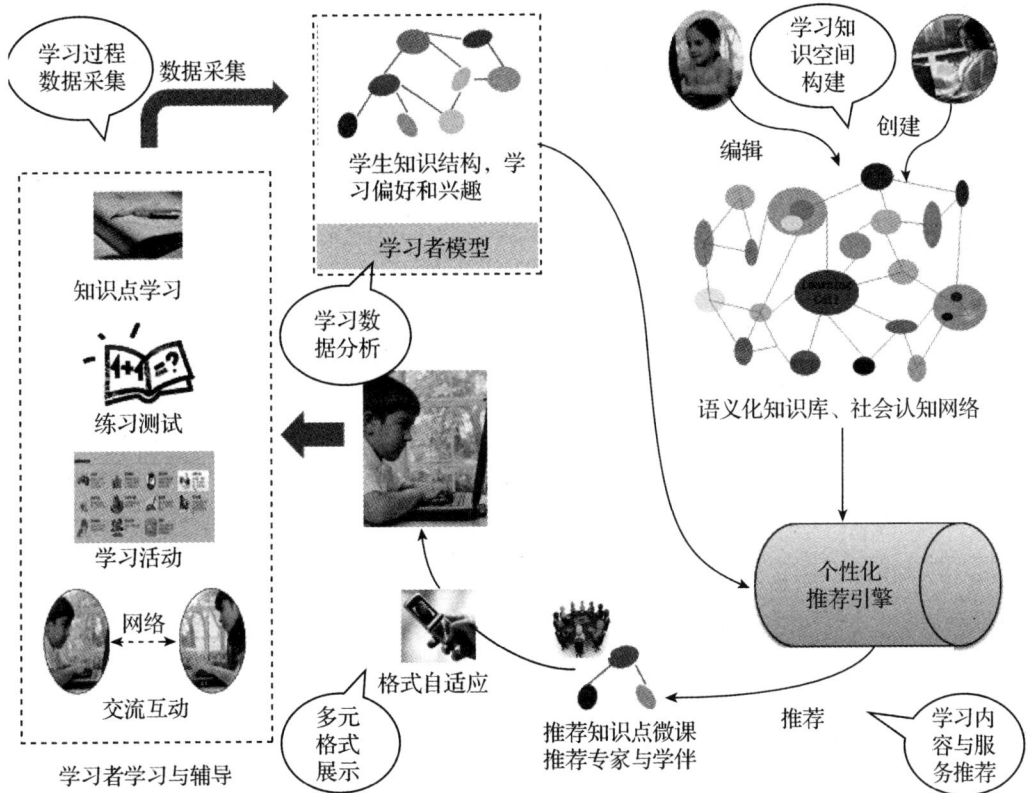

图 15-1-22　"智慧学伴"数据处理流程

"智慧学伴"的群体服务推荐，通过群体数据挖掘，发现群体特征和共性需求。主要环节包括信息采集、数据预处理、数据分析和智能推荐。

第一，信息采集。前端通过交互追踪、语音识别、体感互动、情境感知等普及计算技术，采集学习过程的数据，学习过程包括诊断测试、作业、综合实践、在线学习、在线交互等。

第二，数据预处理。平台通过编码分析、文本分析、语义分析、模式识别、语音识别、图像分析、视频分析等模块对采集到的信息进行数据预处理。

第三，数据分析。预处理后的数据被分为两个轨道分析，包括面向群体的数据挖掘和面向个体的数据建模两个部分：面向群体的数据挖掘通过聚类、分类、离群点、关联、相关性、判别、比较、偏差等参数分析，了解群体的整体水平，形成面向不同群体的分析报告和面向区域的教育质量与教育资源地图。然后，根据区域的教育质量以及个体特征，汇聚合适的资源服务和双师服务，形成可供个体选择的资源与服务池；面向个体的数据建模通过分析个体的教育大数据，形成学生的知识地图与能力地图，并通过知识地图展现学生对核心概念的认知水平和学科素养水平，通过能力地图反映学生体质健康与心理认知能力。此外，通过建模分析，形成一个学习诊断与分析的报表，全面反映学生的学习情况，同时表征个性化的学习需求。

第四，智能推荐。通过基于数据挖掘的群体分析和基于数据建模的个体分析，智能推荐引擎可以从汇聚教育资源与服务的数据库中为个体和群体精准推荐学习资源、学习活动与学习服务。

2. 情绪情感测评软件

在学生的学习和身心发展过程中，情绪是一个很重要的维度，对学生的情绪及心理压力进行实时测评和反馈，发现学生对某学科的学习兴趣和学习焦虑，能够帮助学生自主调节学习，帮助教师进行主动干预和调整教学策略等。以色列某创业公司开发了一款名为 Moodies 的应用，它能够通过麦克风采集说话者的声音，经过 20 秒左右的分析，判断说话者的情绪特征，如图 15-1-23 所示。Moodies 拥有一套特殊的算法，软件会对说话者的节奏、时间、声音大小、停顿以及能量等情绪维度进行分析，并整合到算法当中，通过算法寻找近似预设模型的感情状态。[①] 另外，随着互联网的普及，以青年人为主力军的部分微博用户通过社交媒体表达自杀意念、直播自杀或相约自杀，中国科学院心理研究所互联网心理危机监测预警中心在朱廷劭研究员的带领下，积极开展有关自杀预警及干预的研究。研究人员结合微博的及时性，在确保用户隐私的前

---

① 第二财经，Moodies：让应用告诉你，你的情绪如何，https://www.yicai.com/news/3583388.html，2014-03-14。

提下，提出利用微博私信帮助这一群体，通过私信向有自杀意念者精确投放帮助信息，提高心理危机干预的时效性。[①] 另外，人脸情感人工智能能够根据人脸部血流信息读懂人心，主要基于神经科学、心理学、生理学，其核心的血谱光学成像技术是纽洛斯人工智能（NuraLogix Corporation）研发的一种基于视频分析的人脸情感技术，通过使用摄像头即可远程非接触提取人脸血流信息，如图 15-1-24 所示。这项技术首先通过摄像头获取被测对象的面部视频图像，然后血谱光学成像对关键检测区域进行识别提取血流信息，最后再通过 DeepAffex 情感智能引擎分析和预测生理、心理状态。[②]

图 15-1-23　Moodies 情绪测评　　图15-1-24　通过人脸血流信息预测心理状态

3. 智能语音评测软件

近年来智能语音评测技术得到了快速发展，并广泛应用于普通话水平智能测试和二语学习口语评测方面。国家普通话水平智能测试系统是科大讯飞公司在国家语委"十五"重点科研项目支持下研发完成的。系统基于《普通话水平测试大纲》，可准确地对考生命题说话之外的所有测试题型进行自动评测，并可以自动检测发音者存在的语音错误和缺陷，对使用者高效提升普通话口语水平具有积极的指导意义。该系统应用于国家普通话水平测试当中，不仅可以提高普通话水平测试效率、降低测试成本和组织难度，同时也可以开展目前无法开展的考前模拟测试，为考生提供针对性的考前指导，如图 15-1-25 所示。

---

① 中国科学院心理研究所，心理所研究设计有效的微博私信帮助有自杀意念的微博用户，http://www.psych.cas.cn/xwzx/kyjz/201712/t201712224922034.html，2017-17-22。

② 安防知识网，知人知面也知心！人脸识别又诞生了新"玩法"，http://security.asmag.com.cn/news/201811/96452.html，2018-11-06。

图15-1-25　普通话水平模拟测试软件

另外，智能语音评测技术也在诸如英语流利说、多邻国、微软小英、英语趣配音等多款英语学习应用中广泛使用，实现口语数据的自动化采集，模仿专家打分建立评分模型，能够及时反馈，帮助其进行多维度口语学习的纠正。智能语音评测技术不仅能够评测学生对单词发音的语音、语调准确度，还可以对朗读句子的流畅度、完整度、准确度、标准度进行多维度的打分，并提供具体的指导意见，如图 15-1-26 和图 15-1-27所示。

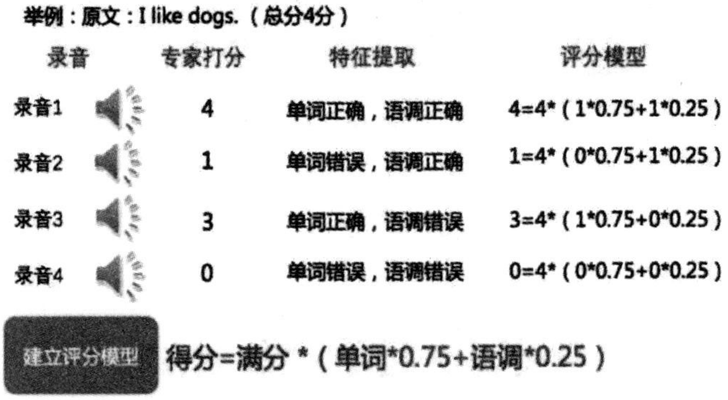

图 15-1-26　英语口语智能评测软件 1

图 15-1-27　英语口语智能评测软件 2

4. 问题解决能力测评软件

21 世纪技能和中国学生核心素养框架中都将问题解决能力和合作能力作为面向未来的关键能力，国际学生评估项目 PISA 在 2012 年和 2015 年分别对学生的综合问题解决能力和协作问题解决能力进行了大范围测评。因此提升学生的问题解决能力和合作能力是落实人才培养目标和全面推行素质教育的关键内容。

能力的发展是一个长期的、隐性的和动态发展的过程，因此需要关注问题解决过程和搜集过程性数据帮助教师充分了解学生的变化以提供个性化的教学策略和资源。伴随大数据时代的到来和计算机在教育教学中的普及化应用，基于计算机的测评系统实现自动汇集学生学习过程中的各类数据，进行实时分析和可视化报告，助力学生问题解决能力的测评。由北京师范大学未来教育高精尖创新中心开发的问题解决能力测试平台（PSAA，Problem Solving Ability Assessment）是通过计算机辅助手段对学生应用知识解决实际问题以及与人协作解决问题的能力进行科学合理测评的有效工具，帮助教师了解学生问题解决能力的个性化发展水平，促进学生问题解决能力和合作能力的提升，如图 15-1-28 所示为 PSAA 平台的首页。

图 15-1-28　PSAA 首页

　　PSAA 能够支撑多元化信息测试题目的呈现，自动记录并分析学生的过程性行为数据，进行实时数据分析和呈现可视化测评报告。平台分学生端、教师端和管理员端三部分，学生端的主要内容包括任务中心和能力报告，主要支持学生进行测试和查看测评报告；教师端包括出题任务中心、班级测评和能力报告，主要支持教师自主出题、开展测试和查看测评报告；管理员端包括任务管理、用户管理和系统公告，主要支持管理员对平台的任务、用户和系统消息进行管理。

　　PSAA 平台提供了一系列贴近实际生活的测试游戏，游戏内容紧紧围绕《中小学综合实践活动课程指导纲要》推荐主题，并不局限于某一学科。游戏任务形式多样，包括基于学科知识的探究任务(图 15-1-29)、基于仿真实验室的实验操作任务(图 15-1-30 和图 15-1-31)、3D 场景虚拟角色任务及其他场景交互任务(图 15-1-32 和图 15-1-33)。

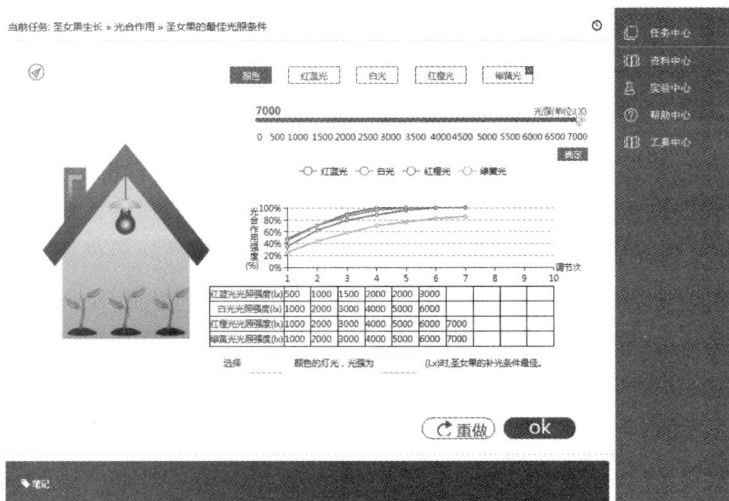

图 15-1-29　基于物理学科知识，探究最佳光照条件

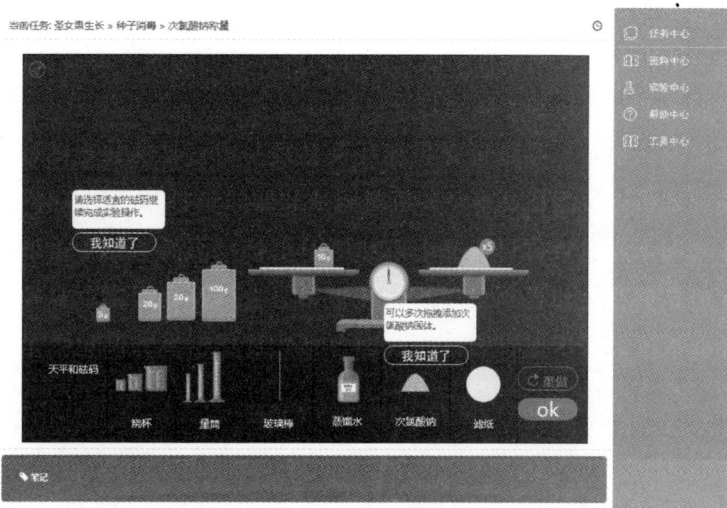

图 15-1-30　基于仿真实验室的称量实验操作

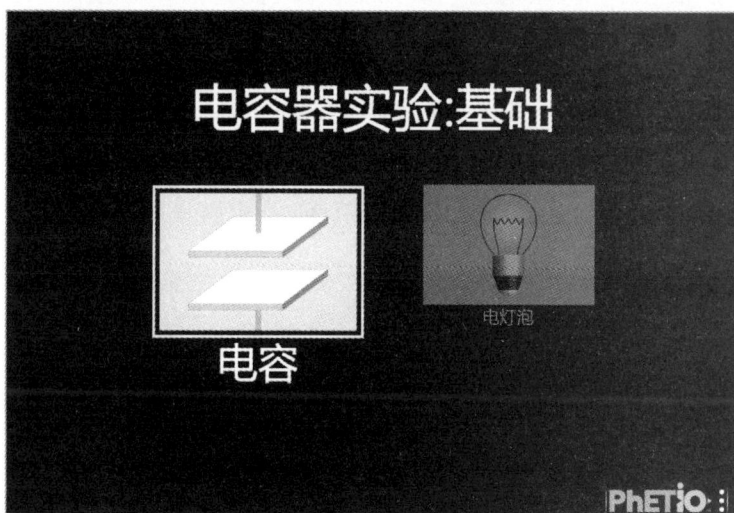

图 15-1-31　嵌入 Phet 工具辅助学生探究实验

图 15-1-32　在 3D 场景中完成"寻找恭王府主人"游戏任务

图 15-1-33　探索最佳分配方案

　　学生可以通过访问 PSAA 网站,自由选取多个游戏进行测评。另外,可以为任务添加多个跳转路径,实现个性化多路径测评,如图 15-1-34 所示。

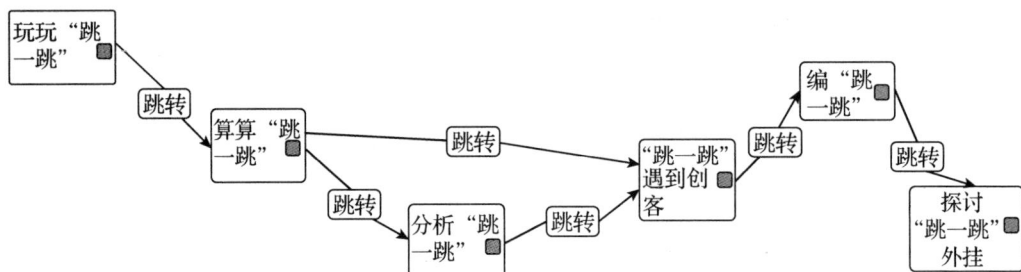

图 15-1-34　多分支跳转任务

　　除了个人的问题解决能力测评,该平台还开发了协作问题解决能力测评,分为人—机模式和人—人模式。人—机模式是为学生随机分配多个计算机代理(图 15-1-35),通过选择内置的选项,学生和代理一起讨论解决问题;人—人模式是两个学生通过在线实时交流共同解决问题。

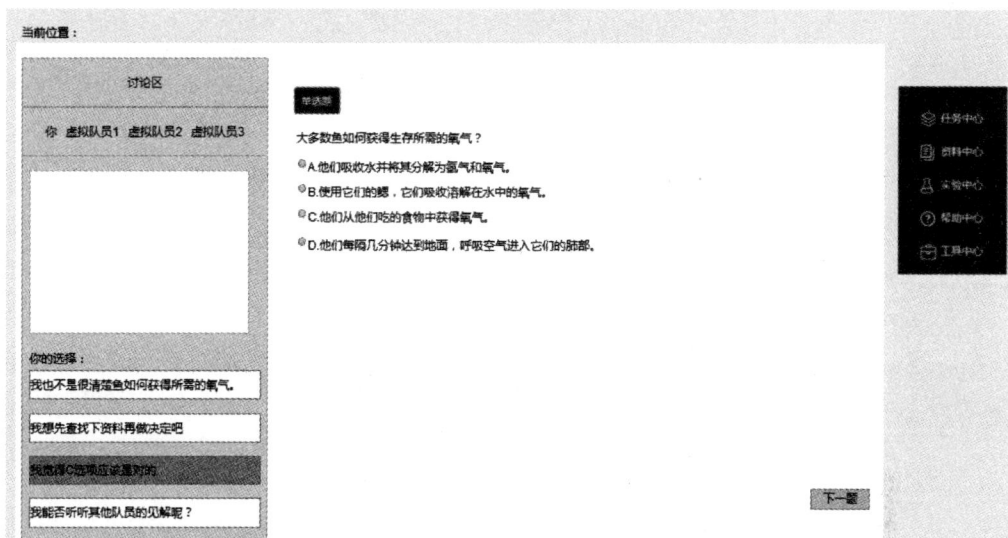

图 15-1-35　人—机模式测评界面

　　任务模块中包括四大中心"资料中心""实验中心""工具中心"和"帮助中心"以支持学生的问题解过程。如图 15-1-36 所示为资料中心，学生做题过程中可以进入"资料中心"查找相关文献。

图 15-1-36　主题游戏任务资料中心

　　PSAA 平台通过行为数据采集器将学生完成测试游戏的学习过程自动记录到行为数据库中，通过行为意义分析器对行为数据进行分析，自动生成学生能力分析报告，主要包括学生测试得分、问题解决能力分解雷达图和学生问题解决能力测试结果的说明解读，如图 15-1-37 所示。

编号	任务	测试得分	技能得分	思维得分	态度得分	能力得分
PSA01-01	购买车票	40	100	100	100	100
PSA01-02	团体票价	60	100	50	75	50
PSA02-01	帐篷容量	80	75	50	50	50
PSA03-01	帐篷分配	70	50	50	75	50
PSA04-01	路线选择	50	100	75	100	75
PSA04-02	食物和水	30	50	75	100	50
平均分		82.50	79.17	66.67	83.33	62.50
总体评价		您的综合问题解决能力水平为**中等水平**，还要加油哦！				

学生测试总体情况雷达图

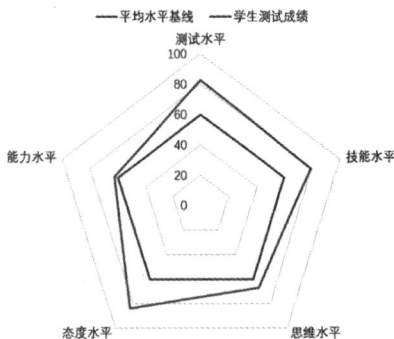

技能水平：技能是指通过重复学习和反省而习得的体能、心能和社会能力。它是一种掌握并能运用某种专门技术的能力。在本任务中，您反映出**良好**的技能水平。

思维水平：思维是人接受信息、存贮信息、加工信息以及输出信息的活动过程，是概括地反映客观现实的过程。在本任务中，您反映出**中等水平**的思维能力，仍需在其他任务中锻炼提高。

态度水平：态度作为一种心理现象，既是指人们的内在体验，又包括人们的行为倾向。在本任务中，您反映出**较好**的态度水平，请继续保持。

问题解决能力水平：问题解决能力就是一种面对问题的习惯和处理问题的能力。这种能力体现在：在遇到问题时，能自主地、主动地谋求解决，能有规划、有方法、有步骤地处理问题，并能适宜地、合理地、有效地解决问题。在本任务中，您表现出**中等水平**的能力，仍需在其他任务中锻炼提高。

学生测试分能力表现情况雷达图

· 技能评价

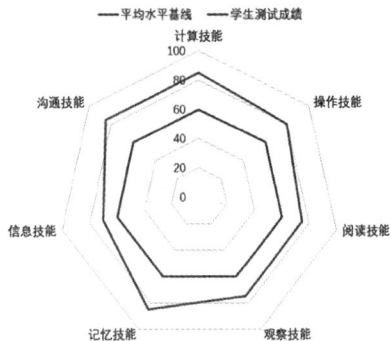

计算技能：计算技能是指数学上的归纳和转化的能力，即把抽象的、复杂的数学表达式或数字通过数学方法转换为我们可以理解的数学式子的能力。在本任务中，您表现出**良好**的计算技能水平。
操作技能：操作技能也叫动作技能、运动技能，是通过学习而形成的合乎法则的操作活动方式。在本任务中，您表现出**良好**的操作技能水平。
阅读技能：阅读技能是指完成对文章的阅读所应该具备的本领，包括对文章感知、理解、鉴赏的具体阅读活动，以及顺利完成阅读所必需的正常动机、兴趣、情感、意志和个性。在本任务中，您反映出**中等水平**的阅读技能，仍需在其他任务中锻炼提高。
观察技能：观察技能是人们进行观察活动的一种心智技能，它与求知欲相联系，力求对对象进行深入的认识。在本任务中，您反映出**中等水平**的观察技能，仍需在其他任务中锻炼提高。
记忆技能：记忆技能可以包括瞬时记忆、短时记忆、形象记忆、声音记忆等。在本任务中，您表现出**良好**的记忆技能水平。
信息技能：信息能力指理解、获取、利用信息能力及利用信息技术的能力。在本任务中，您表现出**中等水平**的信息技能，仍需在其他任务中锻炼提高。
沟通技能：沟通技能涉及许多方面，如简化运用语言、积极倾听、重视反馈、控制情绪等等。在本任务中，您的沟通技能**良好**。

······

学生问题解决能力测试"露营导游"主题任务完成情况总体评价说明

在"露营导游"主题任务中，您的总体得分情况为良好。根据各项分能力表现评分情况，您在计算技能、操作技能、记忆技能、沟通技能、发散思维、直觉思维、科学精神、科学道德和兴趣爱好等方面表现良好，请继续保持。您在阅读技能、观察技能、信息技能、逻辑思维、辩证思维、问题理解能力、策略形成能力、执行操作能力和总结创新能力等方面表现仍需改善提高，建议继续进行其他相关PSAA主题学习任务学习，不断提高思维水平和问题解决能力。

图 15-1-37　能力报告

5. 艺术素养测评软件

美育相对薄弱、师资力量匮乏一直是我国义务教育的短板，制约着学生的全面发展。智能评测技术同样适用于艺术素养的评价和反馈。在书法方面，基于 OCR 智能书写评测技术，评价学生作品，如重合度、大小、重心、空间分布等。在演唱方面，基于智能语音技术的音乐评价，可对学生的音乐素养进行大规模的监测。此表现型测评可实现全过程电子化采集、存储与分析。

华东师范大学通信与电子工程学院微电子"菁英班"三名本科生研发的书法教学智能系统，集图像处理技术、深度学习技术、增强现实技术、智能机器人技术于一体，为智能书法学习、书法等级考试训练提供了一套完整的解决方案。该系统利用智能书法提取技术，打破以往书法教学软件脱离纸笔书写的弊端，将深度学习应用于毛笔字迹的书法评价，真正实现了人工智能与艺术的结合。该系统荣获了"2019（第 12 届）中国大学生计算机设计大赛"人工智能组一等奖。①

这套系统中纳入行、草、隶、篆、楷五种字体，使用者可以根据自身喜好选择合适的书法字体以及书写风格。系统利用基于向量误差的书写评析模型，通过书法字迹智能提取、智能书法评分、智能书写指导等过程，将单字书法中书写失误部位用红色标记，将书写准确部位用绿色标记，最终实现有效指导书写者进一步改进与学习的目的，如图 15-1-38 所示。另外，在设计智能教学系统时，还可以运用图像处理技术对书写者字迹墨色的变化、线条的运动节奏以及结构的准确性进行精确检测，特别是通过和原帖进行比对，给出相应的书写评分和深度解析。

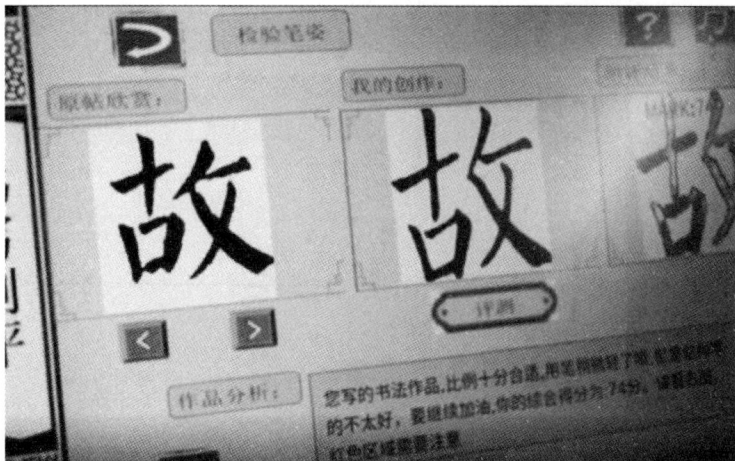

图 15-1-38 书法智能评测

---

① 澎湃新闻，三位大学生研发出书法教学人工智能系统，可纠错还能评分，https://www.thepaper.cn/newsDetail_forward_4193996，2019-08-18。

演唱方面，基于智能语音技术的音乐评价，能够从多角度评价学生的音乐素养，且可以及时给出反馈报告。高精度、低成本、大规模的表现性测评，实现全过程电子化采集、存储及回收。2019年5月，国家义务教育质量监测中心在同一天同时对20万中小学生进行演唱的艺术素养的测试，实现对全国范围内600多个区县全程化的测评储存、分析和加工。

传统的钢琴学习不仅费用高，需要付出大量的精力，而且需要有专业老师的指导，而近年来研发出来的智能钢琴能够实现自动弹奏，整合丰富的多媒体教学资源，并通过电子屏实现智能化评价和教学。学生弹奏和测验时，钢琴会自动判断是否正确，系统通过大数据统计分析，得出每个学生的成绩，并发现关键障碍点，推荐练习及在线弹奏演示。经过一段时间的积累，针对学生的学习状况出具详尽的总结报告，指导学生查缺补漏，从而跟上教学进度，如图15-1-39所示。

图 15-1-39　智能钢琴课

15.2
虚实融合的学习空间设计

无缝学习是未来移动学习和泛在学习的发展趋势，无缝学习强调跨越时间、空间、连接课上课下、连接虚拟学习空间和现实学习空间，实现跨情境的持续性学习，对目前的在线学习和移动学习空间提出了新的需求，需要学习空间能够感知学生，为学生提供真实的学习情境和学习资源。随着虚拟现实技术、情境感知技术和物联网技术的发展，连接虚拟和现实空间的虚实融合的学习空间成为可能。

虚拟现实是综合利用图形系统和各种现实及控制接口设备，在计算机上生成的、可交互的三维环境中提供沉浸感觉的技术，具有沉浸性、交互性和构想性等特征。增强现实是广义上虚拟现实的拓展，通过计算机技术将虚拟的信息叠加到真实世界，实现真实的环境和虚拟的物体实时融合到同一个画面中。虚拟现实呈现的场景全部是计算机生成的虚拟画面，而增强现实允许用户看到真实世界以及融合叠加到真实世界，实现真实的环境和虚拟的物体实时融合到同一个画面中。新媒体联盟(The New Media Consortium，NMC)是教育领域的著名组织，它每年发布《地平线报告》，介绍可能对教育产生重大影响的各种技术。在最近几年的《地平线报告》中，虚拟现实/增强现实技术被列为未来几年最具潜力的六项技术之一。

15.2.1　虚拟现实的特点

从本质上说，虚拟现实就是一种先进的计算机用户接口，它通过给用户同时提供诸如视、听、触等各种直观而又自然的实时感知交互手段，最大限度地方便用户的操作，从而减轻用户的负担，提高整个系统的工作效率。从它的实现结果来看，虚拟现实技术的主要特征如下。

1. 多感知性

所谓多感知性就是说除了一般计算机所具有的视觉感知外，还有听觉感知、力觉感知、触觉感知、运动感知，甚至包括味觉感知、嗅觉感知等。理想的虚拟现实就是应该具有人所具有的感知功能。但由于目前的技术能力所限，可以实现的知觉感知还不包括味觉和嗅觉。

2. 存在感

存在感又称临场感、沉浸感(immersive)。它是指用户感到作为主角存在于模拟环境中的真实程度。理想的模拟环境应该达到使用户难以分辨真假的程度——用户将感觉不到身体所处的外部实际环境而"融合"到虚拟世界中去。使用者戴上头盔显示器和数据手套等交互设备，便可将自己置身于虚拟环境中，成为虚拟环境中的一员。

3. 交互性

交互性是指用户对模拟环境内物体的可操作程度和从环境得到反馈的自然程度(包括实时性)。使用者不仅可以利用计算机键盘、鼠标进行交互，而且能够通过特殊头盔、数据手套等传感设备进行交互。计算机能根据使用者的头、手、眼、语言及身体的运动，来调整系统呈现的图像及声音。使用者通过自身的语言、身体运动或动作等自然技能，就能对虚拟环境中的对象进行考察或操作。例如，使用者可以用手去直接抓取环境中的物体，这时手就有了握着东西的感觉，并可以感觉物体的重量，视场中的物体也随着手的移动而移动。当使用者移动头部时，虚拟环境中的图像也实时地跟随变化，拿起物体可使物体随着手的移动而运动，而且还可以听到三维仿真声音。

4. 自主性

自主性是指虚拟环境中物体依据各自的模型和规则自主运动的程度。例如，当受到力的推动时，物体则向力的方向移动，或翻倒，或从桌面落到地面等。

15.2.2　虚拟现实的类型

虚拟现实最初是指用立体眼镜、传感手套等一系列传感辅助设施来实现的一种三维现实，人们通过这些设施以自然的方式（如头的转动、手的运动等）向计算机输入各种动作信息，并且通过视觉、听觉以及触觉设施使人们得到三维的视觉、听觉及触觉等感觉世界，随着人们不同的动作，这些感觉也随之改变。目前，虚拟现实内涵已经大大扩展，像人工现实、虚拟环境、赛伯空间等，都可以认为是虚拟现实的不同术语或形式。事实上，虚拟现实技术不仅仅是指那些戴着头盔和手套的技术，而且还应该包括一切与之有关的具有自然模拟、逼真体验的技术与方法，它的根本目标就是达到真实体验和基于自然技能的人机交互，能够达到或者部分达到这样目标的系统就称为虚拟现实系统。根据用户参与虚拟现实的不同形式以及沉浸的不同程度，可以把各种类型的虚拟现实技术划分为以下四类。

1. 桌面虚拟现实

桌面虚拟现实利用个人计算机和低级工作站进行仿真，将计算机的屏幕作为用户观察虚拟境界的一个窗口。通过各种输入设备实现与虚拟现实世界的充分交互，这些外部设备包括鼠标、追踪球、力矩球等。它要求参与者使用输入设备，通过计算机屏幕观察360°范围内的虚拟境界，并操纵其中的物体，但这时参与者缺少完全的沉浸，因为它仍然会受到周围现实环境的干扰。桌面虚拟现实的最大特点是缺乏真实的现实体验，但是成本也相对较低，因而，应用比较广泛。常见桌面虚拟现实技术有基于静态图像的虚拟现实、虚拟现实造型语言 VRML、桌面三维虚拟现实、MUD 等。

2. 沉浸虚拟现实

高级虚拟现实系统提供完全沉浸的体验，使用户有一种置身于虚拟境界之中的感觉。它利用头盔式显示器或其他设备，把参与者的视觉、听觉和其他感觉封闭起来，并提供一个新的、虚拟的感觉空间，并利用位置跟踪器、数据手套、其他手控输入设备、声音等使参与者产生一种身临其境、全心投入和沉浸其中的感觉。常见的沉浸式系统有基于头盔式显示器的系统、投影式虚拟现实系统、远程存在系统。

3. 分布式虚拟现实

如果多个用户通过计算机网络连接在一起，同时参加一个虚拟空间，共同体验虚拟经历，那虚拟现实则提升到了一个更高的境界，这就是分布式虚拟现实系统。在分布式虚拟现实系统中，多个用户可通过网络对同一虚拟世界进行观察和操作，以达到协同工作的目的。目前最典型的分布式虚拟现实系统是 SIMNET（Simulation Network），SIMNET 由坦克仿真器通过网络连接而成，用于部队的联合训练。通过 SIMNET，位于德国的仿真器可以和位于美国的仿真器一样运行在同一个虚拟世界，参与同一场作战演习。

4. 增强现实

增强现实性的虚拟现实不仅能利用虚拟现实技术来模拟现实世界、仿真现实世界，而且能利用它来增强参与者对真实环境的感受，也就是增强现实中无法感知或不方便的感受。典型的实例是战机飞行员的平视显示器，它可以将仪表读数和武器瞄准数据投射到安装在飞行员面前的穿透式屏幕上，它可以使飞行员不必低头读座舱中仪表的数据，从而可集中精力盯着敌人的飞机或观察导航的偏差（图 15-2-1）。

图 15-2-1 增强现实

15.2.3 教育中的虚拟现实工具

从文本到图像，从音视频二维媒体到三维图形媒体，以虚拟现实技术为代表的新兴计算机技术正在各个领域大展拳脚。目前用于学习的教育软件大多数依然停留在图片演示、幻灯片播放和简单的 Flash 动画模拟的基础状态。随着技术的发展，以前在专用的图形工作站上才能运行与使用的虚拟现实真三维实时渲染技术，已经可以由一个高端的专用技术移植到普通的计算机上使用，技术门槛的降低使得课堂教学中应用虚拟现实成为一种可能。应用虚拟现实技术开发的三维虚拟学习环境，能够营造逼真、直观的学习环境，让学生沉浸在虚拟世界里对学习目标进行实时观察、交互、参与、实验、漫游等操作，将枯燥难懂的理论知识，以"身临其境"的方式来感受和体会，使学习处于一种准"实

714

践"状态，由被动灌输的"填鸭式学习"成为一种主动式和兴趣式的学习探索。

1. VRML/X3D

虚拟现实建模语言 VRML(Virtual Reality Modeling Language)是一种在互联网上使用的三维场景描述语言，用来在互联网上建造和变换三维世界，能够方便地在可交互的三维空间中表达信息，包括 Web 相关的信息，并能从 PC 到多终端工作站的不同档次平台上播放。VRML 改变了原来 WWW 上单调、交互性差的弱点，将人的行为作为浏览的主体。VRML 创造的是一个可以进入参与的世界，使用 VRML 能在 Internet 上设计自己的三维虚拟空间。

随着 Web 技术的迅速发展和 VRML 应用领域的扩展，VRML97 标准逐渐暴露出了它的缺点，如属性过多难于实现、与其他应用集成困难、稳定性和一致性不能满足用户要求、交互性不够强大等问题。这些问题严重阻碍了 Web 交互式三维图形技术的发展以及交互式三维图形技术在 Web 上的大规模应用。新一代面向 Web 的交互式三维图形规范 X3D (eXtensible 3D Specification)就是在这样的背景下诞生的。X3D 规范由 Web3D 协会开发和测试，它是跨网络和应用软件的实时 3D 图形通信的技术基础。X3D 定义了在网络上运行的 3D 图形内容和应用软件的运行环境和应用机制。它支持几种文件格式的编码和程序设计语言，它本身具有 3D 数据的广泛的互操作性，为实时操作，通信和显示 3D 场景提供了极大的灵活性。X3D 集成了最新的图形硬件技术，它的可扩展性将使它能成为未来 Web3D 图形技术中最优秀的性能。2004 年 8 月 9 日，X3D 规范在洛杉矶举行的 Siggraph 会议上通过成为 ISO/IEC 19775 标准，该标准于 2004 年 10 月正式发布。[①]

图 15-2-2 为使用 VRML/X3D 技术构造的三维虚拟航空馆，用户可在其中自由漫游。

图 15-2-2 航空馆三维虚拟漫游

2. 360°全景

360°实物实景展示以其制作简洁、视觉逼真而备受青睐。目前这方面的技术比较成

---

① Web3D. News，http://www.web3d.org/news/rleases/archives/000092.html，2018-12-28.

熟，有很多产品，如 QuickTime VR、Ipix Viewer 等。大学数字博物馆一期航空航天数字博物馆中使用基于 Java 的技术实现全景图，在各种不同的操作系统（Windows、Linux、Mac OS 等）直接执行，无须安装插件（图 15-2-3）。

图 15-2-3　基于图像绘制技术 360°全景漫游虚拟航空馆

QuickTimeVR 是苹果公司出品的商业化 360°全景制作和播放工具，技术比较成熟，与 VRML/X3D 相比，界面设计人员无须在构造模型上花费太多投入就能利用已有材料来建设三维资源库。通过一个自动的三脚架和一个数码相机拍摄一些照片，在相对较短的时间内，就可使大型建筑物和复杂的对象真实地记录下来。然后使用图像拼接技术将这些照片缝合，这样用户就如同进入了一个真实的三维环境。这种通过拍摄大量照片来搭建资源库的方法很方便，也很简单。

上面两种技术形式并不是相互排斥的，至于将来的发展趋势如何，很难预测。全景图与 VRML 几何建模技术的比较如表 15-2-1 所示。

表 15-2-1　全景图与 VRML 几何建模技术的比较

	全景技术	VRML 几何建模技术
描述方式	用实景拍摄的照片来表示	在计算机中建立几何模型，通常用多边形表示
观察点	通常只有一个观察点，能完成 360°旋转	观察点和观察方向可以随意改变，即自由漫游
建模来源	把照相机、摄像机拍摄的一组或多组照片拼接	使用专业建模软件（3DS Max、Maya 等）或使用三维扫描仪扫描建模，或直接由编程语言（如 VRML、Java3D 等）描述
制作交互技术	Java、QuickTime、ActiveX、Flash 等	Java3D/ViewPoint、Cult3D、Adobe Atmosphere 等
花费	对硬件要求低，数据量小，开发成本低	一般要在工作站制作，数据量大
想象空间	用计算机复制现实世界	既可复制现实世界，又可允许充分发挥想象力，制作现实世界中不存在的模型和场景

3. 全息投影技术

全息投影技术，通常也被人们叫作虚拟成像技术，是利用干涉和衍射的原理，对物体光波进行记录，从而再现真实的三维图像（全息投影技术原理见图 15-2-4）。通过全息投影技术，不仅可以让使用者产生一种立体的空中幻象，同时也可以让广大的参与者加入虚拟环境中，从而进行互动、表演，产生令人震撼的效果。[1]

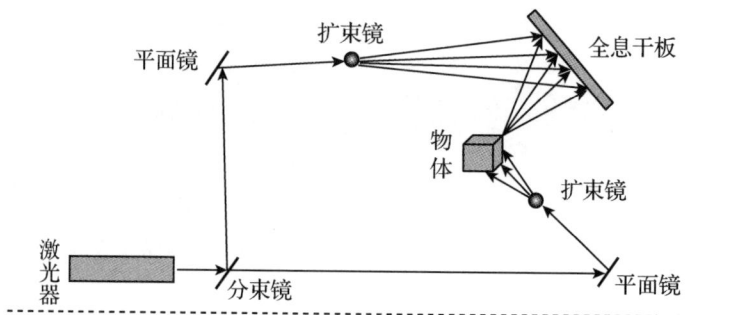

图 15-2-4　全息投影技术原理

3D 全息投影衍生产品有全息幻影成像系统和全息互动展示系统。全息幻影成像分为 180°成像和 360°成像两种：180°的适合单面展示，一般应用在 3D 成像面积较大的舞台全息投影和成像面积加大的场合使用，并且可以实现互动；360°幻影成像是一种将三维画面悬浮在实景的半空中成像，营造了亦幻亦真的氛围，效果奇特，具有强烈的纵深感，真假难辨。形成空中幻象中间可结合实物，实现影像与实物的结合（图 15-2-5），也可配加触摸屏实现与观众的互动。360°的适合展示单件的贵重物品，使观众可以从任意角度观看。它真正呈现 3D 的影像，并且根据用户的视距需求壹码视界更可以为客户打造出 360°的全息幻影成像舞台。[2]

图 15-2-5　全息幻影成像系统

---

[1]　张晶、魏爽：《虚拟现实技术和全息投影技术在虚拟校园中的应用》，载《电子测试》，2016(9)。

[2]　CSDN，全息投影简介，https://blog.csdn.net/Allyli0022/article/details/78799886，2017-12-14。

全息互动展示系统是纳米感应触摸膜与散射背投显影技术的结晶，是一种新奇、超凡的展示方式，参观者可通过全息展示玻璃进行互动，给参观者一种神秘和魔术般的奇幻感觉，为展示查询提供了一种现代、时尚的交互手段(图 15-2-6)。在特定软件制作方法下，全息互动展示系统还可提供浮动在玻璃上的特殊影像效果，为用户呈现强烈的视觉震撼力。同时此项技术可实现用手指或者其他自然物体在投影屏幕上的触摸选择，打开界面、转换画面、信息查询、拖动等控制功能。

图 15-2-6　全息互动展示系统

而全息投影技术与 5G 技术和增强现实技术的融合，给智慧教育赋予了新的动能。2019 年 7 月，中国移动在深圳市龙岗区科技城外国语学校举办"5G＋智慧教育"行业应用首发仪式，并上演了第一堂别开生面的三地同步 5G 公开课(图 15-2-7 和图 15-2-8)。现场通过 5G 网络实现了全息信号传输，并利用全息投影、增强现实、点阵笔等新技术进行了一堂精彩的横跨深圳、北京两地的小学科学"彩虹的秘密"示范课。5G 远程全息投影和增强现实技术带给了学生无卡顿、无时延的真实互动体验，极大地提高了学习趣味性(图 15-2-9)。[①]

图 15-2-7　深圳会场主讲老师杨老师

---

①　AICFE，中心团队参加"5G＋智能教育"行业应用首发暨"5G 智慧课堂"开课仪式，https：//aicfe. bnu. edu. cn/xwdt/zxxw/76932. html，2019-07-29。

图 15-2-8 北京主讲老师冯老师(在深圳会场的全息投影)

图 15-2-9 使用乾 AR 眼镜和平板进行探究式教学

4. Cult3D

Cult3D 是一个支持多平台的 3D 对象渲染引擎,是基于 Java 开发的虚拟现实技术,不需要任何额外的硬件,纯粹由软件来渲染三维图形。

Cult3D 格式的源内容共分为两部分:一部分是基础模型;另一部分保存了解释基础模型的代码和加入的交互信息。最终输出的用于浏览的是一个经过高度优化和压缩的文件,很容易嵌入网页,而且文件尺寸非常小巧,下载非常快捷,播放插件可以自动下载安装。利用外部的 Java 代码,Cult3D 可以实现更为复杂的交互效果。

不仅仅如此,Cult3D 在与其他文档格式的兼容方面表现也很出色,支持 ActiveX™(微软倡导的 ActiveX 网络化多媒体对象技术),可以非常方便地嵌入 PPT、Adobe Acrobat(PDF)等文档格式中,甚至可以嵌入 Director 等多媒体格式中。Cult3D 经过在全球有效地技术推广,拥有了非常可观的用户群,已经成为当前应用最为广泛的虚拟现实解决方案之一(图 15-2-10 和图 15-2-11)。

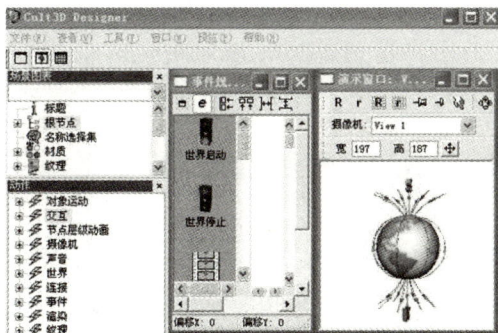

图 15-2-10　Cult3D Designer 界面

图 15-2-11　使用 Cult3D 技术制作的一个案例

15.2.4　典型的三维虚拟学习环境平台

1. Active Worlds

Active Worlds[①] 是最早使用的一个动态在线三维虚拟世界应用软件。1999 年 Active Worlds 的拥有者创造了动感世界教育环境 AWEDU（Active Worlds Educational Universe），用于教育创新的支持环境，其中包括近 100 个独立拥有、创造和保持更新的虚拟化的教育世界。AWEDU 环境可以让教育首创者甚至初学者在 3D 环境中发展快速构造和定制一个 3D 虚拟世界的能力。AWEDU 环境的拥有者有机会使用大量的物体，并通过赋予物体一些交互属性，指示可促发 3D 环境中行动和事件的检测器以及激活整合的网页浏览器，拥有者可便捷地在 3D 环境中增加交互的机会。Active Worlds 中的交流属性，如用户之间的电报传送、私人聊天以及用户对其他用户设置 Mute 和隐私权限都为人们之间的交流和协作提供了方便。

AWEDU 世界中已经有很多教育案例，包括从对新用户的非正式培训到应用 AWEDU 作为大学级别课程的远程教育媒体，如哈佛大学在学习领域应用 MUVE 的开创性实验 River City[②]、新加坡小学生运用动感世界学习科学的案例[③]、Quest Atlan-

---

① Active Worlds. the Home of the 3D Internet，http：//www. activeworlds. com/，2011-11-28.

② Dede C，Nelson B，Ketelhut D J，Bowman C，"Design-based Research Strategies for Studying Situated Learning in a Multi-User Virtual Environment，"Proceedings 6th International Conference on Learning Sciences，Santa Monica，California，2003.

③ Ang K，Wang Q，"A case study of engaging primary school students in learning science by using Active Worlds，"In R. Philip，A Voerman & J. Dalziel（Eds），Proceedings of the First Interna2tional LAMS Conference 2006：Designing the Future of Learning（pp5214）. 628 December 2006，Sydney：LAMS Foundation.

720

tis[1] 都是基于 Active Worlds 平台。其中 Riber City 和 Quest Atlantis 使用了基于游戏的可定制化学习环境，在这个环境中，学生可通过虚拟世界获取一些知识和经验。图 15-2-12为 Active Worlds 中学习宇宙太阳系行星运动知识的场景。

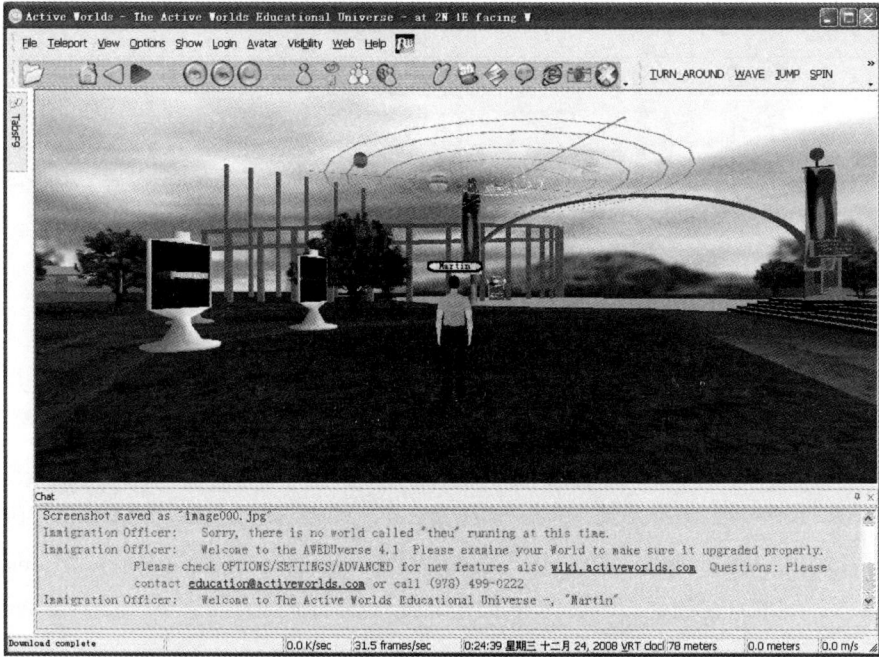

图 15-2-12　Active Worlds 中学习太阳系行星运动知识的场景

下面以 AWEDU 为例说明二维虚拟学习环境的设计及其学习效果。

（1）AWEDU 系统架构。

AWEDU 是使用虚拟现实建模语言来开发的，并用 3DMAX 等三维软件辅助建模。AWEDU 的系统架构主要包括以下 5 个模块，如图 15-2-13 所示。

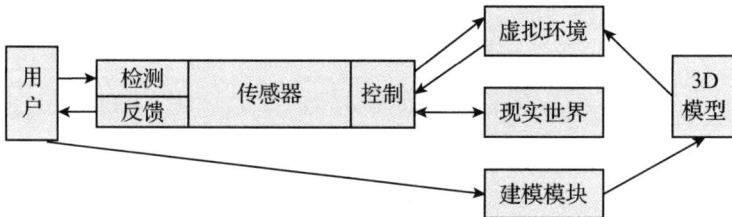

图 15-2-13　AWEDU 系统架构

---

① 　Barab S A，Thomas M，Dodge T，Carteaux R，Tuzun H. "Making learning fun: Quest Atlantis, a game without guns," Educational Technology Research and Development，2005，53(1).

检测模块：检测用户的操作命令，并通过传感器模块作用于虚拟环境。

反馈模块：接收来自传感器模块的信息，为用户提供实时反馈。

传感器模块：一方面接收来自用户的操作命令，并将其作用于虚拟环境；另一方面将操作后产生的结果以各种反馈形式提供给用户。

控制模块：对传感器进行控制，使其对用户、虚拟环境和现实世界产生作用。

建模模块：获取现实世界组成部分的三维表示，并由此构成对应的虚拟环境。

AWEDU 浏览器的界面由 4 个主要的窗口组成，如图 15-2-14 所示。中间最主要的可视窗口是 3D 世界的景象，用户在里面可与其他用户、环境和贯通世界的导航交流。在 3D 窗口下面是一个用于交流的聊天对话框。在浏览器的左边是一个列表框，它允许用户从各种各样的附加功能中选择进行导航、交流或获取帮助。右边是一个综合的网页浏览器，它允许用户在 3D 环境中通过网页进行交流。在 AWEDU 环境中，用户可通过化身扮演他们的角色。一个角色充当用户现在所处的独特世界里的一个代表。在进入一个世界之前，用户需要从虚拟世界所提供的大量角色中进行选择。角色不仅可以充当一个用户的直观表示，而且还可以充当进入 3D 环境的"摄像机"或者观点。最下边是系统信息和与其他用户进行交互的窗口。

图 15-2-14 　AWEDU 窗口

（2）AWEDU 的功能。

AWEDU 环境可以让教育首创者甚至初学者在 3D 环境中发展快速构造和定制一个 3D 虚拟世界的能力。AWEDU 环境的拥有者有机会使用大量的物体并从中选择和用户化，包括建筑物部件，如墙、地板和门窗，以及家庭物品，如桌子、椅子和床等。通过赋予物体和材质生命，指示可促发 3D 环境中行动和事件的检测器以及激活整合的网页浏览器，拥有者可以便捷地在 3D 环境中增加交互的机会。

①交流功能。进入 AWEDU，用户可以自主选择一个独一无二的化身，在虚拟世界里第一次说话时，化身的名字会出现在他/她的角色头像上面。聊天可以在 3D 窗口下面的文本对话框中进行，也可呈现在 3D 窗口里的用户化身上面。用户可以建立通讯簿，以使用户在不同世界里找到他人并与之交流。如果关系亲密，用户也可以选择与其密谈。最新版本的 AWEDU 已经允许用户运用语音聊天了，可以作为一个讲座/讨论型课堂的基本媒体。AWEDU 允许的口头交流克服了用户在打字技巧和写作技巧方面的障碍。

②角色表现功能。AWEDU 是一个 3D 环境，用户是以一个角色的形式表现出来的。用户可以通过沿着 X 轴、Y 轴、Z 轴移动（行走、飞行、上升、滑行等）来控制自身角色在 3D 环境里的运行。在 3D 环境中提供了多种用户视图，除了仰视、平视和俯视，还提供了"追踪相机"视角、第一人称视角和第三人称视角。另外，当遇到一个固体（如一幢建筑物的墙），这个角色就会记录一个轻微的影响，然后被保护，使其不从物体中穿过。

③建筑功能。在动感世界里，用户可以建造自己想要的一切，如宇宙飞船、坚固的堡垒，甚至是村庄里漂亮的房子。只要用户能想象，就能建造。在动感世界里，存有多个世界给用户建造和探索。一些流行的公共建造的世界都存在于其中。如果用户在学习如何建造方面需要帮助的话，可以找一个动感世界义务团体，为你提供一些与建造相关的建议和技术。

用户可以通过多种方法来赋予物体生命和改变它们的特性，例如，改变材质、颜色和灯光，控制物体的运动、循环和旋转，还有一些特效运动（如蹦床效果、电梯、世界间的穿梭等）。这些效果都可通过编写简单的程序来完成。

（3）AWEDU 教育应用的案例分析。

AWEDU 世界中已经有很多教育案例，包括从对新用户的非正式培训到应用 AWEDU 作为大学级别课程的远程教育媒体。下面是新加坡小学生运用动感世界学习科学的案例，从中可以看到 AWEDU 在教育上的具体应用价值。

①案例简介。新加坡的小学生在五年级时开始学习科学的概念，如细胞分裂和太阳系，这些概念是相当抽象的，许多学生特别是那些在学习上存在很多困难的学生，这可能导致他们失去对学习该科目的兴趣，最后产生对学习的消极态度。该研究的假

设是，虚拟世界的技术能够使老师用一种比传统文本更吸引人的方式展示科学知识，这种更吸引人的方式能引导学生贴近所学内容和促进学生对抽象科学概念的理解。这个研究的主要目的是探究动感世界(3D 虚拟学习环境)，以及怎样使学习有困难的学生参与到太阳系科学概念的学习中。

在这个研究中，学生被分配利用动感世界建造准确地显示太阳系信息的 3D 物体的任务。通过这个学习任务，希望他们能够对太阳系的概念有更好地理解。

②方法。实验班级由 30 个学生组成，他们的学习成绩比同年级的其他 7 个班级都差。他们基本掌握因特网操作以及微软的 Word 和 PPT 的基础知识。该研究由本班的 10 个学生组成一组(4 个男生和 6 个女生)来参加。这些学生经常忘记做功课或者带练习本去学校，在科目考试上的表现也一贯不好，因此被科目老师认为是后进生。作为一个补救式的学习活动，这些学生运用动感世界平台完成建造一个 3D 太阳系世界的任务，一共 8 次课，每次课 2 小时。这 8 次课他们都在计算机实验室里接受指导，被要求在虚拟空间里创造 9 颗行星并加以正确描述。在他们完成这项任务后，期望能达到正确描述九颗行星，并对科学产生更浓兴趣的目的。研究者希望呈现出以下投入式学习的特征：学生对学习主题感兴趣且愿意去学习，任务是可信的且富有挑战性的，学习环境是交互式和协作式的，大部分的学习活动以学生为中心。数据主要通过上课观察、与学生会谈和评价学生作品的方式来收集。在这 8 次课期间，老师担任研究员的职责，观察学生在干什么，并记录学生的活动和他们所提出的问题。观察的记录将帮助研究者深入研究学生的投入性。在完成学习任务后，会有 2 小时的小组会谈，旨在引导学生深入理解虚拟世界的运用。在会谈中选择几个学生发言，并共同分享他们的观点。对学生作品的评价主要关注作品的外观、内容、形象、标志、组织、知识和资源等。

③结果。当第一次介绍动感世界程序给学生的时候，他们非常兴奋。他们对这个程序是什么、具有什么功能和怎样在虚拟空间中操控物体等都感到非常好奇。他们的表现行为和在传统教室中完全不同。在传统的教室里，他们搞破坏，爱说话，而且对上课丝毫不感兴趣。另外一个值得鼓励的现象是学生都准时参加这 8 次课且无一人缺席，这跟他们平时经常迟到甚至缺席是完全不一样的。这些学生在课后会主动聚在一起，讨论作品的设计和规划。最终，他们成功地在截止期前完成了自己的作品。

虚拟世界能够激发学生更深入地探究。学生被动感世界的图形、卡通制作和声音效果所激发，上课过程中始终保持兴趣盎然。研究者观察到在 AWEDU 里的聊天和网上讨论能促使学生展开深入合作，尽管他们都在计算机实验室，但他们仍然喜欢用聊天功能与他人谈话。而且，他们经常使用网上论坛来分享信息和与其他人讨论，甚至是访问其虚拟空间中的外国朋友。此外，他们喜欢查看别人的化身——那是正在与他们谈话的用户的虚拟代表。

学生在学习过程中变得异常主动，因为其感觉到自己所学习的任务是可信的，而

724

且富有挑战性。他们进入互联网搜索相关的信息，然后对所选择的信息进行比较和讨论，不再是信息的被动接收者。当学生创造虚拟空间的时候，他们也观察一些技术上的问题，如有时为何进入动感世界平台的时候会很慢，那是因为动感世界有许多卡通图片和声音效果，这经常要花很多时间来下载多媒体的东西。但进入动感世界时，其缓慢的速度常常致使学生感到沮丧。

学生的会谈肯定了 3D 动感世界的教育价值。一个学生评论到这是他第一次如此享受一个学习任务，因为他喜欢像游戏一样的学习环境；另一个学生感到满意是因为在虚拟空间里他能够控制角色的运动和动作；其他学生则说他们喜欢建造 3D 世界，因为他们发现这比学习课本更有趣。学生的反映表明，在动感世界中创造一个 3D 空间更能帮助他们掌握科目内容。一个学生说道："尽管我花费了很多时间在学习科学概念上，但我认为在 3D 空间学得更好，因为动感世界允许我们探究和发现信息。"另一个学生说道："现在我知道不同的行星大小不同。木星是太阳系最大的行星。当我在建造太阳系世界的时候，我不得不考虑到这一点。"还有一个学生评论道："现在我能想象九颗行星是怎样围绕太阳旋转的了。比起平时的传统教室教学，我更喜欢用这种方式来学习科学。"

会谈表明，学生也希望这样的虚拟学习环境被运用到其他科学主题或者其他科目上。他们相信运用像游戏一样的虚拟学习环境能使学习变得更加有趣。学生的会谈也肯定了他们在建筑太阳系时所遇到的困难。一个学生说他花费很多时间在网上领会用于建造太阳世界的不同工具，甚至试着与动感世界的其他用户聊天，以发现怎样使行星转动等。学生花费 8 次课来建造太阳世界，都获得了较高的分数，而且在太阳世界中的所有标注信息都是正确的，这表明学生花费了很大的精力在理解学习任务和掌握科学概念上。

2. Second Life

在教育应用领域，比较成功的案例是"第二人生（Second Life，SL）"[①]，它是一部模拟真实的大型多人在线角色扮演平台，巧妙融合了联网游戏和在线虚拟社区的诸多概念，创造了一种新型的网络空间。SL 为信息时代的学习、教育提供了积极的、浸润式的数字化游戏式学习环境，国外一些大学和教育机构已经开始使用 SL，鼓励师生探索、学习和合作，SL 中的教育潜力开始被不断发掘出来。例如，美国洛杉矶的一个非营利性校外学习中心 EdBoost 是参加"校园：青少年第二人生"项目的首批机构之一，它放弃原先的 Python 程序设计学习内容，以 SL 为中学生学习程序设计的实验平台，让中学生利用 SL 脚本语言通过开放式作业学习创建镶嵌于 SL 游戏环境中能活动的（如移动、爆炸、发射的）有趣对象，如当碰到门，门可以被打开，坐上自己设计和建造的

① Second Life，Explore Second Life，http：//secondlife.com/，2018-12-28.

摩托车，让它跑动等。学生学习程序设计的动机被极大地激发，他们的计算机编程能力得到提高。

有很多研究表明，SL 应用于远程教育的前景十分广阔。在 SL 中，学习艺术设计的学生可以创作自己的作品并举办作品展览；学习英语的学生可以加入任何一个全英交谈的论坛中学习语言技巧，构建国际化的语言实验室；学习历史的学生可以创建历史场景，让历史重演，通过亲身经历获得对历史事件的深刻理解；学习城市设计的学生可以规划建造自己设计的虚拟城市，使其他学习者或教师走在其中，提出宝贵意见并做出评价。可以看出，SL 适用于艺术、语言、历史、化学、建筑、物理等学科的教学。将 SL 应用于远程教育中，将使教学形式更加多样，知识将从更多的途径被传递出去，有利于学习者进行知识的意义建构。[①]

如图 15-2-15 所示是 SL 中的虚拟讲堂（随后介绍的 Sloodle 就是应用 SL 的一个具体案例）。

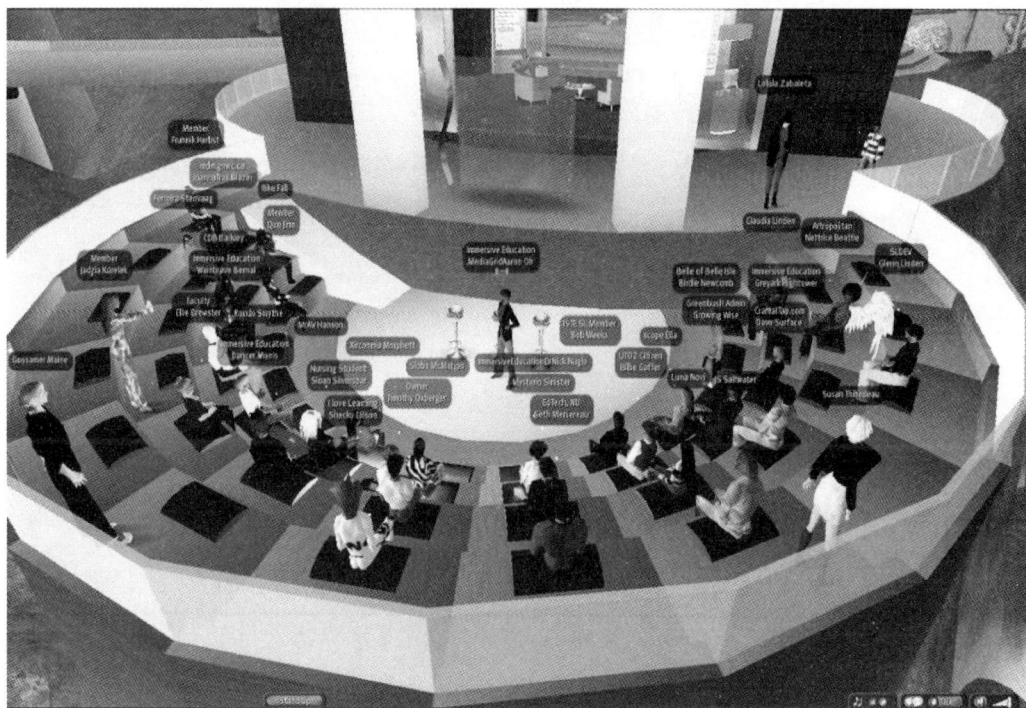

图 15-2-15　"SL"游戏界面图

3. Immersive Education(Wonderland)

Wonderland[②] 项目是 Sun 公司主持开发的 3D 协作虚拟世界的开源工具包。在这

---

① 李振亭、毛颖颖：《Second life 教育潜能研究及其对远程教育的启示》，载《现代教育技术》，2008(18)。

② Wonderland，https://lg3d-wonderland.dev.java.net/，2011-11-28.

726

个世界里，用户可以进行高质量的音频通话，也可以分享在线应用程序，如 Web 浏览器、OpenOffice 文档、游戏等。其目标是要构造一个大范围的协作环境，使用户可以通过多种方式协作，在桌面程序上分享和协同工作。

The Immersive Education Initiative 在 2008 年宣布把在 Wonderland 服务器上的 Education Grid 的发布作为一个预研项目，该项目的支持者包括埃塞克斯大学、俄勒冈大学、圣保罗学院、新媒体协会和 Sun 公司。其目标是与开源平台合作向教育工作者提供端到端的包括教育环境、游戏、资产与模拟的生态系统。Initiative 成员也可以通过 Initiative、成员组织或其组合的环境利用资源来搭建自己的世界。如图 15-2-16 所示为 Wonderland 中的虚拟场景。

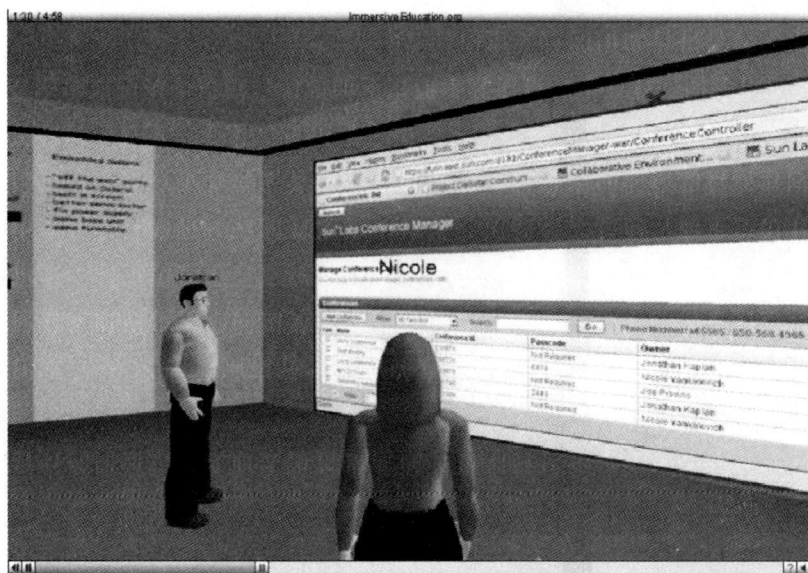

图 15-2-16　Wonderland 的虚拟场景

4. Sloodle

Moodle[①](Modular Object-Oriented Dynamic Learning Environment)是由澳大利亚马丁·道格拉斯(Martin Dougiamas)博士主持开发的课程管理系统(CMS)，它能够帮助教师高质量创建和管理在线课程。Moodle 是开放源代码的学习管理系统中最具规模的，它使用 PHP 撰写，扩充性良好，在 Moodle 的社群中有许多热心的技术人员公开分享自己创作的外挂组件(plugin)。

想象一下分散于各地的用户利用 Moodle 作学习平台时，在 Moodle 提供的讨论区中做课程的相关讨论，每个学生在各自的计算机前面输入信息，当彼此有意见需要沟

---

① 　Moodle，http://www.moodle.org/，2018-12-18.

通时，仅能以文字表达。假设 Moodle 能提供一个不只有文字，还有加入动态头像的讨论区；抑或是学生面对的不再是冰冷的文字信息，而是动态的 3D 实景，这样的讨论是不是更加有趣呢？Sloodle[①]（Second Life Object-Oriented Distance Learning Environment)就是在这样的需求中产生的，它是 Moodle 结合 Second Life 的一个套件，通过简单的设定便可以在 Moodle 中做更有趣的互动，另外它秉持着开放原始码的原则：一切都是免费的。

　　Second Life 开发工具中包含一个脚本语言 LSL，即 Linden Scripting Language。该语言包含一些创建三维对象的方法，并可通过 email、XML 远程调用、HTTP 请求等方式在互联网上交流。用户可以通过 Web 浏览器使用 HTTP 协议连接到 Moodle 服务器。服务器端通过判断用户的权限决定是否响应用户的请求。原则上，当用户使用 SL 客户端去交互 Moodle 数据库上的数据时也会产生同样的请求，即 SL 中的一个对象发出一个 HTTP 请求，然后 Sloodle 模块负责对其处理并与 Moodle 进行通信。Sloodle 提供结合讨论区的功能，使学生在虚拟世界中的文字互动将被记录在 Moodle 中成为学习记录，这样的好处在于让学生体验更多文字之外的互动经验，又可以保留这些互动记录成为日后导师评量的标准。Sloodle 提供虚拟世界中的 RSS reader，让学生沉浸于虚拟世界中仍可阅读有关于 Moodle 中各项新信息的发布（图 15-2-17 和图 15-2-18）。

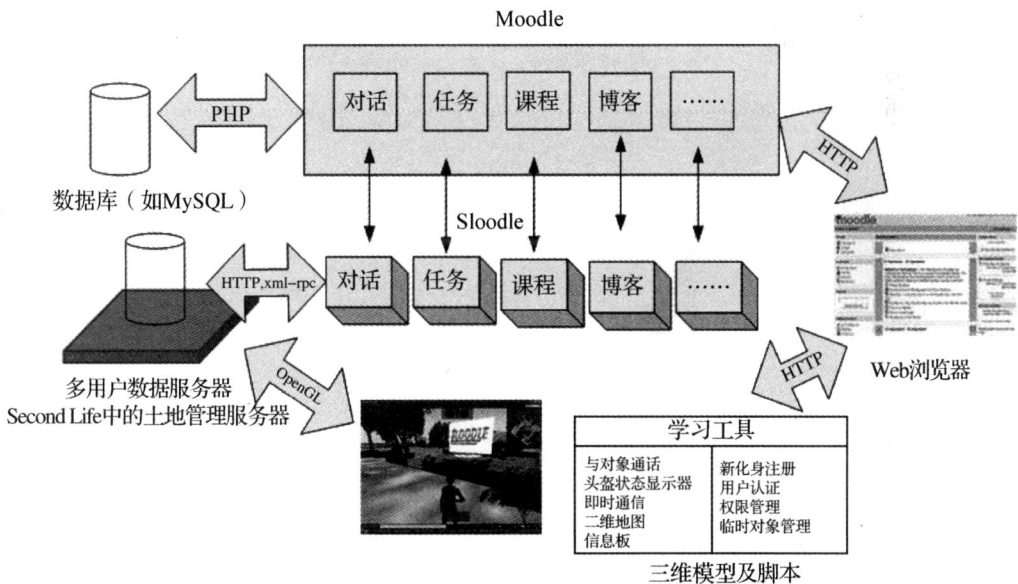

图 15-2-17　Sloodle 体系结构图

---

① Sloodle，http：//www.sloodle.org/，2018-12-18。

图 15-2-18　Sloodle 三维界面

5. Google Earth

Google Earth[①] 是一个免费的卫星影像浏览软件，它以各种分辨率的卫星影像为原始基础数据，信息直观清晰，并且具备强劲的三维引擎和超高速率的数据压缩传输，还整合了 Google 的"本地搜索""地图标注""GPS 导航"等多项服务，为用户提供便捷、免费的通用服务。用户在网上既能够鸟瞰世界，又能在虚拟城市中任意游览，甚至可以将所经过的线路以虚拟现实方式进行录像和回放，实现模拟驾驶。新版 Google Earth 可以让用户探索神秘的太空和海洋，欣赏火星图片和观看地球表面随时间的变化。图 15-2-19 为使用 Google Earth 对海洋中的白鲨等进行跟踪，了解这些生物在海洋中的活动路线。

在教学领域尤其是地理教学，其研究的对象包罗万象，上至太空霄汉，下至千米岩层和万米洋底以及各国概况、民风民俗，并且涉及一些立体几何的计算知识，单纯依赖学生的视野见闻和知识储备是难以学好地理的。Google Earth 的上述特点，能让地理概念更加直观、易懂，更容易为学生所接受。教学者只要给予引导与支持，让学生自己去学习、探索，就能让学生学到相关的知识，调动学生的学习兴趣，以达到提高学生实践能力的目的。而且 Google Earth 具有运动定位甚至可以自由翻转等特点，

① Google Earth，https：//www.google.com/earth/，2018-12-28.

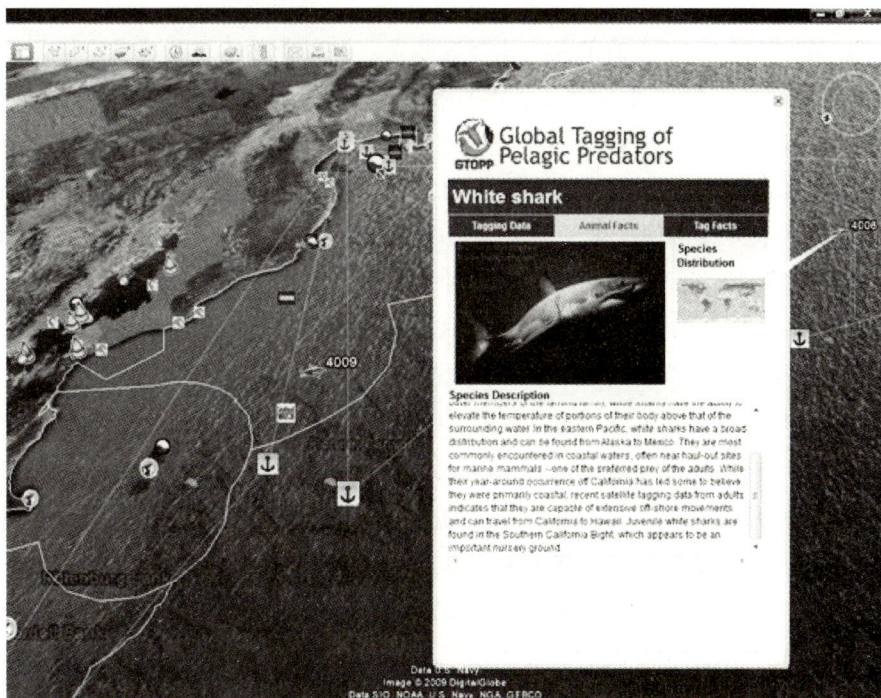

图 15-2-19　使用 Google Earth 了解海洋生物的活动路线

将平面变为立体、静止变为运动、抽象变为具体、单一变为丰富，能加强学生对地理事物规律的感官认识，并将知识性、时代性、实用性和趣味性相结合，具有优于传统教学工具的特点，是培养地理学习兴趣的好工具。

15.3
教学软件开发中的集体智慧

　　移动互联网和智能终端的普及，在改变人们生活方式的同时，也改变了其学习方式。人们习惯利用移动终端随时随地开始学习，并进行协作和交流。未来教学软件开发必将产生新的范式，大规模协同是开发教学软件的重要形式，在协同开发中，不仅仅是内容、结构形式成了软件的重要组成部分，参与协同的人，也成了教学软件的一部分。

　　我们在世界上不是孤立的，而是存在于各种不同的群体之中，无论是"众人拾柴火焰高"，还是"人心齐，泰山移"，都说明了集体是力量的源泉，众人是智慧的摇篮。因此集体智慧在人类社会中扮演着非常重要的角色，无论是个体还是群体，集体智慧都是存在的。集体中的每个个体都是集体智慧形成必不可少的一部分，当将群体的行为、偏好或思想组合在一起，集中所有个体的智慧，产生比个体智能更高的远见卓识时，集体智慧就显现出来了。随着知识经济的不断发展和整个社会对知识依赖性的不断增加，集体智慧已经成为竞争、创造和发展的关键因素。

Web2.0 为大规模协作提供了环境，大规模协作本身就是促进集体智慧不断发展和应用的一种形式，人们已经从维基百科、各种协作平台上看到了这一不断发展的趋势。对于教学软件来说，无论是教学软件的内容，或者是结构形式，还是所提供的服务，都可以并且需要汲取集体智慧的养分。在教学软件设计、开发和应用的过程中，每一个设计者的思想、教学者的教学经验、学习者的学习方法、协作交流过程中产生的各种资源和信息等内容，都是教学软件可以充分利用的部分。如何能在教学软件中充分利用个体共建共享的方式，集合各种形式的个体智慧，形成教学软件相关的集体智慧，成为教学软件可以不断发展的重要因素。

基于网络的大规模协作学习是教学软件设计未来发展的方向。Web2.0 技术和社交网络服务为大规模协作学习提供了技术支持，而人们对群体智慧凝聚和共享的需求则是大规模协作学习发生的动力。大规模协作学习的参与者既是知识和服务的消费者，同时也是创建者和贡献者，是社会化教学软件的有机组成部分。正如前面介绍的维基百科、百度知道、Connexions、学习元平台、微信公众平台等一系列的应用，它们的共同之处都在于强调每个用户的参与，不仅是参与应用，更重要的是参与到资源建设的过程中。维基百科不仅是专家、学者的领地，更是广大网络用户的智慧集中地，参与不受任何限制，参与建设信息也并没有形式和内容上的限制。百度知道等系统对资源的建设和组织形式做出了探索。

15.3.1　基于网络的大规模协作学习的内涵

大规模协作学习强调在网络技术支持下，围绕某个共同的学习目标或学习内容，通过大范围的群体协作共同完成任务，在此基础上分享信息、资源，构建集体智慧，形成基于集体共识的社会认知网络，在此过程中每个参与者既是知识的使用者，同时也是知识的创建者和生产者。[①] 以下从学习目标、参与者、组织结构划分、常见的学习活动、学习资源和学习评价角度，对基于网络的大规模协作学习进行解释。

（1）学习目标：大规模协作学习是具有相同学习目标和学习兴趣的群体，通过在线的协作、交流和分享等方式，形成对某个知识内容集体共识的过程。集体共识的形成，

[①]　刘禹、陈玲：《基于网络的大规模协作学习研究》，载《远程教育杂志》，2013（2）。

不仅包含以知识点为节点的知识内容网络，还包含知识和人的链接，最终形成以集体共识为基础、包含物化资源和人力资源的社会认知网络。

（2）参与者：大规模协作学习的参与者是具有相同兴趣、目的的独立个体，群体之间没有既定的角色划分，参与者之间关系平等、开放，每个参与者既可以是知识的使用者，也可以是知识的创建者、生产者。

（3）组织结构划分：大规模协作学习没有固定角色的划分，也没有绝对的权威和权力结构，在组织上呈现出松散的结构。除了以群体的形式参与学习以外，没有固定的学习组织。当然，在大规模协作学习开展的过程中，可能会出现小团体、小组等子群体，但这种现象都是基于成员之间的自由联系，并且也会随着集体共识的不断发展产生变化，子群体的边界是模糊可变的。

（4）常见的学习活动：主要包括以学习资源共建共享为主要目的的协同编辑、协同批注活动，以知识分享和推荐为主要目的的订阅、分享、交流活动，以获取共识为目的的讨论、辩论、测试等活动。

（5）学习资源：大规模协作学习的重要价值就在于群体参与学习资源的动态生成和不断进化。物化的学习资源本身可以通过群体的协同编辑、学习生成等方式得到不断的发展，同时又能将与学习资源相关的人力资源引用进来。不同的人对学习资源的理解，又赋予学习资源丰富的情境性。

（6）学习评价：大规模协作学习是一个群体共识不断进化发展的过程，在这个过程中，学习者通过与知识、其他用户之间的互动，提高个人的知识和能力，得到情感方面的满足，对学习的评价并不是以知识内容为核心的标准化评价，而是在学生参与学习的过程中开展形成性的评价。评价的方式多元化，评价的实施主体也是多元的。[①]

15.3.2　大规模网络协作带来的教育新变化

当人们已经熟练使用 Web2.0 中的娱乐、交流和交易的各种技术和软件，如 Blog、TAG、RSS、Wiki、网摘、社交网络（SNS）等社会性软件，并惊叹于它们带来的共建共享的新环境时，人们也感受到 Web2.0 给教育带来了新的变化。

1. 促进学生主体地位的提升

学生可以成为知识的来源，教师不再是知识的唯一源泉，教师的任务是指导学生如何获取信息，帮助学生解决学习过程中的问题，并帮助学生形成一套有效的学习方法和解决问题的方法。在参与协同创作中，学生的地位也由原来的被动接受者转变为主动参与者，学生成为知识的探究者和意义建构的主体，也能为教学提供知识。学生

---

① 刘禹、陈玲：《基于网络的大规模协作学习研究》，载《远程教育杂志》，2013(2)。

的头脑不再被看作一个需要填满的容器，而是一支需要点燃的火把。

2. 促进学习者自我管理能力与自主学习能力的提高

在 Web2.0 中，每个人都有了自己的网络空间。首先，学生需要负责任地去管理和维护它，管理好自己的资源、言行，学会辨别信息的有效性。所有这些都有助于学生形成良好的自我管理能力，形成健全的人格。其次，个人的网络空间中记载了自己以及同伴的学习情况，学生一方面可以参照自己过去的学习，另一方面又能够通过对比清楚地了解自己的学习状况，以便做出相应的调整，促进自我的提高。再次，Web2.0学习环境给学生提供了更多的灵活性、自由度和控制权，要想能够在这个大规模互联的世界里发布自己的观点，并且能够得到大家的认可，学生必须要学习更多的知识，学会有效地组织和表达自己的观点，学会更多的沟通技巧，培养自己协作的意识等，而这些大都需要学生不断提高自主学习的能力。

3. 促进协作学习

协作学习是一种以小组活动的形式达到促进每个学生的学习，它需要小组成员之间的相互交流与协作，不能忽视每个成员的主动积极参与。Web2.0为网络学习者的主动协作创造了便利的可能条件和环境，Web2.0具有良好的用户主体性以及强大的构建关系网络能力，保证了每个成员都能充分发挥自己的作用、提出自己的观点，同时又满足了小组成员之间相互交流的目的，并且还为协作学习提供了巨大的资源和有效的工具，促进了积极主动的协作学习。

4. 促进全面公正的学习评价

Web2.0为形成性评价提供了良好的平台，就好像一个学习档案袋一样，记录着学生每天的所学、所思、所想和整个的学习过程，以文档、图片、声音及视频等形式记录自己的观点、学习成果、考试成绩，以及非评价人员对学生做出的评论。评价者能够从多角度了解学生的学习状况，做出一个全面、公正的评价，不仅要实施总结性评价，还要结合学习过程中学生的学习态度、情感与心理等方面给学生一个形成性评价，真正了解学生的学习效果，得出的评价结果也更加全面公正。

5. 促进教育资源生成方式与共享形式的改变

相对于 Web1.0 而言，在 Web2.0 中，每个人都可以加入自己对某一主题的认识，教师、专家提供的教学资源不一定涵盖所有的相关内容，也不一定能够满足所有学生的需要；学生不再只是知识的被动接收者，学生对于资源也有自己的理解，能够主动地参与教学资源的生成。因此，教学资源不再仅仅是由教师或专家提供，学生也可以参与到资源的生成过程中来，甚至所有关心教学的人，如家长，都可以为教学提供资源。这使得教学资源的生成方式由单一来源变成全民贡献。

另外，传统网络尽管也提供大量的资源，实现资源的共享，但是需要用户主动去不同的网站中寻找资源，而且教学资源的资料良莠不齐，大大增加了教师和学生的负担；而在 Web2.0 环境下，可以通过 RSS 等技术实现资源的分类和订阅，大大提高了教育资源的共享效率和效果。

6. 促进课程生成方式的转变

传统的课程主要是由课程专家和教师根据教育目标对课程的各个要素做出规划和安排，形成一定的课程结构。整个课程的内容设置、实施和评价都是由专家和教师来进行的，因此忽略了学生以及其他因素对于课程生成的贡献。另外，大多数人对于课程的设计主要是在学习内容和课程资源上下功夫，很少引入学习活动的设计，而学习活动本身恰恰是课程的重要组成成分。Web2.0 则为课程的生成方式提供了新的思路，不再是由教师和课程专家建设整个课程，而是可以利用教学平台，师生共同参与，生成课程资源，组织学习活动，形成动态的、互动的、多种媒体的、可个性化定制的、分别适应教与学的解决方案。

15.3.3　基于大规模网络协作的教学软件设计新思路

统观目前教学软件系统的开发模式，软件的设计和开发都是由少数的专业教学设计人员和软件开发人员来进行的，这使得广大的教师和学生仅仅停留在软件使用的层面上。然而在网络时代大家都开始积极参与到信息分享的环境中，无论是教师的教学经验、学生的学习方法，还是在教学交互的过程中产生的信息，都是教学软件可以利用的巨大资源，随着网络和信息技术的不断发展，将会对教学软件的设计提供新的思路。

1. 学习资源的协同创作

在 Web2.0 的大规模协作时代，资源的洪流席卷了整个世界。Web2.0 所倡导的"微内容，宏服务"同样也对教学软件设计产生新的启示。现实世界中的各种知识都是互相关联的，每个人都是知识共建共享的重要参与者，因此，人们互相联系起来协同开发，形成一个知识共建共享的全球学习共同体，怎样将全世界人们的智慧组织起来促进资源的生成则是大规模网络协作新思路的体现。

(1)维基百科。

维基百科是一个基于 Wiki 技术的多语言百科全书协作计划，也是一部用不同语言写成的网络百科全书，其目标及宗旨是为全人类提供自由的百科全书——用他们所选择的语言书写而成，是一个动态的、可自由访问和编辑的全球知识体。它可以提供包括各种分类检索、特色内容、新闻、字体转换、源代码查看、帮助、各种语言的百科全书版本等服务(图 15-3-1)。

图 15-3-1　中文版维基百科网页①

维基百科按内容分类管理知识，通过文章的形式组织整个超文本的链接。用户可以通过搜索或按主题分类的方式进行浏览阅读。文章中包含了大量的链接，以蓝色的文字呈现，单击该文字条目，就可以展开链接的相关内容，查看此条目的详细信息；而在该条目的详细信息的页面，它又以相同的形式组成文章，文章中又提供其他条目的链接，如图 15-3-2 所示，通过这种方式，信息和知识以非线性的方式组织起来，并且实现了有效聚合，使知识库丰富。不同于一般搜索软件提供的搜索结果，每个条目的信息没有大面积的重复，而是呈现出高度的相关性，避免了重复筛选的费时费力，使资源的检索和获取效率大大提高。当然，在浏览的过程中，可以就这些内容进行评论和补充、修订。

如果页面的链接目标尚未存在，可以通过单击链接创建新页面，从而使系统内容得到增长。文章中红色的文字条目，则表示该条目还没有内容，链接目标尚未存在，如图 15-3-2 所示，单击该词条，即可进入编辑页面。维基百科提供"沙盒"用以试验编辑，当用户已经熟悉编辑的方式，则可以跳过。需要强调的是，用户在进行编辑之前，必须首先搜索有没有相关的页面链接，如果没有，那么编辑的结果将产生一个新的页面及其链接；如果发现有类似的条目，用户编辑的新内容，就将会被链接到这些条目中。这样可以提高内容的高相关性和质量。当然，在编辑的时候，维基百科会对内容和规范做一定要求。例如，对内容的版权性的要求，不能随意转载他人的信息。任何用户都可以对感兴趣的词条进行编辑，当然也可以上传多媒体的资源。整个超文本的组织结构都可以修改、演化，同时可以保留记录页面修订历史。

---

① 　维基百科，https：//zh.wikipedia.org/zh-cn/，2019-09-27。

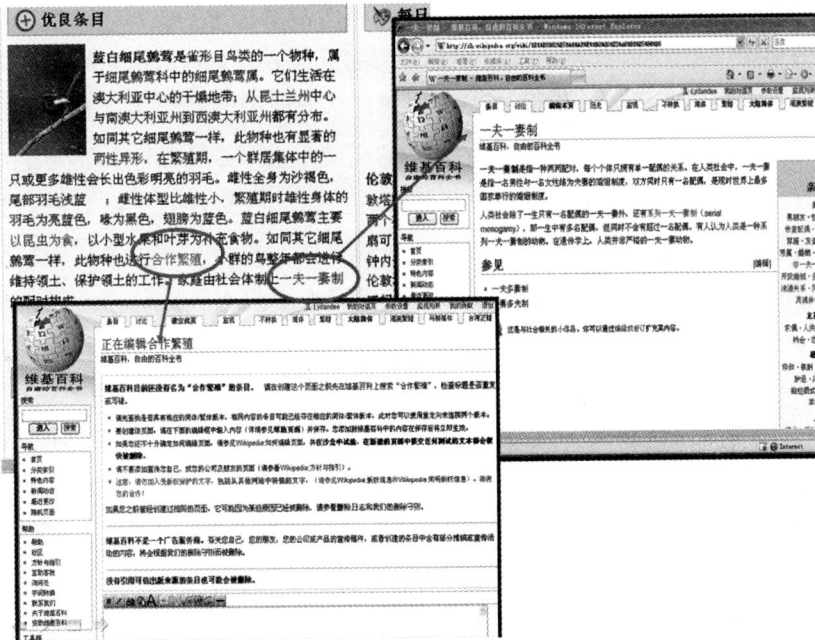

图 15-3-2　维基百科某条目的浏览和编辑页面

当然，在这些条目中，越是历史悠久的条目其信息越完整，而越是新建的条目，其缺点反而越多。但这并不是问题所在，因为任何一个条目的完整都需要全体用户的编辑。维基百科的使用不仅仅限于以上的简单介绍，其强大的功能、丰富的资源以及优化的结构值得大家去亲身体验。

维基百科全书是一部内容开放的百科全书，其目标是包含人类所有领域的知识。中文维基百科的运作开始于 2002 年 10 月，目前已有 1074986 个条目，并且还在不断增加。将维基百科与传统纸质的百科全书进行比较，除了信息承载的媒介方式不同以外，维基百科与传统纸质百科全书最大的区别就在于其更新速度快。《大英百科全书》历经两百多年修订、再版的发展与完善，到目前才形成了英文印刷版装订 32 卷，因此其更新速度非常慢。而维基百科可能在几分钟内，信息就被更新。从 2001 维基百科开通到 2004 年 9 月 20 日，维基百科词条突破 100 万。截至 2005 年 8 月，维基百科的英文词条即将突破 70 万大关，是《大英百科全书》的 7 倍。[①] 目前，在维基百科 250 多种语言版本中，用户共建的条目已经超过了千万，这一数目还在以惊人的速度增长。维基百科的开放式编纂、中立性以及免费共享的思想，使传统的百科全书受到了挑战：维基百科能提供包罗万象的信息、大众编撰、实用性与及时性等，这都是传统的百科全书所不能提供的。

[①]　新华网．专访维基百科创始人，http://news.xinhuanet.com/newmedia/2005-09/01/content_3429648_3.html，2011-11-28。

目前 Wiki 技术在商业上和百科全书方面取得了显著的成功，然而在教育领域中还没有显著的体现，但 Wiki 的功能和效用已经引起了很多教育者的密切关注。利用 Wiki 的技术，建立教学资源平台，提供教育信息资源、专业的百科全书以及案例库等都是一些研究的方向。Wiki 还可以成为师生之间的交流平台，成为学生的学习工具与教师的研究工具；其对于协同写作的要求，还能促进协作学习的效果。Wiki 不仅是沟通的桥梁，更为重要的是促进了教育资源生成方式的转变：资源不再由少数的权威人员提供，而是由所有用户共同建设，这种积少成多的资源生成方式充分调动了各种有利资源，在协作发现和共享知识方面更是有着无穷的潜能。资源对于教学软件设计是非常重要也是核心的部分，现有教学软件的资源大都是由教师和专业人员来提供和设计，而 Wiki 作为一种新的技术为人们在资源建设方面提出了新的思路，这一思路值得人们投入更多的精力去探索更深层次的应用。

（2）百度知道。

百度知道，如图 15-3-3 所示，是由全球最大的中文搜索引擎百度自主研发、基于搜索的互动式知识问答分享平台。这一网站的内容也是由广大用户创建，并且完全免费共享。但与 Wiki 的最大不同在于百度知道是以问题和问题的解答为基本单位的。相对于一般的搜索服务，百度百科并不是直接查询那些已经存在于互联网中的信息，而是用户可以根据自身的需求，有针对性地提出问题；同时结合一些激励措施，如用户等级、代币、积分等，发动其他广大用户参与到问题的解决中来，而这些答案又将作为搜索结果，提供给那些有类似疑问和问题的用户，以达到知识分享的效果。因此用户既是百度知道的内容创建者，也是内容的使用者，通过对问题及其回答的积淀和组织形成丰富的信息库。

图 15-3-3　百度知道主页

百度知道的基本单位由问题及其回答的页面构成，在每个问题的页面中包含有对问题的回答，对回答的评价，还包括相关的一些问题的链接等。用户可以在百度知道中搜索问题，而这些问题通常是以生活化的方式描述，不需要正规化；搜索的结果是其他用户提供的回答。如果不能找到该问题的答案，用户可以自行建立一个问题，等待别的用户回答，并且被要求在一段时间内做出处理，如选择最佳答案。如图 15-3-4所示，是一个待解决的问题，在页面的下方已经有一些用户的回答。

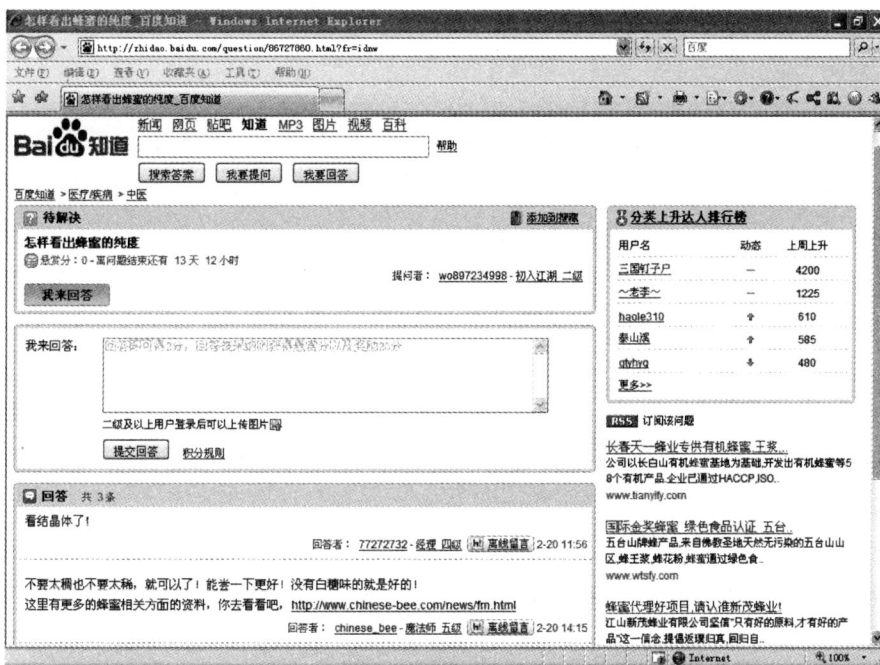

图 15-3-4　通过百度知道来解决问题

百度知道对问题库采取了分类，一是按照已解决的问题、未解决的问题、投票中的问题等以问题的解决情况进行分类，使用户能够及时了解问题的情况，对于已解决的问题可以进行评价但不能编辑；二是按照常规的分类方式按问题所属的知识范畴进行分类，方便用户的浏览和检索。百度知道就是通过这样一个个问题的页面，以用户实际需要的各种问题解答为基本单位来组织信息；但这也会使得整个系统的结构比较松散，极有可能出现提问和回答的无效率、重复，甚至出现无效问题、垃圾问题等情况。针对这些问题，百度知道一方面采用奖惩机制，对用户的权限和问题的规则做了相应的规范。用户需要注册账号，登录后提出的问题，需要符合一定的原则，例如，广告、交易、无意义等问题，将由后台管理人员予以删除；对问题的回答也需要遵循相应的原则。另外，对于问题采用了有限时间内处理，如在有限时间内选择"采纳答案""举行投票"等方式处理问题，提高了效率。

人们更容易在百度知道中找到那些更加贴近生活的问题的解决方案，这些问题以生活化、人性化的方式提出，问题的答案并不一定像专业网站那样统一和权威，却能很好地解决实际问题。例如，像"重庆某地的土鸡价格是多少"这样更贴近实际生活的问题更容易在百度知道中得到解答。

学习与实际生活联系紧密，百度知道这种组织信息的形式也是一种值得尝试的思路。例如，将教师和学生在教学和学习中出现的各种问题形成一种库的形式，学生之间、学生与教师之间、教师之间都参与到这中间来，协同编辑，相互解决在教学、学习中出现的问题，这将是一笔巨大的资源财富。

> 除了百度知道外，如雅虎知识堂、SOSO 问问等也推出了这样以问题为基本单位的协同编辑的功能，雅虎知识堂是基于雅虎的问答互动信息交流平台；SOSO 问问则是腾讯公司为广大用户提供的问答互动平台。

2. 网络课程协同生产进化

Web2.0 技术的广泛应用，推动了网络教学内容生成新模式的发展，由用户生成和创造内容是现代网络服务主流，新媒体学习应该适应现代网络服务的发展趋势，支持协同内容构建等功能。学习资源的可更新特性是未来学习资源的重要发展趋势。海量的、符合不同群体学习者个性需求的学习资源，必然是所有用户都能参与建设、群建共享的学习资源。课程是教育事业的核心，也是教学的实施手段，因此课程的作用举足轻重。网络与课程的结合为课程的开发提供了新的环境和新的方式，课程开放与共享已逐渐成为一种资源建设的新趋势。目前的网络课程开发很大一部分只是教材搬家，教师和专家提供课程内容、实施以及评价，同时只关注教学内容和资源的提供，忽视了课程中对于学习活动的要求，为此国内外以各大高校为主都对新时代课程共建共享的模式进行了积极的探索。

（1）Connexions。

课程资源的总体建设趋势是开放与共享的，国外的一些高校如麻省理工学院、耶鲁大学等都建立了 OCW 开放课程项目。赖斯大学的项目就是其中之一，如图 15-3-5 所示。

Connexions 启动于 1999 年，是 Web2.0 倡导的共建共享的理念与教育相结合的优良典范。Connexions 的主要观念有两个：各种学科、课程的知识都是互相关联的，在知识的共建共享中要表达出这种关联；改变以前集中封闭的创作、出版和学习过程，将人们互相联系起来形成一个知识共建共享的全球学习共同体。[①] 所有知识都是免费

---

① 王爱华：《赖斯大学的开放教育资源项目——Connexions》，载《教学信息化研究简报》，2008(6)。

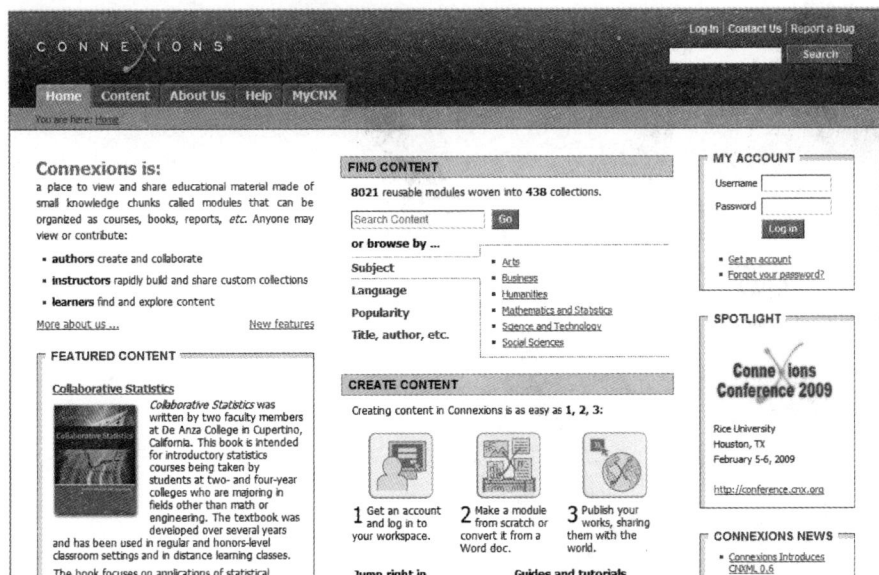

图 15-3-5　Connexions 主页

的，任何人在任何地方、任何时间都能够使用和修改，操作简单方便。

Connexions 项目的创新性，体现在让原先仅仅忠实于教材内容，或者有想法但没有机会发表的中小学老师、科学家和工程师等，可以在此平台上自由地发布对于教学的看法和建议。该项目资源的来源不仅有本校教师还有全世界想要共享知识的任何人，包括大学教师、工业界研究人员，甚至是学生。该项目基于学习对象的概念，将所有的学习资源以模块的形式整合起来建立资源库，还为学习者提供基于模块的非线性的课程学习。利用一系列如 Course Composer 的知识共建共享工具方便用户开发、编辑、修改资源；还提供了元数据输入界面，方便资源不同形式之间的转换。以模块为资源的基本单位，方便了资源的整合，为学习者提供了非线性模块化的学习模式，但也在一定程度上增加了管理的难度。

该项目将用户分为 3 种类型：学习者，在线上存取咨询和信息，进行课业的学习；编辑者，以模块的形式提供课程资料；课程教师，建立课程，课程是依特定目的所组合在一起的模块。用户注册获得一个账号后，便拥有了自己的个人空间。用户在线进行浏览和学习课程时，Connexions 在页面的左边提供了课程的路径图，方便学习者了解自己的学习情况和系统提供的各个模块。用户通过添加项目来提交资源，该网站提供 module、collection、image、file 4 种方式供用户添加资源，如图 15-3-6 所示。

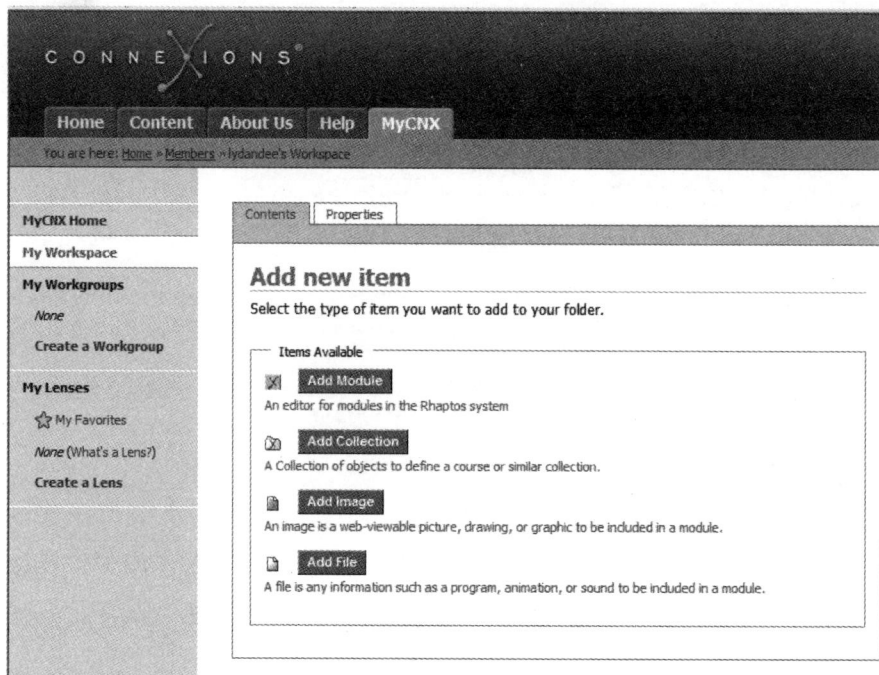

图 15-3-6　Connnexions 添加项目页面

对于所有共享类的资源建设，资源的质量评估问题非常重要。通常对于这种共享的资源有 4 种评估方式：由编辑组织评价、同行评价、受欢迎程度以及学习效果评估。Connexions 对于用户发表的资源采用发表后审核的方式，对资源的评价是以 lens（透镜）的形式给出的，不同的用户可以对同一个模块给出不同的 lens 值，资源的使用者可以看到对某一个资源的所有 lens，也可以选择关闭一些 lens，目前采用受欢迎程度来表现对资源的评价。提供的资源将被标记上作者的姓名，可以提高资源的质量。

从目前的开放教育资源项目进展来看，建立共建共享机制的资源已经是一种趋势。资源的提供者不仅包括教师，也包括学生以及校外人员等一切愿意贡献资源的人；资源形式多种多样，如电子文稿类、视频、音频、虚拟实验室等，对于这些资源的粒度，大都以课程为单位，也有以模块为单位，如上文介绍的 Connexions 项目；在技术实现方面一是体现在查询上，怎样使用户简单快捷地搜索到自己需要的资源，二是资源的管理方式，三是数据的结构规范。另外，很多系统都会用到一定的激励机制。

(2)学习元平台。

学习元平台[①]是基于生成性、开放性、联通性、内聚性、可进化发展、智能型、微型化和自跟踪等新理念，以学习元作为最小资源组织单位的泛在学习平台。学习元平

---

① 程罡、余胜泉、杨现民：《"学习元"运行环境的设计与实现》，载《开放教育研究》，2009(2)。

台主要包括学习元、知识群、知识云、学习社区、学习工具、模板中心和个人空间七大模块。学习元平台提供了一系列用于支撑协同知识建构与课程生成的特色功能，如灵活开放的内容创生与访问、学习内容与学习活动整合、内容协同编辑与批注、权限协同管理、学习元多元格式、基于过程信息的评估、SKN 网络等。

①灵活开放的内容创生与访问：与封闭式的仅由教师创建课程内容的网络学习平台不同，学习元平台允许任何用户创建学习内容，允许任何用户访问学习内容，教师和学生之间不存在明显的角色功能区分。这种自由开放式的创建方式和访问权限，能够有效地促进和支持课程内容的协同创生，实现师生之间、生生之间的课程内容群体协同构建。

②学习内容与学习活动整合：学习元平台提供了各种类型的学习活动，课程内容创建者与协作者可根据实际需要选择不同类型的活动以达到不同的教学目的。同时，这种学习活动与学习内容中深度融合的方面能够避免只停留于表层的在线协同学习，丰富知识协同构建的支架，促进内容的深度交互与高级认知投入。

③内容协同编辑与批注：学习元平台具有学习内容协同编辑的功能，允许所有用户(包括创建者和学习者)参与学习内容的再次编辑与完善。学习过程中，学习者如果发现某段学习内容有不妥之处，或有需要补充之处时，均可利用协同编辑功能对该内容进行修改或补充。新增或修改的内容通过由语义基因和社会信任机制相结合的系统审核之后，能够融入原有的内容当中，从而形成信息更加丰富、稳定的新版本。同时，如果对某些内容产生了自己的看法时，则可以利用协同批注功能对段落内容进行个人观点、态度、笔记的标注和记录。这种协同编辑与批注的方式允许更多的用户对学习内容的进化与完善做出贡献，汇聚群体协同智慧，并使学习者在学习的过程中能够以创建者和学习者的双重角色去协同思考学习内容的质量。

④权限协同管理：学习元平台设计的协作者申请功能，能够有效地促进学习元内容的进化和知识群的汇聚。审核通过成为协作者的用户具备等同于创建者的权限，共同参与学习内容编辑审核、学习元引入审核以及评估方案设计与修改等协同管理事项中。

⑤学习元多元格式：用户可以选择默认编辑、附件提取、SCORM 切分、应用模板四种不同方式来进行学习元的创建，很大程度上满足了不同用户的简易、方便需求。所有方式创建的学习元均具有统一的元数据格式，保证不同学习元之间的数据通信与交换。生成的学习元具备多元显示格式，如普通阅读格式、段落阅读格式、思维导图格式、电子书格式、内容策展格式、视频格式、幻灯格式、PDF 格式等，能够适应多种访问终端，实现实时协同。

⑥基于过程信息的评估：学习元平台将学习者所有的过程性信息都予以记录，内容创建者可根据学习目标、内容等具体要求选择某些过程性信息作为评价学习者

的学习情况的依据，并设置一定的权重，构成过程性评价方案。系统能够自动计算学生的当前得分，为协同知识构建过程提供及时反馈，并有效诱导相关行为的产生。

⑦SKN 网络：由知识、学生及其之间关系所构成的网络。基于协同知识建构过程中的交互贡献信息，自动生成知识与人之间的关系网络。学生可通过查看 SKN 网络发现与该学习元紧密相关的学习元、领域专家、学习同伴，从而为深度学习与交互提供可能，如图 15-3-7 所示。

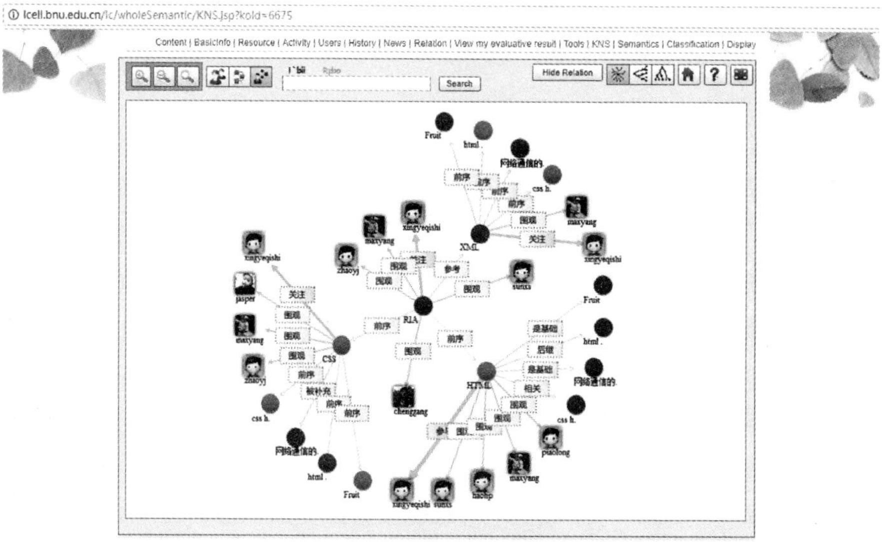

图 15-3-7　SKN 网络

3. 大规模网络协作转换资源共享形式

资源共享是 Web2.0 时代的一个重要特点，网络的不断发展为教育提供了大量的资源。然而在目前的教育领域，市场上有很多资源库产品，从量上看可谓是"资源丰富"，但教师又普遍反映不易管理和利用，有效资源内容匮乏，需要的资源难以找到，没有参考价值的垃圾资源很多。人们在资源的海洋里却忍受着资源缺乏的饥渴，因此资源建设应转移到致力于整合学校和企业的教学资源，以促进交流、共享和再应用，从以资源开发为中心转移到以促进资源的整合和共享为中心。微信公众平台是微信的一种独有的服务方式，为用户提供方便的资源和服务，分为订阅号和服务号两大类，推送内容包括文字、图片、语音、视频、图文，为解决上述资源共享问题提供一种新思路，目前微信公众平台已经应用到数字图书馆资源共享建设、课程资源共享建设实践中。基于微信公众平台的资源共享具有以下特征。

（1）资源推送高效、精准。

通过对用户进行分组，可以针对用户特点进行资源和服务推送，使其更具精准化和个性化。另外，通过微信推送资源，用户自由选择度比较高，可以自由选择需要的资源进行推送，共享效率高。

(2)资源共享成本低。

微信软件不收费，通过微信公众平台共享资源，只需要支付网络流量费用，成本低。

(3)资源形式多样化。

利用微信公众平台，可以推送文字、图片、语音、视频、图文等多种媒体形式的资源组合，丰富用户体验。

(4)互动性强、交互灵活。

用户可以订阅公众号或服务号，随时随地关注资源分享动态，还可以通过评论、回复、点赞等功能进行互动。

(5)资源共享的技术门槛低。

个人和企业均可以申请公众号进行资源共享、服务提供，还可以通过二次开发设置资源共享的模块和分类。

4.大规模网络协作转变教学服务模式

大规模网络协作转换了资源共享的形式，而且丰富了在线教学服务的模式。在以往的远程教育系统中，教师提供教学服务基本上采用一对多的形式，无法兼顾到每个学生的学习个性特征，即使是一对一教学，学生也不一定能够真正遇上适合自己的老师，而基于大规模网络协作，可以使这个问题迎刃而解，典型实践案例如北京市开放辅导服务等。

开放辅导模式，指每位学生除了在校时间获得本学校教师提供的面对面实体教学服务外，还可以在课外借助网络对自身学科问题和优势进行诊断的基础上，为每个学科配备在线老师，提供一对一实时个性化在线辅导的服务模式，如图 15-3-8 所示。开展在线辅导时，可以通过共享屏幕、实时语音、手写面板三个重要的移动端功能，让学生与网络上任意一位具有双师资格的优秀学科教师进行在线交流，辅导的过程支持文字、图片、视频、语音等多种形式，学生端和教师端可以及时查看共享屏幕，类似教师面对面给学生讲解试题。在线教师除了在线辅导，还可以创建并发布微课，在微课中设计讨论、提问、投票等教学活动。这样通过优质教师资源的跨学校、跨区域的精准匹配，使学生能够按需获取个性化、适应性的资源和服务，从而在帮助学生解决学科问题基础上，实现扬长、精准、个性化学习。

图 15-3-8　开放辅导模式示意图

　　开放辅导模式的实施流程如图 15-3-9 所示，教师通过审核取得双师资质，并设置个人学科特长，学生则根据在线测评结果，结合教师的特长标记实现双师的智能推荐，同时也支持学生自主选择意向教师，在此基础上学生可以开展非实时的双师微课学习，或一对一实时在线辅导。

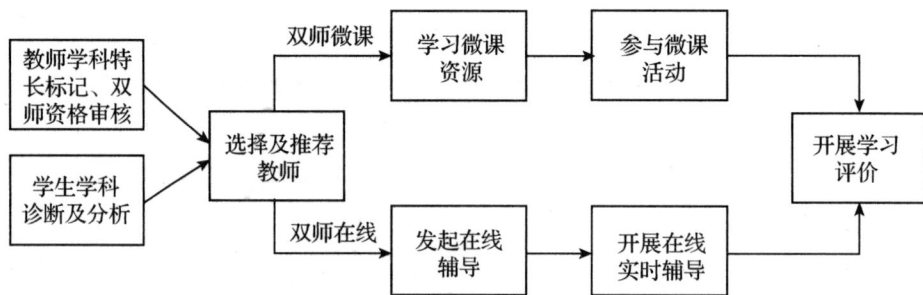

图 15-3-9　开放辅导模式的实施流程